Reflexões sobre
o novo Código de Processo Civil

Conselho Editorial
André Luís Callegari
Carlos Alberto Molinaro
Daniel Francisco Mitidiero
Darci Guimarães Ribeiro
Draiton Gonzaga de Souza
Elaine Harzheim Macedo
Eugênio Facchini Neto
Giovani Agostini Saavedra
Ingo Wolfgang Sarlet
Jose Luis Bolzan de Morais
José Maria Rosa Tesheiner
Leandro Paulsen
Lenio Luiz Streck
Paulo Antônio Caliendo Velloso da Silveira

Dados Internacionais de Catalogação na Publicação (CIP)

R332   Reflexões sobre o novo Código de Processo Civil / Cláudio Barros Silva, Luciano de Faria Brasil (organizadores) ; Adriano Luís de Araujo ... [et al.]. – Porto Alegre : Livraria do Advogado Advogado, 2016.
494 p. ; 25 cm.
ISBN 978-85-69538-26-4

1. Processo civil - Brasil. 2. Brasil. Código de processo civil. 3. Ministério Público. I. Silva, Cláudio Barros. II. Brasil, Luciano de Faria. III. Araujo, Adriano Luís.

CDU 347.91/.95(81)
CDD 347.8105

Índice para catálogo sistemático:
1. Processo civil : Brasil   347.91/.95(81)

(Bibliotecária responsável: Sabrina Leal Araujo – CRB 10/1507)

Cláudio Barros Silva
Luciano de Faria Brasil
Organizadores

Reflexões sobre
o novo Código de Processo Civil

Adriano Luís de Araujo	Francisco José Borges Motta
Alécio Silveira Nogueira	João Paulo Fontoura de Medeiros
Alexandre Lipp João	José Alexandre Zachia Alan
Alexandre Sikinowski Saltz	José Francisco Seabra Mendes Júnior
André de Azevedo Coelho	Lenio Luiz Streck
Annelise Monteiro Steigleder	Luciano de Faria Brasil
Antonio Cezar Lima da Fonseca	Paulo Valério Dal Pai Moraes
Ari Costa	Rochelle Jelinek
Armando Antônio Lotti	Rodrigo da Silva Brandalise
Cláudio Ari Mello	Sérgio Gilberto Porto
Cláudio Barros Silva	Vanessa Casarin Schütz
Felipe Teixeira Neto	Vera Sapko

Porto Alegre, 2016

©
Adriano Luís de Araujo, Alécio Silveira Nogueira, Alexandre Lipp João,
Alexandre Sikinowski Saltz, André de Azevedo Coelho, Annelise Monteiro Steigleder,
Antonio Cezar Lima da Fonseca, Ari Costa, Armando Antônio Lotti,
Cláudio Ari Mello, Cláudio Barros Silva, Felipe Teixeira Neto,
Francisco José Borges Motta, João Paulo Fontoura de Medeiros. José Alexandre Zachia Alan,
José Francisco Seabra Mendes Júnior, Lenio Luiz Streck, Luciano de Faria Brasil,
Paulo Valério Dal Pai Moraes, Rochelle Jelinek, Rodrigo da Silva Brandalise
Sérgio Gilberto Porto, Vanessa Casarin Schütz e Vera Sapko
2016

Capa, projeto gráfico e diagramação:
Livraria do Advogado Editora

Revisão:
Rosane Marques Borba

Direitos desta edição reservados por
Livraria do Advogado Editora Ltda.
Rua Riachuelo, 1300
90010-273 Porto Alegre RS
Fone: 0800-51-7522
editora@livrariadoadvogado.com.br
www.doadvogado.com.br

Impresso no Brasil / Printed in Brazil

Prefácio

É com satisfação que apresento a presente coletânea de textos sobre o Ministério Público e o novo Código de Processo Civil. O trabalho de produção dos artigos foi iniciado a partir de uma determinação de minha autoria, na condição de Procurador-Geral de Justiça do Rio Grande do Sul, formalizada por meio da Portaria n. 3169/2015. Esta portaria instituiu uma Comissão de Estudos sobre o novo Código de Processo Civil, com o objetivo de avaliar o novo Código de Processo Civil, identificando os pontos controvertidos ou inovações que repercutam na atuação do Ministério Público; sugerir posicionamentos sobre os pontos controvertidos ou inovações, na forma de enunciados destinados a orientar a atuação dos integrantes do Ministério Público; auxiliar o Centro de Estudos e Aperfeiçoamento Funcional na estruturação de evento para apresentação dos resultados do trabalho da Comissão; e entregar relatório fundamentado ao Procurador-Geral de Justiça sobre as conclusões obtidas pela Comissão, quando da finalização do trabalho. Ao final do prazo de 60 dias, a Comissão entregou um relatório conclusivo, consolidado em diversas proposições fundamentadas de atuação do Ministério Público.

Durante o trabalho da Comissão, seus integrantes perceberam que o trabalho desenvolvido no plano institucional interno não seria suficiente, por mais cuidadoso que fosse. A entrada em vigor de uma nova lei processual civil, destinada a substituir uma codificação vigente por mais de quarenta anos, demandava uma abordagem com divulgação mais ampla, para alcançar um público mais extenso no campo jurídico. Para tanto, o ideal seria uma coletânea de estudos, com caráter científico, para o exame dos temas processuais mais relevantes na nova codificação. Este foi o caminho adotado, em trabalho desenvolvido sob a coordenação atenta do colega Cláudio Barros Silva. É um caminho que resultou vitorioso, na medida em que foi possível coligir centenas de páginas de artigos da mais alta qualidade, em tempo reduzido, possibilitando a publicação de um verdadeiro compêndio sobre a atuação do Ministério Público à luz do novo Código de Processo Civil. Deve-se saudar o caráter pioneiro da iniciativa, que oferece aos operadores do direito, em primeira mão, um olhar atualizado sobre os institutos processuais civis, tendo sempre a proteção do interesse da coletividade por marco orientador.

Nas últimas décadas, o Ministério Público teve sua atuação profundamente dilatada para além dos confins de seus espaços tradicionais. A atuação como órgão agente para a proteção das diversas classes de interesses metaindividuais esteve na pauta diária dos agentes do Ministério Público, estabelecendo novas fronteiras de atuação em ramos novos do ordenamento jurídico nacional, como a tutela do meio ambiente, a defesa do consumidor, a proteção dos direitos humanos, a tutela da ordem urbanística, a defesa dos idosos, a proteção dos direitos dos torcedores, etc. Da mesma forma, a atuação do Ministério Público na área criminal foi grandemente incrementada, com o fortalecimento das possibilidades de investigação dos ilícitos penais e o desenvolvimento de novas estratégias para o enfrentamento da delinquência de colarinho branco, da criminalidade organizada e da corrupção. Apenas o campo da intervenção do Ministério Público no processo civil permaneceu relativamente impermeável às transformações jurídicas e sociais das últimas quatro décadas, restando cristalizada em um modelo de intervenção que teve seus contornos fixados no Código de Processo Civil de 1973.

Esse quadro começa a mudar a partir de agora. O novo Código de Processo Civil terá necessariamente o efeito de provocar a reflexão sobre o modelo de intervenção do Ministério Público no processo civil, possibilitando sua revalorização e a sua conversão para uma atividade fiscalizadora mais efetiva. Espera-se que, ao cabo do processo de amadurecimento reflexivo sobre os conceitos trazidos na nova codificação, o Ministério Público possa fortalecer-se, uma vez mais, como o grande aliado da sociedade civil, defendendo sempre o interesse público e as medidas necessárias para a proteção da coletividade brasileira.

Desejo a todos uma boa leitura.

Marcelo Lemos Dornelles
Procurador-Geral de Justiça do Rio Grande do Sul

Sumário

Apresentação – *Cláudio Barros Silva*..9

1. Vetores do novo Processo Civil
   Sérgio Gilberto Porto..13

2. Coerência, integridade e decisão jurídica democrática no novo Código de Processo Civil
   Lenio Luiz Streck e Francisco José Borges Motta..29

3. Um resgate discursivo a se realizar, *íntegra e coerentemente*: uma (*re*)*leitura principiológica* a se efetuar à luz do *novo* Código de Processo Civil brasileiro
   João Paulo Fontoura de Medeiros..41

4. A intervenção o Ministério Público no novo Código de Processo Civil pelo interesse público ou social
   Cláudio Barros Silva..77

5. As posições do Ministério Público no novo CPC
   Alécio Silveira Nogueira..103

6. Novo Código de Processo Civil – O Ministério Público e os métodos autocompositivos de conflito – Negociação, Mediação e Conciliação
   Paulo Valério Dal Pai Moraes..147

7. Perfil constitucional do Ministério Público e reflexos no tratamento jurídico dispensado à instituição pelo novo Código de Processo Civil
   André de Azevedo Coelho..185

8. A ordem urbanística e os litígios coletivos pela posse de terra urbana: contribuição à exegese do art. 178, III, do novo Código de Processo Civil
   Luciano de Faria Brasil..209

9. De fiscal da lei à fiscal da ordem jurídica. A solução consensual dos conflitos como novo espaço de atuação institucional
   Alexandre Sikinowski Saltz..219

10. Ponderações sobre a sistemática dos atos processuais no novo Código de Processo Civil e sua influência sobre a atuação do Ministério Público
    Adriano Luís de Araujo..231

11. Considerações sobre o dever de produção de provas no novo CPC e sua repercussão na atuação do Ministério Público
    Annelise Monteiro Steigleder..243

12. Interpretação jurídica e dever de fundamentação das decisões judiciais no novo Código de Processo Civil
    Cláudio Ari Mello..263

13. Notas sobre a ação de usucupião e a proteção possessória à luz do novo Código de Processo Civil
    Armando Antônio Lotti..283

14. Considerações acerca das mudanças no novo Código de Processo Civil
    no Direito Probatório e a atuação do Ministério Público
    Vanessa Casarin Schütz..291

15. Meios de execução das Obrigações de Fazer e Não Fazer no novo CPC
    Rochelle Jelinek..307

16. Atuação do MP na curatela diante das alterações decorrentes do novo CPC
    e do Estatuto da Pessoa com Deficiência
    José Francisco Seabra Mendes Júnior..331

17. Alguns apontamentos práticos acerca das mudanças trazidas pelo novo Código de
    Processo Civil para a tutela dos interesses supraindividuais
    José Alexandre Zachia Alan..355

18. É possível fazer uma releitura do artigo 17, § 1º, da Lei de Improbidade Administrativa
    a partir do novo Código de Processo Civil?
    Rodrigo da Silva Brandalise...373

19. Breves reflexões sobre a reclamação no novo Código de Processo Civil
    Vera Sapko...399

20. Jurisdição voluntária e intervenção do Ministério Público: uma análise a partir do
    novo Código de Processo Civil
    Felipe Teixeira Neto...411

21. Incidente de Resolução de Demandas Repetitivas
    Alexandre Lipp João..429

22. O Agravo no NCPC-2015
    Antonio Cezar Lima da Fonseca..449

23. O Novo CPC, intervenção do Ministério Público e o Mandado de Segurança
    Ari Costa..489

Apresentação

Depois de cinco anos de tramitação legislativa, o Congresso Nacional aprovou o Novo Código de Processo Civil, Lei nº 13.105, de 16 de março de 2015, que terá a sua apreciação concreta dos casos práticos a partir da entrada em vigor, em meados de março de 2016.

A nova sistemática processual, resultante do grande movimento dos processualistas que deram suporte doutrinário ao Código de Processo Civil de 1973 e, especialmente, de uma nova geração que tem interpretado as reformas e adequações legislativas que lhe foram oferecidas nas últimas duas décadas, é uma realidade no direito brasileiro e tem merecido crítica elogiosa de segmentos de lidadores do direito, especialmente de advogados e de magistrados.

O processo, como forma civilizada de solução do conflito de interesses qualificados pela pretensão resistida, importante característica do sistema tradicional, cada vez mais tem demonstrado estar desfocado das reiteradas e novas exigências da sociedade contemporânea. O sistema processual tradicional foi erigido para a tutela de direitos individuais e já se mostrava insuficiente e inadequado para os mais significativos interesses da sociedade brasileira.

Não há dúvidas de que a nova ordem legal procura confiar sistemática ao processo, focando o seu conteúdo instrumental como caminho real de solução efetiva dos conflitos, sua finalidade maior, e inova no que aprendemos e lidamos, não destruindo com o processo clássico ou tradicional, mas oferece rumos novos para serem trilhados com o fim de satisfazer os anseios sociais.

O novo sistema confere, sempre, a oportunidade de reconhecermos a importância do processo como meio de alcançarmos os resultados pretendidos pela norma e pelo direito material. Por certo, a geração de interessados no direito processual, especialistas ou não, irá sugerir os rumos da interpretação a ser feita pela doutrina e pela jurisprudência.

Quando o Novo Código de Processo Civil entrar em vigor, não teremos a tradição da aplicação das novas regras processuais. Estaremos experimentando o novo, muito provavelmente, com o foco apontado para trás, com a visão no que já experimentamos para dar suporte e precisão ao novo sistema. Todavia, o grande desafio será olhar o processo com a visão do novo e o que procura ele traduzir, entendê-lo como meio de alcançar os resultados ao qual se propõe. As novas questões, os novos problemas, os novos embates, debates e teses estarão a desafiar aqueles que estudam e dedicam o seu tempo ao direito processual. O processo aponta os novos caminhos a serem trilhados, no sentido de sistematizá-lo, de pensá-lo como instrumento capaz de melhorar a vida em sociedade, de ser móvel à melhoria da vida dos cidadãos brasileiros.

O novo sistema, com as críticas pontuais que se possa sugerir, inovou substancialmente ao fazer com que as regras inaugurais e fundamentais do novo processo definissem os instrumentos para a aplicação do direito substancial. Procurou adotar um modelo aberto e de princípios, adequando-o à conformidade constitucional e democrática, pois muitas dessas novas regras constituem verdadeiros princípios do direito processual, que passaram a ser expressos em lei e estão em conformidade com a Constituição Federal e com os demais ramos do Direito. Essa relação deve ser considerada sob seus aspectos fundamentais, especialmente sobre a instrumentalidade, pois o processo deve ser concebido como instrumento de atuação dos valores consagrados no plano do direito material, e sobre a efetividade, pois que o processo existe para dar vida ao direito material, fazendo atuar a vontade dos homens nos desacertos sociais.

Nesse contexto, um grupo de pensadores e lidadores do direito processual, no âmbito do Ministério Público, resolveu dar novo matiz e se debruçou ao estudo do novo sistema processual, produzindo interpretação sobre temas importantes que estão a merecer a atenção da doutrina.

Em matéria processual civil, o Ministério Público, mesmo após a Constituição Federal de 1988, não tem sido percebido pela doutrina como um personagem com múltiplas responsabilidades no processo, mesmo com o reconhecimento de sua nova dimensão jurídica que advém de textos normativos e da prática diária da Instituição. Essa constatação decorre de certo descompasso da doutrina e do próprio Ministério Público, em razão do relevo que, ainda, se dá à tradicional função de fiscalização, em detrimento de outras gravíssimas responsabilidades processuais definidas em lei.

Também, de há muito a atividade do Ministério Público no processo civil tradicional foi relevada, salvo quando as questões envolvem a legitimidade para o processo coletivo. Todas essas questões têm passado, no ambiente institucional, pelo debate sobre o tamanho e os compromissos impostos por lei à Instituição. As discussões, no plano institucional, passam pelos resultados e pela efetividade no exercício das funções. Em razão desses fatos, não havia mais um espaço significativo de construção doutrinária e de pensamento convergente com relação ao Ministério Público no processo civil.

Todavia, o Novo Código de Processo Civil passou a oferecer espaços novos para o pensamento institucional, especialmente pela constitucionalização das funções e das novas perspectivas que se oferecem ao exercício das atribuições de seus membros. Cada vez mais devem ser ressaltadas as funções processuais definidas ao Ministério Público, todas com matiz constitucional. Pensar que o Ministério Público pode ser caminho de solução de conflitos antes, durante e após o processo, mas fora deste, pela conciliação ou como indutor da mediação, mesmo que se trate de direitos disponíveis, apenas leva à conclusão de que o Ministério Público, no seu espaço resolutivo, está apto a solver problemas sem o devido processo. Pensar que o Ministério Público não é mais apenas fiscal da lei, como *custos legis*, mas fiscal da ordem jurídica, com a amplitude que o texto permite para interpretação, leva ao realce dos gravíssimos reflexos na intervenção processual. Pensar que as funções clássicas, que não se esgotam na lei, estão presentes em três artigos muito bem definidos no novo sistema, e não mais em dois, leva a concluir que elas produzirão impacto direto na atuação processual, especialmente quando se define, na lei processual, a tutela da ordem jurídica, do regime democrático, de direitos e interesses sociais e individuais indisponíveis. Por fim, pensar que a lei tem comandos afirmativos de atuação e de intervenção, deixando pouco espaço à discricionariedade, nos leva à conclusão de que os espaços à interpretação das novidades estão à disposição para o acertamento institucional.

Essa a razão das reflexões produzidas por membros do Ministério Público, sobre o Novo Código de Processo Civil e a atuação institucional no processo. Não há, por certo, posição definitiva sobre qualquer tema posto, apenas ideias e posições sobre as inovações que a norma reflete. A obra coletiva procura retirar o Ministério Público do silêncio institucional quanto às suas atribuições tradicionais, no âmbito do processo civil, arrancando-o de sua relativa quietude em que usualmente tem-se mantido.

Temos a certeza de que esta obra será de muita utilidade para os profissionais do direito que procuram entender o Ministério Público no processo civil, no novo espaço que o sistema processual está a oportunizar.

Cláudio Barros Silva
Organizador

—1—

Vetores do novo Processo Civil

SÉRGIO GILBERTO PORTO[1]

Sumário: 1. A opção por um novo Código; 2. Expectativas e realidade; 3. Vetores do NCPC; 3.1. Ressistematização estrutural do processo contemporâneo; 3.2. Realinhamento da função cultural do processo; 3.2.1. Praxismo; 3.2.2. Processualismo; 3.2.3. Instrumentalidade; 3.2.4. Instrumentalidade constitucional; 3.3. Privilegiar à conciliação; 3.4. Prestigiar posições consolidadas; 3.5. Racionalizar a prestação jurisdicional ampliando sua área de eficiência; 3.6. Supressão de recursos para atenuar a morosodade; 3.7. Combate a jurisprudência defensiva; 3.8. Inibir recursos infundados; 3.9. Vedação à motivação genérica e abstrata; 3.10. Disciplina cronológica de julgamento; 3.11. Acolhimento da teoria do ônus dinâmico da prova; 3.12. Fortalecimento dos poderes inquisitoriais do juiz no processo de modelo adversarial; 3.13. Negócios de conteúdo procedimental; 3.14. Consolidação do procedimento eletrônico.

1. A opção por um novo Código

Inicialmente, oportuno registrar que não se substituem Códigos como quem troca um par de sapatos, na medida em que sistemas legislativos como é o Código de Processo Civil de 1973 projetam seus efeitos para bem além de sua vigência formal e, como consequência, regulam e influenciam decisões de muito tempo pós-vigência, haja vista que, além das questões de direito intertemporal, subsistem fortes matizes culturais que foram naturalmente introjetados na sociedade ao longo de mais de 40 anos e, por decorrência, persistem a influenciar no comportamento por largo período. Este quadro, pois, demonstra que a circunstância de viger um novo Código, não importa, automaticamente, no esquecimento do anterior, pois o valioso cabedal acumulado é e sempre será referencial cujo uso se revela indispensável para o operador jurídico, máxime, como no caso, quando acumulado ao longo de mais de 40 anos.

---

[1] Doutor em Direito, Mestre e Especialista em Direito Processual Civil pela Pontifícia Universidade Católica do Rio Grande do Sul – PUCRS. Professor titular (aposentado) dos cursos de Doutorado, Mestrado, Especialização e Graduação da PUCRS. Ex-Procurador-Geral de Justiça do RS. Procurador de Justiça (aposentado). Membro do Instituto Brasileiro de Direito Processual, da Academia Brasileira de Direito Processual Civil, do Instituto dos Advogados do RS. Integra o Conselho de Redação da Revista de Processo, RT (São Paulo), Conselho Editorial da Revista Brasileira de Direito Processual (Belo Horizonte), Conselho Editorial da Revista Jurídica (São Paulo), Conselho Editorial da Revista Síntese-Direito Civil e Processual Civil (São Paulo) e Conselhos de outras publicações especializadas. Autor de vários livros e ensaios nos campos do Processo Civil, Processo Constitucional e Direito Civil. Agraciado com diversos prêmios profissionais e comendas. Parecerista e Advogado com atuação nos Tribunais do RS, STJ e STF.

Assim, com a vênia de JULIUS HERMANN VON KIRCHMAN,[2] que resistia em considerar o direito um segmento de ciência, a verdade é que a codificação de 1973, a doutrina e a jurisprudência consequente continuarão a prestar inestimáveis serviços à comunidade jurídica, vez que não serão totalmente derrubadas pela simples edição da lei nova. As bibliotecas não sucumbem frente a simples penadas legislativas como imaginava Von Kirchman, mas, em verdade, subsistem, por outros tantos anos, a prestar valiosas lições na realização da melhor justiça.

De outro lado, vale registrar que a tentativa anterior de reformar o sistema processual a conta-gotas, ou seja, através de reformas pontuais e edição de leis específicas para enfrentar os pontos de estrangulamento da prestação jurisdicional não se revelou uma política eficiente, vez quebrou a harmonia do sistema e, por decorrência, permitiu que o Código de 1973 abandonasse parcela de seus compromissos, transformando-o numa verdadeira colcha de retalhos não muito bem ajustados Algumas iniciativas, entretanto, foram produtivas e incorporadas ao novo sistema.

Essa realidade nos levou à ousada tarefa de criar um novo Código, inicialmente através da nomeação pela Presidência do Senado Federal de uma comissão de juristas[3] presidida pelo hoje Ministro do Supremo Tribunal Federal LUIZ FUX, que apresentou anteprojeto, o qual no curso do devido processo legislativo transformou-se, após inserções e supressões naturais à espécie, no NCPC.

2. Expectativas e realidade

É preciso, contudo, advertir que um novo CPC, por si só, não será capaz de resolver modo definitivo os graves problemas presentes na operação do Direito, na medida em que não é a forma de processamento das demandas judiciais a **única causa** que contribui decisivamente para a demora na solução dos litígios judiciais e, muitas vezes, na absoluta ausência de efetividade. Existem outras causas concorrentes de natureza conjuntural, humanas e, quiçá, aqui ou ali, de conveniência ideológica.

Efetivamente, a modelagem judiciária brasileira, está visto, não é capaz de oferecer solução definitiva à morosidade, face, por exemplo, à multiplicidade de graus de jurisdição oferecidos à sociedade e decorrentes da ideia de Federação com uniformidade de pensamento jurídico, ainda que existam acentuadas diferenças culturais nas regiões do Brasil.

Os homens que compõem as estruturas judiciárias, de sua parte, não alcançam a mesma produtividade, daí uma das razões pelas quais em alguns setores o serviço público é eficiente e em outros, com situação assemelhada, é ineficiente. Isto decorre simplesmente das idiossincrasias inerentes ao ser humano. E isto é um fato fora de controle!

Como se vê, existem particularidades concorrentes à morosidade que são estranhas ao processo e que por decorrência permanecerão presentes, muito embora a reforma efetivada.

---

[2] *Il valore scientifico della giurisprudenza*. Milão, Giuffre, 1964.

[3] A comissão de juristas, além do presidente referido no texto, teve como membros Teresa Arruda Alvim Wambier (relatora), Adroaldo Furtado Fabrício, Benedito Cerezzo Pereira Filho, Bruno Dantas, Elpídio Donizetti Nunes, Humberto Theodoro Júnior, Jansen Fialho de Almeida, Miguel Garcia Medina, José Roberto dos Santos Bedaque, Marcus Vinicius Furtado Coelho e Paulo Cesar Pinheiro Carneiro.

Desse modo, não há como imaginar que a simples introdução de um novo Código de Processo Civil seja capaz de resolver todos os problemas.

Na realidade, a tentativa de melhorar o desempenho temporal da solução dos conflitos judiciais se constitui apenas em um segmento das dificuldades. Existem outros que também devem ser enfrentados, portanto não parece ser adequado criar a expectativa de que estamos diante de uma solução única e definitiva, isto por que, na verdade, estamos enfrentando apenas e tão somente uma das dificuldades atuais e é assim que deve ser compreendida a iniciativa de instituir um novo Código de Processo Civil. É, apenas, uma das várias contribuições que são necessárias à melhora do desempenho do setor judiciário.

3. Vetores do NCPC

O NCPC estabelece claramente os propósitos ideológicos que persegue no sentido de dar cumprimento a alguns objetivos identificados como adequados à ordem jurídica processual contemporânea. Dentre esses merecem destaque:

3.1. Ressistematização estrutural do processo contemporâneo

O CPC de 1973 foi construído com uma lógica determinada, distribuída em cinco livros distintos. Livro I, Processo de Conhecimento, cuja finalidade é de definir o direito controvertido. O Livro II, Processo de Execução que tem por propósito realizar o direito. O Livro III, Processo Cautelar, cuja finalidade é de assegurar o direito. Livro IV, Procedimentos Especiais, que tem por escopo disciplinar demandas determinadas de jurisdição contenciosa e procedimentos especiais de jurisdição voluntária e, finalmente, Livro V, que trata das disposições finais e transitórias.

O NCPC trabalha com premissa diversa e, por decorrência, deixa de ter V Livros e tem estrutura operacional adequada a sua proposta. Com efeito, divide-se em Parte Geral, que se subdivide em VI Livros; Parte Especial, com III Livros, e Livro Complementar, que disciplina as disposições finais e transitórias.

Essa ressistematização conta, dentre outras hipóteses, p. ex., com a supressão do Processo Cautelar que no atual CPC tem sua disciplina disposta em Livro próprio e agora, deixa de existir um livro dedicado ao "processo cautelar" e passa a existir dentro do gênero tutela provisória a espécie tutela cautelar. Isto, evidentemente, não faz desaparecer as medidas cautelares, mas as recoloca dentro de seu perfil científico mais adequadamente, vez que tutela provisória que tem por fito assegurar o direito. Essa posição, em nosso sentir, afastará algumas deformações com as quais a praxe forense vinha convivendo, tais como a ideia de "ação cautelar satisfativa", pois não são poucas as lições doutrinárias que esclarecem que aquilo que satisfaz não é cautelar e o que é cautelar não satisfaz definitivamente.[4] Assim, de todo relevante conhecer e **compreender** a nova estrutura operacional, pois isto, longe de dúvida, facilita a operação e desembaraça a construção e solução das demandas.

---

[4] Nessa linha, p. ex., BAPTISTA DA SILVA, Ovídio Araújo. In *Curso de Processo Civil*: *processo cautelar (tutela de urgência)*. V. 3, 3° ed. São Paulo: RT, 2000, p. 85.

3.2. Realinhamento da função cultural do processo

O processo judicial desempenha papel ajustado com seu tempo, ou seja, reflete a cultura jurídica do momento vivido. Assim, desde que identificado como ramo de ciência jurídica já desempenhou funções distintas, vez que vivenciou fases culturais adequadas a cada momento de sua história.

Diante dessa realidade, o exame de cada qual dessas fases permitirá uma perfeita compreensão dos avanços da ciência processual, na medida em que a perspectiva histórica propicia, exatamente, uma visão ajustada do fenômeno evolutivo.

Nessa senda, identificar as fases e compreendê-las, importa em fortalecer as bases teóricas para melhor entendimento da proposta processual abrigada pela ordem jurídica brasileira, daí a razão pela qual se justifica que qualquer estudo que vise a esclarecer temas do processo civil tenha seu início marcado pela identificação e esclarecimento de cada qual dos momentos culturais vivenciados.

3.2.1. Praxismo

Nessa fase, o processo era compreendido como um mero procedimento, sem maiores compromissos teleológicos. Era, portanto, absolutamente procedimentalista no sentido de que se preocupava exclusivamente com a ordem da sucessão dos atos praticados no processo, não dispondo de qualquer outro compromisso senão disciplinar a ordem do desdobramento dos atos processuais.

Nesse período, para os juristas de então, o processo e o direito material não se diferenciavam, pois aquele era compreendido como mera faceta deste, daí a ideia de sincretismo, pois condensava em um único segmento direito material e processo, confundindo os planos substancial e o de efetividade metodológica.

O processo nada mais era do que um exercício do direito material, ou seja, a ação consistia no próprio direito entrando em guerra para combater por sua existência. Seria, pois, o próprio direito visto de um ângulo diverso, o qual aparecia somente face à resistência oposta à sua satisfação.

Nesta fase histórica, portanto, o processo era visto como mero desdobramento do direito subjetivo material, sendo, pois, por isso, simples procedimento embutido na realização do direito que compunha.

Ao processo, por conseguinte, caberia apenas a disciplina dos ritos. Era este visto como apêndice do próprio direito material ou, como preferem alguns, apenas outra face do próprio direito material reagindo à eventual ameaça ou violação.

O praxismo, pois, é sinônimo de sincretismo e consagra a fase meramente procedimentalista do processo, no qual este não detinha teleologicamente função que não fosse disciplinar o rito dos debates judiciais. Não havendo, pois, ao tempo do praxismo absoluto, a admissão de ser o direito processual civil ciência autônoma.

3.2.2. Processualismo

Passado o praxismo, nasce o processualismo. Essa fase histórica é representada pelo ideal de afirmar a autonomia do direito processual frente ao direito material.

A doutrina, no exame deste então novo fenômeno, costuma atribuir o mérito de ter sido solidificada com clareza a autonomia processual a OSKAR VON BÜLOW em sua obra intitulada *Teoria das Exceções e dos Pressupostos Processuais* (1868),[5] a qual destacou elementos e argumentos fundamentais para aceitação desta compreensão em torno da autonomia da relação jurídica processual.

São marcos antecedentes a OSKAR VON BÜLOW e representativos do nascimento deste momento os célebres debates patrocinados por BERNHARD WINDSCHEID e THEODOR MUTHER, em obra traduzida para o espanhol intitulada *A Polêmica sobre la Actio*,[6] na qual WINDSCHEID,[7] ao analisar a *actio* do direito civil romano, a identifica com o conceito de pretensão, e não da ação como ao seu tempo concebida. Esta posição, entretanto, foi energicamente discutida por MUTHER quando colocou em foco a necessidade de uma releitura desta concepção e apontava para a autonomia processual.

Nessa fase, como decorrência das profundas e profícuas reflexões havidas, procurou-se demonstrar com ênfase que o processo é uma relação jurídica diversa do direito material e que se forma entre o Estado e as partes, e não entre autor da ação e obrigado. Autônoma, pois, em relação ao direito subjetivo material, na medida em que este se configura de modo linear entre as partes diretamente entre si, ao passo que àquela, como dito, entre as partes e o Estado. A ação não se dirige contra o adversário, e o objeto desta não seria o bem litigioso, mas a prestação jurisdicional devida pelo Estado.

Aqui, entretanto, como decorrência da efervescência intelectual do momento, encontra-se a gênese de alguns exageros decorrentes da afirmação da autonomia do direito processual, levando este, inclusive, aqui ou ali, a um verdadeiro afastamento do direito material. Esta circunstância patrocinou, inclusive, à afirmação do caráter abstrato do direito de ação, o que representa o mais elevado grau da proclamação da autonomia processual.

Nesse período, pois, o processo divorcia-se, como ciência, definitivamente do direito material e tem sua autonomia reconhecida.

3.2.3. Instrumentalidade

Superadas as fases dos chamados praxismo e processualismo, surge a ideia da instrumentalidade,[8] em que o processo, ainda que ciência autônoma, passe a ser compreendido como instrumento de realização do direito material. Portanto, ciência com função diversa do direito material, mas com ele relacionado através da jurisdição exatamente para concretizá-lo.

O processo, por conseguinte, vale não pelo que é, mas pelos resultados que é capaz de produzir. E o resultado que é capaz de produzir é o direito concreto do caso posto a exame, com a resolução de eventual conflito ou com a validação de certa disciplina, pondo fim a incertezas jurídicas na sociedade. Evidencia-se sua preocupação

---

[5] *La Teoría de las Excepciones Procesales y los Presupuestos Procesales*, tradução de Miguel Angel Rosas Lichtschein, Buenos Aires: Librería El Foro.
[6] Tradução de Tomás A. Banzhaf, Buenos Aires: EJEA, 1974.
[7] *La "Actio" del derecho civil romano, desde el punto de vista del derecho actual*, § 1°.
[8] Sobre a instrumentalidade consultar, por todos, DINAMARCO, Cândido Rangel. *A instrumentalidade do processo*. São Paulo: Revista dos Tribunais, 1987.

social como instrumento de resolução de conflitos e incertezas, vez que a serviço do direito material, cabendo à jurisdição realizar a vontade concreta do direito.

O processo busca, pois, (1) a paz social, (2) evidencia a natural necessidade de afirmação da soberania do Estado, como forma de manter a sociedade estável e organizada e (3) define situações jurídicas, tendo, portanto triplo escopo: social, político e jurídico.

Há, na instrumentalidade, clara interface entre processo e direito material. Este formativo, aquele realizativo quando ocorrer resistência do obrigado ou quando se fizer obrigatória à intervenção do Estado para validação do direito, ou seja, o processo é o método pelo qual se dá, através da jurisdição, eficácia ao direito resistido ou indisponível.

Cabe à jurisdição efetivar a vontade concreta do direito. Assim, onde há conflito, o fá-lo via jurisdição contenciosa; onde não há, via jurisdição voluntária.

3.2.4. Instrumentalidade Constitucional

O NCPC (arts. 1º ao 12), de modo expresso, infraconstitucionaliza garantais constitucional-processuais e, com isto, claramente define o processo como instrumento contemporâneo de realização de valores constitucionais.

Assim procedeu, exatamente, porque em sede doutrinária já havia em curso a ideia sobre o florescer de uma nova fase metodológica do processo, em que são atribuídos para esse compromissos constitucionais. Parcela qualificada da doutrina denomina esta nova compreensão como formalismo-valorativo[9] e outro segmento não menos qualificado de neoprocessualismo.[10]

Segundo essa orientação à natureza e propósito do processo aparece centrada no ideal de justiça, através do domínio de valores constitucionais, e esta compreensão do direito processual não vê o processo como mero instrumento de realização do direito material, mas identifica este como método de realizar justiça material, sob o enfoque constitucional.

E para que este ideal seja alcançado é necessário que se leve em conta, na construção da justiça material através do processo, os valores da justiça, igualdade, participação, efetividade e segurança. Sendo, assim, o processo é compreendido como método de realização da justiça material através da supremacia de valores com assento constitucional.

Maxima venia, deste importante posicionamento que identifica essa situação como nova fase cultural, entendemos que essa compreensão não possa ser definida verdadeiramente como fase autônoma do desenvolvimento do processo, mas releitura da atual instrumentalidade.

---

[9] Sobre o tema, consultar ALVARO DE OLIVEIRA, Carlos Alberto. *Do Formalismo no Processo Civil – Proposta de um Formalismo-Valorativo*, 4ª ed. São Paulo: Saraiva, 2010. Ainda, com amplo proveito, MITIDIERO, Daniel, in *Colaboração no Processo Civil*. São Paulo: Revista dos Tribunais, 2009, p. 105 e ss. Utilizando expressamente a expressão, na indicação de uma quarta fase metodológica do direito processual civil, também RIZZO AMARAL, Guilherme. *Cumprimento e Execução da Sentença sob a Ótica do Formalismo-Valorativo*. Porto Alegre: Livraria do Advogado, 2008; FLACH, Daisson. *A verossimilhança no processo civil e sua aplicação prática*. São Paulo: Revista dos Tribunais, 2009 e CARPES, Artur, *Ônus dinâmico da prova*. Porto Alegre: Livraria do Advogado, 2010.

[10] Neste sentido, CAMBI, Eduardo. *Neoconstitucionalismo e Neoprocessualismo*. São Paulo: Revista dos Tribunais, 2009.

Com efeito, ainda que verdadeiros os escopos constitucionais na aplicação da jurisdição através do processo, a realidade é que, antes disso, o próprio sistema jurídico assim se posiciona e, por decorrência, não pode o processo buscar a realização de valores se não exatamente àqueles consagrados e propostos pela ordem jurídica constitucional e material.

Assim, não é agora o processo que estabelece a mais-valia constitucional, mas a ordem jurídica como um todo passou a ser desta maneira compreendida a partir do movimento de constitucionalização do direito, daí a razão pela qual, com o maior respeito e reconhecendo uma valiosa contribuição por parte desta corrente de pensamento, acreditamos que, em verdade, o processo civil continua a ser instrumento de realização do direito material. Contudo, agora, deve ser compreendido com a releitura recomendada pelo novo momento, deixando de ser meramente o método da busca da vontade concreta do direito, mas representando o método da busca da soberania dos valores constitucionais presentes na ordem jurídica, daí a razão que imaginamos esta não como nova fase evolutiva do processo, mas sim uma nova compreensão da própria instrumentalidade. Estamos, assim, frente ao instrumentalismo com escopo constitucional, portanto uma verdadeira instrumentalidade constitucional e nisso reside o realinhamento cultural imposto à ciência processual pelo NCPC.

Cumpre ainda, nesse passo, registrar que a elaboração de um Código, muito embora sob a égide deste ou daquele momento ou como prefere a doutrina sob o manto desta ou daquela fase metodológica, necessariamente conterá reflexos de todos os momentos vivenciados e não há como considerá-los de modo isolado, pois naturalmente perpetuam suas peculiaridades.

Efetivamente, há reflexos de todas as fases e desdobramentos da compreensão da função do direito processual no sistema jurídico.

Assim, se na atualidade vivemos a fase do instrumentalismo constitucional, isso não quer dizer que a disciplina processual atual não tenha também conteúdo praxista e/ou processualista. Realmente, sempre quando o Código de Processo Civil disciplina meramente rito é, neste particular, claramente praxista, na medida em que está preocupado apenas com os desdobramentos internos da marcha do processo e, portanto, não há razão que determine que se o imagine como outro propósito se não este.

Quando permite que se deduza pretensão a tutela jurídica com o direito material apenas *in status assertionis* e possibilita que ainda assim se desenvolva a demanda em todas as instâncias está a apresentar claros sintomas abstrativistas que configuram o mais puro processualismo, pois admite a ideia de que a ação não é promovida contra o adversário, mas contra o Estado que é devedor da prestação jurisdicional e, por decorrência, irrelevante para se concretizar o exercício do direito de ação a existência de relação jurídica de direito material entre as partes.

Desse modo, um código processual é uma verdadeira simbiose das fases já vividas e todas respondem presente em seu conteúdo.

Portanto, não se pode dizer que este ou aquele código é puramente abstrativista, praxista ou instrumental, na medida em que o sistema processual conta em sua gênese com os métodos já identificados, pois existem soluções que reclamam posições praxistas, outras posições abstrativistas e outras ainda instrumentais.

É possível, por conseguinte, apontar que o Código é, hoje, preponderantemente instrumentalista-constitucional e isto não quer dizer que não disponha conteúdo das outras fases evolutivo-metodológicas conhecidas.

A consciência desse fenômeno é essencial para a compreensão do sistema jurídico processual e fundamental para sua melhor operação, pois não fora isto não seria possível identificar com clareza o que se busca com a prática dos atos. É necessário, pois, compreender com objetividade o que o ato representa, para saber o que dele esperar. Assim, quando se está frente à pura técnica organizacional do processo, como na hipótese dos atos dos auxiliares do juízo ou da disciplina interna da audiência ou ainda do preparo recursal, se está, em verdade, frente a conteúdo meramente praxista, vez que puro procedimento. Entretanto, se acaso a busca é para alcançar caráter declarativo de direito, traço teleológico do processo de conhecimento, resta claro que se está diante de seu perfil instrumental.

Dessa forma, correto afirmar que o processo – simultaneamente – dispõe de conteúdo procedimental e instrumental e, por esta razão, contém desdobramentos das fases evolutivo-metodológicas antes expressadas.

Agora, entretanto, com o NCPC, mais do que antes, há base legislativa para identificar o realinhamento cultural do processo e compreendê-lo preferencialmente como instrumento de realização de valores constitucionais.[11]

3.3. Privilegiar a conciliação

A soma do incentivo à conscientização da cidadania plena, somada à garantia constitucional do acesso à justiça, se, de um lado, representa inegável aperfeiçoamento da sociedade, de outro, provocou verdadeira avalanche de demandas em juízo.

O volume de demandas, de seu turno, iluminou a circunstância de que o Poder Judiciário não dispõe de estrutura capaz de fazer frente a esse volume de litígios pela via de decisões jurisdicionais, daí nasce uma das vertentes mais preocupantes do processo coevo, ou seja, a morosidade da prestação jurisdicional, a qual, por consequência, deságua na falta de efetividade.

Como forma alternativa de compor litígios, passou a se incentivar a criação no Poder Judiciário de mecanismos de conciliação. Esta experiência se revelou exitosa e promissora.

Assim, como resultado do quadro acima exposto, o NCPC, em guinada radical face à disciplina do CPC de 1973, elegeu a conciliação como a forma preferencial de solução de litígios.

Essa opção ideológica aflora com clareza invulgar quando se vê a instituição de audiência prévia ao debate judicial, em reconhecimento a eficiência e conveniência da conciliação dos litígios e, bem assim, quando estabelece a criação de órgão de mediação.

Já de algum tempo se percebe na atividade forense o incentivo à conciliação, tais como retratada em conhecido trabalho desenvolvido a partir do projeto de negociação da Universidade de Harvard, que resultou no livro de WILLIAN URY,

---

[11] Sobre o tema PORTO, Sérgio Gilberto; PORTO, Guilherme Athayde. *Lições sobre Teorias do Processo – civil e constitucional*. Porto Alegre: Livraria do Advogado, 2013.

ROGER FISCHER e BRUCE PATTON.[12] Estes recomendam que na busca de solução conciliatória devemos separar o problema das pessoas, recomendam, por igual, como técnica adequada, concentrar-se nos interesses, e não nas posições dos envolvidos e criar soluções que satisfaçam a todos. No Brasil, merecem destaque, p. ex., os trabalhos de PETRÔNIO CALMON[13] e PAULO VALÉRIO DAL PAI MORAES/ MÁRCIA AMARAL CORRÊA DE MORAES.[14] Também percebe-se preocupação dos entes públicos, como atesta a edição de vanguarda do *Manual de negociação e mediação para membros do Ministério Público*.[15]

3.4. Prestigiar posições consolidadas

O NCPC, dente outras variações, lança o desafio de instituir uma espécie de efeito "commonlawlizante" ao sistema do *civil law* brasileiro, através da outorga de alguma previsibilidade às decisões jurisdicionais, no sentido de oferecer maior segurança jurídica ao jurisdicionado.

Assim, abrindo dissidência com o sistema do CPC de 1973, o qual deferia absoluta autonomia ao juízo, o novo processo civil, com o fito tanto de abreviar a prestação jurisdicional no tempo, quanto de tornar a segurança jurídica mais eloquente, instituiu o princípio da valorização das decisões jurisdicionais consolidadas.

É exemplo eloquente deste desiderato exatamente a força cogente que se pretende outorgar as chamadas súmulas vinculantes, igualmente o efeito vinculante às decisões dos incidentes de resolução de demandas repetitivas e recursos repetitivos.

Isso, objetivamente, traduz o desejo de outorgar força cogente ao precedente jurisdicional brasileiro, vinculando a decisão de instância inferior às decisões das instâncias superiores, hipótese bem definida por MARINONI como precedente obrigatório.[16]

Essa circunstância, além de contribuir com a celeridade da prestação jurisdicional, tem por escopo, pela via da previsibilidade, prestigiar a segurança jurídica.

3.5. Racionalizar a prestação jurisdicional ampliando sua área de eficiência

Diante de uma realidade que se revelou inaceitável, frente aos notáveis prejuízos decorrentes da morosidade da prestação jurisdicional, o NCPC busca combater tanto o risco da falta de isonomia na solução dos conflitos de interesses postos à apreciação do Poder Judiciário, quanto a injustificável individualização de demandas de potencial massivo.

---

[12] *Como chegar ao sim! A negociação de acordos sem concessões*. Imago, 3º ed., 2014.

[13] *Fundamentos da Mediação e da conciliação*. Rio de Janeiro: Forense, 2007.

[14] *A negociação ética para agentes públicos e advogados: mediação, conciliação, arbitragem, princípios, técnicas, fases, estilos e ética da negociação*. Belo Horizonte: Fórum, 2012.

[15] BRASIL. Ministério da Justiça. Escola Nacional de Mediação e Conciliação. 2014.

[16] MARINONI, Luiz Guilherme. *Precedentes Obrigatórios*. São Paulo: RT, 2011. Igualmente sobre o tema do mesmo autor *A ética dos precedentes*. São Paulo: RT, 2014. *Julgamento nas Cortes Supremas – Precedente e decisão do recurso*. São Paulo: RT, 2015. Ainda sobre o assunto dos precedentes no direito brasileiro, consultar, com largo proveito, também ZANETI JR. Hermes. *O valor vinculante dos precedentes*. Salvador: JusPODIUM, 2015.ARRUDA ALVIM WAMBIER, Teresa (coord.). *Direito Jurisprudencial*. São Paulo: RT, 2012.

Com efeito, é exemplo característico de racionalização para a maior eficiência da prestação jurisdicional o instituto do incidente de resolução de demandas repetitivas (arts. 976 e ss) e o sistema dos recursos repetitivos, na medida em que as demandas de conteúdo jurídico idêntico merecerão decisão única quanto ao tema jurídico.

Assim, o propósito é, através da outorga de eficácia *ultra partes* à decisão,[17] evitar que demandas individuais com potencial massivo venham a abarrotar os escaninhos do Poder Judiciário e, por decorrência, provoquem tanto um tormentoso congestionamento na prestação jurisdicional, como a insegurança e desconforto decorrente de soluções diferentes para casos juridicamente idênticos, acarretando, pois, clara quebra de isonomia.

Merece, sem dúvida, aplauso a iniciativa, vez que permitirá tanto isonomia de solução, ou seja, demandas de conteúdo jurídico idêntico receberão decisão idêntica, como ampliará a área de eficiência da prestação jurisdicional, pois ao invés de resolver um único conflito, a decisão solucionará o conjunto de demandas em torno da mesma situação jurídica.

3.6. Supressão de recursos para atenuar a morosodade

O NCPC, com o fito de buscar maior celeridade na prestação jurisdicional, tratou de enfrentar pontos que clara e injustificadamente têm contribuído para a morosidade.

Com esse propósito, recursos foram extirpados do sistema, tais os Embargos Infringentes e o Agravo Retido e para assim se concluir basta a leitura do artigo 994 do NCPC, o qual define expressamente quais são cabíveis no novo sistema e não há referência a estes que existiam no regime de 1973. Assim, considerando que foi adotado o *princípio da taxatividade recursal*,[18] isso importa que àqueles que não se encontram expressamente previstos não são disponibilizados, vez que inexistentes no novo sistema. Há, entretanto, no tema técnica substitutiva (art. 942) para superação de julgamento não unânime.

O fato, contudo, é que deixa de existir como recurso típico os Embargos Infringentes e face à inexistência da possibilidade de processamento do mesmo, por certo, essa nova realidade contribuirá para abreviar no tempo a prestação jurisdicional, vez que, por óbvio, deixam também de existir o tempo morto do procedimento ínsito ao referido recurso que importava em distribuição, novo relator e sessão de julgamento específica.

3.7. Combate a jurisprudência defensiva

No capítulo dos Recursos, há sintomas de uma saudável iniciativa de combate à chamada jurisprudência defensiva. Entenda-se por essa, modo geral, àquela mais dedicada a encontrar defeitos procedimentais ou empecilhos de qualquer natureza que inviabilizem o conhecimento de recurso e, por decorrência, acarretem o afastamento do juízo do exame do mérito da lide.

---

[17] Nessa toada, v., p. ex., PORTO, Sérgio Gilberto. *Apontamentos sobre duas relevantes inovações no projeto de um novo CPC*. Revista Jurídica 401/49, 2011.

[18] Assim, p., ex., NERY JÚNIOR, Nelson; NERY, Rosa Maria de Andrade. *Comentários ao Código de Processo Civil*. São Paulo: RT, 2015, p. 2002.

Com efeito, os artigos 1.007, § 7°, e 1.029, § 3°, possibilitam a superação de erros formais e, como tal, abrem espaço para mitigar o comportamento dos tribunais que, por vezes, possivelmente atordoados com o volume de demandas, têm se inclinado por extinguir processos sem exame de mérito, deixando assim de cumprir a natural função do ofício jurisdicional de oferecer solução ao conflito material posto à apreciação.

A ideia do NCPC é permitir seja deferida oportunidade à parte a fim de que esta possa corrigir eventual equívoco de pequena repercussão e, como consequência, possa igualmente o Poder Judiciário dar maior atenção à solução do conflito de interesses posto à apreciação, afastando-se, pois, da possibilidade de extinção do processo sem exame de mérito.

3.8. Inibir recursos infundados

Sob o rótulo de que em caso de recurso haverá trabalho adicional do advogado, o NCPC estabelece a majoração cogente da sucumbência em sede de recurso, consoante disciplina o § 11°, do artigo 85. Institui, pois, verdadeira sucumbência recursal, com o fito de evitar recursos abusivos.[19]

Ainda que a novel ordem processual apresente a ideia de majoração da sucumbência vinculada ao fundamento do maior trabalho desenvolvido pelo vencedor, aquilo que em verdade busca o novo sistema é inibir recursos abusivos e infundados, pois determina que a situação do recorrente perdedor seja agravada. E o faz, como se disse, na esperança de que os recorrentes contumazes reflitam sobre as consequências de seu proceder ao apresentarem recursos que sabem não ter chance de sucesso.

3.9. Vedação a motivação genérica e abstrata

A nova ordem legislativa introduz, como já visto, mudanças significativas no sistema do processo judicial. Dentre essas, sem dúvida, os critérios de compreensão e aplicabilidade da exigência constitucional-processual de fundamentação das decisões terá significativa repercussão nos desdobramentos processuais, vez que reduzem o espaço de discricionariedade jurisdicional e obrigam o juízo a ser preciso na explicitação de seus argumentos ao decidir, seja nas interlocutórias, sentenças ou acórdãos.

Com efeito, passa a ser vedado, p. ex., o uso de mera reprodução de ato normativo, de conceitos indeterminados, de motivos genéricos e, bem assim, a rejeição ou aceitação de precedente se não for expressamente explicitada as razões de incidência concreta na causa (489, § 1°).

Essa exigência, por si só, gerará um maior compromisso na compreensão e solução da demanda, vez que obrigará o juízo a explicitar objetivamente a vinculação dos argumentos à fundamentação da causa apreciada. Assim, não basta argumentar apontando razões na decisão, mas passa a ser necessário apontar expressamente os vínculos das razões a demanda e também a decisão.

A nova disciplina, pois, em combate à massificação de decisões, impõe amarras dialéticas ao juízo, exigindo clara e intensa dialeticidade com os fundamentos da

---

[19] Nesse sentido são as lições de NERY JUNIOR, Nelson; NERY, Rosa Maria de Andrade. *Comentários ao Código de Processo Civil*. São Paulo: RT, 2015, 437.

causa, inclusive obrigando-o a enfrentar todos os *argumentos* postos pelas partes, disciplinando a compreensão de iterativa jurisprudência que o isentava de tal comprometimento.

Nesse particular, merece registro especial o inciso IV, § 1°, do artigo 489 do NCPC, o qual aduz que não se considera fundamentada a decisão que não enfrentar todos os *argumentos,* capazes de infirmar a conclusão adotada pelo julgador.

A melhor leitura do dispositivo, entretanto, não parece ser aquela que obriga ao juízo enfrentar qualquer *argumento*, mas apenas, como o texto claramente aponta, somente aqueles capazes de invalidar a decisão, por isso, *maxima venia,* não foi bem o legislador ao fazer constar no dispositivo a expressão *argumentos.* Melhor teria sido o uso da expressão *fundamentos*, vez que estes sim, por si só, são capazes de representar a real compreensão e alcance da proposta legislativa.

3.10. Disciplina cronológica de julgamento

O artigo 12 do NCPC institui critérios temporais de julgamento. Nessa linha, define como regra o princípio à ordem cronológica de aptidão para os julgamentos, estabelecendo que esta deva ser preferencialmente respeitada.

Na versão original do NCPC o respeito à ordem cronológica era cogente. Entretanto, face alterações promovidas ainda no período de *vacatio*, transformou-se o que era obrigatório em facultativo, competindo agora ao juízo, por esta ou àquela razão, decidir respeitando a ordem cronológica de conclusão preferencialmente, mas não mais de modo obrigatório como na versão original. Foi, pois, flexibilizado o critério que era um dos marcos ideológicos do NCPC: evitar privilégios cronológicos de julgamento!

Com efeito, a compreensão da versão original tinha por propósito impedir eventuais escolhas de julgamento por parte do julgador. Entretanto, não há como negar, ainda que democrático o critério de então, este ofereceria dificuldades operacionais.

Realmente, como é de conhecimento da comunidade jurídica existem demandas que são de maior complexidade jurídica ou de alta indagação probatória e que, por decorrência, reclamam maior tempo de meditação e outras que podem ter solução mais imediata, tais àquelas cuja matéria já se encontra sedimentada.

Se persistisse a fórmula original poderia ocorrer um verdadeiro represamento inconveniente à efetividade da prestação jurisdicional, pois o juízo estaria verdadeiramente impedido de julgar as demandas que se sentisse habilitado a decidir desde logo, enquanto não chegado seu momento.

Contudo, embora a opção pela forma facultativa na ordem de julgamento, persistem critérios de controle, devendo o juízo como regra respeitá-los, admitindo-se apenas que por exceção os desconsidere e para fazê-lo deverá motivar a decisão de superar a lista de processos aptos para julgamento. Não fora assim estar-se-ia desconsiderando a democratização da prestação jurisdicional e, por consequência, permitindo – quiçá! – um excesso de discricionariedade jurisdicional que poderia se aproximar do arbítrio, circunstância incompatível com o Estado Democrático de Direito e repelida pela garantia constitucional-processual da paridade de tratamento.

Cumpre ainda registrar que a própria disciplina fixa exceções à regra e, portanto, cria uma zona de conforto para o juízo na deliberação da preferência de julgamento. Assim, basta emoldurar a causa à hipótese excepcionada pela lei e autorizado estará o julgamento, superando desse modo a ordem interna da lista de processos aptos a julgamento.

Entretanto, a regra é o respeito à ordem cronológica de conclusão para julgamento; a exceção é a superação dessa mesma ordem e isto somente poderá ocorrer nas hipóteses autorizadas por lei ou em eventuais circunstâncias fora do catálogo legal mediante motivação, portanto com a exposição das razões que induzem a adoção desse caminho.

3.11. Acolhimento da teoria do ônus dinâmico da prova

O NCPC (art. 373, § 1°) permite alternativamente a adoção da chamada teoria do ônus dinâmico da prova. Essa nova compreensão na distribuição do ônus da prova, como sabido, admite que se possa modificar a regra de distribuição do ônus, fugindo, diante de certas peculiaridades, da clássica posição de que a prova do fato constitutivo do direito incumbe ao autor e a prova dos fatos impeditivos, modificativos ou extintivos ao réu.

A ortodoxia na distribuição do ônus da prova não é mais cogente, ainda que seja a regra, vez que admitido pelo novo sistema flexibilização, em face de certas circunstâncias de domínio da capacidade probatória.

Com efeito, abre-se ao juízo a possibilidade de estabelecer disciplina diversa, uma vez presentes peculiaridades representadas pela excessiva dificuldade de uma parte e/ou facilidade da outra. Pode, pois, o juízo, definir a quem incumbe a prova de certo fato, desde que o faça fundamentadamente.

Essa nova disciplina legislativa, como sabido, vinha sendo de muito debatida pela doutrina, especialmente de origem argentina.[20] Passa, agora, a ser realidade legislativa no direito processual civil brasileiro, uma vez em vigor o NCPC.

Esse entendimento, assentado no propósito ideológico de aproximar o mais possível a decisão jurisdicional da verdade material, permite que o juízo em decisão motivada determine que a parte que se encontra em melhores condições de esclarecer os fatos produza a prova apta a contribuir na formação da decisão, independentemente de sua condição de autor ou réu.

3.12. Fortalicimento dos poderes inquisitoriais do juiz no processo de modelo adversarial

A nova ordem, ciente de que a questão da efetividade da prestação jurisdicional tem inquietado a comunidade jurídica, fez a opção ideológica de fortalecer os poderes do juízo na condução do feito, com o claro propósito de conferir maior capacidade coercitiva às ordens jurisdicionais na busca do esclarecimento e solução da controvérsia.

Realmente, com o fito de fazer cumprir as determinações judiciais, o artigo 139, inciso IV, estabelece que o juízo possa adotar todas as medidas necessárias para

---

[20] No Brasil, consultar com amplo proveito DALL'AGNOL JUNIOR, Antonio Janyr. *Distribuição dinâmica dos ônus probatórios*. Revista Jurídica. Porto Alegre: Nota Dez, 2809/11 – 2001.

assegurar eficiência à ordem judicial, sejam estas indutivas, coercitivas, mandamentais ou sub-rogatórias.

Nessa linha, fortalece a autoridade do juízo e defere a este a faculdade de tomar decisões enérgicas com claro propósito de outorgar maior capacidade de realizar o direito à decisão jurisdicional, deixando esta de ser apenas uma tese sobre a definição do direito das partes e passando a dispor de maior capacidade realizatória na efetivação do direito. Sai, pois, do mundo das ideias e passa a incidir no mundo dos fatos.

Caracteriza-se, pois, levando em conta os modelos ocidentais do processo, um tempero inquisitorial no clássico modelo adversarial, pois haverá um juízo, ainda que vinculado à imparcialidade, mais comprometido com o esclarecimento da verdade material e realização efetiva do direito, pois são ampliados os poderes de condução do processo e produção da prova justamente para este propósito.

Nessa linha, o juiz poderá adotar medidas atípicas de propósito realizativo do direito, sejam estas provisórias ou definitivas, sempre, entretanto, fundamentadamente e com o propósito de dar efetividade à prestação jurisdicional. Trata-se, pois, de voltar os olhos para a realização prática do direito, respeitadas, entretanto, sempre, as garantias constitucional-processuais.

3.13. Negócios de conteúdo procedimental

O NCPC, no Livro dos Atos Processuais, em seu artigo 190, introduz significativa inovação, ao possibilitar a realização de ajustes privados no procedimento das demandas para adequá-lo à especificidade da causa.

Efetivamente, institui o dispositivo antes referido uma verdadeira cláusula geral de acordo de construção do procedimento judicial para causa determinada, tornando a disciplina procedimental ainda mais democrática, desde que em causa direito que admita autocomposição, ou seja, disponível às partes.

Exige-se para tanto que as partes sejam plenamente capazes e se encontrem em situação de absoluto equilíbrio. Circunstância que afasta de modo preliminar a possibilidade de qualquer ajuste se há vulnerabilidade de uma em relação à outra parte.

Assim, presente a capacidade e o equilíbrio, bem como a natureza do direito, poderão as partes dispor, antes ou durante o processo, sobre prazos, formas de intimação, disciplinar ônus, dentre outras variações de procedimento. O acordo poderá tanto ser apresentado ao juízo já previamente formatado por contrato prévio, como poderá ser construído com a participação jurisdicional. Em qualquer hipótese, porém, dependera do referendo do juízo para validade e competirá a esse controlar a legalidade da disciplina procedimental ajustada pelas partes, aos efeitos de evitar violação a ordem jurídica.

3.14. Consolidação do procedimento eletrônico

O NCPC, como todo Código de Processo, é um misto de temas processuais e procedimento. Nessa linha, não poderia deixar, nessa quadra da história, de tratar do procedimento eletrônico, chamado de processo eletrônico. Com efeito, atento a verdadeira cibercultura que integra a operação do direito hodierno fixa, do artigo 193 ao 199, o *modus operandi* dos atos processuais na era digital.

Certas questões, dentre a disciplina eletrônica, merecem especial destaque, vez que norteiam as exigências no plano do procedimento eletrônico. Nessa toada, devem ser iluminadas, face às suas peculiaridades, circunstâncias tais como: (a) divulgação eletrônica dos atos por órgão do Poder Judiciário gozará de presunção de veracidade e autenticidade, (b) a existência de problema técnico no sistema poderá configurar justa causa, na forma do artigo 223 do NCPC, (c) o Estado Poder Judiciário deverá disponibilizar gratuitamente meios para a prática dos atos, podendo estes (ainda!) serem praticados por meio não eletrônico acaso não exista sistema de acesso ao procedimento eletrônico posto à disposição da comunidade.

Como se vê, a ideia é disponibilizar a todos acesso à prática de atos eletrônicos, com o propósito de que estes passem a ser a regra na prática dos atos chamados atos processuais, ainda que se estabeleça, como exceção, a possibilidade da prática dos atos por meio não eletrônico. Há, portanto, na proposta do NCPC, o firme propósito de consolidar os meios eletrônicos na prática dos atos processuais.

Com isso se dá continuidade, em marcha acelerada, à ideia de que o mais breve possível, respeitadas as possibilidades da República e dos Estados-Membros, todos os atos no processo judicial sejam praticados de modo eletrônico, circunstância que, sem dúvida, exigirá o aparelhamento adequado do Poder Judiciário em seus variados segmentos e preparação dos operadores, inclusive nos mais distantes rincões do Brasil.

—2—

Coerência, integridade e decisão jurídica democrática no novo Código de Processo Civil

LENIO LUIZ STRECK[1]

FRANCISCO JOSÉ BORGES MOTTA[2]

Sumário: Considerações iniciais; 1. Coerência, integridade e Estado Democrático de Direito: reconfigurando a jurisprudência; 2. Coerência principiológica e respostas adequadas à Constituição; 3. A *chave de leitura* de um sistema de justiça democrático; Conclusão: levando o NCPC a sério; Bibliografia.

Considerações iniciais

O novo Código de Processo Civil (NCPC) é a primeira grande regulamentação brasileira sobre Processo Civil a ser aprovada em período democrático.[3] Como sabemos, os Códigos anteriores foram forjados em períodos de exceção (1939 e 1973). Um belo passo rumo à construção de um *modelo democrático de processo* foi, sem dúvidas, dado pelo legislador. Houve, é certo, mais avanços do que retrocessos.

A doutrina foi ouvida na elaboração do NCPC e, esperamos que ela *volte a doutrinar* agora, quando se forjam as interpretações que conformarão, na prática, as novidades legislativas. É importante que não olhemos a nova lei *com os olhos do velho*. Mesmo porque, boa parte das inovações que foram trazidas nada mais são do que interpretações conformes à Constituição de institutos e cláusulas já existentes. O *polêmico* art. 489 do NCPC, por exemplo, que trata do dever de *fundamentação estruturada* (ou completa) da decisão judicial, nada mais faz do que dar consequência ao dever constitucional de fundamentação (art. 93, IX). Não é que *a partir de*

---

[1] Doutor em Direito pela Universidade Federal de Santa Catarina -UFSC. Pós-Doutor em Direito pela Faculdade de Lisboa – FDUL. Ex-Procurador de Justiça no Estado do Rio Grande do Sul. Advogado.

[2] Promotor de Justiça no Estado do Rio Grande do Sul. Mestre e Doutor em Direito Público pela Universidade do Vale do Rio dos Sinos – UNISINOS.

[3] O presente trabalho condensa reflexões que são exploradas, pelos autores, na obra coletiva denominada *Hermenêutica e Jurisprudência no NCPC: coerência e integridade* (Atlas, no prelo). Conferir: STRECK, Lenio Luiz. *O que é isto – a exigência de coerência e integridade no novo Código de Processo Civil?* e MOTTA, Francisco José Borges; RAMIRES, Maurício. *O Novo Código de Processo Civil e a decisão jurídica democrática: como e por que aplicar precedentes com coerência e integridade?*

agora se exigirá que o juiz fundamente de maneira completa; é que *desde o advento da Constituição os juízes já deveriam vir fundamentando suas decisões de maneira completa; como não o fizeram, o legislador se viu na iminência de explicitar esse dever*. O mesmo se diga dos dispositivos que tratam do princípio do contraditório (arts. 9º e 10 do NCPC, *e.g.*). Há muito já defendíamos, acompanhando as lições de autores como Marcelo Cattoni e Dierle Nunes, que o contraditório não se esgotava numa mera *bilateralidade de audiência* (direito de *ação* e *reação*), mas que também continha uma dimensão *substantiva*: a vedação aos julgamentos de surpresa e a garantia de participação prévia na elaboração da decisão judicial. Se a Constituição já não fora o bastante para garantir interpretações corretas destas cláusulas processuais, o que garante que o NCPC obtenha este resultado?

Dito de outro modo, existe sempre o receio de o velho permanecer por intermédio de redefinições dos sentidos das leis, a partir de álibis teóricos como "a busca dos valores" ou de frases feitas como "o texto da lei é apenas a ponta do *iceberg*". Não é sem razão (política) que os franceses – para não verem a sua revolução conspurcada via interpretação da lei – construíram uma separação entre discursos de validade (feitos pelo legislador) e discursos de facticidade (a cargo do juiz). É claro que (quase) ninguém pensa desse modo hoje, até porque estamos em um outro paradigma filosófico. Entretanto, é imperioso que fiquemos vigilantes, para que não repitamos o "fator CPP-212", em que, embora claramente estabelecido no texto legal reformado que o juiz somente poderia fazer perguntas *complementares* às testemunhas, o Judiciário – inclusive o STJ e o STF – continuou a imprimir o mesmo procedimento (modelo de livre inquirição judicial, inclusive quanto à ordem das perguntas), como se nada tivesse sido alterado.

Pois bem. No presente trabalho, chamaremos a atenção do leitor para uma mudança que, bem lida, poderá contribuir (e muito!) para que tenhamos decisões judiciais efetivamente democráticas. Por sugestão de um dos autores deste texto,[4] depois encampada por colegas de academia e pela Relatoria do projeto legislativo que então tramitava na Câmara dos Deputados, o art. 926 do NCPC adotou a seguinte redação:

Os tribunais devem uniformizar sua jurisprudência e mantê-la estável, **íntegra e coerente**. [grifamos]

Em outras palavras, o NCPC passa a exigir "coerência e integridade" *da* e *na* jurisprudência. Isto é: em casos semelhantes, deve-se proporcionar a garantia da isonômica aplicação principiológica. O que é isto, como isto funciona e que diferença isto faz? É o que explicaremos em seguida.

1. Coerência, integridade e Estado Democrático de Direito: reconfigurando a jurisprudência

Coerência e integridade são conceitos naturalmente associados ao pensamento do jusfilósofo americano Ronald Dworkin. E a preocupação deste autor vai, com efeito, bem além da noção profana de que, na medida do possível, *casos semelhantes*

---

[4] Nesse sentido, ver: STRECK, Lenio Luiz. *Novo CPC decreta a morte da lei. Viva o common law!* Disponível em: <http://www.conjur.com.br/2013-set-12/senso-incomum-cpc-decreta-morte-lei-viva-common-law>. Acessado em: 05/01/2015; *Por que agora dá para apostar no projeto do novo CPC!* <http://www.conjur.com.br/2013-out-21/lenio-streck-agora-apostar-projeto-cpc>. Acessado em: 05/01/2015.

devem ter respostas jurídicas semelhantes. Seu ideal, como tentaremos deixar mais claro ao longo do presente texto, é a preservação da igualdade, expressa na noção de que o Poder Público (*government*) deve tratar aos seus cidadãos com *igual consideração e respeito* (*equal concern and respect*). Ou seja, não se trata apenas de *repetir decisões iguais*, mas de conectar as decisões a uma dimensão de moralidade.[5] A partir *desta exigência* (isonomia) é que se deve reconfigurar a tarefa decisória.

Veja-se que um dos alvos centrais do NCPC foi, justamente, a jurisprudência. Desde a exposição de motivos do Projeto nº 166/2010 já se anunciava que a "dispersão excessiva da jurisprudência" configurava um fator que acabava "por conduzir a distorções do princípio da legalidade e à própria ideia [...] de Estado Democrático de Direito".[6] Assim, a partir do início, um dos objetivos da Comissão de Juristas responsável pela primeira versão do NCPC foi o de criar estímulos para que a jurisprudência se uniformizasse e se estabilizasse, a pretexto de "concretizar plenamente os princípios da legalidade e da isonomia".[7]

A despeito da inequívoca legitimidade dos propósitos anunciados, o Anteprojeto apresentava, a nosso ver, alguns problemas. Não se percebia ali, por exemplo, um cuidado mais acentuado com a autoridade constitucional e legal dos argumentos que deveriam construir as decisões em torno das quais a jurisprudência deveria se consolidar. Também, preocupava a ênfase do projeto na chamada *instrumentalidade quantitativa*, em detrimento de uma *instrumentalidade qualitativa*, com a adoção de medidas anti-hermenêuticas para abreviação do tempo de duração do processo. Em definitivo: não havia qualquer ganho democrático em se estabilizar jurisprudência que não contasse com coerência e integridade.[8]

Esta versão inaugural acabou sofrendo, como dissemos, diversas modificações. A doutrina foi ouvida, houve amplo debate público. Consensos mínimos foram estabelecidos. E este é o contexto em que aparece, no artigo 926 NCPC, o dever judicial de manter a jurisprudência não apenas *estável,* mas também *íntegra* e *coerente*. Ponto para o legislador!

Para que possamos, contudo, compreender estes conceitos em sua verdadeira complexidade e na sua devida abrangência, é preciso voltar algumas casas. Somente se descobrirá o *valor* da coerência e da integridade na jurisprudência se percorrermos, como sugere Dworkin, o caminho da *ascensão justificatória*. É dizer: tentaremos demonstrar como essas exigências concretas, agora positivadas, têm origem em questões bem mais abrangentes, que dizem respeito à preservação da dignidade humana, à igualdade e à legitimidade de exercício do poder de coerção do Estado. Dito de outro modo, paciência, será necessário que passemos por questões de filosofia moral e política.

De plano, tenhamos presente que o conceito dworkiniano de *integridade*, apesar de ter como alvo principal a decisão judicial, a esta não se limita. Na verdade, o

---

[5] DWORKIN, Ronald. *Freedom's Law: The Moral Reading of the American Constitution*. Cambridge, Mass: Harvard University Press, 1996, p. 165-166. A tradução desta citação, assim como das demais em que a referência é feita à obra original em língua estrangeira, é de nossa responsabilidade.

[6] Exposição de Motivos ao Anteprojeto de Código de Processo Civil. Brasília: Senado Federal, 2010, p. 19.

[7] Cf. redação original do art. 847, IV, do Anteprojeto.

[8] MOTTA, Francisco José Borges. *Levando o Direito a Sério: Uma Crítica Hermenêutica ao Protagonismo Judicial*. 2. ed. Porto Alegre: Livraria do Advogado, 2012, p. 207.

estatuto da integridade tem por objetivo o aprimoramento do conceito de *legalidade* (ou, num sentido mais amplo, de *Estado de Direito*).⁹ Somente então é que se transita para a discussão a respeito da decisão judicial. Há, portanto, uma ligação a investigar, entre a concepção de "Direito como integridade" e o conceito de *legalidade*.

Com efeito, a noção de "Direito como integridade" supõe que as pessoas têm direito a uma extensão coerente, e fundada em princípios, das decisões políticas do passado, mesmo quando os juízes divergem profundamente o que isto significa;¹⁰ a ideia nuclear é a de que todos os direitos que sejam patrocinados pelos princípios que proporcionam a melhor justificativa da prática jurídica como um todo sejam pretensões juridicamente protegidas.¹¹

Dworkin parte do pressuposto de que a "integridade política", entendida como a necessidade de que o governo tenha uma só voz e aja de modo coerente e fundamentado em princípios com todos os seus cidadãos, para estender a cada um os padrões fundamentais de justiça e equidade que usa para alguns, é uma virtude política, uma exigência específica da moralidade política de um Estado que deve tratar os indivíduos com igual consideração e respeito.¹² Mais: trata-se de uma exigência do *autogoverno*, na medida em que um cidadão não pode considerar-se o autor de um conjunto de leis incoerentes em princípio; quer dizer: a integridade está ligada à questão da legitimidade da coerção oficial.¹³

O autor norte-americano sustenta que "as pessoas são membros de uma comunidade política genuína apenas quando aceitam que seus destinos estão fortemente ligados da seguinte maneira: elas aceitam que são governadas por princípios comuns, e não apenas por regras impostas por um arranjo político".¹⁴ E que, por essa razão, "uma comunidade de princípios aceita a integridade", já que aceita "a promessa de que o Direito será escolhido, alterado, desenvolvido e interpretado de um modo completamente fundado em princípios". Na sua visão, "uma comunidade de princípios, fiel a essa promessa, pode reivindicar a autoridade de uma verdadeira comunidade associativa".¹⁵

Neste sentido, a "coerência de princípio" deve ser valorizada por si mesma, e estende exigências tanto ao legislador como ao juiz, o que se expressa em dois princípios: o princípio da *integridade na legislação,*¹⁶ que pede aos que criam Direito por legislação que o mantenham coerente quanto aos princípios, e o princípio da *integridade no julgamento*, que pede aos responsáveis por decidir o que é a lei, que a vejam e façam cumprir como sendo coerente nesse sentido.¹⁷

---

⁹ A palavra *legality*, no contexto da obra de Dworkin, remete à noção de *Estado de Direito*; contudo, como Dworkin utiliza a palavra *legality* – e não a expressão *Rule of Law* –, daremos preferência à tradução de *legality* por *legalidade*.

¹⁰ DWORKIN, Ronald. *Law's Empire*. Cambridge, Mass.: The Belknap Press of Harvard University Press, 1986, p. 134.

¹¹ DWORKIN, *Law's Empire*, p. 152.

¹² DWORKIN, *Law's Empire*, p. 166.

¹³ DWORKIN, *Law's Empire*, p. 186-190.

¹⁴ DWORKIN, *Law's Empire*, p. 211.

¹⁵ DWORKIN, *Law's Empire*, p. 214.

¹⁶ A esse respeito consultar, necessariamente: HOMMERDING, Adalberto Narciso. *Teoría de la Legislación y Derecho como Integridad*. Curitiba: Juruá, 2012.

¹⁷ DWORKIN, *Law's Empire*, p. 166-167.

Para dar consequência às exigências da integridade, é necessário que o intérprete do Direito considere as duas dimensões da interpretação da prática jurídica: o ajuste (*fit*) e o valor (*value*). E a melhor maneira de compreender essa proposta é, na nossa visão, retomar a célebre analogia que Dworkin estabelece entre o raciocínio jurídico e a interpretação literária, que aparece em *A Matter of Principle* (*Uma Questão de Princípio*).[18]

Dworkin usa a interpretação literária como modelo para o modo central da análise jurídica. Para tanto, propõe um exercício literário: cada romancista deverá criar um capítulo subsequente de uma obra coletiva, assumindo com seriedade a responsabilidade de criar, o quanto possível, um romance único, integrado (ao invés, por exemplo, de uma série de contos independentes). O argumento central é o de que cada juiz, assumindo o seu papel de "um romancista na corrente", deve ler o que outros juízes fizeram no passado, não apenas para descobrir o que disseram, mas para chegar a uma opinião sobre o que esses juízes *fizeram* coletivamente, ou seja, como cada um deles (também) formou uma opinião sobre o "romance coletivo" escrito até então; nesses termos, ao decidir o novo caso, cada juiz deve considerar-se como parceiro de um complexo empreendimento em cadeia, sendo que o seu trabalho seria o de continuar essa história no futuro por meio do que faz agora.

É útil observar que, ao criar o capítulo seguinte, o romancista se movimenta em um espaço intermediário entre um mero tradutor (que reproduz o que já foi escrito) e alguém que dá início a um novo romance, sem qualquer relação com o que já foi escrito até ali. É mais livre que o primeiro e mais limitado do que o segundo. Isso ilustra o fato de que se lida, aqui, com duas dimensões nesta tarefa, antes anunciadas: o *ajuste* e o *valor*.

Em palavras simples, o romancista tem dois *problemas* a resolver. Primeiro, para dar continuidade à narrativa, ele deve manter uma espécie de *coerência formal* com o que se escreveu até ali. Não pode, por exemplo, sem oferecer razões para tanto, mudar a língua em que o texto é vazado, o nome dos personagens ou o enredo. Segundo, ele deve enfrentar a questão de *como desenvolver* a história, mantidas as limitações anteriores. Deve responder, portanto, a uma pergunta substantiva: que desenvolvimento, dentre os muitos possíveis, tornaria o romance melhor?[19]

Permitam-nos aqui um corte. Veremos depois, de maneira mais clara, de que modo a metáfora do romance em cadeia repercute sobre as exigências concretas que recaem sobre a decisão jurídica. Antes, porém, cabe retomar o argumento que abre este tópico, a saber: de que a concepção de *integridade* aqui apresentada se presta ao aperfeiçoamento do conceito de *legalidade*.

---

[18] DWORKIN, Ronald. *A Matter of Principle*. Cambridge, Mass./London: Harvard University Press, 1985, p. 158-162.

[19] GUEST, Stephen. *Ronald Dworkin*. Rio de Janeiro: Elsevier, 2010, p. 52-5. É claro que, em ambos os estágios, a interpretação está envolvida. Tanto o "ajuste" como o "valor" são questões interpretativas. Mesmo assim, está-se diante de uma distinção que deve ser conservada, como observa Guest: "Nossos julgamentos a respeito de questões interpretativas, tais como a literatura e o direito, são complexos e contêm muitos elementos de limitação. Os julgamentos gerais que fazemos são o resultado de vários tipos de julgamentos, alguns dos quais são julgamentos independentes que atuam como limitações sobre outros. Dworkin deve sustentar essa visão porque qualquer tipo de limitação sobre os tipos de julgamentos que fazemos não pode ser do tipo simples fatos 'aí no mundo'. As limitações devem elas próprias emanar do julgamento".

Para Dworkin, a legalidade, enquanto *valor*, enuncia que só se justifica o uso do poder de coerção de uma comunidade política de acordo com critérios *prévios* à sua utilização. Assim, a sua *importância especial* dependeria da demonstração de quais aspectos da vida humana beneficiam-se dessa restrição ao uso coercitivo do poder político. Conforme a concepção de Direito que se defenda, essa demonstração enfatizará um dos seguintes valores políticos: *exatidão*, *eficiência* ou *integridade*.[20]

O que o jusfilósofo norte-americano propõe, assim, é que se compreenda a legalidade no âmbito de uma teoria do Direito em que a *integridade política* forme um *campo gravitacional* ao seu redor. A integridade política dá à igualdade, como vimos, o sentido profundo de que o Estado deve governar de acordo com um conjunto de princípios aplicáveis a todos. Desse modo, a legalidade *serve* à integridade não no sentido mais vulgar de que o Direito deva ser aplicado conforme escrito, mas no sentido de preserva a *igualdade substancial* perante a lei.[21]

Essa *fusão* entre os conceitos de legalidade e integridade provoca, no âmbito da interpretação construtiva (a saber, aquela produzida pelo *romancista na cadeia*), uma ressignificação dos conceitos de *ajuste* e *valor* que é absolutamente iluminadora para o efeito de construção de um processo jurisdicional democrático. Dworkin propõe que as dimensões de *ajuste* e *valor* passem a ser pensadas a partir de dois conceitos políticos fundamentais: *imparcialidade processual* (que se torna a essência da dimensão do ajuste) e *justiça substantiva* (que vem a conformar a essência da dimensão do valor, ou da justificação política).[22]

Esta imbricação entre integridade, legalidade e processo democrático nos deixa em melhores condições de entender o que é, afinal, uma *resposta correta em Direito* (ou, dito de outro modo, uma *resposta adequada à Constituição*). É disso que trataremos, mais detidamente, no tópico seguinte.

2. Coerência principiológica e respostas adequadas à Constituição

Reconhecer ou deixar de reconhecer um determinado direito, numa demanda judicial, é, no limite, uma questão de democracia, na medida em que os argumentos justificadores da decisão radicam numa concepção mais geral a respeito da maneira adequada de equacionar a tensão que se estabelece entre o sistema de direitos e a soberania popular, entre a autonomia pública e a autonomia privada, entre a igual consideração e respeito e a responsabilidade ética individual.

Mas que tipo de argumento é um bom argumento (um argumento válido) para justificar uma decisão jurídica?

A resposta de Dworkin, desde *Taking Rights Seriously* (*Levando os Direitos a Sério*), é: a decisão jurídica deve ser gerada por *princípios*. É conhecida a distinção que o autor traça entre os *argumentos de política* e os *argumentos de princípio*. De acordo com o jusfilósofo norte-americano, "os argumentos de política justificam uma

---

[20] DWORKIN, Ronald. *Justice in Robes*. Cambridge, Mass./London: The Belknap Press of Harvard University Press, 2006, p. 172. Para Dworkin, é o *interpretativismo* (e não o positivismo jurídico) a concepção de Direito que trata da legalidade como uma forma de honrar o valor político da integridade.

[21] DWORKIN, *Justice in Robes*, p. 177.

[22] DWORKIN, *Justice in Robes*, p. 171.

decisão política, mostrando que a decisão fomenta ou protege algum objetivo coletivo da comunidade como um todo", ao passo que os "argumentos de princípio justificam uma decisão política, mostrando que a decisão respeita ou garante um direito de um indivíduo ou de um grupo".[23] Essa diferença deve ser harmonizada, porém, com a ideia de que o Direito é, em sentido normativo, uma subdivisão da moralidade política.[24]

Entenda-se, pois, que os argumentos de princípio são, sim, "políticos" em um sentido mais abrangente. Pode-se dividi-los, nada obstante, em argumentos de *princípio político* (que recorrem aos direitos políticos de cidadãos individuais) e em argumentos de *procedimento político* (que exigem que alguma decisão particular promova alguma concepção do bem-estar geral ou do interesse público).[25] Assim, enquanto o princípio é um padrão que favorece um "direito", a política é um padrão que estabelece uma "meta". Dessa forma, os argumentos de princípio são argumentos em favor de um direito, e os argumentos de política são argumentos em favor de algum objetivo de cariz coletivo, geralmente relacionado ao bem comum. Dito de outro modo, "argumentos de princípio são argumentos destinados a estabelecer um direito individual; argumentos de política são argumentos destinados a estabelecer um objetivo coletivo"; ou, ainda, "os princípios são proposições que descrevem direitos; as políticas são proposições que descrevem objetivos".[26]

Se os membros de uma comunidade política têm direito a uma extensão coerente, *e fundada em princípios*, das decisões políticas do passado, então as decisões jurídicas decorrem do conjunto de princípios que forneçam a melhor justificativa da prática jurídica como um todo. A integridade é uma exigência da moralidade política de um Estado que deva garantir, às pessoas sob seu domínio, igual consideração e respeito; neste sentido, a coerência de princípios pela integridade assegurada é uma *condição de legitimidade* da coerção oficial, uma questão de *autoridade moral* das decisões coletivas.

A questão remete-nos, portanto, à ligação entre a legitimidade política de uma decisão judicial – como expressão da coerção estatal – e a exigência de que ela represente uma resposta *correta* (ou *adequada*)[27] ao caso posto em exame. Isso porque a reivindicação de que as decisões estejam baseadas na melhor justificativa da prática jurídica como um todo é evidentemente incompatível com a discricionariedade do intérprete, ou com qualquer outra abertura para que ele introduza, como fundamentação da decisão, a sua própria preferência particular.

---

[23] DWORKIN, Ronald. *Taking Rights Seriously*. Cambridge, Mass.: Harvard University Press, 1977, p. 82.

[24] Dworkin pensa o Direito como uma subdivisão da moralidade política, ideia esta que é desenvolvida, com maior detalhe, em *Justice for Hedgehogs* (*Justiça para Ouriços*). Resumidamente, na sua formulação, a moralidade pessoal (que diz respeito a como devemos tratar os demais, no âmbito das relações privadas) é concebida de modo a derivar da Ética (da ideia de *boa vida*, submetida apenas às restrições impostas pela dignidade humana); e a moralidade política (que diz respeito às relações estabelecidas no âmbito de uma comunidade política) é concebida como um desdobramento da moralidade pessoal. Com isso, Dworkin dá ao argumento jurídico o formato de um argumento moral, conectando a sua validade com sua justificação.

[25] DWORKIN, *A Matter of Principle*, p. 11.

[26] DWORKIN, *Taking Rights...*, p. 90.

[27] Conferir, sobre o direito fundamental a uma resposta judicial *adequada à Constituição*: STRECK, Lenio Luiz. *Verdade e Consenso: Constituição, Hermenêutica e Teorias Discursivas*. 5. ed. São Paulo: Saraiva, 2014; STRECK, Lenio Luiz. *Jurisdição Constitucional e Decisão Jurídica*. 3. ed. São Paulo: Revista dos Tribunais, 2013.

A tese da única resposta correta (*one right answer*) que marca a doutrina dworkiniana é, à primeira vista, contraintuitiva. Já chega a ser um truísmo, atualmente, dizer que as sociedades complexas são moral e axiologicamente pluralistas, o que torna aparentemente suspeito sustentar que haja verdades objetivas sobre questões que dizem respeito à coletividade, principalmente quando se diz que elas são encontráveis através de uma leitura moral. Dworkin responde às objeções feitas à sua tese no capítulo 13 de *Taking Rights Seriously*, sob o título *Can rights be controversial?* (Direitos podem ser controversos?). O autor reconhece que, em um mundo no qual homens e mulheres divergem tanto e sobre tantas coisas, parece tolo e arrogante pensar que exista uma única resposta correta em cada controvérsia.[28] Contudo, ele lembra que os juristas continuam discutindo as questões polêmicas, e tentando convencer os juízes e a comunidade jurídica da *correção* de seus argumentos. O Direito e a discussão jurídica existem justamente porque é possível fazer afirmações e negações sobre a correção ou incorreção de uma dada tomada de posição. Disso se depreende que, se de um lado a aparência é a de que respostas corretas não existem, de outro as decisões jurídicas devem ser baseadas na correção de uma solução em vez de outra, e não na vontade insondável de quem está na posição de decidir.

Entretanto, não se pode advogar uma noção ingênua e simplista de que as respostas corretas estejam prontas e disponíveis em uma caixa-forte, ao modo de verdades metafísicas.[29] A resposta adequada, ao contrário, está ligada ao esforço de *descobrir* os direitos relativos às partes, em oposição à ideia de *inventá-los*.[30]

É assim que não basta que a decisão jurídica esteja correta no seu *resultado*; a decisão deve, também, legitimar-se a partir da resposta aos argumentos dos interessados. A partir da leitura moral[31] das cláusulas constitucionais que tratam do processo (em especial, as cláusulas do *devido processo legal* e do *contraditório*), pode-se justificar a conclusão de que, nos quadros de um Estado Democrático de Direito, as exigências do *autogoverno* (dito num nível mais abstrato: exigências da autonomia e da dignidade) fazem com que as decisões jurídicas devam ser construídas em conjunto com os interessados no seu resultado; e que, para tanto, deve-se garantir a *participação* destes no processo de resolução das questões que os atingem.

3. A *chave de leitura* de um sistema de justiça democrático

Decisões coerentes entre si, geradas por princípios e construídas em conjunto com os interessados em seu resultado são, portanto, decisões democráticas, adequadas à Constituição e, neste sentido, *corretas*. É para esta dimensão profunda que

---

[28] DWORKIN, *Taking Rights*..., p. 279.

[29] Em capítulo anterior do mesmo livro, Dworkin já rejeitara fortemente essa visão: "A teoria da caixa-forte é, obviamente, sem sentido. Quando digo que pessoas têm visões do direito quando o direito é duvidoso, e que essas visões não são meras previsões do que os tribunais vão decidir, não pretendo tal metafísica. Eu apenas quero sumarizar tão precisamente quanto possível muitas das práticas que são parte de nosso processo legal". DWORKIN, *Taking Rights*..., p. 216.

[30] DWORKIN, *Taking Rights*..., p. 280.

[31] A *leitura moral* é uma estratégia de interpretação proposta por Dworkin, que tem por alvo principal as cláusulas constitucionais que estabeleçam direitos e que sejam vazadas em linguagem abstrata. A ideia é compreendê-las como princípios morais abrangentes, fixadores de limites do poder de coerção coletiva. Defendemos a possibilidade de se fazer a chamada *leitura moral* das cláusulas que conformam, no contexto constitucional brasileiro, o *devido processo legal* (contraditório, juiz natural, vedação a provas ilícitas etc.).

aponta o art. 926 do NCPC, quando lido sob a sua melhor luz (*in its best light*, para falarmos como Dworkin).

Não se trata, portanto, de *dar um nome novo a uma ideia velha*. Não surpreenderão comentários de que a questão já se achava bem dimensionada nos termos de "segurança jurídica/certeza" (ou justiça). Parecerá assim ao dogmaticismo ingênuo, com o qual se pretende romper. Ignora-se aí, neste apego a categorias jurídicas pré-modernas, todo o contexto teórico metafísico (clássico) em que submerge a discussão doutrinária. Segurança e certeza aparecem na praxe jurídica como "valores" autorreferentes, desarticulados, descarnados, ontologicistas e algo teológicos. Repristinam a cada decisão o dilema cego entre positivismo e jusnaturalismo, ambos constituindo fundamentos últimos e absolutos, prontos para acolher ou rejeitar qualquer pedido ao talante do juiz.

Já a coerência e a integridade avançam no problema, deslocando seu âmbito de solução para a "consciência histórica". Valem por todo contexto teórico que aportam e pela sofisticada relação conceitual que entretém. A integridade é *virtude política* a ser adotada por uma autêntica comunidade de princípios (para além de uma associação de indivíduos meramente circunstancial, ou pautada num modelo de regras), e se expressa pela coerência principiológica na lei e jurisprudência. Aqui já de pronto transparece uma questão nova: a coerência e integridade são antitéticas ao *panprincipiologismo*, pela simples razão de que a "invenção" de um "princípio" sempre é feita para quebrar a integridade e a cadeia coerentista do discurso. Aliás, se é para confirmar a integridade e seguir coerentemente com o que vem sendo decidido, não há necessidade de se *inventarem* princípios.

Fixemos pela repetição: coerência não é simplesmente se ater ao fato de que cada nova decisão deve seguir o que foi decidido anteriormente. Claro que é mais profunda, porque exige consistência em cada decisão com a moralidade política (não a privada, ou comum) instituidora do próprio projeto civilizacional (nos seus referenciais jurídicos) em que o julgamento se dá.

A *integridade* quer dizer: tratar a todos do mesmo modo e fazer da aplicação do direito um "jogo limpo" (*fairness* – que também quer dizer tratar todos os casos equanimemente). Exigir coerência e integridade quer dizer que o aplicador *não pode dar o drible da vaca hermenêutico* na causa ou no recurso, do tipo "seguindo minha consciência, decido de outro modo". O julgador não pode tirar da manga do colete um argumento que seja incoerente com aquilo que antes se decidiu. Também o julgador não pode quebrar a cadeia discursiva "porque quer" (ou porque sim).

A coerência e a integridade são, assim, os *vetores principiológicos* pelos quais *todo* o sistema jurídico deve ser lido. Em outras palavras, em qualquer decisão judicial a fundamentação – incluindo as medidas cautelares e as tutelas antecipadas – deve ser respeitada a coerência e a integridade do Direito produzido democraticamente sob a égide da Constituição. Da decisão de primeiro grau à mais alta Corte do país. Se os tribunais devem manter a jurisprudência estável, íntegra e coerente, logicamente os juízes de primeiro grau devem julgar segundo esses mesmos critérios.

Da mesma forma em que no nosso cotidiano não podemos sair por aí trocando o nome das coisas e fazendo o que queremos, também no direito não podemos trocar o nome dos institutos e atribuir sentidos às coisas segundo nossos sentimentos pessoais. Assim como o mundo não nos pertence e nele nos situamos a partir de uma intersubjetividade, também no direito a linguagem não é privada. Não é nossa. Não dizemos, em uma discussão, "seja coerente e assuma o que você disse ontem?" Mas não basta ser coerente com o que se disse ontem, se o que você disse ontem estava equivocado. A coerência, assim, deve ceder à integridade.

Fazendo uma alegoria: você pode mentir e ser coerente em (e com as) suas mentiras. Como se dá um basta nessa "mentirança"? Mostrando a verdade. A verdade quebra a mentira. Ou seja, a integridade serve para quebrar uma cadeia falsa ou equivocada acerca da interpretação de uma lei. Onde se lê "verdade", leia-se a Constituição em seu todo principiológico.

Em útima análise, decisão *íntegra e coerente* quer dizer respeito ao direito fundamental do cidadão frente ao Poder Público de não ser surpreendido pelo entendimento pessoal do julgador, um direito fundamental a uma resposta adequada à Constituição, que é que, ao fim e ao cabo, sustenta a integridade. Na feliz construção principiológica de Guilherme Valle Brum, sempre que uma determinada decisão for proferida em sentido favorável ou contrário a determinado indivíduo, ela deverá necessariamente ser proferida da mesma maneira para os outros indivíduos que se encontrarem na mesma situação.[32]

Decidir com coerência e integridade é um dever, e não uma opção ou escolha: o direito não aconselha meramente os juízes e outras autoridades sobre as decisões que devem (*ought to*) tomar; determina que eles têm um dever (*have a duty to*) de reconhecer e fazer vigorar certos padrões.

A partir de agora, teremos um lema (padrão) a seguir: lutar para que o direito seja um conjunto harmônico que deve expressar um sistema coerente de justiça, ligado por princípios que proporcionam essa integridade.[33]

Conclusão: levando o NCPC a sério

Afinal, e antes que alguém diga que isso será "letra-morta" nas mãos de juristas mais "práticos" (*sic*), convidamos a todos que se engajem na missão de levar a sério o Direito. Não precisamos encarar a lei como mero engodo, e estabelecer uma relação paranoica entre cidadania e burocracia. Ainda quando a promessa estatal soe vazia (o que não é o caso: o NCPC é, em geral, uma boa peça de legislação), podemos nos apropriar dela na práxis social. Friedrich Muller lembra-nos que "não se estatuem impunemente textos de normas e textos constitucionais" e que "os textos podem revidar".[34] Estejamos preparados, pois.

O resumo dessa nossa conversa é o seguinte: lido *em sua melhor luz* (e cabe a cada leitor a tarefa de dar a *melhor interpretação possível* ao texto), o NCPC abre as portas para que se adote, finalmente, uma teoria da decisão judicial efetivamente

---

[32] BRUM, Guilherme Valle. *Uma teoria para o controle judicial de políticas públicas*. Rio de Janeiro: Lumen Juris, 2014, p. 124-150. Outro livro recomendado é de Rafael Tomaz de Oliveira. *Decisão Judicial e Conceito de Princípio*. Porto Alegre, Livraria do Advogado, 2008.

[33] Argemiro Martins, Cláudia Roesler e Ricardo de Jesus (A noção de coerência na teoria da argumentação jurídica de Neil MacCormick – NEJ n. 27, 2011) enxergam – corretamente – uma cooriginariedade entre coerência e integridade, lição que retiram de MacCormick, que, a exemplo de Dworkin, aposta na coerência e na integridade como condição de possibilidade para as decisões judiciais em uma democracia.

[34] MÜLLER, Friedrich. *Quem é o povo?* Trad. Peter Naumann 6ª ed. São Paulo: Revista dos Tribunais, 2011, p. 88.

democrática. Pensamos que o problema da democracia, no processo, deve ser equacionado de dois modos: primeiro, por meio de um procedimento em que se garanta, via contraditório, uma *decisão participada*; segundo, através dos *fundamentos* que compõem a decisão jurídica (e aqui é que aparece, de forma mais nítida, o dever judicial de manter a coerência e a integridade de princípios).

Levadas estas exigências mais a fundo, é possível afirmar: a interpretação construtiva da Constituição leva à tese de que uma decisão jurídica e democraticamente correta deve ter a sua legitimidade confirmada por uma dupla dimensão da resposta correta: procedimento constitucionalmente adequado e a interpretação dirigida à integridade.[35]

Explicando melhor, a partir de uma *leitura moral* das cláusulas constitucionais que tratam do processo jurisdicional, podemos concluir que, nos quadros de um Estado Democrático de Direito, as demandas do *autogoverno* (exigências da autonomia e da dignidade) reivindicam que as decisões jurídicas sejam construídas em conjunto com os interessados no seu resultado; e de que, para que isso ocorra, deve-se garantir a *participação* destes no processo de resolução das questões que lhes atingem. Neste sentido, propomos uma interpretação da cláusula do devido processo legal que a incorpore ao Direito *como um princípio moral abrangente, que imponha limites ao poder do Estado*. A concepção constitucional de democracia (*partnership conception*) autoriza, cremos, uma interpretação das cláusulas constitucionais referentes ao processo jurisdicional que as eleve ao patamar de *condições democráticas*. E, dentre estas (*participação, interesse* e *independência*), a que encontra sua expressão mais natural no processo jurisdicional é, certamente, a garantia de *participação*: condição esta ligada à possibilidade de os participantes virem a influenciar, com seus argumentos, o provimento jurisdicional. Esta possibilidade é assegurada, por sua vez, por meio de uma compreensão constitucional da cláusula do *contraditório*, que garante a geração de *decisão participada* e, portanto, construída democraticamente. Em definitivo, uma resposta jurídica e democraticamente correta deve ser, sobretudo, *resultado de um processo correto*.

Simples, pois. E, ainda assim, tão complexo.

Guardemos bem isso, então: trazer a integridade para o âmago do processo não é fazer *perfumaria jurídica*, ou criar um cosmético destinado a cair em concursos públicos ou a impulsionar a venda de novos livros. É, isto sim: a) levar a sério o processo e os direitos de seus participantes; b) uma mudança de *postura*, ou de *atitude interpretativa* com relação ao processo e às disposições que lhe dizem respeito; c) enxergar nos contraditores não meros opositores ou *adversários*, mas sim *membros de uma comunidade política genuína*, que são governados por *princípios comuns* (e não apenas por regras criadas pelo jogo político) e que, justamente por isso, *aceitam a integridade*; e d) entender que coerência é um conceito intercambiável (um tribunal pode decidir coerentemente, só que de forma equivocada; portanto, coerência necessariamente não quer dizer acerto; a integridade é a garantia de que a coerência *no erro* possa ser dissolvida).

---

[35] Essa noção é desenvolvida com maior detalhe em: MOTTA, Francisco José Borges. *Ronald Dworkin e a decisão jurídica*. Livro no prelo.

Com isso entendido, em frente! Interpretar (um texto literário, religioso, jurídico, não importa), como diz Dworkin, é uma questão de *reponsabilidade* e de *valor*. Todos nós temos a *responsabilidade* de levar o NCPC a sério, de identificar o que há de *valioso* nas suas disposições e de levar o empreendimento adiante. Afinal, o Direito é uma construção coletiva, destinada a garantir a legitimidade da ação do Poder Público. Sugerimos que o NCPC seja lido assim: como um passo firme na direção da instituição de um processo jurisdicional democrático. Esse é o seu *valor*. Cabe a nós a *responsabilidade* pela sua promoção. Se tivermos sucesso, talvez possamos dizer que, a partir de agora, ingressar em juízo não é mais "correr sozinho e arriscar chegar em segundo lugar", com o juiz decidindo *conforme sua consciência*. Depende de nós.

Bibliografia

BRUM, Guilherme Valle. *Uma teoria para o controle judicial de políticas públicas*. Rio de Janeiro: Lumen Juris, 2014.

DWORKIN, Ronald. *Taking Rights Seriously*. Cambridge, Mass.: Harvard University Press, 1977.

——. *A Matter of Principle*. Cambridge, Mass./London: Harvard University Press, 1985.

——. *Law's Empire*. Cambridge, Mass.: The Belknap Press of Harvard University Press, 1986.

——. Freedom's Law: The Moral Reading of the American Constitution. Cambridge, Mass.: Harvard University Press, 1996.

——. *Justice in Robes*. Cambridge, Mass./London: The Belknap Press of Harvard University Press, 2006.

——. *Justice for Hedgehogs*. Cambridge, Mass./London: The Belknap Press of Harvard University Press, 2011.

GUEST, Stephen. *Ronald Dworkin*. Rio de Janeiro: Elsevier, 2010.

HOMMERDING, Adalberto Narciso. *Teoría de la Legislación y Derecho como Integridad*. Curitiba: Juruá, 2012.

MOTTA, Francisco José Borges. *Levando o Direito a Sério: Uma Crítica Hermenêutica ao Protagonismo Judicial*. 2. ed. Porto Alegre: Livraria do Advogado, 2012.

MÜLLER, Friedrich. *Quem é o povo?* Trad. Peter Naumann 6ª ed. São Paulo: Revista dos Tribunais, 2011.

OLIVEIRA, Rafael Tomaz de. *Decisão Judicial e Conceito de Princípio*. Porto Alegre, Livraria do Advogado, 2008.

STRECK, Lenio Luiz. *Jurisdição Constitucional e Decisão Jurídica*. 3. ed. São Paulo: Revista dos Tribunais, 2013

——. *Novo CPC decreta a morte da lei. Viva o common law!* Disponível em: <http://www.conjur.com.br/2013-set-12/senso-incomum-cpc-decreta-morte-lei-viva-common-law>. Acessado em: 05/01/2015;

——. *Por que agora dá para apostar no projeto do novo CPC!* <http://www.conjur.com.br/2013-out-21/lenio-streck-agora-apostar-projeto-cpc>. Acessado em: 05/01/2015.

——. *Verdade e Consenso: Constituição, Hermenêutica e Teorias Discursivas*. 5. ed. São Paulo: Saraiva, 2014.

— 3 —

Um resgate discursivo a se realizar, *íntegra e coerentemente*: uma (*re*)*leitura principiológica* a se efetuar à luz do *novo* Código de Processo Civil brasileiro

JOÃO PAULO FONTOURA DE MEDEIROS[1]

Sumário: Introdução; 1. Afinal, *leva-se a sério* a "*Grundgesetz*" a partir de sua leitura como "*konkrete Wertordnung*"? Um olhar sobre os artigos 1º e 926 do novo Código; 2. De Herbert Lionel Adolphus Hart a Jürgen Habermas, passando-se por Robert Alexy e Ronald Dworkin: um artigo 8º a *pós--positivamente se aplicar*; 3. Ainda de Ronald Dworkin a Jürgen Habermas, para além do equilíbrio entre "*Ancien Régime*" e "*sozialen Funktion des Prozesses*": uma (re)leitura da *cooperação* à luz de um "*efetivo contraditório*"; À guisa de conclusão; Referências bibliográficas.

Introdução

Lidar com um paradigma é sempre algo delicado,[2] justamente pela força com que os significados se mantêm em meio aos cientistas.[3] Em se tratando de revoluções científicas[4] por que se reconstroem[5] conceitos existentes,[6] necessariamente se tem de,

---

[1] Promotor de Justiça do Estado do Rio Grande do Sul. Doutorando em Direito, em regime "per saltum", pela Faculdade de Direito da Universidade de Lisboa, Portugal, na qual cursou o Mestrado Científico em Direito. Especialista em Direito Processual Civil pela Pontifícia Universidade Católica do Rio Grande do Sul – PUCRS. Ex-Procurador do Banco Central do Brasil.

[2] MEDEIROS, João Paulo Fontoura de. *Teoria Geral do Processo: O processo como serviço público*. 2. ed. Curitiba: Juruá, 2008, p. 221 e segs.

[3] A respeito: FACHIN, L. E. *Teoria Crítica do Direito Civil*. Rio de Janeiro/São Paulo: Renovar, 2000. p. 173 e ss.; VEYNE, Paul. "Um arqueólogo escéptico", *in El infrecuentable Michel Foucault: Renovación Del pensamiento crítico*. Bajo la dirección de Didier Eribon. Primera edición. Argentina/Buenos Aires: Letra Viva, Librería y Editorial, 2004. p. 50.

[4] A esse respeito, *vide* o afirmado por Boaventura de Sousa Santos (SANTOS, Boaventura de Sousa. *A crítica da razão dominante: contra o desperdício da experiência. Para um novo senso comum: a ciência, o direito e a política de transição paradigmática*. São Paulo, Cortez, 2000. v.1, p. 19). Até mesmo porque, como bem lembrou Rudolf Von Jhering, "...*a idéia do direito será eternamente um movimento progressivo de transformação*". (JHERING, Rudolf von.*A Luta pelo Direito*.15. ed. Rio de Janeiro: Forense,1995.p.7).

[5] Ver: KUHN, Thomas S. *A estrutura das revoluções científicas*. Tradução de Beatriz Vianna Boeira e de Nelson Boeira. 9. ed. São Paulo, Perspectivas, 2006, p. 116.

[6] Ver: DELEUZE, Gilles; GUATTARI, Félix. *O que é Filosofia?* Rio de Janeiro, 34, 1983, p.109. Em mesmo sentido: STRECK, Lenio Luiz. *Hermenêutica Jurídica e(m) Crise*. Porto Alegre: Livraria do Advogado, 2000. p. 240.

parafraseando-se Gilles Deleuze e Félix Guattari, *"inventar e pensar o conceito"*.[7] Não se tivesse de *"pensar"*[8] o *novo* Código de Processo Civil brasileiro, para que aqui se fique com a acertada expressão de Gilles Deleuze e de Félix Guattari, afigurar-se-iam suficientes *meras tabelas* por que, simplesmente, se comparariam *novo* (Lei n° 13.105/2015) e *antigo* (Lei n° 5.869/1973). Ou então bastaria que *dialeticamente* se abordassem seus *dispositivos* e se lhes relacionassem os *princípios* a orientarem sua interpretação. O problema é que o progresso da *"scientia"* depende de os cientistas, em vez de se sentirem intimidados por velhos conceitos,[9] disporem-se a revê-los.[10] Para além de se ter de impedir que o *paradigma dominante* se preste a inibir[11] que, *deleuzeanamente, se pense*[12] a seu respeito, o fato é que se está perante *novo Código de Processo Civil brasileiro,* cuja interpretação exige que, a teor de seu artigo 926,[13] tanto quanto possível,[14] se atente ao *princípio de integridade*[15] e à obrigação que lhe é inerente no sentido de o sistema de direitos ter de ser interpretado *"...como a expressão de uma concepção coerente de justiça"*.[16] Tal qual a *"forma de um sistema"* a que Karl Larenz se reportara em *"Methodenlehre der Rechtswissenschaft"*,[17] urge que *dworkinianamente* se insira o *novo Código Processo Civil brasileiro*, em respeito à legitimante *autolegislação* de que também não se descuida Jürgen Habermas, num esquema que se apresente íntegro e coerente relativamente à *"... legislatura como um todo"*.[18] Sem embargo de realmente se ter de levar em consideração *"... um relatório formal de comissão, ou a declaração inconteste do relator de um projeto de lei"*,[19] o certo é que jamais se há de ter em mente *apenas* o histórico legislativo original[20] e contemporâneo à promulgação da lei.[21] Assim é que, em qualquer *"... interpretação*

---

[7] Ver: DELEUZE, Gilles; GUATTARI, Félix. *O que é Filosofia?* Rio de Janeiro, Editora 34, 1983, p. 109.

[8] Ver: DELEUZE, Gilles; GUATTARI, Félix. *O que é Filosofia?* Rio de Janeiro, Editora 34, 1983, p. 109.

[9] A propósito: *"Não fazemos nada de positivo, mas também nada no domínio da crítica ou da história, quando nos contentamos em agitar velhos conceitos esteriotipados como esqueletos destinados a intimidar toda criação, sem ver que os antigos filósofos, de que são emprestados, faziam o que já se queria impedir os modernos de fazer: eles criavam seus conceitos e não se contentavam em limpar, em raspar os ossos, como o crítico ou o historiador de nossa época. Mesmo a história da filosofia é inteiramente desinteressante, se não se propuser a despertar um conceito adormecido, a relançá-lo numa nova cena, mesmo a preço de voltá-lo contra ele mesmo"*. (DELEUZE, Gilles; GUATTARI, Félix. *O que é Filosofia? Op. cit.,* p. 109). Acresça-se a-lhe a ressalva no sentido de que *"...para que se rompa com as concepções vigorantes no campo jurídico-dogmaticizante, sustentadas no paradigma metafísico-objetificante, os textos jurídicos normativos e os fatos sociais não podem ser tratados como objetos"*. (STRECK, Lenio Luiz. *Hermenêutica Jurídica e(m) Crise, op. cit.,* p. 240).

[10] Cf. SANTOS, Boaventura de Sousa. *A crítica da razão dominante, op. cit.,* p. 19.

[11] Cf. SANTOS, Boaventura de Sousa. *A crítica da razão dominante, op. cit.,* p. 34.

[12] Cf. DELEUZE, Gilles e GUATTARI, Félix. *O que é Filosofia? Op. cit.,* p. 109.

[13] Leia-se: *"Art. 926. Os tribunais devem uniformizar sua jurisprudência e mantê-la estável, íntegra e coerente."*

[14] Cf. DWORKIN, Ronald. *O Império do Direito.* Publicada originalmente com o título *"LAWS'S EMPIRE"*, por Harvard University Press, 1986, tradução de Jefferson Luiz Carvalho, revisão técnica de Gildo Leitão Rios, São Paulo, Martins Fontes, 1999, p. 403 e 441.

[15] A respeito: DWORKIN, Ronald. *O Império do Direito, op. cit.,* p. 403.

[16] Cf. DWORKIN, Ronald. *O Império do Direito, op. cit.,* p. 441.

[17] Cf. LARENZ, Karl. *Metodologia da ciência do Direito.* Tradução de *"Methodenlehre der Rechtswissenschaft"*, 1991. Tradução por José Lamego, Lisboa, Fundação Calouste Gulbenkian, 1997, 3.ª edição, p. 621/622.

[18] Cf. DWORKIN, Ronald. *O Império do Direito, op. cit.,* p. 394.

[19] Cf. DWORKIN, Ronald. *O Império do Direito, op. cit.,* p. 411.

[20] Cf. DWORKIN, Ronald. *O Império do Direito, op. cit.,* p. 418.

[21] Cf. DWORKIN, Ronald. *O Império do Direito, op. cit.,* p. 419.

construtiva"²² que se faça do novo Código de Processo Civil brasileiro, há de se atentar aos "*...saltos qualitativos*"²³ por que o pensamento jurídico,²⁴ descontinuamente,²⁵ evoluiu²⁶ até a sua promulgação. Enfim, parafraseando-se Ronald Dworkin e se tendo de contrapô-lo a Robert Alexy em certos trechos deste estudo, na esteira da reverência que *principiologicamente* se lhes prestara no novo Código de Processo Civil brasileiro (CPC, artigos 926 e 8º) tal qual se dera quanto a Jürgen Habermas (CPC, art. 6º), há de se levar o direito *a sério*.²⁷ Aliás, tamanha *seriedade* exige que, para além de se ter de *habermasianamente* emprestar ao *dworkiniano* Hércules²⁸ a *ética discursiva*²⁹ de que tanto necessita para que se afaste ainda mais da pecha de "*Selbstsüchtiger*",³⁰ impeça-se o "*antigo*" *paradigma* de inibir que se *pense*³¹ o "*novo*" *paradigma* que passará a se fazer visceralmente presente no *novo* Código de Processo Civil brasileiro a partir dos princípios constantes de seu preâmbulo.

1. Afinal, *leva-se a sério* a "*Grundgesetz*"³² a partir de sua leitura como "*konkrete Wertordnung*"³³? Um olhar sobre os artigos 1º e 926 do novo Código

Desde a polêmica³⁴ entre Hans Kelsen e Carl Schmitt acerca de quem deveria ser o "*Hünter der Verfassung*"³⁵ à época da Constituição de Weimar,³⁶ a partir de

---

²² Cf. DWORKIN, Ronald. *O Império do Direito, op. cit.*, XIII.

²³ Cf. SANTOS, Boaventura de Sousa. *Introdução a uma Ciência Pós-Moderna*. Rio de Janeiro, Graal, 1989, p. 134. Nesse sentido: MEDEIROS, João Paulo Fontoura de. *Teoria Geral do Processo, op. cit.* p. 218ss.

²⁴ A respeito: SANTOS, Boaventura de Sousa. *A crítica da razão dominante, op. cit.*, p. 19. No dizer de Rudolf Von Jhering, "*...a idéia do direito será eternamente um movimento progressivo de transformação*" (JHERING, Rudolf Von. *A Luta pelo Direito, op. cit.*, p. 7).

²⁵ Cf.SANTOS, Boaventura de Sousa. *Introdução a uma Ciência Pós-Moderna. Op. cit.*, p.134.

²⁶ Cf. KUHN, Thomas S. *A estrutura das revoluções científicas, op. cit.*, p. 191.

²⁷ Cf. DWORKIN, Ronald. *Levando os direitos a sério*. Originalmente publicado em inglês, com o título "*TAKING RIGHTS SERIOUSLY*", por Harvard University Press, 1977, tradução de Nelson Boeira, revisão da tradução por Silvana Vieira, São Paulo, Martins Fontes, 2002, p. 286

²⁸ Quanto a Hércules e à integridade: DWORKIN, Ronald. *O Império do Direito, op. cit.*, p. 479.

²⁹ A propósito: HABERMAS, Jürgen. *Direito e Democracia: Entre Facticidade e Validade*. Volume I. Traduzido do original alemão "*Faktizität und Geltung. Beiträge zur Diskursthorie des Rechits und des demokratische Rechtstaats*", Frankfurt, Ed. Suhrkamp, 1994, tradução de Flávio Beno Siebeneichler, revisão de Daniel Camarinha da Silva, Rio de Janeiro: Tempo Brasileiro, 1997, p. 114-145; HABERMAS, Jürgen; RAWLS, John. *Debate sobre el liberalismo político*. Traducción de Gerard Vilar Boca, cubierta de Mario Eskenazi, introducción de Fernando Vallespín, Ediciones Paidós, I.C.E. de la Universidad Autónoma de Barcelona, Barcelona, Pensamiento contemporâneo, colección dirigida por Manuel Cruz, 1998, p. 29.

³⁰ Tradução livre: "*sujeito solipsista*" (Cf. STRECK, Lenio Luiz. "A interpretação do Direito e o dilema acerca de como evitar juristocracias: a importância de Peter Häberle para a superação dos atributos (*Eigenschaften*) solipsistas do Direito", in *Observatório da Jurisdição Constitucional*. Brasília, IDP, Ano 4,2010/2011,ISSN 1982-4564,p.21).

³¹ Cf. DELEUZE, Gilles e GUATTARI, Félix. *O que é Filosofia? Op. cit.*, p. 109.

³² Tradução livre: "*Constituição*". A respeito: HABERMAS, Jürgen. *Facticidad y Validez. Sobre el derecho y el Estado democrático de derecho en términos de teoría del discurso*. Título original: "*Beiträge zur Diskursteorie des Rechts und des demokratischen Rechtsstaats*", Suhrkamp Verlag, Frankfurt am Main, 1992 y 1994. Introducción y traducción, sobre la cuarta edición revisada, de Manuel Jiménez Redondo, Madrid, Editorial Trotta, 1998, p. 327.

³³ Cf. HABERMAS, Jürgen. *Facticidad y Validez, op. cit.*, p. 329; STRECK, Lenio Luiz. "Constituição e Hermenêutica em Países Periféricos", in *Constituição e Estado Social: os obstáculos à concretização da Constituição*. Coimbra, Coimbra Editora, 2008, p. 201. Tradução livre: "*ordem concreta de valores*".

³⁴ A questão remete à polêmica entre Carl Schmitt e Hans Kelsen, a respeito de quem deveria ser o Defensor da Constituição. No entender de Carl Schmitt, o "*...juramento político a la Constitución se orienta, según la tradición alemana del Derecho constitucional, a la salvaguardia de la Constitución, y el texto escrito de los preceptos*

que se percebera que a *"teoria do Direito sem política"*[37] daquele nada pôde fazer ante a *"teoria da política sem Direito"*[38] deste,[39] sequer se hesita quanto a se ter de admitir que a *teleologia* penetra no Direito, de uma maneira ou de outra.[40] Em contrapartida, também se há de reconhecer que o Direito "*...domestica, por así decir, los objetivos y orientaciones valorativas del legislador mediante uma estricta primacía de los puntos de vista normativos*".[41] Sem que se despreze o entendimento do Tribunal Constitucional[42] germânico[43] no sentido de se compreender a *"Grundgesetz"*[44] como *"konkrete Wertordnung"*[45], o certo é que os princípios *deontologicamente* carregam

---

constitucionales vigentes señala al Presidente del Reich, con claridad suficiente, como defensor de la Constitución." (Cf. SCHMITT, Carl. "El defensor de la Constitución", *in* SCHMITT, Carl; KELSEN, Hans. *La polémica Schmitt/Kelsen sobre la justicia constitucional: El defensor de la Constitución versus ¿Quién debe ser el defensor de la Constitución?* Título original del texto de Schmitt: *"Der Hüter der Verfassung"*, traducción de Manuel Sánchez Sarto. Título original del texto de Kelsen: *"Wer soll der Hüter der Verfassung sein?"*, traducción de Roberto J. Brie. Estudio preliminar de Giorgio Lombardi, traducción de José Luis Aja Sánchez, Madrid, Editorial Tecnos, 2009, pp. 285/286). Em resposta a Carl Schmitt, Hans Kelsen não só reafirma que "*...sobre ningún otro principio jurídico se puede estar tan de acuerdo como que nadie puede ser juez de su propia causa.*" (Cf. KELSEN, Hans. "¿Quién debe ser el defensor de la Constitución?", *in* SCHMITT, Carl; KELSEN, Hans. *La polémica Schmitt/Kelsen sobre la justicia constitucional: El defensor de la Constitución versus ¿Quién debe ser el defensor de la Constitución?* Título original del texto de Schmitt: *"Der Hüter der Verfassung"*, traducción de Manuel Sánchez Sarto. Título original del texto de Kelsen: *"Wer soll der Hüter der Verfassung sein?"*, traducción de Roberto J. Brie. Estudio preliminar de Giorgio Lombardi, Madrid, Editorial Tecnos, 2009, p. 293) como também destaca que a proclamação do Presidente do *Reich* "*...como el único defensor de la Constitución contradice claras disposiciones de la Constitución del Reich.*" (Cf. KELSEN, Hans. "¿Quién debe ser el defensor de la Constitución?", *op. cit.*, p. 353). A respeito: LOMBARDI, Giorgio. "Estudio Preliminar", *in* SCHMITT, Carl; KELSEN, Hans. *La polémica Schmitt/Kelsen sobre la justicia constitucional: El defensor de la Constitución versus ¿Quién debe ser el defensor de la Constitución?* Título original del texto de Schmitt: *"Der Hüter der Verfassung"*, traducción de Manuel Sánchez Sarto. traducción de Roberto J. Brie. Estudio preliminar de Giorgio Lombardi, traducción de José Luis Aja Sánchez, Madrid, Editorial Tecnos, 2009, XLI.

[35] Tradução livre do autor: *"Defensor da Constituição"*.

[36] Enquanto Carl Schmitt compreendia que cabia ao *"Reichpräsident"* (Tradução livre do autor: *"Presidente do Reich"*), e só a ele, a defesa da Constituição (Cf. SCHMITT, Carl. "El defensor de la Constitución", *op. cit.*, p. 285), Hans Kelsen entendia que lhe atribuir tal tarefa, em caráter exclusivo, não só contradizia a Constituição de Weimar (Cf. KELSEN, Hans. "¿Quién debe ser el defensor de la Constitución?", *op. cit.*, p. 353) como também afrontava seriamente o princípio segundo o qual "*...nadie puede ser juez de su propia causa.*" (Cf. KELSEN, Hans. "¿Quién debe ser el defensor de la Constitución?", *op. cit.*, p. 293).

[37] Nesse sentido: COUTINHO, Luís Pedro Pereira. *A autoridade moral da Constituição: Da fundamentação da validade do Direito Constitucional.* Coimbra, Coimbra Editora, 2009, p. 112.

[38] Cf. COUTINHO, Luís Pedro Pereira. *A Autoridade Moral da Constituição, op. cit.*, p. 112. Também: STRAUSS, Leo. *On Tyranny*. Chicago, University of Chicago Press, 2000, p. 23ss.; LOMBARDI, Giorgio. "Estudio Preliminar", *op. cit.*, LVI.

[39] A respeito: SCHMITT, Carl. *Teoría de la Constitución*. Traducción de Francisco Ayala, Salamanca, Alianza Universidad Textos, 1996, 1ª Ed., segunda reimpresión, p. 29ss.

[40] Cf. HABERMAS, Jürgen. *Facticidad y Validez, op. cit.*, p. 329.

[41] Cf. HABERMAS, Jürgen. *Facticidad y Validez, op. cit.*, p. 329.

[42] Cf. *Bundesverwaltungsgerichtsentscheidung (BVerwGE)*, 7, 198 (205); 21, 362 (371ss.); 48, 127 (168); 73, 261 (269), *in* BENDA, Ernst, "El Estado social de Derecho", *in* BENDA, Ernst; MAIHOFER, Werner; VOGEL, Juan J.; HESSE, Konrad; HEYDE, Wofgang (coautores). *Manual de Derecho Constitucional.* Presentación de Konrad Hesse. Edición, prolegomena y traducción de Antonio López Pina. Prólogo a la Segunda edición de Miguel Ángel García Herrera. Madrid – Barcelona, Marcial Pons, Ediciones Jurídicas y Sociales, S.A., 2001, p. 497.

[43] Também compreendendo-a como ordem concreta de valores: BÖCKENFÖRDE, Ernst-Wolfgang. "Teoría y interpretación de los derechos fundamentales", *in* BÖCKENFÖRDE, Ernst-Wolfgang. *Escritos sobre derechos fundamentales.* Traducción de Juan Requejo Pagés e de Ignacio Villaverde Menéndez, Nomos, 1993, p. 5-71, p.57.

[44] Tradução livre: *"Constituição"*. A respeito: HABERMAS, Jürgen. *Facticidad y Validez, op. cit.*, p. 327.

[45] Cf. HABERMAS, Jürgen. *Facticidad y Validez, op. cit.*, p. 329; STRECK, Lenio Luiz. "Constituição e Hermenêutica em Países Periféricos", *op. cit.*, p. 201. Tradução livre: *"ordem concreta de valores"*.

consigo o que *"... es obligatorio hacer"*,[46] ao passo que os valores, *aristotélica*[47] e *teleologicamente*, *"... expresan la preferibilidad de bienes"*,[48] assim fazendo com que se compreenda que *"... determinados bienes son más atractivos que otros"*.[49] Fosse a *"Grundgesetz"*[50] uma *ordem concreta de valores*,[51] tal qual pretende o Tribunal Constitucional[52] tedesco,[53] nada mais seriam os *direitos fundamentais* do que *valores*[54] de uma determinada comunidade.[55]

Assim é que, a não ser que se pretenda dar margem a um *"...enmascaramiento teleológico de los derechos"*[56] a se revelar proveniente de *jurisprudência de valores*[57] tendente a seu *"aguamento"*[58] e à sua consequente inaptidão para se oporem[59] a majoritários[60] *"... argumentos relativos a fines"*,[61] jamais se há de admitir que qualquer interpretação que se faça do artigo 1º do novo Código de Processo Civil brasileiro permita que os direitos fundamentais sejam tratados como *"valores fundamentales"*.[62] Aliás, *sequer se pode hesitar* quanto a jamais se permitir que a determinação, para que o *novo* Código de Processo Civil seja *"... ordenado, disciplinado e interpretado conforme os valores e as normas fundamentais estabelecidos na Constituição"*, traga consigo quaisquer análises *"costes-beneficios"*[63] porque inevitavelmente se converteria o Direito num negócio[64] de *"realización de valores"*[65] a partir de que se teria de atribuir ao Judiciário o papel de *"negociador de valores"* a usurpar autoritariamente

---

[46] Cf. HABERMAS, Jürgen. *Facticidad y Validez, op. cit.*, p. 329.

[47] Ver: ARISTÓTELES. *Política*. Edição bilíngue (português-grego) com tradução directa do grego. Tradução de António Campelo Amaral e Carlos de Carvalho Gomes. Lisboa, Vega, 1998, Livro III, Cap. IX, 1281a; Livro III, Cap. XII, 1282b; ARISTÓTELES. *Ética a Nicômaco*. Tradução de Leonel Vallandro e de Gerd Bornheim da versão inglesa de W. A. Pickard. São Paulo, Editora Abril Cultural, Coleção "Os Pensadores", 1973, 1003b.

[48] Cf. HABERMAS, Jürgen. *Facticidad y Validez*, I, *op. cit.*, p. 328.

[49] Cf. HABERMAS, Jürgen. *Facticidad y Validez*, I, *op. cit.*, p. 328.

[50] Tradução livre: *"Constituição"*. A respeito: HABERMAS, Jürgen. *Facticidad y Validez*, I, *op. cit.*, p. 327.

[51] Cf. HABERMAS, Jürgen. *Facticidad y Validez*, I, *op. cit.*, p. 329; STRECK, Lenio Luiz. "Constituição e Hermenêutica em Países Periféricos", *op. cit.*, p. 201. Tradução livre: *"ordem concreta de valores"*.

[52] Cf. *Bundesverwaltungsgerichtsentscheidung (BVerwGE)*, 7, 198 (205); 21, 362 (371ss.); 48, 127 (168); 73, 261 (269), *in* BENDA, Ernst, "El Estado social de Derecho", *op. cit.*, p. 497.

[53] Também compreendendo-a como ordem concreta de valores: BÖCKENFÖRDE, Ernst-Wolfgang. "Teoría y interpretación de los derechos fundamentales", *op. cit.*, p. 45-71, p.57.

[54] Cf. BALDASSARRE, Antonio. *Diritti della persona e valori costituzionali*. Torino, G. Giappichelli, 1997, p.300.

[55] Tratando-os como *"opções axiológicas"*: BÖCKENFÖRDE, Ernst-Wolfgang. "Teoría y interpretación de los derechos fundamentales", *op. cit.*, p. 45-71.

[56] Cf. HABERMAS, Jürgen. *Facticidad y Validez, op. cit.*,p.330. Tradução: *"um disfarce teleológico dos direitos"*.

[57] Referindo-se-lhe a partir da expressão *"Wertejudikatur"*: HABERMAS, J. *Facticidad y Validez, op. cit.*, p. 326.

[58] Procurando refutar a objeção de Jürgen Habermas: ALEXY, Robert. "Teoria do discurso e direitos fundamentais", *in* HECK, Luís Afonso (org.). *Direito Natural, Direito Positivo, Direito Discursivo*. Tradução do artigo por Maria Cláudia Cachapuz, Porto Alegre, Livraria do Advogado, 2010, p. 132/133.

[59] Cf. DWORKIN, Ronald. *Levando os direitos a sério, op. cit.*, XV; DWORKIN, Ronald. "Rights as trumps", *in* WALDRON, Jeremy (org.). *Theories of Rights*. Oxford, Oxford University Press, 1984, p. 153ss; NOVAIS, Jorge Reis. *Direitos fundamentais: trunfos contra a maioria*. Coimbra, Coimbra Editora, 2006, p.35.

[60] Cf. DWORKIN, Ronald. *Levando os Direitos a sério, op. cit.*, p. 222/223; DWORKIN, Ronald. *Uma questão de princípio*. Tradução de *A Matter of Principle* por Luís Carlos Borges. São Paulo, Martins Fontes, 2000, p. 17ss.

[61] Cf. HABERMAS, Jürgen. *Facticidad y Validez, op. cit.*, p. 332. Tradução livre: *"argumentos relativos a fins"*.

[62] Cf. HABERMAS, Jürgen. *Facticidad y Validez, op. cit.*, p. 330. Tradução livre: *"valores fundamentais"*.

[63] Cf. HABERMAS, Jürgen. *Facticidad y Validez, op. cit.*, p. 333. Tradução livre: *"custos-benefícios"*.

[64] Cf. HABERMAS, Jürgen. *Facticidad y Validez, op. cit.*, p. 332.

[65] Cf. HABERMAS, Jürgen. *Facticidad y Validez, op. cit.*, p. 327. Tradução livre: *"realização de valores"*.

tarefas legislativas.[66] O acerto de se atrelar o *"processo civil"* à *"Constituição"*[67] em nada autoriza que, tal qual se poderia erroneamente compreender que o artigo 1º do novo Código de Processo Civil brasileiro também estaria a sugerir, retome-se uma *jurisprudência de valores*[68] tendente a *"... enmascaramiento teleológico"*[69] capaz de fazer com que direitos fundamentais[70] não mais sirvam como *trunfos*[71] passíveis de se opor a majoritários[72] *"... argumentos relativos a fines".*[73]

Nada se dá ao acaso quanto a se ler no próprio Robert Alexy, em tributo a Ronald Dworkin,[74] que todas as normas têm de ser vistas como regras ou como princípios,[75] *"... porque ambos establecen lo que es debido".*[76] O fato de a Constituição ser uma *"... norma jurídica y no simples documento político",*[77] no encalço do que se lê em Ronald Dworkin,[78] leva Robert Alexy a corretamente inferir que toda norma, inclusive constitucional,[79] *"...es o bien una regla o un principio".*[80] A essencial ressalva a se fazer a Robert Alexy diz respeito a seu entendimento no sentido de que os princípios seriam *"mandatos de optimización"*[81] que, em sede de *"Güterabwägung"*,[82] dariam ensejo a uma *"... ponderación orientada a fines".*[83] Sem prejuízo dos subprincípios da idoneidade e da necessidade em que igualmente se desdobra o princípio da *proporcionalidade,*[84] do original *"Verhältnismäßigkeitsgrundsatz"*, tido por Robert Alexy como o *"princípio constitucional mais importante"*,[85] sequer há dúvida de que

---

[66] Cf. PRIETO SANCHÍS, Luis. "Neoconstitucionalismo y ponderación judicial", *in* CARBONELL, Miguel (edición). *Neoconstitucionalismo(s).* Madrid, Universidad Nacional Autónoma de México, Editorial Trotta, "Colección Estructuras y Procesos", "Serie Derecho", 2009, cuarta edición, p. 153.

[67] Ver: BUENO, Cassio Scarpinella. "O modelo constitucional do processo civil", *in Caderno de Direito Processual Civil.* Porto Alegre, Tribunal Regional Federal da 4.ª Região, 2009, Módulo 7, p. 135/136.

[68] Referindo-se-lhe a partir da expressão *"Wertejudikatur"*: HABERMAS, J. *Facticidad y Validez, op. cit.,* p. 326.

[69] Cf. HABERMAS, J. *Facticidad y Validez, op. cit.,*p.330. Tradução livre: *"um disfarce teleológico dos direitos".*

[70] Cf. HABERMAS, Jürgen. *Facticidad y Validez, op. cit.,* p. 332.

[71] Cf. DWORKIN,R. *Levando os Direitos a sério, op. cit.,* XV;DWORKIN,R." Rights as trumps", *op. cit.*, p.153ss; NOVAIS,J.R. *Direitos fundamentais: trunfos contra a maioria, op. cit.,* p.35.

[72] DWORKIN,R.*Levando os Direitos a sério,op.cit.,*p. 222; DWORKIN,R.*Uma questão de princípio, op.cit.*, p.17.

[73] Cf. HABERMAS, Jürgen. *Facticidad y Validez, op. cit.,* p. 332. Tradução livre: *"argumentos relativos a fins".*

[74] Cf. DWORKIN, Ronald. *Levando os direitos a sério, op. cit.*, p. 39. Ver: ALEXY, Robert. *Teoría de los derechos fundamentales.* Título original: *"THEORIE DER GRUNDRECHTE"*, Traducción y estudio introductorio de Carlos Bernal Pulido, Madrid, Centro de Estudios Políticos y Constitucionales, 2008, p. 65ss.

[75] Cf. ALEXY, Robert. *Teoría de los derechos fundamentales, op. cit.,* p. 68; DWORKIN, Ronald. *Levando os Direitos a sério, op. cit.,* p. 39; ESSER, Josef. *Principio y norma en La elaboración jurisprudencial del Derecho Privado.* Traducción de Eduardo Valenti Fiol, Barcelona, Bosch, 1961, p. 5ss.; GRAU, Eros. *Interpretación y aplicación del Derecho.* Madrid, Editorial Dykinson, S.L., Dykinson-Constitucional, 2007, p. 147.

[76] Cf. ALEXY, Robert. *Teoría de los derechos fundamentales, op. cit.,* p. 65.

[77] Cf. PÉREZ ROYO, Javier. *Curso de Derecho...,* 2007, undécima edición, p. 97.

[78] Cf. DWORKIN, Ronald. *O Império do Direito, op. cit.,* p. 453.

[79] Este é o seu entendimento: *"Existirían dos tipos de normas de derecho fundamental: principios y reglas."* (Cf. ALEXY, Robert. *Teoría de los derechos fundamentales, op. cit.*, p. 95/96).

[80] Cf. ALEXY, Robert. *Teoría de los derechos fundamentales, op. cit.*, p. 68.

[81] Cf. ALEXY, Robert. *Teoría de los derechos fundamentales, op. cit.*, p. 68.

[82] Assim se referindo à *"ponderación de bienes"*: HABERMAS, Jürgen. *Facticidad y Validez, op. cit.,* p. 327.

[83] Cf. HABERMAS, Jürgen. *Facticidad y Validez, op. cit.,* p. 327.

[84] No entender de Alexy, ainda existiriam os subprincípios da idoneidade e da necessidade, que expressariam o mandamento da otimização *"relativamente às possibilidades fáticas"* (ALEXY,R."A Fórmula Peso"...,p.132).

[85] Ver: ALEXY, R. "Teoria do discurso e direitos fundamentais", 2010, p. 131. Ou, no literal: *"Grundsatz der Verhältnismäßigkeit"*. Tradução: *"Princípio da Proporcionalidade"*. Ver: ALEXY, R. "A Fórmula Peso"..., p. 132.

o *iusfilósofo* de Oldenburg restringe o *"campo da ponderação"*[86] ao subprincípio de *proporcionalidade em sentido estrito* a que se reporta o artigo 8º do novo Código de Processo Civil brasileiro. Enquanto os subprincípios da idoneidade e da necessidade expressariam o mandamento da otimização *"relativamente às possibilidades fáticas"*, o subprincípio de *proporcionalidade em sentido estrito*, a que se restringiria o *"campo da ponderação"*,[87] faria com que o mandamento da otimização se expressasse *"... relativamente às possibilidades jurídicas"*.[88]

No intuito de se alcançar a *"relación de precedencia condicionada"*[89] a se estabelecer entre princípios igualmente válidos[90] que se encontrem em *"situación de tensión"*,[91] Robert Alexy recorreria à sua *"lei de ponderação"*,[92] numa insistência de se aplicar o *"ótimo de Pareto"*[93] à *deontologia*[94] a partir da regra de que *"cuanto mayor sea el grado de la falta de satisfacción o de la afectación de un principio, tanto mayor tiente que ser la importancia de la satisfacción del otro."*[95] O problema está em se permitir que o *subjetivo*[96] *juízo de valor* que se revela intrínseco à *"hueca"*[97] ponderação,[98] incapaz de explicar o porquê de um determinado princípio prevalecer concretamente em detrimento de outro,[99] dê margem à arbitrariedade[100] por que se pode descambar para a *tirania*.[101] Conquanto se tenha de parabenizar Luigi Ferrajoli por seu lembrete quanto à inviabilidade de se eliminar por completo a discricionariedade judicial,[102] algo

---

[86] Cf. ALEXY, Robert. "A Fórmula Peso"..., p. 132.

[87] Cf. ALEXY, Robert. "A Fórmula Peso"..., p. 132.

[88] Cf. ALEXY, Robert. "A Fórmula Peso"..., p. 132.

[89] Cf. ALEXY, Robert. *Teoría de los derechos fundamentales, op. cit.*, p. 73.

[90] Cf. ALEXY, Robert. *Teoría de los derechos fundamentales, op. cit.*, pp. 70/71.

[91] A respeito: ALEXY, Robert. *Teoría de los derechos fundamentales, op. cit.*, p. 72.

[92] Cf. ALEXY, R. *Teoría de los derechos fundamentales, op. cit.*, p. 138. Diga-se, de passagem, tratar-se de *"ley de la ponderación"* (ALEXY, R.*Teoría de los derechos fundamentales, op. cit.*, p. 138) destinada a estabelecer um *"sistema de cargas de argumentación"* (BERNAL PULIDO, C. "Estudio Introductorio", *op. cit.*, XL) que se preste a delimitar *"...el margen de deliberación del juez"* (BERNAL PULIDO, C. "Estudio Introductorio", *op. it.,* XL).

[93] Em poucos dizeres, há de se poder dizer que o *"Ótimo de Pareto"*, idealizado pelo economista e sociólogo italiano Vilfredo Pareto, dá-se sempre que *não é possível melhorar a situação de um agente, sem degradar a situação de outros*, enquanto que, em contrapartida, há ineficiência quando se pode ter a sua melhora, sem prejudicar os demais.

[94] Tendo em vista que este não é o espaço adequado para que se trate de tais dificuldades, limita-se o presente estudo a remeter o leitor às obras em que o tema foi aprofundado: CHANG, Howard F. "A Liberal Theory of Social Welfare: Fairness, Utility, anda the Pareto Principle", *in 110 Yale L. J.* 173, 2000; CRANSWELL, Richard. "Kaplow and Shavell on the Substance of Fairness", *in 32 J. Legal Stud.* 245, 2003; COLEMAN, Jules L. "The Grounds of Welfare: Fairness vs. Welfare", *in 112 Yale L. J. 1511.* 2002; FARNSWORTH, Ward. "The Taste for Fairness vs. Welfare", *in 102 Colum. L. Ver. 1992,* 2002.

[95] Cf. ALEXY, Robert. *Teoría de los derechos fundamentales, op. cit.*, p. 138.

[96] Ver: GUASTINI, Riccardo. *Distinguiendo. Estudios de teoría y metateoría del Derecho.* Trad. castellana de J. Ferrer, Barcelona, Gedisa, 1999, pp. 32ss.; JUAN MORESO, José. "Conflictos entre principios constitucionales", *in* CARBONELL, Miguel (edición). *Neoconstitucionalismo(s).* Madrid, Universidad Nacional Autónoma de México, Editorial Trotta, "Colección Estructuras y Processos", "Serie Derecho", 2009, cuarta edición, p. 103.

[97] Cf. LORA, Pablo de. "Tras el rastro de la ponderación", *in Revista. Española de Derecho Constitucional.* Ano 20. Núm. 60. Setembro-Dezembro de 2000, p. 363ss.

[98] Leia-se: ALEXY, Robert. *Teoría de los derechos fundamentales, op. cit.*, p. 68ss.

[99] A respeito: PRIETO SANCHÍS, Luis. "Neoconstitucionalismo y ponderación judicial", *op. cit.*, p. 143.

[100] Cf. SASTRE ARIZA, Santiago. "La ciencia jurídica ante el neoconstitucionalismo", *in* CARBONELL, Miguel (edición). *Neoconstitucionalismo(s).* Madrid, Universidad Nacional Autónoma de México, Editorial Trotta, "Colección Estructuras y Processos", "Serie Derecho", 2009, cuarta edición, p. 243ss.

[101] A respeito: DWORKIN, Ronald. *Levando os direitos a sério, op. cit.*, p. 225.

[102] Cf. FERRAJOLI, L. "Los fundamentos de los derechos fundamentales", *in* FERRAJOLI, L. *Los fundamentos de los derechos fundamentales.* Edición de Antonio de Cabo y Gerardo Pisarello, Madrid, Trotta, 2001, p. 339ss.

que sequer chegou a ser contestado por Ronald Dworkin,[103] o fato é que se há de, na esteira do que se lê ao longo de toda a obra do norte-americano, limitá-la *tanto quanto possível*.[104] Mais uma vez, nada se dá ao acaso quanto ao fato de o artigo 926 do novo Código de Processo Civil brasileiro,[105] na esteira do *"Law as Integrity"*[106] dworkiniano, incumbir os órgãos jurisdicionais de *"... uniformizar sua jurisprudência e mantê-la estável, íntegra e coerente"*. Em sede de Estado Democrático de Direito a se legitimar a partir de *autolegislação* por que seus destinatários se enxerguem como seus *autores racionais*, há de se fazer com que se desenvolva o *sistema legislativo*,[107] contínua e incessantemente,[108] de forma a proporcionar que a cadeia criativa do *Direito*, a se iniciar no Legislativo,[109] seja compreendida, *"...até onde for possível, como a expressão de um sistema coerente de princípios"*.[110] Até mesmo porque *"...um cidadão não pode considerar-se o autor de um conjunto de leis incoerentes"*.[111]

Embora se tenha de reconhecer que Robert Alexy realmente se sensibilizara perante a sugestão de Jürgen Habermas,[112] quanto a se ter a ganhar em caso de a ponderação[113] tomar como parâmetro moral a *dignidade humana*,[114] aspecto que se faz

---

[103] Cf. DWORKIN, Ronald. *Levando os direitos a sério, op. cit.*, p. 103.

[104] Dworkin expressamente ressalta que dois são os sentidos admissíveis de discricionariedade: *"Em primeiro lugar, dizemos que um homem tem poder discricionário se seu dever for definido por padrões que pessoas razoáveis podem interpretar de maneiras diferentes."* (DWORKIN, Ronald. *Levando os direitos a sério, op. cit.*, p. 108/109). *"Em segundo lugar, dizemos que um homem possui poder discricionário se sua decisão for definitiva, no sentido de que nenhuma autoridade superior poderá rever ou descartar essa decisão"* (DWORKIN, R. *Levando os direitos a sério, op. cit.*, p. 109). Contudo, há um terceiro sentido de discricionariedade que não há de se reconhecer presente no dever de julgar: *"Em terceiro lugar, dizemos que um homem tem poder discricionário quando algum conjunto de padrões que lhe impõe deveres não visa, na verdade, impor um dever de tomar uma decisão específica"* (DWORKIN, R. *Levando os direitos a sério, op. cit.*, p. 109). Em conclusão: *"Um juiz pode ter o poder discricionário tanto no primeiro como no segundo sentido e não obstante isso considerar, com razão, que sua decisão coloca a questão de qual é o seu dever enquanto juiz, questão que ele deve decidir refletindo sobre o que dele exigem as diferentes considerações que ele acredita serem pertinentes a essa matéria. Se for assim, esse juiz não tem o poder discricionário no terceiro sentido, aquele que um positivista precisa provar para mostrar que o dever judicial é definido exclusivamente por uma regra social"* (DWORKIN, R. *Levando os direitos a sério, op. cit.*, p. 109).

[105] Assim dispõe o artigo 926 do novo Código de Processo Civil: *"Art. 926. Os tribunais devem uniformizar sua jurisprudência e mantê-la estável, íntegra e coerente"*.

[106] A respeito: DWORKIN, Ronald. *O Império do Direito, op. cit.*, p. 271ss. Tradução: *"direito como integridade"*.

[107] De acordo com Hans Kelsen, *"...entre ley e sentencia judicial no hay una diferencia cualitativa"*, uma vez que ambas *"...son produtoras de derecho"* (KELSEN,H. *"¿Quién debe ser el defensor de la Constitución?"*,*op. cit.*,p.315).

[108] Cf. DWORKIN, Ronald. *O Império do Direito, op. cit.*, p. 377.

[109] Ideia que remonta a: BÜLOW, Oskar von. *Gesetz und Richteramt*. Leipzig, Verlag von Duncker & Humblot, 1885, *apud* LARENZ, Karl. *Metodologia da ciência do Direito, op. cit.*, p. 78. Recentemente: BÜLOW, Oskar von. "Gesetz und Richteramt", *in Juristische Zeitgeschichte*. Berlin, Berliner Wissenschafts, 2003, v. 10, *apud* NUNES, Dierle José Coelho. *Processo jurisdicional democrático: uma análise crítica das reformas processuais*. Curitiba, Juruá Editora, 2008, p. 101.

[110] Cf. DWORKIN, Ronald. *O Império do Direito, op. cit.*, p. 403.

[111] Cf. STRECK, Lenio Luiz; MOTTA, Francisco José Borges. "Coerência, integridade e decisão jurídica democrática no Novo Código de Processo Civil", no prelo, a ser também publicada na presente coletânea de artigos.

[112] Cf.HABERMAS,J. *Between Facts and Norms: Contributions to a Discourse Theory of Law and Democracy.* Translate by William Rehg, Massachusetts, Cambridge, The MIT Press, 1998, p.259; MATOS, André Salgado de. *A Fiscalização Administrativa da Constitucionalidade*. Coimbra, Livraria Almedina, 2004, p.328.

[113] Cf. ALEXY, Robert. "On Balancing and Subsumption. A Structural Comparison", *in Ratio Juris*. Volume 16, Issue 4, pages 433–449, December 2003, p. 439. Tradução: *"...o que significa ser uma pessoa e ter dignidade"*. Importante ter em mente o comentário tecido por Luís Pedro Pereira Coutinho, no que diz respeito à ressalva *aparentemente* irreparável de Robert Alexy: *"No entanto, como pretender-se, simultaneamente, que as normas jusfundamentais se aglutinem em torno de um "princípio de liberdade principialmente ilimitada" (sendo por isso "comandos de optimização") e que o respectivo "peso" seja apurado na pressuposição de um princípio (o princípio da dignidade*

presente no artigo 8º do novo Código de Processo Civil, ainda assim se há de dar razão a Jorge Reis Novais quanto a se ter de admitir que "...*o problema não se resolve através de uma avaliação do peso*"[115] de cada um dos princípios em conflito. A verdade é que a expressa menção que se faz à "*dignidade da pessoa humana*" no artigo 8º do *novo* Código de Processo Civil brasileiro,[116] atenta ao "*common centre of reference*"[117] a que Christoph Enders[118] se reporta no que diz respeito à *intangibilidade*[119] de que trata o número 1 do § 1º da "*Grundgesetz*",[120] em nada autoriza que se aposte numa "*hueca*"[121] *ponderação*[122] por que se possa "*... dizer qualquer coisa sobre qualquer coisa*".[123] Outra não é a conclusão a ser alcançada quanto à "*ponderação*" a que se reporta o § 2º do artigo 489 do novo Código de Processo Civil. Na contramão do inciso III do artigo 489 do novo Código de Processo Civil, de seu artigo 371[124] e do § 1º de seu artigo 927,[125] está-se perante "*hueca*"[126] "*ponderação*"[127] cuja "*subjetividade*"[128] que lhe é intrínseca a inibe de transcender a *representação*[129] sujeito-objeto

---

humana) que, à partida, prejudicaria que elas correspondessem a "comandos de optimização"?" (COUTINHO, Luís Pedro Pereira. *A Autoridade moral da Constituição, op. cit.*, p. 162).

[114] Cf. GUASTINI, Riccardo. *Le fonti del diritto e l'interpretazione*. Milano, Giuffrè, 1993, p. 42-44.

[115] Cf. NOVAIS, J.R. *Direitos Fundamentais e Justiça Constitucional em Estado de Direito Democrático*. Coimbra Editora, 2012, p. 41.

[116] Leia-se: "*Art. 8º Ao aplicar o ordenamento jurídico, o juiz atenderá aos fins sociais e às exigências do bem comum, resguardando e promovendo a dignidade da pessoa humana e observando a proporcionalidade, a razoabilidade, a legalidade, a publicidade e a eficiência.*"

[117] Cf. ENDERS, Christoph. "The Right to have Rights: The concept of human dignity in German Basic Law", *in Revista de Estudos Constitucionais, Hermenêutica e Teoria do Direito (RECHTD)*. Brasil, Estado do Rio Grande do Sul, São Leopoldo, 2 (1), janeiro a junho de 2010, p. 4. Tradução: "*centro de referência comum*". A respeito: TEIFKE, Nils. "Flexibilidade da dignidade humana? Para a estrutura do artigo 1, alínea 1, da lei fundamental", *in* HECK, Luís Afonso (org.). *Direito Natural, Direito Positivo, Direito Discursivo*. Tradução do artigo por Maria Cláudia Cachapuz, Porto Alegre, Livraria do Advogado, 2010, p. 176.

[118] Ver: ENDERS, C. "The Right to have Rights: The concept of human dignity in German Basic Law", *op. cit.*

[119] Na esteira da frase 1 do parágrafo 1 do artigo 1 da Lei Fundamental alemã, cujo teor faz com que se possa pensar erroneamente que a Lei Maior alemã consagra um princípio absoluto (Ressalvando isso: ALEXY, Robert. *Teoría de los derechos fundamentales, op. cit.*, p. 87): "*La dignidad humana es intangible*". Aliás, "*intangível*" há de ser lido num sentido de que "*...la dignidad humana no debe ser tocada*" (STARCK, Christian. *Jurisdicción Constitucional y Derechos Fundamentales*. Madrid, Editorial Dykinson, 2011, p.126).

[120] Leia-se: "*Artigo 1.º (Protecção da dignidade humana) 1. A dignidade da pessoa humana é inviolável. Todas as autoridades públicas têm o dever de a respeitar e a proteger.*" (CANARIS, Claus-Wilhelm. *Direitos Fundamentais e Direito Privado*. Tradução de Ingo Wolfgang Sarlet e de Paulo Mota Pinto, Coimbra, Livraria Almedina, 2009, 2.ª reimpressão da edição de julho de 2003, p.141).

[121] Cf. LORA, Pablo de. "Tras el rastro de la ponderación", *op. cit.*, p. 363ss.

[122] Leia-se: ALEXY, Robert. *Teoría de los derechos fundamentales, op. cit.*, p. 68ss.

[123] Cf. STRECK, Lenio Luiz. *Verdade e consenso: Constituição, Hermenêutica e Teorias Discursivas. Da possibilidade à necessidade de respostas corretas em direito*. Rio de Janeiro, Editora Lumen Juris, 2006, p. 117.

[124] Leia-se: "Art. 371. O juiz apreciará a prova constante dos autos, independentemente do sujeito que a tiver promovido, e indicará na decisão as razões da formação de seu convencimento."

[125] Leia-se: "§ 1º Os juízes e os tribunais observarão o disposto no art. 10 e no art. 489, § 1º, quando decidirem com fundamento neste artigo."

[126] Cf. LORA, Pablo de. "Tras el rastro de la ponderación", *in Revista Española de Derecho Constitucional*. Ano 20. Núm. 60. Setembro-Dezembro de 2000, p. 363ss.

[127] Cf. ALEXY, Robert. *Teoría de los derechos fundamentales, op. cit.*, p. 138.

[128] Cf. STRECK, Lenio Luiz. "O princípio da proibição de proteção deficiente (*Untermassverbot*) e o cabimento de Mandado de Segurança em matéria criminal: superando o ideário liberal-individualista clássico", *in* <http://leniostreck.com.br/>, endereço eletrônico acessado em 22 de novembro de 2009.

[129] Cf. STRECK, Lenio Luiz. "O princípio da proibição de proteção deficiente (Untermassverbot) e o cabimento de Mandado de Segurança em matéria criminal: superando o ideário liberal-individualista clássico", *op. cit.*

que é própria do *positivismo jurídico*.¹³⁰ Aliás, o fato de se estar a adjetivá-la de *"hueca"*¹³¹ em nada implica desmerecê-la. Na verdade, o intuito está em se fazer com que se perceba que, à semelhança do que se dá quanto à *habermasiana* Ética do Discurso, a *"ponderação"*¹³² *alexyana* não traz consigo quaisquer *orientações conteudísticas*.¹³³ Seja como for quanto a se ter ou não por viável um estreitamento de laços entre *"Law as Integrity"*¹³⁴ dworkiniano e *Lei da Ponderação*¹³⁵ *alexyana*,¹³⁶ sequer há de remanescer dúvida de que a *Hermenêutica Filosófica*¹³⁷ *gadameriana*,¹³⁸ que "... *atravessa a obra de Dworkin"*,¹³⁹ faz com que *o problema se resolva*¹⁴⁰ a partir de *"moral reading of the Constitution"*¹⁴¹ que seja passível de se revelar *a melhor possível*.¹⁴² Sem que se esqueça de que não basta ser *coerente* para que se alcance a *integridade*, uma vez que eventualmente se há de presenciar *"coerência no erro"*¹⁴³ a se corrigir a partir da exigência de se ter de dissolvê-lo num *"todo"*¹⁴⁴ *tão íntegro quanto possível*, sequer há dúvida de que o segredo está em se apostar em interpretação do ordenamento jurídico que, tendo-o "...*como um todo"*,¹⁴⁵ desvele-se *íntegra e coerente*, "... *até onde for possível"*.¹⁴⁶ Na sequência da sugestão *pós-positivista* de Luís Pedro Pereira Coutinho de se "... *preencher a construção kelseniana com 'substância'"*,¹⁴⁷ vê-se que o acerto está em se ter em mente que só se transcende *pós-positivamente* a

---

¹³⁰ A respeito: KAUFMANN, Arthur. "A problemática da filosofia do direito ao longo da história", *in* KAUFMANN, Arthur; HASSEMER, Winfried (orgs.). *Introdução à Filosofia do Direito e à Teoria do Direito Contemporâneas*. Tradução de Marcos Keel e de Manuel Seca de Oliveira, Lisboa, Fundação Calouste Gulbenkian, 2002, p. 154; MOTTA, Francisco José Borges. *Levando o Direito a sério. Uma exploração hermenêutica do protagonismo judicial no processo jurisdicional brasileiro*. Porto Alegre, Livraria do Advogado, 2011, 2.ª edição, revista e ampliada, p. 192; STRECK, Lenio Luiz. "Hermenêutica (Jurídica): compreendemos porque interpretamos ou interpretamos porque compreendemos? Uma resposta a partir do *ontological turn*", *in* Anuário do Programa de Pós-Graduação em Direito da UNISINOS. São Leopoldo, 2003, p. 223ss.

¹³¹ Cf. LORA, Pablo de. "Tras el rastro de la ponderación", *op. cit.*, p. 363ss.

¹³² Cf. ALEXY, Robert. *Teoría de los derechos fundamentales, op. cit.*, p. 138.

¹³³ Quanto à Ética do Discurso: HABERMAS, Jürgen. "Notas programáticas para a fundamentação de uma Ética do Discurso", *in* HABERMAS, Jürgen. *Consciência Moral e Agir Comunicativo*. Traduzido do original alemão *"Moralbewusstsein und kommunikatives Handeln"*, Suhrkamp Verlag Frankfurt am Main, 1983, tradução de Guido A. de Almeida, Rio de Janeiro, Editora Tempo Brasileiro, 1989, p.126.

¹³⁴ Tradução: *"Direito como Integridade"*. Cf. DWORKIN, Ronald. *O Império do Direito, op. cit.*, p. 452.

¹³⁵ Ver: ALEXY, Robert. *Teoría de los derechos fundamentales, op. cit.*, p. 138.

¹³⁶ No sentido de não haver incompatibilidade: FALLON, Richard. "Individual rights and the powers of Government", *in* Georgia L. R. 27, 1992-1993, p. 368ss., apud NOVAIS, Jorge Reis. *Direitos Fundamentais e Justiça Constitucional, op. cit.*, p. 40.

¹³⁷ Ver: MOTTA, Francisco José Borges. *Levando o direito a sério, op. cit.*, p. 53.

¹³⁸ Cf. GADAMER, Hans-Georg. *Verdade e Método I...*, p. 356.

¹³⁹ Cf. MOTTA, Francisco José Borges. *Levando o direito a sério, op. cit.*, p. 38.

¹⁴⁰ Cf. NOVAIS, Jorge Reis. *Direitos Fundamentais e Justiça Constitucional, op. cit.*, p. 41.

¹⁴¹ Tradução: *"leitura moral da Constituição"*. Ver: DWORKIN, Ronald. *O Direito da Liberdade: a Leitura Moral da Constituição Norte-Americana*. São Paulo, Martins Fontes, 2006, p.02ss.

¹⁴² No sentido do presente estudo: NOVAIS, Jorge Reis. *Direitos Fundamentais e Justiça Constitucional, op. cit.*, p. 41. Favorável ao emprego dessa argumentação deontológica difundida por Ronald Dworkin (Cf. DWORKIN, Ronald. *Levando os direitos a sério, op. cit.*, p. 429ss.; DWORKIN, R. *Uma questão de princípio, op. cit.*, p. 175ss.): HABERMAS, Jürgen. *Facticidad y Validez, op. cit.*, p. 332.

¹⁴³ Cf. STRECK, Lenio Luiz; MOTTA, Francisco José Borges. "Coerência, integridade e decisão jurídica democrática no Novo Código de Processo Civil", *op. cit.*

¹⁴⁴ Cf. DWORKIN, Ronald. *O Império do Direito, op. cit.*, p. 394.

¹⁴⁵ Cf. DWORKIN, Ronald. *O Império do Direito, op. cit.*, p. 394.

¹⁴⁶ Cf. DWORKIN, Ronald. *O Império do Direito, op. cit.*, p. 403.

¹⁴⁷ Cf. COUTINHO, Luís Pedro Pereira. *A Autoridade Moral da Constituição, op. cit.*, p. 513.

"subjetividade"[148] positivista no momento em que se percebe que a *"ponderação"*[149] *alexyana*, precisamente por não carregar consigo quaisquer *orientações conteudísticas*,[150] de forma alguma se presta a *fundamentar* a prevalência de um *princípio* em detrimento de outro.[151]

2. De Herbert Lionel Adolphus Hart a Jürgen Habermas, passando-se por Robert Alexy e Ronald Dworkin: um artigo 8º a *pós-positivamente* se *aplicar*

Em se tratando de Direito que se reveste de "...*fuerte carga*"[152] "*deontológica*"[153] a se afigurar intrínseca à perspectiva *principiológica*[154] dos *direitos fundamentais*,[155] em virtude de se estar perante *princípios*[156] simultaneamente jurídicos e morais[157] a se inserirem[158] no *"Law's Empire"*[159] dworkiniano de que se exige coerência[160] e integridade,[161] sequer há dúvida de que jamais se vislumbrará qualquer racionalidade em *silogismo judicial*[162] que, *manual*[163] e *mecanicamente*,[164] se limite a aplicar a dita *premissa maior* (norma) à *premissa menor* (fato).[165] A não ser que se pretenda desprezar princípios tidos como relevantes e dignos de tutela[166] pelo próprio ordena-

---

[148] Cf. STRECK, Lenio Luiz. "O princípio da proibição de proteção deficiente (Untermassverbot) e o cabimento de Mandado de Segurança em matéria criminal: superando o ideário liberal-individualista clássico", *op. cit.*

[149] Cf. ALEXY, Robert. *Teoría de los derechos fundamentales, op. cit.*, p. 138.

[150] Quanto à Ética do Discurso: HABERMAS, J. "Notas programáticas para a fundamentação...", *op. cit.*, p.126.

[151] A respeito de tal crítica: PRIETO SANCHÍS, Luis. "Neoconstitucionalismo y ponderación judicial", *op. cit.*, p. 143.

[152] Aqui se referindo à carga axiológica: GARCÍA FIGUEROA, Alfonso. "La Teoría del Derecho en tiempos de constitucionalismo", *in* CARBONELL, Miguel (edición). *Neoconstitucionalismo(s)*. Madrid, Universidad Nacional Autónoma de México, Trotta, "Colección Estructuras y Procesos", "Serie Derecho", 2009, cuarta edición, p.165.

[153] A propósito: DWORKIN, Ronald. *Levando os direitos a sério, op. cit.*, p. 429ss.; DWORKIN, Ronald. *Uma questão de princípio, op. cit.*, p. 175 e segs.; HABERMAS, Jürgen. *Facticidad y Validez, op. cit.*, p. 332.

[154] A respeito: DWORKIN, Ronald. *Uma questão de princípio, op. cit.*, p. 175ss.

[155] Reconhecendo-lhes a natureza de princípios: MENDES, Gilmar Ferreira. *Hermenêutica constitucional e direitos fundamentais*. Brasília, Brasília Jurídica, 2002, p. 226.

[156] Dentre os que compreendem que os direitos fundamentais possuem a natureza de princípios: HABERMAS, Jürgen. *Facticidad y Validez, op. cit.*, p. 331; MENDES, Gilmar Ferreira. *Hermenêutica Constitucional e direitos fundamentais, op. cit.*, p. 226 e segs.

[157] A respeito: HABERMAS, Jürgen. *Direito e Moral*. Tradução de *"Recht und Moral"* por Sandra Lippert, Lisboa, Instituto Piaget, Coleção *"Pensamento e Filosofia"*, p. 33.

[158] Cf. HABERMAS, Jürgen. *Direito e Moral, op. cit.*, p. 39.

[159] Tradução livre do autor: *"Império do Direito"*.

[160] Cf. DWORKIN, Ronald. *O Império do Direito, op. cit.*, p. 301.

[161] Cf. DWORKIN, Ronald. *O Império do Direito, op. cit.*, p. 301.

[162] Cf. COMANDUCCI, Paolo. "Algunos problemas conceptuales relativos a la aplicación del Derecho", *in* COMANDUCCI, Paolo; ÁNGELES AHUMADA, Mª; GONZÁLEZ LAGIER, Daniel. (eds.). *Positivismo jurídico y neoconstitucionalismo*. Madrid, Fundación Coloquio Jurídico Europeo, 2009, p. 30/31.

[163] A respeito: JHERING, Rudolf von. *¿Es el Derecho una Ciencia?* Estudio preliminar y traducción del alemán de Federico Fernández-Crehuet López, Granada, Editorial Comares, S.L., 2002, p. 54.

[164] A respeito: JHERING, Rudolf von. *¿Es el Derecho una Ciencia?, op. cit.*, p. 85.

[165] Cf. COMANDUCCI, P."Algunos problemas conceptuales relativos a la aplicación del Derecho",*op.cit.*, p. 30/31.

[166] Cf. GONZÁLEZ LAGIER, Daniel. "Sobre el papel de los valores en la aplicación del derecho", *in* COMANDUCCI, Paolo; ÁNGELES AHUMADA, Mª & GONZÁLEZ LAGIER, Daniel. *Positivismo jurídico y neoconstitucionalismo*. Madrid, Fundación Coloquio Jurídico Europeo, 2009, p. 49.

mento jurídico,[167] nunca se há de esquecer de que o Direito não pode ser tido como um mero *conjunto de leis escritas*.[168] É a própria *força normativa*,[169] da Constituição a ser levada a sério,[170] que se presta a trazer consigo a lembrança da promessa que a maioria,[171] a *constitucionalmente* alçar certos *direitos* à categoria de *fundamentais*,[172] fez à minoria[173] no sentido de jamais lhe negar respeito.[174] Sem prejuízo da ressalva de Friedrich Müller quanto a nunca se tratar o *pós-positivismo* como um *antipositivismo capaz de dar ensejo à interpretação de um texto que sequer seja por ele comportável*,[175] há de se atentar à ressalva de Jürgen Habermas no sentido de que *a moral "... ya no se cierne por encima del Derecho"*.[176] A verdade é que ela *"... emigra al interior del Derecho positivo, pero sin agotarse en Derecho positivo"*.[177]

Mais uma vez a se prestar tributo a Jürgen Habermas, urge que se relembre de que o fato de a Moral *emigrar "... al interior del Derecho positivo"*[178] em nada há de fazer com que *equivocadamente* se compreenda que *aquela se esgota neste*[179] ou, mesmo, *sobrepõe-se-lhe* tal qual uma *iusnaturalista razão prática, apriorística e metafisicamente* dada num *kantiano imperativo categórico*,[180] a se pretender apta a *transcendentalmente* corrigi-lo. Se, por um lado, revela-se inadmissível que se retome a *iusnaturalista razão prática* a partir de que a *moral, apriorística e metafisicamente* dada num *kantiano imperativo categórico*,[181] mostrar-se-ia apta a corrigir *transcendentalmente* o *Direito*; por outro lado, também hão de ser tidas por inviáveis as *rigorosas* separações entre *Direito e Moral* levadas adiante por Joseph Raz,[182] por

---

[167] Cf. GARCÍA FIGUEROA, Alfonso. "La Teoría del Derecho en tiempos de constitucionalismo", *op. cit.*, p. 179.

[168] Cf. ALEXY, Robert. *Teoría de la argumentación jurídica. La teoría del discurso racional como teoría de la fundamentación jurídica*. Traducción de Manuel Atienza e de Isabel Espejo, Madrid, Centro de Estudios Políticos y Constitucionales, 2008, segunda edición actualizada, primera reimpresión, p. 43.

[169] Ver: HESSE, Konrad. *A força normativa da Constituição*. Porto Alegre, Sergio Antonio Fabris, 1991, p. 70/71.

[170] Cf. DWORKIN, Ronald. *Levando os direitos a sério, op. cit.*, p. 304.

[171] Cf. NOVAIS, Jorge Reis. *Direitos Fundamentais e Justiça Constitucional, op. cit.*, p. 57.

[172] Comentando os trunfos: NOVAIS, Jorge R. *Direitos Fundamentais e Justiça Constitucional, op. cit.*, p. 55-57.

[173] Cf. DWORKIN, Ronald. *Levando os direitos a sério, op. cit.*, p. 314. Também: MAIHOFER, Werner. "Principios de una democracia en libertad", *in* BENDA, Ernst; MAIHOFER, Werner; VOGEL, Juan J.; HESSE, Konrad; HEYDE, Wofgang (coautores). *Manual de Derecho Constitucional*. Madrid – Barcelona, Marcial Pons, Ediciones Jurídicas y Sociales, 2001, p.260.

[174] Cf. DWORKIN, Ronald. *Levando os direitos a sério, op. cit.*, p. 314. Também: MAIHOFER, W. "Principios de una democracia liberal", *op. cit.*, p. 260.

[175] MÜLLER, Friedrich. *O novo paradigma do Direito. Introdução à teoria e metódica estruturante do Direito*. São Paulo, Revista dos Tribunais, 2008, p.11ss.

[176] Cf. HABERMAS, Jürgen. *Facticidad y Validez, op. cit.*, p. 559.

[177] Cf. HABERMAS, Jürgen. *Facticidad y Validez, op. cit.*, p. 559. Em mesmo sentido: HABERMAS, Jürgen. "¿Cómo es posible la legitimidad por via de legalidad?", *in* HABERMAS, Jürgen. *Escritos sobre moralidad y eticidad*. Introducción y traducción de Manuel Jiménez Redondo, Barcelona, Paidós, 1991, p. 168; HABERMAS, Jürgen. *Direito e Moral, op. cit.*, p. 63.

[178] Cf. HABERMAS, J. *Facticidad y Validez, op. cit.*, p. 559. Em mesmo sentido: HABERMAS, Jürgen. "¿Cómo es posible la legitimidad por via de legalidad?", *op. cit.*, p. 168; HABERMAS, Jürgen. *Direito e Moral, op. cit.*, p. 63.

[179] Cf. HABERMAS, J. *Facticidad y Validez, op. cit.*, p. 559. Em mesmo sentido: HABERMAS, Jürgen. "¿Cómo es posible la legitimidad por via de legalidad?", *op. cit.*, p. 168; HABERMAS, Jürgen. *Direito e Moral, op. cit.*, p. 63.

[180] Cf. KANT, Immanuel. *Fundamentação da Metafísica dos Costumes*. Tradução de *"Grundlegung zur Metaphysik der Sitten"*, de 1785. Tradução por Paulo Quintela, Lisboa, Edições 70 Lda., 1995.

[181] Cf. KANT, Immanuel. *Fundamentação da Metafísica dos Costumes, op. cit.*

[182] No sentido de jamais se poder submeter a validade do Direito à Moral: RAZ, Joseph. *The Autority of Law: Essays on Law and Morality*. Oxford, Oxford University Press, 1979, p. 39ss.; RAZ, Joseph. *La ética en el ámbito público*. Barcelona. Editorial Gedisa, 2001, p. 228.

Scott J. Shapiro[183] e por Eugenio Bulygin.[184] Por sinal, o próprio *"Post Scriptum"*[185] de Herbert Lionel Adolphus Hart[186] dá margem para que *valores éticos* se revistam de *"... carácter jurídico"*[187] a partir de sua inserção na *"norma superior"*.[188] Inclusive como forma de se *"... preencher a construção kelseniana com 'substância'"*[189] até que se possa superar o *autopoiético*[190] paradoxo da decisão jurídica,[191] passa-se a um *"dever ser"*, não mais ético-político e *"de direito natural"*, e sim jurídico e *"de direito positivo"*.[192]

Para além de se ter em mente que os *"conceptos básicos iusfundamentales materiales"* (*dignidad, liberdad e igualdad*)[193] levam[194] a todo o *"... sistema jurídico, en cuanto derecho positivo"*,[195] a partir dos direitos fundamentais que nele se inserem,[196] uma ideia de Justiça[197] *que ele próprio está a exigir*[198] desde a célebre[199] *"Fórmula de Radbruch"*,[200] urge que se atente para o fato de que os *princípios, em especial*

---

[183] Ver: SHAPIRO, Scott J. "On Hart's Way Out", *in Legal Theory*. 4, 1998, p. 469-507.

[184] Cf. BULYGIN, Eugenio. *El positivismo jurídico*. México, Fontamara, 2006, p. 110ss. Ver: JUAN MORESO, Jose. *Un dialogo con la Teoria del Derecho de Eugenio Bulygin*. Marcial Pons, 2007.

[185] Cf. HART, Herbert Lionel Adolphus. "Post scríptum al concepto de derecho", *in* BULLOCH, Penelope A.; RAZ, Joseph (Editores). *Post scríptum al concepto de derecho*. Mexico, Universidad Nacional autónoma de México, 2000, p. 26ss.

[186] Ver: HART, Herbert Lionel Adolphus. *El concepto de Derecho*. Título del original: *"THE CONCEPT OF LAW"*, Oxford University Press, 1961, traducción de Genaro R. Carrio, Buenos Aires, Abeledo-Perrot, segunda edición, reimpresión, 2007, p. 125-153 e 183-191.

[187] Cf. MORAIS, Carlos Blanco de. *Curso de Direito Constitucional. Tomo I. As funções do Estado e o Poder Legislativo no Ordenamento Português*. Coimbra, Coimbra Editora, 2012, 2. ed., p. 160.Ver: HART,H.L.A."Post scríptum al concepto de derecho", *op. cit.*, p. 26ss.

[188] MORAIS, Carlos Blanco de. *Curso de Direito Constitucional. op. cit.*, p.160.Quanto à regra em si:HART,H.L.A.*El concepto...*, p. 125-153 e 183-191.

[189] Cf. COUTINHO, Luís Pedro Pereira. *A Autoridade Moral da Constituição, op. cit.*, p. 513.

[190] A respeito da autopoiese: LUHMANN, Niklas. "A restituição do décimo segundo camelo: do sentido de uma análise sociológica do direito", *in* ARNAUD, André-Jean; LOPES JR, Dalmir (orgs.). *Niklas Luhmann: do sistema social à sociologia jurídica*. Tradução de Dalmir Lopes Jr., Daniele Andréa da Silva Manão e Flávio Elias Riche, Rio de Janeiro, Lúmen Júris, 2004, p. 36; LUHMANN, Niklas. *Organizzazione e decisione*. Trad. Giancarlo Corsi, Milano, Bruno Mondadori, 2005, p. 103; LUHMANN, Niklas. *Organización y decisión. Autopoiesis, acción y entendimiento comunicativo*. Traducción de Darío Rodríguez Mansilla, Barcelona/Anthropos, México/Universidad Iberoamericana, Santiago de Chile/Instituto de Sociologia da Pontifícia Universidad Católica de Chile, 2005, p. 9; SIMIONI, Rafael Lazzarotto. *Direito processual e sociologia do processo...*, 2011, p. 52, nota 58.

[191] LUHMANN,N. *Organizzazione e decisione,op.cit.*,p.103; LUHMANN,N. *Organización y decisión,op.cit.*, p. 9.

[192] Cf. FERRAJOLI, Luigi. "Constitucionalismo y teoría del derecho. Respuesta a Manuel Atienza y José Juan Moreso", *in* FERRAJOLI, Luigi. *La teoría de derecho en el paradigma constitucional*. Madrid, Fundación Coloquio Jurídico Europeo, 2009, 2. ed., p. 191.

[193] Robert Alexy descreve-os como sendo "...*los de dignidad, liberdad e igualdad.*" (Cf. ALEXY, Robert. *Teoría de los derechos fundamentales, op. cit.*, p. 482).

[194] Cf. ALEXY, Robert. *Teoría de los derechos fundamentales, op. cit.*, p. 482/483.

[195] Cf. ALEXY, Robert. *Teoría de los derechos fundamentales, op. cit.*, p. 483.

[196] Cf. ALEXY, Robert. *Teoría de los derechos fundamentales, op. cit.*, p. 482/483.

[197] "... *valores consagrados constitucionalmente, especialmente a liberdade e a igualdade, que afinal são manifestações de algo dotado de maior espectro e significado transcendente: o valor justiça.*" (DINAMARCO, Cândido Rangel. *A instrumentalidade do processo*. 14ª ed. São Paulo, Malheiros Editores, 2009, p. 25/26).

[198] Cf. ALEXY, Robert. *Teoría de los derechos fundamentales, op. cit.*, p. 483.

[199] ALEXY, Robert. "Una Defensa de La Fórmula de Radbruch", disponível em http://ruc.udc.es/dspace/bitstream/2183/2109/1/AD-5-4.pdf, acesso em 19 de setembro de 2014. Traducción del original alemán *"Eine Verteidigung der Radbruchschen Formel"*. Traducción por José Antonio Seoane.

[200] Cf. RADBRUCH, Gustav. *Arbitrariedad legal y derecho supralegal*. Título original: *"Gesetzliches Unrecht und übergesetzliches Recht"*, traducción de María Izabel Azareto de Vásquez, Buenos Aires, Abeledo-Perrot, 1962. Ver: MAIHOFER, W. "Princípios de una democracia...", p. 286.

os constitucionais, "... *consubstanciam as premissas básicas*" da ordem jurídica.[201] Tal qual o próprio Herbert Lionel Adolphus Hart[202] admitira, a partir de seu "*Post Scriptum*",[203] há de se extrair também de Luigi Ferrajoli um nexo de "*dever ser*" entre filosofia política e ciência jurídica,[204] proveniente do fato de o *modelo normativo do Estado moderno* se amparar em princípios[205] oriundos da "... *filosofía política de la tradición iusnaturalista*"[206] de Thomas Hobbes,[207] de John Locke,[208] de M. Montesquieu,[209] de Jean-Jacques Rousseau[210] e de Immanuel Kant.[211] Em suma, tanto se há de ter por "... *inviable una concepción positivista estricta del Derecho*",[212] que se limite a *bobbianamente* dizer o que *o Direito é*,[213] quanto se tem de perceber como passível de pender para o arbítrio qualquer Teoria do Direito "... *que no sea en alguna medida positivista*".[214]

Na verdade, em virtude de já se perceber que a "*hueca*"[215] "*lei da ponderação*"[216] *alexyana*, a que se reporta o artigo 8º do novo Código de Processo Civil brasileiro, traz consigo uma "'*subjetividade' assujeitadora do intérprete*"[217] que lhe impede de suplantar o "*paradigma representacional*"[218] *sujeito-objeto* em que se ampara o *positivismo jurídico*,[219] sequer há de remanescer qualquer dúvida de que o acerto está em *se resolver o problema*[220] a partir da *integridade*[221] de que tratara Ronald Dworkin. Em vez de se "... *dizer qualquer coisa sobre qualquer coisa*"[222] a partir de uma

---

[201] BARROSO, Luís Roberto. *Interpretação e aplicação da Constituição*. São Paulo, Saraiva, 1996, pp. 142/143.

[202] Ver: HART, Herbert Lionel Adolphus. *El concepto de Derecho, op. cit.*, p. 125-153 e 183-191.

[203] Cf. HART, Herbert Lionel Adolphus. "Post scríptum al concepto de derecho", *op. cit.*, p. 26ss.

[204] Cf. FERRAJOLI, Luigi. "Constitucionalismo y Teoría del Derecho", *op. cit.*, p. 195.

[205] Como exemplos de tais princípios, menciona: "...*la representación política, los principios de igualdade y los derechos de liberdad*" (Cf. FERRAJOLI, Luigi. "Constitucionalismo y Teoría del Derecho", *op. cit.*, p. 195).

[206] Cf. FERRAJOLI, Luigi. "Constitucionalismo y Teoría del Derecho", *op. cit.*, p. 195.

[207] Leia-se: HOBBES, Thomas. *Leviatã*. Tradução de João Paulo Monteiro e Maria Beatriz Nizza da Silva. São Paulo, Martins Fontes, 2003, p. 203ss.

[208] Cf. LOCKE, John. *Dois Tratados do Governo Civil*. Título original: "*Two Treatises of Government*", tradução de Miguel Morgado e revisão de Luís Abel Ferreira, Lisboa, Edições 70, LDA., 2006, Segundo Tratado, p. 290/291.

[209] Ver: MONTESQUIEU, M. *Del Espirítu de Las Leyes. I*. Escrito em Frances por M. Montesquieu, traducido libremente al español por Don M. V. M., Licenciado, Madrid, em la Imprenta de Sancha, 1821, Editorial Lex Nova, S.A., Valladolid, 2008, Libro V, Capítulo V, p. 69ss.

[210] Cf. HABERMAS, Jürgen. *Facticidad y Validez, op. cit.*, p. 167ss.

[211] Cf. FERRAJOLI, Luigi. "Constitucionalismo y Teoría del Derecho", *op. cit.*, p. 195.

[212] Cf. GARCÍA FIGUEROA, Alfonso. "La Teoría del Derecho en tiempos de constitucionalismo", *op. cit.*, p. 162.

[213] Cf. BOBBIO, Norberto. "Aspetti del positivismo giuridico", *in* BOBBIO, Norberto. *Giusnaturalismo e positivismo giuridico*. Milán, Edizioni di Comunità, 1961, p. 105/106.

[214] Cf. GARCÍA FIGUEROA, Alfonso. "La Teoría del Derecho en tiempos de constitucionalismo", *op. cit.*, p. 186.

[215] Cf. LORA, Pablo de. "Tras el rastro de la ponderación", *op. cit.*, p. 363ss.

[216] Cf. ALEXY, Robert. *Teoría de los derechos fundamentales, op. cit.*, p. 138.

[217] Cf. STRECK, Lenio Luiz. "O princípio da proibição de proteção deficiente (*Untermassverbot*) e o cabimento de Mandado de Segurança em matéria criminal: superando o ideário liberal-individualista clássico", *op. cit.*

[218] Cf. STRECK, Lenio Luiz. "O princípio da proibição de proteção deficiente (*Untermassverbot*) e o cabimento de Mandado de Segurança em matéria criminal: superando o ideário liberal-individualista clássico", *op. cit.*

[219] A respeito: KAUFMANN, Arthur. "A problemática da filosofia do direito ao longo da história", *op. cit.*, p. 154; MOTTA, Francisco José Borges. *Levando o direito a sério, op. cit.*, p. 192; STRECK, Lenio Luiz. "Hermenêutica (Jurídica): compreendemos porque interpretamos ou interpretamos porque compreendemos?", *op. cit.*, p. 223ss.

[220] Cf. NOVAIS, Jorge Reis. *Direitos Fundamentais e Justiça Constitucional, op. cit.*, p. 41.

[221] Tradução livre do autor: "*Direito como Integridade*".

[222] Cf. STRECK, Lenio Luiz. *Verdade e Consenso, op. cit.*, p. 117.

"*hueca*"[223] "*ponderação*"[224] a se sujeitar à ressalva constante do inciso III do artigo 489 do Código de Processo Civil brasileiro, há de se apostar no ajuste, *tão íntegro e coerente "... quanto possível"*,[225] de todos os princípios e regras passíveis de virem a incidir sobre o caso concreto.[226] Para além de se ter de evitar tamanha "*subjetividade*",[227] igualmente não se há de permitir que se subverta o *dworkiniano* artigo 926 do novo Código de Processo Civil brasileiro,[228] no intuito de que, numa apressada interpretação de seu artigo 8° a partir de que se poderia chegar à errônea conclusão de que suas "*exigências do bem comum*"[229] estariam a autorizar o Juiz a se valer de *argumentos de política*, usurpem-se as funções do Legislador[230] em meio a uma *injustificável "entorse"*[231] *democrática*.[232]

3. Ainda de Ronald Dworkin a Jürgen Habermas, para além do equilíbrio entre "*Ancien Régime*"[233] e "*sozialen Funktion des Prozesses*":[234] uma (re)leitura da cooperação à luz de um "*efetivo contraditório*"

Num Estado Democrático de Direito cujo poder comunicativo a lhe servir de embasamento[235] faz com que se tenha de reverenciar a *autolegislação*,[236] urge que se atente à *moral procedimental* a se inserir no *ordenamento jurídico* por meio de normas que, trazerem-na consigo, prestam-se a juridicamente consagrar chances iguais de se contribuir efetivamente para a construção do Direito a se lhes aplicar. Sem qualquer desprezo à *integridade* a que se alia a *antissolipsista*[237] "*chain of law*"

---

[223] Cf. LORA, Pablo de. "Tras el rastro de la ponderación", *op. cit.*, p. 363ss.

[224] Cf. ALEXY, Robert. *Teoría de los derechos fundamentales, op. cit.*, p. 138.

[225] Cf. DWORKIN, Ronald. *O Império do Direito, op. cit.*, p. 419.

[226] Cf. DWORKIN, R. *Levando os direitos a sério, op. cit.*, p.114ss.; STEIN,E."Breves considerações históricas sobre as origens da Filosofia no Direito", *in Revista do Instituto de Hermenêutica Jurídica*. N. 5. V. 1, 2005, p. 54/55.

[227] Cf. STRECK, Lenio Luiz. "O princípio da proibição de proteção deficiente (Untermassverbot) e o cabimento de Mandado de Segurança em matéria criminal: superando o ideário liberal-individualista clássico", *op. cit.*

[228] Leia-se: "*Art. 926. Os tribunais devem uniformizar sua jurisprudência e mantê-la estável, íntegra e coerente.*"

[229] Leia-se: "*Art. 8° Ao aplicar o ordenamento jurídico, o juiz atenderá aos fins sociais e às exigências do bem comum, resguardando e promovendo a dignidade da pessoa humana e observando a proporcionalidade, a razoabilidade, a legalidade, a publicidade e a eficiência.*"

[230] Cf. DWORKIN, R. *O Império do Direito, op. cit.*, p. 475. Dworkin compreende que Hércules, por não ser um ativista, vai "... *recusar-se a substituir seu julgamento por aquele do legislador quando acreditar que a questão em jogo é fundamentalmente política, e não de princípio, quando o argumento for sobre as melhores estratégias para satisfazer inteiramente o interesse coletivo por meio de metas, tais como a prosperidade, a erradicação da pobreza ou o correto equilíbrio entre economia e preservação.*" (Cf. DWORKIN, R. *O Império do Direito, op. cit.*, p. 475).

[231] O entorse só se justifica se há critérios jurídicos impessoais: NOVAIS, Jorge Reis. *Direitos Fundamentais e Justiça Constitucional, op. cit.*, p. 180.

[232] Cf. WALDRON, Jeremy. *Derecho y Desacuerdos*. Traducción de "*Law and Disagreement*", Oxford, Oxford University Press, 1999. Madrid, Marcial Pons, 2005, p. 253ss.Ver: NOVAIS, Jorge Reis. *Direitos Fundamentais e Justiça Constitucional, op. cit.*, p. 166.

[233] Tradução livre: "*antigo regime*".

[234] Tradução livre: "*função social do processo*".

[235] Cf. ARENDT, Hannah. *A Condição Humana*. Tradução de Roberto Raposo, Rio de Janeiro, Editora Forense Universitária, 1987, p. 67; HABERMAS, J. "O conceito de poder em Hannah Arendt" *in* FREITAG, Bárbara; ROUANET, Sérgio Paulo. *Habermas: Sociologia*. Tradução de Bárbara Freitag e de Sérgio Paulo Rouanet, São Paulo, Editora Ática, 1980, p. 100.

[236] Cf. HABERMAS, Jürgen. *Direito e Democracia: Entre Facticidade e Validade*. I. *op. cit.*, p. 19.

[237] Leia-se: STRECK, Lenio Luiz "A interpretação do Direito e o dilema...", *op. cit.*, p. 21.

dworkiniana[238] de que *Hércules*[239] é apenas um dos autores,[240] o certo é que tamanha *moral procedimental*, a dar margem para que se tenha uma *esfera pública*, não de "...*ouvintes ou espectadores*",[241] mas de "... *falantes e destinatários que se interrogam mutuamente e que tentam formular respostas*",[242] empresta-lhe a *ética discursiva*[243] de que tanto necessita para que melhor se enfrentem as célebres críticas "... *a la teoría solipsista del derecho de Dworkin*".[244] Afinal, jamais se há de negar, ainda que qualquer rótulo que se queira lhe apor de "*Selbstsüchtiger*"[245] importe subverter "... *a própria teoria dworkiniana*"[246] de que se extrai a *integridade*[247] intrínseca a seu "*romance em cadeia*",[248] que "*Hércules... es un solitário*".[249] De fato, Hércules "*no conversa con nadie, si no es a través de libros*",[250] o que faz com que *nenhum interlocutor se mostre capaz de romper* "... *la inevitable insularidad de su experiencia y perspectiva*".[251]

Então, o acerto está em, *antissolipsista e discursivamente,* acrescer-se a Hércules a "*fuerza legitimadora*"[252] por que se há de *legitimar ainda mais* a "*moral reading*"[253] que, irradiando-se a seu "... *interior*"[254] a partir dos princípios constitucionais de que não se descuidara seu artigo 1º,[255] faz-se invariavelmente presente quando da *aplicação do ordenamento jurídico* a que se reporta o artigo 8º do *novo* Código de Processo Civil brasileiro. Basta que se atente à cooriginariedade[256] que lhes é inerente para que se chegue a um *pós-positivismo* em que "*Law as Integrity*" dworkiniano e moral

---

[238] Ver: OLIVEIRA, Marcelo A. Cattoni de. "Dworkin: de que maneira o direito se assemelha à literatura?", *in* Revista Direito e Práxis. V. 4, N. 7, 2013, pp. 368-390, p. 372. Quanto à "*chain of law*": CHUEIRI, Vera Karam de. *Filosofia do Direito...*, 1995, p. 68. Quanto ao romance em cadeia: DWORKIN, R. *O Império...*, p. 275ss.

[239] Quanto a Hércules e à integridade: DWORKIN, Ronald. *O Império do Direito, op. cit.*, p. 479.

[240] Cf. DWORKIN, Ronald. *O Império do Direito, op. cit.*, p. 275ss.

[241] Cf. HABERMAS, J. *Entre naturalismo e religião: estudos filosóficos*. Tradução de "*Zwischen Naturalismus und Religion: Philosophische Aufsätze*" por Flávio Beno Siebeneichler, Rio de Janeiro, Editora Tempo Brasileiro, Estudos filosóficos, 2007, p. 18.

[242] Cf. HABERMAS, J. *Entre naturalismo e religião: estudos filosóficos, op. cit.*, p. 18.

[243] A propósito: HABERMAS, Jürgen. *Direito e Democracia: Entre Facticidade e Validade. I. op. cit.*, p. 114-145; HABERMAS, Jürgen; RAWLS, John. *Debate sobre el liberalismo político, op. cit.*, p. 29.

[244] Cf. HABERMAS, Jürgen. *Facticidad y Validez, op. cit.*, p. 296.

[245] Tradução: "*sujeito solipsista*" (Cf. STRECK, Lenio Luiz. "A interpretação do Direito e o dilema...", *op. cit*.p. 21).

[246] Cf. STRECK, Lenio Luiz. *Verdade e Consenso...*, p. 18.

[247] Ainda a respeito desse *princípio de integridade na prestação jurisdicional*: DWORKIN, Ronald. *O Império do Direito, op. cit.*, p. 482.

[248] Cf. DWORKIN, Ronald. *O Império do Direito, op. cit.*, p. 275ss.

[249] Quanto a tal traço do Hércules *dworkiniano*: HABERMAS, Jürgen. *Facticidad y Validez, op. cit.*, p. 295.

[250] Ainda nas palavras de Habermas:" *No se entrevista con otros.*":HABERMAS,J.*Facticidad y Validez, op. cit.*, p. 295.

[251] "*Nigún interlocutor viola la inevitable insularidad de su experiencia y perspectiva*": HABERMAS, Jürgen. *Facticidad y Validez..., op. cit.*, p. 295.

[252] Cf. HABERMAS, Jürgen. *Facticidad y Validez, op. cit.*, p. 353.

[253] Tradução: "*leitura moral da Constituição*". Ver: DWORKIN, R. *O Direito da Liberdade: a Leitura Moral da Constituição Norte-Americana, op. cit.*, p. 2ss.

[254] Cf. HABERMAS, J. *Facticidad y Validez, op. cit.*, p. 559. Em mesmo sentido: HABERMAS, Jürgen. "¿Cómo es posible la legitimidad por via de legalidad?", *op. cit.*, p. 168; HABERMAS, Jürgen. *Direito e Moral, op. cit.*, p. 63.

[255] "*O processo civil será ordenado, disciplinado e interpretado conforme os valores e as normas fundamentais estabelecidos na Constituição da República Federativa do Brasil, observando-se as disposições deste Código.*"

[256] Ver: HABERMAS, Jürgen. *Facticidad y Validez, op. cit.*, p. 169 e 172ss.

procedimental habermasiana se pressupõem e se controlam mutuamente,[257] num contexto em que *esta* se faz presente *naquele* a partir de *princípios jurídicos* por que se há de inserir no Direito "... *o ponto de vista moral de uma formação imparcial do juízo*".[258] Num *controle mútuo*,[259] legitima-se o *Direito* a partir da *moral procedimental* que nele se insere a partir de normas jurídicas destinadas a *garantir a imparcialidade da formação do juízo*,[260] a fim de que, *legitimando a si próprio*, se preste a *legitimar o desvelamento de normas jurídicas* que carreguem consigo tal *moral procedimental*.

A saída está em se apostar no *"efetivo contraditório"* de que trata o artigo 7º do novo Código de Processo Civil brasileiro.[261] Com efeito, um *"efetivo contraditório"* que há de primeiramente se reportar à *fazzalariana*[262] *"informazione"*, a se traduzir num *dever de informação* às partes, a fim de que se prepare adequadamente o terreno para a *"Einwirkungsmöglichkeit"*,[263] a transparecer na *oportunidade* de prestarem seu melhor[264] contributo *discursivo* para que o Juiz[265] desvele o Direito de modo *tão íntegro e coerente*[266] *"quanto possível"*.[267] Nesse contexto é que se insere a *cooperação intersubjetiva* a que se reporta o artigo 6º do novo Código de Processo Civil brasileiro.[268] Aliás, *cooperação intersubjetiva* cujas raízes se encontram visceralmente atreladas ao Projeto Florença de Acesso à Justiça[269] por que o *socialismo jurídico-processual*[270] alcançara seu ápice. No fundo, nada se dá ao acaso quanto a, a se juntar aos relatórios

---

[257] Cf. HABERMAS, Jürgen. "DIREITO E MORAL (Tanner Lectures 1986)", *in* HABERMAS, Jürgen. *Direito e Democracia: Entre Facticidade e Validade*. Volume II. Traduzido do original alemão "*Faktizität und Geltung. Beiträge zur Diskursthorie des Rechits und des demokratischen Rechitstaats*", Frankfurt, Ed. Suhrkamp, 1992, tradução de Flávio Beno Siebeneichler, revisão de Daniel Camarinha da Silva, RJ, Tempo Brasileiro, 1997, p. 218.

[258] Cf. HABERMAS, Jürgen. "DIREITO E MORAL (Tanner Lectures 1986)", *op. cit.*, p. 243.

[259] Cf. HABERMAS, Jürgen. "DIREITO E MORAL (Tanner Lectures 1986)", *op. cit.*, p. 218.

[260] Cf. HABERMAS, Jürgen. "DIREITO E MORAL (Tanner Lectures 1986)", *op. cit.*, p. 243.

[261] Leia-se o referido art. 7º: "*Art. 7º É assegurada às partes paridade de tratamento em relação ao exercício de direitos e faculdades processuais, aos meios de defesa, aos ônus, aos deveres e à aplicação de sanções processuais, competindo ao juiz zelar pelo efetivo contraditório.*"

[262] Ver: FAZZALARI, Elio. "Procedimento (Teoria Generale)", *in Enciclopedia del Diritto*. Tomo XXXV, Milano, Dott. A. Giuffrè Editore, 1986, p. 820; FAZZALARI, Elio. "'Processo' e Giurisdizione", *in Rivista di Diritto Processuale*. Padova, Casa Editrice Dott. Antonio Milani (CEDAM), 1993, pp. 3-5; FAZZALARI, Elio. "La Dottrina Processualistica Italiana: dall' 'Azione' al 'Processo'", *in Rivista di Diritto Processuale*. Padova, Casa Editrice Dott. Antonio Milani (CEDAM), 1994, p. 919/920.

[263] Tradução literal de *"die Einwirkungsmöglichkeit"*: *"a oportunidade de exposição"*.

[264] A respeito: HABERMAS, Jürgen. *Facticidad y Validez, op. cit.*, p. 353.

[265] Cf. BAUR, Fritz. "Der Anspruch auf rechtliches Gehör", *in Arqchiv für civillistiche Praxis (AcP)*, n. 153. Tubingem, Verlag J. C. B. Mohr, 1954, p. 403, *apud* THEODORO JÚNIOR, Humberto. "Processo justo e contraditório dinâmico", *in* ASSIS, Araken de; MOLINARO, Carlos Alberto; GOMES JÚNIOR, Luiz Manoel; MILHORANZA, Mariângela Guerreiro (org.). *Processo coletivo e outros temas de Direito Processual: homenagem 50 anos de docência do Professor José Maria Rosa Tesheiner, 30 anos de docência do Professor Sérgio Gilberto Porto*. Porto Alegre, Livraria do Advogado, 2012, p. 262.

[266] A propósito: DWORKIN, Ronald. *O Império do Direito, op. cit.*, p. 291.

[267] Leia-se: DWORKIN, Ronald. *O Império do Direito, op. cit.*, p. 419.

[268] Leia-se: "*Art. 6º Todos os sujeitos do processo devem cooperar entre si para que se obtenha, em tempo razoável, decisão de mérito justa e efetiva.*"

[269] Cf. CAPPELLETTI, Mauro; GARTH, Bryant. "General Report", *in* CAPPELLETTI, Mauro *et al*. *The Florence-acess-to-justice project*. Milano, Dott. A. Giuffrè Editore, 1978, Volume I, p. 33ss.

[270] Cf. NUNES, Dierle José Coelho. *Processo jurisdicional democrático: uma análise crítica das reformas processuais, op. cit.*, p. 115.

de outros 22 (vinte e dois) países,[271] seu contributo *tedesco*[272] haver se amparado em *"Stuttgarter model"*[273] que, influenciado por Fritz Baur,[274] servira de inspiração para que, em 03 de dezembro de 1976, se reformasse a *"Zivilprozessordnung"*[275] (ZPO) alemã,[276] o Código de Processo Civil português, promulgado em 1939 e ainda hoje em vigor,[277] e o número 2 do artigo 2º do vigente *"Codice del Processo Amministrativo"* italiano,[278] instituído pelo Decreto legislativo nº 104, de 2 de julho de 2010. Nunca é demais ressaltar que, à semelhança do que desde 2 de julho de 2010 se extrai do número 2 do artigo 2º do vigente *"Codice del Processo Amministrativo"* italiano, a repartir a responsabilidade pelo desenrolar do processo entre o Juiz e as partes, hodiernamente se atenta ao *"princípio da cooperação intersubjetiva"*[279] no artigo 508-A do Código de Processo Civil luso,[280] por força do Decreto-Lei português nº 329-A/1995 e de seu conterrâneo Decreto-Lei nº 180/1996, e no número 1 do artigo 519 de tal diploma processual. Tal qual se lê na *"Zivilprozessordnung"*[281] (ZPO) alemã original,[282] cujo § 321a. segue a trazer consigo a *queixa por violação do direito a ser ouvido* de que trata o número 1 do § 103 da *"Grundgesetz"* germânica,[283] também no Código de Processo Civil português se estabelecera, num formato semelhante

---

[271] Participaram efetivamente do projeto: Austrália, Áustria, Bulgária, Canadá, Chile, China, Colômbia, Inglaterra, França, Alemanha, Holanda, Hungria, Indonésia, Israel, Itália, Japão, México, Polônia, União Soviética, Espanha, Suécia, Estados Unidos da América e Uruguai (Cf. NUNES, Dierle José Coelho. *Processo jurisdicional democrático: uma análise crítica das reformas processuais, op. cit.,* p. 115ss.).

[272] Cf. CAPELLETTI, Mauro; GARTH, Bryant. *Acesso à justiça.* Porto Alegre, Sergio Antonio Fabris, 1988.

[273] Tradução livre: *"Modelo de Sttugart"*.

[274] Cf. BAUR, Fritz. *La socialización del proceso.* Salamanca, Publicaciones del Departamento de Derecho Procesal de la Universidad de Salamanca, 1980, p. 7ss.; BAUR, Fritz. "Transformações do processo civil em nosso tempo", *in Revista Brasileira de Direito Processual.* Uberaba, Forense, n. 7, terceiro trimestre de 1976, pp. 57-68. Também: BAUR, Fritz. "Il processo e le correnti culturali contemporanee: rilievi attuali sulla conferenza di Franz Klein dal medesimo titolo", *in Rivista di Diritto Processuale.* Padova, Casa Editrice Dott. Antonio Milani (CEDAM), 1972, pp. 253-271. No original: BAUR, Fritz. *Wege zu einer Konzentration der mündlichen Verhandlung im Prozeβ.* Berlim, Walter de Gruiter & co., 1966, 26p.

[275] Tradução livre: *"Ordenança Processual Civil"*.

[276] Cf. NUNES, Dierle José Coelho. *Processo jurisdicional democrático: uma análise crítica das reformas processuais, op. cit.,* p. 116.

[277] Cf. NUNES, Dierle José Coelho. *Processo jurisdicional democrático: uma análise crítica das reformas processuais, op. cit.,* p. 126.

[278] *"Art. 2. 2. Il giudice amministrativo e le parti cooperano per la realizzazione della ragionevole durata del processo."* Tradução: "O juiz administrativo e as partes cooperarão para a concretização da duração razoável do processo."

[279] Cf. SOUSA, Miguel Teixeira de. *Estudos sobre o Novo Processo Civil.* Lisboa, Editora LEX, 1997, p. 59.

[280] José Lebre de Freitas já se lhe referia expressamente antes mesmo da entrada em vigor do Decreto-Lei nº 329-A/1995 e do Decreto-Lei nº 180/1996 (FREITAS, José Lebre de. "Em torno da revisão do Direito Processual Civil", *in Revista da Ordem dos Advogados.* Lisboa, 1995, p. 5-18, em especial p. 14).

[281] Tradução livre: *"Ordenança Processual Civil"*.

[282] A assim se manter mesmo após a *"Reform des Zivilprozesses"* de 2000-2002 e a *"Justizmodernisierunggesetz"* de 2003/2004. Traduções respectivas: *"A reforma do processo civil"*; *"lei de modernização da lei"* (Cf. PÉREZ RAGONE, Álvaro J.; ORTIZ PRADILLO, Juan Carlos. *Código Procesal Civil Alemán (ZPO).* Tradducción con un estúdio introductorio al proceso civil alemán contemporâneo. Incluye artículos de Hanns Prütting y Sandra De Falco. Uruguay, Montevideo, Konrad Adenauer-Stiftung E.V., Fundación Konrad-Adenauer, Oficina Uruguay, Programa Estado de Derecho para Sudamérica, 2006, p. 37 e 42, respectivamente).

[283] Está-se a fazer menção à *"Gesetzes über die Rechtsbehelfe bei Verletzung des Anspruchs auf rechtliches Gehör"*. Tradução: *"Lei sobre os fundamentos com prejuízo da obrigação de legal de audição"*, de 09 de dezembro de 2004 (Cf. PÉREZ RAGONE, Álvaro J.; ORTIZ PRADILLO, Juan Carlos. *Código Procesal Civil Alemán (ZPO), op. cit.,* p. 42). Leia-se o número 1 do § 103 da *"Grundgesetz"*, a ser traduzida como *"Lei Fundamental"*: " § 103. 1) *Perante o tribunal, todos têm o direito de ser ouvidos."* (sic) (Cf. AACHEN, Assis Mendonça. *Lei Fundamental da República Federal da Alemanha.* Tradutor: Assis Mendonça Aachen. Revisor jurídico: Urbano Carvelli Bonn. Ber-

ao consagrado no número 1 do § 139 da *"Zivilprozessordnung"* (*ZPO*) alemã[284] e no número 3 do § 86 de sua conterrânea *"Verwaltungsgerichtsordnung"* (*VwGO*),[285] o dever judicial de, em consulta às partes, delimitarem-se as questões fáticas controvertidas e os meios de prova respectivos.[286]

Ainda que se pretenda negar à *cooperação* a natureza jurídica de *princípio* a partir de que se chega a um *processo justo*,[287] crítica a *deontologicamente* se amparar na *ausência* de *densidade normativa* a caracterizar tamanho *"standard"* teleológico,[288] o fato é que o *justo trato processual das partes*, a se extrair do número 1 do § 321a da *"Zivilprozessordnung"* (*ZPO*) alemã a que o novo Código Processo Civil brasileiro passa a homenagear a partir de seu artigo 9º, inegavelmente impõe ao Juiz *o dever de,* tal qual um *dworkiniano "have a duty to"*,[289] preservar seu *direito a serem*

---

lin, Deutscher Bundestag (Parlamento Federal Alemão), 2011, disponível em <http://www.brasil.diplo.de/contentblob/3160404/Daten/1330556/Gundgesetz_pt.pdf>, acesso em 18 de setembro de 2013, p. 93).

[284] Leia-se: *"§ 139. Impulso procesal material. 1) El tribunal tiene que esclarecer la relación de hecho y la litis y, en tanto ello sea necesario, con las partes en las cuestiones de hecho y de derecho aclarándolas y realizando preguntas. Él tiene que lograr que las partes en forma oportuna y completa declaren sobre lós hechos relevantes, en especial aclaraciones insuficientes que hacen a lós hechos invocados a lós efectos de completarlos para describir los medios de prueba y para interponer las peticiones que se adecuen a la causa."* (Cf. PÉREZ RAGONE, Álvaro J.; ORTIZ PRADILLO, Juan Carlos. *Código Procesal Civil Alemán (ZPO)*, op. cit., p. 195).

[285] Leia-se: *"§ 86. 1) O tribunal investiga os fatos de ofício; para tanto, as partes devem ser consultadas. 3) O juiz presidente deve adotar providências para que erros formais sejam eliminados, pedidos confusos sejam esclarecidos, requerimentos úteis sejam apresentados, alegações incompletas sejam emendadas e, ainda, para que sejam apresentadas todas as declarações essenciais à constatação e à avaliação do mérito."* (SILVA, Ricardo Perlingueiro Mendes da; BLANKE, Hermann-Josef; SOMMERMANN, Karl-Peter (Coord.). *Código de Jurisdição Administrativa (O modelo alemão). Verwaltungsgerichtsordnung (VwGO)*. Introdução e Tradução. Rio de Janeiro, Editora Renovar, 2009, p. 141).

[286] Cf. SOUSA, Miguel Teixeira de. "Aspectos do novo processo civil português", *in Revista de Processo*. São Paulo, Revista dos Tribunais, número 86, abril a junho de 1997, p. 174-184, em especial p. 177. Ainda que se refira essencialmente à chamada *"ligância de massa"*, não há de se encerrar o presente tópico sem que se dê o devido destaque para o *"dever de gestão processual"* a que alude o artigo 2ª do Decreto-Lei português nº 108, de 08.06.2006, diploma que terminou por estabelecer o denominado *"Regime especial experimental"*, em vigor desde 16.10.2006. Aplicável às *ações declaratórias cíveis* que, encaminhadas à apreciação jurisdicional a partir de 16.10.2006, não se encontram submetidas a procedimento especial, tal *"dever de gestão processual"* a que alude o referido *"Regime especial experimental"* diz respeito à necessidade de o Juiz dirigir o processo, devendo *"adoptar a tramitação processual adequada às especificidades da causa e o conteúdo e a forma dos actos processuais ao fim que visam atingir"*. Na redação do artigo 2º do Decreto-Lei nº 108, de 08.06.2006: *"Dever de gestão processual – O juiz dirige o processo, devendo nomeadamente: a) Adoptar a tramitação processual adequada às especificidades da causa e o conteúdo e a forma dos actos processuais ao fim que visam atingir; b) Garantir que não são praticados actos inúteis, recusando o que for impertinente ou meramente dilatório; c) Adoptar os mecanismos de agilização processual previstos na lei"*. A se adaptar perfeitamente ao *"princípio da adequação formal"* a que se reporta o vigente artigo 265º-A do Código de Processo Civil português, tal *"dever de gestão processual"* em tudo se amolda à necessidade de, sob pena de se constituir num *"entrave"* à finalidade que se lhe há de servir de norte, o *giusto processo* (FAZZALARI, E. "Il giusto processo e i "procedimenti speciali" civili", *op. cit.*, p. 1-6) ter se apreciado a partir de uma perspectiva que transcenda a *"...meramente legalista"* (MARIN, Jeferson Dytz; LUNELLI, Carlos Alberto. "A autonomia do processo constitucional e a legitimação para agir na tutela dos direitos coletivos: a dimensão publicista da jurisdição", *in* MARIN, Jeferson Dytz (coord.). *Jurisdição e Processo: Efetividade e Realização da Pretensão Material*. Curitiba, Editora Juruá, 2008, p. 30). Com a redação que lhe foi dada pelo Decreto-Lei nº 180, de 25.09.1996, assim dispõe o referido artigo 265º-A: *"Quando a tramitação processual prevista na lei não se adequar às especificidades da causa, deve o juiz oficiosamente, ouvidas as partes, determinar a prática dos actos que melhor se ajustem ao fim do processo, bem como as necessárias adaptações."*

[287] Reconhecendo-a como *"princípio"*: MITIDIERO, Daniel Francisco. "Colaboração no Processo Civil como Prêt-à-Porter: Um convite ao diálogo para Lenio Streck", *in Revista de Processo*. Número 194, Ano 36, Abril de 2011.

[288] Assim a tratando, com base em Dworkin: MOTTA, Francisco José Borges. *Levando o direito a sério*, op. cit., p. 219. *"Mas,e se as partes não cooperarem? Em que condições um standard desse quilate pode efetivamente ser aplicado?"* (STRECK, Lenio Luiz. *Verdade e Consenso*, op. cit., p. 583).

[289] Ver: DWORKIN, R. *O Império do Direito*, op. cit., p. 271ss.; HABERMAS, J. *Facticidad y Validez*, op. cit., p. 127ss.

ouvidas.[290] Em razão de se tratar de *"tutela del derecho a ser oído"* que se apresenta como exigência inafastável do próprio *"princípio de Estado de derecho"*,[291] jamais se há de perder de vista o fato de se estar perante *"rechtliches Gehör"*[292] que, a emigrar do número 1 do § 103 da *"Grundgesetz"* germânica[293] para o artigo 9º do novo Código de Processo Civil brasileiro, *"... es, antes que nada, requisito de uma decisión justa"*.[294] Na verdade, trata-se de *direito a ser ouvido*[295] a se atrelar visceralmente ao *"giusto processo"*[296] a que *ilustrativamente* se reportam o número 2 do artigo 2º do vigente *"Codice del Processo Amministrativo"* italiano,[297] o artigo 111 da *"Costituzione della Repubblica Italiana"*,[298] o número 1 do artigo 266º do Código de Processo Civil português[299] e, na linha do se deixará expresso no novo artigo 1º de seu similar em *"terrae brasilis"*, os incisos LIV (devido processo legal) e LV (contraditório) do artigo 5º da vigente Carta Magna brasileira.[300]

Conquanto se tenha de dar a devida atenção à *ausência de surpresa*[301] de que tratam os *elucidativos* número 2 do § 139 da *"Zivilprozessordnung" (ZPO)* alemã[302] e § 182a da *"Zivilverfahrens-Novelle"* recentemente destinada à reforma da

---

[290] A respeito: PÉREZ RAGONE, Á. J.; ORTIZ PRADILLO, J. C. *Código Procesal Civil Alemán (ZPO), op. cit.*, p. 86.

[291] Cf. PÉREZ RAGONE, Á.J.; ORTIZ PRADILLO, Juan C. *Código Procesal Civil Alemán (ZPO), op. cit.*, p. 86.

[292] Tradução: *"direito a ser ouvido"*. Ver: AACHEN, Assis Mendonça. *Lei Fundamental da República Federal da Alemanha. op. cit.*, p. 93.

[293] Leia-se o n. 1 do § 103 da *"Grundgesetz"*: *"§ 103. Direitos fundamentais perante os tribunais. 1) Perante o tribunal, todos têm o direito de ser ouvido."* (sic) (AACHEN, Assis Mendonça. *Lei Fundamental da República Federal da Alemanha. op. cit.*, p. 93).

[294] Cf. PÉREZ RAGONE, Á. J.; ORTIZ PRADILLO, Juan C. *Código Procesal Civil Alemán (ZPO), op. cit.*, p. 93.

[295] A respeito: PÉREZ RAGONE, Á. J.; ORTIZ PRADILLO, J. C. *Código Procesal Civil Alemán (ZPO), op. cit.*, p. 86.

[296] FAZZALARI, Elio. "Il giusto processo e...", 2003, p. 1-6.

[297] *"Art. 2. 2. Il giudice amministrativo e le parti cooperano per la realizzazione della ragionevole durata del processo."* Tradução: *"O juiz administrativo e as partes cooperarão para a concretização da duração razoável do processo."*

[298] *"Art. 111. La giurisdizione si attua mediante il giusto processo regolato dalla legge. Ogni processo si svolge nel contraddittorio tra le parti, in condizioni di parità, davanti a giudice terzo e imparziale. La legge ne assicura la ragionevole durata."* Tradução: *"Art. 111. A jurisdição se implementa mediante o processo justo regulado pela lei. Cada processo se desenvolve no contraditório entre as partes, em condições de paridade, diante de um juiz terceiro e imparcial. A lei assegura uma duração razoável."*

[299] *"Art. 266º. 1 – Na condução e intervenção no processo, devem os magistrados, os mandatários judiciais e as próprias partes cooperar entre si, concorrendo para se obter, com brevidade e eficácia, a justa composição do litígio."*

[300] Leia-se: *LIV – ninguém será privado da liberdade ou de seus bens sem o devido processo legal; LV – aos litigantes, em processo judicial ou administrativo, e aos acusados em geral são assegurados o contraditório e ampla defesa, com os meios e recursos a ela inerentes."*

[301] Cf. MATTOS, Sérgio Luís Wetzel de. *Devido Processo Legal e Proteção de Direitos*. Porto Alegre, Livraria do Advogado Editora, 2009, p. 208; NUNES, Dierle José Coelho. "O princípio do contraditório: uma garantia de não surpresa", *in* TAVARES, Fernando Horta (Coord.). *Constituição, Direito e Processo: Princípios Constitucionais do Processo*. Curitiba, Juruá Editora, 2007, p. 159; OLIVEIRA, Carlos Alberto Álvaro de. *Do formalismo no processo civil*. Rio de Janeiro, Editora Forense, 2009, 3. ed., revista, atualizada e ampliada, p. 90; THEODORO JÚNIOR, H.; NUNES, D.J.C. "Uma dimensão...", 2009, p. 108.

[302] *"Bundesverfassungsgericht"(BVerGE)* (Tribunal Constitucional Federal), 1960, p. 31, MDR, 1960, p. 24; *BVerGE*, 48, p. 209;*"Bundesgerichtshof" (BGH)* (Supremo Tribunal Federal), NJW-RR, 1993, p. 1122, *in* PÉREZ RAGONE, Álvaro J.; ORTIZ PRADILLO, Juan Carlos. *Código Procesal Civil Alemán (ZPO), op. cit.*, p. 52/53. Leia-se: *"§ 139. Impulso procesal material. 2) En tanto exista un punto de vista que no haya sido reconocido por una parte o que haya sido considerado como irrelevante, el tribunal puede fundar su resolución sobre él siempre que advierta de ello a las partes y les otorgue la posibilidad para que se expresen al respecto y no se trate de un crédito accesorio."* (PÉREZ RAGONE, Álvaro J.; ORTIZ PRADILLO, J.C. *Código Procesal Civil Alemán (ZPO), op. cit.*, p.195/196).

"Zivilprozessordnung" (*ZPO*) *austríaca*,[303] o fato é que jamais se há de inferir, a exemplo do que tanto *doutrinária*[304] quanto *jurisprudencialmente*[305] se tem feito, que aí está o *"núcleo duro do contraditório"*. Como é óbvio, tamanho equívoco fatalmente faria com que *paradoxalmente* se despojasse da força democrática de que necessariamente tem de se revestir. Afinal, a *ausência de surpresa* traz implícita a figura de um *solipsista*[306] Juiz, *herculeamente*[307] apto a interpretar *coerentemente*[308] o Direito sem depender de qualquer contributo das partes.[309] Fosse o *"núcleo duro do contraditório"*[310] *solipsistamente* restrito *àquela*, limitar-se-ia a apenas exigir *desse* que não se pronunciasse de maneira a surpreender *estas*.[311] Enfim, tender-se-ia a fazer com que o *cidadão*[312] apenas ficasse a admirar *os irretocáveis*[313] *feitos* interpretativos[314] do *moral e cognitivamente privilegiado*[315] Juiz Hércules, em vez de se empenhar para que então se transcendesse a *apatia*[316] rumo à *"aktive Ermächtigung"*[317] a se agregar à *"Good Governance"* de um *"verdadeiro Estado Constitucional"*.[318] Por isso é que, em vez de

---

[303] Cf. HENKE, Albert. "Prime osservazioni sulla riforma del diritto processuale austriaco", *in Rivista di Diritto Processuale*. Padova, Dott. A. Giuffrè Editore, numero 3, 2003, p. 818. Data a reforma de 2002.

[304] Cf. MATTOS, S.L.W. de. *Devido...*, 2009, p. 208; NUNES, D.J.C. "O princípio do...", 2007, p. 159; OLIVEIRA, C.A.Á. de. *Do formalismo...*, 2009, p. 90; THEODORO JÚNIOR, Humberto; NUNES, Dierle José Coelho. "Uma dimensão que urge reconhecer ao contraditório no direito brasileiro: sua aplicação como garantia de influência, de não surpresa e de aproveitamento da atividade processual", *in Revista de Processo*. Volume 168, 2009, p. 108.

[305] Na jurisprudência brasileira: Superior Tribunal de Justiça brasileiro: HABEAS CORPUS 65560, RS 2006/0191202-4, em 07.02.2008. No Superior Tribunal de Justiça português: Processo n. 2326/11.09TBLLE.E1.S1, 6ª SECÇÃO, Relator FONSECA RAMOS, data do acórdão 11/09/2012.

[306] Tradução: *"sujeito solipsista"* (Cf. STRECK, Lenio Luiz "A interpretação do Direito e o dilema...", op. cit., p. 21.

[307] Refere-se o presente texto ao *"juiz Hércules"* (DWORKIN, R. *Levando os direitos a sério*, op. cit., p. 164ss.).

[308] Cf. HABERMAS, Jürgen. *Facticidad y Validez*, op. cit., p. 304.

[309] Ver: HÄBERLE, Peter. "La sociedad abierta de los intérpretes constitucionales. Una contribución para la interpretación pluralista y procesal de la Constitución", *in Retos actuales del Estado constitucional*. Bilbao, IVAP, 1996, p. 15-46; HÄBERLE, Peter. *La garantía del contenido esencial de los derechos fundamentales*. Traducción: Joaquín Brage Camazano, Madrid, Dykinson, 2003, p. 112-115.

[310] Cf. MATTOS, Sérgio Luís Wetzel de. *Devido Processo Legal e Proteção de Direitos*, op. cit., p. 208; NUNES, Dierle José Coelho. "O princípio do contraditório: uma garantia de não-surpresa", op. cit., p. 159; OLIVEIRA, Carlos Alberto Álvaro de. *Do formalismo no processo civil*, op. cit., p. 90; THEODORO JÚNIOR, Humberto; NUNES, Dierle José Coelho. "Uma dimensão que urge reconhecer ao contraditório no direito brasileiro", op. cit., p. 108.

[311] O Supremo Tribunal Federal brasileiro já teve a oportunidade de se manifestar, a respeito do contraditório: *"envolve não só o direito de manifestação e o direito de informação sobre o objeto do processo, mas também o direito de ver seus argumentos contemplados pelo órgão incumbido de julgar"* (MS 24268, Relatora Ellen Gracie; Relator para o Acórdão: Gilmar Mendes; Pleno, julgado em 05.02.2004, Diário de Justiça de 17.09.2004, p. 53.

[312] Cf. GARAPON, Antonie. *O juiz e a democracia: o guardião das promessas*. Tradução de Maria Luiza de Carvalho. 2. ed. Rio de Janeiro, REVAN, 2001, p. 62.

[313] Lembre-se de que *solipsismo* carrega consigo a nefasta pretensão de o Juiz alçar a si próprio "... *à condição de mais alta instância moral da sociedade*" (Cf. MAUS, Ingeborg. "Judiciário como superego da sociedade: o papel da atividade jurisprudencial na 'sociedade órfã'", *in Novos Estudos CEBRAP*. São Paulo, n. 58, 2000, p. 187).

[314] Cf. GARAPON, Antonie. *O juiz e a democracia: o guardião das promessas*, op. cit., p. 62.

[315] Cf. HABERMAS, Jürgen. *Facticidad y Validez*, op. cit., p. 293.

[316] Cf. GARAPON, Antonie. *O juiz e a democracia: o guardião das promessas*, op. cit., p. 26.

[317] Tradução livre: *"participação ativa"*. Ver: MÜLLER, Friedrich. *Quem é o povo? A questão fundamental da democracia*. Edição original em português, com uma introdução de Ralph Christensen. Tradução de Peter Naumann e revisão de Paulo Bonavides, São Paulo: Editora Max Limonad, 1998, p. 63.

[318] Cf. CANOTILHO, José Joaquim Gomes. "Constitucionalismo e Geologia da Good Governance", *in* CANOTILHO, José Joaquim Gomes. *"Brancosos" e Interconstitucionalidade: itinerários dos discursos sobre a historicidade constitucional*. 2. ed. reimpressão. Coimbra, Livraria Almedina, 2012, p. 326.

se insistir em *solipsista*[319] Juiz que tenha a *hercúlea*[320] pretensão de *"interinamente"*[321] chegar à coerente integridade do Direito[322] sem depender de quem quer que seja,[323] há de se apostar em Magistrado cujo *"projeto prévio"*[324] se revise *constantemente*, a partir de argumentações *díspares* a assim se manterem,[325] no diálogo.[326]

Em se encontrando a *autolegislação cidadã*[327] no cerne do que se há de *democraticamente* exigir de um *contraditório* para além da *ausência de surpresa*,[328] sequer se há de hesitar quanto a se inferir que a *retórica*[329] *por trás*[330] do artigo 6° do novo Código de Processo Civil brasileiro e da parte final de seu artigo 7° está num *habermasiano* paradigma *pós-metafísico*[331] de *cooperação*. Sem que se esteja a propor que se controlem "... *os devires anárquicos*"[332] e *revolucionários*[333] por que o pensamento há de fazer com que *deleuzeanamente* se *resista ao controle*[334] de um Estado a se "abençoar" pelo *contrato social*,[335] insiste-se aqui quanto a se estar perante *pós-metafísico paradigma* que, a emigrar da *"Theorie des kommunikativen Handelns"*[336] à *"Diskurstheorie des Rechts"*,[337] *antissolipsistamente*[338] tem de, *tanto quanto possível,*

---

[319] Ver: STRECK, Lenio Luiz "A interpretação do Direito e o dilema...", *op. cit.*, p. 21.

[320] Aqui se refere o presente texto ao *"juiz Hércules"* (DWORKIN, R.*Levando os direitos a sério, op. cit.*, p. 164ss.).

[321] Cf. HABERMAS, Jürgen. *Facticidad y Validez, op. cit.*, p. 299.

[322] Cf. HABERMAS, Jürgen. *Facticidad y Validez, op. cit.*, p. 304.

[323] Ver: HABERLE, Peter. "La sociedad abierta de los intérpretes constitucionales...", *op. cit.*, p. 15-46; HÄBERLE, Peter. *La garantía del contenido esencial de los derechos fundamentales, op. cit.*, p. 112-115.

[324] Cf. GADAMER, Hans-Georg. *Verdade e Método, I, op. cit.*, p. 356.

[325] Leia-se: DELEUZE, Gilles. *Lógica do sentido*. Título original: *"Logique du Sens"*, Les Éditions de Minuit, 1969. Tradução de Luiz Roberto Salinas Fortes. Revisão de Mary Amazonas Leite de Barros. 4. ed., 3ª reimp. São Paulo, Editora Perspectiva, 2007, p. 77ss.

[326] Ver: SCHWANDT, T. A. "Três Posturas epistemológicas para a Investigação Qualitativa", *in* DENZIN, N. K.; LINCOLN, Y. S. (Orgs.). *O planejamento da pesquisa qualitativa: teorias e abordagens*. Tradução de Sandra Regina Netz, Porto Alegre: Artmed, 2006, p. 198.

[327] Ver: HABERMAS, Jürgen. *Facticidad y Validez, op. cit.*, p. 186.

[328] Relacionando-o apenas com a ausência de surpresa: MATTOS, Sérgio Luís Wetzel de. *Devido Processo Legal e Proteção de Direitos, op. cit.*, p. 208; NUNES, Dierle José Coelho. "O princípio do contraditório: uma garantia de não-surpresa", *op. cit.*, p. 159; OLIVEIRA, Carlos Alberto Álvaro de. *Do formalismo no processo civil, op. cit.*, p. 90; THEODORO JÚNIOR, Humberto; NUNES, Dierle José Coelho. "Uma dimensão que urge reconhecer ao contraditório no direito brasileiro", *op. cit.*, p. 108.

[329] A respeito: PERELMAN, Chaïm. *Lógica Jurídica...*, p. 141ss.

[330] Quanto a ser o princípio da integridade a verdadeira retórica conforme a qual "...*as leis devem ser aplicadas observando-se as intenções por trás delas*": DWORKIN, Ronald. *O Império do Direito, op. cit.*, p. 403.

[331] Cf. HABERMAS, Jürgen. *Facticidad y Validez, op. cit.*, p. 298.

[332] Ver: DIAS, Sousa. *Lógica do Acontecimento. Deleuze e a Filosofia*. Porto: Edições Afrontamentop, 1995, p. 128.

[333] Ver: DIAS, Sousa. *Lógica do Acontecimento. Deleuze e a Filosofia*. Porto: Edições Afrontamentop, 1995, p. 133.

[334] Cf. DIAS, Sousa. *Lógica do Acontecimento. Deleuze e a Filosofia*. Porto: Edições Afrontamentop, 1995, p. 135.

[335] A respeito, leia-se este trecho por que Sousa Dias pretende demonstrar a legitimação que, a partir de Immanuel Kant, dá-se à forma-Estado: "*Obedeçam sempre, porque, quanto mais obedecerdes, mais sereis livres, porque só obedecereis à razão pura, quer dizer a vós mesmos... Desde que a filosofia se assinalou o papel de fundamento, não mais deixou de abençoar os poderes estabelecidos*" (DIAS, Sousa. *Lógica do Acontecimento. op. cit.*, p. 129).

[336] Tradução: *"Teoria da ação comunicativa"*. (HABERMAS, J. *Teoría de la acción comunicativa: complementos y estudios previos*. Original: *"Vorstudien und Ergänzungen zur Theorie des kommunikativen Handelns"*, 1989).

[337] Ver: HABERMAS, Jürgen. *Facticidad y Validez, op. cit.*, p. 295ss. Tradução: *"Teoria Discursiva do Direito"*.

[338] Cf. HABERMAS, J. *Facticidad y Validez, op. cit.*, p. 272ss.; MAUS, I. "Judiciário como superego...", *op. cit.*, p. 187.

enfrentar a *discricionariedade* judicial[339] por que se pode tender à *"tirania"*.[340] Ora, sequer há dúvida de que o *"... repúdio ao formalismo"*,[341] principalmente ao que se apõe a pecha de *"excessivo"*,[342] realmente tem de se fazer presente em qualquer *modelo processual* que, a transcender a *"ordine isonômico"*[343] do *"Ancien Régime"*[344] sem que necessariamente se retorne à *"ordine assimmetrico"*[345] a partir de que *bülowianamente*[346] se inserira o Juiz[347] no vértice superior de um *metafórico triângulo, arrogue-se a preeminência de se refletir numa cooperativa comunidade de trabalho*.[348] É inadmissível que ainda hoje se aposte num Juiz *"... alheio ao dramma della competizione"*,[349] a nada fazer perante um número cada vez maior de processos sendo *"... extintos por problemas puramente formais"*,[350] num lamentável retorno ao formalismo intrínseco ao *"ordo iudiciorum privatorum"*[351] das *"legis actiones"*.[352] Não por acaso o novo Código de Processo Civil brasileiro está a manter de maneira quase inalterada,

---

[339] Leia-se: HABERMAS, Jürgen. *Facticidad y Validez, op. cit.*, p. 272ss.

[340] Por receá-la, Ronald Dworkin busca evitá-la: DWORKIN, Ronald. *Levando os direitos a sério, op. cit.*, p. 225.

[341] Cf. DINAMARCO, C.R. *Instituições de Direito Processual Civil*. 5. ed. São Paulo: Malheiros, 2005, p. 57

[342] Cf. OLIVEIRA, C.A.Á. de. "O Formalismo-Valorativo no confronto com o Formalismo Excessivo", *in* DIDIER JR., Fredie (org.). *Leituras Complementares de Processo Civil*. 5. ed. Salvador, 2007, p. 367.

[343] Tradução livre: *"ordem isonômica"*. Ver: PICARDI, Nicola. *La giurisdizione all'alba del terzo milennio*. Milano: Dott. A. Giuffrè Editore, 2007, p. 114ss.

[344] Ver: DENTI, Vittorio; TARUFFO, Michele. "Il profilo storico", *in* DENTI, Vittorio. *La giustizia civile*. Bologna: Il Mulino, 2004, p. 14ss.; PICARDI, Nicola. *La giurisdizione all'alba del terzo milennio, op. cit.*, p. 84ss.

[345] Ver: PICARDI, Nicola. *Manuale del processo civile*. Milano: Dott. A. Giuffrè Editore, 2006, p. 5.

[346] Cf. BÜLOW, Oskar von. *La teoría de las excepciones procesales y los presupuestos procesales*. Título original em alemán: *"Die Lehre von den Processeinreden und die Processvoraussetzungen"*, Giesen, 1868. Traducción de Miguel Angel Rosas Lichtschein, Buenos Aires: Ediciones Jurídicas Europa-América (EJEA), 1964, p. 11ss.; ESTELLITA, Guilherme. *Direito de ação: direito de demandar*. 2. ed. Rio de Janeiro: Livrraria Jacinto, 1942, p. 39-42; TORNAGHI, Hélio. *A Relação Processual*. 2. ed. São Paulo: Saraiva, 1987, p. 8.

[347] Exemplo disso: ROSENBERG, Leo. *Tratado de Derecho Procesal Civil*. Volumen I, Traducción de Ângela Romera Vera, Buenos Aires: Ediciones Jurídicas Europa-América (EJEA), 1955, p. 10.

[348] *"O juiz do processo cooperativo é um juiz isonômico na condução do processo e assimétrico no quando da decisão das questões processuais e materiais da causa. Desempenha duplo papel, pois, ocupa dupla posição: paritário no diálogo, assimétrico na decisão. Visa-se a alcançar, com isso, um "ponto de equilíbrio" na organização do formalismo processual, conformando-o como uma verdadeira "comunidade de trabalho" entre as pessoas do juízo. A cooperação converte-se em prioridade no processo."* (MITIDIERO, Daniel. *Colaboração no Processo Civil: pressupostos sociais, lógicos e éticos*. 2. ed. São Paulo: Revista dos Tribunais, 2011, p. 81).

[349] Cf. BEDAQUE, José Roberto dos Santos. "Os elementos objetivos da demanda examinados à luz do contraditório", *in* TUCCI, José Rogério Cruz e; BEDAQUE, José Roberto dos Santos (coord.). *Causa de pedir e pedido no Processo Civil (questões polêmicas)*. São Paulo: RT, 2002, p. 21. Ver também: GOUVEIA, Lúcio Grassi de. "Cognição processual civil: atividade dialética e cooperação intersubjetiva na busca da verdade real", *in* DIDIER JR., Fredie (org.). *Leituras Complementares de Processo Civil*. 5. ed. Salvador, 2007, p. 183.

[350] Cf. BEDAQUE, J.R. dos S. *Efetividade no processo e técnica processual*. São Paulo: Malheiros, 2007, p. 85.

[351] Cf. ALVES, José Carlos Moreira. *Direito Romano*. Volume I. 12. ed. Rio de Janeiro: Forense, 1999, p. 184. Expressão a ser entendida como *"ordem dos processos civis"*.

[352] Cf. D'ORS, J.A. *Derecho Privado Romano*. España, Pamplona, Universidad de Navarra, 1997, novena edición, p. 115; KASER, Max. *Direito Privado Romano*. Tradução de Samuel Rodrigues e Ferdinand Hämmerle e revisão de Maria Armanda de Saint-Maurice. Lisboa, Calouste Gulbenkian, 1999, p. 434; VÉSCOVI, E. *Teoría General del Proceso*. 2. ed. Colombia, Santa Fe de Bogotá: Editorial Temis, 1999, p. 23. SANTOS, Moacyr Amaral. *Primeiras Linhas de Direito Processual Civil*. Volume I. 17. ed. São Paulo: Editora Saraiva, 1994, p. 36-37. SCHULZ, F. *Derecho romano clásico*. Traducción directa de la edición inglesa por José Santa Cruz Teigeiro. Barcelona: Bosch, 1960, p. 14. KUNKEL, W. *Historia del derecho romano*. Traducción de la cuarta edición alemana por Juan Miguel. España, Barcelona: Ariel, 1999, p. 95. Quanto a essa formalidade inflexível: ALVES, J. C. M. *Direito...*, p. 193; PETIT, E. *Tratado elemental de derecho romano*. Buenos Aires: Albatros, p. 824.

tal qual se lê em seu artigo 283,[353] o que ora se prevê em seu vigente artigo 250. É evidente que jamais se há de dar as costas ao *dever de auxílio* a se extrair do ajuste a se fazer presente entre o inciso IX do artigo 139 do novo Código de Processo Civil brasileiro[354] e seu artigo 6° *Dever de auxílio*[355] que, por sinal, faz-se *ilustrativamente* presente no número 1 do § 139 da "*Zivilprozessordnung*" (*ZPO*) alemã,[356] parágrafo a que informalmente se dá o nome de "*carta magna del proceso civil*",[357] no número 3 do § 86 de sua conterrânea "*Verwaltungsgerichtsordnung*" (*VwGO*)[358] e, ainda que tacitamente, no número 2 do artigo 2° do "*Codice del Processo Amministrativo*" italiano.[359] Não bastasse a sua presença na "*carta magna del proceso civil*",[360] algo que talvez haja feito com que Carlos Alberto Alvaro de Oliveira tenha alçado a *cooperação* ao patamar de "*pedra angular e exponencial do processo civil*",[361] ainda se pode notá-lo no número 3 do artigo 265° do Código de Processo Civil português, no artigo 265°-A e no número 1 do artigo 266° desse,[362] bem como no número 1 do artigo 88° de seu conterrâneo Código de Processo nos Tribunais Administrativos.[363]

Ocorre que o acerto de se reconhecer que o *dever de auxílio*[364] realmente *contribui* para que *se afaste* o "*formalismo excessivo*"[365] em nada implica que se tenha de, subvertendo-se o *controle*[366] por que se há de democraticamente impedir[367] o Judiciário de "*...ir más allá del crédito o «cuenta corriente» de legitimación de que dispone*",[368]

---

[353] Leia-se: "*Art. 283. O erro de forma do processo acarreta unicamente a anulação dos atos que não possam ser aproveitados, devendo ser praticados os que forem necessários a fim de se observarem as prescrições legais. Parágrafo único. Dar-se-á o aproveitamento dos atos praticados desde que não resulte prejuízo à defesa de qualquer parte.*"

[354] Leia-se: "*Art. 139. O juiz dirigirá o processo conforme as disposições deste Código, incumbindo-lhe: IX – determinar o suprimento de pressupostos processuais e o saneamento de outros vícios processuais;*"

[355] Cf. SOUSA, Miguel Teixeira de. *Estudos sobre o Novo Processo Civil...*, 1997, p. 65ss.

[356] Aqui, fez-se uso desta tradução: PÉREZ RAGONE, Álvaro J.; ORTIZ PRADILLO, Juan Carlos. *Código Procesal Civil Alemán (ZPO), op. cit.*, p.195.

[357] Cf. PÉREZ RAGONE, Álvaro J.; ORTIZ PRADILLO, J. C. *Código Procesal Civil Alemán (ZPO), op. cit.*, p. 69.

[358] Aqui, fez-se uso desta tradução: SILVA, Ricardo Perlingueiro Mendes da; BLANKE, Hermann-Josef; SOMMERMANN, Karl-Peter (Coord.). *Código de Jurisdição Administrativa (O modelo alemão). op. cit.*, p.141.

[359] "*Art. 2. 2. Il giudice amministrativo e le parti cooperano per la realizzazione della ragionevole durata del processo.*" Tradução: "*O juiz administrativo e as partes cooperarão para a concretização da duração razoável do processo.*"

[360] Cf. PÉREZ RAGONE, Álvaro J.; ORTIZ PRADILLO, J. C. *Código Procesal Civil Alemán (ZPO), op. cit.*, p. 69.

[361] OLIVEIRA, Carlos Alberto Alvaro de. "Efetividade e processo de conhecimento", *in* OLIVEIRA, Carlos Alberto Alvaro de. *Do formalismo no processo civil*. 2. ed. São Paulo: Saraiva, 2003, p. 254.

[362] "*Art. 266°. 1. Na condução e intervenção no processo, devem os magistrados, os mandatários judiciais e as próprias partes cooperar entre si, concorrendo para se obter, com brevidade e eficácia, a justa composição do litígio.*"

[363] "*Art. 265°. 3. Incumbe ao juiz realizar ou ordenar, mesmo oficiosamente, todas as diligências necessárias ao apuramento da verdade e à justa composição do litígio, quanto aos factos de que lhe é lícito conhecer*"; "*Art. 265°-A. Quando a tramitação processual prevista na lei não se adequar às especificidades da causa, deve o juiz, oficiosamente, ouvidas as partes, determinar a prática dos atos que melhor se ajustem ao fim do processo, bem como as necessárias adaptações.*"; "*Art. 88°. 1. Quando, no cumprimento do dever de suscitar e resolver todas as questões que possam obstar ao conhecimento do objecto do processo, verifique que as peças processuais enfermam de deficiências ou irregularidades de carácter formal, o juiz deve procurar corrigi-las oficiosamente.*"

[364] Cf. SOUSA, Miguel Teixeira de. *Estudos sobre o Novo Processo Civil...*, 1997, p. 65ss.

[365] Ver: OLIVEIRA, Carlos Alberto Álvaro de. *Do Formalismo no processo civil. op. cit.*

[366] Leia-se: HABERMAS, Jürgen. *Facticidad y Validez, op. cit.*, p. 272ss. Ver: MAUS, Ingeborg. "Judiciário como superego da sociedade", *op. cit.,* p. 187.

[367] DWORKIN, R. *Levando os direitos a sério,op.cit.,*p. 225; HABERMAS,J.*Facticidad y Validez, op. cit.*, p. 295ss.

[368] Cf. HABERMAS, Jürgen. *Facticidad y Validez, op. cit.*, p. 353.

compreender que o *"formalismo-valorativo" "impõe" "... a cooperação do órgão judicial com as partes e destas com aquele"*.[369] Sem que se esteja a criticar o *"formalismo-valorativo"* por que se pretende afastar o *"...formalismo oco e vazio, incapaz de servir às finalidades essenciais do processo"*,[370] a verdade é que a *cooperação* de que trata o artigo 6º do novo Código de Processo Civil brasileiro *essencialmente diz respeito à autolegislação cidadã*. Afinal, está-se a tratar de Estado Democrático de Direito cujo poder comunicativo que se presta a lhe servir de base[371] exige que se reverencie a *autolegislação*.[372] Assim é que se chega à Ética do Discurso[373] que, a se enraizar na *autolegislação* de que tratam o número 1 do § 311 da *"Zivilprozessordnung"* (ZPO) alemã,[374] o número 1 do § 117 de sua conterrânea *"Verwaltungsgerichtsordnung"* (VwGO),[375] o número 1 do artigo 88 do *"Codice del Processo Amministrativo"* italiano,[376] o número 1 do artigo 1º do *lusitano* Estatuto dos Tribunais Administrativos e Fiscais,[377] o artigo 101 da *"Costituzione della Repubblica Italiana"*,[378] o número 1 do artigo 117 de sua similar *"Española"*[379] e o parágrafo único do artigo 1º da Carta Magna pátria,[380] exige que os destinatários do Direito[381] se enxerguem como *seus autores racionais*,[382] *o que o legitima e o torna racionalmente aceitável*.[383]

Seja como for quanto a ter Gilles Deleuze se movimentado à margem da *racionalidade comunicativa*,[384] ainda assim se há de enxergá-la crucial para que *se legitime o Direito* a *se desvelar jurisdicionalmente*. Tanto é que se está a, no artigo 9º do novo Código de Processo Civil brasileiro, *discursiva e pós-metafisicamente* apostar

---

[369] Cf. OLIVEIRA, Carlos Alberto Alvaro de. "O Formalismo-valorativo no confronto com o Formalismo excessivo", *in* Artigos. Programa de Pós-Graduação em Direito (UFRGS), p. 12, disponível em <http://www.ufrgs.br/ppgd/doutrina>.

[370] Cf. OLIVEIRA, Carlos A. A. de. "O Formalismo-valorativo no confronto com o Formalismo excessivo", *op. cit.*

[371] Cf. ARENDT, H. *A Condição...*, 1987, p. 67; HABERMAS, J. "O conceito de poder em Hannah Arendt", 1980, p. 100.

[372] Cf. HABERMAS, Jürgen. *Direito e Democracia, I, op. cit.*, p. 19.

[373] A respeito: HABERMAS, Jürgen. *Facticidad y Validez, op. cit.*, p. 187.

[374] Tradução: *"Ordenança Processual Civil"*. Leia-se: *"§ 311.Forma del pronunciamiento de la sentencia. 1) La sentencia se pronuncia en nombre del pueblo."* (PÉREZ RAGONE, Álvaro J.; ORTIZ PRADILLO, Juan Carlos. *Código Procesal Civil Alemán (ZPO), op. cit.*, p. 237).

[375] Tradução: *"Ordenança de Jurisdição Administrativa"*. Leia-se: *"§ 117 (Forma e conteúdo da sentença). 1) A sentença é pronunciada "em nome do povo" ("Im Namen dês Volkes")."* (Cf. SILVA, Ricardo P.M. da; BLANKE, Hermann-Josef; SOMMERMANN, Karl-Peter (Coord.). *Código de Jurisdição Administrativa, op. cit.*, p. 141).

[376] *"Art. 88. Contenuto della sentenza. 1. La sentenza è pronunciata in nome del popolo italiano e reca l'intestazione 'Repubblica italiana'"*. Tradução: *"Art. 88. Conteúdo da sentença. 1. A sentença é pronunciada em nome do povo italiano e traz a aposição 'República italiana'"*.

[377] Lei nº 13/2002, de 19 de fevereiro (Anexo): *"Artigo 1º. Jurisdição administrativa e fiscal. 1. Os tribunais da jurisdição administrativa e fiscal são os órgãos de soberania com competência para administrar a justiça em nome do povo, nos litígios emergentes das relações jurídicas administrativas e fiscais."*

[378] Art. 101. *La giustizia è amministrata in nome del popolo*. Tradução: *A justiça é administrada em nome do povo*.

[379] *"Artículo 117. 1. La justicia emana del pueblo y se administra en nombre del Rey por Jueces y Magistrados, integrantes del Poder Judicial, independientes,inamovibles,responsables y sometidos únicamente al império de la ley."*

[380] Leia-se: *"Todo o poder emana do povo, que o exerce por meio de representantes eleitos ou diretamente, nos termos desta Constituição."*

[381] *"Pues la idea de autolegislación del ciudadano exige que aquellos que están sometidos al derecho como destinatarios suyos, puedan entenderse a la vez como autores del derecho"* (HABERMAS, J. *Facticidad,op.cit.*, p. 186).

[382] Cf. HABERMAS, Jürgen. *Facticidad y Validez, op. cit.*, p. 96.

[383] Cf. HABERMAS, Jürgen. *Facticidad y Validez, op. cit.*, p. 101.

[384] *"Filosofar é criar, e criar não é comunicar mas resistir, criação e comunicação não são complementares."* (DIAS, Sousa. *Lógica do Acontecimento. Deleuze e a Filosofia*. Porto: Edições Afrontamento, 1995, p. 142).

num *habermasiano modelo processual,* a se inspirar no *direito a ser ouvido* de que tratam o *ilustrativo* número 1 do § 321a da *"Zivilprozessordnung" (ZPO)* alemã[385] e o número 1 do § 103 da *"Grundgesetz"* germânica.[386] Sem sombra de dúvida, trata-se de *modelo processual* que só se perfectibiliza com as *"condizioni di parità"* a se consagrarem no *ilustrativo* artigo 111 da *"Costituzione della Repubblica Italiana".*[387] Tamanho tributo que se há de prestar aqui a Jürgen Habermas faz com que *se perfectibilize* apenas se presentes as *"pressuposições pragmáticas" "... mais importantes"*[388] da argumentação, sem as quais *ela própria é destruída.*[389] Logo, perfectibilizar-se-á apenas em caso de se assegurarem a quaisquer integrantes da *comunidade de trabalho "... chances iguais"*[390] de *se manifestarem*[391] e de trazerem *contribuições relevantes*[392] e sinceras,[393] tal qual se lhes impõe a partir da *boa-fé* de que trata o artigo 5º do novo Código de Processo Civil brasileiro,[394] para o *debate público* a se reger *apenas pela "coação não coativa"*[395] do *melhor argumento.*[396]

À guisa de conclusão

Tanto em sede de uma litigiosidade, que tradicionalmente tem se prestado a servir de norte às mais variadas codificações processuais, quanto no âmbito da *"solução*

---

[385] Leia-se o § 321a da *"Ordenança Processual Civil"*: *"§ 321a. Reclamo por violación del derecho a ser oído. 1) El proceso debe ser continuado por el tribunal de primera instancia basándose en la queja de la parte agraviada por la sentencia cuando: 2. El tribunal de primera instancia haya violado el derecho a ser oído de esa parte de una manera relevante."* (PÉREZ RAGONE, Á. J.; ORTIZ PRADILLO, J. C. *Código Procesal Civil Alemán (ZPO), op. cit.,* p. 242).

[386] Leia-se o n. 1 do § 103 da *"Grundgesetz"*: *"§ 103. Direitos fundamentais perante os tribunais. 1) Perante o tribunal, todos têm o direito de ser ouvido."* (AACHEN, Assis Mendonça. *Lei Fundamental da República Federal da Alemanha. op. cit.,* p. 93).

[387] Art. 111. *La giurisizione si attua mediante il giusto processo regolato dalla legge. Ogni processo si svolge nel contraddittorio tra le parti, in condizioni di parità, davanti a giudice terzo e imparziale. La legge ne assicura la ragionevole durata.* Tradução: Art. 111. A jurisdição se implementa mediante o processo justo regulado pela lei. Cada processo se desenvolve no contraditório entre as partes, em condições de paridade, diante de um juiz terceiro e imparcial. A lei assegura uma duração razoável.

[388] Cf. HABERMAS, J. "Sobre a Arquitetônica da Diferenciação do Discurso. Pequena Réplica a uma Grande Controvérsia", *in* HABERMAS, Jürgen. *Entre naturalismo e religião: estudos filosóficos.* Tradução de *"Zwischen Naturalismus und Religion: Philosophische Aufsätze"* por Flávio Beno Siebeneichler, Rio de Janeiro: Editora Tempo Brasileiro, Estudos filosóficos, 2007, p. 97. Ainda: Habermas, J. "Agir Comunicativo e Razão Destranscendentalizada", *in* HABERMAS, Jürgen. *Entre naturalismo e religião: estudos filosóficos. op. cit.,* p. 55.

[389] Cf. HABERMAS, J. "Sobre a Arquitetônica da Diferenciação do Discurso", *op. cit.,* p. 98.

[390] Cf. HABERMAS, Jürgen. *Consciência Moral e Agir Comunicativo.* Traduzido do original alemão *"Moralbewusstsein und kommunikatives Handeln"*, Suhrkamp Verlag Frankfurt am Main, 1983, tradução de Guido A. de Almeida, Rio de Janeiro, Editora Tempo Brasileiro, 1989, p. 112.

[391] Cf. HABERMAS, Jürgen. "Agir Comunicativo e Razão Destranscendentalizada", *op. cit.,* p. 61.

[392] "... *uma determinada prática não poderá ser tida como argumentação séria caso não preencha determinadas pressuposições pragmáticas. As pressuposições mais importantes são as seguintes: (a) Inclusão e caráter público: não pode ser excluído ninguém desde que tenha uma contribuição relevante a dar no contexto de uma pretensão de validade controversa; (b) igualdade comunicativa de direitos: todos têm a mesma chance de se manifestar sobre um tema; (c) exclusão da ilusão e do engano: os participantes têm de acreditar no que dizem; (d) ausência de coações: a comunicação deve estar livre de restrições que impedem a formulação do melhor argumento capaz de levar a bom temro a discussão."* (HABERMAS ,J. "Agir Comunicativo e Razão Destranscendentalizada",*op. cit.,* p. 61/62).

[393] Cf. HABERMAS, J. "Sobre a Arquitetônica da Diferenciação do Discurso", *op. cit.,* p. 97. Ainda: HABERMAS, J. " Agir Comunicativo e Razão Destranscendentalizada", *op. cit.,* p. 55.

[394] Leia-se: *"Art. 5º Aquele que de qualquer forma participa do processo deve comportar-se de acordo com a boa-fé."*

[395] Cf. HABERMAS, J. *Entre naturalismo e religião: estudos...,* op. cit., p. 23 e 36.

[396] A propósito: HABERMAS, Jürgen. *Facticidad y Validez,* op. cit., p. 353.

consensual dos conflitos" que, com o "*novo*", passa-se a exigir do Estado e dos integrantes da "*Arbeitsgemeinschaft*",[397] o fato é que se está perante *modelo processual* que, em vez de se preocupar essencialmente com o freio ao formalismo excessivo, visceralmente há de se prestar a conferir legitimidade, para o que se tem de controlar o Judiciário,[398] ao Direito a se desvelar jurisdicionalmente. Entretanto, o fato de se ter de recorrer à Ética do Discurso para que se evite o arbítrio em nada há de implicar que se tenha de inibir seu pensamento, bem como dos demais integrantes da comunidade de trabalho, a respeito do que esteja a se lhe submeter jurisdicionalmente. Sem que se esteja a pretender que tal Ética do Discurso se preste a "*abençoar*" o Direito a se desvelar jurisdicionalmente, tem-se que o acerto está em *se reforçar* uma legitimidade que, a já se fazer presente numa *dworkiniana leitura moral da Constituição*, robustece-se ainda mais a partir de "*... fuerza generadora de legitimidad*"[399] a depender de *habermasiano princípio de discurso*[400] a *democraticamente*[401] se destinar[402] a fazer valer "*... equilibradamente la autonomía privada y la autonomía pública de los ciudadanos*".[403] Jamais se há de incorrer no equívoco de se *pensar* que se trata de tarefa simples.[404] Seja como for, nalgum momento se há de começar a "*pensar*"[405] a seu respeito.

Referências bibliográficas

AACHEN, Assis Mendonça. *Lei Fundamental da República Federal da Alemanha*. Tradutor: Assis Mendonça Aachen. Revisor jurídico: Urbano Carvelli Bonn. Berlin, Deutscher Bundestag (Parlamento Federal Alemão), 2011, disponível em "*http://www.brasil.diplo.de/contentblob/3160404/Daten/1330556/Gundgesetz_pt.pdf*", acesso em 18 de setembro de 2013.

ALEXY, Robert. "On Balancing and Subsumption. A Structural Comparison", *in Ratio Juris*. Volume 16, Issue 4, pages 433-449, December 2003.

——. *Teoría de la argumentación jurídica. La teoría del discurso racional como teoría de la fundamentación jurídica*. Título original: "*THEORIE DER JURISTISCHEN ARGUMENTATION. Die Theorie des rationalen Diskurses als Theorie der juristischen Begründung*", Suhrkamp Verlag, Frankfurt am Main, 1983, traducción de Manuel Atienza e de Isabel Espejo, Madrid, Centro de Estudios Políticos y Constitucionales, 2008, segunda edición actualizada, primera reimpresión.

——. *Teoría de los derechos fundamentales*. Título original: "*THEORIE DER GRUNDRECHTE*", Suhrkamp Verlag Frnakfurt am Main, 1986, traducción y estudio introductorio de Carlos Bernal Pulido, Madrid, Centro de Estudios Políticos y Constitucionales, 2008, Segunda edición en español, primera reimpresión.

---

[397] Tradução: "*Comunidade de Trabalho*" (Cf. NUNES, Dierle José Coelho. *Processo Jurisdicional Democrático...*, op. cit., p. 212; THEODORO JÚNIOR, Humberto. "Processo justo e contraditório", op. cit., p. 262).

[398] Cf. HABERMAS, Jürgen. *Facticidad y Validez...*, op. cit., p. 353.

[399] Ver: HABERMAS, Jürgen. *Facticidad y Validez*, op. cit., p. 187; HABERMAS, J. "Religião na Esfera Pública. Pressuposições Cognitivas para o "Uso Público da Razão" de Cidadãos Seculares e Religiosos", *in* HABERMAS, Jürgen. *Entre naturalismo e religião: estudos filosóficos*. Tradução de "*Zwischen Naturalismus und Religion: Philosophische Aufsätze*" por Flávio Beno Siebeneichler, Rio de Janeiro, Editora Tempo Brasileiro, Estudos filosóficos, 2007, p.137. Tradução livre: "*...força geradora de legitimidade*".

[400] Cf. HABERMAS, Jürgen. *Facticidad y Validez*, op. cit., p. 187.

[401] Cf. HABERMAS, J. *Facticidad y Validez*, op. cit., p. 187. Tradução: "*...a forma de um princípio democrático*".

[402] Cf. HABERMAS, Jürgen. *Facticidad y Validez*, op. cit., p. 187.

[403] Cf. HABERMAS, Jürgen. *Facticidad y Validez*, p. 184. Tradução livre, a partir do espanhol: "*...faça valer equilibradamente a autonomia privada e a autonomia pública dos cidadãos*".

[404] Ver: FACHIN, L. E. *Teoria Crítica do Direito Civil*.op.cit.,p.173ss.;VEYNE,P."Um arqueólogo...",op.cit., p.50.

[405] DELEUZE, Gilles; GUATTARI, Félix. *O que é Filosofia?* Rio de Janeiro: 34, 1983. p. 109.

──. "Teoria do discurso e direitos fundamentais", in HECK, Luís Afonso (org.). *Direito Natural, Direito Positivo, Direito Discursivo*. Traduções por Eduardo Schenato Piñero, José Paulo Baltazar Júnior, Luís Afonso Heck, Maria Cláudia Cachapuz, Paulo Gilberto Cogo Leivas e Waldir Alves. Tradução do artigo por Maria Cláudia Cachapuz, Porto Alegre, Livraria do Advogado Editora, 2010.

──. "Una Defensa de La Fórmula de Radbruch", disponível em *http://ruc.udc.es/dspace/bitstream/2183/2109/1/AD-5-4.pdf*, com acesso em 19 de setembro de 2014. Traducción del original alemán *"Eine Verteidigung der Radbruchschen Formel"*, de Robert Alexy. Traducción por José Antonio Seoane.

ALVES, José Carlos Moreira. *Direito Romano*. Volume I. Rio de Janeiro, Editora Forense, 1999, 12.ª edição.

ARENDT, Hannah. *A Condição Humana*. Tradução de Roberto Raposo, Rio de Janeiro, Editora Forense Universitária, 1987.

ARISTÓTELES. *Ética a Nicômaco*. Tradução de Leonel Vallandro e de Gerd Bornheim da versão inglesa de W. A. Pickard. São Paulo, Editora Abril Cultural, Coleção "Os Pensadores", 1973.

──. *Política*. Edição bilíngue (português-grego) com tradução directa do grego. Tradução de António Campelo Amaral e Carlos de Carvalho Gomes. Lisboa, Vega, 1998, 1ª ed.

BALDASSARRE, Antonio. *Diritti della persona e valori costituzionali*. Torino, G. Giappichelli, 1997.

BARROSO, Luís Roberto. *Interpretação e aplicação da Constituição*. São Paulo, Editora Saraiva, 1996.

BAUR, Fritz. *La socialización del processo*. Salamanca, Publicaciones del Departamento de Derecho Procesal de la Universidad de Salamanca, 1980.

──. "Transformações do processo civil em nosso tempo", in *Revista Brasileira de Direito Processual*. Uberaba, Forense, n. 7, terceiro trimestre de 1976.

──. "Il processo e le correnti culturali contemporanee: rilievi attuali sulla conferenza di Franz Klein dal medesimo titolo", in *Rivista di Diritto Processuale*. Padova, Casa Editrice Dott. Antonio Milani (CEDAM), 1972.

BEDAQUE, José Roberto dos Santos. *Efetividade no processo e técnica processual*. São Paulo, Malheiros Editores, 2007.

──. "Os elementos objetivos da demanda examinados à luz do contraditório", in TUCCI, José Rogério Cruz e; BEDAQUE, José Roberto dos Santos (coord.). *Causa de pedir e pedido no Processo Civil (questões polêmicas)*. São Paulo, Revista dos Tribunais, 2002.

BENDA, Ernst, "El Estado social de Derecho", in BENDA, Ernst; MAIHOFER, Werner; VOGEL, Juan J.; HESSE, Konrad; HEYDE, Wofgang (coautores). *Manual de Derecho Constitucional*. Presentación de Konrad Hesse. Edición, prolegomena y traducción de Antonio López Pina. Prólogo a la Segunda edición de Miguel Ángel García Herrera. Madrid – Barcelona, Marcial Pons, Ediciones Jurídicas y Sociales, S.A., 2001.

──; MAIHOFER, Werner; VOGEL, Juan J.; HESSE, Konrad; HEYDE, Wofgang (coautores). *Manual de Derecho Constitucional*. Presentación de Konrad Hesse. Edición, prolegomena y traducción de Antonio López Pina. Prólogo a la Segunda edición de Miguel Ángel García Herrera. Madrid – Barcelona, Marcial Pons, Ediciones Jurídicas y Sociales, S.A., 2001.

BOBBIO, Norberto. "Aspetti del positivismo giuridico", in BOBBIO, Norberto. *Giusnaturalismo e positivismo giuridico*. Milán, Edizioni di Comunità, 1961.

BÖCKENFÖRDE, Ernst-Wolfgang. "Teoría y interpretación de los derechos fundamentales", in BÖCKENFÖRDE, Ernst-Wolfgang. *Escritos sobre derechos fundamentales*. Nomos Verlagsgesellschaft, Baden-Baden. Traducción de Juan Requejo Pagés e de Ignacio Villaverde Menéndez, Nomos, 1993.

BUENO, Cassio Scarpinella. "O modelo constitucional do processo civil", in *Caderno de Direito Processual Civil*. Porto Alegre, Tribunal Regional Federal da 4.ª Região, 2009, Módulo 7.

BÜLOW, Oskar von. *La teoría de las excepciones procesales y los presupuestos procesales*. Título original em alemán: "Die Lehre von den Processeinreden und die Processvoraussetzungen", Giesen, 1868. Traducción de Miguel Angel Rosas Lichtschein, Buenos Aires, Ediciones Jurídicas Europa-América (EJEA), 1964.

BULYGIN, Eugenio. *El positivismo jurídico*. México, Fontamara, 2006.
CANOTILHO, José Joaquim Gomes. "Constitucionalismo e Geologia da Good Governance", *in* CANOTILHO, José Joaquim Gomes. *"Brancosos" e Interconstitucionalidade: itinerários dos discursos sobre a historicidade constitucional*. Coimbra, Livraria Almedina, 2012, 2ª edição, reimpressão.
CAPELLETTI, Mauro; GARTH, Bryant. *Acesso à justiça*. Porto Alegre, Sergio Antonio Fabris, 1988.
——; ——. "General Report", *in* CAPPELLETTI, Mauro *et al. The Florence acess-to-justice project*. Milano, Dott. A. Giuffrè Editore, 1978, Volume I.
CHANG, Howard F. "A Liberal Theory of Social Welfare: Fairness, Utility, anda the Pareto Principle", *in 110 Yale L. J.* 173, 2000.
COLEMAN, Jules L. "The Grounds of Welfare: Fairness vs. Welfare", *in 112 Yale L. J. 1511*. 2002.
COMANDUCCI, Paolo. "Algunos problemas conceptuales relativos a la aplicación del Derecho", *in* COMANDUCCI, Paolo; ÁNGELES AHUMADA, Mª; GONZÁLEZ LAGIER, Daniel. (eds.). *Positivismo jurídico y neoconstitucionalismo*. Madrid, Fundación Coloquio Jurídico Europeo, 2009.
COUTINHO, Luís Pedro Pereira. A autoridade moral da Constituição: Da fundamentação da validade do Direito Constitucional. Coimbra, Coimbra Editora, 2009.
CRANSWELL, Richard. "Kaplow and Shavell on the Substance of Fairness", *in 32 J. Legal Stud.* 245, 2003.
D'ORS, J.A. *Derecho Privado Romano*. España, Pamplona, Universidad de Navarra, 1997, novena edición.
DELEUZE, Gilles. *Lógica do sentido*. Título original: *"Logique du Sens"*, Les Éditions de Minuit, 1969. Tradução de Luiz Roberto Salinas Fortes. Revisão de Mary Amazonas Leite de Barros, São Paulo, Editora Perspectiva S.A., 2007, 4ª edição, 3ª reimpressão
DELEUZE, Gilles; GUATTARI, Félix. *O que é Filosofia?* Rio de Janeiro, Editora 34, 1983.
DENTI, Vittorio; TARUFFO, Michele. "Il profilo storico", *in* DENTI, Vittorio. *La giustizia civile*. Bologna, Il Mulino, 2004.
DIAS, Sousa. *Lógica do Acontecimento. Deleuze e a Filosofia*. Porto, Edições Afrontamentop, 1995.
DINAMARCO, Cândido Rangel. *A instrumentalidade do processo*. São Paulo, Malheiros Editores, 2009, 14ª ed.
——. *Instituições de Direito Processual Civil*. São Paulo, Malheiros Editores, 2005, 5.ª ed.
DWORKIN, Ronald. *Levando os direitos a sério*. Originalmente publicado em inglês, com o título *"TAKING RIGHTS SERIOUSLY"*, por Harvard University Press, 1977, tradução de Nelson Boeira, revisão da tradução por Silvana Vieira, São Paulo, Martins Fontes, 2002, 1ª edição.
——. O Direito da Liberdade: a Leitura Moral da Constituição Norte-Americana. São Paulo, Martins Fontes, 2006.
——. *O Império do Direito*. Publicada originalmente com o título *"LAWS'S EMPIRE"*, por Harvard University Press, 1986, tradução de Jefferson Luiz Carvalho, revisão técnica de Gildo Leitão Rios, São Paulo, Martins Fontes Editora, 1999.
——. "Rights as trumps", *in* WALDRON, Jeremy (org.). *Theories of Rights*. Oxford, Oxford University Press, 1984.
——. *Uma questão de princípio*. Tradução de *"A Matter of Principle"* por Luís Carlos Borges. São Paulo, Martins Fontes, 2000.
ENDERS, Christoph. "The Right to have Rights: The concept of human dignity in German Basic Law", *in Revista de Estudos Constitucionais, Hermenêutica e Teoria do Direito (RECHTD)*. Brasil, Estado do Rio Grande do Sul, São Leopoldo, 2 (1), janeiro a junho de 2010, ISSN: 2175-2168.
ESSER, Josef. *Principio y norma en La elaboración jurisprudencial del Derecho Privado*. Traducción de Eduardo Valenti Fiol, Barcelona, Bosch, 1961.
ESTELLITA, Guilherme. *Direito de ação: direito de demandar*. Rio de Janeiro, Livraria Jacinto, 1942. 2ª ed.
FACHIN, L. E. *Teoria Crítica do Direito Civil*. Rio de Janeiro/São Paulo, Editora Renovar, 2000.
FALLON, Richard. "Individual rights and the powers of Government", *in Georgia L. R.* 27, 1992-1993.

FARNSWORTH, Ward. "The Taste for Fairness vs. Welfare", *in 102 Colum. L. Ver. 1992*, 2002.

FAZZALARI, Elio. "Il giusto processo e i "procedimenti speciali" civili", *in Rivista Trimestrale di Diritto e Procedura Civile*. Milano, Dott. A. Giuffrè Editore, anno LVII, 2003.

——. "La Dottrina Processualistica Italiana: dall 'Azione' al 'Processo'", *in Rivista di Diritto Processuale*. Padova, Casa Editrice Dott. Antonio Milani (CEDAM), 1994.

——. "Procedimento (Teoria Generale)", *in Enciclopedia del Diritto*. Tomo XXXV, Milano, Dott. A. Giuffrè Editore, 1986.

——. "'Processo' e Giurisdizione", *in Rivista di Diritto Processuale*. Padova, Casa Editrice Dott. Antonio Milani (CEDAM), 1993.

FERRAJOLI, Luigi. "Constitucionalismo y teoría del derecho. Respuesta a Manuel Atienza y José Juan Moreso", *in* FERRAJOLI, Luigi. *La teoría de derecho en el paradigma constitucional*. Madrid, Fundación Coloquio Jurídico Europeo, 2009, 2ª edición.

——. "Los fundamentos de los derechos fundamentales", *in* FERRAJOLI, Luigi. *Los fundamentos de los derechos fundamentales*. Edición de Antonio de Cabo y Gerardo Pisarello, Madrid, Editorial Trotta, 2001.

FREITAS, José Lebre de. "Em torno da revisão do Direito Processual Civil", *in Revista da Ordem dos Advogados*. Lisboa, 1995.

GARAPON, Antonie. *O juiz e a democracia: o guardião das promessas*. Tradução de Maria Luiza de Carvalho. Rio de Janeiro, REVAN, 2001, 2ª edição.

GARCÍA FIGUEROA, Alfonso. "La Teoría del Derecho en tiempos de constitucionalismo", *in* CARBONELL, Miguel (edición). *Neoconstitucionalismo(s)*. Madrid, Universidad Nacional Autónoma de México, Editorial Trotta, "Colección Estructuras y Processos", "Serie Derecho", 2009, cuarta edición.

GOUVEIA, Lúcio Grassi de. "Cognição processual civil: atividade dialética e cooperação intersubjetiva na busca da verdade real", *in* DIDIER JR., Fredie (org.). *Leituras Complementares de Processo Civil*. Salvador, 2007, 5ª edição, revista e ampliada.

GRAU, Eros. *Interpretación y aplicación del Derecho*. Madrid, Editorial Dykinson, S.L., Dykinson-Constitucional, 2007.

GUASTINI, Riccardo. *Distinguiendo. Estudios de teoría y metateoría del Derecho*. Trad. castellana de J. Ferrer, Barcelona, Gedisa, 1999.

——. Le fonti del diritto e l'interpretazione. Milano, Giuffrè, 1993.

HÄBERLE, Peter. *La garantía del contenido esencial de los derechos fundamentales*. Traducción: Joaquín Brage Camazano, Madrid, Dykinson, 2003.

——. "La sociedad abierta de los intérpretes constitucionales. Una contribución para la interpretación pluralista y procesal de la Constitución", *in Retos actuales del Estado constitucional*. Bilbao, IVAP, 1996.

HABERMAS, Jürgen. "Agir Comunicativo e Razão Destranscendentalizada", *in* HABERMAS, Jürgen. *Entre naturalismo e religião: estudos filosóficos*. Tradução de *"Zwischen Naturalismus und Religion: Philosophische Aufsätze"* por Flávio Beno Siebeneichler, Rio de Janeiro, Editora Tempo Brasileiro, Estudos filosóficos, 2007.

——. *Between Facts and Norms: Contributions to a Discourse Theory of Law and Democracy*. Translate by William Rehg, Studies in Contemporary German Social Thought. Massachusetts, Cambridge, The MIT Press, 1998.

——. "¿Cómo es posible la legitimidad por via de legalidad?", *in* HABERMAS, Jürgen. *Escritos sobre moralidad y eticidad*. Introducción y traducción de Manuel Jiménez Redondo, Barcelona, Paidós, 1991.

——. *Consciência Moral e Agir Comunicativo*. Traduzido do original alemão *"Moralbewusstsein und kommunikatives Handeln"*, Suhrkamp Verlag Frankfurt am Main, 1983, tradução de Guido A. de Almeida, Rio de Janeiro, Editora Tempo Brasileiro, 1989.

——. Direito e Democracia: Entre Facticidade e Validade. Volume I. Traduzido do original alemão "Faktizität und Geltung. Beiträge zur Diskursthorie des Rechits und des demokratische Rechitstaats", Frankfurt, Ed. Suhrkamp, 1994, tradução de Flávio Beno Siebeneichler, revisão de Daniel Camarinha da Silva, Rio de Janeiro, Editora Tempo Brasileiro, 1997.

——. *Direito e Moral*. Tradução de "*Recht und Moral*" por Sandra Lippert, Lisboa, Instituto Piaget, Coleção "*Pensamento e Filosofia*".

——. "DIREITO E MORAL (Tanner Lectures 1986)", in HABERMAS, Jürgen. Direito e Democracia: Entre Facticidade e Validade. Volume II. Traduzido do original alemão "Faktizität und Geltung. Beiträge zur Diskursthorie des Rechits und des demokratische Rechitstaats", Frankfurt, Ed. Suhrkamp, 1992, tradução de Flávio Beno Siebeneichler, revisão de Daniel Camarinha da Silva, Rio de Janeiro, Editora Tempo Brasileiro, 1997.

——. *Entre naturalismo e religião: estudos filosóficos*. Tradução de "*Zwischen Naturalismus und Religion: Philosophische Aufsätze*" por Flávio Beno Siebeneichler, Rio de Janeiro, Editora Tempo Brasileiro, Estudos filosóficos, 2007.

——. Facticidad y Validez. Sobre el derecho y el Estado democrático de derecho en términos de teoría del discurso. Título original: "Beiträge zur Diskursthorie des Rechts und des demokratischen Rechtsstaats", Suhrkamp Verlag, Frankfurt am Main, 1992 y 1994. Introducción y traducción, sobre la cuarta edición revisada, de Manuel Jiménez Redondo, Madrid, Editorial Trotta, 1998.

——. "Notas programáticas para a fundamentação de uma Ética do Discurso", *in* HABERMAS, Jürgen. *Consciência Moral e Agir Comunicativo*. Traduzido do original alemão "*Moralbewusstsein und kommunikatives Handeln*", Suhrkamp Verlag Frankfurt am Main, 1983, tradução de Guido A. de Almeida, Rio de Janeiro, Editora Tempo Brasileiro, 1989.

——. "O conceito de poder em Hannah Arendt" *in* FREITAG, Bárbara; ROUANET, Sérgio Paulo. *Habermas: Sociologia*. Tradução de Bárbara Freitag e de Sérgio Paulo Rouanet, São Paulo, Editora Ática, 1980.

——. "Religião na Esfera Pública. Pressuposições Cognitivas para o "Uso Público da Razão" de Cidadãos Seculares e Religiosos", *in* HABERMAS, Jürgen. *Entre naturalismo e religião: estudos filosóficos*. Tradução de "*Zwischen Naturalismus und Religion: Philosophische Aufsätze*" por Flávio Beno Siebeneichler, Rio de Janeiro, Editora Tempo Brasileiro, Estudos filosóficos, 2007.

——. "Sobre a Arquitetônica da Diferenciação do Discurso. Pequena Réplica a uma Grande Controvérsia", *in* HABERMAS, Jürgen. *Entre naturalismo e religião: estudos filosóficos*. Tradução de "*Zwischen Naturalismus und Religion: Philosophische Aufsätze*" por Flávio Beno Siebeneichler, Rio de Janeiro, Editora Tempo Brasileiro, Estudos filosóficos, 2007.

HABERMAS, Jürgen; RAWLS, John. *Debate sobre el liberalismo político*. Traducción de Gerard Vilar Boca, cubierta de Mario Eskenazi, introducción de Fernando Vallespín, Ediciones Paidós, I.C.E. de la Universidad Autónoma de Barcelona, Barcelona, Pensamiento contemporâneo, colección dirigida por Manuel Cruz, 1998.

HART, Herbert Lionel Adolphus. *El concepto de Derecho*. Título del original: "*THE CONCEPT OF LAW*", Oxford University Press, 1961, traducción de Genaro R. Carrio, Buenos Aires, Abeledo-Perrot, segunda edición, reimpresión, 2007.

——. "Post scríptum al concepto de derecho", *in* BULLOCH, Penelope A.; RAZ, Joseph (Editores). *Post scríptum al concepto de derecho*. Título original: "*Postscript*", Oxford University Press, 1994. First publishing in 1997. Traducción del original en inglés de Rolando Tamayo y Salmorán. Estudio preliminar, traducción, notas y bibliografía por Rolando Tamayo y Salmorán, Mexico, Universidad Nacional autónoma de México, 2000.

HESSE, Konrad. *A força normativa da Constituição*. Porto Alegre, Sergio Antonio Fabris, 1991.

HOBBES, Thomas. *Leviatã*. Tradução de João Paulo Monteiro e Maria Beatriz Nizza da Silva. São Paulo, Martins Fontes, 2003.

JHERING, Rudolf Von. *A Luta pelo Direito*. 15. ed. Rio de Janeiro, Editora Forense, 1995.

JUAN MORESO, José. "Conflictos entre principios constitucionales", *in* CARBONELL, Miguel (edición). *Neoconstitucionalismo(s)*. Madrid, Universidad Nacional Autónoma de México, Editorial Trotta, "Colección Estructuras y Processos", "Serie Derecho", 2009, cuarta edición.

——. Un dialogo con la Teoria del Derecho de Eugenio Bulygin. Marcial Pons, 2007.

KANT, Immanuel. *Fundamentação da Metafísica dos Costumes*. Tradução de "*Grundlegung zur Metaphysik der Sitten*", de 1785. Tradução por Paulo Quintela, Lisboa, Edições 70 Lda., 1995.

KASER, Max. *Direito Privado Romano*. Tradução de Samuel Rodrigues e Ferdinand Hämmerle e revisão de Maria Armanda de Saint-Maurice. Lisboa, Calouste Gulbenkian, 1999.

KAUFMANN, Arthur. "A problemática da filosofia do direito ao longo da história", *in* KAUFMANN, Arthur; HASSEMER, Winfried (orgs.). *Introdução à Filosofia do Direito e à Teoria do Direito Contemporâneas*. Tradução de Marcos Keel e de Manuel Seca de Oliveira, Lisboa, Fundação Calouste Gulbenkian, 2002.

KELSEN, Hans. "¿Quién debe ser el defensor de la Constitución?", in SCHMITT, Carl; KELSEN, Hans. La polémica Schmitt/Kelsen sobre la justicia constitucional: El defensor de la Constitución versus ¿Quién debe ser el defensor de la Constitución? Título original del texto de Schmitt: "Der Hüter der Verfassung", traducción de Manuel Sánchez Sarto. Título original del texto de Kelsen: "Wer soll der Hüter der Verfassung sein?, traducción de Roberto J. Brie. Estudio preliminar de Giorgio Lombardi, Madrid, Editorial Tecnos, 2009.

KUHN, Thomas S. *A estrutura das revoluções científicas*. Tradução de Beatriz Vianna Boeira e de Nelson Boeira. São Paulo, Perspectivas, 2006, 9ª edição.

KUNKEL, Wolfgang. *Historia del derecho romano*. Traducción de la cuarta edición alemana por Juan Miguel. España, Barcelona, Ariel, 1999.

LARENZ, Karl. *Metodologia da ciência do Direito*. Tradução de *"Methodenlehre der Rechtswissenschaft"*, 1991. Tradução por José Lamego, Lisboa, Fundação Calouste Gulbenkian, 1997, 3.ª edição.

LOCKE, John. *Dois Tratados do Governo Civil*. Título original: *"Two Treatises of Government"*, tradução de Miguel Morgado e revisão de Luís Abel Ferreira, Lisboa, Edições 70, LDA., 2006, Segundo Tratado.

LOMBARDI, Giorgio. "Estudio Preliminar", in SCHMITT, Carl; KELSEN, Hans. La polémica Schmitt/Kelsen sobre la justicia constitucional: El defensor de la Constitución versus ¿Quién debe ser el defensor de la Constitución? Título original del texto de Schmitt: "Der Hüter der Verfassung", traducción de Manuel Sánchez Sarto. Título original del texto de Kelsen: "Wer soll der Hüter der Verfassung sein?, traducción de Roberto J. Brie. Estudio preliminar de Giorgio Lombardi, traducción de José Luis Aja Sánchez, Madrid, Editorial Tecnos, 2009.

LORA, Pablo de. "Tras el rastro de la ponderación", *in Revista. Española de Derecho Constitucional*. Ano 20. Núm. 60. Setembro-Dezembro de 2000.

LUHMANN, Niklas. "A restituição do décimo segundo camelo: do sentido de uma análise sociológica do direito", *in* ARNAUD, André-Jean; LOPES JR, Dalmir (orgs.). *Niklas Luhmann: do sistema social à sociologia jurídica*. Tradução de Dalmir Lopes Jr., Daniele Andréa da Silva Manão e Flávio Elias Riche, Rio de Janeiro, Lumen Juris, 2004.

———. *Organización y decisión. Autopoiesis, acción y entendimiento comunicativo*. Traducción de Darío Rodríguez Mansilla, Barcelona/Anthropos, México/Universidad Iberoamericana, Santiago de Chile/Instituto de Sociologia da Pontifícia Universidad Católica de Chile, 2005.

———. *Organizzazione e decisione*. Trad. Giancarlo Corsi, Milano, Bruno Mondadori, 2005.

MARIN, Jeferson Dytz; LUNELLI, Carlos Alberto. "A autonomia do processo constitucional e a legitimação para agir na tutela dos direitos coletivos: a dimensão publicista da jurisdição", *in* MARIN, Jeferson Dytz (coord.). *Jurisdição e Processo: Efetividade e Realização da Pretensão Material*. Curitiba, Editora Juruá, 2008.

MATOS, André Salgado de. *A Fiscalização Administrativa da Constitucionalidade*. Coimbra, Livraria Almedina, 2004.

MATTOS, Sérgio Luís Wetzel de. *Devido Processo Legal e Proteção de Direitos*. Porto Alegre, Livraria do Advogado, 2009.

MAUS, Ingeborg. "Judiciário como superego da sociedade: o papel da atividade jurisprudencial na 'sociedade órfã'", *in Novos Estudos CEBRAP*. São Paulo, número 58, novembro de 2000.

MEDEIROS, João Paulo Fontoura de. *Teoria Geral do Processo: O processo como serviço público*. Curitiba, Jurua, 2008, 2ª edição.

MENDES, Gilmar Ferreira. *Hermenêutica constitucional e direitos fundamentais*. Brasília, Brasília Jurídica, 2002.

MITIDIERO, Daniel. Colaboração no Processo Civil: pressupostos sociais, lógicos e éticos. São Paulo, Revista dos Tribunais, 2011, 2ª edição.

———. "Colaboração no Processo Civil como Prêt-à-Porter: Um convite ao diálogo para Lenio Streck", *in Revista de Processo*. Número 194, Ano 36, Abril de 2011.

MONTESQUIEU, M. *Del Espirítu de Las Leyes. I.* Escrito em Frances por M. Montesquieu, traducido libremente al español por Don M. V. M., Licenciado, Madrid, en la Imprenta de Sancha, 1821, Editorial Lex Nova,Valladolid, 2008.

MORAIS, Carlos Blanco de. Curso de Direito Constitucional. Tomo I. As funções do Estado e o Poder Legislativo no Ordenamento Português. Coimbra, Coimbra Editora, 2012, 2ª edição.

MOTTA, Francisco José Borges. Levando o Direito a sério. Uma exploração hermenêutica do protagonismo judicial no processo jurisdicional brasileiro. Porto Alegre, Livraria do Advogado, 2011, 2ª edição, revista e ampliada.

MÜLLER, Friedrich. *O novo paradigma do Direito. Introdução à teoria e metódica estruturante do Direito.* São Paulo, Revista dos Tribunais, 2008.

———. *Quem é o povo? A questão fundamental da democracia.* Edição original em português, com uma introdução de Ralph Christensen. Tradução de Peter Naumann e revisão de Paulo Bonavides, São Paulo, Editora Max Limonad, 1998.

NOVAIS, Jorge Reis. *Direitos fundamentais: trunfos contra a maioria.* Coimbra, Coimbra Editora, 2006.

———. Direitos Fundamentais e Justiça Constitucional em Estado de Direito Democrático. Coimbra, Coimbra Editora, 2012.

NUNES, Dierle José Coelho. "O princípio do contraditório: uma garantia de não-surpresa", *in* TAVARES, Fernando Horta (Coord.). *Constituição, Direito e Processo: Princípios Constitucionais do Processo.* Curitiba, Juruá, 2007.

———. *Processo jurisdicional democrático: uma análise crítica das reformas processuais.* Curitiba, Juruá, 2008.

OLIVEIRA, Carlos Alberto Álvaro de. *Do formalismo no processo civil.* Rio de Janeiro, Forense, 2009, 3ª edição.

———. "O Formalismo-Valorativo no confronto com o Formalismo Excessivo", *in* DIDIER JR., Fredie (org.). *Leituras Complementares de Processo Civil.* Salvador, 2007, 5ª edição.

———. "O Formalismo-valorativo no confronto com o Formalismo excessivo", in Artigos. Programa de Pós-Graduação em Direito (UFRGS), p. 12, disponível em http://www.ufrgs.br/ppgd/doutrina/CAO_O_Formalismo-valorativo_no_confronto_com_o_Formalismo_excessivo_290808.htm. Acesso em 02.11.2015, às 15 horas e 35 minutos.

OLIVEIRA, Marcelo A. Cattoni de. "Dworkin: de que maneira o direito se assemelha à literatura?", *in Revista Direito e Práxis.* Volume 4, Número 7, 2013.

PÉREZ RAGONE, Álvaro J.; ORTIZ PRADILLO, Juan Carlos. *Código Procesal Civil Alemán (ZPO).* Traducción con un estúdio introductorio al proceso civil alemán contemporâneo. Incluye artículos de Hanns Prütting y Sandra De Falco. Uruguay, Montevideo, Konrad Adenauer-Stiftung E.V., Fundación Konrad-Adenauer, Oficina Uruguay, Programa Estado de Derecho para Sudamérica, 2006.

PETIT, Eugene. *Tratado elemental de derecho romano.* Buenos Aires, Albatros.

PICARDI, Nicola. *La giurisdizione all'alba del terzo milennio.* Milano, Dott. A. Giuffrè Editore, 2007.

———. *Manuale del processo civile.* Milano, Dott. A. Giuffrè Editore, 2006.

PRIETO SANCHÍS, Luis. "Neoconstitucionalismo y ponderación judicial", *in* CARBONELL, Miguel (edición). *Neoconstitucionalismo(s).* Madrid, Universidad Nacional Autónoma de México, Editorial Trotta, "Colección Estructuras y Processos", "Serie Derecho", 2009, cuarta edición.

RADBRUCH, Gustav. *Arbitrariedad legal y derecho supralegal.* Título original: "*Gesetzliches Unrecht und übergesetzliches Recht*", traducción de María Izabel Azareto de Vásquez, Buenos Aires, Abeledo-Perrot, 1962.

RAZ, Joseph. *La ética en el ámbito público.* Barcelona. Editorial Gedisa, 2001.

———. The Autority of Law: Essays on Law and Morality. Oxford, Oxford University Press, 1979.

ROSENBERG, Leo. *Tratado de Derecho Procesal Civil.* Volumen I, Traducción de Ângela Romera Vera, Buenos Aires, Ediciones Jurídicas Europa-América (EJEA), 1955.

SANTOS, Boaventura de Sousa. *A crítica da razão dominante: contra o desperdício da experiência. Para um novo senso comum: a ciência, o direito e a política de transição paradigmática.* São Paulo, Cortez, 2000. v.1.

SANTOS, Moacyr Amaral. *Primeiras Linhas de Direito Processual Civil.* Volume I. São Paulo, Editora Saraiva, 1994, 17ª edição.

SASTRE ARIZA, Santiago. "La ciencia jurídica ante el neoconstitucionalismo", *in* CARBONELL, Miguel (edición). *Neoconstitucionalismo(s)*. Madrid, Universidad Nacional Autónoma de México, Editorial Trotta, "Colección Estructuras y Processos", "Serie Derecho", 2009, cuarta edición.

SCHMITT, Carl. "El defensor de la Constitución", in SCHMITT, Carl; KELSEN, Hans. La polémica Schmitt/Kelsen sobre la justicia constitucional: El defensor de la Constitución versus ¿Quién debe ser el defensor de la Constitución? Título original del texto de Schmitt: "Der Hüter der Verfassung", traducción de Manuel Sánchez Sarto. Título original del texto de Kelsen: "Wer soll der Hüter der Verfassung sein?, traducción de Roberto J. Brie. Estudio preliminar de Giorgio Lombardi, traducción de José Luis Aja Sánchez, Madrid, Editorial Tecnos, 2009.

——. *Teoría de la Constitución*. Traducción de Francisco Ayala, Salamanca, Alianza Universidad Textos, 1996, 1ª ed., 2ª reimpresión.

——; KELSEN, Hans. La polémica Schmitt/Kelsen sobre la justicia constitucional: El defensor de la Constitución versus ¿Quién debe ser el defensor de la Constitución? Título original del texto de Schmitt: "Der Hüter der Verfassung", traducción de Manuel Sánchez Sarto. Título original del texto de Kelsen: "Wer soll der Hüter der Verfassung sein?, traducción de Roberto J. Brie. Estudio preliminar de Giorgio Lombardi, traducción de José Luis Aja Sánchez, Madrid, Editorial Tecnos, 2009.

SCHULZ, Fritz. *Derecho romano clásico*. Traducción directa de la edición inglesa por José Santa Cruz Teigeiro. Barcelona, Bosch, 1960.

SCHWANDT, T. A. "Três Posturas epistemológicas para a Investigação Qualitativa", *in* DENZIN, N. K.; LINCOLN, Y. S. (Orgs.). *O planejamento da pesquisa qualitativa: teorias e abordagens. Tradução* de Sandra Regina Netz, Porto Alegre, Artmed, 2006.

SHAPIRO, Scott J. "On Hart's Way Out", *in Legal Theory*. 4, 1998.

SILVA, Ricardo Perlingueiro Mendes da; BLANKE, Hermann-Josef; SOMMERMANN, Karl-Peter (Coord.). *Código de Jurisdição Administrativa (O modelo alemão). Verwaltungsgerichtsordnung (VwGO)*. Introdução e Tradução. Rio de Janeiro, Renovar, 2009.

SOUSA, Miguel Teixeira de. "Aspectos do novo processo civil português", *in Revista de Processo*. São Paulo, Revista dos Tribunais, número 86, abril a junho de 1997.

——. Estudos sobre o Novo Processo Civil. Lisboa, LEX, 1997.

STARCK, Christian. Jurisdicción Constitucional y Derechos Fundamentales. Madrid, Editorial Dykinson, 2011.

STEIN, Ernildo. "Breves considerações históricas sobre as origens da Filosofia no Direito", *in Revista do Instituto de Hermenêutica Jurídica*. Número 5. Volume 1, 2005.

STRAUSS, Leo. *On Tyranny*. Chicago, University of Chicago Press, 2000.

STRECK, Lenio Luiz. "A interpretação do Direito e o dilema acerca de como evitar juristocracias: a importância de Peter Häberle para a superação dos atributos (Eigenschaften) solipsistas do Direito", *in Observatório da Jurisdição Constitucional*. Brasília, IDP, Ano 4, 2010/2011, ISSN 1982-4564.

——. "Constituição e Hermenêutica em Países Periféricos", *in Constituição e Estado Social: os obstáculos à concretização da Constituição*. Coimbra, Coimbra Editora, 2008.

——. "Hermenêutica (Jurídica): compreendemos porque interpretamos ou interpretamos porque compreendemos? Uma resposta a partir do *ontological turn*", *in Anuário do Programa de Pós-Graduação em Direito da UNISINOS*. São Leopoldo, 2003

——. *Hermenêutica Jurídica e(m) Crise*. Porto Alegre: Livraria do Advogado, 2000.

——. "O princípio da proibição de proteção deficiente (Untermassverbot) e o cabimento de Mandado de Segurança em matéria criminal: superando o ideário liberal-individualista clássico", *in* http://leniostreck.com.br/, endereço eletrônico acessado em 22 de novembro de 2009.

——. *Verdade e consenso: Constituição, Hermenêutica e Teorias Discursivas. Da possibilidade à necessidade de respostas corretas em direito*. Rio de Janeiro, Lumen Juris, 2006.

——; MOTTA, Francisco José Borges. "Coerência, integridade e decisão jurídica democrática no Novo Código de Processo Civil", no prelo.

TEIFKE, Nils. "Flexibilidade da dignidade humana? Para a estrutura do artigo 1, alínea 1, da lei fundamental", *in* HECK, Luís Afonso (org.). *Direito Natural, Direito Positivo, Direito Discursivo*. Traduções por Eduardo Schenato Piñero, José Paulo Baltazar Júnior, Luís Afonso Heck, Maria Cláudia Cachapuz, Paulo Gilberto Cogo Leivas e Waldir Alves. Tradução do artigo por Maria Cláudia Cachapuz, Porto Alegre, Livraria do Advogado, 2010.

THEODORO JÚNIOR, Humberto. "Processo justo e contraditório dinâmico", *in* ASSIS, Araken de; MOLINARO, Carlos Alberto; GOMES JÚNIOR, Luiz Manoel; MILHORANZA, Mariângela Guerreiro (org.). *Processo coletivo e outros temas de Direito Processual: homenagem 50 anos de docência do Professor José Maria Rosa Tesheiner, 30 anos de docência do Professor Sérgio Gilberto Porto.* Porto Alegre, Livraria do Advogado, 2012.

THEODORO JÚNIOR, Humberto; NUNES, Dierle José Coelho. "Uma dimensão que urge reconhecer ao contraditório no direito brasileiro: sua aplicação como garantia de influência, de não surpresa e de aproveitamento da atividade processual", *in Revista de Processo.* Volume 168, 2009.

TORNAGHI, Hélio. *A Relação Processual.* São Paulo: Saraiva, 1987, 2ª edição.

VÉSCOVI, Enrique. *Teoría General del Proceso.* Colombia, Santa Fe de Bogotá, Editorial Temis, 1999, 2ª edición.

VEYNE, Paul. "Um arqueólogo escéptico", *in El infrecuentable Michel Foucault: Renovación Del pensamiento crítico.* Bajo la dirección de Didier Eribon. Primera edición. Argentina/Buenos Aires: Letra Viva, Librería y Editorial, 2004.

WALDRON, Jeremy. *Derecho y Desacuerdos.* Traducción de *"Law and Disagreement"*, Oxford, Oxford University Press, 1999. Madrid, Marcial Pons, 2005.

— 4 —

A intervenção o Ministério Público no novo Código de Processo Civil pelo interesse público ou social

CLÁUDIO BARROS SILVA[1]

Sumário: 1. Introdução; 2. O modelo constitucional do Ministério Público e o novo Código de Processo Civil; 3. Interesse e o Ministério Público; 4. Interesse público; 5. Interesse social; 6. Conclusões; Referências bibliográficas.

1. Introdução

A leitura simples do texto da Constituição é, por si, suficientemente generosa para realçar a importância e a profundidade das funções e atribuições que foram outorgadas ao Ministério Público. É do conhecimento geral dos operadores do direito que o texto constitucional não é móvel para afirmar conceitos ou definir os rumos de uma instituição. Quando muito, afirma princípios e competências, reconhece autonomias e forma de organização, destaca garantias e funções essenciais. Todavia, o legislador constitucional entendeu de conceituar, entre as instituições de Estado, o Ministério Público, definindo ser uma *instituição permanente, essencial à função jurisdicional do Estado,* com a destinação da *defesa da ordem jurídica, do regime democrático e dos interesses sociais e individuais indisponíveis.*

A conceituação traduz a afirmação do Estado Democrático de Direito, que enseja o Estado Constitucional e que, por sua vez, deve se reger por normas de rigor democrático e com respeito das autoridades públicas aos direitos e garantias fundamentais e sociais assegurados na Constituição. Canotilho destaca que, *"qualquer que seja o conceito ou a justificação do Estado – e existem vários conceitos e várias justificações – o Estado só se concebe hoje como Estado constitucional".*[2]

---

[1] Procurador de Justiça no Estado do Rio Grande do Sul. Procurador-Geral de Justiça do Rio Grande do Sul em dois mandatos. Presidiu o Conselho Nacional de Procuradores-Gerais de Justiça. Representou o Ministério Público dos Estados como Conselheiro Nacional do Ministério Público, por dois mandatos, é Membro do Órgão Especial e do Conselho Superior do Ministério Público e Professor de Direito Institucional e Processo Civil junto a Fundação Escola Superior do Ministério Público.

[2] CANOTILHO, J. J. Gomes, *Direito constitucional e teoria da Constituição*, Almedina, p. 87.

A Constituição foi colocada, nas últimas décadas, no ápice do ordenamento jurídico, com força normativa capaz de dar suporte e justificar uma nova leitura de todos os ramos do direito. A Constituição é a fonte do consenso social e, em um Estado Democrático e de Direito, as atividades estatais e as decisões públicas que delas advêm, adquirem legitimidade se e quando conformes aos ditames constitucionais estabelecidos, o que chamamos de legitimidade pelo devido processo, que tem como fonte o direito fundamental reconhecido de que *"ninguém será privado da liberdade ou de seus bens sem o devido processo legal"* (CF, art. 5º, LIV).

Embora o gravame, que dá suporte à regra democrática do devido processo legal, a efetivação da Constituição sugere e exige a superação do positivismo jurídico e do formalismo processual. O direito processual deve ser visto a partir de bases constitucionais, que permita revisar as praxes reiteradas de um direito processual tradicional e que seja capaz de transformar a realidade social no espaço jurídico determinado.

Na leitura que possamos fazer da realidade social, muitos dos direitos previstos na Carta Constitucional, especialmente os direitos fundamentais e sociais, reclamam de maior efetividade. As normas processuais podem ter eficácia, pois vigentes, mas não têm alcançado a efetividade desejada pelos seus destinatários. Há o culto ao fortalecimento do formalismo processual, ao se conferir racionalidade extrema às formas processuais, em desfavor da efetivação de direitos, burocratizando o processo, tornando-o grave entrave à solução dos conflitos. O culto excessivo aos aspectos procedimentais leva, muitas vezes, à prevalência das regras processuais em relação ao direito material, caracterizando o desvirtuamento da finalidade primeira do processo, que deve sempre servir de instrumento e que tem por finalidade a efetivação de direitos.

Portanto, deve ser ressaltada a importância da realidade no processo de concretização da norma constitucional, realidade essa que reflete a impossibilidade de se ver a Constituição de forma estática, colocada de forma imaculada e distante do entorno sociopolítico quando chamada à aplicação. Por certo a Constituição interage com a realidade social e sofre diretamente a influência consequente de sua efetiva interpretação, deve ser ela, constantemente, criada e recriada, pois a realidade social e as normas abstratas mostram-se em potencial conflito e geram o processo permanente de construir e desconstruir, em razão da necessidade de estar adequada aos movimentos da sociedade.

A Constituição deverá estar sempre pronta a ajustar-se às constantes mutações sociais. A frequente reorganização constitucional, fato que experimentamos no cotidiano, por emendas ou por interpretação, apenas evidencia a necessidade de se fazer o acertamento de potenciais e reais conflitos consequentes dos ajustes e concertos sociais.

Como assinala Emerson Garcia,[3] "qualquer lei, e a Constituição em especial, são indissociáveis da realidade, sendo factível que, com o envolver da sociedade, influxos de ordem social e ideológica se façam sentir com distinta intensidade em diferentes partes do texto constitucional. Nesse processo, disposições harmônicas

---

[3] GARCIA, Emerson. *Conflito entre Normas Constitucionais – Esboço de uma Teoria Geral*, Lumen Juris, 2008, p. 2.

in abstrato terminam por produzir padrões normativos colidentes *in concreto*". E acrescenta que, "por maior que seja o cuidado na formação de um sistema constitucional harmônico e coerente, é comum que o delineamento da norma constitucional, necessariamente dependente da relação entre texto e realidade, resulte na expansão de disposições normativas que apresentavam um reduzido alcance em dado contexto histórico, com a correlata retração de outras dotadas de maior amplitude".

Percebe-se que essa tensão permanente à norma constitucional exige esforço no sentido de superar, de forma transparente e racional, através da interpretação realizada pelo intérprete ou pela jurisdição constitucional, com o fim de evitar prejuízos à própria sociedade.

O tema proposto à reflexão tem sido objeto de exame permanente sob o viés constitucional e, no ambiente institucional, de gravíssimas ponderações quanto ao real alcance do interesse que move à intervenção do Ministério Público no processo civil.

Como o tema é específico e trata da forma que se possa ver à imposição para intervenção prevista no artigo 178, inciso I, do novo Código de Processo Civil, que tem a ver com interpretação constitucional e legal, para que a Instituição assuma posição coerente com o que disse o legislador constituinte e o que vem dizendo o legislador ordinário, desde a promulgação da Constituição Federal. O caminho a seguir está assente a este aspecto, realçando a preocupação da efetivação da Constituição, com a realização de seus objetivos fundamentais e dos direitos que nela foram assegurados, o que exige a superação do positivismo jurídico extremado e do formalismo processual acerbado.

Essa é a fonte dessas reflexões, que foram motivadas pelo novo Código de Processo Civil e que impõem mudanças frontais ao foco que deve ser conferido à intervenção.

Assim, cabe o destaque de que o novo Código de Processo Civil adotou um sistema aberto e de princípios que consagram, especialmente em seus dispositivos inaugurais, bem como no Título referente ao Ministério Público, a interpretação processual a partir da Constituição Federal e dos princípios que a informam, seguindo os passos do que o legislador ordinário já o fizera com a constitucionalização do Direito Civil e do Direito Processual Penal. Esse fenômeno é real e leva à interação entre esses ramos do Direito com o Direito Constitucional, ao qual a doutrina chama de *neoconstitucionalismo ou de invasão da Constituição*.[4]

Importa, então, dizer que a interação é via de mão dupla, cujo caminho metodológico determina a análise dos institutos processuais a partir da Constituição Federal e, eventualmente, os mecanismos constitucionais a partir do Código de Processo Civil.

Esse é exatamente o sentido do artigo 1º no novo Código de Processo Civil, para fins instrumentais. Vendo sob esse aspecto, destacam-se os princípios constitucionais que refletem diretamente no direito processual civil e importam na necessidade de considerá-los quando do enfrentamento do tema destacado. A regra, em verdade, materializa na lei processual o fenômeno da constitucionalização do processo. A dou-

---

[4] MOREIRA, Eduardo Ribeiro. *Neoconstitucionalismo – A Invasão da Constituição*. Método, 2008, v. 7 – Coleção Professor Gilmar Mendes, p. 114.

trina e a jurisprudência já se ocupavam com o fenômeno da compreensão das normas processuais como garantia contra o arbítrio do Estado e com a necessidade de compreender o processo a partir dos direitos fundamentais e sociais.[5]

Por sua vez, quando o artigo 8º do novo Código de Processo Civil realça a valorização da dignidade da pessoa humana em detrimento de outros interesses, pois a norma procurou pontuar a importância do princípio constitucional, impondo ao intérprete a necessidade de observar aos fins sociais do processo e do direito e às exigências do bem comum, com o resguardo e a promoção da dignidade da pessoa humana, sempre observando os demais princípios que informam o processo, como o do devido processo legal, da publicidade, da legalidade, da eficiência, da boa-fé, da razoabilidade, da imparcialidade e da transparência. Por sua vez, quando o novo Código de Processo Civil destaca a paridade de armas que decorre do devido processo legal, consolida as normas constitucionais que afirmam a isonomia, proporcionalidade e a igualdade em sentido *lato*.[6]

Os princípios constitucionais aplicáveis ao processo realçam a eficácia horizontal dos direitos fundamentais, que nada mais é do que o reconhecimento da aplicação dos direitos que protegem a pessoa humana e a sociedade nas relações entre particulares. As normas constitucionais que asseguram esses direitos têm aplicação imediata, nos termos do que dispõe o artigo 5º, § 1º, da Carta Constitucional.

Essas questões serão objeto de exame no processo e, especialmente, quando da prestação jurisdicional, momento em que a constitucionalização do processo civil terá realce em razão do mecanismo importante de sua efetividade com base na ponderação de princípios, valores e normas, como determinam o § 2º do artigo 489 e os artigos 926 e 927 do novo Código de Processo Civil. As regras tratam da necessidade imperativa da segurança jurídica que pressupõe, no mínimo, continuidade da norma jurídica, clareza dos textos e conhecimento das regras jurídicas. Para um segmento da doutrina, o argumento da ponderação é extremamente importante à solução dos problemas mais complexos,[7] embora a ressalva severa de pensadores críticos.[8]

É nesse ambiente que deve estar inserido o tema referente à identificação do interesse público ou do interesse social que irá atrair a intervenção do Ministério Público no processo, nos termos do artigo 178, inciso I, do novo Código de Processo Civil. O tema é instigante e enfrentá-lo realça o desafio a superar.

Hoje, mais do que nunca, o processo civil volta-se à tutela e à realização de uma gama enorme de direitos materiais, dentre eles o direito material público, que tem por finalidade última a identificação dos limites da atuação do Estado diante dos particulares, a resolução dos conflitos de interesses entre os particulares e o Estado e, em última palavra, a realização e a concretização deste próprio modelo de Estado.

---

[5] MITIDIERO, Daniel. *Colaboração no processo civil: pressupostos sociais, lógicos e éticos*. Revista dos Tribunais. São Paulo, 2009, p. 46; ÁLVARO DE OLIVEIRA, Carlos Alberto; MITIDIERO, Daniel. *Curso de Processo Civil*. . Atlas, São Paulo, 2010, Vol. 1, p.17. ALVARO DE OLIVEIRA. O processo civil na perspectiva dos direitos fundamentais, *in Processo e Constituição* (org.), Forense, Rio de Janeiro, 2004, p. 15.

[6] DINAMARCO, Cândido Rangel. *A instrumentalidade do processo*. Malheiros, 10ª ed, São Paulo, 2002, p. 181; BARBOSA MOREIRA, José Carlos. Por um processo socialmente efetivo. *Revista Síntese de Direito Civil e Processo Civil*, São Paulo, Vol. 2, p. 11.

[7] TARTUCE, Flávio. *O novo CPC e o Direito Civil – Impactos, Diálogos e Interações*. Método, 2015, p. 20/30.

[8] STRECK, Lenio Luiz. *Ponderação de Normas no Novo CPC?* É o Caos. Coluna Senso Incomum. Consultor Jurídico. Publicada em 08 de janeiro de 2015.

Esta é a própria razão de ser do Estado Democrático e a leitura desses interesses deve ser feita, sempre, com o olhar atento à prevalência da Constituição Federal e aos seus princípios. O tema é instigante porque traz à discussão a visão do processo com realce ao direito material público, sem prejuízo do olhar que se possa ter do chamado processo civil clássico ou tradicional. Cada vez mais se vê o processo civil a serviço das questões consequentes da vida em sociedade, que já, há muito, tem sido tema de regulação pelo direito material.

Por certo que não só o direito privado transformou-se, como, também, ocorreu a massificação de direitos da sociedade e a crescente indisponibilidade de direitos gerais e fundamentais. Ainda, cada vez mais, com a conscientização da cidadania e com o amadurecimento da democracia são oferecidas as vias ao acesso à justiça, inclusive com relação à própria estrutura estatal administrativa.

Todo o instrumental do sistema processual colocado à solução do direito material tradicional deve estar disponível e à utilização, com o fim de tutela, para a realização do direito material público, que traduz diferentes valores, novas expectativas sociais e olhares de segmentos carentes de realização de direitos fundamentais.

O processo, como é sabido, é um meio e não o fim em si mesmo. Deve ser o caminho de realização do direito material, com a finalidade clara à pacificação social. É necessário pensar no processo civil, não só no seu contexto tradicional, para a solução de conflitos privados identificados, mas, também, pensá-lo na sua finalidade social, como caminho à realização de direitos fundamentais e sociais. O direito processual com este viés, com o sinal claro do público, torna concreto o Estado de Direito, pois efetiva as normas constitucionais. Por certo, o processo não existe para satisfazer o Estado como Administração, mas para fortalecer o Estado de Direito como sinônimo de respeito e proteção de direitos e como segurança e garantia dos destinatários da ação administrativa. Por certo, Estado de Direito apto a realizar a legitimação das decisões políticas e do bem-estar social.

É esse o espaço destinado ao tema, que importa em refletir o processo, com a prevalência da Constituição Federal, com o viés do direito público, o que pressupõe a impossibilidade do afastamento do controle jurisdicional, como garantia da força imposta pela lei.

2. O modelo constitucional do Ministério Público e o novo Código de Processo Civil

A Instituição do Ministério Público nada mais é do que um ente eminentemente social, que sempre transcendeu os limites do direito positivo, fazendo parte do próprio Estado e que tem alcançado a concretização das transformações sociais através das formas de atuação pré-jurídica e jurídica. O Ministério Público é, portanto, *este ser jurídico permanente, posto que extrapola o indivíduo no tempo e no espaço, e que possui vida e disciplina próprias, forças e qualidades e uma vocação especial de bem servir a própria sociedade que o criou.*[9]

---

[9] MACHADO, Antônio Cláudio da Costa Machado. *A intervenção do Ministério Público no Processo Civil Brasileiro*. Saraiva, 1989, p. 25.

O Ministério Público é uma instituição permanente, não está subordinada a qualquer Poder do Estado, exercendo funções de fiscalização sobre os próprios poderes do Estado, e essencial à realização dos direitos fundamentais e sociais. Para tanto, estando ao lado dos Poderes, com encargo de, inclusive, fiscalizá-los, foram conferidos à Instituição, para o exercício de suas funções constitucionais e legais, todos os requisitos necessários à sua autonomia e à atividade livre e independente de seus membros.

A dimensão e a complexidade das tarefas que o Estado contemporâneo assumiu impõem o acertamento de sua própria estrutura. O tamanho do Estado determina a descentralização das suas funções. Vale dizer, o poder estatal impõe responsabilidades aos órgãos que exprimem a vontade estatal e concretizam as políticas públicas e dentre esses órgãos está o Ministério Público.

É, portanto, órgão constitucional de soberania, pois além de derivar de expressa regra constitucional, é coessencial à caracterização da forma de Estado concebida. Como tal, assim como os Poderes, não é totalmente independente e possui relações intercorrentes com outros Órgãos ou Poderes que exercem, também, funções autônomas e de soberania, cujas relações são paritárias, harmônicas e sem subordinação.

O Ministério Público é, assim, uma Instituição diferenciada, que exerce parcela da soberania Estatal, tendo natureza administrativa e autônoma, sendo integrado por agentes políticos, instituído que foi com o objetivo de sustentar, judicial e extrajudicialmente, a prevalência de determinados interesses públicos e sociais, em razão de cuja relevância a sociedade repute necessária à intervenção tutelar do Estado.[10]

Com esse perfil, no espaço contemporâneo de sua missão social, o Ministério Público passa a ser ator de gravíssimo prestígio na efetivação dos direitos que o legislador impôs à sua tutela.

Cabe observar que o Ministério Público contemporâneo, mesmo após a Constituição de 1988, ainda não é percebido como um personagem multifacetado no processo civil, com toda uma nova dimensão jurídica advinda de diversos textos normativos e da própria prática institucional. Essa visão restritiva decorre, também, de certo silêncio da doutrina, que, em linhas gerais, persiste na análise do Ministério Público apenas na tradicional função de *custos legis*, salvo quando se abordam questões envolvendo a legitimidade para as ações coletivas[11] e de certa acomodação da própria Instituição, fenômeno de sua contemporaneidade.

O novo Código de Processo Civil recolheu do texto constitucional as funções essenciais da Instituição e explicitamente determinou que o Ministério Público tivesse o dever de atuar *na defesa da ordem jurídica, do regime democrático e dos interesses e direitos sociais e individuais indisponíveis.*[12] A reprodução de parte do artigo 127 da Constituição Federal, que já continha eficácia plena desde a sua promulgação, realça o significado, a amplitude e a importância do Ministério Público no processo civil. O texto do artigo 176 trata dos modelos constitucionais do Ministério Público

---

[10] LIMA, Fernando Antônio Negreiros. *A intervenção do Ministério Público no Processo Civil brasileiro como custos legis*. São Paulo. Método, 2007, p. 96.

[11] DIDIER JR., Fredie e GODINHO, Robson Renault. Questões atuais sobre as posições do Ministério Público no processo civil, *Revista de Processo* nº 237, Ano 39, Novembro de 2014, Revista dos Tribunais, p. 47.

[12] Art. 176 NCPC.

no processo, impondo a *atuação* da Instituição, podendo assumir o perfil demandista ou resolutivo à solução dos conflitos.[13]

A atuação determinada na norma poderá merecer solução pela via da negociação ou da mediação, antes, durante, após ou fora do processo, sob o aspecto puramente resolutivo, ou sob o aspecto processual, pela via da ação ou da intervenção.

Sem dúvida, essa modificação estrutural prevista na nova regra processual definida no artigo 176 do novo Código de Processo Civil, expressa a amplitude da possibilidade de o Ministério Público ser móvel à solução dos litígios.

Por sua vez, o novo Código de Processo Civil determina que o Ministério Público atue como órgão agente, desde que em conformidade com as suas atribuições constitucionais.[14]

O legislador ordinário procurou, ainda, modificar e realçar, de forma direta e clara, a atuação do Ministério Público como órgão interveniente. A disciplina do Código de Processo Civil de 1973 diz que *compete* ao Ministério Público intervir nas causas em que houver a presença de interesses de incapazes (hipossuficientes), nas causas em que houver a presença de interesses referentes às questões de estado, nas causas em que houver interesse social, em razão de conflitos de terra rural, bem como nas demais causas em que houver interesse público evidenciado pela natureza da lide ou qualidade da parte. Nas questões específicas definidas na lei, a construção doutrinária e jurisprudencial sempre foi no sentido da presença do interesse público a atrair o Ministério Público. A grande discussão, todavia, esteve centrada, sempre, na identificação do interesse público nas demais causas, onde estivesse presente algum interesse realçado pela qualidade da parte ou da natureza da lide, *competindo* ao Ministério Público identifica-lo, para atuar, como *custos legis* no processo.

Ao contrário do que diz essa sistemática processual, o novo Código de Processo Civil, a nosso ver, de forma correta e coerente, tentou enfrentar a tormentosa dificuldade que se formou nas últimas décadas sobre a atuação do Ministério Público como órgão interveniente, especialmente na identificação do interesse público.

O legislador ordinário impõe o dever de intervir, após a intimação, no prazo de trinta dias, como fiscal da ordem jurídica nas hipóteses previstas em lei ou na Constituição Federal, bem como nos processos que envolvam interesse público ou social, interesses de incapazes (hipossuficientes) e litígios coletivos pela posse de terra rural ou urbana.[15] Pelo texto, havendo a presença desses interesses, certamente, *deverá* o Ministério Público intervir, atuando, no processo, como *custos legis*.

A compreensão da intervenção do Ministério Público, com a vivência dos ideais democráticos que o informam, por certo, não leva à conclusão da obrigatoriedade pelo simples comando legal. É pacífico o entendimento que os membros do Ministério Público têm margem de liberdade de interpretação dos casos que se faz necessária e efetiva a intervenção, na leitura que se possa fazer da Constituição Federal e da lei processual.

---

[13] GOULART, Marcelo Pedroso. *Ministério Público e Democracia – Teoria e Práxis*. São Paulo. Editora de Direito, p. 119 a 123. ALMEIDA, Gregório Assagra de. O Ministério Público no Neoconstitucionalismo, *in Temas Atuais do Ministério Público*. Rio de Janeiro. Lumen Juris, p. 27 e 28.

[14] Art. 177 NCPC.

[15] Art. 178, inc. I, II e III, NCPC.

A atuação do Ministério Público, seja como órgão agente e, especialmente, como órgão interveniente, passa pela compreensão do chamado *pós-positivismo*, quando o mero legalismo cede lugar ao constitucionalismo, onde se sobressaem os valores democráticos, a ponderação e a superioridade constitucional sobre a lei ordinária.[16] Lenio Streck tem destacado a incompatibilidade do positivismo jurídico com o constitucionalismo social e democrático, pregando ser o neoconstitucionalismo incompatível com o positivismo ideológico, porque este *"sustenta que o direito positivo, pelo simples fato de ser positivo, é justo e deve ser obedecido, em virtude de um dever moral. Como contraponto, o neoconstitucionalismo seria uma 'ideologia política' menos complacente com o poder"*. Esclarece, ainda, que, *"no Estado constitucional, pelo contrário, a função e a hierarquia da lei têm um papel subordinado à Constituição, que não é apenas formal, e, sim, material"*.[17]

O que norteará a intervenção do Ministério Público no processo civil, certamente é o ordenamento processual, que deve ser considerado, na interpretação que se dê, sempre em consonância com o texto constitucional. Deve-se guardar relativa deferência ao ordenamento positivo e nele introduzir os ideais de justiça, legitimidade, segurança jurídica, ponderação e democracia.

Com esta configuração é que o Ministério Público deverá estar no processo, quando chamado à intervenção, em razão da presença de interesse público ou interesse social.

3. Interesse e o Ministério Público

O significado semântico de interesse reporta ao sentimento que leva alguém a procurar aquilo que lhe é necessário e agradável, o que lhe é útil e importante. O termo interesse tem origem latina – *inter esse*, que significa participar ou estar entre. Estar entre uma necessidade, um sujeito, um bem ou um fim que atenda àquela necessidade. O interesse impõe, sempre, a relação entre um indivíduo (sujeito) e um bem ou valor (objeto). Assim, está ele situado no campo do conhecimento e não está restrito ao campo do direito.

Francesco Carnelutti destacou que o conceito de interesse era fundamental tanto para o estudo do processo quanto para o do Direito.[18] Embora tenha sido infrutífero o esforço de Carnelutti para encontrar o significado real de interesse, teve o jurista italiano o grande mérito de ressaltar que o interesse deve ser entendido e, também, concebido no seu aspecto objetivo. Para ele, o interesse não era uma aspiração, com a prevalência do juízo subjetivo, mas uma posição objetiva de vantagem do homem em relação a um determinado bem. Dessa construção, resulta a formulação conceitual na qual o interesse é a posição do homem favorável à satisfação de uma necessidade. Embora a dificuldade de alcançar o substrato de fato do interesse, Carnelutti acabou ressaltando que a força que move o indivíduo no contexto social e a própria sociedade é o interesse. O homem luta pelo interesse e proclama convicções e opiniões. Na sua

---

[16] ALEXY, Roberto. *Teoria de los derechos fundamentales*. Madrid, Centro de Estúdios Políticos y Constitucionales, 1ª ed., 2002, p. 160-161.

[17] STRECK, Lenio Luiz; ROCHA, Leonel Severo e (Org.). *Constituição, sistemas sociais e hermenêutica*. Porto Alegre. Livraria do Advogado, 2005, p. 155 e 160.

[18] CARNELUTTI, Francesco. *Sistema de Direito Processual Civil*, Vol. I. São Paulo. Classic Book, 2000, p. 7.

tríade (sujeito-bem-necessidade), interesse é a relação marcada pela posição do indivíduo diante de um bem da vida que pode satisfazer às suas necessidades.

Assim, o interesse revela o liame psicológico que existe entre um sujeito e determinado bem da vida, levando em conta o valor que o sujeito lhe atribui, em razão da utilidade representada pelo objeto. A busca para satisfazer o interesse antevisto é que caracteriza a relação entre o sujeito e o bem da vida.

Todavia, esse liame psicológico, essa relação, por si só, não é suficiente para que tenhamos a correta compreensão do que, realmente, seja interesse. Por certo que a consciência do indivíduo interfere e a vontade por ele traduzida tem consequência direta na sua realização, pois o indivíduo tem capacidade de propor, para si, necessidades conscientes, cuja satisfação passa a ser desejada ou sentida. O homem, por exemplo, necessita morar, mas a necessidade evolui e passa a exigir que more adequadamente, em local de livre acesso, onde possa usufruir muito mais do que realmente é necessário. Por ter uma dimensão psicológica, pode o homem definir todos os tipos de necessidades, sejam vitais ou supérfluas, reais ou imaginárias, materiais ou abstratas. Não há limites nessa caminhada, podendo despertar interesses impossíveis ou antagônicos às necessidades reais.

O interesse poderá ser de fato ou simples, quando a relevância do bem para o indivíduo não ultrapassar os limites psicológicos e de pura cognição. Em razão de sua pouca repercussão, estes interesses não possuem repercussão social e não identificam, em princípio, a necessidade de proteção específica no ordenamento jurídico. Em regra, esses interesses não alcançam a necessidade de proteção definida no plano ético e normativo.

Por sua vez, os interesses legítimos ou jurídicos são reconhecidos no ordenamento normativo de proteção jurisdicional, pois dizem respeito a uma situação substancial. Ao contrário dos interesses simples, que estão ligados às necessidades humanas com relação a determinados bens, os interesses legítimos ou jurídicos se apresentam como sendo posições inerentes a determinados indivíduos, posições estas protegidas no ordenamento jurídico, seja no plano de proteção no direito substancial ou no de tutela no direito instrumental.

O essencial é deixar o significado do termo interesse em aberto ou partir da utilidade do conceito a fim de averiguar a adaptação ou a inadaptação efetiva da relação jurídica para os casos concretos da realidade jurídica, e não da relação em que se qualifica a necessidade e a vontade, hipótese em que o significado do termo é impreciso.[19]

Se a proteção do interesse está plenamente reconhecida e protegida pelo direito material, teremos configurado o interesse jurídico. Haverá interesse material quando se pode identificar a efetiva utilidade apresentada pelo bem, com reconhecimento ou não pela ordem jurídica. Essa efetiva utilidade pode gerar a satisfação de um anseio e pode atender à necessidade daquele que o pretende. Como ensina Ricardo Leonel, *a sua obtenção é que vai permitir a realização do bem-estar de quem deseja o bem da vida. Daí por que o íntimo liame existente entre o interesse material, o direito subjetivo e o direito objetivo: permite-se a efetivação dos dois primeiros (interesse material e direito subjetivo), tendo em vista a previsão normativa genérica e abstrata*

---
[19] BORBA, Jocelita Nepomuceno, *Efetividade da Tutela Coletiva*, LTR, São Paulo, p. 47.

constante do último (direito objetivo).[20] Por sua vez, o interesse processual retrata, apenas, o aspecto instrumental da questão, demonstrado pela presença dos requisitos de necessidade, adequação e utilidade da tutela jurisdicional postulada pelo demandante. Como destaca Ricardo Leonel, o interesse processual estará *presente se o atendimento da pretensão do autor da demanda for necessário, por sua satisfação não ter sido obtida espontaneamente, adequado no que atine à via processual eleita pelo agente, e útil, pena de tornar-se prescindível a tutela*. O interesse processual figura como uma das condições da ação,[21] situação reproduzida na nova sistemática processual. No novo Código de Processo Civil, não há falar em preenchimento das condições da ação para postular em juízo, não havendo necessidade de demonstrar a possibilidade jurídica do pedido, sendo bastante, ao demandante, ter legitimidade e interesse.[22]

Por certo que a aferição das condições da ação, no anterior e no novo sistema, será efetuada de acordo com a situação material afirmada pelo postulante. A verificação se fará pela análise prévia e superficial do mérito pelo julgador, com o fim de viabilizar a tramitação da demanda. Verdadeiros, em tese, os argumentos declinados pelo demandante, estarão presentes a necessidade, a adequação e a utilidade da tutela jurisdicional.

De todo o modo, embora suscetíveis de classificação, necessidade e, especialmente, interesses, em verdade, se mostram, na prática, rebeldes a limitações, com larga margem de determinação individual, variando em razão da cultura, da educação, dos condicionamentos biológicos individuais, do processo econômico e da organização política.[23] Daí se sobressai a conclusão de Tércio Sampaio Ferraz Jr. que adverte ser interesse um termo vago o quanto possível, mas que se constitui em lugar-comum e, como tal, expressão aberta, difusa, que, em tese, não admite definição (no sentido de delimitar e estabelecer limites).

Todavia, se o interesse é concebido sob a perspectiva de obtenção de provável vantagem, esse interesse material passa a ser considerado pelo Direito para a formação do interesse processual. A compatibilização do interesse material se obterá com a necessidade de se buscar a sua realização com a prestação jurisdicional.

Com esse foco, impõe-se identificar o fundamento técnico-jurídico à atuação do Ministério Público na proteção de determinados interesses. Alguns juristas, sob a égide do Código de Processo Civil de 1939, escreveram sobre os interesses que motivavam as funções do Ministério Público no processo e as vinculavam ao *interesse da justiça*.[24] Outros passaram a destacar o *interesse público* como o móvel a atrair a presença do Ministério Público no processo civil.[25]

---

[20] LEONEL, Ricardo de Barros. *Manual do Processo Coletivo, Delimitação do âmbito de Atuação no Processo Coletivo*. Revista dos Tribunais, 3ª edição, pág. 86.

[21] Art. 3º CPC, "para propor ou contestar ação é necessário ter interesse e legitimidade" e Art. 17 NCPC que diz que "para postular em juízo é necessário ter interesse e legitimidade".

[22] Art. 17 NCPC, "para postular em juízo é necessário ter interesse e legitimidade" e Art. 485, inc. VI, "o juiz não resolverá o mérito quando verificar a ausência de legitimidade ou de interesse processual".

[23] BORBA, Joselita Nepomuceno, *Efetividade da Tutela Coletiva*, cit. p. 47.

[24] COSTA, Lopes da, Manual elementar de direito processual civil, Forense, Rio de Janeiro, 1956, p. 99. Nele, Lopes da Costa sugere que "o interesse que o Ministério Público defende é o interesse da Justiça do lado em que ela estiver". MIRANDA, Pontes de, *Comentários ao Código de Processo Civil*, Forense, Rio de Janeiro, 1973, Tomo 2, p. 222,

Inegavelmente, as ideias que revolucionaram a posição do Ministério Público no processo civil têm o seu berço na Itália, foram introduzidas no Código de Processo Civil de 1973 e já constavam do Anteprojeto de 1964, coordenado por Alfredo Buzaid. No dizer de Antônio Cláudio da Costa Machado, os interesses que atraem a atuação do Ministério Público no processo civil se traduzem *"numa ideia simples, tanto na Itália como hoje no Brasil: a necessidade de fiel observância das leis de ordem pública ou"*, como prefere o eminente processualista, *"a defesa dos direitos indisponíveis em juízo"*.[26]

Como o Estado reserva para si a seleção dos interesses que devem prevalecer no convívio social e o faz através do direito positivo, reveste os interesses de juridicidade e os transforma em direitos. Mais uma vez, a posição de Antônio Cláudio da Costa Machado é esclarecedora, quando diz que, *"de acordo com o critério que poderíamos chamar de 'essencialidade social', concebido como o conjunto de valores essenciais do Estado, aos quais todos os interesses sociais devem estar subordinados, o legislador distingue duas categorias de interesses juridicizados ou direitos subjetivos. De um lado, os direitos que devam servir, atender diretamente àqueles valores e que se identificam com o escopo último da ordem pública, a preservação do próprio Estado. De outro lado, aqueles direitos periféricos aos valores fundamentais que só indireta e medianamente servem à ordem pública, embora também nela encontrem balizamento. Aos primeiros, pela importância, pela maior necessidade de prevalecimento, o legislador outorga o atributo de indispensabilidade no sentido de inalienabilidade a quem quer que seja e a qualquer título. Aos segundos, dispensa o legislador um tratamento mais brando, o que é a regra geral, permitindo a sua disposição. É justamente a partir dessa distinção que se torna possível compreender a atuação do Ministério Público no processo. Quando se pensa na razão de ser da instituição, portanto, deve-se ter presente esta realidade: a tutela dos interesses máximos da sociedade, dos seus valores fundamentais, que são justamente aqueles que assumem a forma de direitos indisponíveis"*.[27]

Quando a Constituição Federal, no seu artigo 127, e o novo Código de Processo Civil, em seu artigo 176, determinam que o Ministério Público deva atuar na defesa da ordem jurídica, do regime democrático e dos interesses e direitos sociais e individuais indisponíveis, estão impondo à Instituição e seus membros o *munus* da tutela e

---

que disse que o Ministério Público era o "órgão, ou conjunto de órgãos, pelo qual exerce o interesse público em que a justiça funcione".

[25] CHIOVENDA, Giuseppe. *Instituições de direito processual civil*, Trad. J. G. Menegale. Saraiva, São Paulo, 1943, V. 2, p. 123/124. Chiovenda escreveu que "o Ministério Público vela pela observância das leis, pela pronta e regular administração da justiça, pela tutela de direitos do Estado, dos corpos morais e das pessoas destituídas de plena capacidade jurídica (...) tem, da mesma forma, ação direta para fazer executar e observar as leis de ordem pública e que interessem aos direitos do Estado, sempre que tal ação não se atribuiu a outros agentes públicos. LIEBMAN, Enrico Tullio. *Manual de direito processual civil,* Trad. Cândido R. Dinamarco, Forense, Rio de Janeiro, 1985, V. 1, p. 135. Liebman disse que "o Ministério Público é, ele próprio, um órgão do Estado, ao qual cabe tutelar um específico interesse público (administrativo *lato sensu*), que tem por objeto a atuação da lei por parte dos órgãos jurisdicionais nas áreas e nos casos que as normas jurídicas são ditadas por razões de utilidade geral ou social; trata-se de casos em que a concreta observância da lei é necessária à segurança e ao bem-estar da sociedade, não podendo a tarefa de provocar a sua aplicação pelos juízes ser deixada à iniciativa dos particulares". Esclareceu Liebman que "o Ministério Público pode ser definido, então, como órgão instituído para promover a atuação jurisdicional das normas de ordem pública".

[26] MACHADO, Antônio Cláudio da Costa. Ob. cit. p. 45.
[27] MACHADO, Antônio Cláudio da Costa. Ob. cit. p. 45 e 46.

da proteção. *A contrario sensu*, é defeso ao Ministério Público dispor da realização ou da proteção desses interesses.

Pelo que depreende da norma constitucional e da norma processual, somente os interesses e direitos sociais e individuais indisponíveis são passíveis de tutela e de proteção pelo Ministério Público. Todavia, os interesses e direitos sociais transcendem a individualidade dos diversos interesses que neles poderão estar presente, sendo relevantes para a sociedade como um todo (interesses difusos ou coletivos). Nessa situação, a atuação do Ministério Público não pressupõe a indisponibilidade de cada uma das parcelas que o integram, o que torna possível e legítima a defesa de interesses individuais homogêneos advindos das relações de consumo, ainda que as parcelas que o compõem tenham cunho estritamente patrimonial. Esses interesses, como regra geral, são disponíveis. Assim, será legítima a tutela e a proteção de interesses individuais, mesmo que não sejam indisponíveis, desde que se realce o interesse social na sua tutela.

Portanto, para efeitos de reflexão sobre o tema proposto, os interesses individuais indisponíveis poderão ser tutelados ou protegidos pelo Ministério Público de forma individual, e os interesses individuais disponíveis somente poderão merecer a tutela ou proteção no âmbito da tutela coletiva, com base no que dispõe o artigo 129, inciso III, da Constituição Federal.

Por certo, nas suas atividades institucionais, o Ministério Público se move em razão de interesses de toda a ordem, sempre destacando a presença do interesse público a motivá-lo, mais propriamente o interesse público primário, como veremos. Hugo Mazzilli procurou sintetizar a relação que move o Ministério Público na proteção de determinados interesses. Esclareceu que, *"em suma, o objeto da atenção do Ministério Público se resume nesta tríade: a) ou zela para que não haja disposição alguma de um interesse que a lei considera indisponível; b) ou, nos casos em que a indisponibilidade é apenas relativa, zela para que a disposição daquele interesse seja feita conforme com as exigências da lei; c) ou zela pela prevalência do bem comum, nos casos em que não haja indisponibilidade do interesse da coletividade como um todo na solução do problema"*.[28]

Assim, há uma gama enorme de interesses que podem ensejar a proteção ou fiscalização do Ministério Público. Todavia, deve ficar claro que não há mais que priorizar a identificação, apenas, da presença de interesses indisponíveis a motivar a intervenção de seus membros. Não há como centrar, com exclusividade, a destinação institucional do Ministério Público na defesa de interesses indisponíveis. Por certo, havendo a presença de interesses indisponíveis, deverá haver a presença do Ministério Público, que agirá em razão da indisponibilidade. Contudo, poderá ocorrer que a defesa de qualquer interesse, disponível ou não, seja de conveniência social, fato que justificaria a atuação judicial ou extrajudicial do Ministério Público na defesa dos interesses maiores da coletividade.

A presença, portanto, do Ministério Público no processo é consequente à interpretação constitucional e legal, onde se deva realçar o zelo pelos mais graves interesses da coletividade, como o respeito aos direitos assegurados na ordem jurídica estabelecida, bem como, entre tantas responsabilidades, o zelo aos interesses sociais

---

[28] MAZZILLI, Hugo Nigro. *Regime Jurídico do Ministério Público*, Saraiva, 2ª ed., 1995, São Paulo, p. 78.

e individuais indisponíveis. O interesse a ser zelado pelo Ministério Público está relacionado de modo indeterminado com toda a coletividade ou ligado a interesses determinados, sempre com o realce da consulta ao interesse geral da coletividade.

4. Interesse público

A pretensão da abordagem conceitual do interesse público que move à intervenção do Ministério Público no processo civil é tarefa árdua e instigante. O trabalho não busca superar as dificuldades que o tema oferece, mas sim refletir sobre a concepção normativa do interesse público, com base no sistema positivo e sobre as acepções alcançáveis na concepção neoprocessualista, tendo como referência a interpretação da norma processual levando em consideração a Constituição Federal.

A expressão interesse público é empregada de forma intensa pela Administração Pública e pela formação jurisprudencial e doutrinária, mas nem sempre a interpretação realizada tem o mesmo sentido, pois que o termo é vago e impreciso. A dificuldade do entendimento do interesse público está na sua abstração e na possível inadequação à realidade social contemporânea. Não há dúvidas de que interesse público é um conceito rebelde a definições, no dizer de Guilhermo Andrés Muñoz. Todavia, mesmo reconhecendo as dificuldades, isso não quer dizer que o interesse público não tenha importância jurídica. Refutar a sua importância implica, no mínimo, na possibilidade de fragilizar o cidadão perante o Poder Público. Não se trata, portanto, de uma invocação genérica, mas da aplicação jurídica que define o interesse geral e, por essa razão, passível de conceituação própria e da imposição de limites e controles que podem acontecer pela norma e pela interpretação jurídica.

A função desempenhada pela noção de interesse público, caso instrumentalizada, leva a benefícios com relação à própria ideologia democrática, pois, *"se os operadores jurídicos se empenham nisso, podem dar a esse conceito um conteúdo e uma funcionalidade inequivocamente democráticos como limitação do poder e inclusive apesar dele"*.[29]

O legislador constituinte originário, quando definiu as funções do Ministério Público,[30] fez uso de conceitos abertos e indeterminados, com claro conteúdo normativo, para precisar o interesse público, o colocando sempre no contexto dos interesses sociais e interesses individuais indisponíveis, dos interesses difusos e interesses coletivos. Esses interesses, que genericamente caracterizam o interesse público, dão legitimidade às funções constitucionais dos membros do Ministério Público.

A expressão interesse público sempre foi utilizada para alcançar, também, os interesses sociais, pois que, normalmente, aparece associado a outras expressões semelhantes, como interesse geral, interesse coletivo, interesse difuso, bem comum ou bem geral da sociedade. O sentido utilizado pelo intérprete, em regra, dava idêntica roupagem à expressão interesse público, impondo uma carga de conteúdo social e subjetivo na sua definição.

---

[29] NIETO, Alejandro. *La Administración sirve con objetividade los intereses generales. In Estudios sobre la Constitución española: Homenage al professor Eduardo García de Enterría*. Civitas. Madrid, 1991, V. 3, p. 2.213.
[30] Art. 127, *caput*, e art. 129, inc. III, CF.

O legislador ordinário, ao definir as novas regras processuais, disse que o Ministério Público será intimado para intervir, como fiscal da ordem jurídica, nos processos que envolvam interesse público ou social.[31]

Ao determinar a intervenção, o legislador processual procurou separar o interesse público do interesse social, pois a ordem de intervenção ocorre quando, nos processos, houver hipótese de interesse público *ou* interesse social. Parece claro que o legislador pretendeu que se possa ver o interesse público, sob o seu aspecto intrínseco, muito mais vinculado ao interesse que tem como fonte o direito administrativo (ex. mandado de segurança ou desapropriação por necessidade ou utilidade pública), de forma diversa do interesse social, que tem como fonte os direitos e garantias fundamentais (ex. acesso à justiça ou vedação ao anonimato) e os direitos sociais (ex. acesso à educação, ao trabalho ou acesso à saúde).

Toda a construção conceitual contemporânea de interesse público, baseada na doutrina administrativista brasileira e, especialmente, pelas posições de Celso Antônio Bandeira de Mello, que têm fonte e lastro nas lições de Renato Alessi, procura explicar o interesse público não pelo seu conteúdo, mas a partir de sua estrutura. Pela lição de Bandeira de Mello, o interesse público não é algo autônomo, distinto e apartado dos interesses individuais. O interesse público é uma função qualificada desses interesses e uma das possíveis formas de manifestação dos interesses individuais. Segundo Bandeira de Mello, os interesses dos indivíduos se manifestam mediante duas dimensões – uma particular e outra pública. A primeira está ligada às conveniências pessoais do indivíduo, considerado de forma singular. A dimensão pública passa a representar o interesse do indivíduo no contexto e como membro de uma coletividade onde está inserido. A primeira traduz o interesse privado e a segunda o interesse público. Como consequência, pela doutrina destacada, conforme prega Bandeira de Mello, o interesse público não é algo autônomo, que existe por si só, pois que depende dos interesses dos indivíduos, quando coletivamente considerados. Tendo como base essas duas dimensões, Bandeira de Mello conceitua o interesse público *"como interesse resultante de um conjunto de interesses que os indivíduos pessoalmente têm quando considerados em sua qualidade de membros da Sociedade e pelo simples fato de o serem"*.[32]

O administrativista Daniel Wunder Hachem, dando atenção ao conceito produzido por Bandeira de Mello, diz que a elaboração é acertada e que a sua relevância está assentada no *"realce que confere a dois importantes aspectos: (i) o interesse público não é algo antagônico aos interesses dos indivíduos, e isso não porque ele seja idêntico a eles, mas por ser formado por um de seus aspectos (dimensão pública); (ii) o interesse público não se confunde com o interesse do aparato estatal, do Estado enquanto pessoa jurídica, pois esse possui, igualmente, uma dimensão pública e uma dimensão particular"*.[33] Esclarece o eminente doutrinador que esse último aspecto é aclarado com a referência à distinção divulgada pela doutrina italiana entre *interesse coletivo primário* e *interesses secundários*.

---

[31] Art. 178, inc. I, NCPC.
[32] MELLO, Celso Antônio Bandeira de. *Curso de Direito Administrativo,* Malheiros, 27ª ed., São Paulo, 2010, p. 61.
[33] WUNDER HACHEM, Daniel. A dupla noção jurídica de interesse público em Direito Administrativo. *Revista de Direito Administrativo &Constitucional*, Ano 11, nº 44, abr./jun. 2011, Belo Horizonte, p. 63.

A distinção desses aspectos advém das posições encontradas na obra de Renato Alessi, baseada na doutrina de Carnelutti e Picardi, onde procura estabelecer a diferenciação pregada por Bandeira de Mello. Renato Alessi, ao escrever sobre o exercício da função administrativa com o olhar da posição jurídica da Administração Pública, ressalta duas peculiaridades. Inicialmente, destaca que à Administração compete, em regra, o poder de fazer prevalecer a sua vontade sobre a vontade do indivíduo. Como consequência, para tutelar esse interesse poderá a Administração fazer preponderar o interesse público sobre o interesse individual que lhe for contrário, mas somente *"quando se trate de interesse cuja prevalência já esteja, em abstrato, previamente disposta em um ato legislativo primário, cuja aplicação concretada pressuponha um futuro ato administrativo concreto"*.[34]

A posição externada por Renato Alessi tem importância singular na definição do interesse público, no plano de Direito Administrativo, e na colocação que importa na supremacia do interesse da coletividade (interesse coletivo primário) sobre o interesse individual, tão somente, quando encontrar seu fundamento no Direito objetivo, mediante uma atribuição explícita ou implícita, específica ou genérica, em razão de prévia determinação jurídico-legislativa. Para ele, o limite da supremacia do interesse público é claro e está assentado na necessidade de prévia definição legal.

Diante da possibilidade de o Poder Público afastar-se desse limite, utilizando-se da prerrogativa definida em lei para finalidade diversa daquela que atendesse o interesse público, a sua doutrina sugere a necessidade de distinção entre o interesse coletivo primário (*interesse collettivo primario*) e interesses secundários (*interessi secondari*).

Para Renato Alessi, o *interesse coletivo primário* é formado pelo complexo de interesses individuais prevalentes em uma determinada organização jurídica da coletividade, expressão unitária de uma multiplicidade de interesses coincidentes. Como conclusão, para o eminente jurista italiano, somente esse interesse poderá ser considerado como interesse público (*interesse collettivo primário*). Renato Alessi sustenta que o interesse coletivo primário difere tanto do interesse de um particular, individualmente considerado, quanto do interesse do aparato administrativo. Para ele, esses são considerados como interesses secundários. Esclarece o eminente doutrinador que, tanto o interesse privado e singular quanto o interesse da Administração Pública podem conflitar ou coincidir com o interesse coletivo primário, sendo esse, para ele, o verdadeiro interesse público. Portanto, os interesses secundários somente poderão ser perseguidos, protegidos ou fiscalizados pelo Estado quando houver coincidência entre eles e o interesse público (interesse coletivo primário).

Daniel Wunder Hachem salienta que "nem Alessi, nem Celso Antônio ao reproduzir suas lições, aludem a 'interesse público primário' ou a 'interesse público secundário'. O único interesse considerado como público é o 'coletivo primário'. A ressalva tem relevância pelo fato de tais locuções (interesse público primário e interesse público secundário) serem empregadas na doutrina lusitana com outro sentido".[35]

---

[34] ALESSI, Renato. *Principi di Diritto Amministrativo*, Giuffrè, 4ª ed., T. I. Milano, 1978, p. 229.
[35] WUNDER HACHEM, Daniel. Ob. cit., p. 65.

Parcela da doutrina tem qualificado o interesse público primário como aquele cuja definição e realização que incumbe aos órgãos estatais que exercem as funções política e legislativa e o interesse público secundário como aquele delineado pelo legislador, mas cuja realização compete à Administração Pública no exercício da função administrativa. A distinção de ambas as espécies é colocada com relação à autoridade competente para a sua concretização, pois ambas as espécies tratam sobre interesses públicos.[36]

Outra parte da doutrina faz crítica ao equívoco terminológico aos que empregam a expressão interesse *público* secundário, para referir o que a doutrina italiana chama de interesses secundários (*interessi secondari*), pois estes consistem em todo e qualquer interesse, seja de particulares ou da Administração Pública, que diga respeito a aspirações ou necessidades de cunho eminentemente pessoal, seja de pessoas físicas ou jurídicas.[37]

Em razão de posições adotadas por parcela da doutrina, a crítica se faz severa quando diz que "o erro, portanto, está em chamar de 'interesse público secundário' uma categoria de interesses que podem ser reconduzida tanto à Administração Pública quanto a um particular. Por exemplo, o interesse pessoal de um comerciante em explorar atividade econômica de venda de explosivos sem adotar todas as medidas de segurança legalmente exigidas para reduzir os custos é um interesse secundário, mas pertence a um particular. Ele terá a mesma natureza que o interesse de um Estado da Federação de elevar ao máximo a carga tributária para arrecadar recursos, acima das capacidades dos contribuintes: será secundário, mas titularizado pelo Poder Público. Aí está a importância de não se utilizar o termo 'público' ao se falar em 'interesses secundários': demonstrar que tais interesses do aparato administrativo são tão secundários quanto quaisquer outros interesses eminentemente pessoal de um sujeito privado. (...) De todo o modo, para a concepção delineada por Celso Antônio Bandeira de Mello, com apoio em Renato Alessi, o interesse público não é algo abstrato, etéreo, intangível. O seu conteúdo jurídico não pode ser encontrado em outro lugar senão no próprio Direito positivo. De tal sorte, a significação do que vem a ser o interesse público será determinada de forma objetiva pelo ordenamento jurídico, particularmente na ordem de valores, fins, objetivos e bens protegidos pela

---

[36] SOARES, Rogério Ehrhardt. Interesse público, legalidade e mérito. Coimbra, 1955, p. 99; AMARAL, Diogo Freitas do. *Curso de direito administrativo*. Almedina, Coimbra, 2001, V. 2, p. 36. MAZZILLI, Hugo Nigro. *A defesa dos interesses difusos em juízo*. Revista dos Tribunais, 4ª ed., São Paulo, 1992, p. 20. SALLES, Carlos Alberto de. Legitimidade para agir. Desenho processual da atuação do Ministério Público. In *Ministério Público, Instituição e processo*. Coordenador Antônio Augusto Melo de Camargo Ferraz, Atlas, 2ª ed., São Paulo, 2003, p. 245. Carlos Alberto de Salles refere que "os interesses públicos, em virtude do regime jurídico de direito público, podem ser caracterizados, a princípio, pela sua proeminência em relação aos privados e pela nota de indisponibilidade, por serem voltados à consecução dos fins gerais da União, dos Estados, dos Municípios, bem como das respectivas entidades de administração indireta sujeitas ao regime de direito público (autarquias e fundações públicas). Afirma-se também que o interesse público se identifica com o próprio interesse social ou geral, mas nem sempre isso ocorre na prática. Daí o desdobramento do conceito, para a delimitação de um interesse público primário ou secundário. O interesse público primário poderia ser compreendido como o interesse geral, social, ou seja, de todos os membros da comunidade, ideia aproximada à concepção dos interesses supra ou metaindividuais. De outro lado, seria possível aferir a existência de um interesse público secundário, inerente à Administração, isto é, às pessoas jurídicas de direito público que integram a administração direta ou indireta do Estado".

[37] JUSTEN FILHO, Marçal. Conceito de interesse público e a "personalização" do direito administrativo. *Revista Trimestral de Direito Público*, São Paulo, 1999, nº 26, p. 118. Marçal Justen Filho diz que "nenhum interesse público se configura como conveniência egoística da Administração Pública. O chamado interesse secundário (ALESSI) ou interesse da Administração Pública não é público"; GORDILLO, Agustín. *Tratado de Derecho Administrativo*. Del Rey e Fundación de Derecho Administrativo, Belo Horizonte, 7ª ed., T. 1, p. 31.

Constituição. A qualificação de determinados interesses como público é promovida inicialmente pela Constituição e, com base nela, pelo legislador e pela Administração Pública (por essa última apenas nas hipóteses e nos limites da discricionariedade que lhe for assinalada pela lei)".[38]

Cabe salientar que o interesse público é utilizado de acordo com duas noções diferentes pelo Direito Administrativo. Uma refere ao interesse público em sentido amplo, com conteúdo genérico, onde será considerado todo o interesse protegido pelo ordenamento jurídico. Nessa situação, qualquer contrariedade à finalidade da norma prevista no ordenamento jurídico, caracteriza ofensa ao interesse público. A outra noção refere ao interesse público em sentido estrito, com conteúdo especial e específico, que, se presente, autoriza a atividade da Administração Pública. O ato administrativo, para ter validade, só poderá ser praticado se existente esse interesse público qualificado. *"Assim, pode-se dizer que num sentido negativo o interesse público impõe um limite legal à atuação administrativa: o desrespeito ao interesse público invalida o ato através da técnica do desvio de poder. Num sentido positivo, ele é uma condição para o exercício de determinada prerrogativa: apenas quando presente um interesse público qualificado, poderá agir a Administração"*.[39]

Na verdade, qualquer decisão social, produzida ou não através dos vários mecanismos estatais, incorpora a opção por um entre vários interesses relevantes, o que leva à avaliação sobre qual deles, em uma determinada alocação de recursos públicos (bens ou serviços), melhor atende ao objetivo social que se quer alcançar por meio de uma determinada ação. O mesmo ocorre, quando o Legislativo, em sua atividade, faz a opção entre interesses diversos e conflitantes, decidindo sobre e pelo interesse público na situação objetiva de uma norma produzida. A opção legislativa, incorporada ao texto de lei, representa a adoção de uma política pelo legislador. Assim, as políticas públicas definidas em lei e dirigidas aos particulares passam a atuar na esfera de autonomia privada dos destinatários, quando lhes são fixadas restrições e vedações e estabelecidos deveres e obrigações. Com relação à Administração Pública, as políticas definidas previamente, por norma ou não, servem para limitar ou excluir a discricionariedade administrativa, com a imposição de procedimentos ou a fixação de obrigações legais de fazer ou de não fazer.

Verifica-se, portanto, "que o interesse público materializa-se na forma de políticas públicas, que expressam escolhas realizadas pelos vários centros de decisão estatal. Essas escolhas, entretanto, podem não ser necessariamente as melhores para a sociedade e nem mesmo representam as preferências da maioria. É possível que

---

[38] WUNDER HACHEM, Daniel. Ob. cit. p. 66.
[39] WUNDER HACHEM, Daniel. Ob. cit. p. 67/68. Daniel Wunder Hachen diz que, "em ambas as noções, o interesse público desempenha uma de suas funções mais importantes para o Direito Administrativo: limitar juridicamente o exercício de competências administrativas. Ele se impõe como uma condição de validade dos atos administrativos, ora negativa (vedando condutas contrárias ao interesse público, genericamente tutelado pelo sistema normativo), ora positiva (autorizando condutas apenas quando estiver presente um interesse público especial, exigindo expressa ou implicitamente pelo ordenamento jurídico). Como pressuposto de validade na vertente negativa, o exemplo clássico é o desvio de poder. Esse ocorrerá sempre que a autoridade administrativa expedir um ato de sua competência tendo um objeto diverso daquele previsto em lei que lhe conferiu a competência para agir. O ato será anulado em tal hipótese, uma vez que perseguiu um interesse pessoal do agente ou de um terceiro, e não o interesse público. Em outras oportunidades o interesse público figurará como condição positiva de validade de um ato administrativo, constituindo o fundamento da ação administrativa. A desapropriação é um ótimo exemplo: a prerrogativa de expropriar só poderá ser utilizada quando um interesse público especial (utilidade pública, interesse social) estiver presente, autorizando o seu exercício".

essas decisões, pela Administração, Legislativo ou Judiciário, tenham sido feitas em consideração a interesses outros, que não atendem aos objetivos do corpo social".[40]

Portanto, é necessário que se adotem critérios substanciais para definir o interesse público, considerando os parâmetros mínimos que importem na convivência social, em regime que permita conciliar os interesses particulares, de indivíduos ou grupos, com os interesses que pertencem a toda coletividade.

Para a definição do interesse público não pode haver critério suficiente, fechado e exaustivo que impeça a conciliação entre interesses particulares, de indivíduos ou grupos, com os interesses que pertencem a todos, mas que não são de ninguém de forma particularizada. Nesse sentido, com base no que já está consolidado na doutrina que dá suporte à formação interpretativa, haverá o interesse público que atraia a intervenção sempre que a atividade jurisprudencial provocada vise à proteção de direitos indisponíveis e de bens gerais da coletividade que, em razão de sua indivisibilidade, necessitem de controle e de fiscalização.

5. Interesse social

As dificuldades do tema proposto continuam, especialmente pelo fato de ter o legislador constituinte determinado, também ao Ministério Público, a proteção e fiscalização dos direitos sociais e individuais indisponíveis. Por sua vez, o legislador ordinário definiu, no novo Código de Processo Civil, regras claras sobre a atuação do Ministério Público na proteção de determinados interesses e o fez, de forma aberta, no artigo 176, reproduzindo o texto constitucional, e no artigo 178, concretizando, na norma processual, as determinações constitucionais.

Como já referido, a atuação processual do Ministério Público se dará no processo em razão de situações específicas que atraem a fiscalização dos membros da Instituição. O artigo 176 diz que o Ministério Público **atuará** na defesa da ordem jurídica, do regime democrático e dos **interesses e direitos sociais** e **individuais indisponíveis**. Se a pretensão deduzida em juízo tratar sobre um desses interesses ou direitos e, não sendo o Ministério Público parte, **deverá** atuar como órgão interveniente. A regra processual, por certo, impõe a atuação dos membros da Instituição, pela presença do interesse público ou do interesse social, nas três formas possíveis do exercício de suas atribuições. Poderá atuar antes, durante ou após a solução processual, mas fora do processo, postulando pela conciliação entre os envolvidos ou incentivando a mediação, na sua atividade resolutiva. Poderá, também, atuar como órgão agente ou órgão interveniente, nas suas funções típicas e pró-ativas. Ainda, pelo que dispõe o artigo 178, inciso I, do novo Código de Processo Civil, será intimado para, em até trinta dias, intervir no processo se houver, entre outros, a identificação a presença do interesse público **ou** do interesse social.

Os interesses ou direitos sociais são apresentados com dimensão coletiva. O homem, como indivíduo, é titular de direitos fundamentais e garantias individuais. Todos os homens nascem iguais em liberdade e em direitos, nos termos do artigo 1º da Declaração Universal de Direitos do Homem, norma reproduzida no artigo 1º da

---

[40] SALLES, Carlos Alberto de. *Processo civil e interesse público*. Revista dos Tribunais. *In* Processo Civil e Interesse Público: O processo como instrumento de defesa social, São Paulo, 2003, p. 61.

Carta da República e nos artigos 1º e 8º do novo Código de Processo Civil. Todavia, na sua generalidade, o homem que vive em sociedade, é titular de direitos sociais. Com relação a esses direitos, o relevante não é mais a igualdade, traço do direito individual, mas a diferença, pois certas condições pessoais ou sociais é que são destacadas na distinção desses direitos.

O direito social diz respeito ao indivíduo, como ser singular, dotado das qualidades que o fazem pessoa, mas o direito que não lhe é exclusivo, porque, em igual extensão e natureza, é deferido a todos quantos integram ao grupo social. Ou seja, como enumerados na Constituição Federal, em seu artigo 6º, tratam de direitos de todos como à saúde, ao trabalho, ao lazer, à segurança, à previdência social, à proteção à maternidade e à infância e à assistência aos desempregados.[41]

Conforme a lição de Ada Pellegrini Grinover, sociais são "interesses espalhados e informais à tutela de necessidades coletivas, sinteticamente referíveis à qualidade de vida. Interesses da massa, que comportam ofensas de massa e que colocam em contraste grupos categorias, classes de pessoas. Não mais se trata de um feixe de linhas paralelas, mas de um leque de linhas que convergem para um objeto comum e indivisível. Aqui se inserem os interesses dos consumidores, ao ambiente, dos usuários de serviços públicos, dos investidores, dos beneficiários da previdência social e de todos aqueles que integram uma comunidade compartilhando de suas necessidades e seus anseios".[42]

Por sua vez, Mancuso o identifica como "o interesse que consulta à maioria da sociedade civil; o interesse que reflete o que esta sociedade entende por 'bem comum'; o anseio de proteção à *res publica*; a tutela daqueles valores e bens mais elevados, os quais essa sociedade, espontaneamente, escolheu como sendo os mais relevantes".[43]

A natureza do interesse advém da finalidade que pode lhe afetar, e não na forma escolhida para o seu exercício. O fato de um interesse ser exercido pela via individual ou coletiva, não altera a sua essência. Poderá ocorrer a situação que o exercício do interesse se dê de forma individual e tenha repercussão social e poderá ocorrer a hipótese da soma de interesses individuais que, quando exercidos, não têm consequência ou repercussão social alguma. Sendo verdade que a soma de interesses individuais pode constituir uma nova realidade, não é menos verdadeira a afirmação de que a soma ou a justaposição de interesses individuais não é suficiente para modificar a natureza ou a essência desses interesses, ou seja, é o indivíduo fazendo em grupo o que poderia fazer por si mesmo. A soma de interesses individuais, para ser tido como social, deve constituir uma nova realidade, que surge quando o interesse individual é exercido coletivamente e que tem resultados sociais e plurais. Essa alteração não é da forma do exercício do interesse individual, mas da sua essência, refletindo na finalidade do que está sendo exercido, pois passa a compatibilizar-se com os interesses da coletividade.

---

[41] BORBA, Jucelita Nepomuceno. *Efetividade da tutela coletiva*, cit. p. 54.
[42] GRINOVER, Ada Pellegrini. Significado Social, político e jurídico da tutela dos interesses difusos. R*evista de Processo* nº 97, Revista dos Tribunais, São Paulo, 2000, janeiro-março, p. 9.
[43] MANCUSO, Rodolfo de Camargo. *Interesses Difusos. Conceito e legitimação para agir.* Revista dos Tribunais, São Paulo, 1988, p. 20.

A doutrina sempre identificou a aproximação semântica das expressões interesse social, interesse geral e interesse público. Mancuso reconhece que essas expressões *"são, praticamente, equivalentes, por isso que, salvo certas nuances sutis, elas se confundem sob o denominador comum de 'interesses mataindividuais'. Há uma aproximação mais nítida entre o 'social-geral', por um lado, e o 'geral-público', de outro; mas daí não resulta que cada qual desses termos apresente conteúdo nitidamente específico em face dos demais. Quer nos parecer que a tarefa de se tentar a separação rigorosa dessa trilogia não seria fadada a um bom termo: mesmo que seja possível, como visto, surpreender certos elementos identificadores de cada espécie, eles não vão em número e intensidade tal que permita a autonomia conceitual dessas expressões entre si. Depois, de todo o modo, as diferenças seriam tão sutis que, na prática, não haveria contribuições relevantes para o exame da problemática dos interesses mataindividuais. Por fim, tomando-se, basicamente, como sinônimos, chega-se a uma desejável concreção, evitando-se os inconvenientes de um excesso terminológico"*.[44]

A preocupação externada por Mancuso deve ser considerada e ela realça a dificuldade do enfrentamento do tema proposto. Cabe o questionamento: o que pretendeu legislador ordinário, ao normatizar o novo sistema processual, determinando, no artigo 178, inciso I, que o Ministério Público devesse intervir nos processos que envolvessem o interesse público **ou** interesse social?

Claramente, o legislador elaborou norma que impõe a intervenção nos processos que envolvam interesse público **ou** interesse social. Separou as expressões que definem os interesses público e social, que possuem matizes sutis, mas relevantes, com o fim de destacar as diferenças que existem no reconhecimento do interesse público **ou** do interesse social.

O interesse social está estreitamente ligado às noções de coletividade e de sociedade civil organizada. Quando nos referirmos à expressão interesse público, a presença do Estado se apresenta num primeiro plano. Transparece que, ao Estado, caiba, não só a ordenação normativa do interesse público, mas também a soberana indicação de seu conteúdo e finalidade.

Assim, interesse social é tido pela doutrina como o geral da sociedade, do bem comum, e tem, consigo, sempre, a presença do interesse público. Seguindo a distinção feita por Renato Alessi, a doutrina majoritária o denominado de interesse público primário, que é titulado por toda a coletividade, todo o grupo social e que tem, por objeto, bens e valores essenciais para a vida em sociedade, no caso o bem comum. Portanto, é o interesse que visa preservar os valores transcendentais da sociedade. Não é o de um indivíduo ou de alguns, tampouco é o de um grupo determinado ou de parcela da sociedade, sequer é do Estado Administração, enquanto pessoa jurídica empenhada na consecução de suas finalidades e de políticas públicas, pois que voltado e titulado de forma abstrata e abrangente por todos e, assim sendo, o interesse social não é de ninguém de forma particularizada.

O que importa ao interesse social, como já se destacou, não é a sua forma ou a sua essência, mas a finalidade do seu exercício. O Código de Defesa do Consumidor, no seu artigo 82, § 1º, procurou sugerir um caminho que conferisse certo grau de

---

[44] MANCUSO, Rodolfo de Camargo. Ob. cit. p. 24 e 25.

determinação ao conceito de interesse social, quando fala do requisito de pré-constituição da legitimação para postular os direitos definidos naquele ordenamento e diz que ele poderá ser dispensado quando houver *"manifesto interesse social evidenciado pela dimensão ou característica do dano, ou pela relevância do bem jurídico a ser protegido"*.[45] A norma vai ao encontro do que é sustentado na doutrina, pois não basta identificar um grupo de pessoas, com interesses individuais destacados e que tenham legitimidade para uma demanda coletiva, para caracterizar o interesse social. Esse não está caracterizado pela forma, mas pela finalidade, sendo necessário, para que haja o *manifesto interesse social*, que esteja evidenciada, na pretensão esposada, a dimensão ou a característica do dano, ou, ainda, a relevância do bem jurídico protegido.

Por certo, sem prejuízo das formas de proteção de determinado consumidor, o interesse individual lesado encontrará, sempre, proteção pela via clássica da legitimação ordinária, pela qual cada um defende o seu interesse.[46] No entanto, o artigo 81, inciso III, da Lei nº 8.078/90, fez previsão da tutela de interesses individuais homogêneos dos consumidores, assim entendidos os de origem comum, caracterizados pela extensão divisível ou individualmente variável do dano ou da responsabilidade decorrente do dano.

Por sua vez, o § 1º do artigo 82 decorre da permissão legal prevista nos incisos I, II e III do artigo 81 que impõem requisitos para a tutela coletiva, requisitos estes que poderão ser dispensados se houver *manifesto interesse social*, pois a proteção coletiva do consumidor somente será possível pela ação do Ministério Público e de outros colegitimados se envolver uma categoria indeterminada de lesados.[47]

A regra, por certo, não conceitua o interesse social e não poderia, por ser este uma expressão indeterminada, que não necessita de norma conceitual positiva, mas de interpretação. Sequer a norma afirma a presença de interesse público nas lides relativas ao consumo. O que o texto legal, claramente, determina é que o julgador poderá dispensar o requisito de pré-constituição aos legitimados quando houver *manifesto interesse social* que, no plano das relações de consumo, se dá pela dimensão ou característica do dano, ou, ainda, pela relevância do bem jurídico a ser protegido. O autor, no caso um dos legitimados pela Lei especial, deverá fazer a prova prévia sobre a relevância do bem protegido, sobre a dimensão ou característica do dano, para que o julgador possa reconhecer o manifesto interesse social e dispensar o requisito formal de pré-constituição.

6. Conclusões

A busca de um entendimento razoável e reconhecido pela doutrina ainda tem um longo e tormentoso caminho a percorrer. Com esse foco, as reflexões colocadas buscaram sistematizar o que se tem discutido sobre o tema e pretende lançar ideias ao debate da matéria, que sempre foi tormentosa no ambiente institucional do Ministério

---

[45] ART. 82 Para os fins do art. 81, parágrafo único, são legitimados concorrentemente: (...) § 1º O requisito da pré-constituição pode ser dispensado pelo juiz, nas ações previstas nos arts. 91 e seguintes, quando haja manifesto interesse social evidenciado pela dimensão ou característica do dano, ou pela relevância do bem jurídico a ser protegido.

[46] Art. 6º CPC/73 e art. 18 do NCPC.

[47] MAZZILLI, Hugo Nigro. Ob. Cit., p. 90.

Público, bem como na doutrina e na jurisprudência, em razão da entrada em vigor do novo sistema processual.

Muito se escreveu e, ainda, se escreverá sobre a intervenção do Ministério Público no processo civil. Não há dúvidas de que, após o advento da Lei da Ação Civil Pública, o Ministério Público passou a experimentar um papel diferenciado e destacado no contexto social. A Instituição teve origem em sua formação, na área criminal, na defesa da sociedade em contraponto aos que violavam normas gerais e pré-estabelecidas de convívio em social.

Os caminhos trilhados pela sociedade brasileira para a consolidação da cidadania, da democracia e da normalidade constitucional levaram à necessidade do fortalecimento do Ministério Público. Em razão das carências sociais e da necessidade do despertar da cidadania, o Estado, também pelo braço Ministério Público, passou a concretizar, na via judicial ou extrajudicial, os mais elementares direitos assegurados a todos os cidadãos.

Até a publicação da Lei da Ação Civil Pública e da promulgação da Constituição Federal, o Ministério Público, basicamente, atuava em matéria criminal e, como órgão interveniente, no processo não criminal. A nova realidade democrática possibilitou ao Ministério Público experimentar espaços de efetivação das modificações democráticas e ser móvel para a efetiva transformação da sociedade. Essa nova visão destaca, com muita propriedade, as funções de órgão agente, com todas as suas possibilidades de, efetivamente, dar voz e acesso ao exercício dos mais elementares direitos.

Sem dúvida, nesse período de democracia constitucional consolidada, o Ministério Público passou a ser ator de primeira grandeza em razão do exercício de suas funções, tanto no microssistema do processo coletivo quanto no sistema processual vigente, atuando como órgão agente na matéria penal e civil, sem descurar da importante e necessária função de intervenção em processos que chamam, por alguma razão e por ser necessária, a fiscalização do Ministério Público.

No sistema do Código de Processo Civil de 1973, a atuação do Ministério Público como órgão interveniente, na definição do interesse público evidenciado pela natureza da lide e da qualidade de parte (art. 82, inc. III), sempre causou gravíssimas incompreensões em razão da disponibilidade (compete ao Ministério Público intervir) e das discussões sobre qual interesse público deveria ser fiscalizado pela Instituição. Como se viu, em todas as relações humanas é possível destacar, de alguma forma, o interesse público, bem como se pode dizer que, em todo o processo formado, na busca da prestação jurisdicional, em tese, há nele uma carga de interesse público. Todavia, não é esse o interesse público que sempre motivou a intervenção. Nos termos da lei, o interesse público a ser destacado era o que sobressaia e todas as demais causas em que restasse evidenciado, pela natureza da lide e pela qualidade da parte, a sua presença. A identificação desses interesses – primários e secundários – sempre foi tormentosa ao processo, distinguindo farta e contraditória formação jurisprudencial e doutrinária, bem como sempre esteve presente nas grandes discussões no plano institucional.

O legislador ordinário, ao elaborar o novo Código de Processo Civil, buscou destacar as funções essenciais do Ministério Público, realçando os seus compromissos para com o cumprimento da Constituição Federal e das leis e, dentre tantas e positivas inovações, tentou superar o grande dilema sobre o interesse público que atrai a intervenção do Ministério Público, separando-o do interesse social.

E é sobre esse tema destacado que este artigo buscou refletir.

O artigo 178, inciso I, do novo Código de Processo Civil, diz que o Ministério Público **será intimado para**, no prazo de 30 (trinta) dias, **intervir** como fiscal da ordem jurídica nas hipóteses previstas em lei ou na Constituição Federal e **nos processos que envolvam interesse público ou social**.

Em razão do que foi referido na novel norma processual e do que foi exposto no texto, é necessário concluir pela necessidade de se distinguir de forma clara e precisa as duas noções distintas da categoria de "interesse" que convivem no plano constitucional e legal, especialmente no Direito Administrativo e no Direito Processual Civil. Tentar precisar tecnicamente cada uma dessas duas expressões, embora as diferenças sutis que possam conter, em razão da imprecisão e da generalidade que possuem.

Conforme determina a nova sistemática processual, há duas concepções distintas sobre os interesses que devem ser fiscalizados pelo Ministério Público (interesse público **ou** interesse social), expressões que podem ser empregadas em sentido amplo ou em sentido estrito.

Para tanto, parece que o interesse público que deve atrair a intervenção do Ministério Público e definido na norma processual é o que Renato Alessi chama de *interesses secundários*. Esses interesses somente poderão ser protegidos pela fiscalização do Ministério Público quando houver coincidência entre eles e o interesse coletivo primário. Para tanto, o exame se dará no processo, em razão do caso concreto submetido à prestação jurisdicional. O Ministério Público continua tendo a discricionariedade com relação à avaliação do interesse público e esse ponto fica especialmente destacado pela leitura do parágrafo único do artigo 178[48] e do inciso II do artigo 279[49] do novo Código de Processo Civil. Por si só, o simples fato de estar a Fazenda Pública no processo, no polo ativo ou passivo da relação processual, **não configura hipótese de intervenção do Ministério Público**. É inegável que a Fazenda Pública, órgão da Administração Pública, carrega consigo, sempre, o interesse público. Todavia, não basta estar presente o interesse público destacado pela qualidade da parte, no processo, para atrair a intervenção do Ministério Público. Deverá, no caso concreto, o Ministério Público examinar a natureza da lide e as suas consequências com relação à própria sociedade. O exame se fará sempre com o olhar da importância do interesse que está em discussão no processo, com o fim de qualificar a intervenção do Ministério Público. Ainda, a falta de intimação pode gerar nulidade, desde que o próprio Ministério Público, quando intimado, possa dizer, no processo, se houve prejuízo, ou não. Se o ato pode ser convalidado em razão da falta de prejuízo, por certo não há falar em intervenção obrigatória.

Nessa situação, o interesse destacado deve ser visto como interesse público em sentido estrito e que carece de identificação no caso concreto por quem deve fiscalizar. Para tanto, a norma jurídica atribui ao Ministério Público, explícita e implici-

---

[48] Art. 178. (...) Parágrafo único. A participação da Fazenda Pública não configurará, por si só, hipótese de intervenção do Ministério Público.

[49] Art. 279. É nulo o processo quando o membro do Ministério Público não for intimado para acompanhar o feito em que deveria intervir. (...) § 2º A nulidade só pode ser decretada após a intimação do Ministério Público, que se manifestará sobre a existência ou a inexistência de prejuízo.

tamente, a competência de prerrogativas para identificar a natureza do interesse e a sua prevalência sobre os interesses específicos (individuais ou coletivos). Assim, o Ministério Público tem o poder/dever de verificar se está presente, no caso concreto, um fato submetido à categoria de interesse público (interesse geral), para então serem deflagrados os efeitos pretendidos pela norma com a intervenção.

Portanto, quando a norma processual fala em interesse público, este deve ser identificado como o que a doutrina brasileira, assente nas lições de Renato Alessi sobre *interesse secundário*, costuma definir como interesse público secundário. No caso concreto, será avaliada a situação fática para ver se é caso de intervenção, ou não.

Por sua vez, quando se tratar de interesse social, haverá sempre a intervenção do Ministério Público no processo civil, pois, sem dúvida, predominam nessas demandas os interesses maiores da sociedade. A lógica da intervenção também é consequente da doutrina produzida por Renato Alessi, que destaca o *interesse coletivo primário* e que se compõe pelo complexo de interesses individuais prevalentes em uma determinada organização jurídica da coletividade, que são a expressão unitária de uma multiplicidade de interesses coincidentes. O interesse social é tido pela doutrina como o interesse geral da sociedade, que reflete o bem comum, onde está presente, sempre, o interesse público. Seguindo as lições da doutrina de Renato Alessi, este interesse é denominado de interesse público primário (*interesse coletivo primário*) e que é titulado por toda a coletividade, todo o grupo social e que tem, por objeto, bens e valores essenciais para a vida em sociedade, no caso o bem comum. Esse, portanto, é o interesse que visa preservar os valores transcendentais da sociedade. Não é o interesse de um indivíduo ou de alguns, tampouco é de um grupo determinado ou de parcela da sociedade, sequer é interesse do Estado Administração, enquanto pessoa jurídica empenhada na consecução de suas finalidades e de políticas públicas, pois que voltado e titulado de forma abstrata e abrangente por todos e, sendo todos, o interesse social não é de ninguém de forma particularizada.

O interesse social previsto na norma deverá ser concebido como interesse público em sentido amplo, na forma dos interesses legítimos que foram definidos pelo legislador constitucional e que visam à proteção dos valores mais fundamentais da sociedade, bem como pelo legislador ordinário que os qualifica como essenciais determinados bens e valores da vida em sociedade.

Presentes esses interesses no processo, é obrigatória a intervenção do Ministério Público.

Partindo da noção sobre a necessidade de se fazer a interpretação das funções do Ministério Público com base nos caminhos definidos na Constituição Federal, com regras que foram incorporadas concretamente no novo ordenamento processual, nos parece que o caminho a ser trilhado terá, ainda, que ser muito explorado.

Essas reflexões dão conta da dinâmica da Instituição, em razão do que fez no trabalho do cotidiano e do que, concretamente, poderá realizar, pela sua estrutura e pelas suas responsabilidades, com o fim de atender os anseios dos destinatários dos seus grandes movimentos.

As reflexões postas servem para motivar a discussão e chamar a atenção para as substanciais mudanças, em nosso entendimento para melhor, que foram introduzidas pelo novo sistema processual, também, ao Ministério Público brasileiro.

O tema intervenção no processo civil e, em especial, a intervenção em razão do interesse publico ou do interesse social demandará muito estudo e acaloradas discussões, sendo oportuno colocá-lo ao debate no momento da entrada em vigor do novo Código de Processo Civil.

Referências bibliográficas

ALESSI, Renato. *Principi di diritto amministrativo*. t. I. 4ª ed. Milano: Giuffrè, 1978.

ALEXY, Roberto. *Teoria de los derechos fundamentales*. Madrid: Centro de Estúdios Políticos y Constitucionales, 2002.

ALMEIDA, Gregório Assagra de. O Ministério Público no neoconstitucionalismo. In: *Temas Atuais do Ministério Público*. Rio de Janeiro: Lumen Juris.

ALVARO DE OLIVEIRA, Carlos Alberto (org.). O processo civil na perspectiva dos direitos fundamentais. In: *Processo e Constituição*. Rio de Janeiro: Forense, 2004.

AMARAL, Diogo Freitas do. *Curso de direito administrativo*. Coimbra: Almedina, 2001, v. 2.

BARBOSA MOREIRA, José Carlos. Por um processo socialmente afetivo. In: *Revista Síntese de Direito Civil e Processo Civil*. São Paulo, v. 2.

BORBA, Jocelita Nepomuceno. *Efetividade da tutela coletiva*. São Paulo: LTr.

CANOTILHO, J. J. Gomes. *Direito constitucional e teoria da constituição*. Coimbra: Almedina.

CARNELUTTI, Francesco. *Sistema de direito processual civil*. São Paulo: Classic Book, 2000, v. I.

CHIOVENDA, Giuseppe. *Instituições de direito processual civil*. Trad. J. G. Menegale. São Paulo: Saraiva, 1943, v. 2.

COSTA, Lopes da. *Manual elementar de direito processual civil*. Rio de Janeiro: Forense, 1956.

DIDIER JR., Fredie. Questões atuais sobre as posições do Ministério Público no processo civil. In: *Revista de Processo* n. 237. ano 39, nov., São Paulo: RT, 2014.

DINAMARCO, Cândido Rangel. *A instrumentalidade do processo*. 10. ed. São Paulo: Malheiros, 2002.

GARCIA, Emerson. *Conflito entre normas constitucionais*: esboço de uma teoria geral. Rio de Janeiro: Lumen Juris, 2008.

GODINHO, Robson Renault. Questões atuais sobre as posiçõess do Ministério Público no processo civil. In: *Revista de Processo* n. 237, ano 39, nov., São Paulo: RT, 2014.

GORDILLO, Agustín. *Tratado de derecho administrativo*. 7. ed. Belo Horizonte: Del Rey e Fundación de Derecho Administrativo, t. 1.

GOULART, Marcelo Pedroso. *Ministério público e democracia*: teoria e práxis. São Paulo: Editora de Direito.

GRINOVER, Ada Pellegrini. Significado social, político e jurídico da tutela dos interesses difusos. In: *Revista de Processo* n. 97, jan./mar. São Paulo: RT, 2000.

JUSTEN FILHO, Marçal. Conceito de interesse público e a "personalização" do direito administrativo. In: *Revista Trimestral de Direito Público* n. 26. São Paulo, 1999.

LEONEL, Ricardo de Barros. *Manual de processo coletivo*: delimitação do âmbito de atuação no processo coletivo. 3. ed. São Paulo: RT.

LIEBMAN, Enrico Tullio. *Manual de direito processual civil*. Trad. Cândido R. Dinamarco. Rio de Janeiro: Forense, 1985, v.1.

LIMA, Fernando Antônio Negreiros. *A intervenção do Ministério Público no processo civil brasileiro como custos legis*. São Paulo: Método, 2007.

MACHADO, Antônio Cláudio da Costa. *A intervenção do Ministério Público no processo civil brasileiro*. São Paulo: Saraiva, 1989.

MANCUSO, Rodolfo de Camargo. *Interesses difusos*: conceito e legitimação para agir. São Paulo: RT, 1988.

MAZZILLI, Hugo Nigro. *Regime jurídico do Ministério Público*. 2. ed. São Paulo: Saraiva, 1995.

——. *A defesa dos interesses difusos em juízo*. 4. ed. São Paulo: RT, 1992.

MELLO, Celso Antônio Bandeira de. *Curso de direito administrativo*. 27. ed. São Paulo: Malheiros, 2010.

MIRANDA, Pontes de. *Comentários ao código de processo civil*. t. 2. Rio de Janeiro: Forense, 1973.

MITIDIERO, Daniel. *Colaboração no processo civil*: pressupostos sociais, lógicos e éticos. São Paulo: RT, 2009.

——. *Curso de processo civil*. São Paulo: Atlas, 2010, v. 1.

MOREIRA, Eduardo Ribeiro. Neoconstitucionalismo: a invasão da constituição. In: *Coleção Professor Gilmar Mendes*, v. 7. São Paulo: Método, 2008.

NIETO, Alejandro. La administración sirve con objetividad los intereses generales. In: *Estudios sobre la Constitución española*: homenage al profesor Eduardo García de Enterría. Madrid: Civitas, 1991, v. 3.

SALLES, Carlos Alberto de. Legitimidade para agir: desenho processual da atuação do Ministério Público. In: *Ministério Público, instituição e processo*. Antônio Augusto Melo de Camardo Ferraz (coord.). 2. ed. São Paulo: Atlas, 2003.

——. O processo como intrumento de defesa social. In: *Processo civil e interesse público*. São Paulo: RT, 2003.

SOARES, Rogério Ehrhardt. *Interesse público, legalidade e mérito*. Coimbra, 1955.

STRECK, Lenio Luiz. *Ponderação de normas no novo CPC? É o caos*. In: Coluna Senso Incomum. Consultor Jurídico.

——; ROCHA, Leonel Severo (orgs.). *Constituição sistemas sociais e hermenêutica*. Porto Alegre: Livraria do Advogado, 2005.

TARTUCE, Flávio. *O novo CPC e o direito civil*: impactos, diálogos e interações. São Paulo: Método, 2015.

WUNDER HACHEM, Daniel. A dupla noção jurídica de interesse público em direito administrativo. In: *Revista de Direito Administrativo e Constitucional*, ano 11, n. 44, abr./jun., Belo Horizonte, 2011.

— 5 —

As posições do Ministério Público no novo CPC

ALÉCIO SILVEIRA NOGUEIRA[1]

Sumário: 1. O CPC de 2015; 1.1. Algo de novo sob o Sol; 1.2. O novo CPC e o Ministério Público: visão geral; 1.3. O novo CPC e o Ministério Público: modificações textuais; 2. As formas de atuação do Ministério Público no Processo Civil; 2.1. O Ministério Público como autor; 2.1.1. Abrangência e formas da atuação; 2.1.2. Poderes e deveres do Ministério Público como órgão agente; 2.2. O Ministério Público como fiscal da ordem jurídica; 2.2.1. Caracterização geral da atuação; 2.2.2. Para uma racionalização da intervenção cível; 2.2.3. Hipóteses de intervenção e criteriologia; 2.2.3.1. Interesse público; 2.2.3.2. Interesse social; 2.2.3.3. Interesse de incapaz; 2.2.3.4. Litígios coletivos pela posse da terra rural ou urbana; 2.2.4. Poderes e deveres do fiscal da ordem jurídica (e sua responsabilidade civil); 2.3. O Ministério Público resolutivo; 3. Conclusões; Referências bibliográficas.

1. O CPC de 2015

1.1. Algo de novo sob o Sol

Há um clássico guia para gestantes chamado *O Que Esperar Quando Você está Esperando*,[2] cujo título muito bem expressa as preocupações e o sentimento de antecipação que envolveu e ainda envolve a Lei nº 13.105/2015 – o novo Código de Processo Civil. Com uma *vacatio legis* de um ano (art. 1.045), muita coisa poderia acontecer à nova legislação, especialmente em termos de conflitos intertemporais, havendo grande expectativa pelo que viria pela frente e com as modificações a serem implementadas. Por exemplo, deixando-se de lado o Projeto de Lei nº 2.913/2015, reletivo à alteração do art. 1.045 a fim de ampliar a *vacatio* de um para três anos (de forma que o novo Código entraria em vigor apenas em 2018), pelo menos duas novas iniciativas legais nos forçam a um esforço exegético conciliador com a nova ordem processual: a Lei nº 13.140/15 (Lei da Mediação)[3] e a Lei nº 13.146/15 (Estatuto da Pessoa com Deficiência).[4] Isso sem falarmos das alterações diretas no texto, como a

---

[1] Promotor de Justiça no Estado do Rio Grande do Sul. Mestrado em Direito pela Pontifícia Universidade Católica do Rio Grande do Sul – UFRGS (2011).

[2] De Arlene Eisenberg, Heidi Murkofs e Sandee Hathaway, publicado originalmente em 1984 e hoje na 4ª edição.

[3] A lei entrou em vigor em 06 de janeiro de 2016 e contém normas que contrariam as constantes no CPC de 2015 sobre o mesmo assunto.

[4] Em vigor a partir de 28 de dezembro de 2015. A Lei nº 13.146/15 altera artigos do Código Civil que, pelo novo CPC, não estariam vigendo, reformulando o regime geral das incapacidades.

que fez a Lei nº 13.256, de 04 de fevereiro de 2016. Na melhor das hipóteses, já temos um Código que vem ao mundo com algumas mutilações.

Por outro lado, as motivações ideológicas que culminaram na edição de um novo Código de Processo Civil são por demais conhecidas e legítimas; elas tentam responder a alguns anseios constantes em relação à instrumentalização da justiça: a busca pela celeridade; a redução da litigiosidade teimosa, com estímulo a que as partes procurem meios conciliatórios; a exigência da coerência e fundamentação nas decisões judiciais, com força para os precedentes jurisprudenciais; a maior efetividade das decisões judiciais; a simplificação do sistema recursal; a coesão interna do Código, como um todo, dentre outras de igual ou menor envergadura.

Infelizmente, o CPC de 2015 distanciou-se de algumas metas dos anteprojetos que o antecederam na Câmara e no Senado e, não obstante as novidades relevantes que contém (lamentando-se alguns recuos políticos, como os que levaram ao veto do art. 333), em muitos pontos ele é pouco mais do que uma releitura sistematizante de institutos já existentes na ordem anterior, em especial a partir das renovações que a legislação extravagante trouxe ao CPC de 1973,[5] ao passo que em outros nos é possível identificar avanços e um tratamento melhor de temas que davam dores de cabeça aos intérpretes do CPC de 73. Também não podemos ignorar que o alinhamento da lei processual com a Constituição Federal (art. 1º),[6] a ênfase na mediação e na conciliação (o art. 3º e seus parágrafos), a menção ao prazo razoável, a explicitação dos princípios da dignidade da pessoa humana, da razoabilidade, da proporcionalidade e da eficiência (art. 8º), dentre outras inovações principiológicas ou mais específicas (a supressão, por exemplo, de incidentes atravancadores como os de impugnação ou valor da causa e ao pedido de assistência judiciária gratuita), tentaram imprimir novo ânimo ao processo civil e torná-lo menos rígido e, por conseguinte, mais célere e mais humano.

Em qualquer caso, o sucesso daquilo que a nova ordem adjetiva trouxe de bom e capaz de atender os anseios antes referidos vai depender, e muito, da modificação da mentalidade dos aplicadores do direito, principalmente no que se refere à assimilação da principiologia norteadora do CPC de 2015; consequentemente, não devemos ceder ao impulso natural (porque de regra somos naturalmente conservadores) de interpretar os novos institutos a partir de modelos antigos, o que tornaria inútil aquele pouco de inovações que resistiram à poda política que resultou no texto hoje (mais ou menos) consolidado do CPC.

---

[5] Como, por exemplo, as Leis de nºs 11.232, 11.382 e 11.419, todas de 2006, relativas, respectivamente, a alterações na fase executiva do processo e à adoção do processo eletrônico.

[6] Trata-se, porém, de disposição que pode parecer mais retórica do que propriamente inovadora, porquanto é óbvio que o CPC, como qualquer outra legislação infraconstitucional, deve observar, pelo princípio da primazia da Constituição, os preceitos e princípios constitucionais; em todo caso, não devemos considerá-la uma explicitação vazia ou desprovida de um propósito definido e importante. Como observa Cassio Scarpinella Bueno (BUENO, Cassio Scarpinella. *Novo Código de Processo Civil Anotado*. São Paulo: Saraiva, 2015, p. 41): "É certo que, em rigor, a norma é desnecessária em função, justamente, da 'força normativa da Constituição'. É, de qualquer sorte, uma iniciativa importante para fins didáticos, quiçá educacionais e que, por isso mesmo, deve ser muito bem recebida pela comunidade do direito processual como um todo. Até porque, não fosse por ele, diversos outros dispositivos distribuídos no Capítulo I do novo CPC preveem expressamente a incidência do 'modelo constitucional', notadamente dos princípios constitucionais ao longo do processo, o que deve ser compreendido como ênfase da importância da perspectiva constitucional influenciar na compreensão da interpretação e aplicação das normas de processo civil". Observação similar pode ser transposta para a interpretação dos arts. 176 e 178, que tratam do Ministério Público como *fiscal da ordem jurídica*, numa aproximação terminológica com o art. 127 da Constituição Federal. Como veremos, ela não é gratuita.

1.2. O novo CPC e o Ministério Público: visão geral

O Ministério Público é um dos atores do processo civil; logo, não poderia deixar de figurar na nova legislação nem deverá subtrair-se às mudanças principiológicas que o novo CPC estabeleceu. Como observa Miguel Bandeira Pereira:

> Possível foi constatar, já por ocasião do desenrolar do processo legislativo que culminou com a Lei nº 13.105, de 16.03.2015 (PLS nº 166/2010 – Senado – e PL 8046/2010 – Câmara dos Deputados), a preocupação do legislador com a moldura do Ministério Público materializada na Carta Constitucional de 1988 e, por via de consequência, com a adequação do novo Código de Processo Civil à destinação, às funções e às atribuições institucionais ali expressamente previstas (arts. 127 e 129 da Constituição Federal), tanto no que se refere à atuação como órgão agente, como na condição processual de órgão interveniente.[7]

Tem a instituição, consequentemente, o dever de repensar as suas atribuições à luz da celeridade, da eficiência e da coerência interna do sistema processual, harmonizando-as com o perfil desenhado na Constituição Federal, principalmente nos seus arts. 127 e 129 – e, naturalmente, pondo em prática as inovações trazidas pelo Código no que tange às suas atribuições legais.

O novo CPC reservou ao Ministério Público, dentre outros dispersos pelo Código, os arts. 176 a 181, que constam do Título V do Livro III (Dos Sujeitos do Processo); essas disposições, a par de preverem a posição do Ministério Público como autor de demandas, remodelaram em especial a sua atuação como *custos legis*, transformando o antigo *fiscal da lei* no *fiscal da ordem jurídica* e propondo um perfil mais *racionalizado* da instituição.

De outro lado, a atuação ministerial como *órgão agente* dentro da sistemática do CPC foi mantida pela nova ordem processual e valorizada na assimilação de seu perfil constitucional, máxime pela ampliação do horizonte do art. 81 do CPC de 1973, que condicionava a atuação do Ministério Público como autor "aos casos previstos em lei", já que agora, pelo art. 177, ela será efetuada "em conformidade com suas atribuições constitucionais".[8] Como diz Horival Marques de Freitas Junior sobre o tema: "É possível afirmar que o Ministério Público da Legalidade foi substituído pelo Ministério Público Constitucional, no CPC de 2015";[9] ou, se desejarmos outra formulação, o Ministério Público superou as amarras positivistas para ingressar no pós-positivismo, aderindo às

---

[7] PEREIRA, Miguel Bandeira. *Anotações aos artigos 176 a 181*. In Novo código de processo civil anotado / OAB. – Porto Alegre: OAB RS, 2015. p. 169. O PLS 166/2010 está disponível em: http://www.senado.leg.br/atividade/rotinas/materia/getDocumento.asp?t=160823. Acesso em 21 de outubro de 2015.

[8] O novo CPC, coerente com a releitura que fez das funções do Ministério Público nos arts. 176 e 177, procurou dar uma atenção especial, ainda, ao órgão como autor de demandas coletivas, como, por exemplo, no art. 139, X; é de lamentar-se, porém, o veto ao art. 333, que permitia que, a requerimento do Ministério Público e de outros legitimados, a ação individual em curso poderia transformar-se em coletiva. Situação similar, mas diversa por conta de algumas implicações institucionais problemáticas (no caso, a determinação, pelo juiz, da *obrigatoriedade* de o Ministério Público intentar ações coletivas, a ferir a independência funcional de seus membros), encontramos nos arts. 28 e 29 do Projeto de Lei 8.058/14 (que institui processo especial para o controle e intervenção em políticas públicas pelo Poder Judiciário), em especial no art. 29, que dispõe: *Art. 29. Na hipótese prevista no artigo 28, o juiz notificará o Ministério Público e outros legitimados às ações coletivas para, querendo, ajuizar o processo coletivo versando sobre a implementação ou correção da política pública, o qual observará as disposições desta lei. (...) § 3º Se nenhum dos co-legitimados aditar ou emendar a petição inicial, o juiz encaminhará os autos ao Conselho Superior do Ministério Público para que indique membro da instituição para fazê-lo.*

[9] FREITAS JUNIOR, Horival Marques. *O Ministério Público no novo CPC*. Disponível em http://cdemp.nucleoead.net/course/view.php?id=15. Acesso em 29/10/2015.

concepções modernas de neoconstitucionalismo, sendo o direito considerado não como reprodutor da realidade, mas com a capacidade de alterar a sociedade e conformar os anseios dos seus cidadãos. O convencional legalismo passa a ser substituído pela ideia de sistema constitucional baseado nos valores de justiça e de legitimidade.[10]

Last but not least, o art. 3º, § 3º, do novo CPC inclui o Ministério Público entre as instituições estimuladoras da conciliação, da mediação ou de outras formas de solução consensual do processo, não descurando de suas funções resolutivas de conflitos, estas reforçadas pelo disposto no art. 784, IV (validade do instrumento de transação referendado pelo Ministério Público, disposição, todavia, já existente no CPC anterior). Delineia-se, assim, o Ministério Público *resolutivo*.

Temos, neste ponto, novidades. É verdade que há décadas e no plano extrajudicial, o Ministério Público já vem trabalhado intensamente pela busca da solução mediada de conflitos, recorrendo à realização de audiências públicas, expedindo recomendações, elaborando termos de ajustamento de conduta ou mesmo acordos firmados na Promotoria de Justiça em questões de natureza individual[11] – enfim, alcançando a satisfação do direito material no plano extrajudicial e evitando, dessa forma, o próprio nascimento do processo. Contudo, modifica-se a ênfase, e a negociação, a mediação e a conciliação passam a ser estratégias de otimização da atividade estatal no sentido de resolução e prevenção de conflitos de natureza individual e coletiva, renovação paradigmática diretamente vinculada ao futuro da instituição.

1.3. O novo CPC e o Ministério Público: modificações textuais

Para uma interpretação adequada das novidades previstas pelo novo CPC para o Ministério Público enquanto órgão agente ou interveniente, é preciso antes de qualquer avanço identificarmos precisamente quais as alterações textuais trazidas pela nova legislação processual, as quais – como se dá em *qualquer* interpretação jurídica competente – reclamam uma avaliação sistemática entre si e com relação à matriz constitucional.

Das novidades estabelecidas pela nova ordem processual, a primeira com que nos deparamos é o rebatismo da função de *fiscal da lei* para *fiscal da ordem jurídica* (art. 178). Porém, não foi esta a única mudança: há outras de extrema relevância e que apontam o caminho institucional a ser trilhado para que o Ministério Público atenda as demandas que a Constituição Federal lhe faz, numa rara e valiosa oportunidade para que possa avaliar se a maior importância reside no *tamanho* da instituição, com acento na sua estrutura e abrangência de atuação, ou na *efetividade* de suas funções.

Vejamos inicialmente as modificações textuais do CPC de 2015 em face daquelas disposições centrais atinentes ao Ministério Público no CPC de 1973.

a) Art. 176

Art. 176. O Ministério Público atuará na defesa da ordem jurídica, do regime democrático e dos interesses e direitos sociais e individuais indisponíveis.

---

[10] MOREIRA, Jairo Cruz. *O Novo Paradigma Constitucional para Atuação do Ministério Público como órgão Interveniente*. In ALMEIDA, Gregório Assagra; SOARES JÚNIOR, Jarbas (orgs.). Teoria Geral do Ministério Público. Belo Horizonte: Editora Del Rey, 2013. p. 432/433.

[11] Como, por exemplo, na transação levada a efeito por iniciativa do Ministério Público, com suporte no art. 13 do Estatuto do Idoso, entre os filhos de determinado idoso para que estes lhe deem o amparo necessário.

Temos aqui uma "colagem" da parte final do art. 127 da Constituição Federal, deixando claro que o Ministério Público que se encontra no processo civil é aquele mesmo cujo perfil institucional está na Lei Maior. Não possui correspondente no CPC de 1973. O dispositivo aplica-se de maneira geral ao Ministério Público enquanto órgão agente e órgão interveniente.

b) Art. 177

> **Art. 177.** O Ministério Público exercerá o direito de ação em conformidade com suas atribuições constitucionais.

Também sem relação com o CPC anterior, esta norma apenas reforça a atuação do Ministério Público como autor "em conformidade com suas atribuições constitucionais", como já analisado.

c) Art. 178

> **Art. 178.** O Ministério Público será intimado para, no prazo de 30 (trinta) dias, intervir como fiscal da ordem jurídica nas hipóteses previstas em lei ou na Constituição Federal e nos processos que envolvam:
> I – interesse público ou social;
> II – interesse de incapaz;
> III – litígios coletivos pela posse de terra rural ou urbana.
> **Parágrafo único.** A participação da Fazenda Pública não configura, por si só, hipótese de intervenção do Ministério Público.

O art. 178 é, no CPC de 2015, o que era o art. 82 no CPC de 1973, isto é, o coração da atuação do Ministério Público como órgão interveniente. A primeira alteração relevante está no nome do *Parquet*, que passou de *fiscal da lei* para *fiscal da ordem jurídica*, intervindo nas hipóteses previstas em lei ou na Constituição Federal (além, claro, das hipóteses dos incisos que vêm a seguir). Ainda no *caput*, resolveu-se definir um prazo para a intervenção, que não havia no sistema anterior: trinta dias. Mas é no plano dos incisos e do parágrafo único que houve uma remodelagem da intervenção do Ministério Público no processo civil.

O inciso I fala em interesse *público* ou *social*, enquanto no art. 82, inciso III (parte final, a partir da alteração feita ao artigo pela Lei nº 9.415/96) mencionava o *interesse público evidenciado pela natureza da lide ou qualidade da parte*.

O inciso II reproduziu, com pequena alteração linguística, o inciso I do art. 82, mantendo a intervenção do Ministério Público nos processos com interesses de incapaz. O inciso III, por sua vez, corresponde à primeira parte do inciso III do art. 82 (terra rural), acrescendo também os litígios coletivos pela posse da terra urbana (em tais processos, além dessa disposição, há menção expressa à intimação do Ministério Público nos arts. 554, § 1º, e 565, § 2º).

Por sua vez, a hipótese do inciso II do art. 82 do CPC de 1973 (que determinava a intervenção nas causas concernentes ao estado da pessoa, pátrio poder, tutela, curatela, casamento, declaração de ausência e disposições de última vontade) não foi mantida na forma antes enunciada, sendo que em tais ações, conforme disposição expressa do art. 698, somente haverá a presença do *Parquet* nas que envolverem interesses de incapazes; exceção sendo a intervenção no caso de alteração de regime de bens (art. 734, § 1º) e no caso de bens de ausentes (745, § 4º).

Por fim, o parágrafo único do art. 178 veio resolver antiga celeuma, ao não mais vincular a intervenção do Ministério Público à presença da Fazenda Pública na ação (o que a expressão "qualidade da parte" do inciso III do art. 82 parecia sugerir).[12]

d) Art. 179

> **Art. 179.** Nos casos de intervenção como fiscal da ordem jurídica, o Ministério Público:
> I – terá vista dos autos depois das partes, sendo intimado de todos os atos do processo;
> II – poderá produzir provas, requerer as medidas processuais pertinentes e recorrer.

O inciso I do art. 179 reproduziu o inciso I do art. 83; mas o inciso II desse mesmo artigo, que dizia que o Ministério Público "poderá juntar documentos e certidões, produzir prova em audiência e requerer medidas ou diligências necessárias ao descobrimento da verdade", recebeu uma redação mais enxuta ("poderá produzir provas, requerer as medidas processuais pertinentes e recorrer"), além da expressa menção ao poder de recorrer, o que já estava, de qualquer modo, sedimentado na jurisprudência por meio da Súmula nº 99 do STJ e constava do art. 499, *caput* e § 2º, do CPC de 1973. Esse poder vem reiterado no art. 996 do novo Código.

e) Art. 180

> **Art. 180.** O Ministério Público gozará de prazo em dobro para manifestar-se nos autos, que terá início a partir de sua intimação pessoal, nos termos do art. 183, § 1º.
> § 1º Findo o prazo para manifestação do Ministério Público sem o oferecimento de parecer, o juiz requisitará os autos e dará andamento ao processo.
> § 2º Não se aplica o benefício da contagem em dobro quando a lei estabelecer, de forma expressa, prazo próprio para o Ministério Público.

O art. 180 condensou o disposto nos arts. 236 e 188 do CPC anterior, mantendo o prazo em dobro para manifestar-se nos autos e a intimação pessoal do membro do Ministério Público (acabou, porém, com o prazo em quádruplo para contestar, que passou a ser em dobro). Esse prazo alargado se aplica tanto ao Ministério Público autor quanto fiscal da ordem jurídica e não ocorre quando há previsão expressa para o Ministério Público (como se dá com os trinta dias do art. 178 e em outras hipóteses dispersas no CPC ou na legislação extravagante).

O artigo citado trouxe, ainda, a possibilidade de requisição dos autos no caso de o prazo escoar sem a "apresentação de parecer" pelo Ministério Público. Trata-se de disposição obviamente endereçada à instituição enquanto fiscal da ordem jurídica, pois somente aqui podemos falar de "parecer" – o que torna a redação do artigo um tanto confusa, já que o *caput* e o § 2º seriam de aplicação ao Ministério Público como órgão agente e interveniente, ao passo que o § 1º prevê situação pertinente apenas a este último.

f) Art. 181

> **Art. 181.** O membro do Ministério Público será civil e regressivamente responsável quando agir com dolo ou fraude no exercício de suas funções.

---

[12] Não sugerir, mas de fato professar a tese: como nos informa Jairo Cruz Moreira, isso foi resultado da emenda do deputado Amaral de Souza, que, baseado nas ideias do Promotor de Justiça Sérgio da Costa Franco, desejava que o Ministério Público interviesse em todas as ações em que figurasse, em qualquer de seus polos, pessoa jurídica de direito público (MOREIRA, Jairo Cruz. *O Novo Paradigma Constitucional para Atuação do Ministério Público como órgão Interveniente*. In ALMEIDA, Gregório Assagra; SOARES JÚNIOR, Jarbas (orgs.) Teoria Geral do Ministério Público. Belo Horizonte: Editora Del rey, 2013. p. 439). Essa desvinculação era mais do que necessária: mesmo que na origem do Ministério Público (nas atribuições cíves) houvesse essa relação, pelo menos desde os *Procureurs du Roi* de Felipe, o Belo (*Ordonnance* de 1.302), os entes públicos que integram o conceito de Fazenda Pública possuem em seus quadros procuradores de regra concursados, com as garantias e responsabilidades de servidores públicos identificados engajados na defesa das pessoas jurídicas de direito pública a que pertencem.

O dispositivo legal referido explicita de que a responsabilidade civil do membro do Ministério Público, quando atuar com dolo ou fraude no exercício de suas funções, é *regressiva*.

Além desses artigos do Título V, outros dois, por terem relação direta com a atuação institucional como um todo, merecem destaque:[13]

g) Art. 279

> **Art. 279.** É nulo o processo quando o membro do Ministério Público não for intimado a acompanhar o feito em que deva intervir.
> § 1º Se o processo tiver tramitado sem conhecimento do membro do Ministério Público, o juiz invalidará os atos praticados a partir do momento em que ele deveria ter sido intimado.
> § 2º A nulidade só pode ser decretada após a intimação do Ministério Público, que se manifestará sobre a existência ou a inexistência de prejuízo.

Além de adequação terminológica (pois é o *membro* do Ministério Público que deverá ser intimado), a maior novidade, aqui, é a previsão de que cabe ao Ministério Público a avaliação se houve, na falta de sua intervenção até ali no processo (quando não intimado para tanto), prejuízo capaz de levar à nulidade do feito. Concedeu (ou reconheceu) plena autonomia à instituição para essa avaliação.

h) Art. 698

> **Art. 698.** Nas ações de família, o Ministério Público somente intervirá quando houver interesse de incapaz e deverá ser ouvido previamente à homologação de acordo.

O art. 698 reforça o art. 178, explicitando que, ao contrário do que ocorria na ordem anterior (mais precisamente pelo disposto no art. 82, II, do CPC de 73), o Ministério Público somente intervirá nas ações de família quando houver interesses de incapaz, sendo ouvido previamente ao acordo eventualmente realizado nesses casos.

2. As formas de atuação do Ministério Público no Processo Civil

2.1. O Ministério Público como autor

2.1.1. Abrangência e formas da atuação

A distinção entre Ministério Público *autor* e *interveniente* é eminentemente formal (ainda que disso se extraiam, no *mundo real*, efeitos materiais): depende fundamentalmente da *posição* que o Ministério Público adotar no processo, de maneira que um tipo de atuação em tese excluiria o outro: se o órgão intervém numa ação é porque não é autor dela, e se é o autor não tem por que nela intervir[14] – até porque em ambos os casos os compromissos institucionais seriam os mesmos, como nos adverte Hugo Nigro Mazzilli:

> Como já tivemos a oportunidade de demonstrar, a suposta distinção entre a atuação do Ministério Público como *parte* e como *fiscal da lei* em verdade nada distingue, pois mesmo quando é órgão agente, o Ministério

---

[13] O art. 84 do CPC, que cominava a pena de nulidade quando a parte não promovesse a intimação do Ministério Público, não foi mantido.

[14] Pelo que já nos adiantamos em dizer que a atuação de dois membros do Ministério Público – um como *autor* e outro como *fiscal* na *mesma* ação, de forma concomitante – feriria o princípio da razoabilidade, até porque o Ministério Público é uno e indivisível.

Público zela pelo correto cumprimento da lei, e mesmo quando é interveniente, é parte, ou seja, é um dos sujeitos da relação processual.[15]

Na verdade, aponta o mesmo autor,[16] a posição do Ministério Público no processo civil é multifacetária; ela pode ser a de *autor*, de *substituto processual*, de *fiscal da ordem jurídica* e mesmo a de *réu*.[17] Para muitos, no entanto, é como *agente* que o Ministério Público atende de modo mais direto o seu contorno constitucional contemporâneo.[18]

O novo CPC, no seu art. 176, diz que: "O Ministério Público atuará na defesa da ordem jurídica, do regime democrático e dos interesses e direitos sociais e individuais indisponíveis", disposição aplicável a ambas as formas clássicas de atuação do Ministério Público (como órgão agente e interveniente); mas é o art.177 que destaca o Ministério Público como *autor* de demandas e, ao dizer que ele *exercerá o direito de ação*, deixa claro tratar-se de um poder/dever institucional. Na verdade, essa atribuição acompanha a instituição desde seu nascedouro, de forma que e a nova lei processual apenas a reforçou, alinhando-a com o mandamento constitucional. Primeiro, fá-lo expressamente no art. 177 (em conformidade com o art. 176), como que afirmando, para que não haja dúvidas, essa atribuição em permeio de toda a ordem processual, *em conformidade com suas atribuições constitucionais;*[19] depois, consigna, dentro do sistema do próprio código e de forma casuística (porém harmonizada com as diretrizes fixadas pelo próprio CPC), momentos em que o Ministério Público figura como legitimado ou colegitimado para a propositura de determinadas demandas

---

[15] MAZZILLI, Hugo Nigro. *Regime Jurídico do Ministério Público: análise do Ministério Público na Constituição, na Lei Orgânica Nacional do Ministério Público, Lei Orgânica do Ministério Público da União e na Lei Orgânica do Ministério Público paulista*. 8ª ed. p. 648. São Paulo: Saraiva, 2014. Questão análoga – mas diversa – é a que se refere à atuação do *mesmo* membro do Ministério Público como autor e fiscal em ações distintas, mas relativamente às mesmas partes. Por exemplo, havendo uma ação de improbidade movida pelo Ministério Público contra determinados agentes políticos que também são réus em ação popular é de indagar-se se, neste último caso, a atuação do Ministério Público como *custos legis* ficaria prejudicada por ser o mesmo Promotor de Justiça quem impulsiona a ação de improbidade contra as mesmas pessoas. Dito de outro modo, se a *imparcialidade* exigida do fiscal da ordem jurídica ficaria comprometida com o interesse natural que o membro do Ministério Público tem no sucesso da ação em que figura como autor (ainda que o Ministério Público como órgão *agente* em princípio também deva velar pela aplicação correta da lei e assim proteger a ordem jurídica). Parece-nos que não: em qualquer caso, o membro do Ministério Público atentará para a estrita aplicação da lei, mesmo que isso implique o reconhecimento de fatos capazes de obstar o sucesso da ação de que seja titular, assim como lhe cabe o dever de levar, onde atuar como fiscal de ordem jurídica, as provas porventura produzidas na ação de improbidade que possam interferir no julgamento da ação em que oficia como órgão interveniente.

[16] Op. cit., p. 645/646. Mazzilli menciona, ainda, as funções *atípicas* do Ministério Público, como a de *substituto processual* das vítimas pobres em ações *ex delicto* (art. 68 do CPP), autor de ações de investigação de paternidade em filhos havidos fora do casamento (Lei nº 8.560/92, art. 2º, § 4º), patrocinador do reclamante trabalhista onde não houver Justiça do trabalho (art. 477 da CLT), isso sem mencionar o (também) anacrônico art. 1.212 do CPC (obviamente não recepcionado pela Constituição Federal), que outorgava a representação judicial dos interesses patrimoniais da União (p. 344).

[17] Como, *v.g.*, numa ação rescisória movida contra sentença proferida em ação civil pública intentada pelo Ministério Público.

[18] Como para Robson Renault Godinho, que observa: "O Ministério Público também pode tutelar direitos judicialmente mesmo quando funciona como órgão interveniente (*custos legis*), mas sua atuação como parte autora inequivocamente é o meio por excelência para a tutela jurisdicional dos direitos, já que de maneira direta, por iniciativa própria, identifica uma lesão ou ameaça de lesão e, autorizado constitucionalmente, vale-se dos instrumentos possíveis para protegê-los de forma adequada". (GODINHO, Robson Renault. *Notas acerca da Capacidade Postulatória do Ministério Público. In Farias, Cristiano Chaves de; Alves, Leonardo Barreto Moreira; Rosenvald, Belson (org.). Temas Atuais do Ministério Público.p. 268, nota de rodapé nº 7).

[19] Como visto, o art. 81 do CPC de 73 previa algo similar, mas remetia a atuação do Ministério Público como autor aos "casos previstos em lei".

reguladas no mesmo código, traçando, assim, uma perspectiva externa e interna da atuação do *Parquet* como órgão *agente*.[20]

A matriz ou a fonte de toda a legitimidade para agir do Ministério Público é o art. 127 da Constituição Federal;[21] mas é a lei em sentido estrito que estabelece os casos em que o Ministério Público estará legitimado a ingressar com ações, sendo várias as hipóteses dispersas no sistema jurídico com essa previsão – sendo a ação da Lei nº 7.437/85 (Lei da Ação Civil Pública) e a ação coletiva do Código de Defesa do Consumidor (arts. 92 e ss.), de certo modo, os paradigmas da atuação quando o assunto é interesse difuso ou coletivo. Na defesa de interesses *individuais indisponíveis*, por sua vez, não existe exatamente um modelo, pois cada direito em específico remete a um rito processual próprio (como nas ações regidas pelo Estatuto da Pessoa com Deficiência, nas rescisórias, nas medidas de proteção do Estatuto das Criança e do Adolescente e do Estatuto do Idoso etc.),[22] seja nas leis esparsas, seja no interior do Código de Processo Civil.

Mas como – e a que título – o Ministério Público assume a condição de órgão agente? Primeiramente, ele não atua em proveito próprio; não tem *personalidade jurídica* para esse propósito. Logo, fá-lo em favor de outras pessoas, de terceiros. Por isso, quando o Ministério Público é *autor* de ações, ele não é uma *parte* no sentido substancial do termo, porquanto não possui interesse como titular do direito pleiteado, nem granjeia as vantagens do processo; sobre ele também não recaem os efeitos da coisa julgada.

De modo geral, o Ministério Público agirá, quando a tutela for de direitos personalizados, como *substituto processual*; quando os interesses forem não personalizados, como parte *pro populo*.[23] No primeiro caso, temos uma exceção ao princípio de que ninguém pode, em nome próprio, pleitear direito alheio (norma, no CPC de 73, contida no seu art. 6º; hoje, figura no art. 18 do novo CPC), abrigando, na verdade, uma legitimação extraordinária e uma dissociação na titularidade do direito entre os planos material e processual: o interesse, nesse caso, é particular, no sentido de pessoal, mas cuja defesa interessa a ordem jurídica como um todo atuando, nesse caso, como órgão defensor da própria ordem jurídica (assim se dá nas ações de alimentos movidas pelo Ministério Público, de interdição, de substituição de curador, de des-

---

[20] O Ministério Público figura como *autor* dentro do novo CPC nas seguintes hipóteses: art. 133, com relação ao incidente de desconsideração da personalidade jurídica; art. 616, VII, para a abertura de inventário havendo incapaz; art. 720: ações de jurisdição voluntária; art. 747, IV, para a interdição (devendo ser observadas, aqui, as alterações da Lei nº 13.146/15 para o tema); art. 756, § 1º: levantamento de curatela; art. 761: remoção de tutor ou curador; art. 765: extinção de fundações; art. 778: execução forçada; art. 951: o Ministério Público pode suscitar conflito de competência; art. 967, III: para a ação rescisória; art. 976, § 2º: para o incidente de resolução de demandas repetitivas; art. 988: para propor a reclamação. Não são, porém, previsões exaustivas; há situações, por exemplo, em que a tutela dos interesses de incapazes pode exigir o manejo, pelo Ministério Público, de ação para o qual não esteja expressamente legitimado sem que isso represente um óbice a essa atuação.

[21] GODINHO, Robson Renault. *Notas acerca da Capacidade Postulatória do Ministério Público*. In FARIAS, Cristiano Chaves de; ALVES, Leonardo Barreto Moreira; ROSENVALD, Belson (org.). Temas Atuais do Ministério Público. Salvador: Jus Podium, 2014. p. 273.

[22] Quando surgiu o *boom* das ações de medicamentos, isso há mais de uma década, o Ministério Público, em especial quando o caso era de proteção de idosos ou de criança e adolescente, à falta de um instrumento processual adequado para a tutela desses *direitos individuais indisponíveis*, acabou servindo-se da *ação civil pública*, o que, mesmo sendo acatado pelos Tribunais Superiores na maioria dos casos que chegaram àquela instância, não deixou de representar uma ligeira subversão do sistema processual, visto que esse tipo de ação possui eficácia geral e manifesto caráter coletivo.

[23] *Vide* PORTO, Sérgio Gilberto. *Sobre o Ministério Público no Processo Não-Criminal*. 2ª ed. Rio de Janeiro: AIDE Editora, 1998, p. 27.

tituição de poder familiar, nas medidas de proteção do Estatuto do Idoso[24] etc.). No segundo caso, também temos uma legitimação extraordinária do Ministério Público, mas a tutela volta-se para a sociedade de forma geral: "o Estado não tolera que a inércia dos titulares singulares deixe sem atuar a proteção legal e, por conseguinte, age como Ministério Público, no ofício de fiscalizar e estimular a incidência do ordenamento jurídico material".[25] São exemplos mais comuns dessa forma de atuação a ação de dissolução de sociedade civil, ação rescisória, de extinção de fundações, a ação de improbidade administrativa (Lei nº 8.429/92), a ação do art. 19 da Lei nº 12.846/13 (Lei Anticorrupção) etc.

De outro lado, como desdobramento da atuação *pro populo,* também encontramos o Ministério Público como parte tuteladora dos interesses supra ou transindividuais (normalmente, aqueles que propiciam o uso da ação civil pública, como a defesa do meio ambiente, do patrimônio público, artístico, estético, histórico, turístico, etc.) e parte tuteladora de ações de cunho político (ações de inconstitucionalidade de lei, intervenções nos Estados, tais como previstas no art. 129, IV, da Constituição Federal; ações de natureza eleitoral, como a impugnação de mandato eletivo, recurso contra a diplomação eletiva etc.).[26]

Por fim, nesse tópico, importa dizer que o Ministério Público pode ser, em relação às ações que pode intentar, legitimado originário, de forma privativa ou concorrente,[27] e, ainda, assumir ações propostas por terceiros (como na ação popular: art. 9º da Lei nº 4.717/65).[28]

2.1.2. Poderes e deveres do Ministério Público como órgão agente

O art. 81 do CPC de 1973 diz que: "O Ministério Público exercerá o direito de ação nos casos previstos em lei, cabendo-lhe, no processo, os *mesmos poderes e ônus que às partes.*" (grifo nosso) Só que isso nunca foi exatamente uma verdade, não, ao menos, em toda a sua extensão; tanto assim, que o art. 177 do novo CPC foi mais sucinto e consequentemente mais correto: "O Ministério Público exercerá o direito de ação em conformidade com suas atribuições constitucionais." É lógico, porque o Ministério Público *autor,* justamente por sua relevância institucional, tem algumas

---

[24] O art. 74, III, da Lei nº 10.741/03 é explícito no sentido de que o Ministério Público será substituto processual do idoso nesse caso.

[25] PORTO, Sérgio Gilberto. *Sobre o Ministério Público no Processo Não-Criminal.* 2ª ed. Rio de Janeiro: AIDE Editora, 1998, p. 27 e 28.

[26] Não é caso de elencarmos aqui, até mesmo pelas dimensões deste trabalho, *todas* as hipóteses de atuação do Ministério Público segundo cada tipo de legitimidade; para um rol praticamente exaustivo nesse sentido, *vide* PORTO, Sérgio Gilberto. *Sobre o Ministério Público no Processo Não-Criminal.* 2ª ed. Rio de Janeiro: AIDE Editora, 1998, p. 44 a 53.

[27] É impossível não constatar o gradual aumento das atribuições da Defensoria Pública, inclusive como colegitimada em ações coletivas (o acréscimo do inciso II ao art. 5º da Lei da Ação Civil Pública pela Lei nº 11.448/07 é um bom exemplo desse incremento institucional), relevância que o novo CPC reconheceu em diversos dispositivos em que a Defensoria Pública aparece ombreando o Ministério Público, como nos arts. 139, X, 185 a 187 (em que se percebe o espelhamento de suas funções em relação às do Ministério Público), 235, 270, parágrafo único, 289, 455, § 4º, IV, 554, § 1º, 565, § 2º, 977, III, etc. O natimorto art. 333 também permitia que, a requerimento da Defensoria Pública (e do Ministério Público), houvesse a conversão de ações individuais em ações coletivas.

[28] Há precedentes do STJ com relação à titularidade originária do Ministério Público para a ação popular (*vide* STEFANI, Marcos, nos comentários aos arts. 176 a 181 do novo CPC. In WAMBIER, Teresa Arruda Alvim, [*et al.*], coordenadores. *Breves Comentários ao novo Código de Processo Civil.* 2ª tiragem. São Paulo Editora Revista dos Tribunais, 2015. p. 544/560).

vantagens processuais que a parte adversa – de regra – não tem. Não são "privilégios", como a alguns possam parecer, e sim mecanismos que permitem ao órgão ministerial alcançar o fim posto pela própria lei (e pela Constituição Federal, em última análise) e que justificam a sua atuação no polo ativo de demandas. Praticamente as mesmas garantias, com a devida adaptação funcional, também se aplicam ao Ministério Público como interveniente ou fiscal da ordem jurídica.

Vejamos os exemplos mais relevantes (onde não houver distinção, a previsão se aplica igualmente ao Ministério Público como autor ou como fiscal da ordem jurídica):[29]

a) Adiantamento de custas. Primeiramente, é importante que esclareçamos um aspecto importante e que pode induzir a erro: o art. 82, § 1º (que reproduz o § 2º do art. 19 do CPC anterior), refere-se à atuação do Ministério Público como *fiscal da ordem jurídica*, quando então caberá ao *autor* adiantar as custas de atos requeridos pelo Ministério Público nessa condição (o § 1º é expresso), de maneira que, quando o órgão for *parte*, a situação está regulada pelo art. 91 e seus parágrafos. Com efeito, **o** art. 91, *caput*, prevê que as despesas dos atos requeridos pelo Ministério Público serão pagas ao final, pelo vencido; porém, o § 1º estabelece que: "As perícias requeridas pela Fazenda Pública, pelo Ministério Público ou pela Defensoria Pública poderão ser realizadas por entidade pública ou, havendo previsão orçamentária, ter os valores adiantados por aquele que requerer a prova", ao passo que o § 2º explicita que: "Não havendo previsão orçamentária no exercício financeiro para adiantamento dos honorários periciais, eles serão pagos no exercício seguinte ou ao final, pelo vencido, caso o processo se encerre antes do adiantamento a ser feito pelo ente público". Isso vem ao encontro de posições, calcadas em precedentes do STJ, no sentido de que cabe ao Ministério Público arcar com as despesas dos atos por ele pretendidos.[30] Contudo, quanto à dispensa do adiantamento de despesas na hipótese de o Ministério Público oficiar como autor de ações civis públicas ou medidas de proteção de idosos, há previsão expressa nesse sentido no art. 18 da Lei nº 7.437/85 e no art. 88 do Estatuto do Idoso, *ad exemplum*. Parece haver, assim, dois regimes: naquelas ações movidas pelo Ministério Público e reguladas pelo novo CPC (ações de natureza individual), aplica-se o disposto no art. 91; nas de cunho coletivo ou regida por leis especiais, aplica-se o regime de custas especial. Em *qualquer caso*, parece-nos descabida, em tais ações, a condenação do Ministério Público às verbas da sucumbência.

b) Multa do art. 77. Não se aplicam as penalidades dos §§ 2º a 5º do art. 77 (conforme § 6º deste mesmo artigo), isto é, a multa por ato atentatório à dignidade da

---

[29] Destacamos os poderes *diferenciados*; evidentemente, o Ministério Público, em ambas as atuações, pode exercer também aqueles comuns às partes, conforme expressa previsão da lei processual, como o de representar contra atos dos serventuários ou do juiz (arts. 233, § 2º, e 235), de fiscalizar a distribuição (art. 289) etc.

[30] *Vide* AMARAL, Guilherme Rizzo. *Comentários às Alterações do Novo CPC*. São Paulo: Editora Revista dos Tribunais, 2015. p. 145: "Neste caso, o autor somente terá de adiantar as despesas requeridas pelo Ministério Público quando a atuação deste for como fiscal da ordem jurídica. Quando o Ministério Público atuar como *parte*, deverá arcar com as despesas atinentes aos atos processuais por ele requeridos". O precedente referido é do STJ (REsp 846529/MS, rel. Min. Teori Albino Zavascki, 1ª T., j. 19.04.2007), com remissão à Súmula nº 232 do mesmo Tribunal. O art. 91, § 1º, do novo CPC parece acolher esse entendimento, embora em contrariedade, por exemplo, com o disposto no art. 18 da Lei nº 7.437/85 e no art. 88 da Lei nº 10.741/03. Com relação a esse tema, admitindo o adiantamento de custas para os pedidos feitos pelo Ministério Público, sustenta-se que esse custeio deve estar a cargo dos entes públicos a que o Ministério Público está vinculado (Estado ou União).

justiça; a previsão aqui, para o Ministério Público, é de responsabilização administrativa (correcional).

c) Prazo em dobro. O Ministério Público tem prazo em dobro para manifestar-se nos autos (inclusive para recorrer), salvo quando o prazo for próprio, isto é, específico ao Ministério Público para dado ato, ou judicial específico, como aquele para apresentar memoriais (art. 180, *caput*, e § 2°). Por outro lado, não existe mais prazo em *quádruplo* para contestar. Será em dobro também, na nossa opinião, o prazo residual do art. 218, § 3°, do CPC de 2015, que de cinco passaria a ser dez dias para o Ministério Público, pois se trata de previsão geral. A previsão interessa mais ao órgão ministerial enquanto *autor* (já que, em princípio, diante do prazo especial do art. 178, *caput*, para o fiscal da ordem jurídica, somente excepcionalmente haverá a lacuna requerida pelo artigo citado).[31] Quando tratarmos dos poderes do fiscal da ordem jurídica comentaremos os desdobramentos dessa previsão para esse tipo de atuação.

d) Intimação pessoal. A intimação do Ministério Público será sempre *pessoal* (art. 180) e será considerada da carga dos autos (art. 183, § 1°), não da aposição, no processo, da assinatura do membro do *Parquet*.

e) Vedação de carga. No caso de superação do prazo para devolução dos autos, não incide ao Ministério Público a vedação futura de sua carga (art. 234, § 5°),[32] penalidade própria para os advogados.

f) Testemunhas. O Ministério Público terá suas testemunhas intimadas por via judicial (art. 455, § 4°, IV).

g) Título executivo. O acordo referendado pelo Ministério Público tem força de título extrajudicial (art. 784, IV).

h) Depósito na rescisória. O Ministério Público está dispensado do depósito de 5% do valor da causa para a ação rescisória (art. 968, § 1°).

i) Preparo e recurso. O Ministério Público também está dispensado de preparo para recorrer (art. 1.007, § 1°).

Quanto aos deveres, penalidades e ônus, o novo CPC não excluiu o Ministério Público daqueles comuns às partes em geral (e demais operadores do processo), como: vedação de expressões ofensivas (art. 78); arcar com as despesas de atos adiados quando lhes der causa (art. 93); impedimentos e suspeições (art. 148, I); restituição dos autos no prazo assinalado (art. 234); dispensa da oitiva de testemunhas quando quem as arrolou não comparecer à audiência (art. 362, § 2°).[33] Naturalmente,

---

[31] Tal situação ocorreria num despacho em que o juiz dissesse, por exemplo: "Ao Ministério Público com brevidade", hipótese em que, como fiscal da ordem jurídica, o agente ministerial não poderia valer-se do prazo de trinta dias, devendo então guiar-se pelo disposto no art. 218, § 3°, cujo prazo (se a premência da situação fática o permitir, claro) será, na nossa opinião, em dobro, já que não se trata de prazo judicial em sentido estrito nem de prazo legal especial para o Ministério Público.

[32] Há quem pense de forma diversa: *vide* WAMBIER, Teresa Arruda Alvim... [*et al.*]. *Primeiros Comentários ao Novo Código de Processo Civil Artigo por Artigo*. São Paulo: Editora revista dos Tribunais, 2015. pp. 234/235. Segundo os autores, a norma do § 4°, isentando o Ministério Público (dentre outros órgãos e instituições ali citadas) da punição de vedação da carga dos autos, feriria o *princípio da isonomia* (princípio que, como vimos, não se aplica de forma integral ao Ministério Público quando no processo civil). A tese, entretanto, parece ir de encontro aos interesses público e social atrelados constitucionalmente às funções ministeriais no processo civil; aliás, os mesmos autores também se insurgem contra o *prazo dobrado* ao Ministério Público conferido pelo art. 188, alegando que também os advogados agem em favor do interesse público.

[33] Penalidade desproporcional e despropositada, considerando o excesso de serviço *necessário* (isto é, não eletivo) a cargo dos membros do Ministério Público e de que decorrem frequentes colisões de audiência, como se a ausência

alguns deveres, se transgredidos, podem acarretar, além da sanção processual, penalidades correcionais, consequência natural da carreira pública exercida pelo membro do Ministério Público. Merecem nossa atenção, ainda, outras duas situações seguintes em matéria de penalidades ao Ministério Público como autor ou como órgão interveniente (a hipótese do art. 180, § 1º, será analisada adiante, no item 2.2.4):

a) O art. 234 diz que "Os advogados públicos ou privados, o defensor público e o membro do Ministério Público devem restituir os autos no prazo do ato a ser praticado" e, no seu § 4º: "Se a situação envolver membro do Ministério Público, da Defensoria Pública ou da Advocacia Pública, a multa, se for o caso, será aplicada ao agente público responsável pelo ato". A previsão de multa já existia no art. 197 do CPC de 73, com a alteração, agora, de que a penalidade será aplicada ao *agente* do Ministério Público, não mais ao "órgão". Portanto, se o agente ministerial não atentar para os prazos de sua manifestação, poderá ter contra si uma *multa de meio salário mínimo* fixada pelo juiz, além de procedimento disciplinar instaurado por seus órgãos correcionais (§§ 4º e 5º do art. 234). Por óbvio, a penalidade em questão só poderá ser aplicada após a intimação de que fala o § 2º do mesmo artigo; de qualquer forma, a aplicação da multa em si constitui medida de questionável constitucionalidade, porquanto não seria possível fazê-lo sem a instauração de um procedimento disciplinar prévio (não tendo o juiz, em qualquer caso, competência para instaurá-lo). Por outro lado, não incide aqui, em que pesem posições isoladas em sentido contrário (*vide* nota de rodapé nº 32), a vedação da carga dos autos ao membro do Ministério Público, o que seria incongruente em face do interesse público ou social que justifica a atuação do *Parquet* no processo.

b) O art. 77, § 6º, isenta o Ministério Público (dentre outras instituições) da multa por ato atentatório à dignidade da justiça (incisos IV e VI do mesmo artigo), mas prevê que o juiz oficiará ao órgão de corregedoria para apuração de responsabilidade disciplinar.

Por fim, vale ressaltar que, pelo art. 181 do novo CPC, "o membro do Ministério Público será civil e regressivamente responsável quando agir com dolo ou fraude no exercício de suas funções",[34] o que se aplica tanto ao órgão agente quanto ao órgão interveniente. Trata-se de inovação em relação à redação do art. 85 do CPC de 1973, que estabelecia que "o órgão do Ministério Público será civilmente responsável quando, no exercício de suas funções, proceder com dolo ou fraude", pois aqui, numa correção linguística, é o membro do Ministério Público que será responsabilizado pelo dolo ou pela fraude (não pela culpa, mesmo que esta seja grave) e essa responsabilidade será regressiva. Como em quase tudo no Direito, porém, há duas posições com relação a essa disposição:

(i) a responsabilização do membro do Ministério Público se dará *apenas* pela via da ação regressiva, devendo o eventual prejudicado pela conduta ministerial do-

---

a tais solenidades se desse por *desídia* do agente ministerial... Ademais, nunca é demais lembrar que as testemunhas arroladas pelo *Parquet* servem não ao propósito particular da instituição, mas, em qualquer caso (como autor ou como fiscal da ordem jurídica), ao interesse público e social subjacente à demanda, e que a aplicação de uma punição dessa envergadura não trará (a não ser por eventual procedimento disciplinar ao Promotor de Justiça atuante no caso) prejuízo ao Ministério Público em si, mas ao interesse tutelado.

[34] Disposição similar existe para o juiz (art. 143, I), para a Advocacia Pública (art. 184) e para a Defensoria Pública (art. 187). Com relação ao juiz, a sua responsabilização também pode ocorrer se recusar, omitir ou retardar, sem justo motivo, providência que deva ordenar de ofício ou a requerimento da parte (inciso II do art. 143).

losa ou fraudulenta acionar o Estado (nos termos do art. 37, § 6°, da Constituição Federal), e este, em ação regressiva, buscar eventuais ressarcimentos do membro faltoso (posição, por exemplo, de Guilherme Rizzo Amaral);[35]

(ii) a responsabilização do membro do Ministério Público se dará pela via da ação regressiva quando o Estado for acionado, mas é possível que a parte prejudicada acione *diretamente* o agente do Ministério Público (posição de Teresa Arruda Alvim Wambier *et alii*).[36]

A nós, parece que o art. 181 do novo CPC nada mais fez do que acolher a orientação jurisprudencial do Supremo Tribunal Federal (RE 228977, rel. Min. Néri da Silveira, 2ª T., j. 05.03.2002);[37] ademais, quando o texto legal diz que o membro do Ministério Público "será" civil e regressivamente responsável, ele não parece estar estabelecendo uma opção ao lesado entre acionar o Estado ou diretamente o membro do *Parquet*, e sim *condicionando* a responsabilidade do agente ministerial a essa regressiva. Aliás, não fosse assim, a explicitação do art. 181 não seria necessária, não utilizando a lei, como sabemos, expressões inúteis ou supérfluas. E há uma razão prática para isso (assim como para o juiz, para a Advocacia Pública e para a Defensoria Pública): evitar que a parte descontente com a posição institucional no processo utilize a ação direta, mesmo que esta depois seja manifestamente improcedente, como forma de pressão ou retaliação pelas posições jurídicas assumidas por seus membros no processo.

2.2. O Ministério Público como fiscal da ordem jurídica

Se o novo CPC reforçou a atuação do Ministério Público como autor (como vimos) e homenageou a função resolutiva da instituição (como veremos adiante), as disposições da nova ordem processual para o *Parquet* na condição de órgão interveniente apontam para um novo perfil institucional nessa forma de atuação, num espectro de novidades que se estendem do nome do antigo *custos legis*, que de *fiscal da lei* passou a ser *fiscal da ordem jurídica* (art. 178, *caput*), à priorização da atividade coletiva do órgão e à autonomia institucional para dizer se houve ou não prejuízo na falta de intervenção (art. 279, § 2°).

Essas alterações em grande parte ecoam duas tendências verificadas nos debates de quase três décadas acerca da racionalização da intervenção do Ministério Público no cível: por uma via, o legislador abrigou, ainda que não de forma explícita, a distinção, oriunda do direito italiano a partir da doutrina de Renato Alessi, entre interesses primário e secundário, em especial ao desvincular a necessidade de atuação do fiscal da ordem jurídica quando uma das partes for a Fazenda Pública, caso típico de interesse secundário (art. 178, parágrafo único); por outra, momento do direito de família, o novo CPC absorveu todas as hipóteses de não intervenção obrigatória

---

[35] AMARAL, Guilherme Rizzo. *Comentários às Alterações do Novo CPC*. São Paulo: Editora Revista dos Tribunais, 2015. p. 277.

[36] WAMBIER, Teresa Arruda Alvim... [*et al.*]. *Primeiros Comentários ao Novo Código de Processo Civil Artigo por Artigo*. São Paulo: Editora revista dos Tribunais, 2015. p. 331. Marcos Stefani, porém, parece filiar-se a uma linha intermediária, admitindo que apenas em casos graves a responsabilidade será direta e pessoal (STEFANI, Marcos, nos comentários aos arts. 176 a 181 do novo CPC. In WAMBIER, Teresa Arruda Alvim, [et al.], coordenadores. *Breves Comentários ao novo Código de Processo Civil*. 2ª tiragem. São Paulo Editora Revista dos Tribunais, 2015. pp. 544/560).

[37] Julgado trazido por Guilherme Rizzo Amaral (op. cit., p. 277).

do Ministério Público constantes da Recomendação nº 16 do Conselho Nacional do Ministério Público.

As disposições atinentes ao Ministério Público na nova ordem processual parecem apontar, ademais, num sentido muito claro: a ênfase da atuação institucional deve orientar-se do individual para o coletivo, e não no sentido inverso. Essa vetorização busca atender o perfil da instituição delineado pelos arts. 127 e 129 da Constituição Federal e pelos arts. 176 e 177 do próprio CPC. O 139, X, do Código seria o paradigma dessa orientação (na mesma linha do natimorto art. 333, infelizmente vetado, mas sem deixar de ser uma referência ideológica nesse debate), além da previsão do art. 178, III, que trata da intervenção quando houver litígio coletivo pela posse de terras rurais e urbanas (para a caracterização do interesse social, como veremos). As constantes ressalvas do Código no sentido de que o MP deve intervir apenas nos casos do art. 178 reforçam essa impressão, bem como o disposto no art. 698 (intervenção na área de família unicamente quando houver incapazes), a desvinculação da intervenção ministerial dos interesses da Fazenda Pública do parágrafo único do art. 178 e o poder que o art. 279, § 2º, de forma inédita, conferiu ao Ministério Público de dizer o que é relevante ou não na sua atuação. O princípio da coerência constante no art. 926 não deve valer apenas para o Poder Judiciário; também a atuação do Ministério Público, à luz das novas disposições legais, deve orientar-se pela visão sistemática e coesa das normas que lhe são dirigidas pelo ordenamento jurídico.

2.2.1. Caracterização geral da atuação

Assim como a atuação do Ministério Público *agente*, também a posição do órgão como *interveniente* no processo civil busca sua legitimação na Constituição Federal, seja no perfil desenhado no seu art. 127, seja na hipótese do art. 129, IX ("exercer outras funções que lhe forem conferidas, desde que compatíveis com sua finalidade, sendo-lhe vedada a representação judicial e a consultoria jurídica de entidades públicas"). Essencialmente, o Ministério Público, enquanto fiscal da ordem jurídica, oficia no processo sem integrar seu polo ativo ou passivo, expressando sua opinião em relação tanto ao direito material que constitui o plano de fundo da ação quanto à regularidade do direito processual da lide em curso; mas não se trata de uma participação passiva: o Ministério pode produzir provas e recorrer das decisões proferidas no processo. É uma parte especial, com um regime de atuação peculiar, e a falta de sua intimação, quando se tratar de hipótese de intervenção, é causa de nulidade do processo, ainda que sanável (art. 279, § 2º, do CPC 2015).[38]

---

[38] Antes, debatia-se se a nulidade resultante da falta de intimação do Ministério Público no processo era relativa ou pública, predominando o entendimento de que, se o interesse pudesse ser personalizado, como no caso de intervenção em ação em que há incapaz, a nulidade seria relativa, devendo demonstrar-se o prejuízo na ausência do *Parquet*; mas, se a intervenção decorresse da existência de interesse público e não houvesse a intimação do Ministério Público para participar do processo, o caso seria de nulidade absoluta (posição de Cláudio Barros da Silva, em material didático gentilmente cedido para este trabalho). Pela redação do art. 279, porém, que não distingue as hipóteses de intervenção do Ministério Público, cabe ao membro da instituição dizer se há ou não prejuízo na falta de sua intimação para os atos processuais até aquele momento (no sentido de que é do Ministério Público a última palavra sobre a questão, vide WAMBIER, Tereza Arruda Alvim... [et al.]. *Primeiros Comentários ao Novo Código de Processo Civil Artigo por Artigo*. São Paulo: Revista dos Tribunais, 2015. p. 465; em sentido contrário, de que a manifestação do Ministério Público não vincula o juiz e que cabe a este dizer se há ou não prejuízo, AMARAL, Guilherme Rizzo. *Comentários às Alterações do Novo CPC*. São Paulo: Revista dos Tribunais, 2015. p. 377). Por outro lado, notemos que a nulidade, quando houver, será da *falta de intimação* do Ministério Público, e não a falta de sua manifestação: o § 1º do art. 180,

O novo CPC, no seu art. 178, como já mencionamos, alterou o *nome* do Ministério Público enquanto órgão interveniente: de *fiscal da lei* pelo regime do CPC de 73 (arts. 83, *caput*, e 499, § 2º) passou a ser *fiscal da ordem jurídica*. Como a Julieta, de Shakespeare, podemos indagar: "O que é que há num simples nome? Aquilo a que chamamos rosa, mesmo com outro nome, cheiraria igualmente bem".[39] Porém, no Direito, os nomes significam muita coisa e de regra não são arbitrários, de maneira que essa modificação nominal da função do Ministério Público é relevante e tem um propósito bem claro: harmonizar a atuação do *Parquet* com as disposições constitucionais alusivas à instituição (o que é feito, como vimos, de forma explícita nos arts. 176 e 177). Nesse sentido, *ordem jurídica* é maior do que *lei*, ao menos num plano estritamente semântico, visto que a lei é um dos elementos integrante da ordem jurídica, a qual se faz, como bem o sabemos, também – e hoje principalmente – com princípios, em especial os princípios constitucionais.

Por outro lado, como no caso da rosa do bardo inglês, a modificação do nome não altera substancialmente o que o Ministério Público vem fazendo de longa data, na medida em que a intervenção como *custos legis* já tem sido pautada não apenas pela *lei* (o que redundaria numa atuação ultrapositivista em franco declínio), mas pelo sistema jurídico como um todo, em especial pelos princípios constitucionais mais caros à ordem jurídica.[40] O sentido da alteração, contudo, é outro, para além da mera instrução ao membro do *Parquet* para que alargue seu horizonte jurídico: a nova denominação para o Ministério Público interveniente estabelece uma *direção* para essa atuação, desvinculando-a de uma postura formal e passiva, meramente legalista, alavancando-a para uma posição ativa e seletiva diante daquela fatia dos fatos e das relações jurídicas que efetivamente possuem relevância social e pública e, principalmente, associando-a ao perfil constitucional do Ministério Público desenhado pelos arts. 127 e 129 da Constituição Federal.

Dito de outro modo, não vemos na ampliação da justificativa da fiscalização pelo Ministério Público no processo civil (que passou a ser da ordem jurídica como um todo, não apenas da lei) o aumento *quantitativo* das hipóteses de intervenção, como se poderia supor, mas a concentração da atividade ministerial na *qualidade* de sua intervenção, agora reservada para os alvos constitucionalmente estabelecidos (interesses sociais e individuais indisponíveis).[41]

O Ministério Público intervirá como fiscal da ordem jurídica em uma hipótese geral – interesse público ou social, art. 178, I, do novo CPC – e em duas outras (incisos II e III) que seriam, ao nosso ver, especificações dessa primeira hipótese por presunção legal da existência de interesse público ou social: interesse de incapaz (como presunção legal de interesse público) e litígios coletivos pela posse de terra rural ou urbana (como presunção legal de interesse social). Em qualquer caso, como ressalva o parágrafo único do art. 178, "a participação da Fazenda Pública não confi-

---

ao permitir que o juiz requisite o processo quando o Ministério Público superar o prazo para parecer, fazendo-o prosseguir sem a manifestação ministerial, parece dissolver qualquer dúvida quanto à eventual nulidade em tais casos.

[39] Clássica e ubíqua, ainda que não menos pertinente, citação de Romeu e Julieta: Ato II, cena II (frase de Julieta).

[40] O princípio da dignidade da pessoa humana (art. 1º, III, da Constituição Federal; art. 8º do novo CPC) sendo o vértice do sistema.

[41] É curioso constatar que, mesmo com a diminuição *quantitativa* dos casos de intervenção do Ministério Público no processo civil pelo novo CPC, a relevância da instituição ganhou um incremento: há pelo menos 108 alusões, no CPC de 2015, ao Ministério Público (como órgão agente ou interveniente), contra cerca de 79 no CPC de 1973.

gura por si só, hipótese de intervenção do Ministério Público". Como vemos, houve, para usarmos um termo que se tornou popular, uma completa repaginação da atuação do Ministério Público como órgão interveniente em relação ao que dispunha o art. 82 do CPC de 1973.

Falando ainda de alterações sutis, mas com propósitos ideológicos definidos, notemos a inversão topológica trazida pelo novo CPC e que está longe se der gratuita: o interesse público (agora ladeado pelo social) figura no *primeiro* inciso do art. 178, como que apresentando a justificativa maior, a cláusula máxima para a atuação do fiscal da ordem jurídica, sendo o resto mero desdobramento dessa orientação, ao passo que no art. 82 da ordem anterior, após a enunciação casuística dos incisos I a III (primeira parte), o interesse público figurava como hipótese residual e atrelado à natureza da lide ou à qualidade da parte.

Atuando como fiscal da ordem jurídica, o Ministério Público, conforme o art. 179: I – terá vista dos autos depois das partes, sendo intimado de todos os atos do processo; II – poderá produzir provas, requerer as medidas processuais pertinentes e recorrer. Não há, aqui, sensível modificação em relação ao que dispunha o art. 83 do CPC de 1973, além a menção expressa à faculdade de recorrer nessa parte geral; todavia, essa sistemática lógica e econômica de atração do Ministério Público para o processo não é estritamente adotada na prática forense, quando as vistas desnecessárias abundam, normalmente sem atenção à ordem de aparecimento no processo de seus atores, não raro absorvendo a energia funcional do Ministério Público, que se vê na contingência de antecipar o despacho judicial, desempenhando a função – desviada – de condutor do processo civil.

No que tange à intervenção em si, ao seu sentido e limites, embora o órgão do Ministério Público tenha independência funcional e deva guiar-se por sua consciência em relação às questões sobre as quais opinará, a sua liberdade de opinião, segundo parte da doutrina, pode variar dependendo da *causa interveniendi*. A regra é a de que o *Parquet* fiscaliza o processo como um todo, à luz do ordenamento jurídico, sem *representar* diretamente qualquer das partes ou identificar-se com seu interesse no processo (como um procurador o faria). Assim, se o agente ministerial intervém no processo em virtude do inciso I do art. 178, por exemplo, pode opinar livremente em favor ou contra o interesse de quaisquer das partes; agora, se a sua atuação na lide decorrer dos casos dos incisos II e III, a situação modificar-se-ia. Isso porque seria questionável que o Ministério Público, quando intervém no processo por força da existência de interesse de incapaz, possa assumir posição que contrarie francamente a pretensão desse último.[42] Em tais casos, o órgão atuaria como *interveniente assistencial*, cabendo "ao membro do Ministério Público verificar se há interesse a legitimar a sua atuação e se o interesse do incapaz em litígio está sendo efetivamente defendido, haja vista a sua condição de incompleta formação psíquica".[43]

---

[42] Nesse sentido, MAZZILLI, Hugo Nigro. *Regime Jurídico do Ministério Público: análise do Ministério Público na Constituição, na Lei Orgânica Nacional do Ministério Público, Lei Orgânica do Ministério Público da União e na Lei Orgânica do Ministério Público paulista*. 8ª ed. p. 646. São Paulo: Saraiva, 2014.

[43] MOREIRA, Jairo Cruz. *O Novo Paradigma Constitucional para Atuação do Ministério Público como órgão Interveniente*. In ALMEIDA, Gregório Assagra; SOARES JÚNIOR, Jarbas (orgs.) Teoria Geral do Ministério Público. Belo Horizonte: Editora Del Rey, 2013. p. 444/445. O autor defende que o Ministério Público, quando atua nas causas em que há interesse de incapaz, se compromete com a proteção dos direitos e garantias decorrentes do princípio da dignidade da pessoa humana.

Todavia, discordamos parcialmente desse entendimento: não é o Ministério Público, em tais casos, o *procurador* ou *defensor* do incapaz, e sim o fiscal da correta aplicação, a seu caso, do ordenamento jurídico. Claro, há uma vinculação primordial do *Parquet* à defesa dos interesses do incapaz, nem que seja para propiciar-lhe todos os meios de garantir seus direitos (por exemplo, pesquisando testemunhas em seu favor); mas isso não impede o Ministério Público de zelar pela defesa da ordem jurídica, cuja proteção é função constitucional da instituição.[44]

No que concerne à hipótese do art. 178, III (litígios coletivos pela posse de terra rural ou urbana), da mesma forma, há quem entenda que a situação envolve uma ação coletiva passiva, na qual o Ministério Público atuaria como *representante adequado* em relação aos direitos individuais homogêneos envolvidos nesse tipo de ação, garantindo-lhes o devido processo legal, o que vincularia o *Parquet* à sorte dos demandados em tais lides,[45] mas tal posição não nos parece a mais fiel à previsão legal (voltaremos ao tema).

2.2.2. Para uma racionalização da intervenção cível

Para a compreensão do significado das alterações do novo CPC relativamente ao Ministério Público em suas diversas formas de atuação, mas em especial no que concerne à figura do fiscal da ordem jurídica, é imprescindível que entendamos o contexto jurídico e social em que hoje a instituição se encontra: suas conquistas e seus desafios; seus questionamentos internos e suas escolhas. Suas projeções para o futuro.

A Constituição, no seu art. 127, *caput*, diz que: "O Ministério Público é instituição permanente, essencial à função jurisdicional do Estado, incumbindo-lhe a defesa da ordem jurídica, do regime democrático e dos interesses sociais e individuais indisponíveis". Como vemos, a matriz constitucional criou um campo extenso de atribuições, a emprestar ao Ministério Público brasileiro um perfil muito peculiar, especialmente a partir desse marco normativo, quando se lhe ampliou de modo substancial o horizonte institucional.

Esse espectro funcional constitui uma conquista histórica, não há dúvida; confirmando a relevância institucional do Ministério Público, diversos diplomas legais e microssistemas jurídicos lhe outorgaram poderes (e deveres) na proteção de certas minorias sociais, como pessoas portadoras de deficiência (Lei nº 7.853, de 1989, com as alterações da Lei nº 13.146, de 2015), crianças e adolescentes (Estatuto da Criança e do Adolescente, de 1990), consumidores (Código de Defesa do Consumidor, também de 1990), idosos (Estatuto do Idoso, de 2003) etc.; bem como no combate à corrupção (Lei de Improbidade Administrativa, de 1992; Lei Anticorrupção, de 2013), na defesa do meio ambiente (a já referida e pioneira Lei nº 6.938/81) – enfim, um gama invejável de atribuições, ainda que em algumas delas atuando como colegiti-

---

[44] Nesse sentido, *vide* novamente MOREIRA, Jairo Cruz. *O Novo Paradigma Constitucional para Atuação do Ministério Público como órgão Interveniente.* In ALMEIDA, Gregório Assagra; SOARES JÚNIOR, Jarbas (orgs.) *Teoria Geral do Ministério Público.* Belo Horizonte: Editora Del Rey, 2013. p. 444/445)

[45] *Vide* COSTA, Susana Henriques da; FRANCISCO, João Eberhardt. *Uma Hipótese de Defendant Class Action no CPC: o Papel do Ministério Público na Efetivação do Contraditório Nas Demandas Possessórias Propostas em Face de Pessoas Desconhecidas.* In: DIDIER JR., Fredie; COSTA, Susana Henriques da; GODINHO, Robson Renault (org.). Ministério Público. Coleção Repercussões do novo CPC. v. 6. Salvador: JusPodivm, 2015. p. 289-308.

mado para a ação. E falamos aqui exclusivamente da atuação de natureza *extrapenal* trazida por essas e outras leis similares: além do manejo de ações e procedimentos de natureza cível e administrativa decorrentes de tais disposições legais, de forma paralela temos o incremento dos aspectos *criminais* associados a esses temas, que por si só ampliou de maneira considerável o nicho já tradicional do Ministério Público, que é o da persecução penal.

Como em tudo na vida, porém, essa onda de alargamento institucional trouxe consigo aspectos positivos e negativos. Os positivos são mais ou menos óbvios: o prestígio e a importância do Ministério Público junto à sociedade, a entrega de certos direitos e interesses a um órgão independente e atuante, a desnecessidade de se criarem instituições novas, *ad hoc*, para a proteção pontual desse ou daquele estamento social. Os aspectos negativos, *à son tour*, podem não ser tão evidentes, mas possuem relevância interna e externa.

Externamente, deparamo-nos com a dicotomia entre a limitação dos recursos e a progressão geométrica das demandas. Ora, bem sabemos que os recursos humanos e financeiros são limitados, para não dizermos escassos, mormente numa sociedade complexa em que parte significativa do orçamento deve ser repartida entre seus poderes e instituições e ainda sob a constante ameaça das penas da Lei de Responsabilidade Fiscal, e que as demandas sociais (aqui em sentido amplo) são infinitas por sua própria natureza: os direitos situados além da primeira geração (ou, como preferem alguns, dimensão), eminentemente de natureza prestacional, de regra nunca são plenamente satisfeitos, mesmo que levemos em conta unicamente a satisfação do *mínimo existencial* da cada um deles.[46] Como no paradoxo da corrida entre Aquiles e a tartaruga, quando se alcança um dado padrão de bem-estar, outro mais elevado pode ser facilmente concebido. Esse conflito entre o que pode e o que deveria ser feito pelo Ministério Público em face das diversas demandas que lhe chegam é uma inegável fonte de desgaste, na medida em que o Promotor de Justiça frequentemente se vê entre a opção de fazer o máximo possível, mas nem tão bem assim, ou selecionar sua atuação a fim de imprimir-lhe mais qualidade e efetividade e correr o risco de punições administrativas.

Internamente, a consequência da ampliação de atribuições do Ministério Público ao longo das últimas três décadas foi certa clivagem institucional. Até meados dos anos oitenta,[47] a atuação do Ministério Público se cingia a dois universos bastante distintos: o penal e o cível. Na esfera penal, o Ministério Público era – e ainda é – o *dominus litis*, o senhor da ação, seu *autor*, a que se acresce o incremento de seu poder investigatório; no âmbito cível, por sua vez, ao Ministério Público se conferiu desde cedo[48] a condição de um dos atores do processo civil, funcionando tanto como órgão

---

[46] Pegamos emprestada, por sua precisão, a definição de SUSANA HENRIQUES DA COSTA, *in A Imediata Judicialização dos Direitos Fundamentais e o Mínimo Existencial: Relação Direito e Processo*, "Mínimo existencial é o conteúdo mínimo dos direitos sociais, constitucionalmente garantido, que permite justiciabilidade imediata." (disponível em: http://cdemp.nucleoead.net/pluginfile.php/1918/mod_resource/content/1/Susana_Henriques-A_imediata_judicializa%C3%83%C2%A7%C3%83%C2%A3o%20%281%29.pdf):."

[47] Para tanto, podemos considerar como marco inicial desse movimento de ampliação do Ministério Público não a Constituição Federal de 1988, mas a Lei nº 6.938/81, alusiva à política nacional do meio ambiente, seguida da Lei da Ação Civil Pública, de 1985.

[48] A atuação "cível" do Ministério Público pode ser considerada tanto ou mesmo mais antiga do que a penal; como já observamos em obra de nossa lavra (NOGUEIRA, Alécio Silveira. *Para um cível possível: reflexões sobre a atuação do Ministério Público como custos legis*. In MARIN, Jéferson Dytz (org.). Jurisdição e processo: reformas proces-

agente quanto *fiscal da lei*, recebendo notável incremento nessa última atuação com o CPC de 1973[49] e a partir da legislação esparsa, que também passou a requisitar a intervenção ministerial naquelas causas reputadas importantes pelo legislador.

Com a Constituição Federal de 1988 e uma legislação infraconstitucional harmonizada com a importância que a nova ordem constitucional concedeu ao Ministério Público, um vasto campo a explorar se descortinou: o do manejo de ações de porte coletivo (notadamente a ação civil pública, possibilidade já existente desde a Lei nº 6.938/81) e de instrumentos extrajudiciais destinados a darem suporte a tais ações (o inquérito civil); com isso, o Promotor de Justiça passou a ter, junto com a sua atribuição penal e de *custos legis* (e eventualmente a de autor em defesa de incapazes), uma nova gama de tarefas, estas de natureza investigatória em sentido amplo, concentradas num meio administrativo extremamente útil e flexível – o dito inquérito civil –, capaz de adequar-se a temas dos mais diversos, desde a área ambiental e da infância e juventude à proteção de direitos constitucionais e reunião de elementos probatórios para a configuração de atos de improbidade administrativa. O resultado dessa "nova" atribuição foi o inevitável questionamento do alcance da intervenção cível, como *custos legis*.

Quem bem sintetiza esse momento histórico são Leonardo Barreto Moreira Alves e Márcio Soares Berclaz:

> Tema institucional bastante atual e polêmico consiste na "racionalização" da intervenção cível do Ministério Público. De um lado, existe a posição conservadora dos que defendem que a intervenção ministerial como fiscal da lei deve ser máxima, abrangendo todas as matérias possíveis, sob argumento de que tal medida teria fortalecido o Parquet como instituição, permitido sua equiparação com o Poder Judiciário em venci-

---

suais, ordinarização e racionalismo. Curitiba: Juruá, 2009. p. 79 a 99.): "Não se pode desconhecer que o argumento histórico, em matérias jurídicas, é um dos mais frágeis, pois a formatação de um dado instituto ou de uma dada instituição decorre do direito positivo, em vigor; entretanto, também dificilmente se poderá negar o óbvio: o Promotor com atribuições cíveis – seja como agente, seja como fiscal do Estado – está na origem histórica do Ministério Público. Figuras como os *magiaí*, do antigo Egito; os éforos de Esparta; os *advocati fisci* e *defensor civitatis* em Roma; os *procureus du roi* na França medieval; ou os *conservatori delle leggi di Firenze* desempenhavam tais tarefas, mescladas às de natureza criminal. Nossas fontes lusitanas, por sua vez, já traziam nas Ordenações Afonsinas um equivalente institucional no "Procurador dos Nossos Feitos", por cujo "bom avisamento os nossos Desembargadores som bem enformados" – figura desdobrada nas Ordenações Filipinas de 1603 em "Procurador dos Feitos da Coroa", "Procurador dos Feitos da Fazenda", Promotor de Justiça da Casa de Supplicação", dentre outros cargos similares. Todas essas atribuições continham inegavelmente uma carga explícita de atribuições cíveis e de fiscalização da lei". Porém, como ancestral mais direto do Ministério Público cível de hoje está a Ordonnance de Felipe, o Belo, de 25 de março de 1302, que criou a figura do *Procureur du Roi*, acolhida pela Revolução Francesa, nas Constituições de 1791 e de 1793. Essa associação entre o Ministério Público e os interesses do Estado acabou marcando o início da instituição e até bem pouco tempo encontramos disposições como a do art. 126 da Constituição de 1946, segundo o qual cabia ao Ministério Público a defesa dos interesses da União, e a do art. 1.212 do CPC de 1973, já mencionada, que dizia: "A cobrança da dívida ativa da União incumbe aos seus procuradores e, quando a ação for proposta em foro diferente do Distrito Federal ou das Capitais dos Estados ou Territórios, também aos membros do Ministério Público Estadual e dos Territórios, dentro dos limites territoriais fixados pela organização judiciária local."

[49] O CPC de 1939 já previa, ainda que sem uma sistematização quanto à matéria, a obrigatoriedade da intervenção do Ministério Público nos processos com incapazes (art. 80, § 2º), na remissão de hipotecas legais (art. 404), usucapião (art. 455, § 3º), nos processos de registro torrens (art. 460, § 2º), nos registros de testamento (art. 526), na extinção de usufruto e de fideicomisso (art. 552), na arrecadação de bens de defunto (art. 553), nas alterações de registro civil (art. 595), na curatela e remoção de curadores (arts. 600 e ss.), na emancipação, na outorga de consentimento (arts. 625 e ss.), na venda de bens dotais (art. 639), no desquite por mútuo consentimento (art. 643, § 1º). Na fiscalização de fundações (arts. 652 e ss.), na posse em nome de nascituro (art. 739), nas habilitações de casamento (arts. 742 e ss.), nas arribadas forçadas (art. 775, parágrafo único). Mas a função geral (ou, ao menos, a denominação) de *fiscal da lei* é bem anterior, no Brasil: vem da época do império, por obra do Aviso de 16 de janeiro de 1838 (*vide* RODRIGUES, João Gaspar. *Institucionalização do Ministério Público*. Disponível em http://jus.com.br/artigos/268/institucionalizacao-do-ministerio-publico). Esse tipo de atribuição ganhou força em 1973 e agora, em 2015, foi revalorizada para que possa se adequar ao seu perfil constitucional.

mentos e prerrogativas, sendo importante não apenas para "forjar jurisprudência" como também para suposto atendimento de atribuição constitucional de "defesa da ordem jurídica" genericamente considerada.

De outro, posição de vanguarda e progressista, parte do pressuposto de que a medida da racionalização da intervenção ministerial no cível é medida necessária que se impõe a partir da vocação constitucional do Ministério Público, quer porque o perfil constante na Carta Pública atribui à instituição atuação prioritariamente voltada à defesa dos múltiplos interesses coletivos da sociedade, protagonista da instituição enquanto parte, quer porque demandas mais caras e relevantes da sociedade estão a exigir eleição de prioridades e concentração de foco ministerial em áreas capazes de provocar transformação da realidade social ainda subaproveitadas, notadamente no campo das atribuições extrajudiciais (patrimônio publico, saúde, meio ambiente, infância e juventude, controle externo da atividade policial, combate ao crime organizado etc.)[50]

Naturalmente, esse contexto gerou pressões internas no sentido de uma *racionalização* da atuação cível, que se viu face a face com a necessidade de redefinir prioridades. Não se trata, porém, de um processo fácil, e a instituição padece, nesse trajeto rumo à racionalização de sua atividade, um pouco do complexo judaico, que se caracteriza, como sabemos, pela constante indagação de suas origens e de sua própria identidade. Nesse autoquestionamento, como é normal, despontam posições avançadas (algumas açodadas) e resistências ferrenhas (algumas obstinadas), e o Ministério Público oscila entre a opção pela *seletividade* de atuação e o fantasma da perda de espaço ou de "territórios" jurídicos – ou, para alguns, a abdicação de conquistas históricas, numa verdadeira *capitis deminutio* institucional.[51]

Todavia, vem ganhado expressão no Ministério Público a posição pela qual, postulada a limitação de recursos *versus* infinitude de demandas, se faz necessário o abandono de zonas de atuação que não mais se identificam com aquele interesse público primordial e que, no balanço entre vantagens e desvantagens, resultam em desperdício de tempo, trabalho (de todos, servidores e membros) e foco institucional, tudo isso vindo em prejuízo não apenas do Ministério Público como instituição, mas – e principalmente – da própria sociedade. Cuida-se de garantir, por outro viés, a sobrevivência institucional: quando o Ministério Público, por excesso de atribuições, não mais conseguir dar atenção aos principais anseios sociais (combate corrupção, por exemplo), o seu espaço inexoravelmente será tomado por outras instituições mais seletivas em relação ao escopo de sua atuação.

Em âmbito nacional, uma das primeiras tentativas sistemáticas de enfrentamento da questão teve início em 2001, no seio do Conselho Nacional de Procuradores-Gerais dos Ministérios Públicos dos Estados e da União (com participação

---

[50] ALVES, Leonardo Barreto Moreira; BERCLAZ, Márcio Soares. *Ministério Público em Ação: atuação prática jurisdicional e extrajurisdicional*. 4ª ed. Salvador: Jus Podium, 2014. p. 156.

[51] Um terreno em que essa disputa ideológica se mostra bastante intensa é o que envolve a assistência do Ministério Público nas rescisões de contrato de trabalho, conforme a previsão anacrônica e, ao nosso ver, não recepcionada pela Constituição Federal de 1988, do § 3º do art. 477 da CLT (acrescida pela Lei nº 5.584, de 26.6.1970). De fato, cuida-se de disposição ultrapassada, que atribui aos Ministérios Públicos estaduais uma delegação não mais justificada de matéria trabalhista (e se há algum Ministério Público com atribuições para a questão, trata-se unicamente do Ministério Público do Trabalho), impertinente na atual estruturação do órgão no plano nacional; ademais, embora os direitos trabalhistas sejam *direitos sociais*, não vemos aqui, salvo a existência de relativamente incapaz (cujos interesses trabalhistas ainda assim, como observado, não estariam sob a égide do Ministério Público estadual), nenhum direito *indisponível* a ser tutelado por exemplo do art. 127 da Lei Maior (não mais do que as ações acidentárias, por exemplo, que não contam com a participação do Ministério Público há tempo). A manutenção dessa atribuição põe o Promotor de Justiça numa situação embaraçosa, na medida em que a matéria é absolutamente alheia ao restante de suas áreas de atuação (no que feriria o disposto no art. 129, IX, da CF) e que, caso efetivamente orientasse o trabalhador quanto a seus direitos, estaria exercendo função de consultoria jurídica, em franca contradição com o papel constitucional atual do Ministério Público.

posterior do Conselho Nacional dos Corregedores do Ministério Público dos estados e da União), resultando, em 2003, na elaboração da Carta de Ipojuca, o embrião da redução racional das hipóteses de intervenção no processo civil. Numa análise sintética, podemos dizer que a Carta de Ipojuca propôs a cessação da intervenção do Ministério Público nas ações, mesmo de direito de família, com interesses meramente patrimoniais (inclusive naquelas em que se fazia presente a Fazenda Pública) e nas quais a presença do *custos legis* não fazia mais sentido porque meramente figurativa.

A ideia tomou corpo, e o debate foi aceso; na esteira dessa discussão, alguns Ministérios Públicos estaduais e mesmo o Ministério Público Federal, compreendendo a encruzilhada institucional que o momento impunha, iniciaram processos internos de avaliação de prioridades e projeções a longo prazo.[52] De outro lado, a questão chegou ao Conselho Nacional do Ministério Público, que a enfrentou no Processo nº 0.00.000.000935/2007-71,[53] em que foi relator o então Conselheiro Cláudio Barros Silva, ex-Procurador-Geral de Justiça do Ministério Público do Rio Grande do Sul. O citado voto resultou na edição, pelo Conselho Nacional do Ministério Público, da Recomendação nº 16, de 28 de abril de 2010,[54] e a iniciativa originou uma série de orientações e recomendações pontuais nos Ministérios Públicos estaduais no sentido da reverberação, no âmbito interno, das hipóteses de declinação de intervenção.[55] Por fim, é digno de nota que *todas* as hipóteses da referida Recomendação relativas ao âmbito do CPC foram acolhidas pelo novo diploma processual (notadamente os incisos I, III, IV, V, VI, VII, VIII, IX, X, XI, XVII, XIX; os demais incisos se referem à legislação extravagante).

O CPC de 2015 fez eco a essa tentativa de renovação institucional? Como expusemos acima, acreditamos que sim, e por três razões fundamentais: **(i)** o alinhamento

---

[52] Foi o caso, por exemplo, da elaboração da Gestão Estratégica do Ministério Público (GEMP), no Estado do Rio Grande do Sul, processo de autodefinição de prioridades iniciado em 2007 com projeções para 2022, cujo Mapa Estratégico prevê, dentre seus itens de otimização e efetividade da atuação ministerial, a racionalização da atuação como *custos legis* (*vide* https://www.mprs.mp.br/areas/principal/images/mapa_gemp.jpg). A posição política do Ministério Público sempre é muito frágil e sujeita a reveses legislativos; não sendo formalmente um *poder*, mas incomodando substancialmente a classe política com sua atuação na área criminal e da improbidade administrativa, ou então ferindo suscetibilidades de outras instituições, o Ministério Público pode ter – e tem – o elenco de suas atribuições constantemente questionado. A famigerada PEC 37, que pretendeu retirar da instituição o poder investigatório criminal, é um bom exemplo dessas ameaças permanentes; sua queda, porém, quando a aprovação da emenda estava praticamente certa no Congresso Nacional, se deveu fundamentalmente ao apreço que a sociedade possui pelo Ministério Público, pela *efetividade*, ainda que longe do ideal, que a instituição alcança no combate à corrupção. Com o crescimento exponencial das tarefas e a manutenção de outras talvez não tão identificadas com o novo papel que a Constituição Federal concedeu ao Ministério Público, este corre o sério risco, como já advertido neste trabalho, de perder sua importância social por tentar fazer de tudo um pouco – e mal. Por isso o estabelecimento de *prioridades* (o que deve vir acompanhado do poder de *discrição* na seletividade da atuação) constitui um passo imprescindível não apenas na formatação do Ministério Público do futuro, mas da própria sobrevivência da instituição tal qual a conhecemos hoje – e de resto na garantia dos valores primordiais da ordem jurídica.

[53] Disponível em http://www.cnmp.gov.br/portal/. Acesso em 20 de outubro de 2015.

[54] Alterada pela Resolução nº 19, de 18 de maio de 2011. Dentre elas está a citada assistência nas rescisões de contrato de trabalho; entretanto, houve recuo do CNMP em relação a essa matéria: a Recomendação nº 22, de 17 de setembro de 2013, revogou o inciso XXI da Recomendação nº 16 sob o argumento bastante discutível (para fins de intervenção do Ministério Público) de que o trabalhador "necessita de proteção especial, por ser a parte vulnerável na relação de trabalho". Parece haver aqui, infelizmente, uma ideologização indesejada da atuação ministerial.

[55] No Rio Grande do Sul, as conclusões desse julgamento, com algumas alterações e o aval da Corregedoria-Geral do Ministério Público, ocorreu *via* Recomendação nº 01/2010-PGJ, de maio de 2010 (hoje sob análise e possível revisão pela Comissão de Estudos sobre o Novo Código de Processo Civil, instituída pela Portaria nº 3.196, de 14 de agosto de 2015). Em Santa Catarina, desde 2004 já havia orientação interna no mesmo sentido. Outros Estados com iniciativas similares são Minas Gerais, São Paulo, Rio de Janeiro, Alagoas etc.

com a matriz constitucional, com a adoção da mesma principiologia e do perfil do Ministério Público contido nos arts. 129 e 127 da Constituição Federal; **(ii)** a sensível redução das hipóteses de intervenção, seja no Direito de Família (onde não houver incapazes), seja com a desvinculação dos interesses da Fazenda Pública da atuação ministerial; e **(iii)** na ênfase depositada no interesse público ou social que rege a atividade fiscalizatória da ordem jurídica, de viés coletivista (conforme os modelos atuacionais dos arts. 178, III, e 139, X).

Porém, a busca de critérios razoáveis e efetivos na atuação como fiscal da ordem jurídica tem por fundamento não a negação da função interveniente, mas a sua *valorização*, na medida em que a impede de esvaziar-se em esforços inúteis ou, no mínimo, dissociados da relevância jurídica e social da instituição a que pertence. Por outro lado, como deixou bem claro o novo CPC, o Ministério Público também é, no concurso com as demais funções que a Constituição Federal e a legislação especial lhe conferem, órgão interveniente, *fiscal da ordem jurídica*, para nos atermos aos termos legais estabelecidos pelo novo CPC; a sociedade, ao editar a nova ordem processual por seus representantes políticos, assim o estabeleceu, e o trabalho que há pela frente é interpretar a legislação processual à luz do texto constitucional, sistematizando a função de fiscal da ordem jurídica num corpo coeso. Como dissemos alhures:

> Ao mesmo tempo em que a crítica absoluta à atuação de *custos legis* não seria sustentável (ao meu ver) como proposta institucional, há a necessidade de reordenação dessa intervenção, que se encontra distribuída de forma casuística na lei e, mais do que na própria lei, na interpretação institucional dos casos de intervenção (intervenção no aspecto material). Acreditamos na possibilidade de purificar e de racionalizar tais hipóteses a partir de interpretação sistemática da lei, dos princípios do Direito e da razão de ser do Ministério Público. Essa sistematização da atuação do Promotor-Fiscal é algo que pode e deve provir da própria instituição do Ministério Público, pois ninguém mais diz se o caso é ou não de intervenção; esse é um poder institucional que não pode ser minimizado ou ignorado e deve mostrar-se um instrumento eficaz na edificação de uma postura lógica no que concerne ao tema em debate.[56]

Racionalizar a intervenção no cível não significa, portanto, aboli-la, e sim otimizá-la, torná-la efetiva, harmonizando-a com o princípio constitucional da eficiência, hoje também um princípio explícito do processo civil (art. 8º do novo CPC). Racionalização que não pode, em contrapartida, converter-se em escusa para a omissão e a indolência funcionais; a opção pela intervenção ou a pela não intervenção deve ser responsável. E isso porque essa função, se feita de maneira criteriosa e qualificada (isto é, quando *pertinente,* necessária e *essencial* à função judicial), atende plenamente o interesse social e público que lhe é inerente. É nesse espírito que devemos ver as modificações, relativamente ao Ministério Público, trazidas pela Lei nº 13.105/2015; é a ocasião esperada de aproveitar o redimensionamento que a lei deu ao fiscal da ordem jurídica para justamente colocá-lo à altura de seu compromisso constitucionalmente estabelecido com a sociedade brasileira.

2.2.3. Hipóteses de intervenção e criteriologia

2.2.3.1. Interesse público

O cerne da discussão em torno das hipóteses de intervenção do Ministério Público como fiscal da ordem jurídica está na identificação do que seja propriamente

---

[56] NOGUEIRA, Alécio Silveira. *Para um cível possível: reflexões sobre a atuação do Ministério Público como custos legis*. In MARIN, Jéferson Dytz (org.). Jurisdição e processo: reformas processuais, ordinarização e racionalismo. Curitiba: Juruá, 2009. p. 79 a 99.

interesse público e interesse social, pois, fora dos casos expressamente previstos na lei (e talvez mesmo nestas hipóteses), sempre será preciso avaliar se a relação jurídica material ou processual envolve esse tipo de interesse.

Não é preciso dizer – todos o sabemos – que "interesse público" ou "interesse social" são expressões abertas, semioticamente falando, que não encontram uma definição precisa na lei ou mesmo no seu uso cotidiano. Tateando, podemos até chegar a algumas aproximações por exclusão: interesse público é aquele que não é privado e interesse social é aquele que não á particular; todavia, mesmo essas colocações apriorísticas não satisfazem, porquanto há interesses privados e particulares que o ordenamento jurídico considera pública e socialmente relevantes.

O art. 178, I, desviou-se um pouco da simetria terminológica que o art. 176 estabeleceu com a Constituição Federal; isso porque o art. 127 incumbiu o Ministério Público na defesa dos *interesses sociais* e *individuais indisponíveis* (orientação reproduzida, com nuances, pelo art. 176), e agora o inciso em questão fala de *interesse público* ou *social*. Se fizermos a relação termo a termo, deveremos concluir que o interesse público corresponderia aos *direitos individuais indisponíveis* dos arts. 127 da Constituição Federal e 176 do mesmo Código. Entretanto, essa identificação não parece fazer justiça à amplitude que a expressão "interesse público" ganha na legislação em geral (presumindo-se uma certa coerência interna da ordem jurídica na escolha de sua terminologia), pois há situações em que a lei fala em "interesse público" sem querer referir-se a nenhum direito individual indisponível (como, dentre tantos exemplos, o art. 93, IX, da CF, que alude ao *interesse público à informação*), embora a ideia de *indisponibilidade do direito* não deva ser de pronto descartada (ela constitui de qualquer modo uma nota distintiva).

Nessa busca de sentido ao texto legal, em especial do significado interesse público e social, muitas vezes, é o caso concreto que vai revelar-se como de interesse público ou social; mas alguma criteriologia mais geral pode ser buscada para evitar o casuísmo completo e a arbitrariedade.

Uma abordagem da questão à luz da atuação do Ministério Público imprescinde da distinção feita por Renato Alessi entre interesse primário e secundário (em seu clássico *Sistema Istituzionale del Diritto Amministrativo Italiano*), sendo aquele o *verdadeiro* interesse público a legitimar a intervenção do Ministério Público, porque vinculados ao *bem comum*, ao passo que este se identifica com os interesses da administração pública. O interesse primário, assim, numa primeira tentativa de aproximação, poderia ser associado aos *direitos sociais*:

> Pelo que foi dito, o interesse público primário é o interesse social, pois está legitimado na sociedade. A expressão *interesse social* é, assim, de maior abrangência e denota de forma mais legítima a essência do interesse tutelado. Daí o uso do termo na Constituição Federal, a despeito do art. 82, III, do Código de Processo Civil, no qual ainda se verifica a terminologia *interesse público*.[57]

---

[57] MOREIRA, Jairo Cruz. *O Novo Paradigma Constitucional para Atuação do Ministério Público como órgão Interveniente*. In ALMEIDA, Gregório Assagra; SOARES JÚNIOR, Jarbas (orgs.) Teoria Geral do Ministério Público. Belo Horizonte: Editora Del rey, 2013. pp. 452/453. Mais adiante, contudo, o mesmo autor refere o interesse público como gênero do qual fariam parte os interesses sociais e individuais indisponíveis. No sentido de que o interesse social coincide com o interesse primário apontado por Alessi, *vide* MAZZILLI, Hugo Nigro. *A Defesa dos Interesses Difusos em Juízo: meio ambiente, consumidor e outros interesses difusos e coletivos*. 8ª ed. São Paulo: Saraiva, 1996. p. 5.

O problema desse argumento, válido para o art. 82 do CPC anterior, é que agora o art. 178, I, fala em *interesse público* ou *interesse social*, estabelecendo uma distinção entre ambos e desautorizando – ao menos formalmente e na lei brasileira – a identidade proposta pelo citado autor e que vinha sendo tranquila na doutrina.

Seria o interesse público que buscamos, então, identificável com o remanescente interesse secundário das lições de Alessi? A hipótese pode ser tentadora, já que ficamos com certo vácuo conceitual; mas não vemos como "rebaixar" o interesse público do art. 178, I, primeira parte, do novo CPC (que continua sendo de qualquer modo "primário" ou qualificado) para associá-lo ao interesse secundário na sua formulação tradicional. Ademais, a previsão do parágrafo único do art. 178 do CPC de 2015, de que a "A participação da Fazenda Pública não configura, por si só, hipótese de intervenção do Ministério Público", definitivamente descartaria essa linha argumentativa, porquanto ao Ministério Público não cabe "zelar pelo interesse público secundário, assim considerado aquele interesse meramente econômico das pessoas jurídicas de direito público".[58] E é natural que assim seja: como já tivemos a oportunidade de comentar, o Ministério Público, mesmo tendo em suas origens a atribuição de representação dos interesses do erário (lembremos dos *Procureurs Du Roi* e, mais recentemente, do art. 1.212 do CPC de 73),[59] não pode mais assumir esse papel; os entes públicos em todos os níveis já possuem quadro de procuradores concursados ou advogados públicos, capazes de bem atender os interesses das pessoas jurídicas de direito público a que se vinculam e em face das quais possuem responsabilidades bem definidas.[60]

Porém, malgrado essa dificuldade de encontrar-se um sentido unívoco para o interesse público que nos interessa, algumas balizas foram ensaiadas no sentido de estabelecer uma criteriologia capaz de identificá-lo como razão suficiente para a intervenção do Ministério Público no processo. Abordaremos as mais usuais.

a) Indisponibilidade do direito

A razão de ser do Ministério Público como *fical de ordem jurídica* estaria no zelo pelo devido cumprimento de normas de ordem pública:

> O fundamento de toda a atuação do Ministério Público no mundo jurídico reside na necessidade da fiel observância das leis de ordem pública ou como preferimos nós, a defesa dos interesses indisponíveis em juízo (...) O que legitima a atuação tutelatória do parquet é a indisponibilidade de direitos que resulta da existência de leis de ordem publica.[61]

---

[58] STEFANI, Marcos, nos comentários aos arts. 176 a 181 do novo CPC. In WAMBIER, Teresa Arruda Alvim, [et al.], coordenadores. Breves Comentários ao novo Código de Processo Civil. 2ª tiragem. São Paulo Editora Revista dos Tribunais, 2015. p. 544/560)

[59] Ver comentário na nota de rodapé nº 11.

[60] Obviamente, a presença de um ente estatal num dos polos da lide não significa que o Ministério Público não *deva* intervir no processo; mas, para isso, é preciso que haja a configuração ou de um interesse público (primário ou qualificado) ou um interesse social na causa em questão, de forma que o fiscal da ordem jurídica não estará na ação *por causa* do interesse secundário, mas porque, de qualquer modo, incide uma das hipóteses do art. 178, I, do novo CPC. As ações individuais de medicamentos, como adiante comentaremos, constituem um bom exemplo do conjunto de fatores que evidenciam tanto o interesse público (na obtenção de tratamentos não autorizados ou dispendiosos às custas do Estado) quanto social (pelo direito à saúde e à dignidade pessoal), a atraírem a intervenção do Ministério Público, que não o faz apenas pela presença do ente público no polo passivo. Dito de outro modo, e invocando a navalha de Ockham (*pluralitas non est ponenda sine necessitate*), não utilizemos instâncias conceituais desnecessárias: o interesse público dito secundário não é em *nenhuma* hipótese suficiente para determinar a intervenção do Ministério Público como fiscal da ordem jurídica, pois, se ele está sozinho, não nos basta; se está acompanhado por algo que represente interesse primário ou social, é por este *algo* que se impõe a presença do *Parquet* no processo.

[61] SILVA, Cláudio Barros. *O Ministério Público no Processo Civil*. Material gentilmente fornecido ao autor.

A indisponibilidade dos direitos figura, assim, como um traço distintivo relevante para a aferição do *interesse público*, indisponibilidade que não tem por matriz a natureza *pública* ou *privada* do direito em questão, "mas tão somente a sua essencialidade social, que é tida por existente toda vez que uma regra ou norma jurídica for considerada de ordem pública".[62] Os direitos indisponíveis, por sua vez, podem dispensar um titular definido ou estarem vinculados a um titular identificável, isto é, ser um direito *individual* indisponível, com o que obtemos uma aproximação bastante satisfatória com o art. 127 da Constituição Federal. Para Cláudio Barros Silva, ainda, é a intensidade da indisponibilidade do direito – ou seja, se este é mais ou menos essencial ao Estado – que vai definir a legitimação do Ministério Público: se será *ad causam*, isto é, para as ações de que pode ser autor, ou, no caso de interesses indisponíveis menos intensos, se se trata de legitimação interventiva.

Pensamos, entretanto, que a *indisponibilidade* do direito constante da relação material (ou processual, dependendo do caso), em que pese constituir um bom referencial a nos indicar o caminho certo, pode não ser *suficiente* (ou seja, pode constituir um *critério fraco*) para determinar a intervenção do Ministério Público em determinada ação.[63] Alhures, tecemos as seguintes considerações sobre o tema:

> A indisponibilidade do direito não traz consigo, apenas pela indisponibilidade, o interesse público necessário à atração do custos legis para a ação. Obviamente, alguns direitos indisponíveis teriam consigo a presunção da existência desse interesse público qualificado, como no caso dos direitos dos incapazes; mas outros, não. Um exemplo clássico em relação ao nosso tema, já pacificado pela Súmula 189 do Superior Tribunal de Justiça, é o da execução fiscal: sendo o tributo indisponível por sua natureza cogente, nem por isso existiria o interesse público suficiente aqui (nesse sentido o emprego da expressão já cunhada na doutrina de "interesse público qualificado") para atrair a atuação do Ministério Público; outra situação é o do prazo da prescrição, aspecto não sujeito às deliberações das partes (art. 192 do Novo Código Civil), mas que não enseja, apenas porque tal questão é alegada num dado processo, o chamado ao Ministério Público para intervir naquele feito. (...) Há de ter-se, portanto, a indisponibilidade do direito como critério apenas quando ela vier associada ao interesse suficiente para a intervenção, pois do contrário teríamos que admitir que toda e qualquer norma de natureza indisponível (como, v.g., as que tratam da sucessão de leis no tempo ou, mesmo qualquer aplicação da lei ao caso concreto) atraísse a intervenção do fiscal da lei, o que não procede. Numa enunciação simples, poder-se-ia dizer que a única indisponibilidade do direito que interessaria ao Ministério Público é aquela que se faz acompanhar de interesse público qualificado; daí, como já dito, constituir um critério fraco.[64]

Por outro lado, há situações em que o direito individual é *disponível*, mas, por estarmos diante de um *interesse social*, existe a obrigatoriedade da intervenção do Ministério Público no processo em que ele está sendo debatido. Tomemos o art. 178, III: ainda que tenhamos aqui uma demanda coletiva passiva, qualquer dos demandados pode simplesmente abrir mão de seus direitos, renunciando, por exemplo, à posse até então exercida, sem que haja qualquer oposição possível do Ministério Público a esse ato de disponibilidade. Uma proposta conceitual conciliadora seria a seguinte:

---

[62] SILVA, Cláudio Barros. op. cit.

[63] Vejam-se as ações com interesses de incapaz (art. 178, II): a *causa interveniendi* aqui não parece dar-se apenas pela indisponibilidade do direito resultante da incapacidade do interessado na lide, mas também pelo interesse geral da sociedade no controle do que acontece com aqueles que não estão ainda formados em sua autonomia individual (ou que nunca chegarão a essa formação, como no caso dos que padecem de limitações psíquicas permanentes) e pelo fato de que o Ministério Público, justamente pela existência desse interesse geral, é colegitimado como *autor* de ações referentes a tais pessoas.

[64] NOGUEIRA, Alécio Silveira. *Para um cível possível: reflexões sobre a atuação do Ministério Público como custos legis*. In MARIN, Jéferson Dytz (org.). Jurisdição e processo: reformas processuais, ordinarização e racionalismo. Curitiba: Juruá, 2009. p. 79 a 99.

se o direito for *indisponível*, há boas chances de estarmos no terreno do interesse público (embora, para nós, haja a necessidade de "algo mais" para essa qualificação); se o direito foi *disponível*, então só poderemos falar da intervenção obrigatória do Ministério Público[65] se estivermos diante de *interesses sociais*, com o que justificamos a díade do *caput* do art. 178, I, do novo CPC.

Ou seja, a disponibilidade de um direito parece constituir uma prova suficiente de que não estamos em face de um interesse público (seria um critério forte de exclusão, portanto), ainda que possamos ter em mãos, conforme o caso, um *interesse social* formado por uma plêiade de direitos disponíveis, se isoladamente considerados. Mas resta a dúvida se *somente* a indisponibilidade do direito serviria para apontar a presença de um interesse público primário ou, se o desejarmos, qualificado. Pelo conjunto das disposições do novo CPC com relação à presença do Ministério Público no processo como fiscal da ordem jurídica, não temos essa garantia,[66] de modo que somos forçados a buscar, na gama de direitos indisponíveis, categorias internas diferenciadas capazes de justificar a intervenção do Ministério Público como fiscal da ordem jurídica.

b) Dignidade da pessoa humana

Uma via alternativa para a identificação do interesse público determinante para a intervenção do Ministério Público no processo civil pode ser a sugerida por David Cury Jr., que propõe como pedra de toque o princípio da *dignidade da pessoa humana* (art. 1º, III, da Constituição Federal e também princípio informativo do novo CPC, no seu atr. 8º).[67] Para o autor, a elevação da dignidade humana como valor fundamental do Estado serve de paradigma para interpretar as normas infraconstitucionais, resultando desse realinhamento hermenêutico a noção de interesse público para fins de avaliação da pertinência do Ministério Público no processo civil, de forma que:

---

[65] O debate em relação a direitos disponíveis de amplitude social não se dá apenas no plano da intervenção do *fiscal da ordem jurídica*: na verdade, a arena em que a discussão é mais acirrada é aquele da legitimação *ad causam* do Ministério Público para a defesa de direitos individuais homogêneos mediante o uso das ações coletivas do Código de Defesa do Consumidor e do Estatuto do Idoso (art. 74, I, da Lei nº 10.741/03), havendo muitos julgados que não reconhecem essa legitimação justamente pela disponibilidade dos direitos de cada consumidor considerados de forma isolada.

[66] O parágrafo único do art. 951 do CPC de 2015, que prevê a intervenção do Ministério Público nos conflitos de competência *apenas* nas hipóteses do art. 178, parece confirmar essa linha de raciocínio (o parágrafo único do art. 116 do CPC de 73 dizia que o Ministério Público seria ouvido em *todos* os conflitos de competência): sendo a competência, quando absoluta, direito processual indisponível (até porque remete ao princípio constitucional do juiz natural), a ressalva de que *Parquet* somente intervirá em alguns casos (isto é no universo dos incisos do art. 178) faz presumir situações de direito indisponível sem interesse público suficiente para a intervenção do fiscal da ordem jurídica. E não vale aqui a objeção de que o conflito de competência estaria sempre subentendido como de interesse público por força do art. 178, I, pois nesse caso a ressalva seria sem sentido e o argumento se aproximaria, por sua forma circular, a uma *petitio principii*. De outra banda, regendo-se a administração pública pelo princípio da legalidade estrita, não é difícil concluirmos que grande parte dos atos administrativos que chegam a juízo são *vinculados* (*et pour cause* indisponíveis), mas ao mesmo tempo são de interesse secundário (isto é, adstritos à administração pública e de natureza patrimonial, como nos questionamentos de multas de trânsito); sustentar a necessidade de intervenção do Ministério Público em tais casos, unicamente pela indisponibilidade dos direitos, tornaria difícil a aplicação prática do parágrafo único do art. 178 do novo CPC (que dissocia os interesses da Fazenda Pública do interesse público necessário para a atração do *Parquet* ao processo) e, de resto, a implementação da racionalização da intervenção do Ministério Público preconizada neste trabalho.

[67] CURY Jr. David. *O Ministério Público e a Intervenção na Área Cível a partir do Princípio Constitucional da Dignidade da Pessoa Humana*. In SABELLA, Walter Paulo; DAL POZZO, Antônio Araldo Ferraz; BURLE FILHO, José Emmanuel. Ministério Público: vinte e cinco anos de novo perfil constitucional. São Paulo: Malheiros Editores, 2013. p. 636 a 651.

Determinadas medidas não são em favor de um cidadão, pois os direitos de personalidade e os direitos sociais nelas reconhecidos possuem abrangência bem maior, porquanto sua defesa, em muitas oportunidades, transcende o interesse puramente individual quando presente direito indisponível, a indicar um benefício para a sociedade como um todo, como no caso da tutela à saúde, da educação, da infância, da velhice, das pessoas com deficiência e de outros direitos fundamentais da pessoa.[68]

A proposta possui vantagens e desvantagens. Primeiro, sendo o princípio da dignidade da pessoa humana um dos valores fundamentais do sistema constitucional brasileiro, não há como negar que todo o mundo jurídico infraconstitucional deve ter em vista esse vetor interpretativo; depois, a identificação de que está em jogo interesse capaz de revelar uma faceta da dignidade humana pode servir como justificativa suficiente para a intervenção do Ministério Público em casos que não se enquadrariam *prima facie* nas hipóteses do art. 178 do novo CPC, como determinadas demandas envolvendo idosos, pessoas portadoras de deficiência, um consumidor hipossuficiente.

Por outro lado, como critério para verificar a *obrigatoriedade* da intervenção do Ministério Público no processo, talvez tenhamos aqui algo tão vago como a própria noção de interesse público, e definir (isto é, acrescentar traços distintivos a um conceito) a partir de outro de extensão semântica e abstração *no mínimo* de mesmo grau pode não ser uma boa solução lógica. Isso porque o princípio da dignidade da pessoa humana é um significante aberto, capaz de tolerar qualquer linha interpretativa, no que já chamamos de "deriva hermética",[69] assumindo significados variáveis segundo a formação idiossincrática do intérprete jurídico.

Por exemplo, a relação jurídica entre um particular (não idoso) que teve sua luz cortada pela concessionária de energia elétrica pode, à luz desse princípio, fundamentar a obrigatoriedade da intervenção do Ministério Público em ação que de outro modo seria considerada como contendo direito de natureza individual disponível, na medida em que a ausência de energia elétrica numa residência pode representar a ofensa à dignidade humana de um núcleo familiar. Portanto, a utilização de um critério tão maleável em termos de atribuição de significado pode não nos auxiliar muito na adoção de uma diretriz mais ou menos concreta na definição do interesse público do art. 178, I, do CPC de 2015.

c) Simetria com a atuação de órgão agente

Este critério, que consiste no reconhecimento do interesse público (e também social) para intervenção do Ministério Público em determinado processo quando há legitimação *ad causam* do mesmo órgão para a mesma ou equivalente ação, é interessante porque parece resolver grande parte de nossas dúvidas práticas quanto à existência da uma *causa interveniendi* em curso. Como observa Jairo Cruz Moreira:

> Sobreleva apontar, entretanto, que outra regra prática e muito útil deve ser leva em conta para fins de identificação do interesse público com base na natureza da lide, qual seja, se determinado interesse social é passível de proteção, como deve ser, pelo Ministério Público na condição de agente, também ensejará atuação institucional como órgão interveniente.[70]

---

[68] CURY Jr. David. op. cit.. p. 650 e 651.

[69] Analisamos esse aspecto do princípio da dignidade da pessoa humana como fundamento para o afastamento de disposição textual do art. 226, § 3º, da Constituição Federal no julgamento da ADIn nº 4.227 em nosso *Direito e Linguagem: o processo interpretativo jurídico sob uma perspectiva semiótica* (NOGUEIRA, Alécio Silveira. Curitiba: Juruá, 2013. p. 43, nota nº 30, e 240 e ss.).

[70] MOREIRA, Jairo Cruz. *O Novo Paradigma Constitucional para Atuação do Ministério Público como órgão Interveniente*. In ALMEIDA, Gregório Assagra; SOARES JÚNIOR, Jarbas (orgs.) Teoria Geral do Ministério Público. Belo Horizonte: Editora Del Rey, 2013. p. 454/455.

O pressuposto lógico para isso é que o ordenamento jurídico tenha adotado uma linha uniforme e coesa com relação ao interesse público que justifica a atuação do Ministério Público, seja como órgão agente, seja como órgão interveniente, entendo que onde um está, ali também deva estar o outro. De fato, não faria muito sentido que uma situação com interesse público ou social possibilite a atuação do *Parquet* como interveniente sem lhe dar também a possibilidade de resolver a questão pela forma direta, como autor de demandas a ela vinculadas.

Peguemos a situação do idoso à luz da Lei nº 10.741/03: o art. 75 determina a intervenção do Ministério Público nos processos e procedimentos de que não for parte, e uma leitura apressada do dispositivo poderia levar à conclusão equivocada de que o *Parquet* deverá intervir em qualquer processo em que há um idoso, mesmo quando o interesse for disponível; entretanto, parece não haver dúvidas de que a atuação do fiscal da ordem jurídica somente ocorrerá quando o ancião estiver numa das situações de risco do art. 43 do mesmo Estatuto do Idoso, isto é, naqueles casos em que o Ministério Público está legitimado, pela mesma lei, a funcionar como órgão agente, seja em ação individual, seja em ação coletiva.[71]

O critério parece funcionar bem também com ações em que há interesse de incapaz, porquanto as mesmas situações que propiciam a intervenção do *Parquet* como fiscal da lei autorizam que ele promova a ação em que, não sendo autor, ela deve intervir por força do art. 178, II, do novo CPC;[72] aliás, essa interligação entre a legitimação para agir e a legitimação para intervir permeia todo o novo CPC, com previsão da intervenção do Ministério Público como fiscal da ordem jurídica quando não for autor.[73]

De outra banda, um dos desdobramentos do critério da simetria na verificação da existência de *causa interveniendi* está na aferição do interesse recursal para o caso. Se o Ministério Público tem esse interesse, estamos diante de uma lide com interesse público ou social suficiente para provocar a manifestação do fiscal da ordem jurídica e provavelmente há legitimação *ad causam* em favor do *Parquet*; não havendo esse interesse, em princípio pode não haver uma hipótese clara de intervenção do *custos iuris* (com a ressalva já feita de eventuais direitos individuais disponíveis em demandas coletivas em que figure o Ministério Público, como no caso do inciso III do art. 178).

Dois aspectos, porém, merecem maior atenção.

Primeiro, questão é saber se o critério funciona nas duas mãos. Sabemos que se o Ministério Público está legitimado para atuar como autor em uma determinada espécie de ação, ele deverá, se esta demanda for proposta por um colegitimado, intervir como fiscal da ordem jurídica, o que parece funcionar bem tanto para ações coletivas (ações civis públicas, ações do Código do Consumidor ou mesmo ações populares, com a ressalva de que sua legitimação é subsidiária) quanto para as de natureza in-

---

[71] Não é equivocado vislumbrar no veto ao art. 4º da Lei nº 11.101/05 (Lei de Falências) a adoção do critério aqui defendido (mesmo que implicitamente); sem o art. 4º (que previa a intervenção do *Parquet* como *custos legis*), percebemos que em grande parte das menções ao Ministério Público que remanescem naquela Lei tratam o órgão ministerial como *agente*.

[72] Assim se dá, *verbi gratia*, quanto aos casos de curatela (art. 747, IV; 756, § 1º), investigação de paternidade (art. 2º, § 4º, da Lei nº 8.560/92), inventário (art. 616, VII, do CPC de 2015), alimentos (art. 201, III, do Estatuto da Criança e do Adolescente) etc.

[73] *Vide* arts. 133; 951, parágrafo único; 967, parágrafo único; 976, § 2º; e 991.

dividual (curatela, inventário com menores etc.). Agora, a dúvida é se haverá casos em que, não sendo legitimado para a ação (ou seja, aquele pedido não poderia ser veiculado pelo Ministério Público em ação por ele proposta), ainda assim existiria interesse público para atrair a sua atuação como fiscal da ordem jurídica.

Uma situação no CPC parece apontar para essa possibilidade: trata-se do art. 734, § 1º, quando o Ministério Público será intimado na hipótese de pedido de alteração de regime de bens, medida que, por óbvio, não pode ser intentada pelo *Parquet* como autor, por falecer-lhe qualquer legitimidade para tanto. Veja-se que de certo modo o próprio CPC de 2015 estabeleceu uma exceção à regra do art. 698, que diz que nas ações de família o Ministério Público somente intervirá quando houver interesse de incapaz.[74] O interesse público prevalente aqui parece ser o da segurança jurídica vinculada à estabilidade do regime de bens do matrimônio.[75] Trata-se, porém, de uma incongruência excepcional e de regra explicitada na lei (não se descartando o questionamento eventual da própria previsão legal à luz da Constituição Federal).

Em segundo lugar, novamente se põe a problemática dos direitos individuais disponíveis homogêneos. Pelo critério em estudo, temos que, sendo o Ministério Público parte legítima para a ação coletiva, também o seria para intervir como fiscal da ordem jurídica nas plúrimas ações *individuais* em que este direito estivesse *sub iudice*. Embora essa conclusão seja irretocável do ponto de vista lógico, a intenção do novo CPC parece a de concentrar a atuação do Ministério Público *custos iuris* nas ações coletivas; esse entendimento, como já dissemos, parece emergir de forma clara do disposto no art. 139, X, do Código (e também do reiteradamente referido – e vetado – art. 333)[76] e se harmoniza com a ideia de concentração da atuação do Ministério Público no plano coletivo. O problema aqui suscitado vai apresentar-se com maior frequência no plano dos interesses sociais.

Uma possível crítica adicional ao critério da simetria está em que ele põe a atuação do Ministério Público como fiscal a serviço de sua atuação como agente, tratando de forma idêntica legitimações diversas; porém, se levarmos em conta o perfil do Ministério Público estabelecido pelos arts. 127 e 129 da Lei Maior, que depositaram grande ênfase no órgão como autor de demandas, essa crítica não apenas perde força como parece converter-se numa razão adicional para a adoção do critério.

---

[74] O art. 948, determinando a oitiva do Ministério Público no incidente de arguição de *inconstitucionalidade* (em controle difuso), seria outra hipótese, nesse sentido, do mesmo Código.

[75] Uma situação externa, isto é, contida na legislação especial, em que o Ministério Público possui o dever de intervenção, mas que de regra não lhe permite o manuseio, como autor, da ação em que essa intervenção ocorre é a previsão do art. 12 (dentre outros) da Lei nº 12.016/09 (lei do mandado de segurança). Saliente-se, porém, que o art. 32, I, da Lei nº 8.625/93 (Lei orgânica Nacional do Ministério Público) prevê a possibilidade de o Promotor de Justiça impetrar mandado de segurança nos tribunais (*vide*, quanto a essa possibilidade, STEFANI, Marcos, nos comentários aos arts. 176 a 181 do novo CPC. In WAMBIER, Teresa Arruda Alvim, [et al.], coordenadores. Breves Comentários ao novo Código de Processo Civil. 2ª tiragem. São Paulo Editora Revista dos Tribunais, 2015. p. 544/560). Por outro lado, a intervenção obrigatória do Ministério Público no mandado de segurança é fonte constante de debates (tendo sido origem do PCA nº 0.00.000.000818/2009-79, vinculado ao Processo CNMP 0.00.000.000935/2007-71, já mencionado nestas notas), muitos entendendo que essa intervenção deve ser racionalizada, e não automática, com verificação no caso concreto da existência de interesse público a sustentar a atuação do Ministério Público como fiscal da ordem jurídica, mormente nos casos em que a ilegalidade discutida é de tal monta a gerar ações pelo Ministério Público, como as de improbidade administrativa. Comungamos desse entendimento, e o raciocínio logicamente vale para outras situações similares, em que a lei prevê a intervenção do Ministério Público como fiscal da ordem jurídica como parte do rito sem levar em conta que nem sempre haverá interesse público subjacente na causa para tanto.

[76] As razões do veto, no entanto, não se vinculam à problemática aqui tratada, pelo que não podem ser invocadas para desautorizar a melhor hermenêutica do art. 139, X, do mesmo CPC.

Portanto, a simetria, embora não cubra todas as situações de pertinência do Ministério Público como fiscal da ordem jurídica, é, dos critérios avaliados, aquele que ao nosso ver se mostra de maior utilidade na aferição de casos de interesse público nos termos do art. 178, I, do novo CPC. Notemos, porém, que esse critério não *diz* o que *é* o interesse público, não o define, mas apenas identifica na ordem jurídica aqueles sinais que o legislador ideal (ou a coesão interna do sistema) nos deu de que ele existe em dadas situações a ponto de determinar a atuação do Ministério Público em ambas as suas formas. Não podendo saber se o gato de Schrödinger está vivo ou morto, contentamo-nos em saber que ele está na caixa.

d) Interesse geral em análise casuística

As dificuldades na aferição da existência ou não de interesse público, pela própria natureza da investigação, tendem a perdurar, e outros critérios podem ser concebidos para auxílio nessa tarefa (a presente análise por certo não tem pretensões de esgotar o tema), além, claro, da estabilização da jurisprudência em torno de determinadas situações, como o que sucedeu com a intervenção do Ministério Público nas execuções fiscais e a consequente edição da Súmula nº 189 do STJ.

Tais agruras conceituais não são, porém, exclusivas na busca de uma definição de interesse público; elas são ubíquas no Direito e, de resto, em todas as ciências humanas quando se trata de termos abstratos. A ideia de justiça e princípios gerais do direito, por exemplo, sofrem desse mal (ou desse bem, pois isso os torna maleáveis). Portanto, parece não haver muita escolha senão adotarmos o critério da generalidade: o interesse público (primário ou qualificado) como sendo aquilo que, não constituindo interesse social (que é um pouco mais específico), afeta o interesse geral da sociedade ou, se o desejarmos, da própria ordem jurídica de que o Ministério Público é fiscal, porque as repercussões de uma determinada lide possuem implicações maiores do que os interesses das partes nela inseridas. Assim ocorre, exemplificativamente, com um pedido de autorização judicial de cremação fora das hipóteses legais, uma ação indenizatória contra um partido político que promoveu uma loteria fictícia, com as ações individuais de medicamentos, com uma ação de vizinhança envolvendo danos ambientais etc. O interesse público será, assim, impossível de definir-se *a priori* e dependerá da avaliação do caso concreto pelo membro do Ministério Público, seja no sentido de sua existência, seja no de que não está presente para motivar, nos termos do art. 178, I, do novo CPC, a sua atuação como fiscal da ordem jurídica.

Em qualquer caso, entendemos que cabe ao Ministério Público, não ao juiz, ao advogado, à parte ou a qualquer outro atuante do processo, dizer se a hipótese é ou não de interesse público ou social. A matéria não é tranquila, mas o art. 279, § 2º, do novo CPC parece resolvê-la em favor do Ministério Público: este dispositivo determina que a nulidade no caso de falta de intimação do órgão ministerial somente será decretada *após a oitiva deste* (subentendendo-se, apesar de posição em contrário já referidas, que essa análise é privativa do *Parquet*).[77] Lembremos ainda, que, pelo disposto no art. 180, § 1º (o juiz requisitará os autos ao Ministério Público quando

---

[77] Parece-nos claro que a *ratio* da norma se aplica não apenas aos casos em que há hipótese de intervenção e o Ministério Público não atuara no feito até ali (e, portanto, se manifestará pela existência ou ausência de prejuízo em relação aos atos pretéritos do processo), como também naquelas situações em que a causa não encerra interesse público ou social suficiente para justificar a presença do fiscal da ordem jurídica (caso, portanto, de declinação da intervenção).

este não os devolver no prazo assinalado para sua manifestação), basta a intimação do Ministério Público para evitar a nulidade; assim, se o juiz entender que há interesse público em dado processo, bastará que intime o agente do Ministério Público (com o que previnirá qualquer nulidade), não podendo, por óbvio, ir além disso e determinar a sua manifestação nos autos.[78]

2.2.3.2. Interesse social

O interesse social evidenciado no processo também é, pelo art. 178, I, segunda parte, causa de intervenção obrigatória do Ministério Público. Estamos, aqui, diante de problemática similar à enfrentada no tópico anterior, em especial pela abertura semântica da expressão: o que, afinal, é interesse social? Ele corresponderia aos direitos difusos, coletivos e individuais homogêneos ou cada ação individual envolvendo algum dos direitos previsto no art. 6º da Constituição Federal implica a existência de um interesse social – ou, ainda, se esse interesse precisa estar veiculado por intermédio de demandas como à que o art. 178, III, alude, isto é, de porte coletivo?[79]

Diferentemente do interesse público, que figura no art.178, I, do CPC (e no art. 82, III, do CPC de 1973), o interesse social tem sede no art. 127 da Constituição Federal, incumbindo ao Ministério Público a sua defesa. Naturalmente, estamos falando de interesses supraindividuais, e a legitimação *ad causam* do Ministério Público, nesse caso, estará vinculada de alguma forma aos direitos difusos, coletivos ou (malgrado a discussão nos tribunais superiores) individuais homogêneos. Pelo princípio da simetria, e levando em conta o caso que o próprio CPC de 2015 estabelece de interesse social (precisamente o inciso III do art. 178), o interesse social que provoca a intervenção do Ministério Público também deveria ser aquele de cunho material e formalmente coletivo. Veja-se que o art. 139, X, do novo CPC diz que o juiz deverá, "quando se deparar com diversas demandas individuais repetitivas, oficiar o Ministério Público, a Defensoria Pública e, na medida do possível, outros legitimados a que se referem o art. 5º da Lei nº 7.347, de 24 de julho de 1985, e o art. 82 da Lei nº 8.078, de 11 de setembro de 1990, para, se for o caso, promover a propositura da ação coletiva respectiva". O artigo não diz que o Ministério Público *intervirá* em tais ações individuais como fiscal da ordem jurídica (aliás, a necessidade de o juiz oficiar ao órgão ministerial justamente conduz à conclusão contrária). Os arts. 554 e

---

[78] Uma solução aventada ainda na vigência da ordem processual anterior era a de que o magistrado que discordasse da posição do Ministério Público no sentido da ausência de interesse público para oficiar num dado processo deveria remeter os autos ao Procurador-Geral de Justiça, numa aplicação analógica do art. 28 do CPP. Pela sistemática do novo CPC, essa medida parece absolutamente desnecessária; quando muito, o juiz poderá provocar – não nos autos, pois não se trata de incidente do processo – a Corregedoria-Geral do Ministério Público para eventuais medidas correcionais, se se convencer de que há desídia na atuação do membro do Ministério Público que obstinadamente se recursa a intervir em processos de evidente interesse público ou social. De outro lado, se o membro do Ministério Público entender que há *causa interveniendi* num processo, mas o juiz não acolher essa iniciativa, o caminho é o manejo do agravo de instrumento.

[79] Esse debate entre interesse público e social, em termos estritamente linguísticos, pode parecer bizantino, já que ambos os léxicos possuem origem etimológica na ideia de um interesse multidinário, plural: *público* vem de *populus* (ou na forma adjetivada de *populicus*), ao passo que *social* advém de *socius*, termo vinculado à ideia de associação e, por extensão, à toda sociedade (*vida* HOUAISS, Antônio; VILLAR, Mauro de Salles. *Dicionário Houaiss da Língua Portuguesa*. Rio de Janeiro. Objetiva, 2001). Ainda assim, afigura-se-nos que a ideia de *público* seja mais ampla e genérica do que a de *social*, em especial para o assunto que ora abordamos (por delimitação da própria Constituição Federal, no seu art. 6º).

565 do CPC, que atraem o Ministério Público para os litígios coletivos possessórios, confirmam essa linha de raciocínio.

Por outro lado, o vetado art. 333 previa a conversão de ação individual em coletiva desde que ela tivesse "alcance coletivo, em razão da tutela de bem jurídico difuso ou coletivo, assim entendidos aqueles definidos pelo art. 81, parágrafo único, incisos I e II, da Lei no 8.078, de 11 de setembro de 1990 (Código de Defesa do Consumidor), e cuja ofensa afete, a um só tempo, as esferas jurídicas do indivíduo e da coletividade" e também tivesse "por objetivo a solução de conflito de interesse relativo a uma mesma relação jurídica plurilateral, cuja solução, por sua natureza ou por disposição de lei, deva ser necessariamente uniforme, assegurando-se tratamento isonômico para todos os membros do grupo". Em tais casos, caberia ao Ministério Público ou à Defensoria Pública (dentre outros colegitimados) o pedido de conversão da ação individual em coletiva, presumindo-se, ao contrário da hipótese anterior, que esses órgãos já estivessem presentes na lide – o que, de qualquer modo, reforça a conclusão sustentada, já que o *caput* do artigo 333 considerava a relevância social e a dificuldade na formação do litisconsórcio como justa causa para autorizar a conversão da ação individual em coletiva. A ideia era boa, mas, como sabemos, não vingou.

Portanto (e não obstante o veto ao art. 333), parece-nos que o interesse social a que alude o art. 178, I, do novo CPC se relaciona com relações jurídicas coletivas que se desdobrem em ações judiciais em que se verifique – nem que seja no plano potencial – a formação de um litisconsórcio ativo ou passivo e que o direito de base tenha relevância geral (um litisconsórcio ativo para a cobrança de uma dívida de uma empresa seguramente não se enquadraria nesse caso).[80]

Na verdade, temos que fazer, neste ponto, uma interpretação conjugada com o art. 176. Este dispositivo se aplica de forma genérica ao Ministério Público, seja à sua atuação como autor, seja como fiscal da ordem jurídica, e alude não apenas a interesses, mas também a "direitos sociais". Os direitos sociais estão no art. 6º da Constituição Federal: saúde, alimentação, trabalho, moradia, transporte, lazer, segurança, previdência social, proteção à maternidade e à infância e assistência aos desamparados. A menção do art. 176 aos direitos sociais parece primordialmente destinada, por seu viés coletivo, à legitimação do Ministério Público para a ação necessária para sua efetivação, e não à intervenção pontual, como fiscal da ordem jurídica, nas ações individuais em que estejam sendo discutidos quaisquer direitos sociais (sob pena de o Ministério Público intervir em todas as ações previdenciárias ou possessórias sem litisonsórcio, por exemplo); e tanto é assim, que o art. 178, não reproduz, nos seus incisos, a expressão, cingindo-se ao "interesse público ou social" (não mencionando os "direitos sociais"). A conclusão a que chegamos é a de que o interesse social do art. 178, I, segunda parte, deve, de regra, vislumbrar-se nas ações em que se discutem os direitos do art. 6º e em que haja litisconsórcio ativo ou passivo.

Isso não exclui, por certo, a possibilidade de que numa demanda individual, baseada nos direitos do art. 6º da Constituição Federal, por exemplo, o membro do Ministério Público não possa justificar, com base no art. 178, I, sua atuação. É o que se dá, em linhas gerais, com as ações individuais de medicamentos, pois a saúde e a reiteração de tais demandas (a par do impacto que possuem no erário) possuem, sem

---

[80] A relevância do bem jurídico a ser protegido, aliado à dimensão do dano, é critério indicado no art. 81, § 1º, do CDC.

dúvida, relevância social suficiente para justificar a intervenção do fiscal da ordem jurídica, especialmente por se tratar de uma demanda repetitiva que, pelas peculiaridades de cada caso, não ensejam ações coletivas. Porém, é preciso sempre ter presente que, na impossibilidade de atuar em todas as frentes, a prioridade de do *Parquet*, em se tratando de interesse social, é a de concentrar sua energia institucional naquelas demandas que possuem dimensão metaindividual.[81]

2.2.3.3. Interesse de incapaz

Clássica hipótese de intervenção do Ministério Público, o art. 178, II, do novo CPC manteve-a em fidelidade à tradição, não inovando também quanto ao debate já visto acerca da forma de atuação do *Parquet* em tais casos; a novidade está no disposto no art. 698 quanto à intervenção nas ações de família em que houver incapaz.

Essa posição já vinha sendo adotada, embora não de forma coesa, pelo Ministério Público desde a Carta de Ipojuca, tendência reforçada pela Recomendação nº 16/2010 do Conselho Nacional do Ministério Público e que se harmoniza com o *princípio da intervenção mínima* no âmbito do direito de família:

> Em sendo a família hodierna uma entidade democrática, aberta, plural, em que a promoção da dignidade de seus membros é a sua principal missão, não há que se olvidar que a incidência da autonomia privada, no seu âmbito, deve ser uma regra geral, permitindo-se que cada indivíduo cultive e desenvolve uma relação afetiva da maneira que mais lhe interessar.[82]

Trata-se do reforçar o *consensualismo* no terreno das relações familiares, tendência que o novo CPC abraçou em diversos momentos (art. 3º, § 3º, art. 694) e reduzir ao máximo a interferência do Estado, como, aliás, deixa claro o art. 1.513 do Código Civil de 2002.[83] O Ministério Público, por ser um órgão do Estado essencial à função jurisdicional, não pode desconhecer essa orientação, a qual vem tomando corpo em inovações legais, como as trazidas pela Lei nº 11.441/07, que trata da separação e do divórcio extrajudiciais.[84] O novo CPC apenas se inseriu nessa tendência

---

[81] Nunca é demais insistir neste ponto: numa perspectiva ideal, a intervenção máxima do Ministério Público como fiscal da ordem jurídica pode ser até desejável, mas sob uma óptica pragmática ela simplesmente *não se sustenta por carência manifesta de recursos humanos e materiais*. Peguemos o Ministério Público na defesa do patrimônio público: é evidente que algumas ações – como execuções fiscais e os respectivos embargos – podem acolher situações isoladas que podem levar a prejuízos ao erário; porém, o Ministério Público deve avaliar se a determinação de intervenção obrigatória em todas as ações em que a Fazenda Pública seja parte (para além da mera análise se o caso é ou não de intervenção) compromete ou não a mão de obra necessária para o manejo das ações coletivas vinculadas aos mesmos valores (no caso, *v.g.*, as ações decorrentes das Lei de Improbidade Administrativa e da Lei Anticorrupção). De outro lado, o Ministério Público não pode arvorar-se de guardião geral da licitude; não há mais espaço (ideológico e principalmente financeiro) para a ideia de que o juízes, os defensores públicos, os advogados públicos (esses todos concursados) e privados não exerçam, inclusive sob pena de responsabilidade, eles próprios a fiscalização constante dos processos em que laboram e que, na filtragem cotidiana dos casos, remetam ao Ministério Público aqueles que justificariam nossa atuação no plano macro, como se dá na dinâmica subentendida no art. 139, X, do novo CPC. Aliás, assim é feita a filtragem na atuação criminal desde sempre: o Ministério Público não precisa atuar em todos os processos cíveis em busca de ilícitos penais; quando eles forem flagrados, as demais instituições operantes no processo, em especial o juiz e procuradores públicos, têm também o dever de comunicá-los ao Ministério Público, que então fará o que deve ser feito na esfera adequada.

[82] ALVES, Leonardo Barreto Moreira. *O Direito de Família Mínimo e o Ministério Público*. In Farias, Cristiano Chaves de; Alves, Leonardo Barreto Moreira; Rosenvald, Belson (org.). Temas Atuais do Ministério Público. 5ª Ed. Slvador: Editora Jus Podium, 2014. p. 641/642.

[83] Art. 1.513. É defeso a qualquer pessoa, de direito público ou privado, interferir na comunhão de vida instituída pela família.

[84] "O Ministério Público, como instituição essencial à função jurisdicional do Estado, zelando pela ordem jurídica e pelo regime democrático (art. 127, *caput*, da Constituição Federal), não pode atuar na contramão desse processo

ideológica, antecipando-se ao Estatuto das Famílias (Projeto de Lei nº 2.285/07, que prevê no seu art. 130 a intervenção do Ministério Público apenas onde houver interesse de incapazes) e redirecionando a atuação do fiscal da ordem jurídica apenas para aqueles nichos, dentro do Direito de Família, em que o Estado ainda se faz necessário. A exceção a essa linha principiológica, como visto, ficou sendo o disposto no art. 734, § 1º, quando o Ministério Público será intimado do pedido de alteração do regime de bens do casamento.

É lícito, nesse contexto, indagarmos se o Ministério Público ainda intervirá como fiscal da ordem jurídica nas hipóteses de ações de investigação de paternidade e de adoção entre maiores e capazes, que são exemplos das antigas "causas concernentes ao estado da pessoa" do art. 82, II, do CPC de 73. Não havendo mais previsão expressa nesse sentido, a única forma de legitimar a atuação do *Parquet* como *custos iuris* é buscar no art. 178, I, uma razão interventiva, seja calcada no interesse público ou no interesse social da lide; porém, devemos ter cuidado, pois tais pretensões poderiam ser consideradas, em certa medida, *disponíveis*, já que relacionadas com a autonomia privada das partes (tanto que o reconhecimento de paternidade pode dar-se de forma espontânea, assim como a adoção entre maiores é de natureza consensual), e uma "fiscalização" pública de tais ações poderia ir de encontro à minimização da intervenção estatal preconizada pelo novo CPC. Imaginemos a seguinte situação: o autor da investigação de paternidade, plenamente capaz, conclui que o prosseguimento da ação lhe trará enorme desconforto ético e emocional e por isso desiste do processo. Utilizando-se o critério da simetria antes visto (item 2.2.3.1), a resposta à seguinte pergunta pode nos esclarecer a questão: o Ministério Público, em tais ações, deveria assumir o polo ativo da lide ou, de qualquer modo, teria interesse recursal em relação à homologação da desistência da ação? Pensamos, por tudo que foi exposto até aqui com relação ao perfil do Ministério Público no CPC de 2015, que não, até mesmo pela disposição expressa do art. 698. O tema, porém, ainda é novo e precisa ser amadurecido.

Por fim, a previsão de intervenção do Ministério Público em ações com interesse de incapaz é um típico caso em que o critério da simetria funciona perfeitamente, visto que o órgão possui legimação *ad causam* para praticamente todas as ações em que deve atuar como fiscal da ordem jurídica.

2.2.3.4. Litígios coletivos pela posse da terra rural ou urbana

O inciso III do art. 178 do novo CPC reedita a primeira parte do inciso III do art. 82 do CPC de 1973 (acrescido pela Lei nº 9.415/96), adicionando-lhe também o litígio coletivo pela posse de terra urbana. O art. 554, § 1º, por sua vez, determina que:

> § 1º No caso de ação possessória em que figure no polo passivo grande número de pessoas, serão feitas a citação pessoal dos ocupantes que forem encontrados no local e a citação por edital dos demais, determinando-se, ainda, a intimação do Ministério Público e, se envolver pessoas em situação de hipossuficiência econômica, da Defensoria Pública.[85]

---

histórico, competindo-lhe, pois, também o respeito à autonomia privada dos membros da entidade familiar nas causas atinentes ao Direito de Família (Mínimo)." (*vide* ALVES, Leonardo Barreto Moreira, op. cit., p. 662/663.)

[85] O art. 565 do CPC, que trata do litígio coletivo pela posse de imóvel quando o esbulho ou a turbação afirmado na petição inicial houver ocorrido há mais de ano e dia, possui, porém, uma previsão um pouco diferente: aqui, pelo seu § 2º, o Ministério Público será intimado para a audiência de conciliação, e a Defensoria Pública será intimada sempre que houver parte beneficiária de gratuidade da justiça.

Primeiramente, debate-se se o art. 554 criou, no sistema processual brasileiro, uma *class action* passiva (inspirada, para quem defende a tese, no modelo norte-americano), em que se asseguraria a razoável proteção dos interesses das partes ausentes ao final vinculadas à decisão. Nessa linha, o novo CPC, para contornar a dificuldade operacional resultante da identificação dos integrantes do polo passivo (de forma que estaríamos aqui diante de interesses no mínimo coletivos, para não dizer difusos), teria absorvido as técnicas coletivizadoras da Lei da Ação Civil Pública e do Código de Defesa do Consumidor; a diferença seria apenas na *posição* processual do interesse, que no caso estaria no polo demandado. O fundamento textual para essa conclusão estaria na expressão "litígio coletivo pela posse" que há nos arts. 178, III, e 565 do CPC.

A consequência de assumirmos esse ponto de vista tem reflexos na atuação do Ministério Público, que não seria *autor* nem *fiscal da ordem jurídica*, mas uma *parte* integrante do polo passivo, na garantia do contraditório e do devido processo legal em especial para os demandados não identificados ou encontrados, como vemos na seguinte explanação:

> Não se pode admitir, diante do modelo constitucional de processo adotado pelo Código, que esta previsão signifique tão-somente a cientificação do *Parquet* para que exerça formal e desinteressadamente sua função. Tem-se que a atuação deve ser dirigida à efetivação do contraditório, para assim garantir o devido processo e produzir os resultados por ele legitimados, pois incumbe ao *Parquet* a defesa da própria *ordem jurídica*, além, evidentemente, a defesa dos *interesses sociais e individuais indisponíveis* (art. 127 da CF e art. 177 do CPC).[86]

Contudo, não nos parece possível ir tão longe e presumir a adoção de procedimentos sem que haja previsão explícita da lei, e o novo CPC não parece ter de fato criado uma ação coletiva passiva neste caso (lembrando-se que a adoção de um modelo ou outro tem implicações relevantes, como a extensão da coisa julgada), tratando a hipótese mais como um litisconsórcio passivo especial, digamos assim, a partir da convocação do Ministério Público e da Defensoria Pública para atuarem no processo, do que uma ação coletiva em sentido próprio.

Com relação ao Ministério Público, ademais, é fundamental observar que a previsão de sua atuação nos casos de litígios possessórios coletivos está no art. 178, sede da regulação de sua atividade como *fiscal da ordem jurídica;* se a lei processual quisesse dispor de forma diferente com relação ao *Parquet*, conferindo-lhe uma legitimação diferenciada (como *representante adequado* ou como *parte passiva*), teria sido explícita nesse sentido, como o foi no art. 139, X, com relação a demandas individuais repetitivas, ou no vetado art. 333, que permitia a conversão de ações individuais em ações coletivas. Dessa forma, mantemos o entendimento de que o Ministério Público, quando oficia em tais ações coletivas, ainda o faz como fiscal da ordem jurídica (e o § 2º do art. 565 parece dar bom suporte à tese), talvez até numa fiscalização "qualificada", em que deverá zelar pela garantia do devido processo legal e do contraditório em face dos demandados (o que de qualquer modo deve fazer em qualquer intervenção processual), mas sem abrir mão de sua atribuição fiscalizatória e imparcial e, principalmente, sem tornar-se um *substituto processual* da coletividade demandada.

---

[86] COSTA, Susana Henriques da; FRANCISO, João Eberhardt. *Uma Hipótese de Defendant Class Action no CPC? O Papel do Ministério Público na Efetivação do Contraditório Nas Demandas Possessórias Propostas em Face de Pessoas Desconhecidas.* In: DIDIER JR., Fredie; COSTA, Susana Henriques da; GODINHO, Robson Renault (org.). Ministério Público. Coleção Repercussões do novo CPC. v. 6. Salvador: JusPodivm, 2015, p. 289-308

Uma situação curiosa trazida pelo art. 554, § 1º, do CPC diz respeito à atuação da Defensoria Pública; como a hipótese de sua intimação se dá quando "houver pessoas em situação de hipossuficiência econômica", parece mais ou menos evidente que praticamente *todo* o conflito possessório coletivo terá, ao lado do Ministério Público, a Defensoria Pública (talvez essa instituição, daí sim, como *representante adequado* dos demandados), numa parceria pouco usual, porquanto ambos estariam no processo, cada qual com suas peculiaridades institucionais, zelando por interesses sociais ou individuais de natureza homogênea.

2.2.4. Poderes e deveres do fiscal da ordem jurídica (e sua responsabilidade civil)

Muitos dos poderes, deveres e penalidades são comuns à atuação do Ministério Público como autor ou como fiscal da ordem jurídica e já foram analisados no item 2.1.2; neste ponto, apenas explicitamos as seguintes disposições legais, de aplicação específica ao órgão ministerial interveniente:

a) O art. 179, II, do CPC é explícito em dizer que o fiscal "poderá produzir provas, requerer as medidas processuais pertinentes e recorrer", numa reelaboração mais técnica e atualizada do que dispunha o art. 83, II, do CPC anterior. Notemos aqui, como já apontado, a expressa menção ao direito de recorrer, o que de qualquer modo já era tranquilo pelo regime do CPC anterior (art. 499, *caput* e § 2º e Súmula 99 do STJ).[87]

b) O art. 180, § 1º, prevê que o juiz requisitará os autos que estiverem com o Ministério Público, caso findo o prazo para sua manifestação e este não tenha oferecido "parecer". Trata-se de uma preclusão temporal especial ao Ministério Público.[88] Evidentemente, apesar da redação um tanto problemática do artigo como um todo (comentada no item 2.2.1, letra "e"), a previsão é endereçada ao Ministério Público enquanto *fiscal da ordem jurídica*, porque somente nessa condição ele pode exarar "parecer". Duas questões desde logo se apresentam: primeiro, saber qual o prazo do § 1º; segundo, se se aplica a essa hipótese as previsões dos §§ 4º e 5º do art. 234. Quanto ao prazo, como se trata de "parecer", ele parece ser aquele do art. 178, *caput*, do novo CPC: trinta dias da intimação do órgão; porém, em havendo prazo menor (judicial ou residual) com hipótese de enfrentamento de uma situação incidental de mérito (ensejadora do lançamento de "parecer" nos autos, como na apreciação de uma tutela de urgência), não é possível descartar *a priori* essa possibilidade pelo juiz. De qualquer modo, cuida-se de uma inovação um tanto severa, até porque a manifestação do órgão ministerial sempre emprestar subsídios valiosos para as decisões judiciais no processo; entretanto, ela existe e deve ser observada como exigência para o célere andamento do feito.[89] No que concerne às medidas do art. 234, §§ 4º e 5º, por sua vez, não há nenhuma ressalva de que não possam ser cumuladas com a requisição do art. 180, § 1º. Uma interpretação possível (e ao nosso ver perfeitamente razoável) seria a de que o art. 234 se aplicaria ao Ministério Público como *parte* e que somente nessa condição

---

[87] Dentre esses poderes estão ainda o de suscitar a incompetência relativa (art. 65, § 1º) e o de pedir a desconsideração da personalidade jurídica (art. 133).

[88] *Vide* WAMBIER, Teresa Arruda Alvim... [et al.]. *Primeiros Comentários ao Novo Código de Processo Civil Artigo por Artigo*. São Paulo: Editora revista dos Tribunais, 2015. p. 330.

[89] Notemos que ao juiz também se sujeita a um rigoroso controle quanto a seus prazos: o magistrado que "recusar, omitir ou retardar, sem justo motivo, providência que deva ordenar de ofício ou a requerimento da parte" está sujeito a ação regressiva por perdas e danos (art. 143, II, do CPC), sem prejuízo do procedimento disciplinar do art. 235.

estaria sujeito às medidas penalizantes em destaque, ao passo que a "pena" ao fiscal da ordem jurídica faltoso seria unicamente a requisição dos autos pelo juiz. Todavia, a norma do art. 234 é de cunho geral, não parecendo autorizar a diferenciação, ao passo que o art. 180, § 1º, não faz qualquer ressalva quanto ao art. 234, num problema a ser equacionado. Por fim, como já observado neste trabalho, a ausência de manifestação do Ministério Público não implica, nesse caso, nulidade processual.

c) Prazo em dobro: no que tange ao prazo em dobro (art. 180, *caput*), é de indagar-se como se dá a aplicação dessa previsão ao fiscal da ordem jurídica; é que o § 2º diz que "não se aplica o benefício da contagem em dobro quando a lei estabelecer, de forma expressa, prazo próprio para o Ministério Público". Ora, o art. 178 diz que o prazo para o *Parquet* intervir no processo é de *trinta dias*, de forma que esse prazo, por ser especial, não se contaria em dobro; não seria em dobro também o prazo especial para a intervenção, como ocorre no conflito de competência (cinco dias, art. 956). E os prazos judiciais? Judiciais são os prazos que o juiz fixa especificamente (art. 218, § 1º, do novo CPC) e que também não se dobram; mas, no caso do Ministério Público como *custos iuris*, é preciso estabelecer quando se daria essa fixação de forma diversa da prevista no art. 178. Em tese, ela não seria admissível, porquanto há prazo legal para a intervenção do Ministério Público; porém, não podemos descartar situações de urgência (uma reversão de guarda, por exemplo, baseada em risco à criança) em que o juiz despache no sentido de ouvir o Ministério Público em cinco dias ou em prazo menor: nesse caso, vale o prazo judicial e sem a contagem em dobro. Na verdade, o próprio prazo simples de trinta dias deve ser observado *cum grano salis*, pois não há como justificar um lapso dessa extensão (considerando que seu cômputo se dá apenas nos dias úteis) quando o Ministério Público for ouvido, *v.g.*, previamente à decisão em uma tutela de urgência ou em caso de perecimento de direitos. Já com relação ao prazo geral (ou residual) do art. 218, § 3º, do novo CPC, *vide* ponto 2.1.2, letra "c", *supra*, e nota de rodapé nº 31.

A responsabilidade civil do art. 181, por seu turno, incide tanto para o Ministério Público autor quanto para o fiscal da ordem jurídica.

2.3. O Ministério Público resolutivo

A atuação do Ministério Público no plano cível não se esgota nas funções de órgão agente ou interveniente; há um amplo mundo a explorar no plano da consensualidade, seja na via investigatória em sentido próprio, pelo manuseio do inquérito civil, seja na resolução de conflitos antes de qualquer iniciativa judicializante na esfera dos direitos individuais – ou, ainda, no bojo das ações já em curso, como decorrência da atuação ministerial como *fiscal da ordem jurídica*. Eis o campo em que se manifesta o Ministério Público *resolutivo*:

> O qual prioriza uma atuação preventiva, inibindo o surgimento dos problemas sociais que posteriormente teria que reprimir. Visa, portanto, transformar a realidade social, criando uma dinâmica de maior interação com a sociedade e, com isto, identifica e tenta solucionar ou fomentar as soluções dos fenômenos que antecedem os conflitos jurisdicionais, Trata-se de modelo que se amolda, com perfeição, na efetivação de direitos difusos e coletivos, cujo viés repressivo revela-se pouco eficiente.[90]

---

[90] OLIVEIRA, Felipe Faria de. *O Ministério Público Resolutivo: A Tensão entre a Atuação Preventiva e a Autonomia Institucional*. In ALMEIDA, Gregório Assagra; SOARES JÚNIOR, Jarbas (orgs.) Teoria Geral do Ministério Público. Belo Horizonte: Editora Del rey, 2013. p. 237 a 268.

O novo CPC, como adiantamos, não descurou também dessa função do Ministério Público, ao dizer que "a conciliação, a mediação e outros métodos de solução consensual de conflitos deverão ser estimulados por juízes, advogados, defensores públicos e membros do Ministério Público, inclusive no curso do processo judicial" (arts. 3º, § 3º),[91] reconhecendo, ainda, a exemplo do CPC anterior, como título executivo extrajudicial "instrumento de transação referendado pelo Ministério Público" (art. 784, IV) – além da cláusula permissiva geral do art. 175. Trata-se de mais um alinhamento da ordem processual com perfil constitucional da instituição e que é abordado em artigo próprio neste livro, razão pela qual nos cingiremos a alguns aspectos básicos referentes a esse tipo de atuação.

Notemos que, independentemente dessa inovação do CPC, o Ministério Público já dispunha para esse propósito vários instrumentos no plano cível, dispersos em diversos diplomas legais; eles não se resumem ao manejo de procedimentos administrativos em sentido lato, em especial o inquérito civil e aqueles instaurados no caso de direitos individuais indisponíveis (na proteção da criança e do adolescente e do idoso, por exemplo), mas também abarcam a adoção de mecanismos resolutivos valiosos disponíveis nesses ambientes procedimentais, como a realização de audiências públicas, expedição de recomendações e elaboração de termos de ajustamento de condutas,[92] muitos dos quais fundamentais na implementação de políticas públicas de alto grau de interesse social.

De qualquer modo, o novo CPC traz a sua contribuição mediante a criação de mais um meio de que o Ministério Público pode dispor no exercício de sua função resolutiva: o negócio jurídico processual previsto no art. 190, que assim dispõe:

Art. 190. Versando o processo sobre direitos que admitam autocomposição, é lícito às partes plenamente capazes estipular mudanças no procedimento para ajustá-lo às especificidades da causa e convencionar sobre os seus ônus, poderes, faculdades e deveres processuais, antes ou durante o processo.
Parágrafo único. De ofício ou a requerimento, o juiz controlará a validade das convenções previstas neste artigo, recusando-lhes aplicação somente nos casos de nulidade ou de inserção abusiva em contrato de adesão ou em que alguma parte se encontre em manifesta situação de vulnerabilidade.

Trata-se de medida que, como *parte*, o Ministério Público pode empregar para o ajustamento de acordos procedimentais.[93] O incremento dessa forma de atuação e a sua importância para que a instituição possa atender às exigências que a Constituição Federal lhe faz nos arts. 127 e 129 não passaram despercebidas pelo Conselho Nacional do Ministério Público que, antes mesmo da vigência do novo Código de Processo Civil, editou a Resolução nº 118/2014, que dispõe sobre a Política Nacional

---

[91] Este "inclusive no curso do processo judicial" da lei pressupõe justamente que a busca pela consensualidade deva ocorrer, preferencialmente, na esfera extrajudicial, numa explicitação da importância resolutiva da atuação do Ministério Público naquilo que lhe compete. A ressalva do art. 175 do CPC de 2015 de que "As disposições desta Seção não excluem outras formas de conciliação e mediação extrajudiciais vinculadas a órgãos institucionais ou realizadas por intermédio de profissionais independentes, que poderão ser regulamentadas por lei específica" reforça essa ideia.

[92] Conforme observa Felipe Faria de Oliveira, op. cit, p. 249.

[93] Ver, nesse sentido, STEFANI, Marcos. O Ministério Público, o novo CPC e o negócio jurídico processual. In: DIDIER JR., Fredie; COSTA, Susana Henriques da; GODINHO, Robson Renault (org.). Ministério Público. Coleção Repercussões do novo CPC. v. 6. Salvador: JusPodivm, 2015, p. 211-221. (disponível em: http://cdemp.nucleoead.net/pluginfile.php/2009/mod_resource/content/1/marcos%20stefani%20-%20mp%20e%20neg%20processual.pdf. Acesso em 04.11.2015). O autor sustenta a aplicação desse modelo inclusive em face de direitos materiais indisponíveis no âmbito do compromisso de ajustamento de conduta; o ajuste serviria para, por exemplo, estabelecer o custeamento de perícias, a definição de prazos, cronogramas na implementação de políticas públicas.

de Incentivo à Autocomposição no âmbito do Ministério Público e fomenta a criação de programas e ações de incentivo à autocomposição.

Nesse contexto ideológico, impõe-se o reconhecimento do alcance da onda consensualizante, em especial no que concerne a direitos indisponíveis (arena em que, quase que por definição, atua e atuará o Ministério Público resolutivo), não sem desconhecer que a tendência é o alargamento dessa possibilidade nas relações públicas, como nos alerta Antonio do Passo Cabral:

> Por outro lado, o processo civil de interesses públicos, tradicionalmente arisco às soluções negociadas, há muito vem se rendendo à mediação, conciliação etc. Trata-se da vitória da concepção atualmente disseminada que reconhece uma disponibilidade parcial dos interesses públicos, desfazendo a equivocada compreensão de que o interesse, por ser público, seria indisponível. Ao contrário, há graus de (in)disponibilidade e, em alguma medida, permite-se que mesmo as regras estabelecidas no interesse público sejam flexibilizadas.[94]

Portanto, o Ministério Público resolutivo tem um amplo horizonte de atuação à sua frente, seja com os instrumentos tradicionais que já se encontram agregados, por assim dizer, ao seu "patrimônio institucional", seja a partir das novidades que a nova ordem processual trouxe ao mundo jurídico pátrio; mas necessita, para que possa dedicar-se a tais tarefas (que são trabalhosas, dependendo de idas e vindas, de mediações, de inúmeras reuniões e contatos entre as partes), liberar-se daquelas atribuições eminentemente burocráticas que ainda consomem parte significativa da qualificada e nada barata mão de obra institucional. A efetividade dessa forma de atuação, assim, depende da capacidade do Ministério Público de adaptar-se às novas exigências institucionais trazidas não apenas pela Constituição Federal de 1988, mas em grau superlativo pelo amadurecimento da sociedade civil, que deposita na instituição grandes expectativas e esperanças. Como nos adverte mais uma vez João Gaspar Rodrigues:

> Esse ambiente social cambiante requer um perfil diferenciado de Ministério Público, não mais meramente demandista ou parecerista, e sim dotado da capacidade de buscar resultados (estando aberto a inovações e aperfeiçoamentos) e de enfrentar, se necessário, o caudal dos interesses econômicos e políticos. E para nadar contra a corrente, como parece ser da natureza histórica das instituições, ela deve contar com bons nadadores, ágeis e resolutivos.[95]

A ressalva que deve ser feita, porém, é a de que a atividade negociadora, mediadora e conciliadora do Ministério Público deve harmonizar-se com as balizas de atuação que vimos ao longo desse trabalho na definição das funções do Ministério Público, pois os interesses que devem ser atendidos pelo órgão enquanto titular de funções resolutivas são aqueles relacionados aos interesses público e social e direitos individuais indisponíveis,[96] sem prejuízo de que, havendo interesse social, igualmente determinados interesses individuais homogêneos sejam atendidos por essa forma de atuação, mas naquelas hipóteses em que, pelo Código de Defesa do Consumidor, possuir *legitimatio ad causam* para a correspondente ação civil pública. É que também aqui haverá de haver alguma seletividade, sob pena de o Ministério Público abarcar, em detrimento de suas atribuições originárias e constitucionais, a área de atuação dos Juízos Arbitrais, Procons e dos Juizados Cíveis Especiais.

---

[94] CABRAL, Antonio do Passo, op. cit., p. 195.
[95] RODRIGUES, João Gaspar, op. cit., p. 48.
[96] *Vide* art. 3º, § 2º, da Lei nº 13.140/15: "O consenso das partes envolvendo direitos indisponíveis, mas transigíveis, deve ser homologado em juízo, exigida a oitiva do Ministério Público."

3. Conclusões

Do acima exposto, podemos sintetizar as seguintes conclusões:

(i) Em que pese algum distanciamento em relação às motivações de seus projetos originários e em determinados temas não ir além do que uma leitura reorganizada do antigo código, a Lei n° 13.105/2015 (novo CPC) trouxe inovações ideológicas e procedimentais importantes, como a ênfase na mediação e na conciliação, a supressão de incidentes procrastinadores, a adoção expressa de principiologia constitucional etc.

(ii) O novo CPC ocupou-se do Ministério Público em suas três formas básicas de atuação: órgão agente, órgão interveniente e órgão resolutivo. Em todos os casos, a lei nova alinhou as disposições referentes ao Ministério Público com o seu perfil constitucional, inclusive no que tange à redefinição, em termos racionalizados, inclusive com renomeação da função, do *Parquet* enquanto *fiscal da ordem jurídica*.

(iii) Na função de órgão agente, os arts. 176 e 177 do novo CPC reafirmam essa vocação institucional, adequando-a à previsão constitucional. De regra, o Ministério Público atuará como *substituto processual*, quando o fizer em face de interesses personalizados (incapazes, idosos), ou como parte *pro populo*, caso em que sua legitimação se dá a partir da defesa de interesses supraindividuais.

(iv) O CPC confere ao Ministério Público, tanto na função de agente como interveniente, diversos poderes "especiais", como prazos em dobro, intimação pessoal, dispensa de preparo e custas, assim como deveres, inclusive penalidades, como as previstas nos arts. 77, 93, 234 (algumas de caráter constitucionalmente duvidoso), sem prejuízo de apurações correcionais. Atentar para a possibilidade de requisição dos autos ao fiscal da ordem jurídica se não houver manifestação no devido prazo (art. 180, § 1°).

(v) A racionalização da intervenção do Ministério Público no processo civil constitui um movimento iniciado (formalmente) com a Carta de Ipojuca e que culminou na Recomendação de n° 16 do Conselho Nacional do Ministério Público, segundo o qual se estabeleceram critérios (e casos) de não intervenção obrigatória do Ministério Público enquanto fiscal da ordem jurídica, orientação praticamente adotada *in totum* pelo novo CPC.

(vi) No que concerne ao Ministério Público como fiscal da ordem jurídica, o novo CPC não apenas alterou o nome da função interveniente, alinhando-a com a matriz constitucional (art. 127 de Constituição Federal e art. 178 do Código), como acolheu em grande parte o debate acerca da racionalização da atividade interventiva no processo civil, absorvendo tanto a divisão clássica do interesse (para fins de atuação do Ministério Público fiscal) em primário e secundário, bem como as hipóteses de não intervenção da Recomendação de n° 16 do Conselho do Nacional do Ministério Público.

(vii) As novas hipóteses de intervenção do Ministério Público figuram nos incisos do art. 178, e resumem-se à ocorrência, no caso concreto, de interesse público ou social (na medida em que as previsões dos incisos II e III são especificações de tais interesses). No que tange ao interesse público, não sendo ele o interesse social nem o interesse público secundário, estudamos quatro critérios para sua identificação numa determinada situação: indisponibilidade do direito, observância do princípio da dignidade da pessoa humana, a simetria entre as atuações como órgão agente e órgão interveniente e a generalidade do conceito, cuja definição deve ser apurada casuisticamente, entendo serem os critérios da simetria e da generalidade avaliada casuisticamente aqueles que mais podem auxiliar na verificação concreta do interesse público, ainda que deste não tenhamos uma definição apriorística.

(viii) O interesse social a justificar a intervenção como fiscal da ordem jurídica, por sua vez, pressupõe a existência daqueles direitos provocadores da atuação do Ministério Público como órgão agente ou então a formação de litisconsórcios relativamente a interesses ou bens de relevância social no âmbito do processo civil, em especial aqueles previsto no art. 6º da Constituição Federal.

(ix) O Ministério Público deve intervir ainda nas ações em que há incapazes. Trata-se de intervenção histórica, mantida pelo novo CPC. No que tange aos processos de família, o art. 698 é claro em prever a intervenção do Ministério Público *apenas* quando há interesse de incapaz em jogo (exceção seja feita em alguns casos, como na previsão do art. 734, § 1º), em sintonia com o princípio da intervenção mínima no direito de família.

(x) Conforme o inciso III do art. 178, o *Parquet* intervirá nos litígios coletivos pela posse de terra rural ou urbana, previsão similar (embora ampliada) à que existia no inciso III do art. 82 do CPC de 73. Discute-se qual a posição do Ministério Público neste tipo de processo, se fiscal da ordem jurídica pura e simplesmente ou se o órgão assume a condição de *representante adequado* ou *parte passiva*. Entendemos que, inobstante a importância de uma atuação talvez diferenciada nesse contexto, ainda assim o Ministério Público está no feito como fiscal da ordem jurídica, conforme expressa disposição do art. 178.

(xi) Como fiscal da ordem jurídica, ainda, o Ministério Público conta com os mesmos poderes e deveres de quando atua como órgão agente (tirante algumas especificidades, como a possibilidade, prevista no art. 180, § 1º, de requisição dos autos pelo juiz após o prazo de trinta dias sem manifestação).

(xii) No plano da responsabilidade civil do membro do Ministério Público, ela somente ocorrerá nas hipóteses de dolo ou fraude no exercício das funções e será *regressiva*, devendo primeiramente ser acionado o estado.

(xiii) O Ministério Público, além das funções de órgão agente e interveniente, será órgão *resolutivo*, com priorização da atividade preventiva e, nos termos do art. 3º, § 3º, do novo CPC e da resolução nº 118/2014 do CNMP, estimulando a negociação, mediação e conciliação nos procedimentos e processos em que deve atuar. Há a possibilidade, ainda, de utilização pelo Ministério Público do art. 190 do novo CPC no sentido de firmar negócios jurídicos processuais e já regular consensualmente, conforme a peculiaridade do caso concreto, aspectos procedimentais de uma futura ação judicial. Esse tipo de atuação, porém, deve ocorrer de forma alinhada com as demais, de maneira que o órgão do Ministério Público atue onde houver interesse público ou social, direitos indisponíveis ou direitos individuais homogêneos nas hipótese em que lhe cabe o manejo da respectiva ação civil pública.

Por derradeiro, observamos que as três formas de atuação do Ministério Público – órgão agente, interveniente e resolutivo – precisam ser pensadas em conjunto, de forma a privilegiar a *eficiência*, a *efetividade* e a *eficácia* de cada uma delas (em atenção do disposto à principiologia do art. 8º do novo CPC) e da instituição como um todo, sempre evitando que uma atuação em especial traga prejuízo às demais. A nova ordem processual, reforçando as funções ministeriais de órgão agente (art. 177) e de órgão resolutivo (art. 3º, § 3º) e, ainda, racionalizando a intervenção como fiscal da ordem jurídica (art. 178) para também robustecê-la em relevância pública e social, criou o ambiente jurídico ideal para a confirmação institucional do Ministério Público na defesa dos interesses sociais e individuais indisponíveis (e do interesse público, acrescentemos). Cabe à instituição, assim, refletir de forma madura sobre se destino, pois, a partir do momento em que não mais atender aos anseios sociais por não saber priorizar o que de fato e de direito deve ser priorizado, haverá o sério risco de que os valores fundamentais da ordem jurídica brasileira fiquem desamparados ou que outros assumam essa tarefa, pondo em xeque a própria justificativa existencial do Ministério Público – e daí, então, será tarde demais para a correção de rotas equivocadas.

Referências bibliográficas

ALVES, Leonardo Barreto Moreira. *O Direito de Família Mínimo e o Ministério Público*. In Farias, Cristiano Chaves de; Alves, Leonardo Barreto Moreira; Rosenvald, Belson (org.).Temas Atuais do Ministério Público. 5ª ed. Slvador: Editora Jus Podium, 2014.

——; BERCLAZ, Márcio Soares. Ministério Público em Ação: atuação prática jurisdicional e extrajurisdicional. 4ª ed. Salvador: Jus Podium, 2014

AMARAL, Guilherme Rizzo. *Comentários às Alterações do Novo CPC*. São Paulo: Editora Revista dos Tribunais, 2015.

BUENO, Cassio Scarpinella. *Novo Código de Processo Civil Anotado*. São Paulo: Saraiva, 2015. Disponível em http://cdemp.nucleoead.net/pluginfile.php/1919/mod_resource/content/2/Novo%20 CPC%20Anotado%20p.13-40.pdf

CABRAL, Antonio do Passo. *As convenções processuais e o termo de ajustamento de conduta*. In: DIDIER JR., Fredie; COSTA, Susana Henriques da; GODINHO, Robson Renault (org.). Ministério Público. Coleção Repercussões do novo CPC. v. 6. Salvador: JusPodivm, 2015, p. 193-210. Disponível em http://cdemp.nucleoead.net/pluginfile.php/2008/mod_resource/content/1/cabral%20-%20convencoes%20processuais%20e%20tac.pdf. Acesso em 09.11.2015.

COSTA, Susana Henriques da; FRANCISO, João Eberhardt. Uma Hipótese de Defendant Class Action no CPC? O Papel do Ministério Público na Efetivação do Contraditório Nas Demandas Possessórias Propostas em Face de Pessoas Desconhecidas. In: DIDIER JR., Fredie; COSTA, Susana Henriques da; GODINHO, Robson Renault (org.). Ministério Público. Coleção Repercussões do novo CPC. v. 6. Salvador: JusPodivm, 2015. Disponível em:http://cdemp.nucleoead.net/pluginfile.php/1975/mod_resource/content/2/susana%20-%20class%20action%20passiva.pdf.

——. *A Imediata Judicialização dos Direitos Fundamentais e o Mínimo Existencial: Relação Direito e Processo* (disponível em: http://cdemp.nucleoead.net/pluginfile.php/1918/mod_resource/content/1/ Susana_Henriques-A_imediata_judicializa%C3%83%C2%A7%C3%83%C2%A3o%20%281%29. pdf)

CURY Jr. David. *O Ministério Público e a Intervenção na Área Cível a partir do Princípio Constitucional da Dignidade da Pessoa Humana*. In SABELLA, Walter Paulo; DAL POZZO, Antônio Araldo Ferraz; BURLE FILHO, José Emmanuel. Ministério Público: vinte e cinco anos de novo perfil constitucional. São Paulo: Malheiros Editores, 2013.

FREITAS JUNIOR, Horival marques. *O Ministério Público no novo CPC*. Disponível em http://cdemp. nucleoead.net/course/view.php?id=15. Acesso em 29/10/2015.

GODINHO, Robson Renault. *Notas acerca da Capacidade Postulatória do Ministério Público*. In Farias, Cristiano Chaves de; Alves, Leonardo Barreto Moreira; Rosenvald, Belson (org.).Temas Atuais do Ministério Público.

MAZZILLI, Hugo Nigro. Regime Jurídico do Ministério Público: análise do Ministério Público na Constituição, na Lei Orgânica Nacional do Ministério Público, Lei Orgânica do Ministério Público da União e na Lei Orgânica do Ministério Público paulista. 8ª ed. p. 648. São Paulo: Saraiva, 2014.

——. A Defesa dos Interesses Difusos em Juízo: meio ambiente, consumidor e outros interesses difusos e coletivos. 8ª ed. São Paulo: Saraiva, 1996.

MOREIRA, Jairo Cruz. *O Novo Paradigma Constitucional para Atuação do Ministério Público como órgão Interveniente*. In ALMEIDA, Gregório Assagra; SOARES JÚNIOR, Jarbas (orgs.) Teoria Geral do Ministério Público. Belo Horizonte: Editora Del Rey, 2013.

NOGUEIRA, Alécio Silveira. *Para um cível possível: reflexões sobre a atuação do Ministério Público como custos legis*. In MARIN, Jéferson Dytz (org.). Jurisdição e processo: reformas processuais, ordinarização e racionalismo. Curitiba: Juruá, 2009.

——. *Direito e Linguagem*: o processo interpretativo jurídico sob uma perspectiva semiótica. Curitiba: Juruá, 2013.

OLIVEIRA, Felipe Faria de. *O Ministério Público Resolutivo: A Tensão entre a Atuação Preventiva e a Autonomia Institucional*. In ALMEIDA, Gregório Assagra; SOARES JÚNIOR, Jarbas (orgs.) Teoria Geral do Ministério Público. Belo Horizonte: Editora Del rey, 2013.

PEREIRA, Miguel Bandeira. *Anotações aos artigos 176 a 181*. In Novo código de processo civil anotado / OAB. – Porto Alegre: OAB RS, 2015.

PORTO, Sérgio Gilberto. *Sobre o Ministério Público no Processo Não-Criminal*. 2ª ed. Rio de Janeiro: AIDE Editora, 1998.

RODRIGUES, João Gaspar. *Ministério Público Resolutivo: um novo perfil institucional*. Porto Alegre: Sergio Antonio Fabris Editor, 2012.

——. *Institucionalização do Ministério Público*. Disponível em http://jus.com.br/artigos/268/institucionalizacao-do-ministerio-publico. Acesso em 20.10.2015.

SILVA, Cláudio Barros. *O Ministério Público no Processo Civil*. Material gentilmente fornecido ao autor.

STEFANI, Marcos. *O Ministério Público, o novo CPC e o negócio jurídico processual*. In: DIDIER JR., Fredie; COSTA, Susana Henriques da; GODINHO, Robson Renault (org.). Ministério Público. Coleção Repercussões do novo CPC. v. 6. Salvador: JusPodivm, 2015, pp. 211-221. disponível em: http://cdemp.nucleoead.net/pluginfile.php/2009/mod_resource/content/1/marcos%20stefani%20-%20mp%20e%20neg%20processual.pdf.

——, Marcos, comentários aos arts. 176 a 181 do novo CPC. In WAMBIER, Teresa Arruda Alvim, [et al.], coordenadores. Breves Comentários ao novo Código de Processo Civil. 2ª tiragem. São Paulo Revista dos Tribunais, 2015.

WAMBIER, Teresa Arruda Alvim... [et al.]. *Primeiros Comentários ao Novo Código de Processo Civil Artigo por Artigo*. São Paulo: Editora Revista dos Tribunais, 2015.

— 6 —

Novo Código de Processo Civil – O Ministério Público e os métodos autocompositivos de conflito – Negociação, Mediação e Conciliação

PAULO VALÉRIO DAL PAI MORAES[1]

Sumário: 1. Introdução; 2. Breves considerações sobre o conflito; 3. Métodos autocompositivos – negociação, mediação e conciliação; 3.1. Negociação; 3.2. Mediação; 3.3. Conciliação; 4. Métodos autocompositivos e o Ministério Público; 5. Normas do novo CPC atinentes à mediação e à conciliação; 5.1. Art. 3º, § 3º; 5.2. Estímulos legais da nova Lei à autocomposição; 5.3. A autocomposição é dever do juiz; 5.4. Da autocomposição como órgão autor; 5.5. Da conciliação e da mediação; 5.6. A defesa do interesse público e social pelos métodos autocompositivos – o custos legis agente; 5.7. Negócios jurídicos processuais; 5.8. Incidente de Resolução de Demandas Repetitivas – IRDR; 5.9. Incidente de Desconsideração da Personalidade Jurídica; 6. Reflexões finais.

1. Introdução

O novo Código de Processo Civil vem à sociedade sob a denominação de Lei nº 13.105, publicada no Diário Oficial da União de 16 de março de 2015.

É bem verdade que a sua vigência acontecerá somente após 1 ano da sua publicação, conforme determina o seu artigo 1.045, mas é preciso que passemos a estudar, desde já, os novos institutos e procedimentos, em respeito ao princípio da eficiência que informa toda a atividade estatal (art. 37 da Constituição Federal).

Como é natural que aconteça, principalmente no contexto profissional no qual estamos inseridos, repleto de entendimentos, posições e controvérsias, alguns entendem que o novo CPC contém avanços; outros, nem tanto; e há os que dizem que nada mudará substancialmente.

---

[1] Procurador de Justiça no Rio Grande do Sul. Possui graduação em Ciências Jurídicas e Sociais pela Universidade Federal do Rio Grande do Sul – UFRGS (1985), especialização em Direito Processual Civil (1989) e mestrado em Direito do Estado pela Pontifícia Universidade Católica do Rio Grande do Sul – PUCRS (1997). Tem experiência na área de Direito, com ênfase em Direito do Consumidor, Direito Processual Civil Coletivo e Individual, Direito Ambiental e Direito Público em geral. Também atua como conferencista e capacitador na Área da Negociação e resolução de conflitos e de problemas, com trabalho predominante junto ao setor público. Integra a Comissão de Acompanhamento dos Projetos de Alteração do Código de Defesa do Consumidor e o Conselho Científico do Brasilcon – Instituto Brasileiro de Política e Direito do Consumidor, bem como o Conselho Científico da Revista Luso-Brasileira de Direito do Consumidor. Integra o MPCON – Associação Nacional do Ministério Público do Consumidor.

A postura que nos parece mais adequada – aliás, sempre, e não só ao abordar este tema – é a de respeito às diferentes manifestações sobre o significado da nova Lei, porque toda jovem construção normativa precisa ser lapidada pelos olhares divergentes, a fim de que sejam adequadamente implementados, pela interpretação construtiva e ética, os dispositivos que regularão o processo civil e todas as estruturas afins.

Então, partindo do respeito, do diálogo e da esperança, pois sem eles fica difícil viver e conviver, é possível concluir que o novo CPC traz, no seu conjunto, avanços na regulação das questões processuais e extraprocessuais, se comparado com a atual legislação, mas também apresenta grandes problemas que precisaremos solucionar.

De fato, em que pese a existência de alterações, até mesmo profundas, que poderão trazer alguma perplexidade para a boa resolução dos conflitos sociais, é inegável que precisamos saudar as alterações positivas, como forma de promover a convergência e o estabelecimento de uma aura de consenso em torno de algumas questões que terão a mais fácil concordância de todos.

Passarei, desta forma, a realizar uma abordagem prospectiva e reflexiva sobre alguns pontos que parecem fundamentais na nova legislação, sem qualquer cunho de completude ou mesmo de esgotamento da matéria, até porque o intuito deste trabalho é o afloramento de ideias, para que os (as) leitores (as) possam debater os temas, devendo surgir da confluência das diversas opiniões as sínteses que orientarão nossa caminhada na busca do aprimoramento institucional.

Alguns dos objetivos primordiais da nova legislação são a implementação de uma *postura funcional*, capaz de resolver *problemas* – aqui usamos a expressão *problemas*, porque apresenta uma dimensão mais ampla do que *conflitos* e *controvérsias*[2] [3] e de realizar os *valores constitucionais*, por intermédio da obtenção de decisões *mais rentes à realidade fática* subjacente à causa. Para tanto, a utilização de métodos *simplificados* e *flexíveis* apresenta-se como uma estratégia útil para a concretização do *princípio da duração razoável do processo,* mas com segurança e estabilidade jurídica, prevendo o novo CPC várias situações processuais tendentes a evitar a dispersão da jurisprudência (artigos 982, § 3º, e 1.036).

Feito esse breve panorama introdutório, é marcante na nova Lei a substancial alteração no que tange ao modelo de Justiça do Brasil, pois acabam sendo definitivamente institucionalizados instrumentos que objetivam efetivar o princípio da adapta-

---

[2] A distinção que é feita entre *conflito* e *controvérsia* é necessária, porque o *conflito* se caracteriza por um antagonismo de posições ou de interesses, onde exista a resistência por parte de um dos envolvidos. Já a *controvérsia* não possui tal característica da resistência, sendo identificada, apenas, pela divergência, na qual não exista resistência. A palavra *resistência*, portanto, é que estabelece a distinção.

[3] É o usado o conceito de "problema", pois em várias situações da atuação Ministerial não existem conflitos a resolver. Por exemplo, na atuação preventiva em que é feito trabalho objetivando que sejam implementados os Planos de Prevenção Contra Incêndio – PPCI em condomínios, casas de espetáculo, bares, restaurantes, hotéis etc, pode não haver conflito, o que acontecerá se os instados a cumprir as exigências legais aceitarem imediatamente implementar o que é determina a Lei. Nesta situação, apena haverá um "problema", que será resolvido por intermédio de uma negociação direta entre os membros da Instituição e aquele que precisava regularizar a segurança do estabelecimento ou do condomínio. Um segundo exemplo seria a formalização de convênios entre o Ministério Público e outras instituições públicas. Para a formalização do documento serão utilizadas técnicas de negociação para solucionar o "problema", não se falando em conflito, pois, na maior parte das vezes, ele não existe. Ex.: convênios entre o Ministério Público e as Universidades Federais para a análise de combustível adulterado. O Ministério Público se compromete a oferecer o material humano, veículos de coleta, investigação, e as Universidades ofereciam seus laboratórios, o material, as análises e os laudos técnicos, sem que houvesse qualquer conflito.

bilidade,[4] por meio do qual são adotadas as técnicas de resolução de problemas mais adequadas, tendo em vista as peculiaridades do caso concreto, o que abrange aspectos como o custo financeiro endo e extraprocessual, a celeridade, a manutenção dos relacionamentos, a exequibilidade da solução, os custos emocionais da disputa e tantas outras realidades que envolvem as questões controvertidas em sociedade.

Nesse desiderato, emergem a **negociação, a conciliação e a mediação, no espaço judicial e extrajudicial**, como alterações importantíssimas, nas quais o Ministério Público terá uma função estrutural, tanto criando suas próprias vias de resolução de problemas – isso merece uma profunda e calma reflexão –, como, no mínimo, participando ativamente dos espaços que busquem dirimir controvérsias em questões coletivas com relevância social (o conceito de relevância social está no art. 82, § 1º, do CDC, sendo, todavia, aplicável a todas as áreas do Direito, tendo como requisitos a dimensão do dano, as características do dano ou a relevância do bem jurídico protegido) e individuais com a marca da indisponibilidade.

Veja-se que já no artigo 3º, § 2º, do novo CPC, é dito que o "...Estado promoverá, sempre que possível, a solução consensual dos conflitos", continuando no § 3º para ressaltar que "A conciliação, a mediação e outros métodos de solução consensual de conflitos deverão ser estimulados por juízes, advogados, defensores públicos e membros do Ministério Público, inclusive no curso do processo.".

Ou seja, há um mandamento legal, localizado na parte inicial do novo Diploma, expressando, de maneira ostensiva, que existe outro papel sendo atribuído ao Ministério Público, que é a promoção, nos espaços de negociação, de conciliação e de mediação, de uma profunda transformação social, objetivo este já eleito pelo Conselho Nacional do Ministério Público como prioritário.

Para tanto, basta que se leia no site do CNMP o que consta no Mapa Estratégico Nacional, e lá se constatará que nossa missão de defesa da ordem jurídica e dos interesses sociais e individuais indisponíveis tem como visão de futuro uma *Instituição reconhecida como transformadora da realidade social e essencial à preservação da ordem jurídica e da democracia*. A fim de que essa missão, de fato, aconteça, dois dos três processos eleitos no Mapa Estratégico do CNMP são relevantes: a) **a eficiência da atuação institucional**, por intermédio da *ampliação da atuação extrajudicial como forma de pacificação de conflitos,* da atuação *proativa, efetiva, preventiva e resolutiva* e da *celeridade procedimental;* b) **comunicação e relacionamento**, principalmente pela via da *facilitação do diálogo do cidadão com o Ministério Público* e da *intensificação de parcerias de trabalho em rede de cooperação com os setores público, privado, sociedade civil organizada e comunidade em geral.*

Voltando à nova lei processual, o § 3º do artigo 3º prevê "...inclusive no curso do processo". Por isso comentei na introdução deste texto que o novo CPC trata dos espaços estritamente judiciais e também dos espaços afins, querendo com isso demonstrar a dimensão de um amplo e diferenciado entendimento de acesso à *Justiça*, que extrapola a dimensão processual e invade a esfera extraprocessual. Nesse desiderato, a norma em questão determina a Entes Públicos como a nossa Instituição Ministerial a tarefa de serem os estimuladores de uma nova ordem jurídica que ex-

---

[4] Em André Gomma de Azevedo, *Perspectivas Metodológicas do processo de mediação: apontamentos sobre a autocomposição no direito brasileiro.* Estudos de Arbitragem e Negociação. Vol. 2. Disponível em HTTP://www.ascos.org.br/livros/estudos-de-arbitratem-mediacao-e-negociacao-vol2/se , acessado em 03.12.2013.

trapola o formalismo do processo físico ou eletrônico, direcionando-se para a efetiva produção de justiça à sociedade.

Talvez a nova estrutura esteja alicerçada no *Multidoors Courthouse* (Fórum de Múltiplas Portas), que teve início no final da década de 1970, por uma proposta de Frank Sander,[5] no qual o Poder Judiciário é visto como um "centro de resoluções de disputas, com distintos processos, baseados na premissa de que há vantagens e desvantagens de cada processo que devem ser consideradas em função das características específicas de cada conflito".[6] Nessa concepção de múltiplas portas e de uma atuação eficiente para além do processo, o Ministério Público aparecerá como protagonista de caminhos que dão acesso aos direitos fundamentais, mas usando um instrumental novo e diverso das ferramentas ordinariamente utilizadas nas lides levadas aos Tribunais.

Antecipando-se a tudo isso, o Conselho Nacional do Ministério Público e a Escola Nacional de Mediação e Conciliação do Ministério da Justiça promoveram a criação do Guia de Negociação e Mediação Para Membros do Ministério Público,[7] publicado em novembro de 2014, e que traz as novas diretrizes institucionais no campo dos métodos autocompositivos de conflitos e de problemas.

Da mesma forma, foi publicada em 27 de janeiro de 2015 a Resolução do CNMP n° 118, que "Dispõe sobre a Política Nacional de Incentivo à Autocomposição no âmbito do Ministério Público e dá outras providência". Nela estão previstas normas sobre negociação, mediação, conciliação, processo restaurativo e convenções processuais.

O seu artigo 1° é autoexplicativo:

Art. 1º Fica instituída a POLÍTICA NACIONAL DE INCENTIVO À AUTOCOMPOSIÇÃO NO ÂMBITO DO MINISTÉRIO PÚBLICO, com o objetivo de assegurar a promoção da justiça e a máxima efetividade dos direitos e interesses que envolvem a atuação da Instituição.
Parágrafo único. Ao Ministério Público brasileiro **incumbe implementar e adotar mecanismos de autocomposição, como a negociação, a mediação, a conciliação, o processo restaurativo e as convenções processuais**, bem assim prestar atendimento e orientação ao cidadão sobre tais mecanismos. (grifos meus)

Já no artigo 7° é dito:

Art. 7º Compete às unidades e ramos do Ministério Público brasileiro, no âmbito de suas atuações:
I – o desenvolvimento da Política Nacional de Incentivo à autocomposição no âmbito do Ministério Público;
II – a implementação, a manutenção e o aperfeiçoamento das ações voltadas ao cumprimento da política e suas metas;
III – **a promoção da capacitação, treinamento e atualização permanente de membros e servidores nos mecanismos autocompositivos de tratamento adequado dos conflitos, controvérsias e problemas**;
IV – a realização de convênios e parcerias para atender aos fins desta Resolução;
V – a inclusão, no conteúdo dos concursos de ingresso na carreira do Ministério Público e de servidores, dos meios autocompositivos de conflitos e controvérsias;

---

[5] Em André Gomma de Azevedo. *Perspectivas metodológicas do processo de mediação: apontamentos sobre a autocomposição no direito processual*. Disponível em http://www.ascos.org.br/livros/estudos-de-arbitragem-mediacao-e-negociacao-vol2/se..., acessado em 03.12.2013.

[6] André Gomma. Obra citada, p. 7.

[7] Disponível no site do CNMP.

VI – a manutenção de cadastro de mediadores e facilitadores voluntários, que atuem no Ministério Público, na aplicação dos mecanismos de autocomposição dos conflitos.

VII – a criação de Núcleos Permanentes de Incentivo à Autocomposição, compostos por membros, cuja coordenação será atribuída, preferencialmente, aos profissionais atuantes na área, com as seguintes atribuições, entre outras: (grifos meus)

Possível verificar, então, que o Ministério Público Brasileiro está em plena sintonia com um dos alicerces do Novo Código de Processo Civil, e mesmo com a realidade insuperável de 95 milhões de processos judiciais no Brasil, cabendo a nós, portanto, obedecer aos ditames legais e procurar implementá-los, com vista à outorga de melhores condições de vida às populações e à proteção do interesse público e da relevância social das questões surgidas nas comunidades. Este é o objetivo do presente trabalho.

2. Breves considerações sobre o conflito

Poderíamos definir a palavra "conflito" como um desacordo agudo ou um antagonismo de interesses, ideias, valores ou posturas, em que existe uma resistência recíproca por parte dos envolvidos.

As causas dos conflitos são, de um modo geral, bens, princípios, territórios, valores, relações pessoais, aspectos esses que evidenciam ser bastante produtivo enfrentar a resolução de controvérsias dessa espécie a partir da pauta da *oportunidade*, pois a complexidade e a criatividade do ser humano não devem ser desprezadas, mas sim potencializadas, de forma a que a síntese dos processos de conversação resulte na produção de algo melhor e mais adequado para todos.

Portanto, cabe a cada um de nós neutralizar ou, no mínimo, compreender as barreiras culturais, ideológicas, burocráticas e atinentes à legislação, a fim de evitá-las ou, até mesmo, conformá-las de maneira útil à produção de resultados de consenso, o que se pode fazer com perseverança, otimismo e técnica, sendo as principais delas a capacidade de realmente escutar e de respeitar o interlocutor.

Os métodos para a resolução de conflitos podem ser divididos de maneira sintética[8] em adversariais e não adversariais. Os métodos adversariais assim poderiam ser caracterizados:

- Partes se enfrentando;
- Um terceiro supre a vontade das partes e toma a decisão;
- Se um ganha o outro perde. Tudo ou nada;
- A decisão é baseada na lei ou em precedente, mas não necessariamente resolve o problema satisfazendo as partes.

Os métodos não adversariais são:

- Partes juntas e cooperativas;
- Partes mantêm controle do procedimento e acordam a própria decisão;
- Todos se beneficiam com a solução que criaram;

---

[8] Precisamos destacar que existem inúmeros outros métodos de resolução de conflitos. Apenas a título de exemplo e para ilustrar, Elena I. Highton e Gladys S. Alvarez, em Mediación para Resolver Conflictos, 2ª ed., 3ª reimp., Buenos Aires: Ad-Hoc, 2008, referem além da negociação, mediação, conciliação e arbitragem a *medaloa* (se oferece para atuar como árbitro pelo sistema de arbitragem da última oferta feita pelos envolvidos), "Alto-bajo", perícia arbitral, avaliação neutra prévia, perito neutro, esclarecedor de questões de fato, conselheiro especial, *ombudsman* e tantos outros.

• A decisão a que chegaram resolve o problema em conformidade com os interesses, sem o auxílio da lei ou de precedente.

Quanto às formas de resolução de conflitos, poderíamos resumir em:

• Autotutela (ou autodefesa) – imposição pela violência moral ou física de uma vontade sobre outra. Ex.: legítima defesa, estado de necessidade, desforço imediato;
• Autocomposição – partes chegam voluntariamente ao acordo que construíram, sem intervenção vinculativa de terceiro. Podendo ser dividida em:
a.1. direta ou bipolar. Ex.: negociação;
a.2 assistida, triangular ou indireta. Ex.: mediação e conciliação;
• Hetorocomposição – imposição de uma decisão por um terceiro, ao qual as partes estão vinculadas. Caracteriza-se pela lide, substutividade e definitividade. Pode ser:
b.1. pura – processo judicial;
b.2. arbitragem.

A partir de tais classificações didáticas, discorrerei sobre os aspectos mais relevantes da negociação, da mediação e da conciliação, aplicáveis ao Ministério Público.

3. Métodos autocompositivos – negociação, mediação e conciliação

3.1. Negociação

No âmbito da mediação[9] e da conciliação – que, grosso modo, objetiva assistir e facilitar a negociação entre os envolvidos –, poderão e deverão ser adotadas técnicas de negociação. Fundamental, então, rapidamente desmitificar a expressão *negociação*, porque, para alguns, estaria associada às práticas de troca de bens, comércio, valores econômicos etc., quando, em realidade, não é esse o verdadeiro sentido da palavra.

A palavra *negociar*, etimologicamente, significa "negar o ócio".[10] Ou seja, é necessário que o sujeito esteja ativo, que tenha consciência do caminho que vai da ignorância ao conhecimento. Demanda-se, igualmente, levar em consideração – como parte ou possibilidade do processo – o erro.[11] Nesse sentido, reafirma-se que, nas relações humanas, não existem receitas prontas para desvendar o outro e convoca todas as pessoas a se relacionarem.

Dessa forma, o termo *negociação* que será utilizado aqui não se refere a negócios comerciais, mas a toda forma de solução alternativa – alguns usam o termo *adequada* – de conflitos, controvérsias ou problemas, que tenha o condão de proporcionar ajuste por intermédio de uma boa troca de informações, em suma, de uma boa comunicação.

Em nível mundial, tais métodos que se valem da negociação são chamados de *Alternative Dispute Resolution* (ADRs), expressão que, para o português, pode ser traduzida como Métodos Alternativos de Solução de Conflitos – MASCs.

---

[9] A mediação, segundo GARCEZ, José Maria Rossani, em *Negociação. ADRS. Mediação. Conciliação e Arbitragem*. Rio de Janeiro: Lumen Juris. 2.a edição revista e ampliada. 2003. p. 35., é aquela em que "...um terceiro, imparcial, auxilia as partes a chegarem, elas próprias, a um acordo entre si, através de um processo estruturado."

[10] MORAES, Paulo Valério Dal Pai e MORAES, Márcia Amaral Corrêa. *A Negociação Ética para Agentes Públicos e Advogados*. Belo Horizonte: Editora Fórum. 2012. p. 75 e seguintes.

[11] CABRAL, Ana Paula; ARAÚJO, Elaine Sampaio. Produzimos o conhecimento que nos produz uma reflexão. IN Revista Profissão Docente, www.uniube.br acessado em 18/09/2010.

Na base de tais métodos está a negociação. A negociação, grosso modo e para fins didáticos, contempla a existência de dois métodos básicos, quais sejam:

- o competitivo, ou distributivo;[12]
- o colaborativo, ou integrativo.[13]

O método competitivo caracteriza-se quando um dos interlocutores objetiva maximizar vitórias sobre o outro. É o chamado *ganha-perde*, no qual o resultado substantivo, objetivo, tem valor preponderante, em detrimento do resultado subjetivo representado pela criação de um bom relacionamento entre os envolvidos.

Já a postura colaborativa tem como preocupação do negociador atender aos *interesses de ambos*, de modo a que seja obtido um resultado substantivo (objetivo), mas, na mesma medida, aprimorado o relacionamento. É o chamado *ganha-ganha*, que tem na distinção entre *posição* e *interesse* a chave para a consecução do consenso. *Posição* é a postura inicial demonstrada pelo negociador, mas que poderá não corresponder ao seu real *interesse*, ou seja, ao que o negociador efetivamente deseja para a satisfação das suas necessidades.

O exemplo clássico fornecido pela Escola de Negociação de Harvard é o caso da laranja e das duas meninas que a disputavam. Ambas possuíam a mesma *posição*: "quero a laranja". A mãe das meninas, não suportando mais a disputa, pegou uma faca, cortou a fruta ao meio e deu uma parte para cada filha. A primeira, insatisfeita com a atitude, pergunta por que a mãe fez aquilo, pois desejava a laranja inteira para fazer um orifício em uma das extremidades e sorver o suco da fruta. Com apenas metade, isso não seria possível. Este era o seu *interesse*: sorver o suco da fruta diretamente. A segunda filha, da mesma forma, ficou insatisfeita, pois queria somente a casca da laranja para fazer letrinhas, conforme havia aprendido em aula. Com metade da laranja, não teria o material necessário para tanto. Esse era o seu *interesse*. Em realidade, a mãe das meninas poderia ter feito apenas uma pergunta: "para que vocês querem a laranja?"

Após a resposta, não precisaria adotar a conduta inadequada que efetivou. Bastaria descascar a laranja e entregar a fruta para a primeira e toda a casca para a segunda filha. Assim, teria a satisfação das duas partes envolvidas no conflito, com o estabelecimento de uma conclusão ganha-ganha.

Tal singelíssimo exemplo, com as modificações e adaptações incluídas no exemplo original da Escola de Harvard, bem informa sobre as propostas simples, mas poderosas, que a negociação pode proporcionar àqueles que, de fato, objetivam solucionar de maneira adequada conflitos, controvérsias e problemas.

Os métodos competitivos ainda se caracterizam pela adoção de posturas inflexíveis, rígidas e formais, ao passo que os colaborativos, pelo oposto. Os procedimentos judiciais refletem com precisão os métodos competitivos, em que um dos lados pretende ganhar e fazer com que o outro perca. Nesse desiderato, são aplicadas condutas inflexíveis, rígidas e formais, geralmente estabelecendo-se uma linguagem escrita e submetendo-se esses procedimentos a rituais que organizam esse tipo de comunicação, a fim de que seja estabelecido o contraditório e permitida a ampla defesa recíproca.

---

[12] Sobre a negociação distributiva, de maneira minuciosa, ver LEWICKI, Roy L., SAUNDERS, David M. e MINTON, John W. *Fundamentos da Negociação*. Porto Alegre: Editora Bookman, 2ª edição.2002. p. 76 até 115.

[13] Idem, p. 116 a 140.

A rigidez das colocações, geralmente lineares e com propostas carentes de alternativas, faz com que a relação se torne formal, estando um dos interlocutores, ou ambos, atrelados, exclusivamente, ao resultado substantivo, material, objetivo, nenhuma importância tendo o relacionamento para o futuro. O método colaborativo adota posturas exatamente contrárias a essas, caracterizando uma negociação mais maleável e dinâmica. Além disso, a estratégia competitiva está alicerçada na doutrina, na jurisprudência e nos pareceres, enquanto a colaborativa busca a solução do conflito nos fatos expostos à mesa por ambas as partes, no diálogo sobre eles, com o objetivo de que seja encontrado um resultado equânime para todos, por intermédio do consenso. No modelo competitivo, vigora a *personalização*, o prazer raivoso de subjugar, a autoestima, o exibicionismo. O colaborativo é *despersonalizado*; nele são afastadas abordagens pessoais (chamadas de *defesas competitivas*), pois o objetivo é solucionar o problema.

Ainda é possível verificar no modelo competitivo a chamada *queda de braço* – disputa por *posições* – ao passo que, na opção colaborativa, são pretendidas soluções melhor acomodadas aos interesses. Como resultado, aquele que perdeu a disputa, muitas vezes, acaba não cumprindo o acordo, motivando a já conhecida maior inadimplência e a menor adesão. O resultado das negociações colaborativas é inverso a esse, havendo maior adesão e adimplência, porque o comprometimento espontâneo de ambos é sentido pelos envolvidos como produto da vontade de cada um deles, o que estimula a que, por coerência, cumpram o pactuado.

Por derradeiro, a postura competitiva resulta em maior demora, porque nela é um contra o outro. Na postura colaborativa, obtém-se maior celeridade, pois é um a favor do outro. Mesmo pontuando que o método colaborativo é o mais adequado para todos, em cursos e aulas de negociação é fundamental o conhecimento do método competitivo, a fim de que possam ser neutralizados seus efeitos e, assim, realinhada a negociação.

3.2. Mediação

A mediação é uma negociação cooperativa facilitada por um terceiro imparcial – não neutro.[14] Esse terceiro deve auxiliar as partes a conversarem, a escutarem, a perguntarem, a entenderem os sinais não verbais de linguagem (proxêmica, cinésica, paralinguística, tacêsica, cronêmica e outras), de modo a que sejam orientadas para a produção de um resultado consensual por elas criado.

Outra característica da mediação utilizada no Brasil, e que talvez seja a marca que a distingue da conciliação, é que ela é informal, porém *estruturada*. Isso quer dizer que não está sujeita a regras processuais, mas segue um rito de eficácia. Destarte, quando é tratado de mediação, ao menos no Direito brasileiro, devemos considerar o cenário no qual são seguidas fases, tais como: 1) Preparação da mediação; 2) Apresentação das regras da mediação na declaração de abertura da interlocução; 3) Narração dos fatos pelas partes e identificação dos problemas; 4) Detecção dos interesses e necessidades; 5) Recontextualização ou reenquadramento; 6) Geração de opções; 7) Seleção das opções; 8) Propostas; 9) Acordo; 10) Avaliação da mediação.

---

[14] Faço o alerta, porque não há como as pessoas serem neutras. Elas têm sua história de vida, sua cultura, convicções e não podem simplesmente neutralizar toda a *bagagem* que as acompanha quando de uma mediação, assim, como acontece, também, com os julgadores. Preconizo, então, que o mediador deva se pautar pela imparcialidade.

Os motivos para que assim seja estão atrelados ao conceito de mediação incluso no artigo 165, § 3º, do novo CPC:

> § 3º O mediador, que atuará preferencialmente nos casos em que houver vínculo anterior entre as partes, auxiliará aos interessados a compreender as questões e os interesses em conflito, de modo que eles possam, pelo restabelecimento da comunicação, identificar, por si próprios, soluções consensuais que gerem benefícios mútuos.

A referência a um vínculo anterior quer significar que existirão questões emocionais em jogo. Por isso, é fundamental a utilização da técnica da mediação, a qual se vale de um tempo maior de interlocução, do manejo do alívio dos sentimentos pela externalização das posições e dos interesses, a fim de que seja alcançado um ponto de relativa objetivação e criatividade, que é o ambiente apropriado para que as partes encontrem, por elas próprias, a solução do conflito. O objetivo da mediação, portanto, é o empoderamento, e não o acordo, porque tem como foco a implementação de uma pedagogia social, por intermédio da qual as pessoas possam, por elas mesmas, resolver seus problemas.

Também é a mediação no CPC *não coercitiva*. As partes precisam aceitar participar da mediação, pois é um cenário de autoajuste. Isso está particularmente claro no artigo 334, § 4º, I, e § 5º, do novo CPC:

> Art. 334. Se a petição inicial preencher os requisitos essenciais e não for o caso de improcedência liminar do pedido, o juiz designará audiência de conciliação ou de mediação com antecedência mínima de 30 (trinta) dias, devendo ser citado o réu com pelo menos 20 (vinte) dias de antecedência.
> (...)
> § 4º A audiência não será realizada:
> I – se ambas as partes manifestarem, expressamente, desinteresse na composição consensual.
> (...)
> § 5º O autor deverá indicar, na petição inicial, seu desinteresse na autocomposição, e o réu deverá fazê-lo, por petição, apresentada com 10 (dez) dias de antecedência, contados da data da audiência.

Transformadora. O objetivo da mediação igualmente estaria em alterar as relações entre os litigantes pelo controle da comunicação entre eles, pela mudança das suas percepções relativamente às suas histórias e pelo equilíbrio de forças.[15] A grande transformação estaria no empoderamento acima comentado e na educação sobre as técnicas de negociação, para que as partes aprendam a resolver os futuros conflitos, valendo-se do reconhecimento mútuo de interesses e sentimentos, com vistas à aproximação e à humanização pela empatia. É importante esse alicerce da mediação, porque seu principal objetivo é a formação da filosofia da paz, por meio da qual as pessoas precisam apreender a praticar posturas que possam resultar no autoajuste, com o auxílio da adequada comunicação, evitando que se acomodem e haja o deslocamento do problema para as Instituições de Estado, como forma de resolver conflitos que podem ser solucionados diretamente pelos envolvidos.

O *controle das partes* é outra característica básica da mediação, na medida em que são elas que terão o controle sobre a controvérsia, criando pontos de consenso a partir da criatividade, do respeito e da compreensão das razões de cada um. Assim, têm as partes o poder de continuar o procedimento de mediação ou, a qualquer tempo, extingui-lo, caso concluam que o acordo não é possível. Também podem adiar a conversa para outra sessão, ou organizar os diálogos da forma que, eventualmente, seja

---

[15] André Gomma citando Baruch Bush e Joseph Folger – The Promise of Mediation, em <www.arcos.org.br/livrosestudosdemediaçãov.2>. Acessado em 03.12.2013.

mais profícua, em situações de interlocuções conjuntas, separadas, com advogados ou de qualquer outra forma que possa viabilizar o consenso.

Não opinativa. Esta característica parte do entendimento que uma parte da doutrina possui sobre o tema quanto à existência de basicamente dois tipos de posturas do mediador, quais sejam a avaliadora e a facilitadora. Na avaliadora, o mediador assume uma posição mais interventiva: avalia e emite prognósticos, recomendações, podendo pressionar as partes para que fechem o acordo (avaliador-restrito), chegando, até mesmo, a oferecer propostas (avaliador-amplo).[16] Na postura facilitadora, o mediador é menos ativo nas pressões, devendo as partes, por si só, encontrarem o consenso, dando a elas um sentimento de efetiva participação e controle sobre a resolução do problema. Entendem os adeptos da postura facilitadora que ela é mais profícua para o efeito de que as partes se autoajustem, encontrem as soluções e se empoderem, com vistas à futura resolução de conflitos.

Ainda alinharia como particularidade da mediação a *ênfase no futuro*, orientando as partes para que não perquiram de culpas ou do passado, devendo focar-se no presente e na prospecção de alternativas úteis e criativas para resolverem as controvérsias.

Precisa ser *confidencial*, promovendo a credibilidade e a confiança nesse espaço de obtenção do consenso, aspecto esse fundamental para que as partes se sintam livres e manifestem suas opiniões, sentimentos, emoções e ideias, sem qualquer barreira ou medo de que venham a sofrer prejuízos decorrentes do que aconteceu nas sessões de mediação. Por fim, são exigidas paciência e suficiência de tempo para o bom desenvolvimento do procedimento de mediação, porque, normalmente, estão envolvidos sentimentos, valores, diferenças culturais e necessidades existenciais, questões essas que precisam de um maior amadurecimento, reflexões, liberação de tensões e de tudo mais que seja necessário para que as pessoas possam manter uma comunicação profícua e humana.

Para tanto, o mediador intervém buscando manter ou converter as partes em negociadores reflexivos e razoáveis, com o fim de que possam trocar dados e ideias sobre seus interesses, comunicando-se sem interferências recíprocas. Isso pode ser feito por meio das técnicas chamadas *uso de perguntas, situações hipotéticas, escuta ativa, respeito e validação dos envolvidos*, buscando gerar empatia entre as partes. Cabe ao mediador, portanto, estabelecer um ambiente construtivo, o que é conseguido pela fixação de regras para o diálogo, começando pelo respeito ao facilitador como líder, a obediência à agenda de trabalho e ao processo de mediação, mas sempre dando oportunidade de conversa e intercâmbio.

É importante, por isso, que o mediador ajude as partes a clarificarem seus valores e exigências mínimas, diminuindo exigências pouco razoáveis e afrouxando posições rígidas e inflexíveis, objetivando buscar ganhos conjuntos, o que é feito pela promoção de posturas colaborativas, já vistas anteriormente. Ainda é atribuição do bom mediador manter viva a chama da negociação, zelando para que não sejam cortados os canais de comunicação e evitando extremos que levem à inadequada ocorrência da impossibilidade de retorno ao veio do consenso.

---

[16] GOMMA, André de Azevedo citando Leonard L. Riskin, da Universidade do Missouri, em *Estudos de Arbitragem em Mediação e Negociação*. Brasília: Brasília Jurídica, Universidade de Brasília, 2002.

Por fim, cabe ao mediador desenhar e redigir com as partes os núcleos de um possível acordo.

Entendo como fundamentais tais abordagens, para que seja possível identificar em que circunstâncias a mediação poderá ser aplicável às situações de trabalho do Ministério Público.

3.3. Conciliação

Conciliar provém do latin *conciliare*, que é reunir, compor e ajustar os ânimos divergentes. Conciliação diferencia-se da mediação, porque esta é mais ritualística, demorada, enquanto a conciliação é rápida, ágil e informal. O conciliador faz propostas de soluções, diversamente do mediador. Portanto, o conciliador intervém diretamente para a obtenção do acordo, enquanto o mediador é um facilitador que busca o empoderamento das partes.

Essas referências estão em sintonia com o artigo 165, § 2º, do CPC novo:

> § 2º O conciliador, que atuará preferencialmente nos casos em que não houver vínculo anterior entre as partes, poderá sugerir soluções para o litígio, sendo vedada a utilização de qualquer tipo de constrangimento ou intimidação para que as partes conciliem.

A menção à ausência de vínculo anterior entre as partes remete para a existência de conflitos objetivos, tais como relacionamentos de consumo massificado entre bancos e seus milhões de clientes, planos de saúde, ou, no caso de conflitos individuais, acidentes de trânsito, nos quais não estarão em jogo questões emocionais complexas e antigas.

Também é característica da conciliação a *canalização das discussões para áreas onde o acordo é mais provável*, inclusive sugerindo uma quantidade específica, quando esse seja o ponto de discórdia, para que o acordo aconteça, isso logo após a escuta dos pontos de vistas divergentes.

O conciliador poderá comentar sobre os riscos da não resolução por acordo, assim como as consequências pessoais e judiciais que poderão decorrer da falta de consenso.

Por vezes, exercendo a sua maior possibilidade de intervenção, ao conciliador caberá convencer alguma parte de que sua visão é distorcida da realidade ou que representa exigência indevida, de modo a mostrar as vantagens de um acordo antecipado, ressaltando os prós e os contras que o acordo acarretará para cada uma das partes. Ainda pode o conciliador oferecer novas fórmulas de acordo não pensadas antes, sugerir que se repartam as diferenças e informar como foram tratados casos semelhantes, aspectos esses que bem ressaltam as diferenças da conciliação e da mediação.

4. Métodos autocompositivos e o Ministério Público

Não há como negar que a palavra *mediação* se tornou um *meme*,[17] sendo utilizada por todos, indistintamente, como sinônimo de tudo que represente conciliação, acordo, consenso, principalmente no espaço jurídico.

---

[17] DAWKINS, Richard. *O Gene Egoísta*. Tradução de Rejane Rubino. São Paulo: Companhia das Letras. 2007. p. 329 e 330: "Afinal de contas, o que os genes têm de tão especial? A resposta é que eles são replicadores... Trata-se da lei segundo a qual toda a vida evolui pela sobrevivência diferencial das entidades replicadoras. O gene, a molécula

Todavia, na forma antes apontada, não é assim. A mediação é um cenário em que um terceiro imparcial auxilia as partes em conflito a negociarem uma solução que seja adequada para ambas, não por intermédio de uma intervenção propositiva de um acordo, mas sim com o objetivo de regular a boa comunicação colaborativa entre aqueles que estão em conflito.

Partindo desse referencial, é possível identificar que o Ministério Público trabalha em maior medida com a *negociação,* e não precipuamente com a *mediação.*

É cabível tal afirmação, porque os cenários de conflitos, de controvérsias e de problemas dos quais participa a nossa Instituição e seus integrantes evidenciam a inicial polarização de posições e de interesses.

Com efeito, seja atuando na defesa do meio ambiente, das questões de saúde, do consumidor, urbanismo, infância e juventude, seja nos espaços atinentes à área criminal, em que são costumeiras interlocuções relativamente à delação premiada, conflitos carcerários etc, o representante do Ministério Público participa como parte, como ator e não como um terceiro imparcial.

Isso deve ser bem compreendido, porque a Instituição Ministerial precisa definir o seu correto perfil como órgão de Estado frente aos métodos autocompositivos, não podendo haver confusão com outros Entes Públicos, sob pena ser iniciado trabalho nessa área a partir de alicerces frágeis e inadequados para a nossa realidade institucional.

Trabalha o Ministério Público predominantemente com negociação (*negativa do ócio*, ressalto sempre), pois, na eventualidade de não ser obtido o consenso, terá o Agente Ministerial que adotar medidas adversariais, tais como o ajuizamento de demandas judiciais.

Por tais razões, precisamos debater com profundidade as práticas de negociação atinentes à comunicação não verbal, aos estudos sobre percepção, empatia, a neurobiologia da cooperação, vieses cognitivos psicológicos, estilos de negociadores, estilos de persuasão, fases de uma negociação complexa, a conversa com pessoas difíceis, e mesmo a negociação intrapessoal, pois essas ferramentas auxiliarão a transformação da Instituição e da própria sociedade.

Este primeiro alerta, todavia, não invalida que os membros e servidores do Ministério Público possam e devam trabalhar com mediação.

Isso não invalida, também, que, por exemplo, em cenários de negociação envolvendo vários colegas e interlocutores, um dos membros do Ministério Público

---

de DNA, é por acaso a entidade replicadora mais comum no nosso planeta... Penso que um novo tipo de replicador surgiu recentemente neste mesmo planeta. Está bem diante de nós. Está ainda na sua infância, flutuando ao sabor da corrente no seu caldo primordial, porém já está alcançando uma mudança evolutiva a uma velocidade de deixar o velho gene, ofegante, muito para trás. O novo caldo é o caldo da cultura humana. Precisamos de um nome para o novo replicador, um nome que transmita a ideia de uma unidade de transmissão cultural, ou uma unidade de *imitação*. 'Mimeme' provém de uma raiz grega adequada, mas eu procuro uma palavra mais curta que soe mais ou menos como 'gene'. Espero que meus amigos classicistas me perdoem se abreviar mimeme para *meme*... Exemplos de memes são melodias, ideias, *slogans*, as modas no vestuário, as maneiras de fazer potes ou de construir arcos. Tal como os genes se propagam no *pool* gênico saltando de corpo para corpo através dos espermatozoides ou dos óvulos, os memes também se propagam no *pool* de memes saltando de cérebros para cérebros através de um processo que, num sentido amplo, pode ser chamado de imitação... Meu colega N. K. Humphrey resumiu claramente...'Quando planta um meme fértil na minha mente, você literalmente parasita o meu cérebro, transformando-o num veículo de propagação do meme, da mesma maneira que um vírus pode parasitar o mecanismo genético de uma célula hospedeira'".

se valha de técnicas de mediação para tentar estabelecer a convergência entre seus demais colegas e os interlocutores. Em tais situações, é preciso que fique claro, não quer dizer que o Agente Ministerial específico é um mediador, mas, apenas, que é um negociador se valendo de técnicas de mediação, tais como a inversão de papéis, a despolarização do conflito, o reconhecimento e validação do que é dito pelos participantes da controvérsia, a recontextualização, e tantas outras práticas disponíveis a todos que estudam e praticam os métodos autocompositivos.

Também deve ser dito que, em várias situações, os Agentes Ministeriais participam de cenários nos quais deverão atuar com *terceiro imparcial* e não como parte – *player*.

Nessas situações, o que normalmente acontece é uma atividade de conciliador e não de mediador. Ressalto esse aspecto, porque existe uma conceituação legal para a mediação, inclusa na Lei nº 13.140/2015 (Lei de Mediação) e no novo Código de Processo Civil.

A Lei nº 13.140/2015 estabelece vários requisitos para que a pessoa possa ser mediador judicial ou extrajudicial. Transcrevo algumas disposições importantes:

> Art. 7º O mediador não poderá atuar como árbitro nem funcionar como testemunha em processos judiciais ou arbitrais pertinentes a conflito em que tenha atuado como mediador.
>
> Art. 9º Poderá funcionar como mediador extrajudicial qualquer pessoa capaz que tenha a confiança das partes e seja capacitada para fazer mediação, independentemente de integrar qualquer tipo de conselho, entidade de classe ou associação, ou nele inscrever-se.
>
> Art. 11. Poderá atuar como mediador judicial a pessoa capaz, graduada há pelo menos dois anos em curso de ensino superior de instituição reconhecida pelo Ministério da Educação e que tenha obtido capacitação em escola ou instituição de formação de mediadores, reconhecida pela Escola Nacional de Formação e Aperfeiçoamento de Magistrados – ENFAM ou pelos tribunais, observados os requisitos mínimos estabelecidos pelo Conselho Nacional de Justiça em conjunto com o Ministério da Justiça.
>
> Art. 30. Toda e qualquer informação relativa ao procedimento de mediação será confidencial em relação a terceiros, não podendo ser revelada sequer em processo arbitral ou judicial salvo se as partes expressamente decidirem de forma diversa ou quando sua divulgação for exigida por lei ou necessária para cumprimento de acordo obtido pela mediação.

Pela simples leitura do artigo 7º já concluiríamos pela existência de grande problema para que o membro do Ministério Público atuasse como mediador, nos moldes preconizados pela Lei. É que há o impedimento legal para que, posteriormente, venha a trabalhar em causa envolvendo as pessoas mediadas, o que pode facilmente acontecer em Comarcas menores, nas quais o Promotor (a) eventualmente precisará atuar como fiscal da lei.

Não fora por isso, é necessário para ser mediador que a pessoa esteja capacitada (art. 9º), qualificação essa que até é possível de ser obtida, mas ainda não é comum dentre os colegas do Ministério Público.

Igualmente, existe o problema da confidencialidade, devendo o mediador manter sigilo sobre os temas abordados na mediação, o que vale tanto para procedimentos arbitrais como judiciais.

Por último, mesmo o procedimento extrajudicial de mediação segue um rito determinado pela Lei nº 13.140/2015, conforme determinam seus artigos 21 e seguintes, o qual normalmente não é seguido pelos colegas, sendo esse mais um dos motivos pelos quais afirmo que os cenários em que membros do Ministério Público normalmente atuam como terceiros imparciais podemos chamar de conciliações, e não de mediações.

De qualquer forma, no desenvolvimento deste trabalho retornarei ao tema, quando abordarei algumas possibilidades futuras de atuações no âmbito da mediação, pois o novo CPC traz como novidade a oportunidade e o estímulo à atuação do Ministério Público na mediação e na conciliação.

5. Normas do novo CPC atinentes à mediação e à conciliação

5.1. Art. 3º, § 3º

Inicio este item retornando ao artigo 3º, § 3º, do novo CPC, antes transcrito. Lá é dito que a "conciliação, a mediação e outros métodos de solução consensual de conflitos deverão ser estimulados por... membros do Ministério Público, inclusive no curso do processo judicial".

A norma legal acima estabelece uma abertura para que outros métodos autocompositivos sejam praticados, tais como a negociação, a justiça restaurativa, as constelações familares[18] [19] e outros que transitem sobre a via da pacificação social, seja no processo como fora do processo.

Conforme salientei acima, o conceito legal de mediação é restritivo, exigindo uma série de requisitos para que o terceiro imparcial seja considerado como mediador.

---

[18] Sinteticamente em https://pt.wikipedia.org/wiki/Constela%C3%A7%C3%B5es_familiares. Acesso em 02.09.2015. "Hellinger desenvolveu seu método a partir de observações empíricas, fundamentadas em diversas formas de psicoterapia familiar, dos padrões de comportamento que se repetem nas famílias e grupos familiares ao longo de gerações. Esse filósofo deparou-se com um fenômeno descortinado pela psicoterapeuta americana Virginia Satir nos anos 70, quando esta trabalhava com o seu método das `esculturas familiares´: que uma pessoa estranha, convocada a representar um membro da família, passa a se sentir exatamente como a pessoa a qual representa, às vezes reproduzindo, de forma exata, sintomas físicos da pessoa a qual representa, mesmo sem saber nada a respeito dela. Esse fenômeno, ainda muito pouco compreendido e explicado, já havia sido descrito anteriormente por Levy Moreno, criador do psicodrama... De posse de detalhadas observações sobre tal fenômeno, Hellinger adquiriu experiência e, baseado ainda na técnica descrita por Eric Berne e aprimorada por sua seguidora Fanita English... descobriu que muitos problemas, dificuldades e mesmo doenças de seus clientes estavam ligadas a destinos de membros anteriores de seu grupo familiar. Hellinger descobriu alguns pontos esclarecedores sobre a dinâmica da sensação de `consciência leve´ e `consciencia pesada´, e propôs uma `consciência de clã´ (por ele também chamada de `alma´-- no sentido de algo que dá movimento, que `anima´), que se norteia por `ordens´ arcaicas simples, que ele denominou de `ordens do amor´, e demonstrou a forma como essa consciência nos enreda inconscientemente na repetição do destino de outros membros do grupo familiar. Essas ordens do amor referem-se a três princípios norteadores: 1 – a necessidade de pertencer ao grupo ou clã; 2 – a necessidade de equilíbrio entre o dar e o receber nos relacionamentos; 3 – a necessidade de hierarquia dentro do grupo ou clã... A `constelação familiar´ consiste em um método no qual um cliente apresenta um tema de trabalho e, em seguida, o terapeuta solicita informações factuais sobre a vida de membros de sua família, como mortes precoces, suicídios, assassinatos, doenças graves, casamentos anteriores, número de filhos ou irmãos. Com base nessas informações, solicita-se ao cliente que escolha entre outros membros do grupo, de preferência estranhos a sua história, alguns para representar membros do grupo familiar ou ele mesmo. Esses representantes são dispostos no espaço de trabalho de forma a representar como o cliente sente que se apresentam as relações entre tais membros. Em seguida, guiado pelas reações desses representantes, pelo conhecimento das `ordens do amor´ e pela sua conexão com o sistema familiar do cliente, o terapeuta conduz, quando possível, os representantes até uma imagem de solução onde todos os representantes tenham um lugar e se sintam bem dentro do sistema familiar."

[19] A técnica tem sido utilizada com sucesso pelo Tribunal de Justiça de Goiás, cujo projeto recebeu o 1º lugar do V Prêmio Conciliar é Legal do Conselho Nacional de Justiça. Sobre o assunto, ver em http://www.cnj.jus.br/noticias/cnj/79702-tjgo-e-premiado-por-mediacao-baseada-na-tecnica-de-constelacao-familiar, acessado em 03.09.2015. Também sobre o assunto vale conferir o trabalho do Juiz de Direito baiano Sami Storch e trabalhos semelhantes que vem sendo desenvolvidos no Mato Grosso, o que pode ser encontrado em https://direitosistemico.wordpress.com/author/direitosistemico/, acessado em 03.09.2015.

Em uma dimensão mais ampla, todavia, à parte a definição legal, mediar significa estar entre dois pontos; *situar-se entre*. Assim, temos inúmeras situações de mediação no nosso dia a dia. A linguagem falada, por exemplo, é uma mediadora que estabelece a comunicação entre as pessoas; um conciliador, no conceito amplo que aqui abordo, também não deixa de ser um mediador, pois está entre dois pontos buscando o ajuste; até mesmo um médium, para aqueles que acreditam na doutrina espírita, como diz a própria palavra, realizaria a mediação entre este mundo e outras existências paralelas (a física quântica para alguns seria a explicação científica para tais possibilidades).

Faço tais comentários, porque a abertura legal para a prática de "...outros métodos de solução consensual de conflitos..." não autoriza que sejamos tão categóricos em dizer "Membros do Ministério Público não podem ser mediadores".

Por isso, também coloco à reflexão que, na compreensão ampla do que seja uma mediação, não estaria vedada tal técnica à nossa Instituição Ministerial.

Esse é um aprofundamento que se impõe.

5.2. Estímulos legais da nova Lei à autocomposição

Merecem especial reflexão as previsões relativas às despesas processuais impostas ao Ministério Público, haja vista que, sem a menor dúvida, serão contundentes estímulos ao desenvolvimento de uma atuação mais voltada para a obtenção do consenso antes do processo.

Com efeito, o artigo 91 do novo CPC menciona que "as despesas dos atos processuais praticados a requerimento da Fazenda Pública, do Ministério Público ou da Defensoria Pública serão pagas ao final pelo vencido".

Da mesma forma, os §§ 1° e 2° deste artigo referem que: "As perícias requeridas pela Fazenda Pública, pelo Ministério Público ou pela Defensoria Pública poderão ser realizadas por entidade pública ou, havendo previsão orçamentária, ter os valores adiantados por aquele que requerer a prova (...). Não havendo previsão orçamentária no exercício financeiro para adiantamento dos honorários periciais, eles serão pagos no exercício seguinte ou ao final, pelo vencido, caso o processo se encerre antes do adiantamento a ser feito pelo ente público".

Tais normas alteram substancialmente as prerrogativas que vinham sendo reconhecidas ao Ministério Público no processo, quando atue como parte, porque impõem que deverá haver uma previsão orçamentária para tais ônus.

Não posso omitir que não concordo com a regra, porque o Ministério Público somente atuará como parte na defesa dos interesses sociais ou individuais indisponíveis, conforme artigo 127 da Constituição Federal.

Portanto, para o cumprimento desse mister, não se compreende a cobrança de atos processuais aos próprios Entes Públicos, no caso o Estado ou a União, que remuneram a Instituição Ministerial (MP Estadual e Federal). Seria semelhante à condenação do Estado a honorários advocatícios em causas patrocinadas pela Defensoria Pública buscando medicamentos em processos individuais, o que já está, inclusive, superado pela Súmula n° 421 do STJ.

Aliás, o novo CPC aparentemente conteria contradição, pois o seu artigo 1007, § 1°, mantém a dispensa do preparo recursal para o Ministério Público e outros Entes Públicos.

Alguns especulam, talvez com parcela de razão, que o novo Diploma Legal teria sido concebido com um enfoque mais voltado para o réu, e não para o autor, sendo que essas regras de custeio direcionadas aos Entes Públicos cumpririam a função de restringir as demandas judiciais coletivas, e mesmo individuais.

Outra questão que se coloca é se o novo CPC se aplica diretamente ao chamado Processo Civil Coletivo?

De fato, a comissão que tratou da nova legislação optou por excluir as Ações Coletivas e as Ações Civis Públicas, porque a eventual inclusão dessa ampla e profunda matéria poderia inviabilizar a rápida aprovação do CPC. Não fosse pelas várias manifestações neste sentido, dos juristas que compuseram a comissão de elaboração da nova Lei, o CPC é expresso ao confirmar a independência do Processo Civil Coletivo, o que pode ser concluído pela simples leitura do artigo 139, X, segundo o qual incumbe ao juiz, "...quando se deparar com diversas demandas individuais repetitivas, oficiar o Ministério Público, a Defensoria e (...) outros legitimados a que se referem o art. 5° da Lei n° 7.347 (...) e o art. 82 da Lei n° 8.078 (...) para promover a propositura da ação coletiva respectiva.". O veto ao artigo 333, que tratava da conversão da ação individual em coletiva, é mais uma evidência da independência do Processo Coletivo. Na ocasião, a Presidência da República referiu que: "O tema exige disciplina própria para garantir a plena eficácia do instituto. Além disso, o novo Código já contempla mecanismos para tratar demandas repetitivas.".

Destarte, a legislação especial coletiva está em vigor.

Ocorre que a Lei 7.347/85 possui regras próprias relativamente aos ônus processuais no artigo 18, quando refere que, nas "...ações de que trata essa Lei, não haverá adiantamento de custas, emolumentos, honorários periciais e quaisquer outras despesas, nem condenação da associação autora, salvo comprovada má-fé, em honorários de advogado, custas e despesas processuais.".

Igual regra consta no artigo 87 do CDC: "Nas ações coletivas de que trata este Código não haverá adiantamento de custas, emolumentos, honorários periciais e quaisquer outras despesas, nem condenação da associação autora, salvo comprovada má-fé, em honorários de advogados, custas e despesas processuais.".

Consequentemente, configura-se evidente antinomia, a qual somente poderá ser resolvida por intermédio de uma interpretação sistemática do direito, à luz de princípios, o que resultará, do meu ponto de vista, na prevalência das regras especiais que amparam as ações coletivas, haja vista que os princípios da vulnerabilidade, da igualdade, da hipossuficiência, do devido processo social, da tutela jurisdicional diferenciada, da interpretação pragmática[20] e tantos outros evidenciam que é necessária a facilitação da defesa dos interesses coletivos *lato sensu* (difusos, coletivos *stricto sensu* e individuais homogêneos).

O entendimento que adoto tem em vista, igualmente, o fato de que os custos processuais das associações e entes despersonalizados dos artigos 5° da Lei n°

---

[20] Em MORAES, Paulo Valério Dal Pai. *Macrorrelação Ambiental de Consumo*. Porto Alegre: Livraria do Advogado, 2013.

7.347/85 e artigo 82 do CDC continuariam a ser regidos pelos artigos 18 da Lei da Ação Civil Pública e 87 do CDC, pois tais legitimados não constam no artigo 91 do novo Código de Processo Civil, enquanto o Ministério Público estaria na categoria *diferenciada* dos que *pagam para fazer o serviço público de proteção dos interesses coletivos e de relevância social*!

Relembro que foi opção da comissão que elaborou o novo CPC tangenciar as Ações Coletivas. Desta forma, o microssistema de Processo Civil Coletivo deve permanecer incólume como um todo, não sendo admissíveis retaliações escamoteadas como a aqui tratada, ainda mais quando se evidenciam como absolutamente incompatível com os alicerces do novo Diploma Processual.

Para mim, a norma do artigo 91 valerá apenas para as situações em que o Ministério Público intervenha como autor de demanda individual, eis que, na hipóteses em que atuar com fiscal da lei, o artigo 82, § 1º, do novo CPC, estabelece que o autor da ação pagará.

Entretanto, caberá aos membros do Ministério Público debater o tema e estabelecer uma posição de consenso, que seja compatível com a defesa da sociedade.

Caso a opção Institucional seja pela simples aceitação das novas regras restritivas, será impositivo um maior empreendimento no sentido da negociação e do consenso antes do ajuizamento da demanda, inclusive como forma de obediência ao princípio da economicidade, previsto no artigo 70 da Constituição Federal, e mesmo da eficiência, incluso no artigo 37 também da Carta Magna

Outra norma bastante estranha é o artigo 302 do novo CPC, assim escrito:

Art. 302. Independentemente da reparação por dano processual, a parte responde pelo prejuízo que a efetivação da tutela de urgência causar à parte adversa, se:
I – a sentença lhe for desfavorável;
II – obtida liminarmente a tutela em caráter antecedente, não fornecer os meios necessários para a citação do requerido no prazo de 5 (cinco) dias;
III – ocorrer a cessação da eficácia da medida em qualquer hipótese legal;
IV – o juiz acolher a alegação de decadência ou prescrição da pretensão do autor.

Na questão da tutela provisória de urgência, está previsto na Lei em questão que a revogação da tutela por alguma das hipóteses dos incisos do artigo 302 imporá ao autor a penalização por dano processual, além da obrigação de pagar pelos prejuízos que a efetivação da tutela causar à parte adversa.

Quanto a este tópico, é possível que tenhamos que fazer o mesmo raciocínio anterior, porque o artigo 84, § 3º, do Código de Defesa do Consumidor (aplicável à Lei nº 7.347/85 por expressa determinação do seu artigo 21) prevê a tutela antecipada para as ações coletivas, somente sendo aplicável o CPC, por previsão do artigo 90, subsidiariamente.

Todavia, se a opção ou a tendência jurisprudencial for a ampliação da aplicação do artigo 302 do novo CPC para as ações coletivas, o Ministério Público e os demais colegitimados coletivos terão mais um obstáculo tendente a dificultar a proteção dos interesses coletivos *lato sensu*, na medida em que, certamente, os autores terão receio de que, por causa da improcedência da ação ou de eventual declaração de prescrição, sejam autorizadas as sanções processuais.

A pergunta que faço é: e se o magistrado indeferir a tutela de urgência requerida? A parte ré responde pelo prejuízo que a não efetivação da tutela de urgência causar à parte adversa? Nesse caso, a parte ré também não deveria responder por dano processual? Não estaríamos diante da situação "um peso, duas medidas"? Não se constituiria tal falta de isonomia em um retorno ao *processo do réu*?

Esses questionamentos nos levam à reflexão, e, no caso, bastante profunda, porque a norma prevê uma responsabilidade pelo risco integral, e não apenas objetiva, haja vista que não há a previsão de excludentes de responsabilidade!

Por certo que, a vingar a tese da aplicação desses dispositivos às ações coletivas, a defesa do interesse público primário (interesse social) terá sido imensamente dificultada, o que contraria diretamente todo o sistema processual previsto na Constituição Federal, principalmente o princípio da duração razoável do processo, haja vista que os autores tenderão a ter mais cautela na formulação de pleitos antecipatórios, o que resultará na maior demora dos feitos.

Não bastasse isso, em muitas situações, acordos são feitos após o deferimento da tutela antecipada. Como consequência, se um menor número de postulações nesse sentido tiverem de ser propostas, o resultado será um evidente desestímulo às conciliações e às mediações incidentais.

5.3. A autocomposição é dever do juiz

O artigo 139, V, da nova Lei, estabelece que é dever do juiz "promover, a qualquer tempo, a autocomposição, preferencialmente com o auxílio de conciliadores e mediadores judiciais.".

Os membros do Ministério Público devem estar atentos a esse comando legal "...a qualquer tempo...", principalmente no segundo grau, pois os Tribunais têm uma propensão a posturas mais formais e adversariais, cultura essa que está mudando, mas, por vezes, necessitará da atuação Ministerial nas instâncias superiores, objetivando estimular a adoção dos meios adequados de resolução de conflitos.

Não são incomuns casos concretos complexos, nos quais uma solução negociada pode ser muito mais adequada, o que normalmente acontece, porque no espaço de consenso podem ser trocadas informações com mais agilidade e amplitude, oportunizando que o acordo possa abranger detalhes de implementação insuscetíveis de serem estabelecidos por decisão judicial. Um exemplo particularmente rico aconteceu em negociação realizada pelo Ministério Público Federal, capitaneada pelo Procurador da República Alexandre Gavronski, na qual foram fixados pontos em TAC com companhia telefônica, que previa a abertura de lojas de atendimento direto ao consumidor. Nesta negociação houve um tal nível de minúcias que chegou até mesmo a discussões sobre o número de atendentes por lojas, se haveria estrutura para resolver as questões nos próprios locais e, até mesmo, o horário de funcionamento, detalhes estes que jamais seriam possíveis de ser estabelecidos por uma decisão judicial.

Pensando em tais situações, teremos de solucionar previamente problemas internos, tal como a definição sobre os representantes da Instituição, ou seja, se os colegas que atuam em segundo grau exclusivamente, ou em conjunto com os colegas de primeiro grau, ou, até mesmo, se existirão estruturas de negociação especializada em cada Ministério Público para a execução dessa importante tarefa. Parece que é hora de pensarmos nesta última hipótese seriamente.

São reflexões que precisamos fazer.

5.4. Da autocomposição como órgão autor

O artigo 139, X, do novo CPC estabelece outro dever aos Magistrados: "(...) quando se deparar com diversas demandas individuais repetitivas, oficiar o Ministério Público, a Defensoria e (...) outros legitimados a que se referem o art. 5° da Lei n° 7.347 (...) e o art. 82 da Lei n° 8.078...para, se for o caso, promover a propositura da ação coletiva respectiva".

É justamente no âmbito da atuação como órgão autor que o Ministério Público exerce a sua mais ampla e profunda atividade no espaço da autocomposição, quando, como ator, vale-se da negociação para a obtenção do consenso com seus interlocutores, a fim de evitar a propositura das ações coletivas.

Especial destaque merece a norma ao prever, entre as vírgulas, "...se for o caso...", porque somente será o caso de ingresso da ação nas situações em que o acordo não puder ou não tiver sido conseguido no âmbito extrajudicial.

Então é aqui que, sem a menor dúvida, está a grande porta de abertura para a nova prática de trabalho da nossa Instituição, porque, para além de belos arrazoados e extensas peças de retórica escrita, deverão os membros do Ministério Público adquirir expertise nas áreas do conhecimento que poderão melhorar a performance no tocante ao ajuste com os interlocutores da Instituição.

Por isso, precisamos estimular o desenvolvimento de novos conhecimentos para os (as) colegas na arte da comunicação, da criatividade, da inovação, da neurobiologia, da psicologia, sendo, de fato, incrível que trabalhemos diretamente com o ser humano, mas, paradoxalmente, do funcionamento do ser humano praticamente nada conhecemos.

Como membros do Ministério Público, somos profundos conhecedores das Leis, de suas entrelinhas e de como confeccionar argumentações aparentemente coerentes com a realidade. Todavia, das necessidades humanas e como satisfazê-las alicerçados no princípio da paz solenemente tangenciamos, o que tem contribuído para a proliferação de demandas judiciais que não têm fim.

O interesse público e, principalmente, o interesse social serão, portanto, os motivos prioritários para que implementemos práticas cotidianas de boa comunicação orientadas ao consenso extrajudicial, o que nos permitirá o mais pronto atendimento das demandas sociais e, com certeza, o fortalecimento do Ministério Público como órgão de Estado, haja vista que estará chamando para si a resolução das questões controvertidas da sociedade, e não simplesmente repassando ao Poder Judiciário, como acontece atualmente na prática diária.

Ou seja, ao entregarmos ao Poder Judiciário a resolução do problema, estamos abrindo mão do nosso poder como Instituição mais próxima das comunidades de resolver de forma adequada, detalhada e real as complexas agruras que assolam a sociedade, o que é particularmente mais marcante, quando comparado com a demora, o formalismo e a rigidez das conclusões possíveis em nível judicial.

Em vista disso, mais treinamento, capacitação e envolvimento com outras áreas do conhecimento que alicerçam os métodos autocompositivos, passarão a ter de integrar as nossas rotinas de trabalho, pois, agora, por expressa determinação legal, é imperativo que assim aconteça.

É uma pena que grande parte dos membros do Ministério Público ainda não perceba o diferencial que essa nova ciência do consenso outorga àqueles que desenvolvem as habilidades da escuta ativa, do uso de perguntas, das linguagens não verbais (acima já referidas), dos princípios da persuasão e, principalmente, da negociação intrapessoal (estudo feito por Erica Fox a partir dos arquétipos que estão em todos nós e que treina o equilíbrio entre nossos negociadores internos, quais sejam o sonhador, o pensador, o guerreiro e o amante, organizados pelos arquétipos operacionais do vigia, capitão e viajante), ferramenta esta última decisiva em negociações complexas em que a emoção pode fazer com que percamos os níveis de profissionalismo e despersonalização exigíveis de um membro do Ministério Público que está na defesa da sociedade, e não das suas questões pessoais.

Nesse viés de possível atuação como autor de uma demanda, afigura-se como prioritário o trabalho pré-judicial dos integrantes da Instituição Ministerial. Até porque, em nível pré-judicial, o artigo 784, IV, do novo CPC reforça que o "...instrumento de transação referendado pelo Ministério Público..." é título executivo.

Também temos o TAC – Termo de Ajustamento de Conduta –, o qual continua respaldado e fortalecido na nova Lei, haja vista que permanece a norma que consta no artigo 645 do atual CPC, tendo sido repetida no artigo 814 da nova Lei. Segundo este último preceito, na execução das obrigações de fazer ou não fazer, o juiz, ao despachar a inicial, fixará "... multa por período de atraso no cumprimento da obrigação e a data a partir da qual ela será devida.". O parágrafo único do 814 ainda esclarece que, "... se o valor da multa estiver previsto no título e for excessivo, o juiz poderá reduzi-lo.".

O assunto acima sempre foi objeto de abordagem nos treinamentos que fazemos sobre negociação, porque inúmeros termos de ajustamento de conduta deixaram e deixam de ser firmados pelos membros do Ministério Público, principalmente com Entes Públicos. Isto acontece pelo fato de os agentes públicos que representam as Instituições investigadas se recusarem a assinar acordos que prevejam multas por descumprimento. Pois tais multas não precisam constar no título, porque, conforme é mencionado no artigo 814, o juiz poderá fixá-la quando da execução do mesmo. É bem verdade que o melhor é já estarem previstas as multas no título, todavia, se isso for obstáculo à sua constituição, não parece sensato que não possamos abrir mão da sua inclusão no documento. O que a lei refere sobre o TAC é que deva ter uma cominação legal, sendo a própria menção no sentido de que o seu descumprimento acarretará o ajuizamento da ação de execução cabível reconhecida como uma cominação suficiente para a caracterização do título executivo. Veja-se que mesmo constando no título a multa, pelo parágrafo único do artigo 814 do novo CPC, se o juiz entender que é excessiva, poderá reduzi-la, sendo, aliás, comuns tais ocorrências. Por isso, a sugestão é que o artigo em questão seja lembrado como um argumento útil para a formatação de negociações pelo Ministério Público.

Na atuação como autor de ações coletivas ou individuais, deve ser atentado, em primeiro lugar, para o artigo 318, do novo CPC, quando refere que se aplica "... a todas as causas o procedimento comum, salvo disposição em contrário.". No parágrafo único deste artigo é dito que o procedimento comum aplica-se subsidiariamente aos demais procedimentos especiais.

Como o artigo 90 do CDC menciona que o CPC é usado subsidiariamente, será o procedimento comum o rito também das ações coletivas, bem como das individuais propostas pelo Ministério Público.

Especial destaque merece, em vista disso, o artigo 334, da nova Lei Processual, oportunidade em que prevê que, recebida a petição inicial, e não sendo caso de improcedência liminar, o juiz designará audiência de conciliação e mediação.

Múltiplas questões serão suscitadas a partir dessa norma, porque, em princípio, ela será obrigatória, somente não acontecendo a audiência se ambas as partes manifestarem desinteresse pela composição consensual (art. 334, § 4º, I) ou na hipótese em que ela não for admissível (art. 334, § 4º, II), devendo o autor indicar o desinteresse na petição inicial, e o réu, por petição, 10 dias antes da data da audiência (art. 334, § 5º).

Em assim sendo, devemos estar preparados para ela, inclusive no que tange à questão da recusa quanto à realização da audiência de conciliação ou de mediação, porque o artigo 3º, § 3º, já comentado, refere que os métodos autocompositivos deverão ser estimulados pela nossa Instituição. Dessa forma, poderá ser considerado contraditório que o Ministério Público, já na petição inicial, aponte que não deseja conciliar ou mediar.

Alguns colegas certamente argumentarão que não é admitida a autocomposição nas causas que envolvem os interesses ditos indisponíveis. Todavia, a questão da indisponibilidade não é tão categórica como parece a muitos. Na medida em que a defesa do interesse público e da relevância social esteja no acordo, ele deve ser feito.

Não é possível neste ensaio ampliar a informação relativamente ao complexo tema da indisponibilidade dos direitos. Por isso, faço a imperativa menção ao trabalho do Procurador da República Alexandre Gavronski,[21] sem dúvida o que tem de melhor escrito sobre o assunto no Brasil, no qual ele conclui que "... **É, sem dúvida, possível a negociação em tutela coletiva sem que haja disposição sobre os direitos coletivos pelos legitimados a defendê-lo** (...).Assim, quando o membro do Ministério Público, num TAC ou numa Recomendação, especifica as condições de modo, tempo ou lugar para implementação de determinado direito, ou o conteúdo de algum conceito jurídico indeterminado, ou, ainda, identifica as consequências de aplicação de determinada regra ou princípio jurídico para, no caso concreto, bem definir as obrigações do apontado responsável pela ameaça ou lesão a direitos coletivos que são necessárias para prevenir ou corrigir uma ou outra, não está dispondo desses direitos, mas antes os concretizando, vale dizer, interpretando-os à luz do caso concreto e definindo os elementos essenciais para sua efetiva implementação. **Bem ao contrário de disposição, o que se está fazendo é afirmar o direito e definir condições e especificações sem as quais sua efetividade ficaria prejudicada**.".[22]

Da mesma forma, devemos estar preparados para os novos cenários de consenso nos quais estaremos inseridos como membros do Ministério Público. Serão interlocuções não necessariamente presididas por magistrados, mas por conciliadores e mediadores.

---

[21] Em Manual de Negociação e Mediação Para Membros do Ministério Público. Belo Horizonte: Centro de Estudos e Aperfeiçoamento Funcional do Ministério Público do Estado de Minas Gerais – CEAF –, 2014, p. 153 até 167.

[22] Obra citada, p. 153 e 156.

Esse é um ponto aparentemente singelo. Entretanto, em verdade, não é. Isso, porque temos toda uma tradição de trabalho atrelada ao Poder Judiciário, às suas estruturas, seus rituais e seus personagens, não sendo fácil para muitos aceitar as mudanças. Portanto, são compreensível as resistências, não sendo poucas as críticas de colegas no sentido de que não se sentem à vontade em audiências presididas por um assistente social, um psicólogo ou mesmo um advogado.

De fato, temos muito a refletir sobre nossas posturas, e, ressignificando, talvez, algumas delas, aceitarmos que não fomos forjados nas Universidades e na própria formação institucional a partir dos métodos consensuais, mas, bem ao contrário disso, essencialmente nas práticas adversariais. Os conciliadores e mediadores, por sua vez, são profissionais treinados para a facilitação do consenso, e, provavelmente, estejam mais preparados para tais vivências de pactuação, do que os membros do Ministério Público, motivo pelo qual, no mínimo, merecem respeito.

Mesmo assim, tenho a convicção de que, passados os momentos iniciais de ajuste às novas estruturas consensuais, e implementadas as capacitações e os estudos sobre negociação, mediação e conciliação nas estruturas da nossa Instituição, tais perplexidades irão sendo reduzidas, fazendo com que prevaleça o princípio da vinculação ao interesse (PVI).[23] No caso, a satisfação do interesse público e do interesse social.

5.5. Da conciliação e da mediação

Do artigo 165 até o 175 do novo CPC temos a Seção V do Capítulo III (dos Auxiliares do Juiz), compartimento este específico dos conciliadores e mediadores.

Essa é a grande novidade do novo CPC, pois agora os Tribunais deverão criar centros judiciários de solução consensual de conflitos, os quais terão conciliadores, mediadores e câmaras privadas de conciliação e mediação (art. 167) neles inscritos em cadastros, para a execução dos serviços consensuais, estando aberta a possibilidade, também, por intermédio do artigo 167, § 6º, do CPC, para que o Tribunal crie quadro próprio desses profissionais, provido por concurso.

Os profissionais dos serviços consensuais e das câmaras privadas serão remunerados (art. 169), abrindo-se, portanto, um novo mercado de trabalho para aqueles que pretendam laborar na pacificação dos conflitos.

Especial destaque merece a norma do artigo 174, a qual determina que a "... União, os Estados, o Distrito Federal e os Municípios criarão câmaras de mediação e conciliação, com atribuições relacionadas à solução consensual de conflitos no âmbito administrativo", o que bem evidencia a dimensão panprocessual da nova Legislação Processual Civil.

A importância deste dispositivo é vital, pois a grande massa de processos contra o Estado (União, Estados e Municípios) contribui com 51%[24] do total de feitos judiciais. A outra grande fatia de processos judiciais adviria das relações de consumo.

---

[23] MORAES, Paulo Valério Dal Pai e MORAES, Márcia Amaral Correa de. *A Negociação Ética para Agentes Públicos e Advogados*. Belo Horizonte: Editora Fórum, 2012, p. 116 a 126.

[24] Segundo FICHTNER, José Antônio, em palestra proferida no Global Mediation Rio, em 27 de novembro de 2014, no Auditório da Escola da Magistratura do Rio de Janeiro, dos 95 milhões de processos brasileiros, 38% são relativos ao setor financeiro e bancário, 6% telefonia, 5% outros e 51% feitos envolvendo União, Estados, Distrito Federal e Municípios. Tais dados foram parcialmente confirmados pelo Secretário de Reforma do Judiciário, Flávio Crocce

Não por outra razão é que surgiu, no âmbito federal, em 2014, a ENAJUD (Estratégia Nacional de Não Judicialização), por intermédio da Portaria Interinstitucional nº 1.186, de 02 de julho de 2014, a qual tem como "objetivos desenvolver, consolidar e difundir procedimentos, mecanismos e métodos alternativos de solução de conflitos, promovendo a prevenção e a redução dos litígios e contribuindo para a ampliação do acesso à justiça.".[25]

A ENAJUD foi concebida, segundo consta no seu 1º Relatório,[26] com os "[...] quatro principais grupos da sociedade que serão por ela afetados: o setor público, o setor bancário, o setor varejista e o setor das telecomunicações". Nesse relatório é dito que a Estratégia Nacional "[...] baseou-se em dois documentos: 'Os cem maiores litigantes do Poder Judiciário', elaborado pelo CNJ, referente ao ano de 2011; e o 'Boletim do Sistema Nacional de Informações de Defesa do Consumidor (SINDEC)', referente aos dados das reclamações recebidas pelos PROCONS no ano de 2012.".

No documento acima referido está a grande meta da nova Lei: a resolução consensual de milhões de conflitos de consumo, previdenciários, relativos a diferenças salariais etc., os quais normalmente correspondem a causas repetitivas e que não envolvem maiores discussões depois de firmado o consenso em torno dos aspectos jurídicos que, após um tempo de consolidação das questões, normalmente prevalecem nesse tipo de demanda.

Dessa forma, a criação de estruturas próprias de mediação e de conciliação não está vedada ao Ministério Público, que pode, assim, atuar naquelas matérias que estejam afinadas com a sua vocação constitucional, alicerçado em convênios com o Poder Judiciário e com outros órgãos e instituições, com o fito de garantir o eficiente cumprimento dos consensos eventualmente obtidos. Isso está diretamente autorizado pelo artigo 175 do novo CPC, quando refere que as disposições da seção sobre mediadores e conciliadores judiciais não "...excluem outras formas de conciliação e mediação extrajudiciais vinculadas a órgãos institucionais ou realizadas por intermédio de profissionais independentes, que poderão ser regulamentadas por lei específica.". O artigo 784, IV, do novo CPC, ampara essa possibilidade, ao prever que "o instrumento de transação referendado pelo Ministério Público, pela Defensoria Pública, pela advocacia pública..." é título executivo extrajudicial.

No Brasil, já existem práticas de mediação sendo trabalhadas pelo Ministério Público. Um excelente exemplo são os 11 centros de mediação comunitária criados pelo Promotor de Justiça Francisco Edson Landim, de Fortaleza, experiência essa paradigmática para nossa instituição e que tem obtido o consenso em conflitos atinentes a questões familiares e a problemas de vizinhança, dentre outros.

No Estado do Rio de Janeiro, existe o GMRC – Grupo de Mediação e Resolução de Conflitos[27] – do Ministério Público, que trabalha tanto com demandas internas

---

Caetano, palestrando no mesmo dia, no Global Mediation Rio, apenas referindo que Bancos e Setor Financeiro corresponderiam a 31%. Ainda referiu que temos 17.000 juízes, 12.500 promotores de justiça, 6.500 Defensores Públicos, 850.000 advogados, 3 milhões de bacharéis e um milhão de matriculados em Faculdades de Direito.

[25] Em 1º Relatório 2014-2015 da Estratégia Nacional de Não Judicialização. Secretaria de Reforma do Judiciário do Ministério da Justiça. p. 6.

[26] Fonte já citada do 1º Relatório da ENAJUD, p. 6.

[27] Ver em http://www.mprj.mp.br/cidadao/projetos-e-campanhas/gmrc, acessado em 04.09.2015.

encaminhadas por Promotores e Procuradores de Justiça, como também a partir de pedidos externos.

No Amapá, existe o "Programa MP Comunitário",[28] inclusive com dois ônibus itinerantes, que realiza trabalho de mediação comunitária em geral, sendo coordenador o colega André Luiz Dias de Araújo.

Em Recife, foi criado, em 2009, o "Núcleo de Justiça Comunitária de Casa Amarela",[29] uma iniciativa da Prefeitura do Recife, do Ministério Público Estadual e da Defensoria Pública, a partir de projeto piloto do MPPE, cuja coordenadora é a colega Sineide Canuto.

Ainda ressalto que o artigo 236, § 3º, da nova Lei Processual, admite a "...prática de atos processuais por meio de viodeoconferência ou outro recurso tecnológico de transmissão de sons e imagens em tempo real", sendo razoável interpretar que o mesmo possa ser feito em nível extrajudicial pelo Ministério Público, oportunizando a realização de reuniões complexas com vários colegas ou mesmo entre eles e outros interlocutores.

Isso facilitará e economizará muito dinheiro público, atualmente gasto em diárias e custos em geral de viagens para vários agentes públicos, que poderiam se reunir em seus locais de trabalho, por intermédio do uso da tecnologia.

No meio empresarial é assim que as coisas acontecem para diminuir gastos e tornar a empresa competitiva. Por que no setor público a coisa é diferente? Talvez pela mera questão cultural e pela falsa convicção de que o dinheiro público nunca acaba!

Como visto, a criatividade e a inovação passarão a ser nossas duas maiores ferramentas de trabalho, cabendo aos agentes desse novo Ministério Público do terceiro milênio experienciar essas novidades e, muito mais do que isso, oportunidades em termos de atuação profissional, o que promoverá o retorno à nossa origem institucional antes representada pelas expressões "Promotora Pública" e "Promotor Público".

É possível que essa seja a grande chance de recuperarmos nossa identidade e unidade como Instituição.

5.6. A defesa do interesse público e social pelos métodos autocompositivos – o custos legis *agente*

O artigo 176 do novo CPC repete o que consta no artigo 127 da Constituição Federal, informando que o Ministério Público "atuará na defesa da ordem jurídica, do regime democrático e dos interesses e direitos sociais e individuais indisponíveis.".

Logo a seguir, no artigo 178, I, é referido que o MP será intimado para intervir nos processos que envolvam "interesse público ou social".

A norma acima apresenta de forma ostensiva a pauta maior da nossa Instituição, estabelecendo distinção entre interesse público e interesse social.

O interesse público indicado pela Lei é o chamado interesse público secundário, portanto, relativo às pessoas jurídicas direito público, enquanto o interesse social

---

[28] Disponível em http://www.mpap.mp.br/o-que-e-mp-comunitario, acessado em 04.09.2015

[29] Disponível em http://siteantigo.mppe.mp.br/index.pl/clipagem20092705_nucleo e http://www.mppe.mp.br/mppe/index.php/cidadao/nucleos-e-gts, acessados em 08.09.2015.

corresponderia ao interesse público primário atinente ao bem comum; à sociedade como um todo.[30]

Carlos Alberto de Sales[31] acolhe tal distinção, no que é seguido por Ricardo de Barros Leonel,[32] palavras que merecem transcrição:

> Os interesses públicos, em virtude do regime jurídico de direito público, podem ser caracterizados, a princípio, pela sua preeminência em relação aos privados e pela nota de indisponibilidade, por serem voltados à consecução dos fins gerais da União, dos Estados, dos Municípios, bem como das respectivas entidades de administração indireta sujeitas ao regime jurídico de direito público (autarquias e fundações públicas).
>
> Afirma-se também que o interesse público se identifica com o próprio interesse social ou geral,[33] mas nem sempre isso ocorre na prática. Daí o desdobramento do conceito, para a delimitação de um interesse público primário ou secundário. O interesse público primário poderia ser compreendido como o interesse geral, social, ou seja, de todos os membros da comunidade, ideia aproximada à concepção dos interesses sura ou metaindividuais. De outro lado, seria possível aferir a existência de um interesse público secundário, inerente à Administração Pública, i. é, às pessoas jurídicas de direito público que integram a administração direta ou indireta do Estado.[34]

Tendo em vista esse bom consenso conceitual encontrado na doutrina, é útil que o Ministério Público siga a distinção proposta, até porque tem sido utilizada na jurisprudência do Supremo Tribunal Federal[35] e do Superior Tribunal de Justiça.[36]

Feitas essas colocações, torna-se possível, agora, ingressar na interpretação do parágrafo único do artigo 178, porque ele está diretamente vinculado ao inciso I da norma, haja vista que as situações inclusas nos incisos II e III do preceito já impõem, por si só, a presença do Ministério público, ou seja, pela existência de incapaz e pela existência de litígio coletivo.

Lícito concluir, então, que a intervenção do Ministério Público nos processos em que esteja participando a fazenda pública acontecerá em todos os casos em que o *interesse público secundário* (interesse público previsto no inciso I do artigo 178) ou o *interesse social* estejam presentes, a menos que passemos a adotar o insólito entendimento no sentido de que a expressão "interesse público" do inciso I é sinônimo de "interesse social". A vingar tal entendimento, e teríamos um grande problema de cunho hermenêutico, que remete a Carlos Maximiliano,[37] quando, com simplicidade esclarecedora, ensina que a lei não pode conter palavras inúteis. Em significando as

---

[30] ALESSI, Renato. *Sistema instituzionale Del diritto amministrativo italiano*. 1960, p. 197-8.

[31] SALES, Carlos Alberto de. *Legitimidade para Agir: Desenho processual da atuação do ministério público, in Ministério Público, Instituição e processo.* Coordenador Antonio Augusto Mello de Camargo Ferraz, 2ª ed. Editora Atlas, p. 245

[32] *Manual de Processo Coletivo*. 2ª ed. rev. atual. e ampl. São Paulo: Revista dos Tribunais. 2011, p. 85.

[33] MANCUSO, Rodolfo de Camargo. *Interesses Difusos – Conceito e legitimação para agir*, cit., p. 29-30.

[34] MAZZILLI, Hugo Nigro. *A Defesa dos interesses difusos em juízo,* 11. ed. São Paulo, Saraiva, 1999, citando Renato Alessi como idealizador da distinção (p. 38-39). Maria Sylvia Zanella Di Pietro, *Dicricionariedade administrativa na Constituição de 1988,* São Paulo, Atlas, 1991, formula a mesma distinção, acrescentando ainda dado importante no sentido de que "em caso de conflito, o interesse público primário deve prevalecer sobre o interesse público secundário, que diz respeito ao aparelhamento administrativo do Estado" (p. 164)

[35] Ag. Re. Na Suspensão de Segurança 3069-8, Rel. Min. Ellen Gracie, julgado em 27.02.2008, e Ag. Reg. Na Suspensão de Segurança nº 3000, Rel. Min. Ellen Gracie, julgado na mesma data, em ambos acórdãos podendo ser vista a distinção no voto-vista do Min. Marco Aurélio. Ainda é possível encontrar a vinculação do conceito de interesse público à defesa do erário no RE 413478, Rel. Min. Ellen Gracie, julgado em 22.03.2004. No Su

[36] REsp. 1248237, Rel. Min. Napoleão Nunes Maia Filho, julgado em 18.09.2014, REsp. 1148463, Rel. Min. Mauro Campbell Marques, julgado em 26.11.2013 e REsp. 1356260, Rel. Min. Humberto Martins, julgado em 07.02.2013.

[37] *Hermenêutica e Aplicação do Direito*. 20ª ed. Rio de Janeiro: Forense, 2011.

expressões acima a mesma coisa, a palavra "social" não teria qualquer utilidade no texto, entendimento este incompatível com o melhor raciocínio exegético.

Em assim sendo, se existem os dois conceitos, *interesse público* e *interesse social*, precisamos estabelecer alguma distinção entre eles.

Resta, então, delimitar em que situações essa intervenção acontecerá, objetivando minimizar a indeterminação dos conceitos jurídicos.

O parágrafo único é claro ao referir que a "...participação da fazenda pública não configura, por si só, hipótese de intervenção do Ministério Público". Mas qual, então, o critério legal? Em que situações nas quais esteja presente a fazenda pública deverá o Ministério Público intervir?

A resposta somente pode ser dada por intermédio de uma interpretação sistemática do Código de 1973 e do novo CPC, conforme foi sugerido no início.

Com efeito, a interpretação oferecida pelos Tribunais ao CPC de 1973 concluía que nas situações em que estivesse presente apenas o *interesse público secundário* o Ministério Público não deveria intervir. Também manifestavam os Tribunais que o *interesse público secundário* estava atrelado à defesa do erário, e que tal tarefa não cabia à Instituição Ministerial. Exemplo disso é o Embargos de Divergência no Resp. 1.151.639, o qual é transcrito abaixo:

PROCESSUAL CIVIL E ADMINISTRATIVO. EMBARGOS DE DIVERGÊNCIA EM RECURSO ESPECIAL. DIVERGÊNCIA CONFIGURADA. AÇÃO DE RESSARCIMENTO AO ERÁRIO PROPOSTA POR ENTE PÚBLICO. INTERVENÇÃO DO MINISTÉRIO PÚBLICO. DESNECESSIDADE. NULIDADE NÃO CONFIGURADA.
1. A interpretação do art. 82, II, do CPC, à luz dos arts. 129, incisos III e IX, da Constituição da República, revela que o "interesse público" que justifica a intervenção do Ministério Público não está relacionado à simples presença de ente público na demanda nem ao seu interesse patrimonial (interesse público secundário ou interesse da Administração). Exige-se que o bem jurídico tutelado corresponda a um interesse mais amplo, com espectro coletivo (interesse público primário).
2. A causa de pedir ressarcimento pelo ente público lesionado, considerando os limites subjetivos e objetivos da lide, prescinde da análise da ocorrência de ato de improbidade, razão pela qual não há falar em intervenção obrigatória do Ministério Público.
3. Embargos de divergência providos para, reformando o acórdão embargado, dar provimento ao recurso especial e, em consequência, determinar que o Tribunal de origem, superada a nulidade pela não intervenção do Ministério Público, prossiga no julgamento do recurso de apelação.
(EMBARGOS DE DIVERGÊNCIA EM RESP Nº 1.151.639 – GO, 2011/0148916-3, da Primeira Seção, Rel. Min. Benedito Gonçalves, julgado em 10.09.2014)

Ou seja, à luz do Código de Processo Civil de 1973, o *interesse público secundário*, a defesa do erário, pela interpretação veiculada na decisão acima, não obrigaria à intervenção do Ministério Público, mas apenas quando o bem jurídico tutelado correspondesse a um interesse mais amplo, com espectro coletivo, portanto, social. A decisão evidencia, assim, que, na sistemática do Código atual somente seria autorizada a intervenção do *Parquet* quando estivesse presente o *interesse público primário*.

Ocorre que, na forma antes demonstrada, agora a Lei é clara ao determinar a intervenção do *Parquet* nos processos que envolvam *interesse público secundário* (*interesse público* do inciso I, do art. 178) ou nos processos que envolvam *interesse social*, a menos que se entenda que ela contenha palavras inúteis.

Houve, de fato, uma ampliação da intervenção Ministerial, provavelmente com o intuito de acompanhar as novas realidades políticas, econômicas, jurídicas e sociais pelas quais atravessa o nosso País.

Cabe, em vista disso, que se delimite em que situações atinentes ao *interesse público secundário* estará o Ministério Público autorizado a intervir.

O novo CPC não traz um critério objetivo, apresentando, todavia, algumas pistas. A principal delas está no próprio parágrafo único do art. 178, ao dizer que a participação da fazenda pública, por si só, não configurará hipótese de intervenção do Ministério Público, querendo com isso prever que será fundamental a presença ou do *interesse público secundário* ou do *interesse social*.

A existência do *interesse social* não encerra problemas quanto à necessária intervenção do *Parquet*, pois é incontroversa. O problema é a fixação de critérios relativos ao *interesse público secundário,* que autorizariam a intervenção ministerial.

Pois a resposta está no próprio conceito de *interesse social*, conceito jurídico indeterminado este que adquiriu um imenso grau de determinação a partir da previsão inclusa no artigo 82, § 1º, do Código de Defesa do Consumidor (o art. 117 do CDC introduziu o art. 21 na Lei da Ação Civil Pública, o qual informa que se aplica todo o título III do CDC, que se estende do art. 81 até o 104, à tutela dos bens jurídicos protegidos pela Lei nº 7.347/85):

> Art. 82. Para os fins do art. 81, parágrafo único, são legitimados concorrentemente:
> (...)
> § 1º O requisito da pré-constituição pode ser dispensado pelo juiz, nas ações previstas nos arts. 91 e seguintes, quando haja manifesto **interesse social evidenciado pela dimensão ou característica do dano, ou pela relevância do bem jurídico a ser protegido.** (grifos nossos)

Este artigo do CDC é um único preceito do Direito Brasileiro que traz o conceito de *interesse social* evidenciado pela a) dimensão do dano; b) característica do dano; c) relevância do bem jurídico protegido.

Por simetria, os mesmos requisitos deverão servir para identificar as situações atinentes a *interesse público secundário* que autorizarão a intervenção do Ministério Público.

O primeiro deles é o requisito da *dimensão do dano*, devendo, desde já, ser feita a necessária sintonia com o art. 3º do novo CPC, para identificá-lo como *dimensão da lesão ou ameaça de lesão a direito*.[38] Por exemplo, um contrato de concessão de serviço público envolvendo pedido de indenização por parte da Empresa, por óbvio estará o *Parquet* obrigado a intervir, tendo em vista as profundas implicações que a demanda trará para o erário e, consequentemente, para toda a população, não sendo difícil vislumbrar, desta forma, que, em situação como tal, mesclado estará o *interesse público secundário* com o *interesse social* (o *interesse público primário indireto*, o que não exclui que possa ocorre simultaneamente de maneira *direta*). Não somente pelo vulto dos valores em disputa, mas pelas complexas implicações que uma inadequada resolução da controvérsia poderá resultar à sociedade, se impõe uma fiscalização intensa do Órgão do Ministério Público.

O mesmo se diga em ações individuais que buscam a entrega ou o pagamento de medicamentos, situações essas em que o requisito da *dimensão da lesão ou ameaça de lesão a direito* deve ser aferida no seu contexto, ou seja, levando em

---

[38] A adaptação ao artigo 3º do novo CPC dos requisitos inclusos no artigo 82, § 1º, do CDC foi sugerida pelo Promotor de Justiça João Paulo Fontoura de Medeiros, em reunião da Comissão para estudo do novo CPC, ocorrida no dia 02.10.2015, na sede do Ministério Público do Rio Grande do Sul.

consideração as milhares de demandas individuais postulando a proteção à saúde e não apenas a ação individual específica, sabido que as consequências de um enfoque afastado da realidade ampla da questão poderá conduzir a uma desastrosa abordagem do problema como um todo.

Exemplos desse requisito, também, seriam as questões tributárias massificadas, as quais podem impor consequências trágicas para erário, muitas vezes se constituindo em demandas repetitivas, nas quais o Ministério Público deverá intervir não somente no espaço judicial, mas principalmente extrajudicial, atuando como *custos legis agente,* e buscando junto aos Entes Públicos envolvidos a resolução contextual do problema, seja como negociador, como mediador ou como conciliador.

Outras vezes estará presente o requisito relativo às *características do dano ou da questão*, que, sintonizando com o artigo 3º do Novo CPC, deverá ser entendido como *características da ameaça ou lesão a direito.* Exemplo marcante seriam as licitações como um todo. Hoje seria inimaginável que o Ministério Público não interviesse em licitações, sabido que o grande filão de negociatas está justamente nesta área de contato entre o público e o privado. Aliás, é justamente neste setor que se verifica com mais clamor fático que a presença de procuradores dos Entes Públicos envolvidos, por si só, não é obstáculo à dilapidação do patrimônio público.

As *características da ameaça ou lesão a direito* igualmente poderá ser encontrada em múltiplas situações em que as peculiaridades do caso concreto poderão resultar em consequências nefastas para o bem público, como a perda de imóvel público sobre o qual estejam edificadas estruturas da Administração Estatal, ocorrências essas já vivenciadas no passado.

Por fim, *a relevância do bem jurídico protegido*. Exemplo seriam as inúmeras causas atinentes à proteção dos direitos fundamentais das pessoas ao provimento de água, energia elétrica, saúde, segurança, à dignidade, à vida, neste âmbito estando inclusos os serviços públicos. Aqui também poderiam ser incluídas as questões relativas à previdência social, objetivando evitar o colapso do sistema. Aliás, novas regras têm sido buscadas para salvar os sistemas previdenciários públicos federal e estadual, o que evidencia a inexistência de exagero ao incluir o problema como um exemplo idôneo.

Outras vezes a *relevância do bem jurídico protegido* emerge em casos nos quais são examinadas agressões aos princípios da administração pública, como é o caso de ações de indenização que Entes Públicos movem contra servidores, políticos ou empresas que tenham lesado o patrimônio público. Nessas hipóteses, não somente pela dimensão econômica envolvida, mas, principalmente, por causa da eventual ofensa aos princípios da administração pública insculpidos no artigo 11 da Lei nº 8.429/92,[39] será obrigatória a intervenção do Ministério Público, seja para apresentar manifestação no processo, seja empreendendo no sentido de que sejam apuradas as responsabilizações na esfera da improbidade pública.

Por derradeiro, deve ser dito que, nos casos em que se verifique a existência de *interesse público secundário* com a presença de algum dos requisitos *dimensão da*

---

[39] Art. 11. Constitui ato de improbidade administrativa que atenta contra os princípios da administração pública qualquer ação ou omissão que viole os deveres de honestidade, imparcialidade, legalidade, e lealdade às instituições, e notadamente:

lesão ou ameaça de lesão, as *características da lesão ou ameaça de lesão a direito* ou a *relevância do bem jurídico protegido* (***interesse público secundário qualificado***) naturalmente teremos evidenciado, simultaneamente, a presença do *interesse social* de maneira indireta. Exatamente por isso é que a inclusão dessa noção de *interesse público secundário **qualificado*** serve como uma ferramenta útil e eficiente (art. 37 da C.F.) para que o Ministério Público não abra mão de atuar em questões que, ao fim e ao cabo, contém profundo *interesse social* (*interesse público primário*).

Essas, portanto, resumidamente, as situações de intervenção do Ministério Público nos casos em que esteja presente a fazenda pública. Os exemplos oferecidos têm cunho meramente elucidativo, podendo ser amplamente criticados. Todavia, devemos nos ater à tese em si. Talvez seja uma maneira de consenso para objetivar questão tão complexas, o que trará segurança para a atuação do Ministério Público.

Extrapolando a questão da Fazenda Pública, em inúmeras vezes temos problema envolvendo uma só pessoa, mas que, pela relevância do bem jurídico a ser protegido, autoriza a atuação ministerial. É o caso de medicamentos para idosos, crianças e, até mesmo, problemas sérios de relacionamentos conjugais que chegam aos setores de atendimento do Ministério Público, e que, se não bem solucionados pela mediação, negociação ou conciliação podem resultar em homicídios, abusos, agressões, abandono, e tantas outras ocorrências.

Por isso, é importante que passem os membros do Ministério Público a exercer uma atuação mais contextual, que possa desprendê-los das amarras e limitações do *caso concreto* aparente, porque este conceito tão caro a todos nós pode ser ilusório e tem o condão de, muitas vezes, induzir à uma apreciação parcial e insuficiente das realidades que, de fato, estarão sendo experienciadas no seu todo.

Exatamente por tais motivos é que a mediação comunitária coordenada por vários Promotores e Promotoras de Justiça em nosso país são tão importantes, pois resolvem casos concretos no seu contexto, desvelando o profundo interesse social que emerge da solução adequada de conflitos aparentemente individuais, mas que possuem uma dimensão muito mais ampla e real, quando é tomada consciência das graves implicações que poderão advir de um problema entre vizinhos, entre casais e brigas familiares. Conforme se constata diariamente pelos noticiários, essas ocorrências podem resultar em danos à incolumidade física ou psíquica de pessoas, afora os custos psicológicos irrecuperáveis, tudo isso se refletindo em problemas e custos financeiros para o Sistema Único de Saúde, já tão combalido.

Faço esse alerta, a fim de que não nos deixemos seduzir pela simplista conclusão de que é um caso individual e não teríamos atribuição para tanto, porque, na maior das vezes, apenas aparece a ponta do *iceberg*.

Cuidado, então, ao analisarmos em nível judicial e extrajudicial as situações concretas que chegam ao nosso conhecimento. Só o princípio da contextualização[40] poderá oferecer a orientação mais fidedigna para que possamos tomar a decisão correta, sempre lembrando que a existência de procuradores públicos das pessoas jurídicas de direito público com atuação no caso, por si só, não é circunstância que possa garantir a defesa do patrimônio das Instituições de Estado. Os recentes episódios de

---

[40] Em MORAES, Paulo Valério Dal Pai. *Macrorrelação Ambiental de Consumo*. Porto Alegre: Livraria do Advogado Editora, 2013.

corrupção noticiados na mídia são a maior prova disso, o que obriga a uma atenção redobrada dos agentes ministeriais quando da avaliação relativamente à necessidade de intervenção ou não. Não podemos abrir mão desse fundamental trabalho, pois somente ao Ministério Público foi entregue a meritória função de intervenção geral em todos os casos em que estejam presentem o interesse público (*interesse público secundário qualificado*) e o interesse social (*interesse público primário*). **É isso, só isso que nos diferencia das demais Instituições de Estado.**

Caberá aos agentes ministeriais, entretanto, com esse reforço legal do artigo 178, inciso I, do novo CPC, o protagonismo na definição das hipóteses de atuação, não deixando que essa tarefa seja assumida pelo Poder Judiciário. Fazemos especial destaque a esse ponto, porque não são incomuns manifestações de magistrados concluindo que não é caso de intervenção do MP, sem a prévia e específica oitiva do órgão ministerial. Afirmam que em tais ou quais casos o Ministério Público não costuma intervir, e, assim, sequer vista é dada ao Agente Ministerial. Saliento que é imperativa a manifestação específica do órgão do Ministério Público quanto à necessidade ou não de intervenção, porque cada caso tem suas peculiaridades, e mesmo com a atuação dos advogados públicos, por vezes o patrimônio público pode não estar sendo protegido no processo *sub judice*. Não são tão raras ações buscando o fornecimento de medicamentos, nas quais nossa Instituição não interveio, e o Ente Público demandado culmina sendo condenado a prestar ou a pagar o custo de medicamentos, quando, na fase de instrução, o autor já havia expressamente se manifestado dizendo que não mais necessitava de tais medicamentos. Como esse, muitos outros exemplos podem ser citados, a exigir um maior cuidado no que tange à qualidade da intervenção do Ministério Público.

Outras vezes, a intervenção do Ministério Público poderá identificar algum tipo de demanda que esteja sendo tratada como individual pura, mas, em realidade, corresponde a uma demanda de massa que começa a surgir. Por isso, antes que a questão assuma proporções incontroláveis, cabe ao Ministério Público atuar com rapidez e eficiência, convertendo a apreciação individualizada e formal em coletiva e material.

No item seguinte, apontarei algumas possíveis intervenções do Ministério Público como ***custos legis agente*** no âmbito dos chamados negócios jurídicos processuais. Aliás, é preciso que sejam denominadas com correção as novas e modernas atividades *custos legis*, evitando-se a vetusta diferenciação entre *órgão agente* e *órgão interveniente*, porque a função de fiscal da lei nas novas legislações, e aqui me refiro também às novas Leis de Mediação e de Arbitragem, acontecerá como *órgão agente*.

Isso quer dizer que não se concebe mais qualquer tipo de posição relativa ao *custos legis* diversa da de **órgão agente**, devendo agir no sentido de orientar o feito, seja para suscitar o Incidente de Resolução de Demandas Repetitivas, seja para estimular a negociação, a mediação e a conciliação entre as partes (art. 3º, § 3º, do CPC), ou seja, até mesmo, oficiando no sentido de que o magistrado (a) cumpra as determinação do artigo 139, X, do novo CPC.

Vários dispositivos do novo CPC preveem tal atuação ativa, sendo exemplo o seu artigo 565, § 2º. Este artigo trata dos litígios coletivos pela posse de imóvel, quando o esbulho ou a turbação afirmados na petição inicial tenham ocorrido há mais de ano e dia, prevendo que o juiz, antes de apreciar o pedido de liminar, deverá designar audiência de mediação.

O § 2° desse mesmo artigo determina que o Ministério Público será intimado para comparecer à essa audiência, motivo pelo qual se impõe o treinamento dos agentes Ministeriais, a fim de que possam executar uma atuação mais profícua nesses espaços de possível consenso, nos quais as técnicas de negociação e de mediação poderão ser bastante úteis. Ou seja, esse é um excelente exemplo de situação na qual o membro do Ministério Público terá uma atuação como *custos legis agente*, pois a sua participação nesse tipo de conflito complexo não se restringirá à audiência, sendo exigida a sua intervenção em nível amplo, seja participando de reuniões com os demais Ente nominados no § 4° do mesmo artigo (União, Estados, Distrito Federal e Município, órgãos responsáveis pela política agrária) ou mesmo junto à área de conflito em questão. Essa é a interpretação que se extrai § 3° do artigo 565 e também da própria realidade que encerra este tipo de problema.

Não fora isso, ao fiscal da Lei é imposta a função de identificar questões surgidas nas demandas e empreender no sentido de buscar solucioná-las em nível extrajudicial, em especial problemas atinentes a tributos, podendo ser citada a reiterada ocorrência de contribuições de melhoria ilegais que costumeiramente são verificadas em ações individuais e se repetem. Nesses casos, o *custos legis agente*, valendo-se das ferramentas negociais, pode atuar dialogando junto ao Município, a fim de corrigir ilegalidades e, dessa forma, evitar que processos individuais iguais continuem a ingressar nos foros locais.

Ao fiscal da Lei, como não poderia ser diferente, é exigível a adoção de diligências, inclusive em segundo grau de jurisdição, objetivando a identificação de pontos úteis para a solução da demanda. Como exemplo, cito a corriqueira ocorrência em que são interpostos agravos de instrumento para reverter decisões proferidas em demandas veiculadas para impugnar licitações, mas que, com o passar do tempo, acabam perdendo o seu objeto devido à revogação do certame ou, até mesmo, por já ter sido adjudicado o objeto do contrato administrativo, fatos esses que não são mencionados pelas partes. Por vezes, uma mera busca no "site" do Ente Público demandado ou uma ligação telefônica para a Instituição ou Órgão Público são suficientes para a obtenção de informações que abreviarão o trâmite processual, o que traz economia e eficiência ao serviço público.

Ainda cabe ao membro do Ministério Público *custos legis agente*, tanto em primeiro grau de jurisdição, como em segundo grau ou nos Tribunais Superiores, atuar intensamente voltado para uma profissional e treinada participação nos espaços de conciliação, negociação e de mediação que têm surgido em decorrência da ampliação da cultura do consenso.

Na legislação encontramos vários exemplos disso.

Por isso, comentei anteriormente que não verifico o que alguns colegas têm dito, no sentido de que teria sido diminuída a atividade do Ministério Público na nova legislação, porque, ao contrário disso, tem muito trabalho a ser feito, cabendo aos membros da nossa Instituição a escolha da postura que adotarão frente a esses desafios, ou seja, se os espaços oportunizados serão assumidos, ou se haverá uma retração da nossa Instituição.

Portanto, o futuro do Ministério Público, como não poderia ser diferente, está nas nossas mãos.

5.7. Negócios jurídicos processuais

Este é um dos temas principais do novo Código de Processo Civil, fundamentado que está na doutrina do *contratualismo processual*.

Sérgio Cruz Arenhart e Gustavo Osna[41] referem que esse tipo de discurso "(...) ganhou especial importância no processo civil francês da década de 80, encontrando amparo em teóricos como Loïc Cadiet e sendo exemplificado em aspectos como a possibilidade de escolha, pelas partes, do *circuito procedimental* a que sua lide deve se sujeitar. Do mesmo modo, analisando o problema sob as lentes do processo civil italiano, destaca-se o pensamento de Remo Caponi. Em qualquer das vias, esses acordos almejariam permitir que as partes transacionassem sobre a *forma de tramitação* da sua causa.".

O novo CPC é pródigo em tais *negócios jurídicos processuais*:

a) art. 357, § 2º – acordo sobre a **delimitação das questões de fato e de direito**;

b) **distribuição do ônus da prova** (art. 373, § 2º – esse já existe);

c) **escolha de perito** (art. 471);

d) **liquidação por arbitramento** convencionada (art. 509, I),

Todavia, a norma mais controvertida sobre o tema é o artigo 190 do novo CPC:

> Art. 190. Versando o processo sobre direitos que admitam autocomposição, é lícito às partes plenamente capazes estipular mudanças no procedimento para ajustá-lo às especificidades da causa e convencionar sobre os seus ônus, poderes, faculdades e deveres processuais, antes ou durante o processo.
>
> Parágrafo único. De ofício ou a requerimento, o juiz controlará a validade das convenções previstas neste artigo, recusando-lhes aplicação somente nos casos de nulidade ou de inserção abusiva em contrato de adesão ou em que alguma parte se encontre em manifesta situação de vulnerabilidade.

A questão será definir, pautados pelo princípio da contextualização, quando se poderá considerar que é admitida a autocomposição.

Com efeito, haverá autorização para as partes fazerem acordos que envolverão, até mesmo, os deveres processuais inclusos no artigo 77, do novo CPC, quais sejam, os deveres de "expor os fatos em juízo conforme a verdade", "não formular pretensão ou de apresentar defesa quando cientes de que são destituídos de fundamento", e tantos outros.

Partindo dessas novas previsões processuais, algumas perguntas se impõem:

Seria aceitável, por exemplo, permitir que mulher ou homem pleiteassem a declaração de união estável contra o dito companheiro, em conluio com este, objetivando futuro pedido de pensão por morte ao órgão previdenciário (situação comum que envolve servidores públicos), e no processo estabelecessem acordos processuais dispensando a prova da união estável e a própria verdade dos fatos?

A segunda pergunta: não estaria o Ministério Público obrigado a fiscalizar esses *negócios jurídicos processuais*, na medida em que é sua atribuição constitucional a

---

[41] Em Desvendando o Novo CPC. *Os "Acordos Processuais" no Projeto de CPC – aproximações preliminares*. Porto Alegre: Livraria do Advogado, 2015, p. 140 e 141.

defesa da ordem jurídica e a defesa dos interesses públicos e sociais, neles estando abrangido o erários e os fundos previdenciários?

Outra: não estaria aberta a porta para a "promiscuidade processual", com consequências nefastas para a administração da justiça e para o aumento dos custos dos serviços públicos da jurisdição, que acabaria mais demandada para servir de chancela a tais *negócios?*

Quarta: será que o artigo 79 do novo CPC (má-fé processual) será utilizado na proporção adequada para coibir abusos nesses *negócios processuais*, o que não ocorre nos dias atuais?

Enfatizo que são perguntas importantes que teremos de procurar responder, tendo em vista as profundas e difusas ocorrências que esse novo modelo de justiça, dito mais democrático e cooperativo, trará para a sociedade brasileira.

Do meu ponto de vista, é atribuição do Ministério Público, em defesa da ordem jurídica, fiscalizar tais convenções, devendo receber vista do processo. Imaginemos situação em que tenha sido assinada convenção desse tipo no processo, ou mesmo fora dele, em contrato de adesão, alterando o procedimento, e o magistrado não tenha atentado para isso. Atuará o Ministério Público buscando a obediência ao parágrafo único do artigo 190 do novo CPC, o qual veda esse tipo de acordo em situação onde exista manifesta situação de vulnerabilidade de uma das partes. Aliás, de duvidosa constitucionalidade a admissão de convenção no tocante à alteração dos "(...)ônus, poderes, faculdades e deveres processuais (...)", pois eles estão previstos no sistema jurídico como normas de ordem pública – ou será que se admitirá convenção mudando os deveres das partes inclusos no artigo 77, para, por exemplo, admitir que possam ser formuladas pretensões ou defesas que sabem as partes ser destituídas de fundamento?

Lembro, ainda, que continua sendo reconhecido como nulo o processo no qual o Ministério Público deveria intervir (art. 279 do novo CPC). Havendo lesão à ordem jurídica, é tranquilo o entendimento de que é caso intervenção.

5.8. Incidente de Resolução de Demandas Repetitivas – IRDR

Outra grande novidade do CPC novo é o Incidente em questão, o qual é tido pelos seus defensores como a grande inovação do Processo Civil Brasileiro.

Optei por abordá-lo, não apenas porque aparece na nova legislação já nos primeiros artigos (art. 138, § 3º – *amicus curiae* -; art. 313, inciso IV – da suspensão do processo; art. 332, III – improcedência liminar), mas também porque, em princípio, se pudermos conciliar a questão em nível de TAC e evitar a sua instauração, poderá ser mais adequado para o *interesse público* ou *público*.

O IRDR poderá trazer avanços, porém também dá margem a graves problemas, que precisarão ser solucionados nos casos concretos, e exigirão uma atuação integrada mais intensa do Ministério Público Nacional.

Cabe o alerta, porque o incidente será instaurado quando houver repetição de processos que contenham controvérsia sobre a mesma questão unicamente de direito. Assim, por intermédio de requerimento encaminhado ao Presidente do Tribunal pelas partes, pelo Ministério Público, pela Defensoria Pública, ou mesmo de ofício, poderá ser instaurado e julgado pelo Órgão do Tribunal responsável pela unificação da jurisprudência.

Algumas críticas são feitas ao novo instituto:

Conforme Nicola Picardi e Dierle Nunes,[42] o IRDR foi inspirado no modelo de controvérsias do mercado de capital tedesco – *Kapitalanger-Musterverfahrensgesetz (kapMu)* –, divulgado no Brasil pelo Prof. Antonio do Passo Cabral. Entretanto, referem os autores acima, e é ressaltado pela doutrina específica sobre o assunto, o "processo modelo" alemão foi criado apenas para o mercado de capitais, e não para temas em geral.

Além disso, as notícias que se têm não levam à conclusão no sentido de que tenha proliferado seu uso no país de origem. Assim, a estrutura, que teve caráter restrito na Alemanha, aqui estará sendo tentada para a generalidade de casos, em especial para questões com ampla relevância social, porque atingem lesados em dimensão massificadas, motivo pelo qual é preciso que o Ministério Público esteja muito atento a essa novidade.

Outra crítica que doutrinadores fazem ao IRDR diz respeito ao fato de que corresponderia, grosso modo, a um julgamento semelhante à sistemática dos recursos repetitivos, com o diferencial de ocorrer nos Tribunais de segundo grau de jurisdição. Dessa forma, formar-se-ia um entendimento que valeria para todos os demais feitos com a mesma questão jurídica, a partir de um julgamento que, em tese, ainda não teria suficiente grau de amadurecimento, consideradas as múltiplas questões que decorrem de temas complexos nas áreas do consumidor, ambiental (ex.: interesse individuais homogêneos de pescadores lesados por resíduos sólidos lançados em rio), de saúde, e tantos outros. Os defensores de tais críticas apontam que é no primeiro grau de apreciação judicial, com a participação de partes, Promotores de Justiça, Defensores Públicos e Juízes, que, pelo contato direto, podem os temas ser melhor prospectados quanto às suas variadas implicações e soluções. Por isso, uma precipitada instauração de IRDR, somente para solucionar o problema da quantidade de processos, poderia macular a justa e adequada resolução dos aspectos de fundo.

Outros críticos do instituto temem que o Órgão do Tribunal responsável pela unificação da jurisprudência, e principalmente o relator do IRDR eventualmente instaurado, não tenham especialização na matéria de direito a ser apreciada, o que poderia resultar na incorreta fixação de entendimento que valeria para milhares de outros feitos.

Ainda há uma terceira forte perplexidade: a previsão do artigo 982, especialmente seu § 3°, do novo CPC, o qual possibilita que qualquer legitimado pleiteie junto ao Tribunal responsável pela apreciação do eventual recurso especial ou extraordinário, liminarmente, a suspensão em todo o país das ações individuais e coletivas que discutam a mesma tese jurídica.

Como resultado, um inidôneo autor individual, em conluio com o próprio demandado – pode ser um fornecedor nacional de produtos ou serviços –, poderá obter a instauração do incidente em um Estado (por exemplo, no Rio Grande do Sul), veiculando fraca argumentação jurídica sobre a tese, e poderão ser suspensas Ações

---

[42] Em *O Código de Processo Civil Brasileiro – Origem, formação e projeto de reforma,* disponível em www2.senado.leg.br, acessado em 28.03.2015, p. 22 e 23.

Coletivas de Consumo, com farta fundamentação, intentadas pelo Ministério Público em outros Estados.

Por isso, comentamos que o dispositivo do § 3º do art. 982, do novo CPC, exigirá uma maior atuação em rede do Ministério Público brasileiro, de modo a que possa ser realizado um trabalho de equipe por parte de Promotores, de Procuradores de Justiça, Procuradores da República e Procuradores do Trabalho, inclusive com a divisão do custeio de possíveis viagens e reuniões, seja para estruturar um mais profícuo trabalho em casos que estejam *sub judice* em IRDRs, nos quais existam ações coletivas tramitando simultaneamente, seja, até mesmo, para viabilizar a intervenção em sustentações orais por parte de colegas de outros Estados, especialistas em matéria específica, e que possam melhor defender o interesse público. O assunto das conhecidas "pirâmides" seria um exemplo elucidativo, hoje existindo colegas do Ministério Público Federal e Estadual profundamente especializados no tema, sendo mais salutar que pudessem eles atuar em tais feitos que, por ventura ou desventura, estivessem sob o manto do IRDR.

Outra alternativa é que os membros do Ministério Público suscitem o Incidente nas demandas coletivas propostas pela Instituição, a fim de concentrar o conhecimento do tema, cabendo, nessas circunstâncias, o desenvolvimento interno de estruturas de trabalho integradas por membros do Ministério Público de primeiro grau e de segundo grau, objetivando que a fixação da tese jurídica pelo Tribunal possa resultar em benefícios para a sociedade.

Não desprezo que isso tocará questões como a da independência funcional, a polêmica sobre a sustentação oral nos Tribunais ser executada por membros do Ministério Público de primeiro grau, e tantas outras que, para muitos, são assuntos pétreos. Todavia, em nome da unidade do Ministério Público e da prioritária defesa da sociedade e dos interesses indisponíveis, no mínimo nos é dado refletir sobre elas, com respeito, efetiva escuta, prudência, mas também com coragem para o enfrentamento do novo.

Não bastasse isso, suscitado e instaurado o Incidente em demanda proposta pelo Ministério Público, terá este maior poder de negociação para eventualmente formatar um acordo com o demandado, porque a fixação de tese jurídica contrária aos interesses macroeconômicos da empresa ré poderá impingir-lhe consequências nefastas de vulto, pois inúmeras ações individuais eventualmente propostas serão abrangidas pela decisão, abrindo-se nessa nova via adversarial, que é o IRDR, paradoxalmente, um caminho promissor para o consenso.

Então, devemos estar atentos para que não seja instaurado o Incidente em demandas duvidosas, nesse aspecto estando o grande desafio relativo ao profissionalismo, à eficiência e à integração que o Ministério Público experienciará a partir das novas disposições.

5.9. Incidente de Desconsideração da Personalidade Jurídica

Outra novidade é o Incidente de Desconsideração da Personalidade Jurídica – IDPJ –, previsto no artigo 133, o qual será instaurado a pedido da parte ou do Ministério Público, em qualquer fase do processo, inclusive na execução fundada em título executivo extrajudicial (portanto, útil na execução de Termo de Ajustamento de Conduta). É bem verdade que a desconsideração da personalidade jurídica já está prevista no artigo 28 do CDC e no artigo 50 do CC/2002, mas ainda não havia sido regulamentada a forma processual para a sua realização.

O IDPJ poderá ter múltiplas funções, balizada sua utilização pela razoabilidade e pela legalidade, talvez podendo servir, inclusive, como mecanismo preliminar à eventual formatação de acordos extrajudiciais, ocorrência essa também viável por intermédio da produção antecipada de provas (art. 381, II, do novo CPC).

De fato, o IDPJ é incidental à demanda judicial, podendo ser requerido na petição inicial, conforme determina o artigo 134, § 2°, do novo CPC. É possível imaginar, então, acordos extrajudiciais (TACs) em situações nas quais, formalmente, a pessoa jurídica não tenha bens no seu nome, mas os seus sócios ou "reais sócios" possuam patrimônio para o adimplemento das obrigações legais objeto do acordo. Em tais casos, com a utilização da tutela de urgência antecipada (art. 294, parágrafo único, do novo CPC), em combinação com o artigo 303 (tutela antecipada requerida em caráter antecedente), entendemos possível pleito antecipatório de suspensão ou impedimento de alienação de patrimônio dos sócios ou prováveis sócios (quando for obscura a titularidade da sociedade, situação essa bastante em voga, de acordo com os acontecimentos que assolam o Brasil), tendo como pedido final a desconsideração da personalidade jurídica. Obtida a desconsideração, abrem-se maiores opções para o acordo, diante da existência de bens suficientes para cumpri-lo. É uma reflexão que se coloca, sem pretensão de uma conclusão definitiva.

No artigo 133, § 2°, é reconhecida pela primeira vez no Direito Brasileiro a desconsideração inversa da personalidade jurídica, o que já há algum tempo vinha sendo reconhecido pela doutrina e pela jurisprudência.

Diz respeito àquelas situações em que o devedor é a pessoa física e, objetivando se furtar ao pagamento de suas dívidas, transfere seu patrimônio para alguma sociedade, seja integralizando o capital ou, simplesmente, doando bens para sociedade da qual faça parte. Nesses casos, é desconsiderada a personalidade jurídica, como forma de buscar tais bens objeto de evasão.

De qualquer forma, esse incidente será particularmente valioso para a descoberta de fraudes na área da improbidade administrativa, do consumidor, do Direito Ambiental, e tantas outras, sendo, portanto, um avanço de peso.

A perplexidade que apresenta a nova Lei nesse sentido está no seu artigo 136, § único, quando prevê que, após a conclusão da instrução, a decisão sobre a desconsideração será proferida pelo relator, dela cabendo agravo interno. Perplexidade porque é prevista nesse parágrafo a desconsideração em segundo grau, com ampla instrução em segundo grau, o que caracteriza insólita supressão de um grau de jurisdição.

6. Reflexões finais

Agradeço a oportunidade de poder dividir esses pensamentos com todos os integrantes dessa comunidade que é a nossa querida Instituição do Ministério Público, mais uma vez ressaltando que são reflexões sem qualquer cunho de definitividade e completude, motivo pelo qual estou aberto às necessárias críticas construtivas, pois o objetivo de todos nós é a realização de um trabalho mais eficiente e direcionado para a satisfação das necessidades da sociedade.

Acredito que se continuarmos pautados pela defesa do ***interesse público secundário qualificado*** e do ***interesse social***, se aprimorarmos as habilidades na arte da negociação – ouvindo, perguntando, despersonalizando, respeitando, praticando a humildade altiva – e estivermos unidos até mesmo na divergência de ideias, tenho certeza de que enfrentaremos com mais serenidade, paz e sabedoria os novos desafios, o que é muito bom, porque é isso o que a sociedade espera de bons servidores públicos.

Espero que essas breves palavras possam ser úteis!

—7—

Perfil constitucional do Ministério Público e reflexos no tratamento jurídico dispensado à instituição pelo novo Código de Processo Civil

ANDRÉ DE AZEVEDO COELHO[1]

Sumário: Introdução; 1. A instituição do Estado de Direito social e democrático pela Constituição Federal de 1988 e a repercussão do novo modelo na estrutura organizatória da divisão das funções estatais; 1.1. O Estado de Direito liberal e o princípio da separação dos poderes; 1.2. O Estado de Direito social e democrático e o princípio da separação dos poderes; 1.3. O princípio da separação dos poderes na Constituição Federal de 1988; 2. Perfil e funções constitucionais do Ministério Público brasileiro: enquadramento no princípio da divisão das funções de Estado e caracterização enquanto órgão de soberania; 2.1. Noções introdutórias; 2.2. Função de persecução penal; 2.3. Função de fiscalização; 2.4. Função de promoção de direitos fundamentais; 2.5. Perfil constitucional do Ministério Público brasileiro; 3. Tratamento jurídico dispensado ao Ministério Público pelo novo Código de Processo Civil; Conclusões; Referências bibliográficas.

Introdução

Analisar, sob a perspectiva constitucional, o tratamento dispensado pelo novo Código de Processo Civil ao Ministério Público, em um artigo científico, é tarefa desafiadora. Isso se dá em razão da magnitude assumida pelas funções do Ministério Público, definidas pelo constituinte brasileiro, o que justificaria fosse uma monografia o estudo a ser dedicado ao tema.

Assim, em um primeiro momento, deve-se ter em mente que a finalidade deste artigo não é exaurir a questão, de forma a se proceder a uma análise completa de todas as funções outorgadas ao Ministério Público pela Constituição Federal brasileira, mas, sim, traçar o perfil constitucional da instituição, notadamente, definir seu lugar na estrutura de divisão das funções do Estado e desenhar, em linhas gerais, as atribuições que lhe foram entregues pelo constituinte. Isso será feito no intuito de se responder a dois questionamentos principais, quais sejam: o novo Código de Processo Civil absorveu os mandamentos constitucionais no que se refere ao tratamento dispensado

---

[1] Promotor de Justiça do Estado do Rio Grande do Sul. Especialista em interesses difusos e coletivos pela Fundação Escola Superior do Ministério Público – FMP. Doutorando em ciências jurídico-políticas pela Faculdade de Direito da Universidade de Lisboa – FDUL.

ao Ministério Público? Quais os parâmetros devem ser observados para uma interpretação conforme a Constituição dos dispositivos do novo Código que tratam da atuação da instituição no âmbito do processo civil?

O perfil de atuação do Ministério Público no processo civil e o contexto dentro do qual essas atividades devem ser exercidas começa a ser desvendado a partir de uma análise constitucional no tema. É na Constituição brasileira que serão encontradas as respostas acerca do papel assumido pela instituição no processo civil; o estudo do novo Código, no que se refere ao Ministério Público, é, antes de tudo, uma análise da (in)conformidade constitucional das decisões legislativas. É em face da Constituição Federal, portanto, que maior atenção deve ser vertida.

Contudo, não há como se perceber o perfil constitucional do Ministério Público brasileiro à revelia de um estudo direcionado para a compreensão das características do próprio Estado de Direito instituído com a Constituição Federal de 1988 e as consequências que a adoção desse modelo de Estado acarretou ao princípio fundamental da separação dos poderes; em complemento, o próprio sentido atual do princípio da separação dos poderes não será adequadamente alcançado sem a efetivação da devida digressão histórico-jurídica tendente a identificar as bases de sua constituição e as condições, *traumáticas*, que influíram na sua formatação original.[2]

Somente assim, uma vez obtida a correta compreensão do significado do princípio da separação dos poderes em Estado de Direito social e democrático, poder-se-á definir com propriedade o encaixe constitucional da instituição do Ministério Público no âmbito da organização funcional do Estado e o sentido de suas tarefas para o ideal subjacente ao tipo de Estado assumido pela Constituição; como consequência, lograr-se-á êxito em verificar se o novo Código de Processo Civil absorveu os mandamentos constituintes, bem como será possível conferir às disposições processuais uma interpretação conforme a Constituição no que se refere ao tratamento jurídico dispensado ao Ministério Público.

Para se alcançar esses objetivos, o artigo começa pelo estudo do Estado liberal, notadamente, da estrutura constitucional de separação dos poderes nesse modelo inaugural de formatação do Estado de Direito moderno. Após, passa-se para a análise do Estado de Direito social e democrático e as modificações que o novo modelo exigiu, especialmente, no que se refere às finalidades a serem alcançadas pelo Estado e as implicações disso em face de sua base organizatório-funcional. Para arrematar essa primeira parte, será realizada uma confrontação entre as escolhas do constituinte

---

[2] A ideia de se buscar situações pretéritas para explicar fenômenos atuais, bem como encontrar nos *traumas* ocorridos na infância das instituições e institutos jurídicos a explicação para como se apresentam em sua fase adulta, encontra inspiração em Vasco Pereira da Silva. SILVA, Vasco Pereira da. *O contencioso administrativo no divã da psicanálise. Ensaio sobre as acções no novo processo administrativo.* Coimbra: Almedina, 2005. Ver, também, a crítica de Lenio Luiz Streck, ao apontar o problema do tratamento de "mecanismos sem reconhecer neles o traço histórico que os conformou". STRECK, Lenio Luiz. *Verdade e Consenso: constituição, hermenêutica e teorias discursivas.* 4ª edição. São Paulo: Saraiva, 2011, p. 29. Adverte, ainda, Larenz: "quem quiser compreender o Direito do presente no seu estádio actual tem também que ter em vista o seu devir histórico, bem como sua abertura em face ao futuro". LARENZ, Karl. *Metodologia da Ciência do Direito.* Traduzido do original alemão por José Lamego, *Methodenlehre der Rechtswissenschaft*, 6ª edição, reformulada, 1991. Lisboa: Fundação Calouste Gulbenkian, 2012, p. 263. "O direito é direito conformado pela história e não se pode compreender sem a sua história". PIEROTH, Bodo. SCHLINK, Bernhard. *Direitos fundamentais: direito estadual II.* Tradução de António Franco e António Francisco de Sousa, a partir do título original: *Grundrechte: Staatsrecht II*, 23, 2007. Lisboa: Universidade Lusíada Editora, 2008, p. 07.

brasileiro acerca da divisão das funções típicas de Estado e a ideia contemporânea que se tem sobre o Estado de Direito social e democrático.

Em um segundo momento, é em face do perfil constitucional do Ministério Público e seu lugar na estrutura de divisão das funções de Estado que a análise será vertida. Aqui, apesar de não se ter a possibilidade de se efetivar um estudo completo do tema, de forma a abranger a totalidade das funções entregues à instituição pelo constituinte, pretende-se definir bases gerais, as quais permitam a identificação do sentido dado pela Constituição brasileira às funções de Ministério Público e como isso implicou a modificação na divisão das funções do Estado, na qualificação e posicionamento constitucional da instituição.

Por último, o esforço será concentrado no estudo do tratamento dado ao Ministério Público pelo novo Código de Processo Civil. Os parâmetros para a verificação da (in)constitucionalidade das escolhas do legislador infraconstitucional já estarão traçadas nesse momento, restando, assim, o devido confronto das premissas definidas pelo constituinte e as disposições processuais refrentes ao tema. Também é necessário que restem fixadas bases de interpretação desses dispositivos processuais de forma a que não se deixe ao aplicador do Direito a possibilidade de desvirtuar os comandos constitucionais.

De tudo, pretende-se deixar claro o ideal de Ministério Público desenhado pelo constituinte de 1988, o qual não encontra precedente, nem mesmo em ordens jurídicas estrangeiras, e como esse perfil constitucional impõe determinadas opções legislativas e baliza o sentido interpretativo a ser dispensado quando da aplicação dos dispositivos legais, no caso, do novo Código de Processo Civil.

1. A instituição do Estado de Direito social e democrático pela Constituição Federal de 1988 e a repercussão do novo modelo na estrutura organizatória da divisão das funções estatais

1.1. O Estado de Direito liberal e o princípio da separação dos poderes

Tradicionalmente, quando se quer fazer menção à divisão constitucional das funções típicas de Estado e a consequente repartição horizontal das suas competências, é o princípio da separação dos poderes que aparece como figura a expressar essa ideia.

Essa técnica de limitação do poder tem matriz jurídico-constitucional no advento do Estado de Direito liberal e se coloca, desde então, sob esta denominação – *separação dos poderes* – como um mecanismo indispensável para a contenção do agir do Estado. A terminologia conceitual adotada à época fundamentava-se, em muito, na ideia de se limitar juridicamente o *poder* concentrado e absoluto que até então era titularizado e exercido pelo Monarca; com o advento do Estado de Direito liberal, esse controle de fato ocorreu, sendo efetivado mediante uma divisão, operada pelo Direito, das funções típicas de Estado, o que levou à entrega a órgãos que mantiveram parte da soberania estatal de parcela desse *poder*, ocorrendo, assim, uma separação.

O objetivo maior do Estado de Direito inaugurado com as revoluções burguesas, sendo esse seu sentido material,[3] foi garantir o respeito à pessoa humana, notadamente pela limitação jurídica (consagração de direitos fundamentais) das possibilidades de intervenção estatal no desenvolvimento da personalidade dos cidadãos, em sua autonomia e liberdades individuais; assim, com o fim do absolutismo, o instrumento utilizado para a instituição do novo modelo de Estado que se estava a formar – Estado liberal – e para a consecução de seu objetivo supremo, foi a promulgação de Constituições.

Os reclames burgueses eram motivados pelo poder absoluto e juridicamente ilimitado que possuía o Príncipe, a partir do que intervinha arbitrariamente na liberdade e propriedade privadas.[4] Logo, para que a dignidade da pessoa humana fosse observada, segundo as premissas liberais, um ponto indispensável seria limitação do poder do Estado, bem como o condicionamento da sua utilização, o que foi feito com base no Direito, notadamente, com a promulgação de Constituições.

Ocorre que as Constituições, igualmente, teriam de se valer de determinados mecanismos jurídicos para a consecução dessa finalidade e, assim, o fizeram: por exemplo, a positivação de direitos fundamentais, outorgando-se aos indivíduos uma esfera de liberdade isenta de investidas estatais, passou a ser a maior expressão jurídica da contenção que agora pairava em face do poder do Estado.

O princípio da separação dos poderes foi consagrado, enquanto instrumento jurídico, nesse contexto e com a específica finalidade de limitar o poder do Estado e possibilitar o respeito à liberdade individual. Partindo-se da vinculação do Estado de Direito à dignidade da pessoa humana e das premissas apontadas por Montesquieu – a concentração de todo o poder em um único órgão estatal levaria, impreterivelmente, a abusos e violações à liberdade individual – viu-se que a cisão do poder, a partir de uma divisão das funções típicas de Estado, era um princípio indispensável; antes da ideia de otimização da atividade estatal, é na necessidade insofismável "de equilíbrio de poderes e de um governo moderado" que o princípio da separação dos poderes encontra fundamento último.[5] [6]

Naquele momento do Estado liberal e como consequência da ideologia que lhe era subjacente, foram visualizadas três funções ou poderes típicos de Estado, quais sejam as atividades administrativas, legislativas e jurisdicionais. Era nesses âmbitos funcionais que as ações consideradas típicas de Estado se exauriam; outras funções identificadas como de persecução necessária pelo ente estatal seriam reconduzidas a um desses grupos, ficando, consequentemente, a cargo dos Poderes Executivo, Legislativo e Judiciário.

---

[3] Ainda que, inicialmente, se fizesse presente no Estado liberal, esse sentido material do Estado de Direito acabou por ser corroído e suplantado por seu aspecto formal, qual seja o princípio da legalidade da Administração, bastando ao ato assumir a forma de lei para, independentemente de seu conteúdo, vincular os demais órgãos do Estado e os particulares. Contudo, após, essa perspectiva material do Estado de Direito, notadamente com o advento do Estado social e democrático, foi reencontrada e reerguida à condição de fundamento máximo a justificar a própria existência do Estado e sua limitação jurídica pelo Direito. Por todos. NOVAIS, Jorge Reis. *Os princípios constitucionais estruturantes da república portuguesa*. Coimbra: Coimbra Editora, 2004, p. 27-32 e 36-42.

[4] MAYER, Otto. *Derecho Administrativo Alemán. Tomo I, Parte General*. 4ª ed. Buenos Aires: Ediciones Depalma, 1982, p. 29.

[5] CANOTILHO, José Joaquim Gomes. *Direito Constitucional e Teoria da Constituição*. 7ª ed. Coimbra: Almedina, 2003, p. 558.

[6] Ver, também. NOVAIS, Jorge Reis. *Os princípios constitucionais*, p. 25.

No fundo, essa teoria da separação foi constituída juridicamente de forma a se adequar aos dogmas liberais; o respeito à liberdade e autonomia individuais e, com efeito, à pessoa humana, deveria encontrar expressão máxima na observância do conteúdo das leis; era a lei, no Estado liberal, a medida máxima da justiça; o decidido pelo legislador, por ser produto da vontade de todos, seria essencialmente justo.[7] Entrementes, não poderia nenhum outro *poder* de Estado se sobrepor ao legislador, antes devendo ficar a ele subordinado, estando, assim, fadada ao insucesso qualquer teoria organizacional das funções do Estado e de suas competências que não observasse essas bases. Houve, na verdade, uma "hegemonia do poder legislativo, entendido como poder supremo dentro do conjunto dos poderes do Estado", e não um "equilíbrio abstrato e neutral" entre os órgãos encarregados do exercício das funções de soberania.[8]

Destarte, o arquétipo estrutural do Estado liberal foi moldado em torno da lei. À Administração, cabia administrar sob a reserva de lei ou, de forma mais simples, executar a lei. Ao Judiciário, competia aplicar a lei, dizer, no caso concreto, o Direito expresso nas justas decisões legislativas, valendo-se, para tanto, de operações mecânicas de subsunção. O controle jurisdicional de constitucionalidade, quanto mais o substancial, era, regra geral, incompatível com o Estado liberal, sendo que, inclusive, os direitos fundamentais eram delineados nos termos da lei.

E, assim, com essas características e para o atendimento das precisas finalidades do Estado liberal, o princípio da separação dos poderes foi inicialmente desenhado. A pergunta a ser colocada e que deve ser esclarecida na sequência do estudo consiste na necessária definição acerca da (in)adequação de se aplicar o princípio da separação dos poderes, tal qual inicialmente formatado, ao novo modelo de Estado de Direito.

1.2. O Estado de Direito social e democrático e o princípio da separação dos poderes

Para o bom esclarecimento da indagação, antes de tudo, é necessário que se compreenda o Estado de Direito enquanto um "tipo histórico de Estado",[9] que observou um processo de formação, ao qual foi agregada uma série de grandezas que atualmente o compõem e sem as quais não pode ser concebido, desenvolvimento que foi acompanhado, de forma simbiótica,[10] pelo reconhecimento de novas dimensões e funções dos direitos fundamentais.

Já traçadas as premissas básicas do Estado liberal e ultrapassando-se a descrição pormenorizada desse processo histórico-evolutivo, calha, agora, concentrar-se na formatação final desse *modelo de Estado*.

O Estado de Direito liberal não se sustentou. Dentre outras circunstâncias e especificidades históricas, a grande desigualdade social gerada pela perspectiva individualista e de autossuficiência da iniciativa particular como elemento reitor da

---

[7] NOVAIS, Jorge Reis. *Os princípios constitucionais*, p. 26.
[8] NOVAIS, Jorge Reis. *Os princípios constitucionais*, p. 25.
[9] NOVAIS, Jorge Reis. *Os princípios constitucionais*, p. 43.
[10] LUÑO, Antonio E. Perez. *Los derechos fundamentales*. 9ª ed. Madri: Editorial Tecnos, 2007, p. 19.

sociedade,[11] uma tendência de organização coletiva da contraditória, fragmentada e diversificada sociedade privada,[12] bem como a necessidade de se reencontrar o sentido material para o qual fora constituído o Estado de Direito, estão entre os fatores determinantes para a ruptura do modelo.

Uma variada gama de fatos fizeram surgir demandas sociais e políticas, acompanhadas de novos ideais filosóficos, as quais acarretaram a conclusão de que a concepção de submissão do Estado ao Direito visando à proteção da liberdade individual, sem maiores compromissos com o meio social, e o distanciamento entre o ente público e a vida privada, fosse abandonada em algumas realidades.[13] Outras sociedades politicamente organizadas pelas pautas liberais, todavia, não descartaram na totalidade os parâmetros inaugurais, mas os aprimoraram, sendo a linha originária do Estado de Direito[14] mantida, mas, agregada de novos elementos. Como exemplos dessa opção, são normalmente citados na doutrina a Constituição Mexicana de 1917 e a Constituição de Weimar de 1919.[15]

Ainda, a I Guerra Mundial foi um marco decisivo para a mudança das bases sociais e a demanda por outro paradigma estrutural, contudo, a exigência pelo *novo* não restou limitada ao período de excepcionalidade decorrente do estado de beligerância, postou-se, ao contrário, como uma reivindicação permanente a obstaculizar a reincidência do liberalismo *puro*.[16]

Pela nova concepção, deflagrada definitivamente após a II Guerra Mundial e especialmente com a promulgação da Lei Fundamental de Bonn (*Bonner Grundgezetz*), a fruição da liberdade deixa de ser uma realidade relegada apenas à sorte de cada indivíduo e aos comportamentos particulares, passando o Estado ter por dever demonstrar interesse por cada pessoa e empreender ações positivas com intervenção na sociedade visando ao alcance da liberdade por todos. Socialidade, igualdade material, pluralismo e universalidade na participação política, dentre outros, são componentes que vão sendo inseridos ao modelo do Estado de Direito.[17]

Nessa linha, além de a própria proteção da liberdade ter sua abrangência expandida,[18] as Constituições incorporam o princípio democrático e da socialidade, bem como novas dimensões de direitos fundamentais, destacando-se os denominados di-

---

[11] "Que verdadeiro significado possuía a liberdade constitucional para os que nada tinham, que possuíam apenas o ar que respiravam e estavam à mercê das leis de ferro da economia?". CAENEGEM, R. C. van. *Uma introdução histórica ao direito constitucional ocidental*. Traduzido do original inglês An Historical Introduction to Western Constitutional Law por Alexandre Vaz Pereira. Lisboa: Fundação Calouste Gulbenkian, 2009, p. 40.

[12] ANDRADE, José Carlos Vieira de. *Os direitos fundamentais na Constituição portuguesa de 1976*. 4ª ed. Coimbra: Almedina, 2008, p. 56-58.

[13] Como exemplo, "o Estado fascista italiano", o "Estado nacional-socialista" e o "Estado de legalidade socialista". NOVAIS, Jorge Reis. *Contributo para uma teoria do Estado de Direito: do Estado de Direito liberal ao Estado social e democrático de Direito*. Coimbra: Almedina, 2006, p. 127-178. MIRANDA, Jorge. *Manual, Tomo I*, p. 107-108.

[14] NOVAIS, Jorge Reis. *Os princípios constitucionais*, p. 30.

[15] ANDRADE, José Carlos Vieira de. *Os direitos fundamentais*, p. 59, nota 16. MIRANDA, Jorge. *Manual de Direito Constitucional, Tomo I, Preliminares – o Estado e os Sistemas Constitucionais*. 9ª edição. Coimbra: Coimbra Editora, 2011, p. 106. NOVAIS, Jorge Reis. *Os princípios constitucionais*, p. 30. PULIDO, Carlos Bernal. *El principio de proporcionalidad y los derechos fundamentales*. Madri: Centro de estudios políticos y constitucionales, 2003, p. 357.

[16] ANDRADE, José Carlos Vieira de. *Os direitos fundamentais*, p. 57.

[17] NOVAIS, Jorge Reis. *Os princípios constitucionais*, p. 30-42.

[18] ANDRADE, José Carlos Vieira de. *Os direitos fundamentais*, p. 59.

reitos sociais ou direitos de igualdade.[19] Além disso, a proteção conferida aos indivíduos por intermédio dos direitos fundamentais não se atrelou necessariamente à outorga de posições subjetivas, ocorrendo, em acréscimo, o reconhecimento de uma dimensão objetiva e efeitos daí decorrentes.

Isso implicou uma profunda mudança na positivação, força normativa, âmbito de incidência material, aplicação e, em geral, na dogmática dos direitos fundamentais,[20] o que, consequentemente, refletiu no princípio da separação dos poderes, uma vez que também se colocou no novo modelo como instrumento jurídico destinado à proteção e promoção da pessoa humana.

Com as novas exigências estabelecidas, ao Estado não são impostos apenas deveres de abstenção, mas, também, obrigações a prestações positivas, sendo a efetivação desses deveres complementada, sobretudo, pela consolidação do controle de constitucionalidade pelo Poder Judiciário em face das ações e omissões legislativas,[21] o que não ocorria no modelo de separação presente no Estado liberal.

A divisão constitucional das funções típicas de Estado deixou de apresentar fronteiras bem demarcadas, "se é que alguma vez essa separação rígida existiu de facto". Cada vez mais, além de sua função primordial, cada órgão de soberania passou a ter outras competências, as quais, muitas vezes, se sobrepunham as funções típicas dos demais. Assim, o Legislativo, também, julga; o Judiciário administra; o Executivo, por vezes, legisla.[22]

Nesse momento de evolução histórica do princípio, não se fala tanto em *separação dos poderes*, a qual passa a ser "entendida como um processo de distribuição e integração racionalizadas das várias funções e órgãos de Estado, de forma a limitar as possibilidades de exercício arbitrário do Poder e garantir, por outro lado, as condições da maior eficiência da actuação estatal".[23] Assim, é na ideia de divisão de funções típicas – até porque o *Poder* estatal permanece uno – que reside o outrora denominado *princípio da separação*.

Mas não é somente o sentido do ideal de divisão das funções de Estado que é alterado com o advento do Estado de Direito social e democrático. A estrutura e competências dos órgãos de soberania, também, sofrem as devidas mutações, de forma a que se conformem ao novo modelo de organização.

O perfil do Judiciário é modificado, outorgando-se ao órgão efetiva independência, bem como autonomias constitucionais.[24] Deixam os juízes de, apenas, aplicar

---

[19] Na precisa síntese de José de Melo Alexandrino, "a sobreposição das ideias, tradicionalmente dissociadas, de *Rechtsstaat* e *Sozialstaat* numa figura unitária faz do princípio do Estado de Direito democrático um macro-conceito de todo o sistema constitucional e, particularmente, um macro-conceito de ligação entre os dois tipos de direitos fundamentais". ALEXANDRINO, José de Melo. *A Estruturação do Sistema de Direitos, Liberdades e Garantias na Constituição Portuguesa – Volume II (A Construção Dogmática)*. Coimbra: Almedina, 2006, p. 285-286.

[20] Carlos Bernal. *El principio de proporcionalidad*, p. 356.

[21] O restabelecimento da finalidade substancial do Estado de Direito – promoção e proteção da pessoa humana – é vinculada à descrença no legalismo formal como instrumento eficiente para a proteção do indivíduo. Como consequência, a análise com base em padrões materiais do conteúdo das leis por uma jurisdição constitucional efetivamente independente se coloca como uma exigência premente, quando mais pelo fato de a novidade do controle substancial de constitucionalidade ser agora também acrescida à possibilidade de um controle da omissão estatal constitucionalmente injustificável.

[22] NOVAIS, Jorge Reis. *Os princípios constitucionais*, p. 34.

[23] NOVAIS, Jorge Reis. *Os princípios constitucionais*, p. 34.

[24] NOVAIS, Jorge Reis. *Os princípios constitucionais*, p. 35.

a lei por subsunção; é em face da Constituição que sua vinculação se concentra, e o controle jurisdicional de constitucionalidade de todos os atos do Estado, inclusive, das leis, é consequência inafastável. Antes de pretenderem aplicação concreta, as leis devem se conformar a padrões, formais e materiais, de constitucionalidade, cuja avaliação, em última instância, é função jurisdicional. Além disso, o controle de constitucionalidade das omissões do Estado em adimplir os deveres prestacionais *prima facie* impostos pela Constituição, notadamente pelos direitos fundamentais sociais, passa a ser juridicamente possível.

Ultrapassados os exemplos ilustrativos mencionados, o fato é que, em linhas gerais, com o advento do Estado de Direito social e democrático, há um significativo incremento das demandas estatais e, consequentemente, das suas funções típicas e dos mecanismos de controle, no intuito de se garantir que o Estado, efetivamente, cumpra com suas obrigações constitucionais.

Ou seja, com a definição da pessoa humana enquanto *valor* absoluto, positivado como norma jurídica, em torno do qual gravita toda a ordem constitucional, pode-se sustentar que os elementos estruturais do Estado de Direito (inclusive o próprio enquanto princípio jurídico) não possuem sentido existencial autônomo estando sempre destinados à consecução e proteção dessa ideia base e suprema do sistema jurídico. Em Estado social e democrático, as reivindicações da pessoa humana são exteriorizadas por intermédio de paradigmas diferentes dos visualizados na perspectiva liberal. Para que o princípio seja efetivamente observado é necessário não mais apenas respeito à autonomia e liberdade individuais, mas, aliado a isso, uma concepção material de igualdade também incrementa o Estado de Direito e ações positivas estatais passam a ser algo inerente à dignidade, exigências que advêm de forma mais concreta da figura jurídica dos direitos fundamentais sociais, os quais se colocam na primeira linha de imposições de deveres ao Estado e subjetivação de posições aos indivíduos.

Além disso, como destacado, o caráter democrático e social são grandezas que acompanham o Estado de Direito[25] e diretrizes das quais decorrem outras diversas exigências, dentre estas o imperativo de respeito pelo Estado a uma sociedade pluralista e sua obrigação de promovê-la igualitária.

O Estado de Direito moderno assimila, assim, o ideário máximo de vinculação aos direitos fundamentais, os quais, dado o princípio da socialidade, não esgotam suas funções como instrumentos de defesa, mas vão além e impõem ao Estado deveres a prestações positivas, ações materiais e normativas pelas quais se almeja alcançar uma igualdade real.

Com efeito, a queda das premissas liberais e a magnitude assumida por essas novas funções, as quais, agora, são de cumprimento obrigatório pelo Estado, implicaram alterações na repartição horizontal de competências entre os órgãos de soberania, as quais podem ser sintetizadas da seguinte forma: (1) a ultrapassagem do dogma da justiça inerente às leis e a conclusão de que verdadeiras atrocidades contra a pessoa humana poderiam ser perpetradas com base nas decisões do legislador levaram a uma independência real do Judiciário e ao controle jurisdicional de constitucionalidade das leis e das omissões estatais; (2) a amplitude e diversidade das exigências inerentes à pessoa humana acarretaram uma reestruturação na divisão horizontal de

---

[25] NOVAIS, Jorge Reis. *Os princípios constitucionais*, p. 10.

competências, passando cada órgão de soberania a incorporar diversas atribuições, além de suas funções típicas tradicionais; (3) a identificação de outras funções típicas de Estado, por indispensáveis à pessoa humana, além dos usuais *poderes* desenhados no Estado liberal, foi uma consequência lógica dessa nova formatação do Estado de Direito e, a depender da solução dada por cada sistema constitucional, houve a entrega dessas outras atividades típicas a outros órgãos de soberania, uma vez que não poderiam ser encaixadas como atividades administrativas, legislativas ou jurisdicionais; (4) além da otimização das funções estatais, a justificativa da divisão permanece residindo na necessária limitação ao *poder* do Estado, passando o sistema de freios e contrapesos a exigir novas formas, modalidades e órgãos de soberania com atribuição fiscalizatória e de controle.

Em prosseguimento, deve-se abordar como e em qual extensão essas premissas foram incorporadas pela Constituição Federal de 1988.

1.3. O princípio da separação dos poderes na Constituição Federal de 1988

De forma muito clara, é verificada a adoção pelo constituinte brasileiro do modelo europeu-continental de Estado de Direito, no caso, social e democrático. Submissão do Estado ao Direito, socialidade, igualdade material, direitos fundamentais sociais, democracia, sufrágio universal, pluralismo, dentre diversas outras, são exemplos de algumas das bases fundamentais de estruturação da República Federativa do Brasil.

Em suma, poderia o constituinte, apenas, ter explicitado que estava a constituir um Estado de Direito social e democrático, pois, desse megaconceito, extrair-se-iam todas as demais ilações, contudo, preferiu precisar os diversos princípios estruturantes que acompanham o Estado de Direito moderno.

Assim, o constituinte foi além de simplesmente enunciar o *tipo* de Estado brasileiro e demonstrou, de forma analítica e pormenorizada, uma visível preocupação em dotar a Constituição de um cunho garantístico à liberdade individual, mas, também, foi incisivo em elencar como objetivo do Estado o alcance da igualdade material, especialmente, por meio da concretização dos direitos fundamentais sociais. Assim, o caráter dirigente e compromissário, acrescido ao aspecto garantístico, permeiam o texto constitucional.

Para o alcance dessas amplas finalidades, o constituinte, também, dividiu as funções típicas de Estado entre órgãos de soberania, no intuito de otimizar as atividades e limitar o poder político. Nessa lógica, a Constituição brasileira estabeleceu, em um primeiro momento, como "Poderes da União, independentes e harmônicos entre si, o Legislativo, o Executivo e o Judiciário" (art. 2°, CF).[26]

O artigo mencionado poderia levar à equivocada compreensão de que, tal qual no Estado liberal, adotou o constituinte brasileiro o modelo tradicional e rígido da *separação dos poderes*, entregando, como consequência, todas as funções típicas de Estado, por refletirem o exercício de parcela de soberania, ao Executivo, Legislativo e Judiciário.

---

[26] Melhor andou, por exemplo, o constituinte português, pois evitou a referência à tradicional ideia de separação de *poderes* e optou por falar em separação e interdependência dos *órgãos de soberania* (art. 111°/1, CRP).

Na verdade, as coisas não se passam assim; não foi esse o sentido estabelecido pela Constituição brasileira à estrutura organizacional da divisão das funções estatais e à repartição horizontal de competências do Estado, ou seja, nem todas as funções típicas de Estado, por expressarem atos de soberania, foram acondicionadas pelo constituinte nos âmbitos da administração, legislação e jurisdição.

O primeiro ponto a se ter em consideração refere-se à necessária compreensão de que a ideia de separação dos poderes não pode por em causa a integridade do poder político, "a *unidade do Estado*", mas, apenas, "é uma questão atinente ao exercício de competências dos órgãos de soberania e não um problema de divisão do poder unitário do Estado".[27] Por isso, lógico seria o abandono da expressão clássica – *separação dos poderes* – e sua substituição por uma denominação mais adequada ao modelo constitucional brasileiro e ao tipo de Estado adotado, qual seja o princípio da *divisão das funções do Estado*.

A partir disso, tendo em vista que se está a perquirir quais atividades estatais foram elencadas pela Constituição como expressão de parcela da soberania do Estado, não há como se pretender, com base na leitura isolada de um único dispositivo constitucional, identificar o correto sentido material e sistêmico do princípio da divisão das funções de Estado no âmbito da Constituição Federal. É na ideia de *unidade*, e na consequente orientação de interpretação global dos dispositivos constitucionais, que reside o norte desse processo hermenêutico de identificação do alcance desse princípio da estrutura organizatória do Estado de Direito social e democrático.

A interpretação das normas constitucionais, a par dos cânones tradicionais de interpretação jurídica, é, também, guiada por princípios específicos, como o da *unidade da Constituição*. A Constituição não deve ser interpretada de forma fragmentada, de maneira a se desconsiderar a totalidade dos dispositivos constitucionais; as situações de aparente antinomia normativa devem ser equacionadas, evitando-se, por uma leitura integral do texto constitucional, soluções que impliquem contradições normativas.[28]

Do princípio da *unidade da Constituição* igualmente se extrai a constatação de ausência de hierarquia entre as normas constitucionais, pois, se a Constituição deve ser interpretada como um todo, não haveria compatibilidade entre essa premissa e a ideia de que algumas normas constitucionais devem sucumbir a mandamentos oriundos de normas que se colocam em patamar mais alto da escala hierárquica.

Destarte, para além do expresso no artigo 2º da Constituição Federal, é nas características materiais do Estado de Direito, no sentido moderno do tradicional princípio da *separação dos poderes*, nas exigências atuais da pessoa humana e no perfil constitucional traçado para outras instituições não integrantes do Executivo, Legislativo e Judiciário que será encontrada a compreensão constitucionalmente adequada do princípio da divisão das funções do Estado na sistemática constitucional brasileira.

Para se identificar a titularidade por algum órgão de parcela da soberania estatal é indispensável que sejam preenchidos, de forma cumulativa, algumas características. A primeira delas é que ao órgão, necessariamente, devem ser constitucionalmente

---

[27] CANOTILHO, J. J. Gomes. *Direito Constitucional*, p. 579.
[28] CANOTILHO, J. J. Gomes. *Direito Constitucional*, p. 1223-1224.

outorgadas autonomias, de forma a que, com independência, possa desempenhar a função típica de Estado que lhe foi entregue pelo constituinte. Ainda, essa independência deve, também, ser assegurada pela concessão constitucional de garantias aos membros de cada órgão, a fim de possibilitar o cumprimento adequado da atividade que lhe seja inerente; a segunda diz respeito ao aspecto funcional propriamente dito, devendo, assim, ser verificado se a função entregue pela Constituição ao órgão em questão expressa parcela da soberania estatal e é indispensável para a consecução do Estado de Direito. Aqui, deve-se ter em mente que as funções (como consequência lógica do Estado de Direito social e democrático) devem, conjuntamente, além de serem essenciais para o regime democrático, contribuir de forma decisiva para a observância do caráter garantístico à liberdade individual, no que se inclui a indispensável dinâmica de controle recíproco inerente ao sistema de freios e contrapesos, bem como agregar significativamente para o alcance dos objetivos afetos à socialidade.

Destarte, o prosseguimento impõe a análise do perfil constitucional do Ministério Público, bem como das suas funções em Estado de Direito social e democrático e, após, identificar se essas funções outorgadas à instituição se enquadram como atividades administrativas, jurisdicionais, legislativas, ou, ao contrário, se estar-se a tratar de algo distinto.

2. Perfil e funções constitucionais do Ministério Público brasileiro: enquadramento no princípio da divisão das funções de Estado e caracterização enquanto órgão de soberania

2.1. Noções introdutórias

Não é demasiado afirmar que o cuidado dispensado ao Ministério Público pelo constituinte brasileiro de 1988 e a relevância das funções que foram entregues à instituição não encontram precedentes no direito pátrio ou estrangeiro. Nesse sentido, Gilmar Ferreira Mendes ressalta o "tratamento singular no contexto da história do constitucionalismo brasileiro" dado pela Constituição brasileira ao Ministério Público, "reconhecendo-lhe uma importância de magnitude inédita na nossa história e mesmo no direito comparado". Prossegue e vai ainda mais longe ao afirmar que "o Ministério Público no Brasil, máxime após a Constituição de 1988, adquiriu feições singulares, que o extremam de outras instituições que eventualmente colham designação semelhante no direito comparado".[29]

Mas o que há de tão singular no Ministério Público brasileiro? Um indicativo já é encontrado no primeiro dispositivo constitucional a tratar da instituição; assim, dispõe o artigo 127 da Constituição Federal, que "o Ministério Público é instituição permanente, essencial à função jurisdicional do Estado, incumbindo-lhe a defesa da ordem jurídica, do regime democrático e dos interesses sociais e individuais indisponíveis".

De pronto, já se verifica que a Constituição alargou o âmbito de atuação da instituição, colocando-a para além da função jurisdicional do Estado e, como consequência, deu-lhe vida própria e autônoma do Judiciário, ou seja, lhe atribuiu diver-

---

[29] MENDES, Gilmar Ferreira. *Curso de Direito Constitucional*. Gilmar Ferreira Mendes, Inocêncio Mártires Coelho, Paulo Gustavo Gonet Branco. 6ª ed. São Paulo: Saraiva, 2011, p. 1039.

sas funções, a serem executadas "independentemente da prestação jurisdicional".[30] Assim, apesar de continuar a ser essencial para parte das atividades-fim do Judiciário, o Ministério Público, em acréscimo, é responsável pela guarda dos pilares essenciais do Estado de Direito social e democrático brasileiro, devendo defender a ordem jurídica, o regime democrático e os interesses sociais e individuais indisponíveis.

Há uma intencional ligação pelo constituinte entre a manutenção do Estado de Direito – social e democrático – e as funções institucionais do Ministério Público. Os princípios estruturantes da socialidade e democracia são grandezas incindíveis ao sentido material de um Estado de Direito e premissas indispensáveis para a concretização de seu objetivo principal, qual seja, o respeito, a proteção e a promoção da pessoa humana.

Tendo em vista essas bases estruturais, o constituinte debruçou sobre o Ministério Público grande parte da responsabilidade pela manutenção desses pilares; incumbe, assim, à instituição, além de atuar junto à jurisdição, efetivar, a partir do princípio do Estado de Direito, a proteção da ordem jurídica, defender, como decorrência do princípio democrático, o regime democrático, bem como, promover, em razão dos imperativos de socialidade e, de forma mais ampla, da dignidade da pessoa humana, junto ou à revelia da prestação jurisdicional, os direitos sociais e individuais indisponíveis. Vincula-se diretamente, assim, a ideia central da ordem jurídica brasileira – Estado de Direito Social e Democrático – com as funções constitucionais do Ministério Público.

Essas largas atribuições, descritas com enorme amplitude pelo constituinte, são de magnitude ímpar no cenário constitucional, contudo, para serem mais bem compreendidas, necessitam da devida densificação e especificação, a fim de que se tenha visibilidade de como esses genéricos mandamentos constitucionais se concretizam.

Nesse passo, em um primeiro momento, as funções constitucionais do Ministério Público – essencialidade à jurisdição, dever de defesa da ordem jurídica, do regime democrático e dos interesses sociais e individuais indisponíveis – podem ser arranjadas em três grandes grupos, quais sejam: (1) função de persecução penal; (2) função de fiscalização; (3) função de promoção de direitos fundamentais.

À análise de cada uma delas, portanto.

2.2. Função de persecução penal

A promoção da ação penal pública é função institucional privativa do Ministério Público (art. 129, I, CF). Aqui se revela a entrega, com exclusividade, pela Constituição, de parcela de soberania estatal à instituição.[31]

Hoje não está mais em causa, sendo questão pacificada, qualquer discussão acerca do reconhecimento de que os direitos fundamentais, além de outorgarem posições subjetivas aos titulares, possuem uma dimensão objetiva, cujos efeitos, dentre outros, impõem ao Estado deveres de proteção aos bens e interesses objeto de tutela jusfundamental. Em palavras simples, além de respeitar, o Estado deve proteger os direitos fundamentais.

---

[30] MAZZILLI, Hugo Nigro. *Introdução ao Ministério Público*. 6ª ed. São Paulo: Saraiva, 2007, p. 69.

[31] MAZZILLI, Hugo Nigro. *Introdução ao Ministério Público*, p. 130.

Esse dever objetivo de proteção é adimplido de várias formas, mas, sem dúvida, é o Direito Penal o soldado mais forte que o possui o Estado para o cumprimento dessa obrigação constitucional. É na criminalização de comportamentos que atentem contra os bens e interesses mais caros à sociedade que o Estado protege de forma consistente os direitos fundamentais e, consequentemente, a dignidade da pessoa humana.

A prática de crimes acarreta a incidência de sanções penais, as quais dependem de decisão jurisdicional para serem aplicadas. Agora, a movimentação do *ius puniendi*, com o início da persecução penal em juízo, é questão deixada pelo constituinte à avaliação exclusiva do Ministério Público. Destarte, em se tratando de ação penal pública, é o Ministério Público a deliberar, de forma definitiva, acerca do início do processo criminal e, consequentemente, o responsável por deflagrar (ou não) o caminho a ser seguido pelo Estado até a aplicação da sanção penal.

Assim, é o Ministério Público constitucionalmente encarregado de buscar, pela persecução penal em juízo, a proteção aos direitos fundamentais e à dignidade da pessoa humana, os quais foram violados por comportamentos criminosos, sendo parte essencial da engrenagem estatal para o exercício dessa função de soberania.

Pertinente, ainda, ser ressaltada a independência funcional que possuem os membros do Ministério Público para a propositura da ação penal ou para a requisição de arquivamento (estando esta última sujeita, se entender necessário o Judiciário, à revisão pelo Procurador-Geral). Nesse último ponto, é visível o exercício de parte da soberania estatal pelo Ministério Público, pois, caso decidir por não apresentar denúncia criminal e requisitar ao Judiciário o arquivamento do caderno investigatório, "dá a palavra final e incontrastável" em nome do Estado no que se refere ao *ius puniendi*.[32]

Não se deve olvidar, também, que, em decorrência do princípio da dignidade da pessoa humana, não pode o Estado restringir arbitrariamente a liberdade individual; com efeito, caso formar convencimento, após a denúncia, acerca da inexistência do crime, insuficiência de provas para um juízo condenatório ou de estar presente alguma excludente da ilicitude ou culpabilidade, deve o Ministério Público promover pela absolvição do réu.

Isso denota o caráter híbrido que assume o papel da instituição no processo penal, pois, por não atuar como um acusador sistemático, não ocupa o lugar idêntico às partes; antes de tudo, é no dever de alcançar uma correta ponderação entre a intervenção restritiva estatal em face do interesse de liberdade do réu e a proteção dos demais direitos fundamentais violados pela conduta criminosa que a sua função se exterioriza. Logo, no processo penal, é figura diferente das partes, uma vez que em momento algum perde a condição de fiscal da lei, de encarregado pela correta aplicação do Direito Penal, sendo responsável por evitar a imposição de sanções arbitrárias e sem base normativa, podendo, para tanto, manejar todos os recursos processuais cabíveis em favor do réu. No segundo grau, a atuação do Ministério Público na condição de *custos legis* se coloca de forma ainda mais nítida, pois os Procuradores de Justiça, com independência funcional e sem vinculação às posições já assumidas por outros membros da instituição durante o transcorrer do processo penal, buscam a correta

---

[32] MAZZILLI, Hugo Nigro. *Introdução ao Ministério Público*, p. 131.

aplicação da lei penal, apresentando, para tanto, manifestação em parecer acerca de como o Direito deve ser aplicado ao caso.

No processo penal, deve manter o membro do Ministério Público, tal qual a magistratura judicial, a devida imparcialidade e objetividade, uma vez que não se confunde com a figura da parte processual, ao menos pelo fato de não possuir, indistintamente, interesse contrário ao do réu. Já a parte, "enquanto sujeito da relação processual, tem um interesse contraposto ao do adversário e obstinadamente luta por sua prevalência, independentemente da objetividade do pleito".[33] Sua atuação processual pode ser verdadeiramente caracterizada como uma magistratura do Ministério Público, a partir do que, "em sua condição de magistratura, tem o dever de impedir injustiças contra o acusado". Isso não quer dizer, evidentemente, que ao Ministério Público sejam concedidos privilégios processuais; deve ter os mesmos poderes e ônus das partes. Agora, esse mandamento de paridade de armas inerente ao contraditório não descaracteriza sua condição com fiscal da lei e os deveres processuais correlatos que necessariamente acompanham a atuação como *custos legis*, o que acaba por identificar sua situação processual tal qual uma magistratura.[34]

De resto, a função do Ministério Público no âmbito da persecução penal é muito ampla e extravasa os limites da atuação processual; destaca-se, dentre outras, a possibilidade de o Ministério Público instaurar e presidir investigações criminais, requisitar diligências investigatórias à autoridade policial ou proceder diretamente a essas diligências, podendo, inclusive, restringir alguns direitos fundamentais, desde que não rotulados com cláusula constitucional de reserva de jurisdição. Ainda, nesse contexto, cabe ao Ministério Público o controle externo da atividade policial (art. 129, VII, CF).[35] [36]

2.3. Função de fiscalização

Como já destacado, a identificação de outras funções típicas de Estado, por indispensáveis à pessoa humana, além dos usuais *poderes* desenhados no Estado liberal, foi uma consequência da nova formatação do Estado de Direito. Logicamente, o princípio da divisão das funções do Estado também foi alcançado por essas modificações; assim, além da otimização das funções estatais, a justificativa para uma divisão constitucional das funções estatais permanece residindo na necessária limitação ao *poder* do Estado, contudo, o sistema de freios e contrapesos inerente a esta limitação vem a exigir novas formas, modalidades e órgãos de soberania com atribuição fiscalizatória e de controle.

Nesse sentido, a Constituição Federal encarregou o Ministério Público da defesa da ordem jurídica e do regime democrático e, mais especificamente, atribui-lhe, como função institucional, o dever de zelo pelo efetivo respeito aos poderes públicos e pelos serviços de relevância pública (arts. 127 e 129, II, CF).

---

[33] RIBEIRO, Diaulas Costa. *Ministério Público: dimensão constitucional e repercussão no processo penal*. São Paulo: Saraiva, 2003, p. 109.

[34] RIBEIRO, Diaulas Costa. *Ministério Público*, p. 110-112.

[35] MAZZILLI, Hugo Nigro. *Introdução ao Ministério Público*, p. 65.

[36] GOULART, Marcelo Pedroso. *Elementos para uma teoria geral do Ministério Público*. Belo Horizonte: Arraes Editores, 2013, p. 81.

Buscando uma maior otimização na realização das funções típicas de Estado e um controle efetivo, visando a evitar abusos no exercício do *poder* pelos órgãos de soberania, a Constituição atribuiu uma ampla função fiscalizatória ao Ministério Público. Com efeito, cabe à instituição o controle da adequada prestação das atividades-fim de cada um dos órgãos de soberania, o que, em muito, deriva da ideia de controle recíproco entre os órgãos de soberania, inerente ao sistema de freios e contrapesos que norteia o princípio da divisão das funções; o Ministério Público é fiscalizado e fiscaliza o Executivo, Legislativo e Judiciário no que se refere às atividades típicas e atípicas empreendidas por esses órgãos.

Concentrando-se apenas nas atividades típicas, algumas considerações gerais já são suficientes para a visualização das funções desempenhadas pelo Ministério Público nessa seara.

O Legislativo possui como funções típicas a atividade legiferante e a fiscalizatória, essa última exercida, especialmente, pelas Comissões Parlamentares de Inquérito – CPIs. No Estado de Direito contemporâneo, a elaboração das leis não é uma atividade sem limites; tanto para as leis quanto para as emendas à constituição, a Constituição estabelece limites ao poder de deliberação parlamentar. Assim, o princípio democrático, o qual é exteriorizado na ideia formal da vontade da maioria, encontra-se, em muitas situações, em colisão com o princípio do Estado de Direito, o qual impõe a vinculação de todos os órgãos do Estado ao princípio da dignidade da pessoa humana e aos direitos fundamentais.

Não observada a Constituição pelo legislador e produzida lei, ato normativo ou emenda contrarias aos mandamentos constitucionais, possui o Procurador-Geral da República (PGR) legitimidade para deflagrar o controle concentrado de constitucionalidade diretamente no Supremo Tribunal Federal (STF), seja por Ação Direta de Inconstitucionalidade Genérica (ADI) ou por Arguição de Descumprimento de Preceito Fundamental (ADPF); ainda, no zelo efetivo aos poderes públicos, possui o Procurador-Geral da República (PGR) legitimidade para o ajuizamento de Ação Direta de Constitucionalidade (ADC), no intuito de afastar situações de insegurança jurídica, em razão da séria divergência jurisprudencial que pode envolver a constitucionalidade de determinada lei ou ato normativo.

Também deve ser destacado, que a omissão legislativa em concretizar as normas constitucionais de eficácia limitada é sindicável pelo Supremo Tribunal Federal (STF), estando o Procurador-Geral da República (PGR) legitimado para a propositura de Ação Direta de Inconstitucionalidade por Omissão (ADO). Aqui, vê-se a atuação do Ministério Público no sentido de apontar as insuficiências normativas em concretizar a Constituição, o que denota a importância dessa função para o Estado de Direito, pois, além de ser um instrumento de controle da atividade-fim do legislador, coloca-se, também, como um indispensável mecanismo de concretização de direitos fundamentais e, consequentemente, do princípio da dignidade da pessoa humana.

No que se refere à atividade fiscalizatória exercida pelo Legislativo nas Comissões Parlamentares de Inquérito (CPIs), deve ficar consignado que o Ministério Público aparece como destinatário primário das investigações presididas por essas comissões, sendo o principal responsável pela concretização das responsabilidades apuradas, bem como deve aparar possíveis excessos e, em sendo o caso, não acatar as conclusões da CPI, promovendo pelo arquivamento dos respectivos autos.

O Executivo, por sua vez, tem sua atividade administrativa constantemente fiscalizada pelo Ministério Público. Em caso de desvios dos agentes públicos integrantes da Administração direta ou indireta deve o Ministério Público proceder à devida responsabilização, seja por denúncia criminal ou pela apresentação de ação de improbidade administrativa, sendo o titular exclusivo dessas duas ações.

Também no caso de inadequações ou insuficiência na execução dos serviços públicos, mesmo não ocorrendo a prática de ilícito penal ou ato de improbidade administrativa, o Ministério Público possui diversos instrumentos, judiciais e extrajudiciais, para instar coercitivamente a Administração ao cumprimento correto e pleno de suas atividades-fim; como exemplo desses instrumentos, cita-se a ação civil pública e o inquérito civil.

O Judiciário, igualmente, também possui, em determinadas hipóteses, sua atividade-fim fiscalizada pelo Ministério Público. A atuação da instituição como *custos legis* no âmbito do processo-civil não possui outra finalidade que não o necessário zelo pela correta aplicação da lei pelo Judiciário, o que se justifica pela relevância do interesse público em causa. Logo, mais do que um simples parecerista, aparece o Ministério Público como verdadeiro fiscal da correta prestação jurisdicional, devendo se manifestar, conforme seu entendimento, pela melhor aplicação do Direito ao caso, podendo, inclusive, manejar recursos à revelia da vontade do juiz e das partes. Ainda que a palavra final acerca da prestação jurisdicional seja do Judiciário, atua o Ministério Público até as últimas instâncias como fiscal da lei e do correto desempenho a atividade jurisdicional.

Por fim, nesse contexto de fiscalização dos órgãos de soberania, a Constituição Federal outorga com exclusividade ao Procurador-Geral a legitimidade para a Ação Direta de Inconstitucionalidade Interventiva, cuja procedência é indispensável, em caso de violação de princípios constitucionais sensíveis, para a efetivação da intervenção da União nos Estados ou dos Estados nos Municípios.

2.4. Função de promoção de direitos fundamentais

A construção prática dos ideais subjacentes ao Estado de Direito social e democrático passa, necessariamente, pela concretização dos direitos fundamentais e do princípio da dignidade da pessoa humana.

A Constituição Federal positivou os direitos de primeira, segunda e terceira dimensões como fundamentais. Assim, vários direitos fundamentais são de titularidade transindividual – notadamente, os direitos fundamentais sociais e os interesses difusos –, bem como demandam, além dos deveres de não intervenção, prestações positivas do Estado para serem concretizados. Há uma "tripartição dos deveres estatais": "(*dever de respeitar, dever de proteger e dever de realizar*)", os quais identificam com propriedade as obrigações que recaem em face do Estado, em razão do conteúdo dos direitos sociais.[37]

Seguindo a lógica de que a realização do Estado de Direito – dignidade da pessoa humana e direitos fundamentais – passa pelo Ministério Público, o constituinte definiu como dever da instituição a defesa dos interesses sociais e individuais

---

[37] NOVAIS, Jorge Reis. *Direitos Sociais: teoria jurídica dos direitos sociais enquanto direitos fundamentais*. Coimbra: Coimbra Editora, 2010, p. 42.

indisponíveis (art. 127, CF); ainda, foi estabelecida como função institucional do Ministério Público, a promoção do inquérito civil e a ação civil pública para a proteção de interesses difusos e coletivos (art. 129, III, CF). A defesa judicial dos direitos e interesses das populações indígenas, também, foi entregue ao Ministério Público (art. 129, V, CF).

Logo, "mais do que um agente processual, o Ministério Público tornou-se um articulador das políticas públicas concretizadoras de direitos fundamentais",[38] devendo funcionar como um catalisador das demandas coletivas de todas as camadas da sociedade e instar, inclusive judicialmente, o Estado a promovê-las; contudo, "na qualidade de agente político, deve privilegiar a solução direta das questões que lhe são postas, utilizando os procedimentos administrativos e os inquéritos civis, primordialmente, como instrumentos de resolução de casos".[39] Destarte, a ação do Ministério Público na promoção de direitos fundamentais não se resume à atuação junto à jurisdição, a qual constitui, "tão somente, uma das múltiplas vertentes de sua atuação, que engloba um amplo espectro de atividades extrajudiciais".[40]

Também possui o Ministério Público legitimidade para a defesa dos direitos individuais indisponíveis. Aqui se mostra outra importante faceta da atuação da instituição, uma vez que a nota da indisponibilidade acompanha os direitos fundamentais e, como já frisado, a observância desses direitos é pilar essencial para a solidificação do Estado de Direito, extravasando, por tanto, o mero interesse do titular. Mais uma vez, assim, buscou a Constituição na instituição do Ministério Público a garantia para que os direitos fundamentais fossem de fato respeitados.

Quando ajuizar ação civil pública, ação protetiva e outras, ou, inclusive, for demandado judicialmente e for levado à qualidade de réu, a condição de parte assumida pelo Ministério Público, tal qual ocorre no processo penal, assume peculiaridades, pois, em momento algum, perde a condição de *custos legis*. Como efeito, os deveres de imparcialidade e objetividade, igualmente, acompanham a atuação judicial do Ministério Público no âmbito do processo civil, não devendo agir à revelia da busca pela solução mais justa e a aplicação correta do Direito ao caso.

2.5. Perfil constitucional do Ministério Público brasileiro

De tudo, duas conclusões são irrefutáveis: o Ministério Público exerce parcela de soberania estatal; suas funções não podem ser reconduzidas as clássicas atividades legislativa, administrativa e jurisdicional.

Essas ilações resultam muito claras da análise do desenvolvido até o momento no presente capítulo. Ao Ministério Público não foram constitucionalmente atribuídas funções típicas de governo, mas, inegavelmente, funções de Estado, das quais resultam manifestações de sua soberania, de seu – *uno* – poder político.

A ausência de denominação constitucional do Ministério Público enquanto um *Poder* de Estado é de somenos importância. Em Estado de Direito contemporâneo, é antes nas características materiais das competências exercidas e no perfil consti-

---

[38] GOULART, Marcelo Pedroso. *Elementos para uma teoria geral*, p. 81.
[39] GOULART, Marcelo Pedroso. *Elementos para uma teoria geral*, p. 81.
[40] GARCIA, Emerson. *Ministério Público: organização, atribuições e regime jurídico*. 4ª ed. São Paulo: Saraiva, 2014, p. 111.

tucional que se identificam os órgãos de soberania e, consequentemente, a divisão horizontal das funções de Estado realizada pela Constituição.

As funções do Ministério Público na Constituição Federal expressam parcela da soberania estatal e são indispensáveis para a consecução do Estado de Direito, uma vez que, conjuntamente, além de serem essenciais para o regime democrático, contribuem de forma decisiva para a observância do caráter garantístico à liberdade individual, no que se inclui a indispensável dinâmica de controle recíproco inerente ao sistema de freios e contrapesos, bem como agregam significativamente para o alcance dos objetivos afetos à socialidade.

Resta, assim, para se consolidar a ideia de ser o Ministério Público brasileiro órgão de soberania, verificar se à instituição foram constitucionalmente outorgadas autonomias e, aos seus membros, garantias.

Fazendo um paralelo com outro órgão de soberania, vê-se que, para o cumprimento de suas funções, ao Ministério Público foram concedidas pela Constituição as mesmas autonomias do Judiciário e, aos promotores de justiça, as mesmas garantias dos juízes. Disso se denota que teve o constituinte a preocupação em assegurar a consecução das funções de Ministério Público no mesmo grau com que dispensou cuidado à garantia de êxito à função jurisdicional.

Nessa linha, o Ministério Público possui independência, sendo-lhe garantidas autonomias administrativa e funcional, iniciativa de lei, elaboração de sua proposta orçamentária, bem como a indicação de três de seus membros ao Chefe do Executivo para a escolha acerca da chefia da instituição (arts. 127, §§ 2º e 3º, e 128, § 3º, CF).

Em complemento, "afora as garantias à instituição (p.ex., destinação constitucional, princípios, iniciativa de lei, concurso de ingresso, funções privativas, autonomias), outras há para os agentes, beneficiando a instituição de modo reflexo".[41] Assim, aos promotores de justiça são garantidas: vitaliciedade, inamovibilidade e irredutibilidade de subsídios (art. 128, § 5º, I, "a", "b", "c", CF); além disso, a Constituição estabelece um regime jurídico específico – diverso do estatutário – aos membros do Ministério Público, bem como outorga aos promotores de justiça prerrogativas e lhes impõem determinadas vedações.

Com efeito, tendo por base todo o arcabouço teórico até o momento traçado e colocando em vista que o Ministério Público, enquanto órgão de soberania, tem as funções a serem exercidas no âmbito do processo civil constitucionalmente demarcadas, deve-se analisar o tratamento dispensado pelo novo Código à instituição, notadamente, se foram observados os mandamentos constitucionais.

3. Tratamento jurídico dispensado ao Ministério Público pelo novo Código de Processo Civil

Inicialmente, é indispensável, procedendo-se à análise sob uma perspectiva constitucional, que se tenha em mente o papel desempenhado pelo Ministério Público na esfera processual-civil. Logo, em breve digressão ao já exposto, é atribuição do Ministério Público atuar como *custos legis* (função fiscalizatória), o que, no âmbito

---
[41] MAZZILLI, Hugo Nigro. *Introdução ao Ministério Público*, p. 92.

do processo civil, não possui outra finalidade que não o necessário zelo pela correta aplicação da lei pelo Judiciário, o que se justifica, em determinados processos, pela relevância do interesse público em causa. É, assim, um verdadeiro fiscal da correta prestação jurisdicional.

De outro lado, mesmo quando ajuíza ações (promoção de direitos fundamentais), o Ministério Público não perde a condição de *custos legis*, mantendo, assim, uma característica processual híbrida, a partir da qual deve, acima de buscar o interesse expresso na inicial por si ajuizada, velar pela correta prestação jurisdicional e pela mais adequada aplicação do Direito ao caso. Essas duas possibilidades – *parte* e *custos legis* – não devem ser analisadas de forma isolada, mas, sim, em uma relação de interação e reciprocidade.

As ideias do constituinte acerca do Ministério Público restaram bem observadas pelo legislador, no projeto do novo Código de Processo Civil. Resta, assim, a preocupação de aplicação constitucionalmente correta de suas disposições.

Dois artigos do novo Diploma Processual são essenciais para a definição do tratamento dispensado ao Ministério Público, quais sejam os artigos 177 e 178. O primeiro estabelece que a instituição "exercerá o direito de ação em conformidade com suas atribuições constitucionais" e, por sua vez, o artigo 178 trata da intervenção do Ministério Público na condição de fiscal da lei, o que ocorrerá em "processos que envolvam": "interesse público ou social"; "interesse de incapaz"; "litígios coletivos pela posse de terra rural ou urbana".

Esses dispositivos, no que se refere ao Ministério Público, formam o núcleo da atuação processual da instituição. Os demais artigos do novo Código referentes ao tema não são tão importantes para as finalidades do presente articulado, uma vez que reproduzem literalmente a Constituição Federal (art. 176) ou estabelecem regras processuais para a intervenção como *custos legis* e *parte* (artigos 179 e 189), ou, ainda, atribuem responsabilidade ao membro do Ministério Público nos casos em que agir com dolo ou culpa (art. 181).

Com efeito, a atenção será vertida para a interpretação constitucionalmente adequada dos artigos 177 e 178, do novo Código de Processo Civil, o que será feito com base nos parâmetros, já descritos, referentes às funções (fiscalizatória e promoção de direitos fundamentais, notadamente) constitucionais do Ministério Público e sua condição enquanto órgão de soberania do Estado.

Veja-se, antes disso, como de uma interpretação estanque, não levando em conta a Constituição, podem decorrer equívocos acerca do papel do Ministério Público no processo civil. Carreira Alvim, ao comentar os dispositivos processuais do novo Código referentes ao Ministério Público, parte da premissa de ser a instituição integrante do Executivo e possuir sua atividade-fim exaurida na ideia de indispensabilidade à jurisdição. Expressamente: "o Ministério Público é uma instituição que se integra no Poder Executivo, embora a sua atividade seja desenvolvida junto ao Poder Judiciário, onde atua tanto na qualidade de parte como na de fiscal do ordenamento jurídico".[42]

O mais problemático de tudo isso é o resultado dessa interpretação – sem base constitucional – dos dispositivos processuais, ou seja, apesar de não ser tão relevante

---

[42] ALVIM, J. E. Carreira. *Comentários ao novo Código de Processo Civil, vol. III*. Curitiba: Juruá, 2015, p. 119.

encontrar um qualificativo constitucional que designe com propriedade o lugar do Ministério Público no contexto das funções do Estado (aqui se utiliza a expressão *órgão de soberania*, para o alcance dessa finalidade), é fato que uma menor compreensão de seu perfil constitucional e uma restrição de suas funções acaba por comprometer a correta interpretação das leis infraconstitucionais e impede que as intenções constituintes se concretizem na vida prática.

Ao negar a independência do Ministério Público em face do Executivo e reduzir sua atuação à prestação jurisdicional, Arruda Alvim compromete o perfil constitucional da instituição quando atua como autor de ações judiciais ou na qualidade de réu, pois vincula o Ministério Público à situação idêntica a das partes em geral, negando-lhe a condição, simultânea, de *custos legis* nesses casos.

Isso pode levar à equivocada conclusão de que, se é idêntico às partes, o Ministério Público não poderia se desvincular se sua pretensão inicial, mesmo nos casos em que se convencesse no curso do processo da injustiça do preliminarmente deduzido na peça incoativa. Limitaria, igualmente, a possibilidade de o Ministério Público, quando fosse réu, concordar com o pedido do autor. Negar-lhe-ia, também, legitimidade recursal quando, apesar de postular pela improcedência da ação, tivesse a pretensão inicial integralmente acolhida pelo juiz.

Essa interpretação, ao final de tudo, preocupa-se mais com o processo (como se fosse uma finalidade autônoma) à revelia dos outros interesses constitucionais em causa. No seu intuito de frisar a necessária observância pelo Ministério Público dos mesmos ônus processuais das partes (o que, diga-se, é plenamente compatível com a proposta, ora apresentada, de conciliação das condições de *parte* e *custos legis*) faz prevalecer, indistintamente, as regras processuais em face dos interesses constitucionalmente tutelados pela atuação ministerial, no caso a garantia da ordem jurídica, do regime democrático e dos interesses sociais e individuais indisponíveis.

A ideia propugnada por Arruda Alvim vincula-se à clássica tripartição dos *Poderes estatais*, típica do Estado liberal, e não atende às exigências de uma interpretação conforme a Constituição brasileira e sua divisão constitucional das funções típicas do Estado entre os órgãos de soberania. Ainda, além de negar independência ao Ministério Público, reduz, sem qualquer base constitucional, as funções da instituição, pois as resume à atuação jurisdicional. Isso, uma vez que impede o correto desempenho das funções ministeriais, implica a descaracterização das exigências típicas do Estado de Direito moderno, com prejuízo às garantias fundamentais de liberdade e socialidade.

Em suma, subjacente a isso tudo, está a ideia de o Ministério Público servir ao processo e, consequentemente, à prestação jurisdicional e não de estar atrelado ao interesse maior de defesa da ordem jurídica e de fiscal da correta prestação jurisdicional; essa interpretação – que faz prevalecer um conteúdo ideológico em face do que dispõe a Constituição – viola a Lei Maior brasileira e não é condizente com o perfil constitucional do Ministério Público em um Estado de Direito social e democrático.

Com efeito, repisa-se, a atuação do Ministério Público no âmbito processual civil se justifica por dois motivos ou, melhor, por dois imperativos constitucionais, quais sejam os deveres de promoção de direitos fundamentais e de fiscalização, em determinadas hipóteses, da correta prestação jurisdicional.

Quando atua judicialmente na promoção de direitos fundamentais – *exercício do direito de ação em conformidade com suas atribuições constitucionais* (art. 177, NCPC) –, o Ministério Público não se confunde com as partes em geral, a partir do que, apesar de manter os mesmos ônus processuais, possui maior vinculação à correta aplicação do Direito do que, propriamente, ao interesse deduzido na inicial. Em suma, não perde nunca a condição de *custos legis*.

A legitimação do Ministério Público para figurar como autor é extraordinária e, em algumas vezes, ordinária. Contudo, em quaisquer das hipóteses, mantém a condição de *custos legis,* não devendo promover indistintamente pelos interesses substituídos ou representados.

De outro lado, como fiscal da lei, a intervenção processual do Ministério Público se justifica pelo interesse público ou social, sendo especificada pelo novo Código a necessidade de sua atuação como fiscal da lei nos litígios coletivos pela posse de terra rural ou urbana. Ainda, a intervenção é necessária quando estiver em causa interesse de incapaz.

Tão importantes são essas situações, quer pela natureza da lide, quer pela qualidade da parte, que o legislador entendeu que a prestação jurisdicional não poderia ser efetivada à revelia do acompanhamento de todo o processo pelo Ministério Público, o qual, em sua função fiscalizatória, não deve medir esforços para que o processo termine com a correta aplicação do Direito pelo Judiciário.

Em todas as situações de intervenção obrigatória, ainda que justificada, apenas, pela presença de interesse de incapaz, a vinculação maior do Ministério Público é com a garantia da ordem jurídica, não podendo esgrimir pretensões, mesmo em benefício do incapaz, que não encontrem o devido respaldo jurídico.

Conclusões

As conclusões deste estudo acabaram por ser traçadas no corpo do trabalho e acompanharam a lógica de desmembramento problemático estabelecido em cada capítulo. Como notas finais, restam, apenas, algumas breves considerações.

A marca maior do modelo de Estado de Direito brasileiro é a sua vinculação ao princípio da dignidade da pessoa humana; assim, o Estado não configura um fim em si mesmo, antes, é em prol do indivíduo que sua atuação deve ser dirigida. Essa é a ideia central de toda a ordem constituída, sendo complementada pelos elementos democráticos e de socialidade, a partir do que o Estado de Direito é, inafastavelmente, social e democrático.

Para concretização desse ideal, além das exigências afetas ao princípio democrático, resta o Estado limitado, por diversas formas: não pode restringir arbitrariamente a liberdade; deve concretizar os direitos fundamentais sociais; tendo em vista a amplitude das funções estatais em Estado de Direito contemporâneo, o sistema de freios e contrapesos inerente ao princípio estruturante da divisão das funções estatais deve ser dotado de efetivos mecanismos de controle, de forma a que, dentro da própria estrutura de Estado, ocorra uma contenção recíproca entre os órgãos de soberania, bem como seja a função fiscalizatória elevada à atividade típica de Estado e entregue como função principal a algum órgão de soberania.

O Ministério Público brasileiro restou encarregado de garantir, em grande parte, a efetivação do Estado de Direito social e democrático. Destarte, as funções constitucionalmente outorgadas ao Ministério Público – persecução penal, fiscalizatória e promoção de direitos – estão simbioticamente ligadas à consecução dos princípios do Estado de Direito, socialidade e democrático, cabendo-lhe, assim, a defesa da ordem jurídica, do regime democrático e dos interesses sociais e individuais indisponíveis.

No processo civil, essas diretrizes constitucionais são observadas em duas faces principais de atuação ministerial, quais sejam, pode ajuizar ações para promoção de direitos, além de atuar como fiscal da lei.

No primeiro caso, essa função decorre da exigência principal do Estado de Direito – respeito, promoção e proteção à dignidade da pessoa humana – que passa, impreterivelmente, pela concretização dos direitos fundamentais. O Ministério Público, se os instrumentos extrajudiciais se mostrarem insuficientes, deve buscar a jurisdição para a consecução desses objetivos.

De outro lado, na condição de fiscal da lei, atua devido ao interesse público presente em determinadas demandas, devendo fiscalizar a correta aplicação do Direito pela jurisdição. Essa função de *custos legis* acompanha toda a atuação do Ministério Público no processo civil, sendo inafastável qualquer que seja a hipótese. Mesmo quando a intervenção da instituição justifica-se pela presença de interesse de incapaz, acima de tudo, está o Ministério Público vinculado à melhor aplicação possível do Direito.

De tudo, tem-se que o novo Código de Processo Civil absorveu adequadamente esses padrões constitucionais, definindo corretamente o perfil do Ministério Público quando de sua atuação processual-civil.

Por fim, deve ficar claro que os mandamentos da Constituição e do legislador processual-civil não podem ser desvirtuados por interpretações não conformes com a Constituição, devendo ser observados os parâmetros ora fixados.

Referências bibliográficas

ALEXANDRINO, José de Melo. A Estruturação do Sistema de Direitos, Liberdades e Garantias na Constituição Portuguesa – Volume II (A Construção Dogmática). Coimbra: Almedina, 2006.

ALVIM, J. E. Carreira. Comentários ao novo Código de Processo Civil, vol. III. Curitiba: Juruá, 2015.

ANDRADE, José Carlos Vieira de. *Os direitos fundamentais na Constituição portuguesa de 1976*. 4ªed. Coimbra: Almedina, 2008

CAENEGEM, R. C. van. *Uma introdução histórica ao direito constitucional ocidental*. Traduzido do original inglês An Historical Introdution to Western Constitutional Law por Alexandre Vaz Pereira. Lisboa: Fundação Calouste Gulbenkian, 2009.

CANOTILHO, José Joaquim Gomes. *Direito Constitucional e Teoria da Constituição*. 7ª ed. Coimbra: Almedina, 2003.

LARENZ, Karl. *Metodologia da Ciência do Direito*. Traduzido do original alemão por José Lamego, *Methodenlehre der Rechtswissenschaft*, 6ª edição, reformulada, 1991. Lisboa: Fundação Calouste Gulbenkian, 2012.

GARCIA, Emerson. Ministério Público: organização, atribuições e regime jurídico. 4ª ed. São Paulo: Saraiva, 2014.

GOULART, Marcelo Pedroso. *Elementos para uma teoria geral do Ministério Público*. Belo Horizonte: Arraes Editores, 2013.

LUÑO, Antonio E. Perez. *Los derechos fundamentales*. 9ª ed. Madri: Editorial Tecnos, 2007.

MAYER, Otto. *Derecho Administrativo Alemán. Tomo I, Parte General*. 4ª ed. Buenos Aires: Ediciones Depalma, 1982.

MAZZILLI, Hugo Nigro. *Introdução ao Ministério Público*. 6ª ed. São Paulo: Saraiva, 2007.

MENDES, Gilmar Ferreira. *Curso de Direito Constitucional*. Gilmar Ferreira Mendes, Inocêncio Mártires Coelho, Paulo Gustavo Gonet Branco. 6ª ed. São Paulo: Saraiva, 2011.

MIRANDA, Jorge. *Manual de Direito Constitucional*, Tomo I, Preliminares – o Estado e os Sistemas Constitucionais. 9ª ed. Coimbra: Coimbra Editora, 2011.

NOVAIS. Jorge Reis. *Contributo para uma teoria do Estado de Direito* – do Estado de Direito liberal ao Estado social e democrático de Direito. Coimbra: Edições Almedina, 2006.

——. *Direitos fundamentais: trunfos contra a maioria*. Coimbra: Coimbra Editora, 2006.

——. *Direitos Sociais*: teoria jurídica dos direitos sociais enquanto direitos fundamentais. Coimbra: Coimbra Editora, 2010.

——. *Os princípios constitucionais estruturantes da República Portuguesa*. Coimbra: Coimbra Editora, 2004.

PIEROTH, Bodo; SCHLINK, Bernhard. *Direitos Fundamentais: direito estadual II*. Tradução António Franco e António Francisco de Sousa. Lisboa: Universidade Lusíada Editora, 2008.

PULIDO, Carlos Bernal. *El principio de proporcionalidad y los derechos fundamentales*. Madri: Centro de estudios políticos y constitucionales, 2003.

RIBEIRO, Diaulas Costa. *Ministério Público: dimensão constitucional e repercussão no processo penal*. São Paulo: Saraiva, 2003.

SILVA, Vasco Pereira da. *O contencioso administrativo no divã da psicanálise*. Ensaio sobre as acções no novo processo administrativo. Coimbra: Almedina, 2005.

STRECK, Lenio Luiz. *Verdade e Consenso*: constituição, hermenêutica e teorias discursivas. 4ª ed. São Paulo: Saraiva, 2011.

— 8 —

A ordem urbanística e os litígios coletivos pela posse de terra urbana: contribuição à exegese do art. 178, III, do novo Código de Processo Civil

LUCIANO DE FARIA BRASIL[1]

Sumário: 1. Introdução; 2. Cidadania e sociedade de massas (I): a ascensão do direito urbanístico; 3. Cidadania e sociedade de massas (II): tutela coletiva e ordem urbanística; 4. Litígios coletivos pela posse de terra urbana: sentido e extensão processual; 5. Intervenção do Ministério Público: contextos de interação social; Referências bibliográficas.

1. Introdução

O novo Código de Processo Civil (Lei n. 13.105, de 16 de março de 2015), em seu art.178, III, estabelece que o Ministério Público será intimado para intervir como fiscal da ordem jurídica nos processos que envolvam "litígios coletivos pela posse de terra rural ou urbana". Trata-se de decisiva inovação introduzida pelo legislador brasileiro, na medida em que incluiu a temática relativa aos litígios fundiários urbanos como campo prioritário para a atuação fiscalizatória do Ministério Público.

Ao assim proceder, a nova codificação processual avançou muito além do teor do art. 82, III, do Código de Processo Civil de 1973, com a redação dada pela Lei n. 9.415, de 23 de dezembro de 1996, que previa apenas a intervenção na hipótese de conflito coletivo pela posse de terra rural. Além disso, o novo Código de Processo Civil conferiu expressiva relevância à intervenção na esfera dos conflitos fundiários em ambiente urbano, pois, ao mesmo tempo em que definiu *expressamente* esta hipótese interventiva, suprimiu outros casos de intervenção, antes previstos no Código de Processo Civil de 1973, como se pode verificar no cotejo entre a redação do art. 82 daquele diploma e o texto do art. 178 do novo Código de Processo Civil.

---

[1] Promotor de Justiça no Estado do Rio Grande do Sul, classificado na Promotoria de Justiça de Habitação e Defesa da Ordem Urbanística de Porto Alegre. Diretor do Centro de Estudos e Aperfeiçoamento Funcional – CEAF do Ministério Público do Rio Grande do Sul. Coordenador do Núcleo de Auxílio à Pesquisa (NAP) do Ministério Público do Rio Grande do Sul. Graduado em Ciências Jurídicas e Sociais na Universidade Federal do Rio Grande do Sul – UFRGS. Mestre em Filosofia na Pontifícia Universidade Católica do Rio Grande do Sul - PUCRS. Diplomado pelo Curso Internacional de "Planificación del Ordenamiento Territorial" (ILPES/CEPAL), em Santiago, Chile. Professor do Curso de Pós-Graduação em Direito Urbano Ambiental da Fundação Escola Superior do Ministério Público do Rio Grande do Sul – FMP.

É nesse contexto de expressa valorização da questão urbana como âmbito de intervenção do Ministério Público que o novo dispositivo legal deve ser compreendido. A dicção do art. 178, III, do novo Código de Processo Civil, constitui claramente mais uma etapa de percepção e enfrentamento jurídico-legal das questões relativas ao fenômeno urbano. Por isso, é necessário refazer alguns trechos do trajeto cultural e teórico que desembocou no fortalecimento da intervenção do Ministério Público nesta temática. Trata-se de um percurso que principia com a eclosão (quase contemporânea) de dois fatos: de um lado, o surgimento do direito urbanístico como um ramo autônomo dos estudos jurídicos; de outro, o despontar da tutela coletiva em âmbito internacional e, depois, no domínio pátrio. Em ambos os casos, os problemas da sociedade de massas figuram como horizonte de compreensão da produção legislativa e da formação dos conceitos jurídicos.

Ressalta-se que a argumentação desenvolvida no presente texto tem em conta apenas a hipótese de intervenção do Ministério Público em conflitos fundiários de natureza urbana. Assim, a temática relativa aos conflitos rurais não será abordada, por envolver considerações substancialmente distintas quanto à evolução legislativa e ao desenvolvimento do panorama social brasileiro. De qualquer forma, segundo informam as autoridades censitárias, mais de quatro quintos da população brasileira habitam hoje em ambiente urbano, demonstrando a extrema relevância do tema examinado. Por derradeiro, destaca-se também que a conclusão obtida ao final do texto representa apenas uma das interpretações possíveis na análise do preceito legal, não havendo aqui qualquer pretensão de supremacia hermenêutica sobre outras propostas de leitura.

2. Cidadania e sociedade de massas (I): a ascensão do direito urbanístico

A transformação do direito brasileiro nas últimas décadas não pode ser dissociada das pressões sociais internas decorrentes de uma crescente percepção sobre o significado da cidadania e de suas consequências práticas, em uma verdadeira luta por reconhecimento desenvolvida por diversos agentes e grupos no âmbito social.[2] O caráter central da discussão sobre o desenvolvimento da cidadania arrasta necessariamente o eixo do debate para o campo das tendências históricas e das formações sociais, na medida em que estas condicionam a transformação da ordem jurídica. É bastante conhecida a ideia de uma sequência evolutiva das dimensões da cidadania: a mais célebre das formulações foi apresentada pelo sociólogo britânico T. H. Marshall, com base na experiência inglesa, com o surgimento lento e sucessivo de

---

[2] Parece interessante registrar, nesse ponto, o papel da luta por reconhecimento na afirmação da cidadania. Nesse contexto, é possível recuperar a conhecida argumentação de Axel Honneth, que, partindo de uma atualização de uma leitura de Hegel, coloca essa luta por reconhecimento [*Kampf um Anerkennung*] no núcleo da lógica moral dos conflitos sociais. Com efeito, ao tratar da obra hegeliana do período de Jena, diz Honneth: "Hegel defende naquela época a convicção de que resulta de uma luta dos sujeitos pelo reconhecimento recíproco de sua identidade uma pressão intra-social para o estabelecimento prático e político de instituições garantidoras da liberdade; trata-se da pretensão dos indivíduos ao reconhecimento intersubjetivo de sua identidade, inerente à vida social desde o começo na qualidade de uma tensão moral que volta a impelir para além da respectiva medida institucionalizada de progresso social e, desse modo, conduz pouco a pouco a um estado de liberdade comunicativamente vivida, pelo caminho negativo de um conflito a se repetir de maneira gradativa" (HONNETH, Axel. *Luta por reconhecimento: a gramática moral dos conflitos sociais*. Tradução de Luiz Repa. São Paulo: Ed. 34, 2003, p. 29-30).

diferentes blocos de direitos. Primeiro viriam os direitos civis, no século XVIII; depois os direitos políticos, no século XIX; e, finalmente, os direitos sociais, no século XX. No entanto, a admissão da ideia de um desenvolvimento da cidadania em estágios não elimina a necessidade de exame das especificidades culturais e históricas de cada nação:[3]

> O percurso inglês foi apenas um entre outros. A França, a Alemanha, os Estados Unidos, cada país seguiu seu próprio caminho. O Brasil não é exceção. Aqui não se aplica o modelo inglês. Ele nos serve apenas para comparar por contraste. Para dizer logo, houve no Brasil pelo menos duas diferenças importantes. A primeira refere-se à maior ênfase em um dos direitos, o social, em relação aos outros. A segunda refere-se à alteração na sequência em que os direitos foram adquiridos: entre nós o social precedeu os outros. Como havia lógica na sequência inglesa, uma alteração dessa lógica afeta a natureza da cidadania. Quando falamos de um cidadão inglês, ou norte-americano, e de um cidadão brasileiro, não estamos falando exatamente da mesma coisa.

A análise de José Murilo de Carvalho está fundamentada no fato de que os direitos civis encontraram óbices para a sua realização em razão da herança colonial e que, assim como os direitos políticos, ficaram muitas vezes restritos à letra morta das formulações legais, sem aplicação prática. Por sua vez, a marcha dos direitos sociais (empreendida de forma acelerada no Brasil a partir da década de 1930) apresentou um fôlego diferenciado, contribuindo decisivamente para o desenvolvimento de uma cidadania mais ativa.

No caso do direito urbanístico brasileiro, sua consolidação ocorreu em um quadro geral de transformação de uma sociedade agrária e dispersa em uma sociedade altamente urbanizada, tecnologicamente e produtivamente modernizada, e, deste modo, portadora de interações sociais muito mais complexas. O direito urbanístico emerge como instrumental jurídico relevante no contexto de uma sociedade de *massas*, ou ainda, no contexto de uma sociedade de *risco*.[4] Assim, o direito urbanístico surge como uma resposta a um quadro de novas demandas sociais e necessidades jurídicas:[5]

> O direito urbanístico é o reflexo, no mundo jurídico, dos desafios e problemas derivados da urbanização moderna (concentração populacional, escassez de espaço, poluição) e das ideias da ciência do urbanismo (como a de plano urbanístico, consagrado a partir da década de 30). Estes foram os fatores responsáveis pelo paulatino surgimento de soluções e mecanismos que, frente ao direito civil e ao direito administrativo da época, soaram impertinentes ou originais e que acabaram se aglutinando em torno da expressão "direito urbanístico".

Por corresponder a uma aglutinação de soluções criativas e de conceitos importados de outros ramos do direito, o direito urbanístico brasileiro apresenta uma diversidade de traços constitutivos de natureza muito diversa. Em outros termos, o direito urbanístico brasileiro é portador de uma pluralidade originária. Essa circunstância decorre de variadas razões: a saber: (a) o pluralismo das origens histórico-metodológicas dos temas estruturantes, (b) a diversidade de agendas ideológicas no nascedouro do direito urbanístico, e (c) o caráter essencialmente conflituoso da realidade social destinatária do ordenamento jurídico-urbanístico nacional.[6]

---

[3] CARVALHO, José Murilo de. *Cidadania no Brasil: o longo caminho*. 4ª ed. Rio de Janeiro: Civilização Brasileira, 2003, p. 11-12.

[4] BECK, Ulrich. *Sociedade de risco: rumo a uma outra modernidade*. 2ª ed. Tradução de Sebastião Nascimento. São Paulo: Editora 34, 2011. Conferir especialmente o primeiro capítulo: p. 23-60.

[5] SUNDFELD, Carlos Ari. *O Estatuto da Cidade e suas Diretrizes Gerais (art. 2º)*. In: DALLARI, Adilson Abreu; FERRAZ, Sérgio (Coordenadores). Estatuto da Cidade (Comentários à Lei Federal 10.257/2001). 3ª ed., atualizada de acordo com as Leis ns. 11.673, de 8.5.2008 e 11.977, de 7.7.2009. São Paulo: Malheiros, 2010, p. 46.

[6] BRASIL, Luciano de Faria. *Direito urbanístico e políticas públicas: do planejamento urbano à gestão urbanística*. In: Revista do Ministério Público-RS, nº 74. Porto Alegre: AMP/RS, jan. 2014 – abr. 2014, p. 102-104.

Além dessas circunstâncias de cunho constitutivo, o direito urbanístico brasileiro apresenta um traço que o conecta diretamente à luta pela cidadania. A Constituição da República estabelece a nota distintiva do direito urbanístico brasileiro, em face dos demais ordenamentos jurídicos estrangeiros, ao estabelecer um *direito fundamental à moradia*. O direito fundamental social à moradia está enunciado pelo art. 6º, *caput*, da Constituição Federal, introduzido pela Emenda Constitucional nº 26/2000 e reafirmado pela Emenda Constitucional nº 64/2010. Este direito fundamental tem o condão de dirigir prospectivamente a ação estatal, em todas suas esferas, para que promova a extensão universal do acesso à habitação digna; não só pela garantia direta da oferta da moradia, mas também por medidas que apoiem a interpretação normativa mais alinhada com a efetiva concretização do direito, em todos os casos.[7]

Restam claros, portanto, os dois aspectos relativos à evolução do direito urbanístico brasileiro que interessam para a presente análise. Primeiro, o seu surgimento e consolidação como ramo autônomo do direito no contexto de uma sociedade modernizada e massificada. Segundo, a sua ligação direta com a luta pelo reconhecimento e com o desenvolvimento da cidadania em todas as suas dimensões, comprovada pela afirmação constitucional de um direito fundamental de natureza social como elemento estruturante do direito urbanístico brasileiro. Esses dois aspectos põem o direito urbanístico no centro do processo de transformação do ordenamento jurídico nacional, em um processo de adaptação e remodelamento para enfrentar situações sociais, culturais e econômicas inéditas na sociedade brasileira.

No entanto, é importante salientar que essa transformação não ocorreu abruptamente: a consolidação do direito urbanístico ainda demoraria. Ao contrário do direito ambiental, que conseguiu capturar parcela do imaginário dos estratos médios da população a partir das grandes discussões travadas nas últimas décadas, o direito urbanístico permanecia até recentemente "uma matéria marginal".[8] O passo decisivo para a emancipação do direito urbanístico viria com o Estatuto da Cidade, que se caracterizou como uma verdadeira lei-matriz da temática no ordenamento jurídico nacional. Entre as diversas inovações trazidas pela Lei n. 10.527, de 10 de julho de 2001, encontra-se a conexão com o sistema de tutela coletiva, efetuando o tão esperado acoplamento entre o tratamento jurídico-material das questões urbanas e a possibilidade de abordagem processual no plano metaindividual.

3. Cidadania e sociedade de massas (II): tutela coletiva e ordem urbanística

Em uma sequência evolutiva de desenvolvimento da cidadania, a existência de um sistema de tutela de direitos metaindividuais é de grande importância, especialmente no âmbito de uma sociedade altamente urbanizada e massificada. É possível inclusive afirmar que o aparecimento, no direito processual civil brasileiro, da ação civil pública – meio processual destinado à tutela dos direitos e interesses transindi-

---

[7] Sobre o tema, consultar: SOUZA, Sérgio Iglesias Nunes de. *Direito à moradia e de habitação: análise comparativa e seu aspecto teórico e prático com os direitos de personalidade*. 3. ed. rev., atual. e ampl. São Paulo: Editora Revista dos Tribunais, 2013, p. 87-116.

[8] FERNANDES, Edésio. *Direito do urbanismo: entre a "cidade legal" e a "cidade ilegal"*. In: FERNANDES, Edésio (organizador). Direito urbanístico. Belo Horizonte: Del Rey, 1998, p. 9.

viduais – está ligado a um ambiente politicamente reivindicatório, no qual ocorreu a consolidação de direitos sociais. Não por acaso, o reconhecimento e aplicação dos direitos sociais ganha força na mesma quadra histórica, após a promulgação, em 1988, da Constituição da República.

Observa-se que, em uma releitura da perspectiva original de Marshall, o chamado "direito de ação" no plano individual estaria vinculado à noção de direitos civis (fundados na noção de liberdade individual), que compreendem "os elementos básicos do governo da lei, igualdade perante esta lei e o devido processo".[9] Os institutos de tutela processual coletiva foram gestados a partir de uma matriz ideológica e conceitual específica, que, embora derivada das categorias do direito processual, foi concebida para fazer frente aos desafios de uma sociedade de massas. Neste particular, recorda-se a importância da luta ambiental e pacifista na Alemanha dos anos 1970 (com o surgimento do movimento *Die Grünen*), bem como a luta pela segurança dos consumidores nos Estados Unidos (como a luta de Ralph Nader contra as montadoras automobilísticas, nos anos 1960).

Na experiência brasileira, esses institutos surgiram na conjuntura da *primeira onda* de reformas do processo civil, iniciada em 1985, e que introduziu instrumentos voltados à tutela de direitos e interesses transindividuais.[10] Tratava-se, na famosa expressão de Antônio Herman V. Benjamin, da *insurreição da aldeia global contra o processo civil clássico*, expressando a preocupação do legislador em garantir o acesso à justiça no contexto de urbanização e modernização próprio da sociedade contemporânea.[11]

No caso das questões urbanas, o acesso ao sistema de tutela coletiva ocorre por meio do conceito de ordem urbanística. Trata-se de locução que foi incluída entre as hipóteses autorizadoras para o manejo da ação civil pública, pois o conceito está radicado no art. 1º da Lei n. 7.347/85, por força da inclusão operada pelo Estatuto da Cidade e pela Medida Provisória nº 2.180-35. A apreensão de seu conteúdo não é difícil, impondo apenas a definição dos marcos ou balizas que compõem a sua moldura. Esses lineamentos estruturais mínimos estão dados: (a) pela especificidade de sua localização sistemática, (b) pela indeterminação relativa dos termos do conceito e (c) pela sua condição de direito ou interesse transindividual. A partir desses elementos mínimos, o mapeamento do conteúdo do conceito de ordem urbanística resta bastante facilitado.

É possível tomar o conceito em duas perspectivas complementares. De um lado, a ordem urbanística pode ser concebida ou examinada como o ordenamento normativo relativo a um segmento específico da totalidade do sistema jurídico, servindo também como fio condutor da matéria para a finalidade específica da tutela processual coletiva. Por outro lado, a ordem urbanística pode ser vista como o retrato das relações sociais presentes na realidade urbana, figura impregnada não apenas de uma

---

[9] DAHRENDORF, Ralf. *O conflito social moderno: um ensaio sobre a política da liberdade*. Trad. Renato Aguiar e Marco Antonio Esteves da Rocha. Rio de Janeiro: Jorge Zahar; São Paulo: Edusp, 1992, p. 52.

[10] ZAVASCKI, Teori Albino. *Processo coletivo: tutela de direitos coletivos e tutela coletiva de direitos*. 4ª ed. revista e atualizada de acordo com a Lei 12.016, de 7 de agosto de 2009. São Paulo: Revista dos Tribunais, 2009, p. 14.

[11] BENJAMIN, Antônio Herman V. *A insurreição da aldeia global contra o processo civil clássico: apontamentos sobre a opressão e a libertação judiciais do meio ambiente e do consumidor*. In: MILARÉ, Edis (coordenador). Ação civil pública: Lei 7.347/85: reminiscências e reflexões após dez anos de aplicação. São Paulo: Revista dos Tribunais, 1995, p. 70-74.

índole representacional ou descritiva, mas também de uma dimensão prescritiva, gerada por um suporte normativo que fornece o paradigma aplicável.

Entre os dois aspectos constitutivos do conceito (dimensão descritiva e dimensão prescritiva) estabelece-se certa tensão, que se resolve produtivamente em favor da faceta normativa, que já traz embutida em seu bojo uma crítica da situação existente. A locução tem uma evidente teleologia e carrega consigo um programa: mais do que o caráter de simples representação, ela aponta para uma finalidade. Não é qualquer ordem social que se descreve, mas uma ordem específica que se almeja, informada por princípios e regras que moldam os seus contornos e características.[12]

Chega-se, assim, a certo patamar de definição, incompleto por sua própria natureza, em face do caráter aberto do conceito examinado. No entanto, é possível enunciar em caráter aproximativo o conceito de ordem urbanística, para a finalidade da tutela processual coletiva, nos seguintes termos: trata-se do direito difuso à realização do direito urbanístico brasileiro, na medida em que a sua efetivação é necessária ao cumprimento da garantia do direito a cidades sustentáveis (expressa no art. 2º, I, do Estatuto da Cidade). Trata-se, em última análise, do direito à cidade (o *droit à la ville* de que falava Henri Lefebvre), relido e atualizado no contexto constitucional brasileiro. Deste modo, o conceito de ordem urbanística é a porta de entrada do direito urbanístico no universo da tutela processual coletiva, fazendo a ligação do universo das questões urbanas com o rol dos bens, direitos e interesses transindividuais.

4. Litígios coletivos pela posse de terra urbana: sentido e extensão processual

Estabeleceu-se, assim, a importância do direito urbanístico no contexto da sociedade contemporânea, com instrumento de regulação de conflitos inerentes a um meio social urbanizado, altamente suscetível ao impacto da economia globalizada. Apresentou-se, também, a forma de tratamentos dos conflitos metaindividuais sobre questões urbanas, por meio do uso dos instrumentos de tutela coletiva. Resta, pois, indagar sobre o art. 178, III, do novo Código de Processo Civil. Afinal, em que consistem estes "litígios coletivos pela posse de terra urbana"? Quais são os conflitos fundiários urbanos aptos a atrair a intervenção do Ministério Público? Qual o sentido da expressão e como se pode determinar a sua extensão na prática processual?

A busca por conexões internas ao conjunto do texto, em um procedimento interpretativo rente à literalidade do novo Código de Processo Civil, levaria à constatação preliminar de uma ligação entre o art. 178, III, e a previsão do art. 565, que trata de litígio coletivo pela posse de imóvel, e, em especial, de seu § 2º, que estabelece a obrigatoriedade de intimação do Ministério Público para comparecimento à audiência de mediação. No entanto, fica claro que a referência aos procedimentos de manutenção e reintegração de posse pouco auxilia na elucidação do tema, pois a expressão "litígio coletivo" permanece relativamente indeterminada, demandando um labor hermenêutico mais aprofundado. Da mesma forma, parece claro, de imediato, que o conceito de "litígio coletivo" não se confunde com a simples pluralidade de partes (caso de

---

[12] BRASIL, Luciano de Faria. *O conceito de ordem urbanística: contexto, conteúdo e alcance.* In: Revista do Ministério Público-RS, n.º 69. Porto Alegre: AMP/RS, 2011, p. 164-171.

aplicação do tradicional conceito processual de litisconsórcio) em qualquer dos polos do processo. Fica claro que há algo qualitativamente distinto em jogo.

Foi exatamente essa *diferença conceitual qualitativa* a razão para a prévia exposição sobre a evolução do direito urbanístico brasileiro e sua conexão com o sistema de tutela processual coletiva, na medida em que é nesse nexo de relações que se radica uma possibilidade de solução. Há sempre a necessidade de localizar o tema no âmbito político, jurídico, econômico e social, com ampla indicação dos pontos referenciais trazidos no contexto de uma "pré-compreensão específica jurídica e de teoria jurídica".[13] Pré-compreensão, aliás, da mais absoluta importância: sendo um direito um produto cultural, a tradição cultural e as tendências de desenvolvimento da cultura são os pressupostos da operação da compreensão. Afinal, estamos desde sempre – ao contrário dos fatos naturais – literal e metaforicamente "imersos" nos fenômenos sociais em observação, movendo-nos no domínio da circularidade hermenêutica.

Consideradas as mencionadas relações de pertinência temática, importa destacar a clara e necessária conexão da mencionada locução "litígio coletivo" com o conceito de ordem urbanística (cuja violação constitui hipótese de ação civil pública para tutela de interesses coletivos ou difusos, conforme o art. 1º, inciso VI, da Lei n. 7.347/85). Assim, o litígio coletivo terá *relevância* para ensejar a intervenção do Ministério Público na medida em que repercutir na constituição (no sentido mais amplo) ou na organização da cidade. Aliás, na mesma linha de argumentação, fica claro também que a conexão do litígio coletivo com a violação concreta ou possível de qualquer dos demais bens jurídicos enumerados no art. 1º da Lei n. 7.347/85 pode e deve acarretar a necessidade de intervenção do Ministério Público no respectivo processo judicial.

Portanto, não é o simples número de litigantes que assinalará o elemento específico gerador da hipótese interventiva, mas a presença de um efetivo interesse social (hipótese prevista no art. 178, I, do novo Código de Processo Civil), vinculado ao conceito de ordem urbanística, ou, supletivamente, aos demais bens jurídicos enumerados no art. 1º da Lei n. 7.347/85, assinalando a presença da diferença qualitativa antes referida.

Para bem esclarecer do que aqui se trata, é relevante destacar que o conceito jurídico de "manifesto interesse social" vem definido no âmbito do microssistema processual da tutela coletiva, no art. 82, § 1º, do Código de Defesa do Consumidor, estando evidenciado, nos termos da dicção legal, pela "dimensão ou característica do dano, ou pela relevância do bem jurídico a ser protegido". Esses parâmetros de configuração normativa, presentes no próprio sistema de tutela coletiva, podem ser utilizados para a verificação da presença do efetivo interesse social autorizador da intervenção do Ministério Público, na forma do art. 178, I e III, do novo Código de Processo Civil.

Desta forma, o elemento central a ser examinado consiste na *relevância social* da questão, e não no número de pessoas que ocupam o polo ativo ou passivo da demanda judicial. Esse é o sentido da menção a "litígio coletivo": indicar a presença de um interesse social manifesto. Havendo interesse público ou social na lide (art. 178, I,

---

[13] MÜLLER, Friedrich. *O novo paradigma do direito: introdução à teoria e metódica estruturantes do direito*. Trad. (Capitulo E) de Peter Naumann, revisão de Sinéia dos Santos Rosa. São Paulo: Revista dos Tribunais, 2007, p. 223.

do novo Código de Processo Civil), decorrente do vínculo do problema possessório com qualquer problemática relativa à coexistência ordenada e pacífica em uma coletividade (ou seja, com questões de natureza difusa ou coletiva, ou mesmo individual homogênea, preferencialmente de natureza urbanística, mas também de cunho ambiental, consumerista, econômico, etc.), a intervenção do Ministério Público é necessária.[14]

5. Intervenção do Ministério Público: contextos de interação social

A título de arremate, é fundamental grifar mais uma vez a relação existente entre algumas das hipóteses interventivas do Ministério Público, conforme previstas na legislação processual civil, e a complexa dinâmica da interação social. A menção à obra de Honneth no início do texto tem exatamente esse propósito. Sem a necessidade de ingressar em exame aprofundado de sua obra, em face das finalidades do presente escrito, cumpre apenas destacar que o modelo teórico por ele construído, com fundamento no dado central da luta por reconhecimento, leva a uma teoria social de caráter normativo. Embora a meta do autor seja identificar a gênese de certos processos sociais e, assim, contribuir para o estudo das patologias sociais, está claro que esse modelo teórico gera ampla gama de desdobramentos, possibilitando variadas linhas de pesquisa.

Entre as possibilidades de investigação que se abrem à pesquisa e ao questionamento, especialmente aquelas que dizem com a produção e interpretação do direito, destaca-se a interessante noção, trazida por Honneth, de um "excedente de validade" [*Geltungsüberhang*]. Trata-se de conceito que, bem examinado e explorado, pode render reflexões de vital importância para a compreensão da normatividade e de suas raízes no âmbito de uma gramática moral dos conflitos sociais.

Com efeito, afirmam Hartmann e Honneth:[15]

> Em consequência, a sociedade ocidental do capitalismo deve ser compreendida como uma ordem social altamente dinâmica, cuja capacidade de transformação de si mesmo procede não só dos imperativos de aproveitamento permanente de capital, mas também do excedente de validade institucionalizado das novas esferas de reconhecimento que nasceram com essa ordem; apoiando-se nos ideais morais em que estas se baseiam constitutivamente, os integrantes da sociedade podem sempre expor e reclamar novamente direitos legitimáveis que vão mais além da ordem social estabelecida.

Esse "excedente de validade institucionalizado" encontra-se presente no núcleo do direito urbanístico brasileiro, sendo evidente em seus institutos mais modernos, relativos à regularização fundiária, à participação popular, ao alargamento das franquias democráticas, etc. Há uma tensão moral subjacente que impele à interpretação construtiva, ampliadora, do material normativo; conduzindo também à concepção e institucionalização de novos direitos, potencialmente no ordenamento jurídico-urba-

---

[14] A endossar a expressa vinculação da atividade do Ministério Público com temas de alta relevância social, destaca-se a valorização dada ao tema da tutela coletiva e da respectiva legitimação ativa do Ministério Público no novo Código de Processo Civil, como comprovado pela dicção do art. 139, X, do texto legal.

[15] HARTMANN, Martin; HONNETH, Axel. *Paradojas del capitalismo*. In: HONNETH, Axel. Crítica del agravio moral: patologías de la sociedad contemporánea. Edición de Gustavo Leyva, Introducción de Miriam Mesquita Sampaio de Madureira. Buenos Aires: Fondo de Cultura Económica: Universidad Autónoma Metropolitana, 2009, p. 392, traduziu-se.

nístico. Este é um dado importante na moldura metodológica a ser tomada em consideração na interpretação do direito urbanístico.[16]

Por conseguinte, levando-se em consideração a dinâmica social inerente à luta por reconhecimento, situação em que o direito urbanístico figura como expressão fenomênica parcial; e tendo em conta a mesma raiz no desenvolvimento da tutela processual coletiva, coextensivo à evolução das dimensões da cidadania, pode-se avançar uma conclusão simples, com base na argumentação contida no texto. Deste modo, como corolário da sequência argumentativa acima exposta, conclui-se que, na hipótese prevista no art. 178, III, do novo Código de Processo Civil, deverá o Ministério Público intervir em todos os litígios coletivos pela posse de terra urbana em que evidenciado um efetivo interesse social incidente na demanda, caracterizado pela dimensão ou característica do dano à ordem jurídica, ou pela relevância do bem jurídico a ser protegido, não sendo decisivo o número de pessoas presentes nos polos da relação processual. Esta é a interpretação que parece ser mais adequada ao perfil institucional do Ministério Público, tal como definido na Constituição da República, no novo Código de Processo Civil e no restante da legislação infraconstitucional.

Referências bibliográficas

BECK, Ulrich. *Sociedade de risco: rumo a uma outra modernidade*. 2ª ed. Tradução de Sebastião Nascimento. São Paulo: Editora 34, 2011.

BENJAMIN, Antônio Herman V. A insurreição da aldeia global contra o processo civil clássico: apontamentos sobre a opressão e a libertação judiciais do meio ambiente e do consumidor. In: MILARÉ, Edis (coordenador). Ação civil pública: Lei 7.347/85: reminiscências e reflexões após dez anos de aplicação. São Paulo: Revista dos Tribunais, 1995, p. 70-151.

BRASIL, Luciano de Faria. *Direito urbanístico e políticas públicas: do planejamento urbano à gestão urbanística*. In: Revista do Ministério Público-RS, nº 74. Porto Alegre: AMP/RS, jan. 2014 – abr. 2014, p. 99-118.

──. *O conceito de ordem urbanística: contexto, conteúdo e alcance*. In: Revista do Ministério Público-RS, nº 69. Porto Alegre: AMP/RS, 2011, p. 157-177.

──. *O direito urbanístico e sua interpretação: método e pressupostos*. In: Revista Magister de Direito Ambiental e Urbanístico, Ano VIII, nº 47, abr./maio 2013. Porto Alegre: Magister, 2013, p. 34-45.

CARVALHO, José Murilo de. *Cidadania no Brasil: o longo caminho*. 4ª ed. Rio de Janeiro: Civilização Brasileira, 2003.

DAHRENDORF, Ralf. *O conflito social moderno: um ensaio sobre a política da liberdade*. Trad. Renato Aguiar e Marco Antonio Esteves da Rocha. Rio de Janeiro: Jorge Zahar; São Paulo: Edusp, 1992.

FERNANDES, Edésio. *Direito do urbanismo: entre a "cidade legal" e a "cidade ilegal"*. In: FERNANDES, Edésio (organizador). Direito urbanístico. Belo Horizonte: Del Rey, 1998.

HARTMANN, Martin; HONNETH, Axel. *Paradojas del capitalismo*. In: HONNETH, Axel. Crítica del agravio moral: patologías de la sociedad contemporánea. Edición de Gustavo Leyva, Introducción de Miriam Mesquita Sampaio de Madureira. Buenos Aires: Fondo de Cultura Económica: Universidad Autónoma Metropolitana, 2009, p. 389-422.

HONNETH, Axel. *Luta por reconhecimento: a gramática moral dos conflitos sociais*. Tradução de Luiz Repa. São Paulo: Ed. 34, 2003.

---

[16] No sentido do argumento desenvolvido no texto: BRASIL, Luciano de Faria. *O direito urbanístico e sua interpretação: método e pressupostos*. In: Revista Magister de Direito Ambiental e Urbanístico, Ano VIII, n.º 47, abr./maio 2013. Porto Alegre: Magister, 2013, p. 35-36.

MÜLLER, Friedrich. *O novo paradigma do direito: introdução à teoria e metódica estruturantes do direito*. Trad. (Capitulo E) de Peter Naumann, revisão de Sinéia dos Santos Rosa. São Paulo: Revista dos Tribunais, 2007.

SOUZA, Sérgio Iglesias Nunes de. Direito à moradia e de habitação: análise comparativa e seu aspecto teórico e prático com os direitos de personalidade. 3. ed. rev., atual. e ampl. São Paulo: Editora Revista dos Tribunais, 2013.

SUNDFELD, Carlos Ari. *O Estatuto da Cidade e suas Diretrizes Gerais (art. 2º)*. In: DALLARI, Adilson Abreu; FERRAZ, Sérgio (Coordenadores). Estatuto da Cidade (Comentários à Lei Federal 10.257/2001). 3ª ed., atualizada de acordo com as Leis ns. 11.673, de 8.5.2008 e 11.977, de 7.7.2009. São Paulo: Malheiros, 2010, p. 44-60.

ZAVASCKI, Teori Albino. *Processo coletivo: tutela de direitos coletivos e tutela coletiva de direitos*. 4ª ed. revista e atualizada de acordo com a Lei 12.016, de 7 de agosto de 2009. São Paulo: Revista dos Tribunais, 2009.

— 9 —

De fiscal da lei à fiscal da ordem jurídica. A solução consensual dos conflitos como novo espaço de atuação institucional

ALEXANDRE SIKINOWSKI SALTZ[1]

Não se pretende, aqui, tecer considerações sobre a origem e a evolução do Ministério Público.[2] Mas não se pode perder de vista que, no Brasil, a Instituição, desde as suas origens, desempenhou funções de acusador criminal e de fiscal da lei, expressão que ingressou no cenário jurídico com o Código Civil de 1916 e que ganhou chancela no Código de Processo Civil de 1939.[3]

Mas foi a Constituição de 1988 que deu nova roupagem institucional ao Ministério Público e o inscreveu no rol das funções essenciais à justiça, ressaltando que as atividades por ele – Ministério Público – desempenhadas equivalem-se às dos demais Poderes.

Maria Sylvia Zanella Di Pietro afirma que:

> O Ministério Público é, provavelmente, de todas as instituições da área jurídica, a que detém, hoje, o maior rol de atribuições e responsabilidades em termos de defesa da ordem jurídica e dos interesses sociais e individuais indisponíveis (...).
>
> As suas atribuições são muito amplas. O artigo 127 da Constituição diz, de forma muito genérica e usando termos vagos e indeterminados, que o Ministério Público é instituição permanente, essencial à função jurisdicional do Estado, incumbindo-lhe a defesa da ordem jurídica, do regime democrático e dos interesses sociais e individuais indisponíveis.

---

[1] Promotor de Justiça no Estado do Rio Grande do Sul. Graduação em Ciências Jurídicas e Sociais pela Pontifícia Universidade Católica do Rio Grande do Sul – PUCRS (1989). Palestrante da Fundação Escola Superior do Ministério Público do Rio Grande do Sul – FMP.

[2] Sobre o tema, sugere-se a leitura do texto escrito pela Professora Maria Sylvia Zanella Di Pietro, intitulado *O Ministério Público como Instituição Essencial à Justiça*, bem como do testemunho de Antônio Araldo Feraz Dal Pozzo, em artigo denominado *Atuação Extrajudicial do Ministério Público: Dever ou Faculdade de Agir?*, ambos em obra coletiva Ministério Publico: reflexões sobre princípios e funções institucionais, RIBEIRO, Carlos Vinicius Alves (org.). São Paulo: Atlas, 2002, p. 3-12 e 303-316, respectivamente.

[3] Ronaldo Porto Macedo Junior lembra que a manifestação do Ministério Público, depois das partes, prevista pelo CPC de 1939, inaugurou o "'parecerismo' que marcará toda uma tradição de práxis jurídica do Ministério Público até os dias de hoje." (O Ministério Público 500 Anos Depois do Descobrimento. *In* 500 Anos e o Direito no Brasil, Cadernos de Direito e Cidadania II. São Paulo: Artchip, 2000, p. 73-88.

Tradicionalmente, o Ministério Público desempenhava, como se viu, as funções de fiscal da lei e de titular da ação penal. Hoje, ampliou-se o rol de ações de que é titular como autor, movimentando o Poder Judiciário, mediante a propositura de diferentes tipos de ações (...).[4]

Na mesma linha, Marcelo Zenkner assevera que a grande mudança promovida pela Constituição de 1988 na fisionomia institucional foi conceder-lhe o "poder de iniciativa", lembrando que "o acionamento da máquina judiciária seria a 'veia processual ativa do Ministério Público', promovendo efetivamente e *motu próprio*, a defesa e proteção dos direitos superiores, pertencentes à coletividade".[5]

Lenio Luiz Streck, dissertando sobre o Ministério Público pós-88, lembra que:

> O Ministério Público, alçado à condição análoga a de um poder de Estado, figura, em face das responsabilidades que lhe foram acometidas, no epicentro dessa transformação do tradicional papel do Estado e do Direito. É dizer, pois: de um Ministério Público protetor dos interesses individuais, na moldura de uma sociedade liberal-individualista, salta-se para um novo Ministério Público, que claramente deve(ria) assumir uma postura intervencionista em defesa do regime democrático e dos direitos fundamentais-sociais.[6]

O presente estudo, sem descurar da atuação como órgão agente, buscará analisar uma das consequências possíveis da atuação como fiscal da ordem jurídica, nova moldura conferida pelo legislador ordinário com a edição da Lei nº 13.105/2015, adequando a legislação processual civil à vontade do constituinte. E diz-se fiscal da ordem jurídica porque a atuação fiscalizatória não se restringe à lei, senão a todos os direitos consagrados pela lei maior.

Nesse contexto é que surge o desafio da implementação das novas técnicas autocompositivas, corolário de uma nova interpretação do princípio do acesso à justiça.

Vale lembrar que em 1978 Mauro Cappelletti e Bryant Garth analisaram o significado do acesso à justiça a partir de obstáculos que entravavam a efetivação dos direitos. Três ordens de problemas foram identificadas, a saber: 1) de natureza econômica, destacando a pobreza, a falta de acesso à informação e a falta de representação adequada; 2) de natureza organizacional, consistente na existência de direitos difusos; 3) de natureza procedimental, decorrente da inadequação das formas tradicionais de resolução dos conflitos.

Também na década de 1970, Boaventura de Sousa Santos, em estudo empírico, vivenciado na Favela do Jacarezinho/RJ, mostrou as dificuldades de acesso à chamada "justiça oficial" e as estratégias criadas pelos cidadãos para resolverem seus conflitos e satisfazerem seus interesses. Apontou a existência de "procedimentos estatais e não estatais de resolução de conflitos". Pela primeira vez, e esse é o destaque importante, foi dito que a justiça não é realizada apenas pelo Estado.

Outras tantas preocupações manifestaram-se em estudos financiados pelo Banco Mundial, quando se pretendeu aprofundar o direito do acesso à justiça para além da atuação judicial e da aplicação da lei. Eliane Botelho Junqueira, uma das estudiosas, falando sobre a atuação do Brasil relativamente ao tema, alertava:

---

[4] *O Ministério Público como Instituição Essencial à Justiça*, em obra coletiva Ministério Publico: reflexões sobre princípios e funções institucionais, RIBEIRO, Carlos Vinicius Alves (org.). São Paulo: Atlas, 2002, p. 8.

[5] *Ministério Público e Solução Extrajudicial dos Conflitos.* RIBEIRO, Carlos Vinicius Alves (org.). Ministério Público: reflexões sobre princípios e funções institucionais. São Paulo: Atlas, 2010, p. 317-338.

[6] *Ministério Público e Jurisdição Constitucional na Maioridade da Constituição – uma Questão de Índole Paradigmática.* RIBEIRO, Carlos Vinicius Alves (org.). Ministério Público: reflexões sobre princípios e funções institucionais. São Paulo: Atlas, 2010, p. 183-212.

> (...) não integrou o *access-to-justice movement*, que foi objeto de análise de Cappelletti e Garth e que, ao contrário do movimento de simplificação de procedimentos e identificação de alternativas aos tribunais, pautas típicas dos países centrais, o debate no Brasil girava em torno da organização de direitos coletivos e das limitações do Poder Judiciário e sistema jurídico, como um todo, de tutelar adequadamente as demandas coletivas típicas (...)

Ou seja, ao tempo em que provado que o processo judicial não seria forma adequada de resolução de todos os conflitos, e que a cidadania poderia encontrar formas de resolvê-los sem a presença do Estado, o modelo judiciário brasileiro não buscava alternativas ao processo.

Voltava à atualidade a advertência de Norberto Bobbio no sentido de que não adianta só reconhecer direitos ou declará-los formalmente. O mais importante seria como efetivá-los, como garanti-los, evitando que fossem violados continuamente.[7] O NCPC trilha novos rumos e apresenta ferramentas para a mudança de paradigma, apontando os responsáveis pela implementação.

O *deficit* de efetivação de direitos impõe seja repensado o postulado do acesso à justiça.

Recorde-se, por importante, que acesso à justiça nada tem a ver com acesso ao Judiciário. Lá, busca-se a resolução do conflito de variadas formas; aqui, através do terceiro imparcial, a melhor dicção possível do direito via processo.

Os números retratam que a cultura demandista impera. Segundo informações do Ministério da Justiça tramitam hoje no Brasil cerca de 95,14 milhões de processos, sendo que, desse estoque, 28,3 milhões são novos (ajuizados no ano de 2013).

O diagnóstico conclui que:

> Em linhas gerais, há um crescimento da litigiosidade de forma mais acentuada que os recursos e as despesas. Enquanto que no último ano (2013), houve um crescimento de 1,5% nos gastos totais, 1,8% no número de magistrados e 2% no de servidores, tramitam cerca de 3,3% a mais de processos nesse período, sendo 1,2% a mais de casos novos e 4,2% de casos pendentes de anos anteriores.[8]

Criar novas formas de acesso à justiça e de resolução de conflitos, não adversariais, com práticas colaborativas e autocompositivas, descongestionando o Judiciário, é um dos desafios propostos pelo Novo Código de Processo Civil aos operadores do direito em geral e, ao Ministério Público, pela função de fiscal da ordem jurídica, em especial.

Acesso à justiça, segundo destaque de José Eduardo Cardozo, nos dias de hoje, também compreende a duração razoável do processo e a utilização de mecanismos extrajurisdicionais,[9] muitos deles já disponibilizados ao Ministério Público. Nessa linha, relativamente à primeira onda de acesso à justiça, coube ao Ministério Público defender direitos indisponíveis daqueles que não têm assistência judiciária. Para a segunda onda, destacamos o protagonismo emprestado pela Lei da Ação Civil Pública e pelo Código de Proteção e Defesa do Consumidor. Na terceira onda, onde estão *"fórmulas para a simplificação dos procedimentos, especialmente para o julgamento das pequenas causas e recurso a formas quase-judiciárias ou não judiciárias de con-*

---

[7] BOBBIO, Norberto. *A Era dos Direitos*. 4º Reimpressão. Editora Campus: Rio de Janeiro, 1992, p. 25.
[8] BRASIL. Justiça em números 2014: ano base 2013/CNJ. Brasília.
[9] CARDOZO, José Eduardo. *O Acesso à Justiça no Brasil: desafios e perspectivas*. Manual de Boas Práticas de Acesso à Justiça – Mercosul e Estados Associados. Brasília: Secretaria de Reforma do Judiciário do Ministério da Justiça, 2012, p. 44.

ciliação e mediação como instrumento para simplificação e resolução dos litígios", listam-se o inquérito civil, o termo de ajustamento de conduta, as audiências públicas e as recomendações.

Ao lado da atuação jurisdicional, chamada de demandista, temos o Ministério Público resolutivo, com atuação extrajurisdicional. Sobre esse, vale lembrar:

> O novo perfil constitucional do Ministério Público impõe uma releitura da atuação jurisdicional da instituição. A capacitação dos membros e servidores da instituição para a resolução das controvérsias, conflitos e problemas por meio do diálogo e do consenso é um caminho necessário a ser trilhado pelo Ministério Público como instituição constitucional fundamental de acesso à justiça. A negociação e a mediação são técnicas legítimas para ampliar e consagrar a dimensão constitucional do Ministério Público como garantia fundamental de acesso à justiça da sociedade.[10]

E, para implantar a nova realidade:

> Cabe ao Ministério Público provocar essa mudança de foco do debate. Estender a temática das soluções consensuais para a seara coletiva é, sem dúvida, missão para a qual o Ministério Público pode contribuir de modo diferenciado, com toda a sua experiência, assegurando maior racionalidade, agilidade e efetividade ao sistema. Enfim, estender para a tutela coletiva a mentalidade de conciliação que orienta o terceiro estágio do movimento do acesso à justiça e, também, potencializar os métodos autocompositivos, extrapolando o viés exclusivamente individual que se lhes tem dado no debate entre os Poderes.[11]

Aliás, essa vocação do Ministério Público vem, de há muito, sendo proclamada por Hugo Nigro Mazzilli:

> Entretanto, a possibilidade de acesso a Justiça não é efetivamente igual para todos: são gritantes as desigualdades econômicas, sociais, culturais, regionais, etárias, mentais.
>
> (...)
>
> Pois justamente para preservar aqueles valores democráticos, bem como para assegurar um adequado equilíbrio tanto na fase pré-processual, como dento da própria relação processual, é que surge o papel do Ministério Público. Destinado constitucionalmente à defesa da ordem jurídica, do regime democrático e dos interesses sociais e individuais indisponíveis, ao Ministério Público se confere tanto a iniciativa de algumas ações, como a intervenção noutras tantas delas.
>
> (...)
>
> Longe, porém, de um papel apenas destinado a colaborar com a prestação jurisdicional do Estado, seja como órgão agente, seja como órgão interveniente, o ofício do Ministério Público desenvolve-se também na esfera extrajudicial.[12]

E conclui:

> Enfim, ora o Promotor de Justiça exerce sua tarefa, seja na área preventiva – tarefa esta de pacificação social e composição de conflitos, ora exerce o Promotor de Justiça seus misteres na fase posterior à violação da lei – é o que faz quando age como órgão autor ou órgão interveniente, quer provocando a atuação jurisdicional, quer nela intervindo.
>
> Tanto numa das hipóteses, como noutra, em todas suas atividades o Ministério Público sempre atua na defesa daquele interesse público primário, em busca de relevantes valores democráticos, em especial em busca do acesso do cidadão à prestação jurisdicional e à Justiça.

O desafio é antigo e pressupõe, para a sua qualificação, uma mudança de paradigma na atuação dos atores da cena judiciária. O Poder Judiciário deixa de ser mero

---

[10] GAVRONSKI, Alexandre Amaral e ALMEIDA, Gregório Assagra. *O movimento do acesso à Justiça no Brasil e o Ministério Público. In* Manual de Negociação e Mediação para Membros do Ministério Público. Brasília: Ministério da Justiça. 2014, p. 60.

[11] Idem. Ibidem, p. 71.

[12] MAZZILLI, Hugo Nigro. O Acesso à Justiça e o Ministério Público. *Revista Justitia*, 146, São Paulo. p. 68-78. 1989.

declarador de direitos para avançar na busca da efetivação dos direitos fundamentais. O Ministério Público há de promover justiça.[13]

A promoção da justiça pressupõe eficiência da atuação institucional, e esta se liga diretamente com "a ampliação da atuação extrajudicial como forma de pacificação de conflitos, a atuação como forma proativa, efetiva, preventiva e resolutiva e a celeridade procedimental".[14]

Sobre o retorno que o Ministério Público deve dar à sociedade como modo de alcançar os objetivos estratégicos, de forma constante e impessoal, Paulo Valério Dal Pai Moraes sugere lance-se mão de alguns princípios, forjadores de uma "cultura" institucional. O primeiro deles, e relacionado ao tema objeto do presente, é o "princípio da paz", que, nas suas palavras, vem assim explicado:

> Para ter paz, é preciso que se efetive uma postura educativa, pedagógica mesmo, na qual se implemente a desvalorização dos métodos adversariais de troca de ideias e de informações e de adotem as práticas colaborativas e autocompositivas de solução de conflitos, de controvérsias e de problemas.
>
> A educação sobre as práticas colaborativas e autocompositivas para a paz, portanto, é a única maneira para que se possa transformar a cultura interna e externa da nossa instituição, priorizando-se o consenso e reservando-se os caminhos processuais e a disputa de posições para as situações em que não seja possível o entendimento direito entre os envolvidos na questão.[15]

Essa vocação transformadora do Ministério Público, estimuladora de métodos autocompositivos e colaborativos, já integra o rol de atuação institucional, iniciando pelo singelo, mas importantíssimo, atendimento de partes, passando pela recomendação, pelas audiências coletivas e públicas realizadas, até a celebração do termo de ajustamento de conduta.

Na análise da relação Lei nº 13.105/2015 *versus* atuação do Ministério Público percebe-se que lei processual apenas repetiu e chancelou os espaços que foram palmilhados pelo redesenho de atuação institucional produzido pela Constituição Federal de 1988.

E não poderia ser diferente.

O novo Código de Processo Civil parte do pressuposto de que será interpretado à luz da Constituição Federal,[16] porque é ela que molda, dá cor e dá vida ao ordenamento jurídico pátrio. Cria-se um modelo a ser obrigatoriamente seguido pelo aplicador e pelo intérprete. O modelo de acatamento às regras constitucionais-processuais.[17]

---

[13] GAVRONSKI, Alexandre Amara e ALMEIDA, Gregório Assagra de lembram que "Impõe-se sempre ter presente que, enquanto a missão do Poder Judiciário é *realizar* a justiça, a do Ministério Público é *promovê-la*. E só promove uma justiça ágil, célere e efetiva uma instituição que se conecta com o seu tempo e realidade que a envolve, tomando as lições do passado, agindo com adequação e mirando o futuro. E o futuro do direito, neste século XXI, certamente passa pelo incremento dos métodos autocompositivos." (Manual de Negociação e Mediação para Membros do Ministério Público. Brasília: Ministério da Justiça. 2014, p. 43).

[14] A afirmação é de Paulo Valério Dal Pai Moraes, analisando o mapa estratégico do Ministério Público Brasileiro elaborado pelo Conselho Nacional do Ministério Público. *Noções Preliminares. In* Manual de Negociação e Mediação para Membros do Ministério Público. Ministério da Justiça: Brasília, 2014, p. 22.

[15] MORAES, Paulo Valerio Dal Pai. *Noções Preliminares. In* Manual de Negociação e Mediação para Membros do Ministério Público. Ministério da Justiça: Brasília, 2014, p. 23-24.

[16] Lei nº 13.105/2015 – Art. 1º – O processo civil será ordenado, disciplinado e interpretado conforme os valores e as normas fundamentais estabelecidos na Constituição da República Federativa do Brasil, observando-se as disposições deste Código.

[17] Cássio Scarpinella Bueno diz que os princípios constitucionais são o "mínimo existencial do direito processual civil". Manual de Direito Processual Civil: inteiramente estruturado à luz do novo CPC – Lei 13.105, de 16-3-2015. São Paulo: Saraiva, 2015, 39.

Nessa linha, percebe-se no NCPC foi mais além da visão tradicional do processo,[18] porque também prevê outros meios de resolução de conflitos, trazendo para o palco processual institutos como a mediação, a negociação, a arbitragem, alterando substancialmente a estrutura do procedimento comum.

O acesso à justiça ganha, assim, novos matizes, irradiados pela releitura do artigo 5º, XXXV, da Constituição Federal.

A grande novidade foi anunciada por Scarpinella:

> O dispositivo também permite interpretação no sentido de que o acesso ao Estado-juiz nele assegurado não impede, muito pelo contrário, que o Estado, inclusive o Judiciário, busque e, mais que isso, incentive a busca de *outros* mecanismos de solução de conflitos, ainda que não jurisdicionais. Uma coisa é negar, o que é absolutamente correto, que nenhuma lesão ou ameaça a direito possa ser afastada pelo Poder Judiciário. Outra, absolutamente incorreta, é entender que somente o Judiciário e o exercício da função jurisdicional podem resolver conflitos, como se fosse esta uma competência exclusiva sua. É incorreta essa compreensão totalizante do Poder Judiciário e, por isso mesmo, que o estudo dos chamados *meios alternativos* (no sentido de *não jurisdicionais*) é tão importante (...)[19]

Percebe-se claramente que a nova matriz processual civil, para além do incentivo à conciliação judicial, estimula a utilização de técnicas alternativas de composição de conflitos.

O princípio constitucional do acesso à justiça passa a ser sinônimo de acesso à ordem jurídica justa e garante às pessoas formas substanciais de resolução do conflito, com mecanismos judiciais e extrajudiciais. Essa releitura do princípio traz ao cenário jurídico métodos autocompositivos de resolução como alternativas ao modelo tradicional. O Novo Código de Processo Civil, seguindo o rumo da Lei nº 13.140/2015 (*Dispõe sobre a mediação entre particulares como meio de solução de controvérsias e sobre a autocomposição de conflitos na administração pública...*), da Resolução CNMP nº 118/2014 (*Dispõe sobre a Política Nacional de Incentivo à Autocomposição no âmbito do Ministério Público e dá outras providências*), e da Resolução CNJ nº 125/2010 (*Dispõe sobre a Política Judiciária Nacional de tratamento adequado de conflitos de interesses no âmbito do Poder Judiciário e dá outras providências*) privilegia a "solução consensual dos conflitos" (art. 3º, § 2º, Lei 13.105/2015).

Tratando "das normas fundamentais do processo civil", ponto de partida e padrão hermenêutico do novo sistema processual civil, diz o novo Código:

> Art. 3º Não se excluirá da apreciação jurisdicional ameaça ou lesão a direito.
> (...)
> § 2º O Estado promoverá, sempre que possível, a solução consensual dos conflitos.
> § 3º A conciliação, a mediação e outros métodos de solução consensual de conflitos deverão ser estimulados por juízes, advogados, defensores públicos e membros do Ministério Público, inclusive no curso do processo judicial.

A inafastabilidade da jurisdição ganhou novos contornos. Pretende solucionar o conflito e não apenas o processo, tanto que a resolução do mérito passa a ser sinônimo de efetividade, como se vê da leitura do artigo 4º do Novo Código de Processo

---

[18] Na obra citada, p. 35, Cássio Scarpinella Bueno diz que "O direito processual civil é o ramo do direito que se volta a estudar a forma de o Poder Judiciário (estado-Juiz) exercer a sua atividade fim, isto é, prestar a tutela jurisdicional a partir do conflito de interesse (potencial ou já existente) que exista entre duas ou mais pessoas".

[19] Obra citada, p. 41.

Civil. E a novidade reside no fato de que não será necessário processo judicial para tanto.

A mudança, além de ampliar os mecanismos de acesso à justiça, também é importante reforço para garantir a "duração razoável do processo", no sentido de reduzir o número de atos processuais, fazendo mais eficiente a prestação jurisdicional.

Marcelo Zenkner afirma que a morosidade judicial causa injustiças, desprestígio do Judiciário, insegurança jurídica e até mesmo pesados custos econômicos. Socorrendo-se de outros doutrinadores, lembra que a demora na prestação jurisdicional causa "erosão da lei e da ordem" e que julgamentos tardios perdem, progressivamente, seu sentido reparador porque, dependendo do tempo transcorrido, qualquer decisão será injusta.[20]

E complementa:

> Muito mais importante que um processo efetivo é uma "justiça de resultados", razão pela qual a utilização da via jurisdicional deve ser utilizada apenas em caráter residual ou subsidiário. Não é outra a linha de atuação sugerida pela Ministra do Superior Tribunal de Justiça Fátima Nancy Andrighi, "Urge a adoção de medidas tendentes a eliminar o fosso entre os conflitos sociais e sua possível solução, até pelo cultivo nesta mesma sociedade de meios de se chegar a acordos por elas mesmas, utilizando a complicada máquina judiciária em casos extremos, diante da efetiva impossibilidade de composição".[21]

Os métodos autocompositivos, as formas alternativas de resolução de conflitos, apresentam-se como alternativas à crise do processo, seja porque facilitam o acesso à justiça, seja porque impactam positivamente a duração razoável do processo.

Joel Dias Figueira Júnior,[22] falando sobre os caminhos a serem perseguidos antes mesmo da inauguração do processo, diz:

> Os métodos alternativos de solução dos conflitos são melhor compreendidos quando enquadrados no movimento universal de acesso à justiça, à medida que aparecem como novos caminhos a serem trilhados facultativamente pelos jurisdicionados que necessitam resolver seus litígios, de forma diferenciada nos moldes tradicionais da prestação de tutela oferecida pelo Estado-juiz. A expressão *Alternative Dispute Resolution (ADR)* tem sido comumente concebida não apenas no sentido técnico, mas, sobretudo, nos expedientes não judiciais destinados à resolução de conflitos.

Ao Ministério Público é possível atuar e intervir na conciliação/mediação tanto na esfera judicial (estimulando-a, como prevê o artigo 3ª, § 3º, do novo Código e nos processos onde atuar como fiscal da ordem jurídica) quanto na extrajudicial (art. 175), regulamentada por lei específica, no caso, a Lei nº 13.140/2015.[23]

Há inequívoca tendência mundial pelo uso das *Alternative Dispute Resolution* (ADRs) que, na base, traz consigo a ideia de negociação. Para bem situar o contexto da discussão e o tamanho do desafio institucional, necessário recordar alguns conceitos.

Usaremos aqui as concepções trazidas por Paulo Valério Dal Pai Moraes,[24] estudioso do tema que consegue, com sua experiência, concretizar os conceitos à realidade da atuação ministerial.

---

[20] Obra citada, p. 319.
[21] Obra citada, p. 320.
[22] Arbitragem, jurisdição e execução. São Paulo: Revista dos Tribunais, 1999, p. 114.
[23] Ao Ministério Público do Trabalho também é possível atuar como árbitro nos dissídios trabalhistas, conforme prevê o artigo 83, inc. XI, da LC 75/93.
[24] MORAES, Paulo Valerio Dal Pai. *Noções Preliminares*. In Manual de Negociação e Mediação para Membros do Ministério Público. Ministério da Justiça: Brasília, 2014, p. 21-37.

Abordaremos, além dos conceitos de mediação e de conciliação, os de conflito, controvérsia e problema.

Negociação é o gênero que tem por espécies a mediação, a conciliação, a transação e a arbitragem. Etimologicamente, vem de "negar o ócio", vale dizer, pressupõe uma conduta ativa e representa "uma estratégia de administração de conflitos, controvérsias e problemas, que se vale de práticas de comunicação, de psicologia e de aspectos culturais, com o objetivo de atender a alguma necessidade que somente possa ser satisfeita por intermédio da troca de informações, bens, valores e interesses".

Lembra o doutrinador que há duas formas de negociação: competitiva e colaborativa.

Na primeira, como o próprio nome sugere, há busca pelo maior ganho possível (não apenas ganho financeiro), sem qualquer preocupação com o interlocutor. O modelo é do "ganha-perde" e, por conseguinte, há pouca ou nenhuma adesão ao resultado, de cunho nitidamente formal. É mais demorada e baseada em modelos rígidos, formais e inflexíveis. O processo judicial é exemplo desse modelo.

Na colaborativa, busca-se compatibilizar os interesses de ambos, proporcionando um "ganha-ganha". Há mais adesão dos envolvidos porque ambos estão comprometidos com o resultado, substancialmente resolutivo. É informal, flexível e mais célere.

A análise dos dois modelos evidencia, nessa quadra, a opção do NCPC pela negociação colaborativa, especialmente porque o grande objetivo do sistema de justiça *lato sensu* é o de resolver litígios.

Retornamos aos ensinamentos de Moraes, para quem **conflito** é o antagonismo de posições ou de interesses onde haja resistência por parte de um dos envolvidos. Já na **controvérsia** não há resistência, mas apenas de divergência. **Problema**, a seu turno, é um desafio a enfrentar, baseado em questão fática, sem a coexistência de conflito ou controvérsia.

Mediação é um processo autocompositivo segundo o qual as partes em disputa são auxiliadas por uma terceira pessoa, neutra ao conflito, abrangendo os interesses, sentimentos e questões das mesmas partes envolvidas.[25]

Já na **conciliação** o terceiro tem posição mais ativa, apresentando uma apreciação do mérito ou uma recomendação de solução tida por ele (conciliador) como justa. Não se limita a auxiliar as partes a chegarem por elas a um acordo, podendo aconselhar e tentar induzi-las ao resultado.

Conciliação e mediação são espaços de resolução de conflitos, controvérsias e problemas.

Não se trata de verdadeira novidade legislativa, porque a construção de soluções justas e legais está na essência da atuação do Ministério Público. Por oportuna, colaciona-se a lição de Marcos Paulo de Souza Miranda.[26]

---

[25] O conceito é de André Gomma Azevedo. *In* Manual da Mediação Judicial. Ministério da Justiça: Brasília. 2209. p. 42-153.

[26] A Recomendação Ministerial como Instrumento Extrajudicial de Solução de Conflitos Ambientais. In: *Temas Atuais do Ministério Público: a atuação do Parquet nos 20 anos da Constituição Federal*. CHAVES, Cristiano et al. (Coord.). Rio de Janeiro: Lumen Juris, 2008. p. 366.

Não se concebe hodiernamente que os membros do Ministério Público – mormente os que atuam na defesa de direitos difusos e coletivos – se transformem em meros e contumazes repassadores de demandas ao Poder Judiciário, como se acometidos de chamado 'complexo de Pilatos', caracterizado por *lavar as mãos* e transferir a responsabilidade pela resolução de determinado problema de terceira pessoa.

A busca da conciliação não causará maiores perplexidades porque mantida a tradicional forma de atuar, embora provoque a Instituição às mudanças que o novo Código propõe.

Prosseguirá o Ministério Público propondo, estimulando e acompanhando conciliações seja nas ações onde atuar como fiscal da ordem jurídica, como por exemplo as situações dos artigos 303, II; 308, § 3º; 334, *caput*; e 694, todos do NCPC.

Também o fará naquelas onde for parte (artigos 3º, § 3º, e 334, *caput*). Nesse particular, diante da cogência processual na busca da autocomposição, abrir-se-á interessante discussão. É possível que o Ministério Público transacione com os interesses que representa? Em caso positivo, qual o limite para tanto? E que tipo de controle será exercido?

A resposta à primeira indagação há de ser positiva, porque, repita-se, tanto o Novo Código de Processo Civil, quanto a Lei nº 13.140/2015 (*"Dispõe sobre a mediação entre particulares como meio de solução de controvérsias e sobre a autocomposição de conflitos no âmbito da administração pública ..."*) criaram novo paradigma de resolução dos conflitos baseados na utilização de métodos autocompositivos.

Para responder o segundo questionamento, invoca-se texto escrito por Alexandre Amaral Gavronski, intitulado *Potencialidades e limites da negociação conduzida pelo Ministério Público.*[27]

De pronto, Gavronski pontua:

> O grande desafio da atuação do Ministério Público nessa seara é que a legitimidade coletiva a ele atribuída pela Constituição (art. 129, III) e as responsabilidades decorrentes de sua função de defensor dos direitos constitucionais ou *ombudsman* (art. 129, II), ou mesmo de outras funções previstas em lei e compatíveis com a finalidade institucional (art. 129, IX, c/c art. 127), como a de intervir em processos que envolvam determinados interesses individuais indisponíveis (de incapazes, por exemplo), destinam-se à promoção da defesa e de respeito a direitos e interesses dos quais não é titular: os direitos difusos, coletivos *stricto sensu*, individuais homogêneos e os individuais indisponíveis. Paralelamente, a configuração constitucional do Ministério Público, incumbido de *promover* a justiça, impõe-lhe uma postura ativa, diferente do Poder Judiciário, incumbido de *realizar* a justiça quando provocado, dele se esperando imparcialidade.
>
> Sendo assim, para o adequado uso dos métodos autocompositivos à luz de sua configuração e responsabilidades constitucionais, o Ministério Público deve identificar como adotar uma postura ativa, mesmo não sendo o titular desses objetos da composição.

E a resposta pressupõe a superação de uma postura tradicional que vê apenas no Poder Judiciário legitimidade para resolver conflitos e controvérsias.

Esse perfil do Ministério Público *promotor de justiça*, sobre o qual já falamos, seja em ações coletivas, seja em ações individuais implica em "limites a essa sua atuação". Um deles, justamente, relaciona-se à fixação da linha demarcatória da disponibilidade do direito.

Para situar o problema e encaminhar resolução invoca-se, novamente, o magistério de Gavronski.

---

[27] GAVRONSKI, Alexandre Amaral. *Potencialidades e limites da negociação conduzida pelo Ministério Público In* Manual de Negociação e Mediação para Membros do Ministério Público. Ministério da Justiça: Brasília, 2014, p. 147-167.

De qualquer modo, trate-se de legitimidade autônoma para a condução do processo para defesa dos direitos e interesses difusos e coletivos, trate-se de legitimidade extraordinária para defesa dos direitos e interesses individuais homogêneos, a doutrina especializada é praticamente unânime em afirmar que, atuando o legitimado coletivo em defesa de direitos de outrem, não pode dispor desses direitos. **A legitimidade em questão é para a atuação processual e extraprocessual** (esta, como sustentamos, por extensão) destinada à ***defesa*** **dos direitos e interesses difusos, coletivos** *stricto sensu* **e individuais homogêneos, não para a relação de direito material**. Destarte, **não pode o legitimado, não sendo titular dos direitos que deve defender, deles dispor nem a eles renunciar;** (...)

Daí se dizer que **os direitos coletivos** *(lato sensu)* **são indisponíveis para os legitimados coletivos**, independente da natureza desses direitos, ou seja, se materialmente disponíveis ou indisponíveis pelo próprio titular.

Da indisponibilidade dos direitos coletivos pelo Ministério Público, como legitimado que é para a sua defesa, muitos concluem pela impossibilidade de negociação em tutela coletiva pelo Ministério Público (...)

Esta conclusão parte da premissa de que a negociação ou autocomposição importa, necessariamente, na disposição sobre o direito, premissa que está amparada na concepção de transação que orienta o direito privado e está disciplinada nos arts. 84-850 do Código Civil.

A premissa é equivocada. É sem dúvida, possível negociação em tutela coletiva sem que haja disposição sobre os direitos coletivos pelos legitimados a defende-los, residindo o equívoco fundamental, justamente, na confusão entre essa negociação e a transação do direito civil. Sem dúvida, a negociação em tutela coletiva não comporta, como a transação, concessões sobre o *conteúdo* dos direitos (renúncias), ao menos não por parte dos legitimados coletivos em relação aos direitos coletivos que defendem, titularizados por terceiros que não participam, via de regra, da negociação. Da negociação em tutela coletiva resulta, sempre, um negócio jurídico *sui generis*, marcado pela nota da indisponibilidade dos direitos legitimados coletivos.[28]

O que leva alguns ao entendimento da impossibilidade de negociar direitos coletivos, difusos e individuais homogêneos é a confusão entre *disposição* e *concretização* desses direitos.

A pedra de toque é o fato de que o Ministério Público, adaptado aos desafios que a Constituição impôs, quando "negocia" os direitos cuja defesa lhes foi conferida, "está *concretizando o direito*, vale dizer, interpretando o direito posto – não apenas a regra jurídica aplicável ao caso, mas todo o sistema jurídico – à luz da situação concreta no intuito de identificar a *norma do caso concreto*. Ele está identificando qual(is) regra(s) e princípio(s) jurídico(s) se aplica(m) para determinada situação e de que modo." A única diferença da concretização feita pelo Poder Judiciário é que a esta se agrega o instituto da coisa julgada, concedendo-lhe o atributo da imutabilidade.[29]

Para a terceira indagação, além do controle social, há o controle judicial – sempre presente haja vista o princípio da inafastabilidade, e aquele realizado pelos órgãos de fiscalização internos – Conselho Nacional do Ministério Público, Conselho Superior (no caso dos Ministérios Públicos Estaduais) e pelas Câmaras de Coordenação e Revisão (para o Ministério Público Federal).

Veja-se que, ainda que o Magistrado que preside ação proposta pelo Ministério Público, onde não se optou pela conciliação ou mediação (art. 319, VII, NCPC), invocando a tese da indisponibilidade do direito, deixar de, ao receber a petição inicial, aprazar audiência de conciliação (art. 334, *caput*, NCPC), poderá o réu pedi-la na contestação ou a qualquer tempo (art. 3º, § 3º, NCPC). É impensável, portanto, não se divisar no horizonte próximo do Ministério Público agente a ocorrência de práticas autocompositivas.

---

[28] GAVRONSKI, op. cit., p. 147-167.
[29] Idem, ibidem.

Na mediação é que se verificam novos desafios institucionais, porque descortinada uma nova modalidade de velar pela fiscalização da ordem jurídica constitucional através da busca de uma decisão justa.

A partir da leitura do artigo 168, *caput*, do NCPC,[30] tem-se por viável que, tomando conhecimento de situação que autoriza o início do procedimento de mediação, poderá o Ministério Público oferecer-se às partes para conduzí-lo. Esse conhecimento do fato se dará através do atendimento de partes ou de representações direcionadas à Instituição, muitas delas hoje indeferidas porque embasadas de direitos individuais disponíveis.

Conhecendo o fato poderá atuar como mediador extrajudicial.[31] inaugurando o procedimento ditado pelos artigos 21 e seguintes da Lei nº 13.140/2015.[32]

Não se aplicam aos membros do Ministério Público que atuarem na mediação a restrição imposta pelo artigo 172, e a determinação emanada do artigo 167 do NCPC. Esta, porque a prática de atividades autocompositivas faz parte do rol das funções institucionais dos integrantes da Instituição; aquela, em face do tipo de representação processual desempenhada pelo *Parquet*.

A criação de Núcleos Permanentes de Incentivo à Autocomposição, a formação e capacitação de membros e servidores, a "valorização do protagonismo institucional na obtenção de resultados socialmente relevantes que promovam a justiça de modo célere e efetivo", dentre outros (arts. 2º e 7º, Resolução CNMP nº 118/2014), são etapas a serem implantadas. Mas a adoção, apenas, de providências administrativas e organizacionais não será insuficiente. Necessário será mudar o paradigma, atuar como uma instituição que persiga a pacificação social através de novas práticas colaborativas, substituindo a atuação de *custos legis* pela de *custos societatis*.

O desafio será experenciar um novo modelo de intervenção, desapegado do mero formalismo e orientado pela vanguarda na busca de soluções resolutivas não apenas do processo, mas do conflito, seja como parte, seja como interveniente processual, seja como guardião da ordem jurídica ou apenas como Instituição indispensável à função jurisdicional, agora reconfigurada ante as inovações do novo Código.

A moderna conformação do acesso à justiça, para além do simples *a day in court*, garante às pessoas o alcance à solução efetiva do conflito, através dos meios judiciais e extrajudiciais. Seguindo a tendência mundial de redução da litigiosidade e da judicialização, da cultura do diálogo e dos métodos colaborativos, o Novo Código de Processo Civil erigiu a solução consensual dos conflitos como sendo uma "norma fundamental do processo civil". Essa verdadeira mudança de paradigma impõe ao Ministério Público adotar mecanismos de autocomposição nos processos onde atuar como parte e fiscal, bem como orientar as partes e a sociedade em geral sobre a apli-

---

[30] Art. 168. As partes podem escolher, de comum acordo, o conciliador, o mediador ou a câmara privada de conciliação e de mediação.

[31] A figura do mediador extrajudicial consta no artigo 9º da Lei nº 13.140/2015, assim redigido "Poderá funcionar como mediador extrajudicial qualquer pessoa capaz que tenha a confiança das partes e seja capacitada para fazer mediação, independentemente de integrar qualquer tipo de conselho, entidade de classe ou associação, ou nele inscrever-se".

[32] Sobre a dinâmica do processo de Mediação, seus princípios e conteúdo, sugere-se a leitura de ARLÉ, Danielle de Guimarães Germano, BADINI, Luciano e BORGES, Vladimir da Matta Gonçalves, *A Mediação no âmbito do Ministério Público. In* Manual de Negociação e Mediação para Membros do Ministério Público. Ministério da Justiça: Brasília, 2014, p. 241-287.

cabilidade de tais mecanismos. Da mesma forma, a criação de núcleos de mediação no âmbito da Instituição permitirá a busca de soluções consensuadas a litígios que hoje não contam com a atuação do Ministério Público, haja vista o eventual caráter individual e disponível dos direitos envolvidos. Evolui-se do status de *custos legis* para o de *custos societatis (custos juris)*, criando um novo espaço de agir.

A melhor forma de resolver conflitos provém das práticas colaborativas.[33] A consensualidade é o modo mais eficaz de colocar-se solução justa ao litígio.

Fenômenos sociais cada vez mais complexos exigem a busca por mecanismos de participação e de pacificação. O Ministério Público, especialmente por sua vocação democrática a vanguardista, não pode dar às costas à nova realidade.

---

[33] Os números retratam a importância da via consensual. MARCOS PAULO DE SOUZA MIRANDA (A recomendação ministerial como instrumento extrajudicial de resolução de conflitos ambientais. In: *Temas atuais do Ministério Público*. Cristiano Chaves *et al.* (coord.). Rio de Janeiro: Lumen Juris, 2008, p. 372) registra que: "Uma pesquisa realizada na Comarca de São Paulo veio confirmar que a via judiciária de resolução de conflitos é muito lenta e que a construção do consenso, através da utilização do Inquérito Civil em conjunto com o TAC, implica a efetiva resolução de conflitos ambientais. Por isso, de todos os conflitos ambientais instaurados no período de 2001 a 2004 em São Carlos-SP, a maioria vem sendo resolvida através da assinatura de TAC (63%), em detrimento das ACPs ajuizadas perante o Poder Judiciário (3%), restando outros 34% em fase de negociação. Segundo a pesquisa, o tempo médio de resolução de conflitos através de TAC é de um ano e meio, ao passo que as ACPs pendentes representam 60% das ajuizadas em 1997, 80% das ajuizadas em 1998, e a partir de 1999 nenhuma havia sido resolvida até 2005".

— 10 —

Ponderações sobre a sistemática dos atos processuais no novo Código de Processo Civil e sua influência sobre a atuação do Ministério Público

ADRIANO LUÍS DE ARAUJO[1]

Sumário: 1. Considerações iniciais sobre o Ministério Público no novo processo civil; 2. Notas sobre algumas inovações trazidas aos atos processuais pelo novo Código de Processo Civil e sua influência na atuação do Ministério Público; 2.1. Convenções procedimentais; 2.2. Prática e intimações eletrônicas de atos processuais; 2.3. Cotas nos autos; 2.4. Nulidade decorrente da não intimação do Ministério Público para o processo; 2.5. Intimação do Ministério Público do deferimento da tutela antecipada antecedente; 2.6. Intimação do Ministério Público para manifestar-se sobre a possível improcedência liminar do pedido; 2.7. Prazos processuais; 2.8. Artigo 364, § 2º, do NCPC; 3. Considerações finais; Referências bibliográficas.

1. Considerações iniciais sobre o Ministério Público no novo processo civil

Diz o artigo 127 da Constituição Federal que o Ministério Público é instituição permanente, essencial à função jurisdicional do Estado, incumbindo-lhe a defesa da ordem jurídica, do regime democrático e dos interesses sociais e individuais indisponíveis. A determinação constitucional é trazida para o NCPC em seu artigo 176.

Identifica-se, com isso, que o legislador infraconstitucional reconhece que, também na sua atuação processual civil, deve o Ministério Público estar atento à missão que lhe deu o legislador constitucional de 1988.

Aliás, não são poucas as atribuições ministeriais, de sorte que deve o Ministério Público sempre no seu agir atentar para o seu perfil e para o seu múnus constitucional.

A preocupação com o grande rol de responsabilidades institucionais foi externada por Maria Sylvia Zanella Di Pietro (Pietro, 2010), ao analisar a essencialiade do Ministério Público à Justiça:

> O Ministério Público é, provavelmente, de todas as instituições da área jurídica, a que detém, hoje, o maior rol de atribuições e responsabilidades em termos de defesa da ordem jurídica e dos interesses sociais e individuais indisponíveis. (...)

---
[1] Promotor de Justiça no Estado do Rio Grande do Sul. Pós-graduado em Direito da Economia e da Empresa pela Fundação Getúlio Vargas – FGV.

Diante de tal quadro, a atuação do Ministério Público no processo civil deve ser associada ao seu perfil e às determinações constitucionais.

Menciona-se que a preocupação com o dever de integrar-se o processo civil à Constituição Federal já fora exposta por Sérgio Gilberto Porto, ainda quando se encontrava a novel legislação em fase de estudos (Porto, 2011):

> Agora, em época de novo Código, deve ser recolhida a oportunidade para concretizar legislativamente o intenso diálogo que tem havido entre Constituição e Processo. Nesta linha, a primeira iniciativa é de amoldar as novas regras aos primados constitucionais e para tanto, resta necessário identificar o conteúdo processual da Constituição Federal, para saber definir com clareza como esta quer seja compreendido o processo e desenvolvido o procedimento no debate judicial.

Assim, deve-se contundentemente afirmar que o Ministério Público, no processo civil, precisa ser instituição relevante para a efetiva solução do problema posto em causa, não se admitindo torne-se um burocrata a retardar a conclusão da lide.

Cita-se, sobre isso, Antonio Araldo Ferraz Dal Pozzo (Pozzo, 2010), que afirma:

> Contudo, o novo Ministério Público deveria, para realmente adquirir o *status* de Instituição, emergir de uma atuação eminentemente burocrática, de uma atitude *de reação aos* estímulos provocados pelos inquéritos policiais e pelos autos dos processos, para ganhar a estatura, a dimensão e a dignidade de um agir, de um atuar de maneira decisiva na vida real da comunidade.

Assim, necessário compreender qual o papel do Ministério Público nesse novo processo civil e de que maneira deve exercer a sua atividade, sendo este o enfoque que se pretende desenvolver o presente trabalho.

As perguntas sobre em quais processos atuar e de que forma se fazer presente em tais feitos são frequentes em debates institucionais e tornam-se renovados com o advento da nova legislação. Isso porque, como adverte José Galvani Alberton (Alberton, 2007):

> Outro aspecto importante envolve os valores a serem tutelados. Não são todos os valores, ainda que juridicamente relevantes, que podem ser objeto de defesa pelo Ministério Público, mas somente aqueles compreendidos dentro dos parâmetros demarcados pelos conceitos de ordem jurídica, regime democrático, interesses sociais e interesses individuais indisponíveis, tal como delimitado no *caput* do art. 127 da Constituição Federal. Defender valores estranhos a esse universo axiológico pode significar atuação desarmônica com a ordem constitucional, já que ela própria, além de preconizar racionalidade e eficiência no desempenho dos serviços estatais (CF, art. 37), instituiu órgãos e instrumentos específicos (a Advocacia – pública e privada – e a Defensoria Pública, por exemplo) para a tutela de interesses não contemplados no rol daqueles cuja guarda confiou ao Ministério Público. (...)

Consigna-se, nesse momento, que, conforme dispõem os artigos 177 a 179 do NCPC, o Ministério Público atuará como parte ou fiscal da Lei. Naquela situação, terá participação semelhante à atuação de outros litigantes, respeitadas suas prerrogativas, e nesta atuará como *custos legis*, manifestando-se após as partes, assegurado o direito de produzir provas, requerer medidas processuais e manejar recursos.

Nesse contexto, o NCPC, ao dizer que o Ministério Público atuará na defesa da ordem jurídica, do regime democrático e dos interesses e direitos sociais e individuais indisponíveis, repisa a Constituição Federal (artigo 127), e, oportunamente, indica em que momentos deve o Ministério Público agir e apresenta uma série de normas procedimentais de aplicação específica ao Ministério Público, algumas com prerrogativas a sua atuação, outras com repreensões para episódios que considera caracterizar indevida conduta do Órgão Ministerial.

Há, ainda, outras normas com destinação a todos os envolvidos no processo que também incidirão sobre a atuação do Ministério Público.

Contudo, não se pode esquecer que, sendo o Ministério Público uma Instituição com definição, regramento e atribuições constitucionais, está sujeito, primeiramente, a sua legislação específica, não podendo o Código de Processo Civil modificar tal regramento.

Compete, então, ao intérprete cotejar os novos dispositivos processuais com a legislação institucional do Ministério Público, desde já, dizendo-se que não pode o novo código diminuir garantias e prerrogativas da Instituição Ministério Público e de seus membros, quando atuando no processo civil.

A partir da entrada em vigor do NCPC, a sistemática de atos e prazos processuais sofrerá relevante alteração. Necessário, contudo, interpretar-se de que forma as novas normas incidirão sobre a atuação do Ministério Público.

Via de regra, o próprio código indica a sua aplicação ao Ministério Público, o dever de o Ministério Público submeter-se à regra ordinária e quais regras são excepcionais ao agente da Instituição.

De qualquer forma, em nenhum momento, pode a novel legislação ser interpretada em desconformidade com a legislação institucional específica do Ministério Público.

Não há qualquer dúvida de que a competência para legislar sobre legislação processual civil é privativa da União (artigo 22, I, CF/1988). Da mesma forma, incontroverso que tais regras são aplicadas ao Ministério Público.

Todavia, as prerrogativas e garantias previstas na Lei Federal 8.625/1993 e na Lei Complementar 75/1993 não podem em nada ser mitigadas pelo novo Código processual.

Assim, o que se está a dizer é que, ao interpretar-se as disposições existentes no NCPC relativas à atuação do Ministério Público, estas devem ser lidas em conjunto com as prerrogativas ministeriais existentes na legislação especial.

Passa-se, então, a fazer breve análise do que se entendeu, neste momento de recente conhecimento da nova legislação, merecer destaque sobre os atos processuais e sua relação à atuação do Ministério Público.

Buscar-se-á, ainda, relacionar a legislação processual, no que aplicável, à legislação institucional do Ministério Público.

Consigna-se, ainda, que não se pretende com este estudo desenvolver análise detalhada da disciplina dos atos processuais, mas como previamente dito, tecer ponderações sobre tópicos que aparentaram especial relevância neste momento.

2. Notas sobre algumas inovações trazidas aos atos processuais pelo novo Código de Processo Civil e sua influência na atuação do Ministério Público

2.1. Convenções procedimentais

Os artigos 190 e 191 do NCPC tratam de convenções procedimentais possíveis de serem realizadas entre as partes envolvidas no feito.

Dispõe o artigo 190 que, tratando-se de processo em que o direito admita autocomposição, podem as partes plenamente capazes estipular mudanças no procedimento para ajustá-lo às especificidades da causa.

Indaga-se sobre o alcance de tal dispositivo na atuação do Ministério Público.

Na hipótese de estar atuando como fiscal da lei, uma vez que compete ao Juízo fiscalizar a validade do ajuste, não há dúvidas que terá legitimidade para insurgir-se contra o ajuste que entender ilegal.[2]

Da mesma forma, entende-se que, quando atuando como parte, poderá o Ministério Público participar de ajustes procedimentais, desde que tal ajuste não acarrete direta ou indiretamente à renúncia ao direito material posto em causa.

Observa-se que Conselho Nacional do Ministério Público se preocupou sobre o tema e, na Resolução 118/2014, artigos 15 a 17, regulamentou a participação do Ministério Público em tais negócios processuais.

Convém dizer, ainda, que será absolutamente nula a cláusula que afastar a participação do Ministério Público de processo que deveria intervir, pois a atuação ministerial decorre de norma pública e intransigível.

O artigo 191 do NCPC permite que, em comum acordo, Juiz e partes possam fixar calendário para a prática dos atos processuais, vinculando-os e dispensando futura intimação.

Pelas mesmas razões já expostas, entende-se que pode o Ministério Público realizar ajuste de prazos e insurgir-se contra calendário inadequado, quando atuar como *custos legis*.

Ressalva-se, contudo, que, em decorrência do previsto no artigo 41, IV, da Lei Federal 8.625/93, em nenhuma hipótese, poderá tal ajuste desrespeitar a prerrogativa do Ministério Público de ser pessoalmente intimado para os atos processuais. Assim, uma vez homologado o calendário, dele deverá se o Ministério Público notificado, sob pena da nulidade dos futuros atos.

Da mesma forma, deverá ser disponibilizada vista dos autos para sua análise, sempre que necessária sua manifestação e após ter sido proferida a sentença.

Ainda, não podem as partes deliberar sobre a redução do prazo de manifestação do Ministério Público porque a ninguém é dado dispor sobre prerrogativa alheia, especialmente quando se trata de prerrogativa de Instituição com previsão constitucional.

2.2. Prática e intimações eletrônicas de atos processuais

Atos processuais podem ser total ou parcialmente digitais, na forma da lei, (artigo 193, NCPC) e quando praticados na forma eletrônica poderão ser produzidos até às 24horas do último dia do prazo, destacando-se que deverá ser observado o horário vigente no Juízo em que o ato deveria ter sido praticado (artigo 213, NCPC).

Já o artigo 270 determina que as intimações, sempre que possível e na forma da lei, deverão ser realizadas por meio eletrônico. O parágrafo único do referido artigo

---

[2] Artigos 178 e 179 do NCPC e Enunciado 253 do Fórum Permanente de Processualistas Civis.

determina que se aplique ao Ministério Público e, também, à Defensoria Pública e à Advocacia Pública, o disposto no artigo 246, parágrafo primeiro.

A norma que atualmente corrobora tal dispositivo é a Lei 11.419/06, que dispõe sobre a informatização do processo judicial.

Nesse contexto, acurada análise deve ser feita sobre o artigo 270 do NCPC, pois deve ser interpretado em conjunto com a Lei 11.419/06 e com a Lei Orgânica Nacional do Ministério Público, pois nenhuma dessas normas foi revogada pelo NCPC.

O artigo 41, IV, da Lei 8.625/93 afirma expressamente que é prerrogativa dos membros do Ministério Público receber intimação pessoal em qualquer processo judicial e grau de jurisdição, através de entrega dos autos com vista.

Não há dúvidas, assim, de que a intimação do Ministério Público através do diário eletrônico será nula, pois viola prerrogativa legal de seu membro.

Os artigos 4º e 5º da Lei 11.419/06 tratam da comunicação eletrônica dos atos processuais.

No artigo 5º da referida Lei, informa-se o modo de realização de intimações eletrônicas diretamente ao destinatário, dispensada a publicação do ato em órgão oficial. O parágrafo sexto de tal artigo afirma que intimações promovidas de tal forma serão consideradas, para todos os efeitos legais, pessoais. Mais adiante, observa que tal norma aplica-se inclusive à Fazenda Pública, que não se confunde com o Ministério Público.

Veja-se que o legislador destaca a aplicação da norma à Fazenda Pública e não faz o mesmo em relação ao Ministério Público. Corolário disso, está afastando a aplicação de tal dispositivo ao Ministério Público. Por certo, não se tratou de esquecimento, mas de reconhecimento da prerrogativa ministerial existente no artigo 41, IV, da Lei Orgânica Nacional.

O NCPC também reproduz a regra da obrigatoriedade da intimação pessoal do Ministério Público, em disposição prevista no *caput* do artigo 180.

Por tudo isso, entende-se que a intimação eletrônica do Ministério Público, em processos físicos, que permitem a movimentação dos autos, somente poderá ocorrer quando existir a anuência do próprio agente ministerial com atribuições e, nesse caso, permitindo-lhe total acesso e carga dos autos do processo.

O artigo 246, parágrafo primeiro, do NCPC, com aplicação ao Ministério Público por ordem do artigo 270, parágrafo único, prevê a exigência de manutenção de cadastro nos sistemas existentes para utilização em autos eletrônicos. Ora, nestes casos, não há processo físico e é natural que citações e intimações ocorram por via eletrônica, inclusive para o Ministério Público, desde que realizadas diretamente ao membro com atribuições, não sendo suficiente a publicação oficial da ordem judicial.

Tratando-se de processo eletrônico, o Ministério Público terá atendida a sua prerrogativa de vista dos autos, pois este lhe estará eletronicamente disponível.

Aliás, quisesse o legislador que, em qualquer hipótese, bastasse a intimação eletrônica do Ministério Público, teria dito que a esta Instituição se aplicava o *caput* do artigo 270. Todavia, deliberou por fazer, naquele mesmo artigo, a remissão somente ao parágrafo primeiro do artigo 246.

2.3. Cotas nos autos

O artigo 202 do NCPC repete previsão anterior e veda a inclusão de cotas marginais ou interlineares nos autos.

Sobre tal questão, entendia-se que a vedação limitava-se a proibir a deslealdade processual, uma vez que reinava a liberdade de forma dos atos.[3]

Uma vez mantido o princípio da liberdade de forma dos atos processuais (artigo 188, NCPC), mantém-se a compreensão acerca das cotas nos autos, vedando-se somente a má-fé processual.

2.4. Nulidade decorrente da não intimação do Ministério Público para o processo

De acordo com o artigo 279 do NCPC, é nulo o processo quando o Ministério Público não for intimado a acompanhar feito em que deveria intervir.

A nulidade deve ser decretada após manifestação do Ministério Público que indicará a existência ou a inexistência de prejuízo, devendo ser invalidados todos os atos posteriores ao momento em que deveria ter sido intimado para atuar no feito.

Sobre o tema, o magistério de Edmundo Gouvêa Freitas e Fernanda Gomes Ladeira Machado (Freitas & Machado, 2015):

> (...) é nulo o processo quando o membro do Ministério Público não for intimado a acompanhar o feito em que deva intervir. Destaca-se que se o processo tiver tramitando sem conhecimento do membro do Ministério Público, o juiz invalidará os atos praticados a partir do momento em que ele deveria ter sido intimado. Diante disso, a nulidade só pode ser decretada após a intimação do Ministério Público, que se manifestará sobre a existência ou inexistência de prejuízo.

Consigna-se que a causa da nulidade é a não intimação do Ministério Público. Uma vez intimado, atendida está a exigência legal, ainda que não venha, por desídia ou convicção, a intervir no processo.

Aliás, determina o artigo 180, § 1º, do NCPC que, decorrido o prazo para manifestação do Ministério Público sem que esta tenha sido promovida, o Juiz requisitará os autos e dará andamento ao processo.

Dessa forma, intimado o Ministério Público para o processo, caso não promova sua intervenção no feito no prazo legal, os autos lhe serão requisitados e o processo terá seguimento regular, não havendo qualquer nulidade.

Nesse sentido transcreve-se a lição de Daniel Amorim Assumpção Neves (Neves, 2015):

> Nos termos do § 1º do dispositivo ora comentado, encerrado o prazo para manifestação do Ministério Público sem o oferecimento de parecer, o juiz requisitará os autos e dará andamento ao processo. A regra é importante porque evita que o atraso na manifestação do Ministério Público trave o andamento processual, adotando-se técnica já consagrada no art. 12, parágrafo único, a Lei 12.016/2009, no sentido de ser necessária a intimação do Ministério Público, mas não sua manifestação.

Entende-se, contudo, que somente o atraso injustificado daria azo à requisição dos autos pelo Magistrado sem a prévia manifestação ministerial.

Semelhante preocupação expôs Luis Carlos de Araujo (de Araujo, 2015):

---

[3] Neste sentido: AI 70053453098, TJRS, decisão publicada em 07.03.13 e MS 71004449195, Turmas Recursais RS, decisão publicada em 15.07.2013.

(...) havendo falta de manifestação do MP, quando atua como fiscal da ordem jurídica, o juiz requisitará os autos e lhe dará andamento. É preciso, no entanto, refletir essa norma, porque pode existir alguma situação excepcional ou de força maior que tenha impedido ao membro do Ministério Público de cumprir o prazo legal. Pensamos que melhor seria, encaminhar, também, reconhecida a desídia, reclamação do membro do MP, como se dá com os magistrados.

Consigna-se, ainda, que competirá ao Ministério Público informar se estão presentes os fundamentos legais que justificam sua intervenção.

Acrescenta-se que o NCPC passa a ter dispositivo que expressamente determina que a retirada do processo em carga pelo Ministério Público caracterizará a intimação de todas as decisões contidas no processo, ainda que esta penda de publicação (artigo 272, § 6º, NCPC).

Assim, independentemente da certificação da intimação, uma vez comprovado que os autos foram retirados em carga pelo Ministério Público, estará a Instituição intimada de toda decisão previamente proferida naqueles autos.

2.5. Intimação do Ministério Público do deferimento da tutela antecipada antecedente

O NCPC criou nova sistemática de tutelas provisórias, dividindo-as em tutelas de urgência e evidência, aquelas subdivididas em antecipada e cautelar (artigos 294 a 311) do NCPC.

A tutela antecipada, concedida em caráter antecedente (artigo 303, NCPC), tornar-se-á estável caso não seja interposto o respectivo recurso, resultando na extinção do processo e manutenção dos seus efeitos até que uma nova decisão judicial a contraponha (artigo 304, *caput*, e § 1º).

Nesse caso, haverá uma tutela jurisdicional efetiva e o processo estará extinto. É bem provável, inclusive, que decorra o prazo para insurgência contra a tutela antecipada previamente à abertura ou ao decurso do prazo de contestação, não sendo, então, sequer oportunizada ou efetivada a defesa.

Situação como esta pode ocorrer em processos que exigiriam a intervenção do Ministério Público.

De acordo com o artigo 179, I, do NCPC, o Ministério Público somente será intimado a manifestar-se após as partes.

No caso em análise, não terá ocorrido manifestação da parte demandada, pois o feito será encerrado com a não interposição de recurso. Necessária, contudo a intimação do Ministério Público para o processo.

Veja-se que a não intimação do Ministério Público para o feito acarretará na nulidade do processo, especialmente quando o titular do direito que justifica a intervenção for réu no feito (artigo 279, NCPC). Isso porque terá sido proferida decisão em processo de intervenção necessária sem que fosse oportunizado ao Ministério Público promover a sua intervenção.

Em tal caso, entende-se que, em exceção à regra de que o Ministério Público fiscal da ordem jurídica somente fala após as partes, em função do disposto no artigo 179, II, do NCPC, assim que decorrido o prazo para apresentação do recurso pela parte, sem a interposição deste, deve o Ministério Público ser chamado aos autos para que, entendendo adequado, recorra da decisão que concedeu a tutela antecipada.

Enquanto o Ministério Público não for intimado para o processo, a decisão não estará estável, pois ainda possível a apresentação da insurgência por um legitimado.

Aliás, o *caput* do artigo 304 informa a necessidade da apresentação de recurso para impedir a estabilização da decisão, porém não afirma que o recurso deva ser apresentado pela parte. Subentende-se, assim, que se está admitindo a insurgência apresentada pelo Ministério Público quando legitimado para atuar no feito.

A apresentação de recurso pelo Ministério Público impede a denominada estabilização da decisão e justifica o prosseguimento regular do processo.

2.6. Intimação do Ministério Público para manifestar-se sobre a possível improcedência liminar do pedido

O artigo 332 do NCPC apresenta as situações em que poderá o Juiz, independentemente de citação do réu, julgar liminarmente improcedente o pedido.

Tal julgamento produzirá decisão de mérito com todas as suas consequências.

Nesta hipótese, será proferida sentença sem sequer ter sido realizada a citação do demandado.

Novamente, recorda-se que o artigo 179, I, do NCPC afirma que o Ministério Público fiscal da ordem jurídica terá vista dos autos após as partes.

Neste caso, o feito será extinto antes de se possibilitar a manifestação do demandado, aparentemente afastando a necessidade de intimar-se o Ministério Público para o feito.

Ocorre que, especialmente quando a intervenção do Ministério Público decorrer de circunstâncias relacionadas ao autor, não se pode afastar a participação do Ministério Público do processo, sob pena de nulidade.

Isso porque, de forma expressa autoriza o NCPC ao Ministério Público a produção de provas, solicitação de medidas outras e recorrer (artigo 179, II). Nesse contexto, poderá o Ministério Público apresentar seu entendimento sobre o feito e sua análise sobre a eventual não incidência das situações previstas no artigo 332 do NCPC que justificariam o julgamento liminar de improcedência.

Diante disso, entende-se que, ao vislumbrar hipótese que justificaria a improcedência liminar do pedido em processos que envolvam as situações enumeradas no artigo 178 do NCPC, especialmente se o provável julgamento for contrário a tais interesses, deve o Juízo intimar o Ministério Público para manifestar-se em 30 dias (*caput* do referido artigo) e intimá-lo da decisão para eventual insurgência.

2.7. Prazos processuais

Os atos processuais deverão ser realizados nos prazos legais, cabendo ao Juiz determinar prazos na omissão legal (NCPC, artigo 218).

Inova o NCPC, em seu artigo 219, ao determinar que, na contagem dos prazos em dias, somente serão computados os dias úteis.

Sem criar férias forenses, determina, ainda, a suspensão do curso dos prazos entre os dias 20 de dezembro e 20 de janeiro, inclusive (artigo 220, NCPC).

Seguindo a notória preocupação do legislador com a autocomposição dos conflitos, suspendem-se os prazos também durante a execução de programa instituído pelo Poder Judiciário com tal objetivo (artigo 221, parágrafo único, NCPC).

Regras gerais sobre os prazos aplicáveis ao Ministério Público encontram-se nos artigos 178 e 180 do NCPC.

Inicialmente, deve-se dizer que a novel legislação divide os prazos processuais do Ministério Público em *próprios* e *impróprios*. Prazos próprios são aqueles previstos especificamente para o Ministério Público. Impróprios são os prazos gerais constantes no NCPC, também aplicáveis à Instituição.

Tratando-se de prazos impróprios, gozará o Ministério Público de tempo dobrado para manifestar-se (artigo 180, *caput*, NCPC). Afasta-se, pois o legislador da antiga regra em que os prazos eram computados em quádruplo para contestar e em dobro para recorrer (artigo 188, CPC de 1973).

Não há dúvidas de que gozará de prazo em dobro o Ministério Público quando atuar tanto como fiscal da lei quanto quando for parte no processo, desde que o prazo não seja considerado próprio.

Tendo o legislador limitado-se a dizer que o prazo de manifestação é dobrado, sem mencionar as expressões contestar ou recorrer, entende-se que tal prerrogativa aplica-se a todos os prazos impróprios previstos no código.

Os prazos para o Ministério Público passam a correr a partir de sua intimação pessoal (artigos 180, *caput*, e 230 do NCPC).

Sobre a contagem dos prazos, interessando o magistério de Cassio Scapinella Bueno (Bueno, 2015):

> O prazo para manifestação do Ministério Público, como parte ou como interveniente, é em dobro (salvo quando a lei, excepciona o § 2º do art. 180, estabelecer expressamente prazo próprio, como ocorre, por exemplo, com o art. 178, *caput*) e as intimações de seus membros devem ser feitas pessoalmente.

Findo o prazo sem manifestação ministerial, serão os autos requisitados pelo Juiz, que dará seguimento regular ao processo (artigo 180, § 1º, NCPC).

2.8. Artigo 364, § 2º, do NCPC

No procedimento comum previsto no Novo Código de Processo Civil, concluída a instrução, quando o feito demandar tal providência, determina o artigo 364 do NCPC que será realizado debate oral com a posterior manifestação do Ministério Público, caso necessário intervir.

O parágrafo segundo do mesmo artigo prevê hipótese de conversão do debate em alegações escritas "(...) que serão apresentadas pelo autor e pelo réu, bem como pelo Ministério Público, se for o caso de sua intervenção, em prazos sucessivos de 15 (quinze) dias, assegurada vista dos autos".

Indagação relevante é se esse prazo é próprio ou impróprio ao Ministério Público. Caso considere-se próprio, terá o Ministério Público 15 dias úteis para analisar o mérito do processo, dobrando-se, caso impróprio.

A primeira ilógica consequência, caso entenda-se que o prazo é próprio, é que terá o Ministério Público prazo de 30 dias para sua verificação inicial do feito (artigo 178, NCPC) e somente 15 dias para análise do mérito.

Ressalta-se, ainda, que o referido artigo expressamente fala do Ministério Público como interventor, não parte do processo. Assim, a leitura literal e incoerente do dispositivo levaria a crer que o prazo seria próprio para o Ministério Público quando intervisse no processo e impróprio quando agisse como parte.

Para buscar-se solução a tal indagação, necessário se destacar o tratamento dado pela nova legislação à Fazenda Pública e à Defensoria Pública. Veja-se que tais instituições também receberam a prerrogativa de ter prazos impróprios dobrados (artigos 183 e 186 do NCPC).

Estas Instituições não são citadas no referido artigo 364, § 2º, e, via de consequência, têm dobrado o prazo previsto naquele artigo.

Seguindo-se esta lógica de tratamento às instituições, incoerente que somente ao Ministério Público não seja concedido prazo dobrado para manifestação final nos processos civis do rito comum, atue a Instituição como *custos legis* ou como parte do feito.

A partir de leitura acurada e com análise integrada do código, conclui-se que a intenção do legislador, com a redação daquele dispositivo, foi tornar claro que as partes litigantes têm direito a manifestações sucessivas com vista dos autos pelo prazo de 15 dias.

A menção feita ao Ministério Público *custos legis* tem por objetivo informar que este deverá ter vista dos autos após as partes para seu parecer, seguindo-se a lógica do artigo 179, I, do NCPC. Não pretendeu o legislador restringir, com tal dispositivo legal, o prazo ministerial para manifestação.

Transcreve-se o magistério de Daniel Amorim Assumpção Neves que faz análise relevante do dispositivo (Neves, 2015):

> Elogiável o art. 364, § 2º, do Novo CPC ao prever não só o prazo de 15 dias para apresentação dos memoriais, chamados pelo dispositivo legal de "razões finais escritas", como também expressamente consagrando o entendimento defendido de que o prazo deve ser contado sucessivamente pelo autor e réu.

Dessa forma, conclui-se que a inclusão do Ministério Público pelo legislador no parágrafo segundo do artigo 364 teve por objetivo exclusivamente consagrar a necessidade de concessão de prazo e vista dos autos de forma sucessiva aos litigantes e, somente após estes, ao fiscal da lei. Dito isso, possível afirmar-se que o prazo ali trazido é impróprio, tendo incidência dobrada ao Ministério Público.

3. Considerações finais

O NCPC, além de trazer nova legislação adjetiva civil, apresenta ao Ministério Público um novo momento para discutir o seu papel institucional em tal esfera de jurisdição.

Este momento permite debates sobre em quais hipóteses, como e quando agir.

A delimitação da atuação, a partir da interpretação dos artigos 176 e 178 do NCPC, em conjunto com as disposições constitucionais relativas, exigirá intenso debate institucional.

Verifica-se oportunidade para o Ministério Público refletir e identificar em quais causas e na defesa de quais direitos e interesses deverá destinar seus recursos e envidar seus esforços. É, pois, uma oportunidade para que a Instituição ajuste-se ainda mais ao múnus que lhe foi conferido pela Constituição Federal.

Aliás, tal reflexão não é nova e apenas encontra no momento da entrada em vigor da novel legislação processual um novo ponto de incentivo a tal reflexão.

Já disse Lenio Luiz Streck (Streck, 2010) sobre o tema:

> O Ministério Público, alçado à condição análoga a de um poder de Estado, figura, em face das responsabilidades que lhe foram cometidas, no epicentro dessa transformação do tradicional papel do Estado e do Direito. É dizer, pois: de um Ministério Público protetor dos interesses individuais, na moldura de uma sociedade liberal-individualista, salta-se para um novo Ministério Público, que claramente deve(ria) assumir uma postura intervencionista em defesa do regime democrático e dos direitos fundamental-sociais.

Uma vez identificado o onde agir, deve-se definir a estratégia do como atuar e em qual momento do processo promover sua intervenção.

A atuação do Ministério Público, agente ou interveniente, deve ser qualificada e nos momentos adequados do processo. A legislação processual é ferramenta que exige o correto manuseio pelo membro do Ministério Público.

Não há mais espaço no processo civil para a presença de atores burocráticos. O Ministério Público não atua no processo para suprir uma formalidade, mas para ser relevante em defesa dos interesses que legitimam a sua atuação.

Foi com tal pensamento que se propôs esta breve interpretação de parcela do novo texto legal, destacando-se que a defesa das prerrogativas institucionais não visa a tutelar o corporativismo nefasto, mas assegurar as ferramentas necessárias para o exercício da nobre função do Ministério Público, conforme lhe foi atribuída pelo legislador constituinte.

Referências bibliográficas

ALBERTON, J. G. (2007). Parâmetros da atuação do Ministério Público no Processo Civil em face da nova ordem constitucional. *Revista do Ministério Público do Rio Grande do Sul, 59*, 30.

BUENO, C. S. (2015). *Novo Código de Processo Civil anotado*. São Paulo, SP: Saraiva.

de ARAUJO, L. C. (2015). Do Ministério Público. In: L. C. de Araujo, & C. de Mello, *Curso do Novo Processo Civil* (p. 201). Rio de Janeiro, RS: Freitas Bastos.

FREITAS, E. G., & Machado, F. G. (2015). Nulidades ou vícios dos atos processuais. In: L. C. de Araujo, & C. de Mello, *Curso do Novo Processo Civil* (p. 239). Rio de Janeiro, RS: Freitas Bastos.

NEVES, D. A. (2015). Novo Código de Processo Civil – Lei 13.105/2015. São Paulo, SP: Método.

PIETRO, M. S. (2010). O Ministério Público como Instituição essencial à Justiça. In: C. V. Ribeiro, *Ministério Público: reflexões sobre princípios e funções institucionais* (p. 8). São Paulo, SP: Atlas.

PORTO, S. G. (2011). A regência constitucional do processo civil brasileiro e a posição do projeto de um novo código de processo civil. *Revista do Ministério Público do Rio Grande do Sul*(70), 326.

POZZO, A. A. (2010). Atuação extrajudicial do Ministério Público: dever ou faculade de agir? In: C. V. Ribeiro, *Ministério Público: reflexões sobre princípios e funções institucionais* (p. 309 – 310). São Paulo, SP: Atlas.

STRECK, L. L. (2010). O Ministério Público e jurisdição constitucional na maioridade da Constituição – uma questão de índole paradigmática. In: C. V. Ribeiro, *Ministério Público – reflexões sobre princípios e funções institucionais* (p. 184 – 185). São Paulo, SP: Atlas.

— 11 —

Considerações sobre o dever de produção de provas no novo CPC e sua repercussão na atuação do Ministério Público

ANNELISE MONTEIRO STEIGLEDER[1]

Sumário: 1. O acesso à justiça e o direito fundamental à prova no contexto do Estado Constitucional; 2. Objeto e seleção dos meios de prova; 3. O princípio do livre convencimento motivado do Juiz na apreciação da prova; 4. A distribuição do ônus da prova e o dever de colaboração; 5. Distribuição do ônus da prova como regra de julgamento e como regra de instrução; 6. Dinamização do ônus da prova no NCPC; 7. O custeio das despesas e honorários periciais no novo Código de Processo Civil; 8. Conclusão.

1. O acesso à justiça e o direito fundamental à prova no contexto do Estado Constitucional

O direito processual civil, como manifestação da cultura humana,[2] submete-se aos valores e princípios adotados pelo Estado Constitucional, pautado pelo ideal de realização da dignidade da pessoa humana, expresso no art. 1º, inciso III, da Constituição Federal de 1988, como um dos princípios estruturadores da ordem jurídica brasileira. Esta constitucionalização do processo civil, que passa a concebê-lo como um instrumento de realização de direitos,[3] revela o seu ingresso em uma fase metodológica denominada "formalismo-valorativo", na qual "a estruturação do processo responde a valores constitucionais (justiça, participação leal, segurança e efetividade), base axiológica da qual ressaem princípios, regras e postulados para sua elaboração dogmática, organização, interpretação e aplicação".[4]

---

[1] Promotora de Justiça no Estado do Rio Grande do Sul. Mestrado em Direito pela Universidade Federal do Paraná – UFPR (2003). Professora Visitante da Universidade do Vale do Rio dos Sinos – UNISINOS.

[2] MITIDIERO, Daniel. *Bases para construção de um processo civil cooperativo*: o direito processual civil no marco teórico do formalismo-valorativo. UFRGS. Tese de Doutorado, 2007. O autor refere que "embora o processo civil contenha uma estruturação técnica, possui um caráter cultural, o que enseja o reconhecimento da ênfase às características de humanidade, sociabilidade e normatividade do jurídico, frisando-se a gênese axiológica e cultural da nova ciência" (p. 16). O autor discorre sobre as quatro rupturas históricas no desenvolvimento do formalismo processual, dividindo-a em quatro fases: o praxismo, o processualismo, o instrumentalismo e o formalismo-valorativo.

[3] SILVA, Jaqueline Mielke. *O direito processual civil como instrumento de realização de direitos*. Porto Alegre: Editora Verbo Jurídico, 2005, p. 262.

[4] MITIDIERO, ob. cit., p. 32.

Um dos princípios que pauta o Estado Constitucional é o princípio do acesso à justiça (art. 5º, XXXV, CF/88), do qual decorrem o direito ao processo justo e o direito à prova, ambos dotados de fundamentalidade material e formal, devendo o legislador organizar procedimentos que assegurem a busca da verdade,[5] com isso preenchendo-se os pressupostos fáticos do direito material posto em juízo.

Discorrendo sobre o princípio do acesso à justiça, Carpes assinala que se trata de "um verdadeiro direito fundamental à igualdade e à adequada e efetiva tutela jurisdicional, ou melhor, como um direito à pré-ordenação de procedimentos hábeis para dar resposta ao direito material".[6] Afirma que a Constituição Federal consagra "o direito à tutela jurisdicional adequada, tempestiva e efetiva, gerando, em contrapartida, um autêntico dever do Estado em prestar jurisdição com idênticos predicados. O núcleo de tal direito, portanto, está em 'predispor a todos aqueles que se afirmam titulares de dada situação de vantagem meios adequados, não só para efetivação do direito material, mas também para a perseguição dessa situação de vantagem em juízo'".[7]

Salienta que "a democracia é vertida no processo através do contraditório (art. 5º, LV, CF/88), funcionando não apenas como penhor da legitimidade da decisão judicial, mas como condição inexorável de sua justa construção". Ou seja, há um direito fundamental de as partes participarem na decisão final,[8] o que é feito através do diálogo mantido no curso do processo e da produção probatória.

Esta participação no e através do procedimento "representa uma dimensão intrinsecamente complementadora, integradora e garantidora do direito material. Há, verdadeiramente, uma influência recíproca entre as noções de organização, procedimento e direitos fundamentais: tanto os direitos fundamentais são dependentes da organização e do procedimento para sua efetivação quanto constituem parâmetro para a formatação de estruturas organizatórias e dos procedimentos, servindo, para além disso, como diretrizes para a aplicação e interpretação das normas procedimentais".[9]

Carpes assinala que o modelo argumentativo de prova coaduna-se com a importância outorgada ao contraditório no processo, enfatizado nos arts. 7º a 10º do NCPC,[10] que não se esgota na ciência bilateral dos atos do processo e na possibilidade de contraditá-los, revelando-se, outrossim, através da possibilidade efetiva de que as partes participem do juízo de fato, "tanto na indicação da prova quanto na sua formação, fator este último importante mesmo naquela determinada de ofício pelo órgão judicial, o mesmo ocorrendo no que concerne à formação do juízo de direito".[11]

---

[5] RAMOS, Vitor de Paula. *Ônus da prova no processo civil*. Do ônus ao dever de provar. Coleção O Novo Código de Processo Civil. São Paulo: Ed. RT, 2015, p. 117.

[6] CARPES, Artur Thompson. Prova e participação no processo civil: a dinamização dos ônus probatórios na perspectiva dos direitos fundamentais. UFRGS. Dissertação de Mestrado, 2008. p. 34.

[7] Idem, p. 41.

[8] Idem, p. 34.

[9] Idem, p. 41.

[10] Art. 7º É assegurada às partes paridade de tratamento em relação ao exercício de direitos e faculdades processuais, aos meios de defesa, aos ônus, aos deveres e à aplicação de sanções processuais, competindo ao juiz zelar pelo efetivo contraditório. Art. 9º Não se proferirá decisão contra uma das partes sem que ela seja previamente ouvida. Art. 10. O juiz não pode decidir, em grau algum de jurisdição, com base em fundamento a respeito do qual não se tenha dado às partes oportunidade de se manifestar, ainda que se trate de matéria sobre a qual deva decidir de ofício.

[11] CARPES, ob. cit. p. 35.

No mesmo sentido, Torres assevera, ao comentar o art. 7º do NCPC, que "o processo é instrumento destinado a apurar, antes de tudo, a ocorrência de fatos, revelando-se a prova dos mesmos determinantes para que o julgador tenha condições de aferir, com a justeza que se espera, merecem ou não acolhida os pedidos formulados pelas partes".[12] Quanto ao art. 9º, salienta que a exigência do contraditório "espelha a necessidade de o magistrado ouvir aquilo que as partes têm a dizer, inclusive, no que diz com suas convicções ou tendências, de forma a delinear, sem surpresas, o caminho que provavelmente seguirá ao decidir".[13]

Nestes termos, o art. 369 do NCPC é expresso ao enfatizar que "as partes têm o direito de empregar todos os meios legais, bem como os moralmente legítimos, ainda que não especificados neste Código, para provar a verdade dos fatos em que se funda o pedido ou a defesa e influir eficazmente na convicção do juiz".

Deste dispositivo, salientam-se a preocupação com a busca da verdade e a referência à expressão "influir eficazmente na convicção do juiz", o que denota o direito à participação qualificada na construção da decisão judicial, o que, certamente, não se resume a ter vista das peças processuais acostadas pela outra parte, mas ter o direito de realmente contrapor os argumentos e fatos apresentados.

Consoante assevera Ramos, a busca da verdade, desvelando-se os fatos que efetivamente correspondem à realidade e ensejam a incidência das normas, ainda que não possa ser concretizada de forma completa em razão das limitações do conhecimento humano ou da incidência de outras circunstâncias impeditivas, é um requisito inafastável para que o processo seja justo.[14] Afirma que "sendo o Direito *merit-based*, é necessário que a busca da verdade esteja entre seus fins primordiais; ou seja, a verdade quanto aos fatos não só importa, como é um dos fins primordiais do Direito".[15]

Taruffo, ao discorrer sobre a função dos meios de prova, elucida que estes são qualquer elemento que possa ser usado para estabelecer a verdade acerca dos fatos da causa, o que é concretizado a partir de um juízo de verossimilhança,[16] já que a exigência de certeza absoluta revela-se utópica e incompatível com as limitações do conhecimento humano, com as tecnologias disponíveis para a realização de perícias e do próprio ordenamento jurídico, que não comunga com a utilização de qualquer meio para a obtenção da "verdade". Há meios de prova ilícitos, como a tortura e escutas não autorizadas, assim como a parte não pode ser obrigada a produzir prova contra si mesma, sob pena de o processo converter-se em procedimento inquisitorial.[17]

O autor rechaça a ideia de que se investigue a verdade absoluta, a qual, ademais, não pode ser obtida por qualquer outra área do conhecimento humano. Assim, a verdade seria sempre relativa,[18] e a função da prova é oferecer ao juiz conhecimentos fundados empírica e racionalmente a respeito dos fatos da causa, a fim de que este

---

[12] TORRES, Artur. *Novo Código de Processo Civil Anotado*. OAB. Anotações aos artigos 1º a 12, p. 27.
[13] Idem, p. 29.
[14] MITIDIERO, ob. cit. p. 31.
[15] Idem, p. 32.
[16] TARUFFO, Michele. *La prueba*. Madrid: Marcial Pons, 2008, p. 15.
[17] Idem, p. 37.
[18] Idem, p. 26.

possa decidir a respeito das hipóteses que são levantadas no processo,[19] acatando-as ou refutando-as.

A respeito da busca da verdade, Carpes esclarece que "a prova judiciária jamais terá o condão de reconstruir com exatidão o fato ocorrido na realidade da vida, porque tal trabalho decorrerá, sempre, das inferências retiradas de documentos, testemunhas, perícias, inspeções: os fatos não se provam; os fatos existem; o que se provam são afirmações, que poderão referir-se a fatos. O máximo que se conseguirá é uma aproximação da verdade, uma verdade provável, uma verdade relativa, extraída do diálogo entre os sujeitos do processo",[20] e que variam, ainda, de acordo com as diferentes percepções e reconstruções da realidade por parte dos diversos atores que se comunicam nos autos (partes, testemunhas, juiz).

Tomando-se como exemplo o desastre ambiental ocorrido em 05 de novembro de 2015, no Município de Mariana, Minas Gerais, quando duas barragens com rejeitos de mineração da empresa Samarco romperam,[21] liberando no ambiente 62 milhões de metros cúbicos de rejeitos, soterrando com lama o distrito de Bento Rodrigues e contaminando o Rio Doce em uma extensão de mais de 500 km e também o mar, já no Estado do Espírito Santo. As notícias veiculadas na imprensa, as imagens impactantes do rompimento das barragens evidenciam fatos incontestáveis: o rompimento das barragens de Fundão e de Santarém, a presença de grande quantidade de lama, os danos ao ambiente natural (pela mortandade de animais, contaminação da água por metais e metais pesados, destruição da flora, contaminação do solo), ao patrimônio cultural pela devastação imposta a sítios históricos e a lugares com as quais a comunidade mantinha fortes ligações de identidade (igrejas, construções, monumentos), à vida de mais de 20 pessoas, à saúde da população dos diversos municípios que integram a Bacia Hidrográfica do Rio Doce e que dependem de suas águas para o abastecimento público, à economia da região, considerando-se que a população ribeirinha dependia da pesca e da agricultura. Enfim, os danos materiais e extrapatrimoniais são certos e incontestáveis.

No entanto, sob o ponto de vista jurídico, cogitando-se da construção da responsabilidade civil para fins de imputação de obrigações preventivas e reparatórias à Samarco, ainda que se parta de um fato reputado verdadeiro, há questões a serem provadas, dentre as quais se salientam: a) o nexo de causalidade entre o rompimento das barragens e os múltiplos danos e o esclarecimento sobre se o suposto abalo sísmico ocorrido teria o condão de excluir ou mitigar a responsabilidade da empresa;[22] b) a magnitude e dimensões dos diversos danos ambientais, sociais, culturais e econômicos ocorridos, bem como os diversos usos e serviços ambientais prestados pela Bacia Hidrográfica do Rio Doce, o que demandará não apenas perícias técnicas especiali-

---

[19] O autor refere que "el problema de las decisiones fácticas puede ser interpretado como el problema de una elección acerca de la verdad o la falsedad de las hipótesis acerca de los hechos relevantes para El caso: cuando el caso es complejo pude haber un complicado conjunto de hipotesis hipotéticamente verdaderas o falsas. Así, la tarea básica del juzgador es determinar, sobre la base de la prueba, la verdad o falsedad de cada hipótesis fáctica" (TARUFFO, ob. cit., p. 30).

[20] Idem, p. 37.

[21] Houve o rompimento das barragens de Fundão e o galgamento dos efluentes sobre a barragem de Santarém, localizadas no distrito de Bento Rodrigues, Complexo Industrial de Germano, Município de Marina, Minas Gerais.

[22] Conforme noticiado no Jornal Zero Hora de 07 de novembro de 2015, abalos sísmicos de 2 e 2,6 graus na escala Richter foram registrados na região de Mariana horas antes do rompimento das barragens.

zadas nas áreas da hidrologia, biologia, engenharia civil, química, etc.; mas também levantamentos dos custos incorridos pelos Municípios impactados para restabelecer o abastecimento de água, recuperar as residências e toda a infraestrutura urbana que foi destruída.

Neste panorama probatório, emergirão questões sobre a qualificação profissional dos peritos envolvidos, as metodologias para coleta dos rejeitos, das águas e dos sedimentos do Rio Doce e do mar. Também a expertise dos laboratórios, as tecnologias envolvidas nas análises físico-químicas, os pontos de monitoramento eleitos como os mais adequados, a periodicidade das coletas são aspectos, de ordem técnica, que podem interferir no conjunto probatório final, sobretudo se um dos objetivos for aferir a qualidade do abastecimento público, quando de seu restabelecimento.

O episódio torna-se ainda mais complexo na medida em que se incluem outros atores, sujeitos à eventual responsabilização civil. Neste sentido, para que se possa, por exemplo, responsabilizar por omissão os órgãos ambientais licenciadores, deverá restar comprovada a relação causal entre a ruptura das barragens da Samarco e as ações fiscalizatórias e de controle ambiental que deveriam ter sido efetuadas para que o licenciamento da atividade fosse compatível com os riscos envolvidos. Em outras palavras, deverá ser objeto de prova o fato de que os órgãos ambientais poderiam ter impedido a ruptura das barragens, ou, pelo menos, mitigado os danos, caso tivessem sido mais diligentes no licenciamento ambiental, através de exigências que atendessem às melhores práticas disponíveis, e mediante fiscalizações mais efetivas.

Uma reflexão a respeito do mais grave desastre ambiental ocorrido no país passa pelo reconhecimento de que, por mais intrincada que se revele a produção das provas em um caso com tamanha magnitude, o sistema de justiça deve voltar-se para a busca da verdade, que não será absoluta diante da complexidade intrínseca do evento e diante do desconhecimento do estado anterior dos diversos ambientes atingidos, dificultando que se possa estabelecer um juízo comparativo e aferir plenamente os prejuízos. Ou seja, o episódio da ruptura das duas barragens ilustra que as provas estarão ancoradas em juízos de verossimilhança e de probabilidade.

Em outras searas, as dificuldades probatórias poderão residir na natureza da prova a ser utilizada. Por exemplo, em ações ligadas ao direito de família, nas quais a prova testemunhal é muito utilizada, ocorrem controvérsias relacionadas às falsas memórias, às interpretações, às verdades parciais, pautadas pela sensibilidade e pelos juízos de valor dos indivíduos.

Não obstante, por mais intrincada que seja a produção probatória, para que o processo seja realmente justo, a investigação deve ser orientada para garantir procedimentos dialógicos voltados à busca da verdade, considerada como uma condição necessária para uma decisão apropriada, legítima e justa,[23] pois "uma só prova relevante inadmitida ou não levada ao processo pode determinar que a conclusão sobre os fatos seja radicalmente diferente, ou mesmo oposta, da conclusão sem aquela prova, afastando-se da verdade e, portanto, da decisão justa".[24]

---

[23] TARUFFO, ob. cit., p. 23. O autor afirma que "la verdad no es um objetivo final en si mismo ni uma mera consecuencia colateral o efecto secundario del proceso civil: es solo uma condición necesaria para una decisión apropiada, legítima y justa".

[24] RAMOS, ob. cit., p. 46.

Ao mesmo tempo, importa salientar que a ideia, segundo a qual o destinatário da prova seria apenas juiz, não mais se sustenta, sobretudo diante da perspectiva de que as partes participem da produção probatória e da própria construção da decisão judicial. Nessa linha, o enunciado 50 do Fórum Permanente de Processualistas é taxativo: "os destinatários da prova são aqueles que dela poderão fazer uso, sejam juízes, partes ou demais interessados, não sendo a única função influir eficazmente na convicção do juiz".[25]

2. Objeto e seleção dos meios de prova

A prova destina-se a preencher o suporte fático exigido pelo direito material para que se possam extrair as consequências jurídicas previstas no sistema. Por exemplo, na responsabilidade civil, os pressupostos para a responsabilização (ação ou omissão, nexo causal e dano) deverão ser provados, o que implica, sob o ponto de vista prático, apurar o que ocorreu (quais os bens jurídicos atingidos e em que magnitude, quais as relações jurídicas existentes); quem agiu ou se omitiu em relação a deveres anteriores de cuidado e proteção (particulares, poder público), onde ocorreu o fato; quando, os motivos pelos quais o fato ocorreu.

Cada um destes questionamentos enseja consequências jurídicas específicas. A definição do local de ocorrência das ações ou omissões ou dos danos interfere com a definição das regras de competência, as circunstâncias temporais interferem em regras relacionadas à prescrição, e assim por diante. São diversos, portanto, os elementos de fato a serem comprovados em um processo, o que suscita a necessidade de dissertar sobre os meios de prova disponíveis no direito brasileiro.

No NCPC, o art. 369 é explícito em admitir todos os meios legais de prova, bem como os moralmente legítimos, ainda que não especificados no Código, pelo que adota os princípios da atipicidade e da liberdade.[26] A norma coaduna-se com o art. 8º, o qual impõe ao juiz que, ao aplicar o ordenamento jurídico, atenda aos fins sociais e às exigências do bem comum, "resguardando e promovendo a dignidade da pessoa humana e observando a proporcionalidade, a razoabilidade, a legalidade, a publicidade e a eficiência".

Sobre o tema, Longo adverte que a previsão do art. 369 alinha-se com a norma do art. 212 do Código Civil e salienta que a obtenção e a produção da prova encontra limite no art. 5º, LVI, da Constituição Federal, onde há vedação da prova obtida por meio ilícito, bem como nos princípios da legalidade e devido processo legal (art. 5º, *caput*, II e LIV, CF).[27]

No art. 379, consta a preservação do direito de a parte não produzir prova contra si própria, embora tenha o dever de comparecer em juízo, respondendo ao que lhe for interrogado (inc. I), colaborar com o juízo na realização de inspeção judicial que for considerada necessária (inc. II) e praticar o ato que lhe for determinado (inc. III).

---

[25] Citado por LONGO, p.306.
[26] LONGO, p. 306.
[27] Idem, p. 307. O autor colaciona Marinoni e Mitidiero, os quais apontam para a necessidade de se realizar um juízo de ponderação ao se analisar a licitude dos meios de prova e de se averiguar "se tinha a parte que postula admissão da prova ilícita no processo outro meio de prova à disposição ou não para prova de suas alegações (Código de processo civil comentado. São Paulo. Ed. RT, 2008).

Por sua vez, o art. 370, parágrafo único, acolhe a noção de relevância dos meios de prova, apontada por Taruffo, ao prescrever que "o juiz indeferirá, em decisão fundamentada, as diligências inúteis ou meramente protelatórias".[28]

Reza o art. 372 que o "juiz poderá admitir a utilização de prova produzida em outro processo, atribuindo-lhe o valor que considerar adequado, observado o contraditório". A respeito, é importante consignar que o contraditório deverá ser assegurado tanto no processo em que a prova foi produzida como no processo que a utilizará.

3. O princípio do livre convencimento motivado do Juiz na apreciação da prova

O art. 371 prevê que: "O juiz apreciará a prova constante dos autos, independentemente do sujeito que a tiver promovido, e indicará na decisão as razões da formação de seu convencimento", evidenciando o acolhimento do princípio do livre convencimento motivado do juiz.

Longo salienta que a liberdade judicial encontra limites na lógica e em certos postulados jurídicos, no sentido de afastar o subjetivismo. Afirma que "se o direito tem de se haver com fatos, porque indissociáveis das normas, há necessidade de evitar-se o arbítrio na reconstrução fática, criando mecanismos de vinculação e controle".[29] Por sua vez, Longo sustenta que o princípio do livre convencimento não se sustenta, pois, sob o Estado Democrático de Direito, a decisão pública não pode depender em nada da vontade pessoal do juiz. Afirma que o mencionado princípio discrepa do princípio do contraditório como garantia de influência e não surpresa e, por isso, alimenta esforços para se ajustar ao paradigma da intersubjetividade, em que o processo é encarado "como um *lócus* normativamente condutor de uma comunidade de trabalho na qual todos os sujeitos processuais atuam em um viés interdependente e auxiliar, com responsabilidade na construção e efetivação dos provimentos judiciais".[30]

4. A distribuição do ônus da prova e o dever de colaboração

No paradigma formalista-valorativo, pautado pelos deveres de lealdade e de colaboração (arts. 6º e 378 do NCPC),[31] as partes e o juiz têm papeis extremamente relevantes para a formação do juízo de fato. Em primeiro lugar, impõe-se observar, a partir da redação do art. 370 do NCPC, que o Juiz pode, de ofício ou a requerimento da parte, determinar as provas necessárias ao julgamento do mérito, o que o coloca em uma posição proativa no processo.

A respeito do papel do magistrado na condução do processo, Mitidiero ensina que, no paradigma cooperativo,[32] o juiz é "isonômico na condução do processo

---

[28] A exigência de fundamentação alinha-se com o art. 93, IX, CF.

[29] LONGO, ob. cit., p. 308.

[30] Idem, p. 309.

[31] Art. 6º Todos os sujeitos do processo devem cooperar entre si para que se obtenha, em tempo razoável, decisão de mérito justa e efetiva. Art. 378. Ninguém se exime do dever de colaborar com o Poder Judiciário para o descumprimento da verdade.

[32] Em sua tese, Mitidiero apresenta três formas de conceber o problema da divisão do trabalho entre o juiz e as partes, engendradas a partir de tipos ideais de organização social. São elas: o modelo paritário, o modelo hierárquico e o

e assimétrico no quando da decisão das questões processuais e materiais da causa. Desempenha duplo papel, pois ocupa dupla posição: paritário no diálogo, assimétrico na decisão. Visa-se a alcançar, com isso, um 'ponto de equilíbrio' na organização do formalismo processual, conformando-o como uma verdadeira 'comunidade de trabalho' entre as pessoas do juízo. A cooperação converte-se em uma prioridade no processo".[33]

O autor leciona ainda que o paradigma cooperativo permite a revisão dos brocardos *Da mihi factum, dado tibi ius e Iura novit cúria*,[34] os quais são próprios de um modelo assimétrico, permitindo-se a investigação oficial de fatos instrumentais não alegados pelas partes e que, a partir da premissa do direito ao contraditório como direito a participar do processo e influir positivamente sobre o convencimento judicial, as partes se pronunciem também sobre a valoração jurídica da causa, tendo o juiz o dever de submeter ao diálogo a sua visão jurídica das questões postas em juízo, mesmo sobre aquelas questões que deve conhecer de ofício,[35] evitando-se surpresas.

Longo, colacionando Galeno Lacerda, refere que a "extensão dos poderes do juiz e a disponibilidade da prova independem da matéria discutida no processo, sendo dever do órgão judicial, em face da natureza pública do processo, deixar de ser mero espectador na disputa travada entre as partes, devendo determinar até mesmo de ofício as provas julgadas necessárias à formação da sua própria convicção". Afirma que esse ativismo judicial não compromete a imparcialidade, pois "se o juiz que determina a produção de uma prova fosse parcial (em favor daquele a quem a prova beneficiará), o juiz que permanecesse passivo e não determinasse a produção da prova também seria parcial (em favor de quem a prova prejudicaria)".[36]

Ainda, Mitidiero enfatiza que a boa fé objetiva e o dever de lealdade guiam a marcha processual e influenciam os procedimentos para a busca da verdade processual. Salienta, ao tratar da formação da prova, a importância de que, uma vez impostado o tema a ser decidido, reste estreme de dúvida quais as alegações de fato que devem ser provadas, o que deve ser objeto de seleção pelo juiz. Neste contexto, o magistrado poderá envidar esforços de ofício para a prova dos fatos não essenciais, ainda que não alegados pelas partes".[37] Quanto à valoração da prova, afirma que esta é livre, mas o juízo sobre a prova deve ser absolutamente motivado.[38]

---

modelo colaborativo. Aduz que "o modelo paritário de organização social conta com certa indistinção entre a esfera política, a sociedade civil e o indivíduo, de modo que o juiz (presentante do Estado) se encontra no mesmo nível das partes. Neste modelo, o magistrado tinha sua função limitada pela ampla disponibilidade que as partes tinham sobre o objeto da lide, não lhe sendo consentida qualquer iniciativa na formação da prova, devendo julgar segundo alegado e provado pelo feito. No modelo hierárquico, estabelecia-se uma relação vertical de poder entre o Estado e os indivíduos, o que enseja o posicionamento do juiz acima das partes, favorecendo-se um ambiente à produção de decisões amparada no livre convencimento judicial. Por sua vez, o modelo cooperativo organiza as relações entre Estado, sociedade e indivíduo, a partir do referencial ditado pela Constituição Federal de que a sociedade brasileira é uma sociedade cooperativa e de que o Estado Constitucional funda-se na dignidade da pessoa humana e objetiva a construção de uma sociedade livre, justa e solidária (ob. cit. p. 46-52).

[33] Idem, p. 53.

[34] Conforme o primeiro brocardo, às partes pertence o domínio sobre os fatos (sobre as questões de fato), ao passo que ao órgão jurisdicional toca o senhorio a respeito do direito. O segundo brocardo reza que o juiz conhece o direito, sendo tão somente sua função valorar juridicamente os fatos alegados pelas partes.

[35] Idem, p. 68.

[36] LONGO, idem. p. 307.

[37] MITIDIERO, p. 91.

[38] Idem, p. 73.

Prossegue aduzindo que, "uma vez dimensionado o *thema probandum*, interessa ao processo civil de corte cooperativo a repartição do encargo probatório, assunto que remete à análise das diferentes funções que o direito processual pode confiar às normas sobre o ônus da prova".[39]

5. Distribuição do ônus da prova como regra de julgamento e como regra de instrução

A repartição dos ônus probatórios consubstancia não apenas regra de julgamento (função objetiva), a ser utilizada quando as provas não são suficientes para a formação da convicção judicial, mas também regra de organização da atividade probatória das partes (função subjetiva), que permite dar conhecimento a cada parte de sua parcela de responsabilidade na formação do material probatório destinado à construção do juízo de fato.[40]

A função objetiva do ônus da prova vincula-se à atividade do juiz e tem por objetivo reduzir o arbítrio judicial. Parte da ideia de que se o Juiz, quando da prolação da sentença, após a produção das provas pelas partes e após a determinação de ofício (art. 370 NCPC), permanecer em dúvida diante das hipóteses fáticas alegadas pelas partes, deve valer-se da regra de julgamento para decidir quem ganha e quem perde a demanda. Isso por que "ao juiz, mesmo em caso de dúvida invencível, decorrente de contradição ou insuficiência das provas existentes nos autos, não é lícito eximir-se do dever de decidir a causa".[41]

O aspecto subjetivo, por sua vez, relaciona-se às partes, como uma espécie de "estímulo" dado a elas para que tragam ao processo provas, de modo a proporcionar os elementos necessários à formação da convicção judicial.

Comentando o tema, Mitidiero aduz que, pela caracterização do ônus da prova como regra de instrução, estimulam-se "as partes no encargo de produzir a prova de suas alegações e, por essa via, bem instruir o processo a fim de que se alcance uma solução justa, desiderato maior do processo civil no Estado Constitucional. E, para tanto, têm as partes de se encontrar bem avisadas de seus encargos no processo, a fim de evitarem-se eventuais surpresas no quando da decisão da causa".[42]

Neste contexto, o NCPC repete a regra estabelecida no art. 333, I e II, em seu art. 373, segundo o qual "o ônus da prova incumbe ao autor, quanto ao fato constitutivo de seu direito" (inc. I) e "ao réu, quanto à existência de fato impeditivo, modificativo ou extintivo do direito do autor" (inc. II), e aplica-se tanto como uma regra de julgamento como uma regra de instrução.

A respeito, Carpes ensina que o dispositivo revela a incorporação da "teoria das normas", segundo a qual "cada parte deve afirmar e provar os pressupostos fáticos da norma que lhe é favorável, isto é, da norma cujo efeito jurídico se resolve em seu

---

[39] Mitidiero distingue entre tema da prova e objeto da prova: a primeira concerne ao contexto de alegações que devem ser provadas, ao passo que a segunda atine tão somente a essa ou àquela alegação de fato, individualmente considerada, que deve ser provada (ob. cit., p. 91).
[40] CARPES, ob. cit., P. 50.
[41] RAMOS, ob. cit., p. 48.
[42] MITIDIERO, ob, cit., p. 92.

proveito".⁴³ Assim, o autor tem o ônus de provar as alegações fáticas que pressupõem a aplicação das normas nas quais se funda sua pretensão; e o réu, em admitindo os fatos constitutivos do direito do autor, tem o ônus de provar os fatos que determinam a aplicação de norma que impedirá, modificará ou extinguirá o direito do autor.

Carpes salienta que este critério, atualmente, explicitado no art. 373, caput, NCPC, ainda se revela o mais apto a disciplinar a distribuição do ônus probatório, pois "quem se lança em juízo, pretendendo tutela jurisdicional de determinado direito, deve se encarregar de demonstrar a existência dos pressupostos necessários para a verificação da existência do alegado direito. Estando a norma assentada em um suporte fático, nada mais adequado que aquele que reclama a tutela do direito seja o onerado na sua demonstração em juízo".⁴⁴

O autor explicita, ainda, que a regra de distribuição do ônus da prova não se confunde com o recurso a presunções legais ou judiciais. Elucida que "a presunção é produto de um processo lógico, de um raciocínio através do qual da existência de um fato reconhecido como certo se deduz a existência de um fato que se desejaria provar. Estabelece probabilidade quanto à existência ou inexistência de um fato indispensável aos contornos da lide, mas probabilidade que tem por fundamento um princípio derivado da ordem natural das coisas, isto é, do que normalmente acontece, e, pois, suficientemente alicerçada para satisfazer a convicção judicial quanto à existência, ou inexistência, do fato presumido".⁴⁵ O fato conhecido se denomina indício, e ao fato deduzido em decorrência do indício se denomina presunção.

As presunções podem ser judiciais, que decorrerem das máximas de experiência, ou legais, as quais, por seu turno, dividem-se em absolutas (*iuris et de iure*), que não admitem prova em contrário, e relativas (*iuris tantum*), que admite prova em contrário. As presunções legais assentam-se no direito material, e o legislador, ao predispor a presunção (absoluta ou relativa) atua nos pressupostos fáticos para a incidência da norma de direito material e estipula outro modo de distribuição do ônus da prova. Um exemplo de presunção legal relativa é a que decorre da lavratura de um auto de infração por órgão ambiental, dotado do poder de polícia, o que, ademais consta expressamente do Decreto Federal 6.514/2008, segundo o qual compete ao autuado, quando da impugnação ao auto de infração, o ônus da prova da inocorrência do ilícito.

Também quando se está diante de responsabilidade objetiva, como nas hipóteses de direito do consumidor e de direito ambiental, a distribuição do ônus da prova é definida pelo direito material,⁴⁶ ensejando a presunção *iuris tantum* de lesividade em decorrência da atividade de risco exercida, da eventual hipossuficiência técnica e ou financeira dos lesados e diante das incertezas que se relacionam a atividade.

---

⁴³ CARPES, ob. cit., p. 44.

⁴⁴ Idem, p. 46.

⁴⁵ Idem, p. 55.

⁴⁶ Idem, p. 126. Carpes considera equivocada expressão "inversão do ônus da prova", esclarecendo que, quando se fala em "inversão" se pressupõe a transferência integral do encargo probatório de uma parte à outra, a menos que haja a especificação da circunstância de fato cujo ônus foi objeto de inversão, o que se revela muito incomum na prática jurídica brasileira. Por conseguinte, considera mais adequada a dinamização do ônus da prova, que leva em conta seus respectivos limites, permitindo a alteração no arquétipo legal e estático do art. 333 do CPC (art. 373, NCPC) (ob. cit., p. 125).

No direito ambiental, ensina Carla Amado Gomes, com amparo nos princípios do poluidor pagador e da precaução, que "o ônus da prova cabe a quem pretenda desenvolver uma determinada actividade cuja lesividade para o ambiente não está cientificamente provada", o que significa inverter o ônus da prova em termos procedimentais e processuais.[47]

No mesmo sentido, Pery Saraiva Neto esclarece que "a inversão do ônus da prova estaria vinculada à imposição ao responsável pela atividade potencialmente lesiva, que assumisse, igualmente, dentro da ideia de internalização, o encargo de demonstrar que sua atividade não é lesiva ou, sendo, que adotou todas as medidas preventivas, reparatórias ou compensatórias".[48] Também discorrendo sobre a prova do dano ambiental Carpes aponta para a necessidade de que o juiz disponha de técnicas processuais que possibilitem descobrir a verdade em torno do nexo causal e do dano, dentre as quais a dinamização do ônus da prova se revela adequada à operacionalização da responsabilidade civil e ao dever de proteção do ambiente como um direito fundamental. Assevera que "ao transferir o ônus da prova ao suposto ou potencial poluidor, permite-se que este, na condição de maior proximidade dos meios e fontes de prova, demonstre que não existe nexo de causalidade entre a sua conduta e o dano ambiental ou, ainda, quanto à inexistência de danos ao meio ambiente".[49]

A jurisprudência do Superior Tribunal de Justiça comunga deste entendimento:

DIREITO AMBIENTAL E PROCESSUAL CIVIL. DANO AMBIENTAL. LUCROS CESSANTES AMBIENTAL. RESPONSABILIDADE OBJETIVA INTEGRAL. DILAÇÃO PROBATÓRIA. INVERSÃO DO ÔNUS PROBATÓRIO. CABIMENTO.
1. A legislação de regência e os princípios jurídicos que devem nortear o raciocínio jurídico do julgador para a solução da lide encontram-se insculpidos não no códice civilista brasileiro, mas sim no art. 225, § 3º, da CF e na Lei 6.938/81, art. 14, § 1º, que adotou a teoria do risco integral, impondo ao poluidor ambiental responsabilidade objetiva integral. Isso implica o dever de reparar independentemente de a poluição causada ter-se dado em decorrência de ato ilícito ou não, não incidindo, nessa situação, nenhuma excludente de responsabilidade. Precedentes.
2. Demandas ambientais, tendo em vista respeitarem bem público de titularidade difusa, cujo direito ao meio ambiente ecologicamente equilibrado é de natureza indisponível, com incidência de responsabilidade civil integral objetiva, implicam uma atuação jurisdicional de extrema complexidade.
3. O Tribunal local, em face da complexidade probatória que envolve demanda ambiental, como é o caso, e diante da hipossuficiência técnica e financeira do autor, entendeu pela inversão do ônus da prova. Cabimento.
4. A agravante, em seu arrazoado, não deduz argumentação jurídica nova alguma capaz de modificar a decisão ora agravada, que se mantém, na íntegra, por seus próprios fundamentos.
5. Agravo regimental não provido.[50]

Por sua vez, as presunções judiciais não estão previstas no direito material, são construídas no processo, à luz do caso concreto, e decorreram das máximas da experiência comum, mediante a observação do que normalmente acontece. Um exemplo seria o da culpa do motorista que colide na traseira do outro veículo. Neste caso, o autor da ação indenizatória precisa provar a colisão na traseira, indício que permitirá

---

[47] GOMES, Carla Amado. *A prevenção à prova no direito do ambiente*. Em especial, os actos autorizativos ambientais. Coimbra: Coimbra Editora, 2000, p. 36.

[48] SARAIVA NETO, Pery. A prova na jurisdição ambiental. Porto Alegre: Livraria do Advogado, 2010, p. 122.

[49] CARPES, ob. cit., p. 131.

[50] STJ, AgRg no REsp 1412664/SP, Rel. Ministro Raul Araújo, 4ª. Turma, julgado em 11/02/2014, DJe 11/03/2014. Em idêntico sentido, o Resp. 1049822/RS, Rel. Min. Francisco Falcão, DJe 18/052009, onde consta que "aquele que cria ou assume o risco de danos ambientais tem o dever de reparar os danos causados e, em tal contexto, transfere-se a ele todo o encargo de provar que sua conduta não foi lesiva".

a construção da presunção judicial que transferirá o ônus da prova apenas quanto ao elemento da culpa ao réu, porque decorre da máxima de experiência comum que aquele que colide na traseira normalmente é o culpado.[51]

Carpes enfatiza que "as presunções de direito, que têm natureza de direito material, não importam em inversão do ônus da prova como supõem alguns autores; o ônus probatório é mantido conforme o art. 333 do CPC (art. 373, NCPC), modificando apenas a exigência para a aplicação da norma de direito material (teoria das normas). Quanto às presunções judiciais, por serem estas fruto de construção judicial realizada à luz das máximas de experiência comum e, portanto, por não ter natureza material, há a dinamização dos ônus probatórios, transferindo-se o ônus da prova quanto ao fato presumido para a contraparte".[52]

6. Dinamização do ônus da prova no NCPC

O art. 373, § 1º, acolhe a possibilidade de dinamização do ônus da prova, ao prever que "nos casos previstos em lei ou diante de peculiaridades da causa relacionadas à impossibilidade ou à excessiva dificuldade de cumprir o encargo nos termos do caput ou à maior facilidade de obtenção da prova do fato contrário, poderá o juiz atribuir o ônus da prova de modo diverso, desde que o faça por decisão fundamentada, caso em que deverá dar à parte a oportunidade de se desincumbir do ônus que lhe foi atribuído".

O § 2º preceitua que "a decisão prevista no § 1º deste artigo não pode gerar situação em que a desincumbência do encargo pela parte seja impossível ou excessivamente difícil".

Trata-se de importante inovação do direito positivo brasileiro, embora a jurisprudência brasileira já viesse incorporando a dinamização do ônus probatório diante das peculiaridades do direito material posto e nas hipóteses de hipossuficiência financeira ou técnica do autor. Assim, por exemplo, vale referir o seguinte precedente do Tribunal de Justiça do Estado do Rio Grande do Sul:

AGRAVO DE INSTRUMENTO. TEORIA DAS CARGAS PROCESSUAIS DINÂMICAS.
1. Preambularmente, cumpre destacar que é aplicável ao caso dos autos a teoria das cargas processuais dinâmicas, uma vez que as partes não se encontram em igualdade de condições para a coleta probatória pretendida, *in casu*, levantamento técnico (...)
2. Note-se que a teoria da carga dinâmica da prova parte do pressuposto que o encargo probatório é regra de julgamento e, como tal, busca possibilitar ao magistrado produzir prova essencial ao convencimento deste para o deslinde do litígio, cujo ônus deixado à parte hipossuficiente representaria produzir prova diabólica, isto é, de ordem negativa, ou cuja realização para aquela se tornasse de difícil consecução, quer por não ter as melhores condições técnicas, profissionais ou mesmo fáticas, sejam estas de ordem econômico-financeira ou mesmo jurídica para reconstituir os fatos...
3. Aplica-se a teoria da carga dinâmica probatória, com a inversão do ônus de suportar o adiantamento das despesas com a produção de determinada prova, com base no princípio da razoabilidade, ou seja, é aceitável repassar o custo da coleta de determinada prova à parte que detém melhor condição de patrocinar esta, a fim de se apurar a verdade real e obter a almejada justiça.
4. Releva ponderar que a dinamização do ônus da prova será aplicada quando for afastada a incidência do artigo 333 do Código de Processo Civil por inadequação, ou seja, quando for verificado que a parte que,

---

[51] CARPES, ob. cit., p. 58.
[52] Idem, p. 60.

em tese, está desincumbida ao *ônus probandi*, pois não possui as melhores condições para a realização da prova necessária ao deslinde do fato.[53]

Carpes salienta que a expressa adoção da teoria da dinamização do ônus probatório, consagrada principalmente na Argentina, implica no reconhecimento de que a rigidez do art. 333 do CPC revelava-se "alheia à igualdade material das partes e à maior ou menor dificuldade que aquela onerada terá em cumprir com a missão previamente estabelecida pela lei, circunstância que apenas se poderá visualizar em concreto, à luz das peculiaridades do caso".[54]

Trata-se de teoria que se coaduna com a ordem constitucional vigente, que, ademais de consagrar o direito ao acesso à ordem jurídica justa, determina que se assegure a igualdade material, o que, na esfera do direito processual, implica no reconhecimento de que as partes necessitam da intervenção judicial para equilibrar as forças no processo. Assim, por exemplo, antes do advento do Novo Código de Processo Civil, algumas normas pós Constituição Federal de 1988 já denunciavam a intenção de promover a igualdade material entre as partes. Neste sentido, o art. 6º, VIII, do CDC, determina a inversão do ônus da prova quando o juiz afira que as alegações do consumidor são dotadas de verossimilhança e este é hipossuficiente, implicando na relativização das regras de distribuição insertas no art. 333 do CPC (art. 373, *caput*, NCPC).

Ainda, os §§ 3º e 4º do art. 373 adotam a possibilidade de as partes, antes ou durante o processo, convencionarem diversamente sobre o ônus da prova, exceto quando a prova recair sobre direito indisponível da parte, ou tornar excessivamente difícil a uma parte o exercício do direito.

Mitidiero esclarece que a dinamização do ônus da prova ampara-se na "necessidade de se velar por uma efetiva igualdade entre as partes no processo e por uma escorreita observação dos deveres de cooperação nos domínios do direito processual civil, notadamente do dever de auxílio do órgão jurisdicional para com as partes".[55] Assevera que, em determinados casos concretos, pode se afigurar insuficiente, "para promover o direito fundamental à tutela jurisdicional adequada e efetiva, uma regulação fixa do ônus da prova, em que se reparte prévia, abstrata e apriorísticamente o encargo de provar. Em semelhantes situações, tem o órgão jurisdicional, atento à circunstância de o direito fundamental ao processo justo, ao nosso devido processo legal processual, implicar direito fundamental à prova, dinamizar o ônus da prova, atribuindo-o a quem se encontre em melhores condições de provar".[56]

A dinamização do ônus da prova pressupõe que se analise, no caso concreto, se a regra do art. 373 NCPC não implica na imputação à parte de uma prova diabólica, ainda mais quando a outra parte, dadas as contingências do caso, teria melhores condições de provar. Também deve-se observar se a outra parte, a princípio desincumbida do encargo probatório, encontra-se em uma posição privilegiada diante das alegações de fato a provar, se efetivamente terá maior facilidade nesta tarefa. Não se poderá, de modo nenhum, dinamizar o ônus da prova se a atribuição do encargo de

---

[53] TJRS, Agravo de Instrumento Nº 70067105320, Quinta Câmara Cível, Tribunal de Justiça do RS, Relator: Jorge Luiz Lopes do Canto, Julgado em 04/11/2015.
[54] CARPES, ob. cit., P. 69.
[55] MITIDIERO, ob. cit. p. 93.
[56] Idem, p. 94.

provar acarretar uma *probatio diabolica* reversa, isto é, incumbir a parte contrária, a princípio desonerada, de uma prova diabólica.[57]

Barberio esclarece que se poderá aferir a condição probatória privilegiada observando-se o papel desempenhado pela parte no fato gerador da controvérsia (ter interferido diretamente no fato), ou em razão de esta estar na posse da coisa ou do instrumento a ser objeto de prova, ou por ser o único que dispõe da prova. Ainda, a dinamização poderá estribar-se em razões profissionais, técnicas, econômicas ou jurídicas.[58]

Segundo Dall'Agnol Junior, a teoria da distribuição dinâmica do ônus probatório permite que se imponha ao demandado o ônus de antecipar as despesas necessárias para a produção de perícia destinada à prova do fato constitutivo alegado pelo autor; que se imponha ao hospital a prova da regularidade de seu comportamento, pois ele é que deve sempre cuidar de ser preciso nos relatórios, fichas de observação, controle, comportamento, remédios ministrados, que o cirurgião e os médicos em geral comprovem a regularidade das respectivas atuações, que caiba às instituições bancárias o ônus da prova documental relativa à relação contratual, bem como o ônus de provar a legalidade de suas cláusulas e de sua execução.[59]

Longo salienta que o momento processual adequado para proferir a decisão que distribui o ônus da prova é o do saneamento e organização do processo, conforme o inciso III do art. 357 do NCPC, pois as partes deverão saber, antes da produção da prova, que será aplicada a regra da carga dinâmica da prova, evitando-se surpresas. Tal decisão é recorrível por meio de agravo de instrumento (art. 1015, XI, NCPC)

7. O custeio das despesas e honorários periciais no novo Código de Processo Civil

O art. 82 do NCPC prevê que "salvo as disposições concernentes à gratuidade da justiça, incumbe às partes prover as despesas dos atos que realizarem ou requererem no processo, antecipando-lhes o pagamento, desde o início até a sentença final ou, na execução, até a plena satisfação do direito reconhecido no título". Em seu § 1º, estipula que "incumbe ao autor adiantar as despesas relativas a ato cuja realização o juiz determinar de ofício ou a requerimento do Ministério Público, quando sua intervenção ocorrer como fiscal da ordem jurídica".

Ainda, o art. 91 do CPC estabelece que "as despesas dos atos processuais praticados a requerimento da Fazenda Pública, do Ministério Público ou da Defensoria Pública serão pagas ao final pelo vencido". Em seus parágrafos, afirma que:

> § 1º As perícias requeridas pela Fazenda Pública, pelo Ministério Público, ou pela Defensoria Pública poderão ser realizadas por entidade pública ou, havendo previsão orçamentária, ter os valores adiantados por aquele que requerer a prova.

---

[57] MITIDIERO, ob. cit. p. 95.
[58] BARBERIO, Serio José. *Cargas probatórias dinâmicas: qué debe probar El que no puede probar?* In PEYRANO, Jorge W. (Coord.) Cargas probatorias dinámicas. Buenos Ayres: Rubinazal-Culzoni, 2004, p. 101.
[59] Dall'Agnol Junior, *Distribuição dinâmica do ônus probatório*, in Revista dos Tribunais, São Paulo: Ed. RT, vol. 788, P. 92-107.JUN 2001

§ 2º Não havendo previsão orçamentária no exercício financeiro para o adiantamento dos honorários periciais, eles serão pagos no exercício seguinte, ou ao final, pelo vencido, caso o processo se encerre antes do adiantamento a ser feito pelo ente público".

Merece, ainda, referência do art. 95 do NCPC, segundo o qual "cada parte adiantará a remuneração do assistente técnico que houver indicado, sendo a do perito adiantada pela parte que houver requerido a perícia ou rateada quando a perícia for determinada de ofício ou requerida por ambas as partes".

Aparentemente, há duas regras estabelecidas nos aludidos dispositivos:

a) Compete à parte que requerer a prova pericial a antecipação de seu pagamento;

b) Compete ao autor adiantar as despesas relativas a ato cuja realização o Juiz determinar de ofício ou a requerimento do MP, *quando atuar como fiscal da ordem jurídica.*

A questão que se coloca é a seguinte: Quando o Ministério Público atua como autor,[60] deve antecipar os honorários periciais? Haveria alguma outra alternativa, sobretudo porque não há, no orçamento do Ministério Público, rubrica orçamentária para o custeio de provas periciais?

A respeito do assunto, assinala Ricardo de Barros Leonel que o referido art. 91 inaugura regime distinto do anteriormente estabelecido no CPC/72, no qual não havia antecipação do pagamento de honorários, mas sim o pagamento, ao final, pelo vencido. Agora, *deverá ocorrer a antecipação dos encargos financeiros* (custas, despesas e honorários) *de perícias*, quando o requerimento for feito pela Fazenda Pública, pelo Ministério Público ou pela Defensoria Pública, seja no próprio exercício financeiro em curso, ou então, caso não haja previsão orçamentária para tanto, no exercício financeiro subsequente.

No entanto, adverte o autor que a remissão feita no parágrafo primeiro do art. 91 do CPC/2015 deve ser compreendida como imputação ao próprio Estado (compreenda-se Fazenda Pública), adotando-se a teoria organicista que vinha sendo utilizada pelo Superior Tribunal de Justiça quando da interpretação do art. 18 da Lei 7.347/85.

Nos termos da teoria organicista do Estado, "este é responsável pelos atos praticados por seus órgãos, cabendo à própria Fazenda arcar com o ônus financeiro do processo no qual o Ministério Público foi vencido se, excepcionalmente, for necessária a condenação pelos encargos da sucumbência".[61] O fundamento desta teoria é a incidência do art. 37, § 6º, da CF/88, que responsabiliza o Estado pelos encargos causados por seus órgãos no plano processual.

Portanto, as expressões "ter os valores adiantados por aquele que requerer a prova" (parte final do § 1º do art. 91 do CPC/2015) e "adiantamento a ser feito pelo ente público" (parte final do § 2º do art. 91 do CPC/2015), devem ser compreendidas como referência ao ente estatal (União ou Estado) ao qual vinculado o Ministério Público ou a Defensoria Pública.

---

[60] São exemplos de hipóteses em que o Ministério Público pode propor ação individual, na condição de substituto processual: Ação de investigação de paternidade (art. 2º., § 4º., da Lei 8560/92); Ação com pedido de regulamentação de guarda, de direitos de visitas ou de alimentos (art. 33, § 4º, da Lei 8069/90);Ação de destituição ou suspensão de poder familiar (art. 101, § 9º, Lei 8069/90);Ação revocatória de recuperação judicial de empresas e falências (art. 132 da Lei 11.101/2005).

[61] LEONEL, Ricardo de Barros. *Ministério Público e despesas processuais no Novo Código de Processo Civil*, artigo inédito.

Registram-se precedentes a respeito, inclusive em ações de investigação de paternidade, propostas pelo Ministério Público. Confira-se a ementa:[62]

> RECURSO ESPECIAL. DIREITO DE FAMÍLIA. AÇÃO DE INVESTIGAÇÃO DE PATERNIDADE. MINISTÉRIO PÚBLICO. LEGITIMIDADE EXTRAORDINÁRIA. ART. 2º, § 4º, DA LEI DE INVESTIGAÇÃO DE PATERNIDADE – Nº 8.560/1992.
> 1. Cuida-se de ação de investigação de paternidade proposta pelo Ministério Público estadual, como substituto processual de menor, contra suposto pai que se encontra em local incerto, o que ensejou a necessidade da citação editalícia.
> 2. O Ministério Público não se sujeita ao adiantamento de despesas processuais quando atua em prol da sociedade, inclusive como substituto processual, pois milita, em última análise, com fulcro no interesse público primário, cuja atuação não pode ser cerceada, devendo suportar o ônus de eventuais diligências ao final do processo, caso seja, eventualmente, vencido (art. 27 do CPC).
> 3. Incide, por analogia, o teor do artigo 18 da Lei da Ação Civil Pública (Lei nº 7.347/1985), norma especial, que é expresso ao estatuir, como regra, tal dispensa.
> 4. Esta Corte já assentou, em sede de recurso especial julgado sob o rito repetitivo, que "descabe o adiantamento dos honorários periciais pelo autor da ação civil pública, conforme disciplina o art. 18 da Lei 7.347/1985, sendo que o encargo financeiro para a realização da prova pericial deve recair sobre a Fazenda Pública a que o Ministério Público estiver vinculado, por meio da aplicação analógica da Súmula 232/STJ" (grifou-se).

No que se refere especificamente ao regime da ação civil pública, o Superior Tribunal de Justiça vem entendendo que a Lei 7.347/85 constitui "regramento próprio, que impede que o autor da ação civil pública arque com os ônus periciais e sucumbenciais, ficando afastada, portanto as regras específicas do CPC".[63] No entanto, considera que não se pode obrigar o perito que exerça o seu ofício gratuitamente, devendo, por conseguinte, recair o ônus sobre a Fazenda Pública a cuja esfera de governo está vinculado o *Parquet*",[64] por meio da aplicação analógica da Súmula 232/STJ.[65]

---

[62] STJ, REsp 1377675/SC, Rel. Ministro Ricardo Villas Bôas Cueva, 3ª. Turma, julgado em 10/03/2015, DJe 16/03/2015.

[63] STJ, RESP.1.253.844/SC, Rel. Min. Mauro Campbell Marques.

[64] No mesmo sentido: PROCESSUAL CIVIL – AÇÃO CIVIL PÚBLICA – HONORÁRIOS PERICIAIS – ADIANTAMENTO – PROVA REQUERIDA PELO MINISTÉRIO PÚBLICO – ÔNUS CONFERIDO À FAZENDA PÚBLICA – PRECEDENTE. 1 A isenção ao adiantamento dos honorários periciais conferida ao Ministério Público (art. 18 da Lei nº 7.347/85) não pode obrigar à realização do trabalho gratuitamente, tampouco transferir ao réu o encargo de financiar ações contra ele movidas (arts. 19 e 20 do CPC). Adiantamento dos honorários periciais suportados pela Fazenda Pública, de acordo com o entendimento firmado no Eresp nº 981.949/RS, Primeira Seção, Relator o Ministro Herman Benjamin, julgado em 24/2/10. 2. Sendo o Município de Natal/RN o réu na ação civil pública, deve custear o adiantamento dos honorários periciais. 3. Recurso especial conhecido e não provido. (REsp 1188803/RN, Rel. Ministra ELIANA CALMON, SEGUNDA TURMA, julgado em 11/05/2010, DJe 21/05/2010).

[65] ADMINISTRATIVO E PROCESSUAL CIVIL. AÇÃO CIVIL PÚBLICA. ADIANTAMENTO DE HONORÁRIOS PERICIAIS. NÃO CABIMENTO. INCIDÊNCIA PLENA DO ART. 18 DA LEI N. 7.347/85. ENCARGO TRANSFERIDO À FAZENDA PÚBLICA. APLICAÇÃO DA SÚMULA 232/STJ, POR ANALOGIA. 1. Trata-se de recurso especial em que se discute a necessidade de adiantamento, pelo Ministério Público, de honorários devidos a perito em Ação Civil Pública. 2. O art. 18 da Lei n. 7.347/85, ao contrário do que afirma o art. 19 do CPC, explica que na ação civil pública não haverá qualquer adiantamento de despesas, tratando como regra geral o que o CPC cuida como exceção. Constitui regramento próprio, que impede que o autor da ação civil pública arque com os ônus periciais e sucumbenciais, ficando afastada, portanto, as regras específicas do Código de Processo Civil. 3. Não é possível se exigir do Ministério Público o adiantamento de honorários periciais em ações civis públicas. Ocorre que a referida isenção conferida ao Ministério Público em relação ao adiantamento dos honorários periciais não pode obrigar que o perito exerça seu ofício gratuitamente, tampouco transferir ao réu o encargo de financiar ações contra ele movidas. Dessa forma, considera-se aplicável, por analogia, a Súmula n. 232 desta Corte Superior ("A Fazenda Pública, quando quando parte no processo, fica sujeita à exigência do depósito prévio dos honorários do perito"), a determinar que a Fazenda Pública ao qual se acha vinculado o Parquet arque com tais despesas. Precedentes: EREsp 981949/RS, Rel. Ministro HERMAN BENJAMIN, PRIMEIRA SEÇÃO, julgado em 24/02/2010, DJe 15/08/2011; REsp 1188803/RN, Rel. Ministra ELIANA CALMON, SEGUNDA TURMA, julgado em 11/05/2010, DJe 21/05/2010;

É preciso pontuar que o NCPC é regra geral em relação à legislação que rege a tutela coletiva (Lei da Ação Civil Pública e o CDC), que deve ser qualificada como legislação especial, embora possa ser aplicada analogicamente às demais ações de iniciativa do Ministério Público, conforme acima consignado pelo Superior Tribunal de Justiça. Esta premissa é reforçada pelo art. 1.046, § 2º, do CPC/2015, onde consta que "permanecem em vigor as disposições especiais dos procedimentos regulados em outras leis, aos quais se aplicará supletivamente este Código". Neste contexto, o art. 18 da Lei 7347/85 prevê um regime diferenciado no que se refere à antecipação de honorários periciais, ao estabelecer que "nas ações de que trata esta lei, não haverá adiantamento de custas, emolumentos, honorários periciais e quaisquer outras despesas, nem condenação da associação autora, salvo comprovada má-fé, em honorários de advogado, custas e despesas processuais". No mesmo sentido é o art. 87 do Código de Defesa do Consumidor.

Portanto, adotando-se o entendimento de Ricardo Leonel, impõe-se a conclusão de que o CPC/2015 "não eliminou, para o Ministério Público, a dispensa de antecipação de encargos financeiros das perícias por ele solicitadas, tendo apenas imposto à Fazenda Pública (não ao MP) o seu recolhimento no próprio exercício financeiro em que deferida a realização da prova pericial, ou seja, na pior das hipóteses, no exercício subsequente".

Vale também registrar soluções bastante inusitadas,[66] como a que impõe seja o pagamento da perícia efetuado com recursos do Fundo de Recuperação de Bens Lesados,[67] sob o argumento de que "conquanto não se possa obrigar o Ministério Público a adiantar os honorários do perito nas ações civis públicas em que figure como parte autora, diante da norma do art. 18 da Lei 7.347/85, também não se pode impor tal obrigação a particular, tampouco exigir que o trabalho do perito seja prestado gratuitamente. Diante do impasse, afigura-se plausível a solução adotada no caso, de se determinar a utilização de recursos do Fundo Estadual de Reparação de Interesses Difusos Lesados, considerando que a ação civil pública objetiva interromper o parcelamento irregular do solo em área de Mata Atlântica".[68]

Nas situações em se verificar a dinamização do ônus da prova em decorrência de regimes de responsabilidade objetiva ou de peculiaridades técnicas e financeiras que apontem para a desigualdade entre as partes, a determinação da inversão do ônus da prova também acarretará a inversão do ônus de adiantar as despesas com encargos e honorários periciais. A respeito, Bruno Vinícius da Rós Bodart leciona que "a inversão do ônus da prova significa, em síntese, que a ocorrência do fato constitutivo do direito do autor passa a ser relativamente presumida, atribuindo-se ao demandado o ônus de provar a sua inexistência. Diante disso, uma vez invertido o ônus da prova,

---

AgRg no REsp 1083170/MA, Rel. Ministro MAURO CAMPBELL MARQUES, SEGUNDA TURMA, julgado em 13/04/2010, DJe 29/04/2010; REsp 928397/SP, Rel. Ministro CASTRO MEIRA, SEGUNDA TURMA, julgado em 11/09/2007, DJ 25/09/2007 p. 225; REsp 846.529/MS, Rel. Ministro TEORI ALBINO ZAVASCKI, PRIMEIRA TURMA, julgado em 19/04/2007, DJ 07/05/2007, p. 288. 4. Recurso especial parcialmente provido. Acórdão submetido ao regime do art. 543-C do CPC e da Resolução STJ n. 8/08. (REsp 1253844/SC, Rel. Ministro MAURO CAMPBELL MARQUES, PRIMEIRA SEÇÃO, julgado em 13/03/2013, DJe 17/10/2013).

[66] Para que se possa compreender os diversos entendimentos sobre o custeio das perícias por parte do Ministério Público, consultar o excelente artigo de GONÇALVES, Samuel Alvarenga. *Honorários periciais e Ministério Público*: O que dizem os Tribunais? In Direito Público Administrativo, p. 550.

[67] O Fundo de Recuperação de Bens Lesados está previsto no art. 13 da Lei 7.347/85.

[68] STJ, Resp. 30812/SP.

é de rigor que também o ônus de adiantamento dos honorários periciais seja atribuído ao réu. Afinal, caso não realizada a diligência, a ausência de provas militará em seu desfavor".[69]

Por seu turno, o Ministro Teori Zavaski considerou que a inversão do ônus da prova não gera o dever de o requerido custear a prova pericial. No entanto, caso opte por não custear a prova, assume os riscos de eventual demanda que lhe seja desfavorável. Confira-se a ementa:

PROCESSUAL CIVIL E ADMINISTRATIVO. SISTEMA FINANCEIRO DE HABITAÇÃO. COBERTURA PELO FCVS. INVERSÃO DO ÔNUS DA PROVA. ART. 6º, VIII, DA LEI 8.078/90. ADIANTAMENTO DAS DESPESAS PROCESSUAIS. 1 "A simples inversão do ônus da prova, no sistema do Código de Defesa do Consumidor, não gera a obrigação de custear as despesas com a perícia, embora sofra a parte ré as consequências decorrentes de sua não-produção. [...] O deferimento da inversão do ônus da prova e da assistência judiciária, pelo princípio da ponderação, impõe que seja beneficiado o consumidor, com o que não cabe a orientação jurisprudencial sobre o custeio da prova pericial nos termos da Lei nº 1.060/50" (Resp 639.534, 2ª Seção, Min. Menezes Direito, DJ de 13.02.06). Precedentes das Turmas da 1ª e 2ª Seções. 2. Recurso especial provido.[70]

O pedido de inversão do ônus da prova também pode ser formulado nos casos em que a materialidade dos ilícitos que estão sendo atacados na ação lastreia-se em autos de infração e outros documentos oriundos do exercício do poder de polícia, os quais revestem-se de presunção de legitimidade ou de veracidade. Na esfera administrativa, cabe ao infrator, no âmbito da defesa, comprovar os equívocos do auto de infração. Este mesmo efeito pode ser emprestado para a esfera cível, sobretudo diante da possibilidade, prevista no art. 372 do NCPC, de aproveitamento da prova produzida em outro processo.

8. Conclusão

Após este breve estudo, pode-se concluir que a principal inovação do NCPC em matéria probatória refere-se à expressa adoção da teoria da dinamização do ônus da prova, o que, para a atuação do Ministério Público, é extremamente significativo, sobretudo se for considerado que se está tutelando em juízo os interesses difusos e coletivos, assim como de pessoas hipossuficientes e vulneráveis, como crianças, incapazes, idosos.

Ou seja, o Ministério Público atua em defesa da sociedade e sua hipossuficiência decorre, inúmeras vezes, da disparidade técnica e financeira existente entre esta instituição e a parte adversa. O exemplo do rompimento das barragens da Samarco é elucidativo, pois o Ministério Público, ou qualquer outro legitimado para o ajuizamento de ações civis públicas, não teria condições técnicas, e mesmo financeiras, de aferir o estado anterior das barragens e de se imiscuir qualificadamente no processo industrial da mineradora, de tal forma a compreender, em condições de igualdade com a ré, o *modus operandi* que conduziu ao rompimento das barragens. Na realidade, quem exerce atividade de risco e tinha o dever de promover a destinação dos rejeitos de mineração de forma ambientalmente adequada, construindo as barragens de forma segura, compatível com a melhor tecnologia disponível no Planeta – já que

---

[69] BODART, Bruno Vinícius da Rós. *Ensaio sobre a prova pericial no Código de Processo Civil de 2015*, in Revista dos Tribunais Online, Thompson Reuters.

[70] STJ – REsp 1073688/ MT, Rel. Min. Teori Zavascki, 1ª Turma, j. 12/05/2009.

se trata de uma multinacional –, e gerenciando os riscos inerentes à atividade, é a Samarco.

Portanto, a dinamização do ônus da prova em casos relacionados à defesa do ambiente e de outros interesses difusos e coletivos, é providência que se impõe a fim de que se possa assegurar a efetividade para os direitos fundamentais tutelados pelo Ministério Público. Mas não apenas nestes casos, também em demandas individuais, como ações de investigação de paternidade, ações para a proteção de pessoas vulneráveis, poderá restar configurada uma situação de desigualdade material que justifique a dinamização.

Neste contexto, força concluir que as regras decorrentes do art. 91, §§ 1º e 2º, do CPC/2015, aplicam-se apenas às ações individuais nas quais o Ministério Público seja autor ou fiscal da ordem jurídica e apenas quando não se configurarem os requisitos para a dinamização do ônus probatório, hipótese em que a Fazenda Pública é responsável pelo adiantamento dos honorários periciais, caso a perícia não possa ser elaborada por ente público.

— 12 —

Interpretação jurídica e dever de fundamentação das decisões judiciais no novo Código de Processo Civil

CLÁUDIO ARI MELLO[1]

Sumário: 1. Introdução; 2. Teorias realistas da interpretação; 3. O caminho de Hart: o ceticismo moderado; 4. O caminho de Dworkin: O direito como integridade; 5. Considerações finais; Referências bibliográficas.

1. Introdução

Neste artigo pretendo oferecer uma contribuição teórica aos debates que os especialistas na ciência do direito processual civil certamente travarão a respeito da introdução de um conjunto de normas jurídicas no Novo Código de Processo Civil disciplinando o dever de fundamentação jurídica das decisões judiciais. Não sendo um estudioso do direito processual, a minha contribuição residirá na esfera da teoria da interpretação, em um ramo específico da na minha área de pesquisa, a teoria do direito.

O ensaio que se segue parte de duas premissas: a primeira premissa valoriza a fecundidade intelectual da interação entre a teoria do direito e as áreas especializadas da dogmática jurídica,[2] a qual tende a propiciar um saudável equilíbrio entre o universo ideal das especulações teóricas mais abstratas e o universo mais concreto das reflexões dogmáticas; a segunda premissa enfatiza a importância decisiva da compreensão do atual estágio dos estudos teóricos acerca da interpretação jurídica para o desenvolvimento cientificamente proveitoso de uma dogmática das normas de direito processual que procuram guiar a fundamentação das decisões judiciais.

O exame das normas do Código de Processo Civil de 1973 que regulavam a decisão judicial sugere que o estatuto agora revogado filiava-se a uma concepção de de-

---

[1] Professor dos cursos de graduação e mestrado do Centro Universitário Uniritter, Porto Alegre. Doutor em Teoria do Direito pela Universidade Federal do Rio Grande do Sul e Mestre em Direito do Estado pela Pontifícia Universidade Católica do Rio Grande do Sul.

[2] É interessante observar que Ronald Dworkin destacou a explosão do interesse pela filosofia do direito por parte de estudiosos de áreas especializadas do direito em passagem na qual o autor pretende criticar o isolamento dos especialistas em teoria do direito (ver DWORKIN, 2006, p. 185). Para um exemplo contemporâneo da fecundidade desse diálogo, ver a obra de MARINONI, ARENHART e MITIDIERO, 2015, mas convém lembrar que o Professor Ovídio Baptista da Silva procurou estabelecer esse debate em sua obra Processo e Ideologia, de 2004, ainda que partindo de uma interlocução bastante limitada com a teoria do direito produzida nas últimas décadas.

cisão judicial típica do formalismo jurídico que dominava a cultura jurídica brasileira à época da sua edição. O sistema jurídico era compreendido como uma ordem composta basicamente de leis editadas pelo poder legislativo e se caracterizava pela capacidade de oferecer solução para todos os fatos da vida que de alguma maneira haviam sido regulados pelas normas previstas nos textos legais. A decisão judicial compunha-se da investigação dos fatos demonstrados no processo judicial, da interpretação dos documentos normativos e da aplicação das normas interpretadas aos fatos apurados.

A interpretação parecia compreendida como uma tarefa essencialmente cognitiva, ou seja, a tarefa do juiz limitava-se a conhecer o significado dos enunciados normativos contidos na legislação. O legislador não demonstrou preocupação com a atividade de conhecimento do significado dos textos legais. De fato, o Código de 1973 sugere um legislador confiante na capacidade dos documentos normativos de possuírem um significado suficientemente claro, determinado e preciso, plenamente apreensível pela mente do juiz. Não há evidência de qualquer suspeita de que o juiz, ao interpretar os textos, pudesse se deparar com problemas de incerteza, ambiguidade ou indeterminação semântica de seus enunciados, ou que fosse constrangido ou induzido a fazer escolhas, a realizar juízos valorativos, que pudesse recorrer a sua vontade ou a concepções subjetivas suas ao sentenciar um processo. Tudo indica que o legislador de 1973 confiava na premissa de que a ordem jurídica é potencialmente completa e coerente, sendo composta de normas semanticamente precisas e de fácil interpretação por parte de seus aplicadores.

Nesse cenário, a decisão judicial restringir-se-ia a preparar a premissa maior de um raciocínio silogístico (i) encontrando a norma aplicável ao caso, (ii) conhecendo o seu significado, mediante o recurso às técnicas tradicionais de interpretação de normas jurídicas, (iii) definindo os fatos que comporão a premissa menor e, finalmente, (iv) subsumindo a premissa menor à premissa maior, apresentando, assim, a solução do conflito *decidendo*. Apenas nos casos de eventuais lacunas essa metodologia falharia. Porém, nessa hipótese, o juiz poderia valer-se da técnica *par excellence* de integração de lacunas, a analogia com normas positivadas que tratassem de casos similares ou, na ausência de uma norma com essa característica, aplicando costumes sociais ou os enigmáticos princípios gerais do direito.

Essa concepção de decisão judicial está materializada no único dispositivo do Código de Processo Civil de 1973, que efetivamente regulou a atividade do juiz ao decidir um processo judicial, o artigo 126, cujo texto é o seguinte: "O juiz não se exime de sentenciar ou despachar alegando lacuna ou obscuridade da lei. No julgamento da lide caber-lhe-á aplicar as normas legais; não as havendo, recorrerá à analogia, aos costumes e aos princípios gerais do direito". Como se sabe, a parte final desse dispositivo estava em congruência com o artigo 4º do Decreto-Lei n. 4.657/1942, à época denominado de Lei de Introdução ao Código Civil (a atual Lei de Introdução às Normas do Direito Brasileiro), segundo o qual: "Quando a lei for omissa, o juiz decidirá o caso de acordo com a analogia, os costumes e os princípios gerais de direito".

Essa concepção formalista e normativista de sistema jurídico e decisão judicial já vivia uma crise profunda à época da edição do CPC de 1973, embora essa crise teórica fosse ignorada na literatura especializada e nas decisões do Poder Judiciário brasileiros. Entretanto, o desfecho da crise terminou por levar à ruína o modelo formalista adotado pelo código e o colapso desse modelo atingiu tanto a prática jurisdicional quanto, especialmente, a teoria do direito e a dogmática jurídica brasileiras. Não admira, portanto, que o novo Código de Processo Civil tenha regulado a decisão judicial com base em uma concepção muito mais sofisticada e exigente.[3]

A preocupação com a fundamentação das decisões judicias, com a metodologia jurídica utilizada pelos juízes para chegar a um veredito ou com a interpretação e a argumentação adotadas nas sentenças aparece em diversos dispositivos do novo CPC. Contudo, o epicentro da nova regulação legislativa da decisão judicial é inegavelmente o artigo 489, §§ 1º e 2º, do texto legal.[4] Tem-se dito que esse conjunto de dispositivos legais impõe ao juiz um "dever de fundamentação analítica", mas a minha impressão é que essa leitura não explica suficientemente a mudança radical de concepção teórica acerca da natureza da decisão judicial embutida nas diretrizes normativas do novo código.

Esses dispositivos contêm uma série de comandos diretivos da fundamentação judicial, que podem ser compreendidos como deveres ou proibições que incidem sobre a fundamentação das decisões judiciais. O texto utiliza uma redação negativa para instituir esses comandos diretivos. A oração "não se considera fundamentada" quer significar ou que o juiz não pode fundamentar de determinadas formas, ou que está obrigado a fundamentar de acordo com determinadas exigências. Na redação desses enunciados legais transparecem preocupações muito mais complexas e ambiciosas em relação à fundamentação das decisões judiciais do que aquelas que mobilizaram a lei processual anterior. Proponho a seguinte reconstrução analítica dos deveres de fundamentação prescritos no artigo 489:

    a) A construção da premissa maior do raciocínio judicial não pode se limitar à mera referência genérica ao dispositivo legal que o juiz entende incidente no caso *sub judice*. O juiz deve explicar por que entende que incide no caso o dispositivo que está aplicando e qual o significado que atribui ao texto desse dispositivo. A explicação deve ser feita mediante argumentos racionais e objetivos;

    b) Quando aplicar conceitos jurídicos particularmente indeterminados, como dignidade humana, solidariedade, culpa, boa-fé, função social da propriedade ou dos contratos, o juiz deve determinar o significado que está atribuindo ao conceito mediante argumentos racionais e objetivos e deve explicitar as razões pelas quais o caso concreto é uma instância de incidência do conceito.

    c) A fundamentação de uma decisão judicial não pode se manter no nível da generalidade e da abstração. O juiz deve demonstrar que os argumentos que está empregando para decidir se ajustam aos fatos objeto do processo que está julgando. Ao utilizar enunciados legais ou precedentes judiciais como fundamentos jurídicos da decisão, o

---

[3] Sobre as mudanças no conceito de decisão judicial no novo CPC, ver MARINONI, ARENHART e MITIDIERO, 2015, p. 405-499.

[4] Para facilitar a compreensão do problema, transcrevo a seguir os dispositivos referidos: § 1º Não se considera fundamentada qualquer decisão judicial, seja ela interlocutória, sentença ou acórdão, que: I – se limitar à indicação, à reprodução ou à paráfrase de ato normativo, sem explicar sua relação com a causa ou a questão decidida; II – empregar conceitos jurídicos indeterminados, sem explicar o motivo concreto de sua incidência no caso; III – invocar motivos que se prestariam a justificar qualquer outra decisão; IV – não enfrentar todos os argumentos deduzidos no processo capazes de, em tese, infirmar a conclusão adotada pelo julgador; V – se limitar a invocar precedente ou enunciado de súmula, sem identificar seus fundamentos determinantes nem demonstrar que o caso sob julgamento se ajusta àqueles fundamentos; VI – deixar de seguir enunciado de súmula, jurisprudência ou precedente invocado pela parte, sem demonstrar a existência de distinção no caso em julgamento ou a superação do entendimento. § 2º No caso de colisão entre normas, o juiz deve justificar o objeto e os critérios gerais da ponderação efetuada, enunciando as razões que autorizam a interferência na norma afastada e as premissas fáticas que fundamentam a conclusão.

juiz deve explicitar analiticamente por que eles se ajustam às circunstâncias jurídicas e factuais do caso.

d) O juiz deve observar regras de ética discursiva na construção da decisão, respeitando as partes e intervenientes do processo judicial como agentes racionais e razoáveis que apresentam propostas legítimas de interpretação dos fatos, dos textos legais e de precedentes judiciais merecedoras de cuidadosa consideração. O juiz deve compreender o processo judicial como uma prática institucional dialógica e respeitosa da autonomia argumentativa dos seus participantes.

e) Ao recorrer ao método da ponderação de bens, valores, fins ou interesses na decisão judicial para resolver casos de colisão entre normas ou direitos, o juiz deve também utilizar uma fundamentação analítica, que esclareça por que razões jurídicas, técnicas ou fáticas uma norma ou um direito deve ser protegido e o outro sacrificado, procurando reduzir ou eliminar a subjetividade da escolha realizada.

Como se pode constatar, trata-se de um cenário completamente diferente do subjacente ao CPC de 1973. O novo Código parte de uma compreensão muito mais complexa e refinada da decisão judicial. A nova concepção pode ser examinada desde vários ângulos, desde a teoria do direito até a dogmática do processo civil. Há dois aspectos, contudo, que chamam a atenção desde o ponto de vista da teoria do direito. O primeiro refere-se a uma melhor compreensão da pervasividade (perdoem-me o anglicismo) da indeterminação semântica dos textos legais. Diferentemente do Código anterior, que se satisfazia com uma concepção formalista e cognitivista da decisão judicial, o novo estatuto reconhece que os enunciados normativos dos textos legais sempre contêm algum nível de indeterminação e que o seu significado abstrato e concreto é sempre determinado pelo juiz ao interpretá-los.

O segundo também está associado ao reconhecimento da indeterminação do direito, mas diz respeito mais especificamente a um fenômeno há muito tempo identificado pelos teóricos e pelos juízes, especialmente no âmbito da jurisdição constitucional, que consiste na colisão não excludente de normas, isto é, em uma espécie de conflito entre normas que não implica a exclusão de uma delas do sistema jurídico, mas a escolha racional de uma das normas colidentes em face das circunstâncias específicas do caso concreto, ainda que essa escolha possa resultar na construção de uma norma potencialmente aplicável em casos iguais. Não admira, pois, que o novo código recomende a adoção do método mais estudado pela literatura e mais utilizado na prática judicial na solução das colisões de normas, a chamada ponderação de bens, valores, fins ou interesses protegidos pelas normas jurídicas (ALEXY, 2012).

Pode-se concluir, portanto, que o novo Código finalmente incorpora ao direito positivo brasileiro o reconhecimento da indeterminação dos enunciados normativos legais e do direito em geral, que é uma característica marcante dos estudos de teoria do direito do século XX. Esse reconhecimento representa, a meu ver, uma ruptura com a concepção formalista e cognitivista adotada pelo estatuto anterior, sem que essa ruptura represente a adesão a qualquer uma das diversas concepções teóricas existentes acerca da interpretação jurídica e da decisão judicial. Conquanto se possa identificar um certo *dirigismo interpretativo* no código como um todo e especialmente no artigo 489, não se pode ver nele a filiação a uma particular teoria da interpretação.

Neste artigo, vou procurar expor três das mais importantes concepções teóricas acerca da interpretação jurídica que vêm tentando entender como a interpretação e a aplicação dos textos legais podem lidar com o fenômeno da interpretação. Estudarei

(a) as teorias realistas da interpretação, especialmente a partir da matriz kelseniana, (b) a interpretação jurídica no ceticismo moderado de H.L.A. Hart e (c) a teoria construtivista da interpretação do direito na teoria do direito de Ronald Dworkin. Corretamente, o novo CPC não adotou nenhuma dessas ou qualquer outra teoria da interpretação. Exponho essas três importantes concepções para que o leitor relembre ou constate como o problema da indeterminação do direito, reconhecido pelo novo estatuto processual, é enfrentado atualmente no âmbito da teoria do direito. Não pretendo induzir o leitor a aderir a qualquer uma das concepções teóricas examinadas. Meu objetivo é apenas tentar demonstrar como o problema da interpretação jurídica é muito mais complexo do que se supunha no reino do formalismo normativo no qual foi gestado o código Buzaid e como essa complexidade finalmente foi reconhecida no direito positivo brasileiro.

2. Teorias realistas da interpretação

As teorias realistas da interpretação jurídica têm como principal referência a concepção de interpretação de Hans Kelsen, exposta basicamente em algumas poucas páginas do capítulo derradeiro (e algo deslocado) da 2ª edição da sua *Teoria Pura do Direito*.[5] Para Kelsen, um enunciado normativo do direito positivo é apenas uma moldura (*Rahmen*) que permite ao seu interprete extrair diversas interpretações, que, por sua vez, levam a diferentes propostas de normas jurídicas. As normas jurídicas são sempre o significado objetivo de um ato de vontade que aplica uma norma jurídica prevista na escala imediatamente superior do sistema jurídico. Assim, as normas legais são atos de vontade que resultam de uma escolha que os legisladores fazem entre as diversas possibilidades de interpretação de uma ou mais normas constitucionais. Uma decisão judicial constitui uma norma jurídica que é o significado objetivo de um ato de vontade do juiz, consistente na escolha de uma, entre diversas possibilidades de interpretação das normas constitucionais ou legais que incidem no caso em julgamento.

A razão pela qual um enunciado normativo é apenas uma moldura reside no fato de que ele é necessariamente expresso em linguagem, e a linguagem humana é inevitavelmente indeterminada. Ainda que a indeterminação seja variável, ela está sempre presente nos textos legais precisamente porque é sempre linguagem. Como todo enunciado normativo é semanticamente indeterminado, o intérprete pode formular diversas propostas de normas resultantes da interpretação do texto. Essa formulação de diferentes propostas de interpretação é uma atividade cognitiva. Interpretar um enunciado normativo legal EN1 é conhecer ou reconhecer as propostas de normas jurídicas N1, N2, N3, Nx. A norma jurídica efetivamente aplicável ao caso concreto é o resultado da escolha que o juiz faz entre essas diversas propostas de interpretação da moldura que é o enunciado normativo legal. As propostas de interpretação são o produto de uma atividade cognitiva, porém a escolha entre elas é sempre um ato de vontade. Vamos tentar exemplificar a visão kelseniana.

O artigo 10 do novo CPC prevê que: "O juiz não pode decidir, em grau algum de jurisdição, com base em fundamento a respeito do qual não se tenha dado às partes oportunidade de se manifestar, ainda que se trate de matéria sobre a qual deva

---

[5] Sobre o caráter realista da teoria do direito de Kelsen, ver Uta BINDREITER (2013) e Perluigi CHIASSONI (2013). Para uma abordagem geral sobre as teorias realistas da interpretação, ver Gustavo JUST (2014).

decidir de ofício". Esse é o enunciado normativo ou o dispositivo legal que levará à formulação de uma norma jurídica que será então aplicada na atividade jurisdicional. Interpretando esse enunciado, ou conhecendo seus múltiplos possíveis significados, sugiro ser possível extrair dele as seguintes normas jurídicas:

(i) O juiz está proibido de decidir com base em fundamento normativo, isto é, com base em um dispositivo legal que não foi discutido ou debatido pelas partes ou por qualquer outro sujeito processual ao longo do processo.

(ii) O juiz está proibido de decidir com base em fundamento fático, isto é, com base em uma questão de fato que não foi discutida ou debatida pelas partes ou por qualquer outro sujeito processual ao longo do processo.

(iii) O juiz está proibido de decidir com base em fundamento jurídico, isto é, com base em uma tese jurídica pessoal do próprio juiz ou proposta pela doutrina que não foi discutida ou debatida pelas partes ou por qualquer outro sujeito processual ao longo do processo.

(iv) O juiz está proibido de decidir com base em fundamento jurisprudencial, isto é, com base em um precedente judicial que não foi discutido ou debatido pelas partes ou por qualquer outro sujeito processual ao longo do processo.

(v) O juiz está proibido de decidir com base em qualquer um dos fundamentos expostos nos itens anteriores que não houver sido discutido ou debatido pelas partes ou por qualquer outro sujeito processual ao longo do processo.

(vi) O juiz pode decidir com base em um dispositivo legal que não foi discutido ou debatido pelas partes ou qualquer outro agente processual ao longo do processo, mas apenas depois de oportunizar às partes a possibilidade de se manifestarem sobre esse dispositivo legal.

(vii) O juiz pode decidir com base em um fundamento fático que não foi discutido ou debatido pelas partes ou qualquer outro agente processual ao longo do processo, mas apenas depois de oportunizar às partes a possibilidade de se manifestarem sobre a prova do fato.

(viii) O juiz pode decidir com base em uma tese jurídica sua ou da doutrina que não foi discutida ou debatida pelas partes ou qualquer outro agente processual ao longo do processo, mas apenas depois de oportunizar às partes a possibilidade de se manifestarem sobre a tese.

(ix) O juiz pode decidir com base em um precedente judicial que não foi discutido ou debatido pelas partes ou qualquer outro agente processual ao longo do processo, mas apenas depois de oportunizar às partes a possibilidade de se manifestarem sobre o precedente.

(x) O juiz pode decidir com base em qualquer um dos fundamentos expostos nos itens anteriores que não houver sido discutido ou debatido pelas partes ou por qualquer outro sujeito processual ao longo do processo, mas apenas depois de oportunizar às partes a possibilidade de se manifestarem sobre esses fundamentos.

Essas propostas de interpretação são apenas exemplificativas. O leitor está à vontade para propor quantas outras julgar pertinentes. De qualquer forma, para Kelsen a atividade cognitiva do juiz se encerra na compreensão das diversas possibilidades de interpretação de um dispositivo legal. Por isso, o dispositivo é apenas uma moldura que comporta diferentes intepretações. A atividade de aplicar uma dessas propostas interpretativas não é um ato de cognição, mas um ato de vontade do juiz, que escolhe discricionariamente entre as interpretações possíveis. Essa compreensão da interpretação jurídica decorre de duas formas de ceticismo assumidas por Kelsen: ceticismo semântico, segundo o qual a linguagem humana é sempre imprecisa e jamais comporta um significado determinado; e o ceticismo epistemológico, segundo o qual não existem verdades objetivas acerca dos conceitos ou termos utilizados pelos enunciados jurídicos. A compreensão que se tem deles é sempre fruto de uma decisão subjetiva daquele que os aplica.

Kelsen sustentava que nada constrange a discricionariedade do juiz ao escolher as propostas interpretativas, nem mesmo os métodos de interpretação concebidos pela teoria do direito. Não existe nenhum método cientificamente objetivo e seguro que permita afirmar que métodos podem ser instituídos ou reconhecidos para interpretar um texto legal e quais dentre esses métodos devem preponderar em uma decisão judicial. Ou seja, mesmo a escolha dos métodos a serem utilizados na escolha entre as alternativas interpretativas é inescapavelmente discricionária e depende de um ato de vontade do juiz:

> Só que, de um ponto de vista orientado para o Direito positivo, não há qualquer critério com base no qual uma das possibilidades inscritas na moldura do Direito a aplicar possa ser preferida à outra. Não há absolutamente nenhum método – capaz de ser classificado como de Direito positivo – segundo o qual, das várias significações verbais de uma norma, apenas uma possa ser destacada como "correta" – desde que, naturalmente, se trate de várias significações possíveis: possíveis no confronto de todas as outras normas da lei ou da ordem jurídica. (KELSEN, 2000, p. 391)

O esforço da teoria do direito e da dogmática jurídica, muito característico da cultura jurídica alemã desde o século XIX,[6] para elaborar uma teoria da interpretação jurídica capaz de guiar o processo de interpretação do direito positivo e, por decorrência, a decisão judicial, não é e nem pode ser bem-sucedido: "Todos os métodos de interpretação até ao presente elaborados conduzem sempre a um resultado possível, nunca a um resultado que seja o único correto" (KELSEN, 2000, p. 392). Os métodos não são capazes de fornecer uma única resposta correta a respeito do significado do direito positivo pela simples razão de que existem apenas respostas possíveis, e não uma única resposta "correta".

O radicalismo do ceticismo interpretativo de Kelsen o leva a descartar inclusive técnicas altamente acatadas no raciocínio jurídico, como a analogia e o *argumentum a contrario*, geralmente considerados decisivos na definição sobre a existência de uma lacuna. Para o autor, esses argumentos são igualmente incapazes de produzir respostas corretas pelo fato de que "os dois conduzem a resultados opostos e não há qualquer critério que permita saber quanto deve ser empregado um e quando deve ser empregado o outro" (KELSEN, 2000, p. 392). Obviamente, a hoje tão popular técnica da ponderação de interesses é também compreendida como incapaz de eliminar o caráter puramente voluntarista – e, portanto, subjetivo – da escolha judicial por um dos interesses conflitantes.

É claro que, ao interpretar um enunciado normativo das fontes do direito, o juiz poderá valer-se de princípios de justiça, valores morais, valores sociais, interesses públicos, objetivos econômicos. Nenhuma dessas instâncias pertence ao sistema jurídico, salvo se houverem sido formalmente adotadas por um ato de vontade que produziu uma norma incorporada ao direito positivo, como uma norma constitucional, uma lei ou uma decisão judicial. Recorrer a elas é um artifício natural tanto da parte

---

[6] O estudo mais influente sobre a história da construção da metodologia jurídica alemã é a obra magna de LARENZ (1983). Para uma abordagem mais moderna, ver ALEXY (2013). Recentemente Pablo Castro Miozzo publicou instigante estudo sobre a história da metodologia jurídica germânica (MIOZZO, 2014).

cognitiva quando da parte decisória do processo interpretativo. O recurso a razões extrajurídicas envolve uma atividade de conhecimento do significado dessas razões, que podem orientar a escolha do juiz, porém não podem alterar a natureza voluntarista da sua decisão.

Para Kelsen, portanto, a decisão judicial é sempre criação do direito. O direito positivo nunca está pronto, porque seus enunciados normativos nunca possuem um significado determinado. É o juiz que cria a norma ao interpretar os textos que compõem o direito positivo. A interpretação judicial é sempre simultaneamente criação do direito, seja quando cria normas válidas apenas para um caso concreto, seja quando cria precedentes que operam como normas gerais e abstratas. Por isso Kelsen sustenta que a interpretação judicial é sempre interpretação autêntica (KELSEN, 2000, p. 394).

Discípulos mais recentes da teoria realista da interpretação de Kelsen explicitaram mais precisamente a arquitetura teórica da sua concepção e aprimoraram alguns de seus aspectos mais obscuros. Um avanço conceitual importante se obteve com a distinção mais clara entre dispositivo ou enunciado normativo e norma jurídica. Um ordenamento jurídico é um sistema de normas jurídicas, mas as normas não são os dispositivos ou enunciados normativos contidos nas fontes sociais do direito. Normas jurídicas são sempre o produto da interpretação que juízes conferem aos textos. Evidentemente a distinção estava presente na obra kelseniana, mas a sua distinção conceitual foi aperfeiçoada (ALCHOURRÓN e BULYGIN, 2002, MORESO, 1997, CHIASSONI, 2007, GUASTINI, 2011, TROPER, 2011 e ÁVILA, 2014).

Essa distinção encontra na obra de Guastini uma formulação bastante clara: *dispositivo* (*disposizione*) é todo ato normativo contido em uma fonte de direito; *norma* não é o enunciado mesmo, mas o seu conteúdo de significado. "A operação intelectual que conduz do enunciado ao significado – ou, se se prefere, a operação de identificação do significado – outra coisa não é que a interpretação" (GUASTINI, 2011, p. 63-64). Outra definição precisa da distinção se encontra em Ávila: "*Normas* não são textos nem o conjunto deles, mas os sentidos construídos a partir da interpretação sistemática de textos normativos. Daí se afirmar que os dispositivos se constituem no objeto da interpretação; e as normas, no seu resultado" (ÁVILA, 2014, p. 50).

Os teóricos do realismo interpretativo são positivistas, razão pela qual o direito é considerado como sendo formado apenas de fontes sociais, como constituição, leis, costumes, decisões judiciais. Essas fontes sociais contêm dispositivos ou enunciados normativos escritos em linguagem humana. São os artigos e parágrafos dos textos legislativos ou a parte dispositiva de uma sentença judicial ou uma súmula de um tribunal superior. Esses enunciados não são normas jurídicas, mas a base sobre a qual incide a atividade de decisão judicial. O juiz ou o tribunal decide um caso interpretando um dispositivo do direito positivo. Riccardo Guastini chama essa operação de atividade interpretativa ou processo de interpretação. O resultado dessa atividade é a produção de uma norma jurídica. Como vimos, as normas jurídicas são o produto da interpretação e não a fonte da interpretação. Fonte da interpretação são os enunciados normativos do direito positivo. Segue-se que não existem normas jurídicas antes da interpretação judicial.

Vários fatores contribuem para o fato de que as fontes sociais do direito são caracterizadas pela indeterminação semântica. Os enunciados normativos sofrem da ambiguidade, complexidade, equivocidade e vagueza que são típicas da linguagem humana; o legislador frequentemente emprega cláusulas gerais, princípios abertos, normas programáticas, que são deliberadamente imprecisos. Além disso, o processo interpretativo é sobrecarregado com uma multiplicidade de métodos de interpretação, de construções dogmáticas, de concepções morais ou sentimentos de justiça diferentes e concorrentes. Tais fatores impedem que se reconheçam significados intrínsecos aos textos normativos, que possam ser apenas conhecidos pelo intérprete. Interpretar é atribuir um significado aos textos, um sentido que pode apenas estar sugerido neles, mas que só é acertado no processo de interpretação, que produz um significado definitivo, expresso na norma jurídica que resulta da atividade interpretativa. Como vimos antes, um texto pode sugerir diversas alternativas de significado, e a eleição de um deles é sempre uma decisão do intérprete.

Os realistas contemporâneos admitem que o máximo que se pode impor ao juiz quando escolhe um dos significados possíveis no curso do processo de interpretação é constrangê-lo a adotar conscienciosamente métodos interpretativos, técnicas de argumentação e recorrer responsavelmente aos precedentes judiciais e à dogmática jurídica. Michel Troper, por exemplo, elabora uma teoria das constrições ao processo de interpretação judicial para tentar controlar a liberdade inerente a esta operação (TROPER, 2011, p. 07-18).[7] Guastini reconhece, ainda, que a interpretação judicial pode ser e efetivamente é disciplinada pelo próprio ordenamento jurídico, embora ressalve que, a rigor, o que se pode controlar é a argumentação da interpretação pré--escolhida (GUASTINI, 2011, p. 309).

Por fim, uma importante evolução do realismo interpretativo refere-se à compreensão da identificação de lacunas e do respectivo processo de integração. A distinção fundamental no estudo das lacunas diferencia lacunas normativas de lacunas axiológicas. As lacunas normativas ocorrem quando o legislar disciplina um fato ou grupo de fatos, porém deixa de regular uma ou mais situações que compõem o fato ou o grupo de fatos regulado.

Um exemplo simples de lacuna normativa é a disciplina da escolha dos Ministros do Supremo Tribunal Federal pela Constituição Federal de 1988. O artigo 101, parágrafo único, da CF prescreve que os Ministros da Suprema Corte "serão nomeados pelo Presidente da República, depois de aprovada a escolha pela maioria absoluta do Senado Federal". O artigo 84, XIV, por sua vez, confere ao Presidente da República a competência de "nomear, após aprovação pelo Senado Federal", os Ministros do Supremo Tribunal Federal". Como se vê, a Constituição disciplina a aprovação e a nomeação dos juízes da Corte, mas não contém nenhuma norma regulando a competência para realizar a escolha. Evidentemente alguém tem que ser escolhido para ser aprovado e nomeado. E alguém deve realizar a escolha. É nítido que falta uma norma ou, na linguagem realista, um dispositivo regulando a seleção do candidato. A lacuna normativa resulta, pois, de um juízo de fato, isto é, de um juízo acerca das disposições normativas efetivamente existentes nas fontes sociais de um dado ordenamento jurídico.

Todavia, é na compreensão da natureza das lacunas axiológicas que o realismo interpretativo contemporâneo parece avançar significativamente. De acordo com Guastini, considera-se *lacuna axiológica* "a falta de uma norma que – segundo a subjetiva preferência ético-política (axiológica, portanto) do intérprete *deveria existir*".

---

[7] Sobre a concepção de Troper, ver a obra de JUST (2014).

E adiante: "deve estar claro que afirmar a existência no ordenamento de uma lacuna axiológica não é um juízo de fato, mas um juízo de valor: não uma descrição do direito como ele é, mas uma crítica do direito existente e/ou uma prescrição de como deveria ser" (GUASTINI, 2011, p. 134).

O reconhecimento de uma lacuna exige a construção de uma nova norma, sem que essa norma seja o resultado de um processo propriamente interpretativo de um enunciado normativo presente em uma fonte social do direito. Ocorre que, quando se trata de uma lacuna axiológica, que, na visão dos realistas, é sempre uma lacuna criada por concepções ético-políticas subjetivas do intérprete, a norma a ser construída é fruto de uma atividade legislativa, já que o sistema jurídico não contém dispositivos regulando os fatos que deveriam ser regulados, segundo a concepção axiológica do intérprete. Colmatar uma "lacuna axiológica" é construir uma "norma não-expressa". Como para os realistas não existem valores morais ou políticos objetivos, a construção de uma norma não-expressa para integrar uma lacuna axiológica é fatalmente o resultado de escolhas morais subjetivas do intérprete, tão livres quanto as escolhas do poder legislativo na elaboração dos documentos legais.

Um caso claro de lacuna axiológica encontra-se nas decisões do Supremo Tribunal Federal acerca do direito à união estável para casais do mesmo sexo, proferidas nos julgamentos da ADI n. 4277 e da ADPF 132. A Corte entendeu que a melhor interpretação dos princípios constitucionais da dignidade da pessoa humana (art. 1º, III, CF), da igualdade (art. 5º, *caput*), da vedação de toda forma de discriminação (art. 3º, IV) e da liberdade de autodeterminação (art. 5º, *caput*) não é compatível com a limitação do direito à união estável a casais formados por um homem e uma mulher, nos termos do dispositivo contido no artigo 226, § 3º, do texto constitucional. Ou seja, embora tenha reconhecido a inexistência de um dispositivo constitucional contemplando a união homoafetiva, a Corte entendeu que a ausência de uma norma protegendo essa forma de união era incompatível com um estado ideal de coisas concebido a partir de um conjunto de valores morais compartilhados pelos Ministros, supostamente derivados de princípios escritos na Constituição. A seguir, construíram uma nova norma constitucional com base em uma argumentação de moralidade política, suprindo a lacuna identificada na interpretação do texto constitucional.

As teorias realistas sobre a interpretação estão assentadas sobre visões céticas sobre a semântica, a epistemologia e a moral. A complexidade da relação entre essas formas de ceticismo e as teorias realistas nos impede de a examinarmos neste artigo. Porém, parece claro que, se as teorias realistas sobre a decisão judicial estão corretas, então as consequências de sua aceitação – pelos juízes, por exemplo – são devastadoras para o formalismo ingênuo que parecia dominar a concepção de decisão judicial do CPC de 1973. A próxima concepção que vamos examinar acolhe apenas em parte o ceticismo na compreensão da decisão judicial, limitando-o aos casos em que a indeterminação do direito se torna mais pronunciada. Ainda assim, o efeito dessa concepção moderada sobre a decisão judicial é igualmente impactante.

3. O caminho de Hart: o ceticismo moderado

A concepção que denominarei de ceticismo moderado acerca da interpretação tem como principal referência a obra do jusfilósofo britânico H.L.A. Hart. Hart jamais desenvolveu uma teoria da interpretação jurídica, porém suas reflexões a respeito da natureza das regras jurídicas revelaram aspectos fundamentais sobre a indeterminação do direito e, por consequência, da decisão judicial (ver HART, 2012).

Hart pertenceu a um importante movimento filosófico na filosofia do século XX, denominada de filosofia da linguagem, que por sua vez fez parte da mais influente corrente filosófica do século passado, a filosofia analítica.[8] A filosofia da linguagem encontrou em Oxford um ambiente particularmente propício para o desenvolvimento de uma nova forma de fazer filosofia, baseada na análise clara e rigorosa dos conceitos e do estudo da linguagem como a instância por excelência do conhecimento humano e da compreensão dos problemas filosóficos (GLOCK, 2011, e HACKER, 1996). Hart, que fez sua formação filosófica precisamente em Oxford, foi o principal nome da filosofia da linguagem no ambiente jurídico oxfordiano.[9]

No capítulo VII de *O Conceito de Direito,* Hart procura compreender a natureza das regras jurídicas confrontando duas concepções rivais: o formalismo jurídico e o ceticismo das regras. O formalismo jurídico, no sentido de Hart, consiste em uma atitude segundo a qual os termos gerais utilizados em normas jurídicas devem ter o mesmo sentido em todos os casos em que elas sejam aplicáveis. Se fosse viável, essa concepção poderia assegurar a maior certeza ou previsibilidade possível na aplicação do direito e seria responsável pela criação de uma espécie de "paraíso dos conceitos". Se fosse possível, como pretendia o formalismo, atribuir a um termo geral o mesmo sentido em todas as suas aplicações, "nenhum esforço seria então exigido, ou feito, para interpretar o termo à luz das diferentes questões em jogo, em suas várias recorrências (HART, 2012, p. 168/169). Nesse contexto, uma teoria da interpretação nem sempre seria necessária e, quando o fosse, seria capaz de oferecer a todo e qualquer problema jurídico possível uma única resposta certa, já que o formalismo rejeita a – ou pelo menos não tem consciência da – indeterminação do significado dos termos usados nas normas jurídicas.

O ceticismo de regras, por seu turno, sustenta que o discurso acerca das normas, e, por via de consequência, qualquer teoria da interpretação das normas jurídicas, "é um mito, ocultando a verdade de que o direito consiste nas decisões dos tribunais e nas previsões a respeito dessas decisões" (HART, 2012, p. 177). O ceticismo é associado às teorias realistas acerca da natureza do direito, tanto na vertente escandinava quanto na norte-americana. Os realistas defendem, em síntese, que o direito é essencialmente aquilo que os tribunais decidem julgando processos judiciais, e as regras jurídicas inscritas em textos legais cumprem no máximo uma função de sugestão para as decisões dos juízes.[10] Uma teoria da interpretação seria, neste contexto, um esforço inútil que alimentaria uma ilusão, já que os juízes podem decidir com base em qualquer razão, inclusive as razões mais subjetivas possíveis, como incidentes triviais da sua rotina pessoal (como o seu café da manhã ou desentendimentos conjugais, por exemplo). No lugar de uma teoria da interpretação, o que os

---

[8] Sobre o uso da análise conceitual em Hart, ver CHIASSONI, 2013.
[9] Uma narrativa detalhada da relação de Hart com a filosofia da linguagem oxfordiana pode ser encontrada em LACEY, 2004; para um breve exame da relação de Hart com a filosofia analítica, ver HACKER (1996), p. 156.
[10] Importante ressaltar que estamos aqui a tratar das teorias realistas sobre a natureza do direito, não sobre a interpretação jurídica.

juristas podem desenvolver é a habilidade de prever as decisões futuras dos tribunais, não mais do que isso.

A concepção do significado das normas jurídicas de Hart foi influenciada pelas reflexões que o filósofo austríaco Ludwig Wittgenstein desenvolveu naquele que é considerado o segundo estágio de evolução da sua obra filosófica, exposto especialmente nas *Investigações Filosóficas*. De acordo com Wittgenstein, os conceitos e as palavras não têm um significado essencial, extraído das coisas como elas são em si. O significado de uma palavra é definido pelo uso que se faz dela nas práticas sociais. Por isso, o significado não é fixo, podendo variar conforme o uso que uma determinada comunidade de falantes faz do termo. Por outro lado, o significado de uma palavra também não é algo que esteja completamente à disposição da decisão do seu usuário. Não é possível o desenvolvimento de uma linguagem privada, já que o significado de uma palavra só pode ser compreendido quando eu respeito as regras de uso desenvolvidas e aceitas por uma determinada comunidade de falantes. Assim, o significado das palavras nem é algo invariável, determinado pela essência dos objetos da realidade, nem é algo que possa ser livremente manipulado pelo usuário (WITTGENSTEIN, 2014)

Partindo dessas premissas, Hart propõe que é da natureza das normas jurídicas que elas sejam dotadas de uma "textura aberta". Hart ressalta que uma parte importante da teoria do direito do século XX consistiu na compreensão dos limites da linguagem como veículo de comunicação humana com significado. Foi apenas com a absorção dos achados teóricos da filosofia da linguagem que emergiu uma percepção mais clara da natureza e da dimensão da indeterminação das normas jurídicas. "É claro que existem casos claros", diz o autor, "aos quais as fórmulas gerais são nitidamente aplicáveis", porém "haverá também casos aos quais não está claro se elas se aplicam ou não" (HART, 2012, p. 164). E a seguir:

> Os cânones de "interpretação" não podem eliminar essas incertezas, embora possam minorá-las; pois esses cânones constituem, eles próprios, normas gerais para o uso da linguagem e empregam termos gerais que exigem eles próprios interpretação. Não podem, mais do que as outras normas, fornecer a sua própria interpretação. (HART, 2012, p. 164)

Hart afirma que os casos simples são aqueles que parecem dispensar a interpretação e "o reconhecimento de exemplos parece pouco problemático ou 'automático'".[11] Entretanto, esses casos simples "são apenas os familiares, que reaparecem continuamente em contextos semelhantes, a respeito dos quais existe um juízo consensual quanto à aplicabilidade dos termos classificatórios" (HART, 2012, p. 164). Ou seja, os casos em que o significado das normas é determinado são aqueles em que houve uma estabilização do uso de uma determinada palavra por força do consenso na comunidade de intérpretes do texto.

No entanto, as normas jurídicas são dotadas de uma textura aberta, o que significa que, embora possamos identificar zonas de certeza em relação ao sentido da norma, também nos deparamos com zonas de penumbra, nos quais o significado da norma é indeterminado e o seu campo de aplicação impreciso. A textura aberta das normas jurídicas e a presença de normas indeterminadas podem decorrer de uma decisão do órgão que criou a norma, que pode decidir conferir à norma uma maior flexibilidade semântica e funcional e transferir ao órgão aplicador o poder de concretizar o sentido dela.

---

[11] A dispensabilidade da interpretação jurídica a partir da perspectiva de Hart foi desenvolvida especialmente por Andrei MARMOR (2000 e 2014).

Mas a indeterminação é, de qualquer forma, uma consequência da natureza da própria linguagem, razão pela qual não pode ser evitada mesmo por uma redação planejada e cuidadosa de um legislador obstinado em oferecer segurança e previsibilidade máximas ao direito. Mesmo uma palavra cujo significado pode ser considerado como consensual – e, portanto, estável – no uso em uma determinada comunidade de intérpretes pode ter seu sentido instabilizado pela mudança do seu contexto de aplicação:

> A esta altura, a linguagem geral em que a norma se expressa não pode fornecer senão uma orientação incerta, como faria um exemplo igualmente dotado de autoridade. Nesse ponto vai por terra a sensação de que a linguagem da norma nos habilitará a simplesmente identificar exemplos facilmente reconhecíveis. A inclusão de um caso particular dentro de uma norma e a inferência de uma conclusão silogística já não caracterizam a essência do raciocínio envolvido em decidir qual é o procedimento correto. (HART, 2012, p. 165)

Quando estamos diante de um caso de textura aberta ou de zona de penumbra acerca do significado de uma determinada norma, o aplicador da norma tem discricionariedade para definir o significado que prevalecerá na aplicação da norma. Essa discricionariedade é variável, podendo ser constrangida por diversos fatores, mas será sempre uma escolha do aplicador. Nesses casos, afirma Hart, "o juiz ao mesmo tempo cria direito novo e aplica o direito estabelecido, o qual simultaneamente lhe outorga o poder de legislar e restringe esse poder" (HART, 2012, p. 351). Conforme esclarece no pós-escrito a *O Conceito de Direito*, conquanto goze de discricionariedade para escolher o significado da norma e assim criar direito novo, o juiz não dispõe do grau de liberdade típica do poder legislativo. Os poderes de criação do direito de um juiz são "intersticiais", estando sujeitos a muitas "restrições substantivas". Ainda quando o juiz se depara com um caso de extrema indeterminação, a criação judicial do direito é distinta da criação legislativa:

> Não obstante, haverá aspectos sobre os quais o direito existente não aponta nenhuma decisão como correta; e, para julgar essas causas, o juiz deve exercer seu poder de criar o direito. Mas não deve fazê-lo arbitrariamente: isto é, deve sempre ser capaz de justificar sua decisão mediante razões gerais, e deve atuar como um legislador consciencioso, decidindo de acordo com suas próprias concepções e valores. Mas desde que satisfaça a essas condições, o juiz tem o direito de seguir padrões ou razões que não lhe são impostos pela lei e podem diferir dos utilizados por outros juízes diante de casos difíceis semelhantes. (HART, 2012, p. 352)

Como se pode constatar, a posição de Hart compartilha premissas caras às teorias realistas da interpretação, mas de forma moderada. As fontes sociais do direito são compostas de normas que apresentam zonas de determinação semântica, que, portanto, configuram casos fáceis de aplicação. Infelizmente Hart não desenvolveu suficientemente sua concepção acerca dessas hipóteses, mas aparentemente nessas situações poderíamos variar, desde casos em que a compreensão do significado da norma chegaria a dispensar qualquer interpretação, dado o grau extremo de consenso sobre seu sentido, até casos em que a aplicação adequada dos "cânones de interpretação" seria suficiente para permitir ao juiz compreender o significado da norma.

Por outro lado, as fontes sociais são também inevitavelmente compostas de normas dotadas de zonas de indeterminação semântica, indeterminação essa que é também variável. Em outros casos, o sistema jurídico não oferece qualquer solução normativa. De qualquer forma, nos casos de indeterminação do direito ou de indeterminação semântica da norma, o aplicador dispõe de discricionariedade para criar direito, e ainda que essa liberdade criativa não atinja o mesmo grau de discricionariedade atribuída, por exemplo, ao poder legislativo, não se pode ocultar o fato bruto de que se trata de uma escolha pessoal do juiz.

Não é preciso refletir muito para dimensionar o impacto do ceticismo moderado de Hart na interpretação jurídica de sistemas jurídicos modernos. Como sabemos, os ordenamentos jurídicos contemporâneos, especialmente a partir da segunda metade do século XX, são repletos de princípios jurídicos que remetem a valores morais e políticos, enunciados que protegem direitos mediante o uso de linguagem extremamente abstrata, cláusulas gerais, normas que estabelecem fins e objetivos estatais e sociais. Todas essas espécies normativas estão incluídas no conceito de textura aberta, ou seja, são significativamente, quando não completamente indeterminadas. Em todos esses casos os juízes teriam, por consequência, discricionariedade para escolher o significado a ser atribuído ao enunciado. Assim, o ceticismo moderado de Hart também confere aos juízes contemporâneos um inevitável protagonismo na criação do direito. Nesse cenário, uma grande quantidade de decisões judiciais é essencialmente criação discricionária de direito novo.

A seguir, examinamos a teoria que desafiou de forma mais direta as concepções realistas, extremas ou moderadas, acerca da interpretação jurídica. Trata-se da teoria interpretativa do direito desenvolvida por Dworkin. Como veremos, embora a teoria dworkiniana represente um perigo real à correção das concepções realistas, ela também destrói as ilusões reducionistas do formalismo jurídico tradicional, na medida em que compreende a decisão judicial como o resultado de um complexo esforço essencialmente filosófico de construção argumentativa da única resposta jurídica possível para cada caso judicial.

4. O caminho de Dworkin: O direito como integridade

O mais influente crítico das concepções céticas acerca da interpretação jurídica nas últimas décadas foi, de fato, o jusfilósofo norte-americano Ronald Dworkin. Célebre pelas suas disputas com as teorias jurídicas positivistas e realistas mais importantes da filosofia do direito do século passado, Dworkin desenvolveu uma original teoria interpretativa do direito, a qual ele designou de teoria do direito como integridade. Neste artigo, não pretendo abordar as questões de teoria do direito que envolvem a sua concepção de direito como integridade. Vou me concentrar nas repercussões de suas ideias para a teoria da interpretação jurídica.[12]

No âmbito da teoria da interpretação, Dworkin apresentou-se como um crítico consistente da discricionariedade judicial na interpretação do direito. Seu primeiro ataque ao positivismo jurídico procurou refutar a tese de que o direito é composto exclusivamente de regras, tal como alegadamente sustentara Hart, e que quando o juiz se depara com lacunas ou com as zonas de penumbra do significado das normas ele tem discricionariedade para decidir e, portanto, para criar direito novo. Em seus primeiros textos, o autor afirmou que o direito é composto não apenas de regras, mas também de princípios, que são normas cujo conteúdo normativo é definido por juízos de moralidade política. Em casos de lacuna ou de indeterminação do significado das regras, o juiz deve aplicar os princípios jurídicos e não decidir discricionariamente, como se fosse um legislador. A correta interpretação dos princípios por parte do juiz

---

[12] Para uma exposição ampla das concepções de DWORKIN, ver Stephen GUEST (1991), Ronaldo Porto MACEDO JUNIOR (2013) e Cláudio Ari MELLO (2013).

conduziria sempre a uma única resposta certa extraída do interior do próprio sistema jurídico (DWORKIN, 1977).

Essa concepção teórica foi interpretada por Hart como uma espécie de formalismo jurídico. Em um famoso artigo sobre a filosofia do direito norte-americana, o jusfilósofo inglês denominou-a de "nobre sonho", em contraposição ao "pesadelo" do realismo jurídico, e identificou Dworkin como "o mais nobre dos sonhadores" (HART, 1983, p. 121-144). O caráter idílico da teoria de Dworkin residiria na ilusão de que o sistema jurídico sempre oferece uma resposta certa para toda e qualquer situação e de que, por isso, o juiz jamais decidiria discricionariamente. No artigo, Hart vaticinou que a tese da única resposta certa atrairia muitas objeções e críticas à concepção de Dworkin, vaticínio plenamente confirmado pelos debates teóricos que se seguiram desde então.

De fato, a tese da única resposta certa foi duramente combatida desde sua exposição e, a rigor, obteve poucos adeptos no âmbito teórico. Entretanto, a elaboração e o aperfeiçoamento da tese permitiram a Dworkin desenvolver teorias particularmente sofisticadas acerca da decisão judicial e da interpretação jurídica. Para o autor, o direito é essencialmente uma prática interpretativa guiada por valores morais objetivos. A decisão judicial, por sua vez, é sempre o resultado de uma atividade racional que procura encontrar respostas para problemas jurídicos apresentando os diversos ramos do direito e o próprio direito como um todo à sua melhor luz. Apresentar o direito à sua melhor luz significa encontrar a resposta que resulta da interpretação construtiva mais coerente do conjunto de princípios morais que justificam cada ramo do direito e o direito como um todo. A teoria do direito como integridade tem como base a interpretação como um processo de construção de respostas moralmente coerentes para todos os problemas jurídicos.

Dworkin apresenta a interpretação jurídica como um método dividido em três fases (DWORKIN, 1986, capítulo 7). A primeira fase é denominada de *pré-interpretativa*. Nesse estágio, o intérprete deve definir qual é o material jurídico institucionalmente reconhecido como fonte social de direito em uma comunidade política, tais como constituição, leis, costumes e precedentes judiciais. Esses elementos constituem apenas o material jurídico básico a partir do qual tem início a complexa e exigente definição do que é o direito da comunidade. Toda vez que um juiz quiser definir qual é o direito da comunidade a respeito de alguma questão jurídica, ele deve começar o seu estudo por fatos institucionais reconhecidos como fontes de direito. Esse estágio é meramente preparatório para a atividade do intérprete; há ainda um longo caminho a percorrer antes da resposta final. Contudo, já nesta etapa incide a abordagem interpretativa do direito, tendo em vista que a definição de quais as fontes que servem como fundamentos do direito depende de uma interpretação acerca do que deve ser considerado fundamento do direito, a partir dos princípios de moralidade política que melhor justificam a prática do direito.

A fase seguinte é o estágio propriamente *interpretativo* desse processo. Esse estágio possui duas dimensões. Na primeira dessas dimensões o juiz deve buscar uma resposta ao problema jurídico que lhe cabe solucionar que seja ajustada ao direito positivo vigente e aos precedentes judiciais preexistentes relevantes para o caso. Nessa fase, se o juiz se deparar com textos legais semanticamente imprecisos, antinomias ou lacunas jurídicas, ele deve apelar para o material jurídico básico colhido na fase anterior para encontrar uma resposta, ainda provisória, para o caso que está examinando. Essa fase da teoria interpretativa do direito de Dworkin equivale àquilo que a metodologia jurídica da Europa continental denomina de interpretação sistemática do direito. Embora não utilize a terminologia típica da metodologia jurídica europeia nem elabore uma teoria compreensiva da interpretação sistemática nesse sentido mais limitado, Dworkin claramente não subestima a importância de outros métodos hermenêuticos nessa etapa, como a interpretação literal, a história e a teleológica. Entretanto, todas essas técnicas de interpretação convergem para uma compreensão sistemática do direito positivo vigente na comunidade. Não está presente aqui, por enquanto, nenhuma pretensão de correção moral da solução encontrada pelo juiz em face da moralidade intrínseca do sistema jurídico. O objetivo é apontar uma solução que seja coerente com o direito positivo vigente e com as decisões judiciais prévias e relevantes acerca da questão, independentemente do ajuste dessa solução provisória em relação aos valores morais e políticos fundamentais do direito da comunidade. Dworkin chama essa forma de coerência de *coerência estratégica*, mas prefiro denominá-la de coerência estrita.

A fase seguinte exige uma interpretação sistemática mais abrangente, porque agora o juiz não mais se limita a obter uma resposta que seja coerente apenas com os textos legais e os precedentes judiciais relevantes. Dworkin compreende o direito como uma prática cuja principal função é justificar o uso legítimo de meios coercitivos pelo Estado para ordenar a vida social. A coerção só é legítima quando o direito, que justifica o seu uso, decorre de princípios morais e políticos existentes no próprio sistema jurídico e que interagem entre si para formar um sistema normativo moralmente coerente. Aqui entra em jogo a *teoria do direito como integridade*, que é a concepção dworkiniana de uma teoria interpretativa do direito. Para o direito como integridade, não basta que as leis e as decisões judiciais sejam coerentes de uma maneira limitada: um sistema jurídico só é legítimo quando também é moralmente coerente, isto é, para ser legítimo ele deve ser dotado de uma integridade moral baseada em princípios. As decisões políticas que se convertem em fontes de direito devem ser integradas por princípios morais que interagem e dialogam entre si e formam um direito moralmente íntegro. Nessa fase, a interpretação sistemática é ampliada precisamente para abranger os princípios morais e políticos intrínsecos ao sistema jurídico que está sendo interpretado.

Na etapa interpretativa abrangente, o juiz deve compreender o sistema jurídico "à sua melhor luz", ou seja, deve tentar encontrar uma resposta hermenêutica que apresente um ramo do direito ou o direito como um todo em sua melhor perspectiva, a partir da interação reflexiva entre o direito positivo e os princípios morais e políticos acolhidos nesse sistema jurídico. O juiz deve não apenas ajustar a sua decisão ao direito positivo, mas também justificar o direito à luz desses princípios. No entanto, o juiz ainda é limitado em sua atividade hermenêutica pelos princípios expressos e implícitos do sistema jurídico ao qual ele pertence. O conjunto de valores morais que ele deve utilizar para obter uma decisão moralmente coerente não é, portanto, um conjunto independente das decisões políticas da comunidade, que possa ser deduzido de concepções metafísicas ou de algum exercício autônomo da razão prática. A sua atividade, nessa etapa, é ainda interpretativa: o juiz deve interpretar o direito positivo e as decisões judiciais relevantes de modo a construir uma resposta moralmente afinada com os princípios morais e políticos acolhidos no próprio sistema jurídico, compreendidos de tal forma que a resposta apresente o direito da comunidade na melhor perspectiva possível. Embora já possa corrigir distorções que a mera interpretação estrita do material jurídico básico pode gerar, a sua vinculação aos valores morais contemplados no sistema legal impede que ele escape dos princípios consagrados pela história política da sua comunidade. Portanto, nesta fase a moralidade das convenções constitucionais prevalece sobre qualquer exercício de moralidade crítica.

Por fim, o juiz ingressa na fase *pós-interpretativa* no processo de construção da solução jurídica. Esta etapa é "pós-interpretativa" no sentido de que o juiz agora não se encontra mais estritamente atrelado ao direito positivo, aos precedentes judiciais, aos valores acolhidos no sistema jurídico ou à história jurídica de sua comunidade. A fase de interpretação do material jurídico básico e seus princípios morais e políticos expressos e implícitos foi ultrapassada. A maior parte dos casos jurídicos terá encontrado uma resposta neste estágio, seja mediante uma interpretação sistemática estrita, seja mediante uma interpretação sistemática abrangente. Em muitos outros casos, todavia, a fase interpretativa do sistema jurídico não fornecerá de imediato uma resposta para o uso da coerção pelo Estado ou fornecerá uma resposta incapaz de justificar a coerção estatal. Nessa fase, o resultado da fase interpretativa deve ser contrastado com valores morais independentes que são inerentes à prática do direito. Esses valores independentes tanto podem exigir a correção de uma resposta obtida na fase interpretativa quanto podem oferecer uma resposta que não fora fornecida de modo algum pelo material jurídico básico e pelos princípios morais expressos ou implícitos no sistema jurídico.

Com a teoria do direito como integridade, Dworkin pretende finalmente oferecer uma resposta completa a uma das suas críticas seminais à doutrina positivista do direito: a tese da discricionariedade judicial. Já em seus primeiros escritos sobre o tema o autor sustentou que a tese da discricionariedade judicial defendida pelos positivistas está errada e não corresponde ao modo como normalmente se compreende a prática do direito (DWORKIN, 1977). A teoria interpretativa do direito ou o direito como integridade é a concepção teórica que permite demonstrar, segundo pensa o autor, que mesmo nos casos difíceis, em que o direito positivo ou os precedentes não oferecem uma resposta imediata, o sistema jurídico, interpretado de acordo com a integridade, oferece respostas certas. A natureza mesma do direito, vista à sua melhor luz, determina que qualquer sistema jurídico interaja com princípios de justiça e de moralidade política que devem ser utilizados na interpretação do direito, especialmente quando o material jurídico básico (constituição, leis, precedentes judiciais) não oferece uma resposta clara. Além disso, a prática do direito é guiada por determinados valores, como a igualdade, a justiça e o devido processo legal, que também devem determinar qual é a resposta correta para um problema jurídico.

A interpretação jurídica em Dworkin é uma concepção holística, que concebe o direito como uma rede de princípios cujos significados são construídos pelo intérprete mediante uma argumentação capaz de criar um sistema coerente de valores morais. O intérprete não exerce uma atividade puramente cognitiva e tampouco descobre significados preexistentes mediante raciocínios dedutivos, como no formalismo jurídico tradicional, mas constrói, argumentativamente, o significado das normas que compõem o direito e um sistema coerente de princípios que se alimentam reciprocamente para formar uma ordem jurídica moralmente coerente, ou um sistema jurídico baseado no ideal de integridade moral. Para o autor, os valores morais que conformam o direito são objetivos porque são passíveis de serem construídos com base em argumentos que buscam interpretar o direito ou um ramo do direito em sua melhor perspectiva. Ao interpretar o juiz não faz escolhas subjetivas ou decide discricionariamente, mas está obrigado a justificar sua decisão como sendo a melhor interpretação possível do conjunto de regras, precedentes, princípios e valores que compõem um sistema jurídico.

Em síntese, a resposta certa é aquela que interpreta o direito como integridade, isto é, que interpreta o direito como sendo formado por um conjunto coerente de valores morais. Esses diferentes valores morais devem interagir e formar uma rede de valores ou princípios que possam ser interpretados sistematicamente, a fim de concretizar uma concepção de direito que respeite a integridade como um critério independente de legitimação da prática jurídica. Tais valores e princípios alimentam-se e justificam-se mutuamente e determinam reciprocamente como devem ser compreendidos, interpretados e aplicados; vistos desse modo, formam um conjunto integrado de valores e princípios que unifica uma comunidade política. A verdade de qualquer julgamento moral, diz o autor, consiste "na verdade de um número indefinido de outros julgamentos morais. E essa verdade provê parte daquilo que constitui a verdade de todas as outras". Na medida em que não existem valores baseados em fatos naturais, "não existe uma hierarquia de princípios construída sobre bases axiomáticas" (DWORKIN, 2011, p. 117). Tudo o que um juiz precisa para construir respostas certas no direito é uma *epistemologia integrada* (DWORKIN, 2011, p. 82).

Um exemplo eloquente de decisão do Supremo Tribunal Federal baseado na concepção de direito como integridade encontramos na decisão da Arguição de Descumprimento de Preceito Fundamental n. 54, que tratava sobre a constitucionalidade da aplicação do crime de aborto para os casos de aborto de fetos portadores de anencefalia. Conquanto a Corte não tenha explicitamente utilizado a metodologia proposta por Dworkin, é fácil reconstruir o raciocínio usado na decisão com base no método desenvolvido pelo autor. Com efeito, o direito brasileiro criminaliza o aborto, mas autoriza o procedimento quando a gravidez resulta de estupro ou há risco de vida à gestante. Nos casos de gravidez por violência sexual, o aborto é permitido mesmo que a vida do feto seja perfeitamente viável. A permissão legal determina que uma vida humana potencialmente viável pode ser sacrificada para proteger a dignidade da mulher violentada, supostamente para impedir – justificadamente – que se imponha a ela o sofrimento extremo de dar à luz um filho inteiramente indesejado e que foi o resultado de uma das mais trágicas agressões que pode ser imposta a um ser humano. Assim, a exceção legal estaria justificada, atualmente, pelo princípio previsto no artigo 1º, III, da Constituição Federal.

Ora, não é moralmente coerente que esse mesmo sistema jurídico proíba uma mulher de abortar um feto que a ciência já demonstrou cabalmente não ter qualquer viabilidade existencial, impondo-lhe o sofrimento igualmente trágico de levar compulsoriamente a termo uma gravidez que fatalmente gerará um ser condenado a morrer durante a gestação ou, no máximo, nas primeiras horas ou dias de vida. O direito como integridade sustenta que todos devem ser tratados com igual consideração e respeito. As gestantes de fetos anencéfalos merecem, portanto, idêntica consideração e respeito àquela que a legislação dispensou às mulheres que engravidaram durante um estupro. A integridade moral do direito exige a correção do sistema jurídico para estender às gestantes de fetos portadores de anencefalia a mesma solução jurídica definida para o aborto em caso de estupro. Nesse caso, parece evidente que a integridade conduz, de fato, a uma única resposta certa, se considerarmos holisticamente o conjunto de princípios morais que justificam o direito penal e a ordem jurídica brasileira como um todo e os interpretarmos à sua melhor luz.

Como se pode ver, a concepção de interpretação jurídica na teoria do direito como integridade é extremamente exigente e ultrapassa muito a perspectiva do formalismo jurídico ingênuo, segundo o qual todas as respostas a problemas jurídicos poderiam ser obtidas pelo conhecimento do significado dos enunciados normativos contidos em documentos jurídicos. Para Dworkin, ainda que sempre seja possível encontrar uma única resposta certa para qualquer problema jurídico, essa resposta é, com frequência, o resultado de um extenuante processo de interpretação construtiva que compreende o direito como uma rede de princípios que se alimentam e justificam reciprocamente para justificar a coerção estatal. A construção é sempre argumentativa e o juiz dworkiniano tem o ônus de explicitar os complexos e sofisticados raciocínios que o fazem encontrar a única resposta certa. O direito como integridade apresenta a decisão judicial como uma atividade de extrema complexidade intelectual, estruturalmente dependente de premissas filosóficas e diretamente associada à argumentação moral. Por consequência, a sua aceitação também implica uma revolução no modo de compreender as decisões judiciais.

5. Considerações finais

O objetivo desta síntese de três concepções modernas diferentes acerca da interpretação jurídica e da decisão judicial foi tentar explicar por que se justifica a preocupação do novo Código de Processo Civil em adotar o *dirigismo interpretativo* acerca da fundamentação das decisões judiciais. Trata-se, portanto, de oferecer uma contribuição à dogmática do processo civil brasileiro a partir da teoria do direito. Como se viu ao longo do ensaio, há, atualmente, uma clara consciência de que a interpretação jurídica é um fenômeno muito diferente e mais complexo do que parecia supor o CPC de 1973. Seja a decisão judicial uma atividade total ou parcialmente discricionária, que envolve essencialmente uma escolha entre diversas possibilidades de interpretações dos textos legais, seja uma atividade de construção holística de respostas moralmente certas, é certo que o raciocínio dedutivista e silogístico não reflete a fenomenologia da interpretação jurídica.

Nesse sentido, o artigo 489, §§ 1º e 2º, do novo Código de Processo Civil deve ser compreendido como um importante avanço na disciplina das decisões proferidas por juízes e tribunais brasileiros. No mínimo parece ser um definitivo abandono do formalismo ingênuo e redutor do sistema anterior e um estímulo para que os dogmáticos e os atores judiciais admitam que somente uma fundamentação responsável e adequada das decisões pode legitimar os julgamentos judiciais, sejam eles pura criação de direito novo, sejam refinadas construções de um direito ideal. Muito mais do que impor uma "fundamentação analítica", o código exige dos juízes que aceitem e assumam consciente e ativamente a extrema complexidade do processo interpretativo que precede toda decisão judicial. Ou seja, o dever de fundamentação analítica deve ser compreendido não como um fim em si mesmo, mas como uma determinação legal dirigida aos juízes para explicitarem responsavelmente as razões das escolhas ou das construções interpretativas que precedem suas decisões. Assim entendido, o artigo 489 e seus parágrafos são uma importante contribuição para a consolidação de uma jurisdição ajustada ao ideal de Estado Democrático de Direito adotado pela Constituição Federal de 1988.

Referências bibliográficas

ALCHOURRÓN, Carlos, e BULYGIN Eugenio. *Introducción a la metodologia de las ciencias jurídicas y sociales*. Buenos Aires: Astrea, 2002.

ALEXY, Robert. *Teoria da Argumentação Jurídica*. Tradução Zilda Hutchinson Shild Silva. São Paulo: Forense, 2011.

——. *Teoria dos Direitos Fundamentais*. Tradução Virgílio Afonso da Silva. São Paulo: Editora RT, 2011.

ÁVILA, Humberto. *Teoria dos Princípios*. São Paulo: Malheiros, 2014.

BINDREITER, Uta. The Realist Hans Kelsen. *In* D'ALMEIDA, Luís Duarte, GARDNER, John e GREEN, Leslie. *Kelsen Revisited: New Essays on the Pure Theory of Law*. Oxford: Hart Publishing, 2013, p. 101-130.

CHIASSONI, Perluigi. *Tecnica dell'interpretazione giuridica*. Milano: Il Mulino, 2007.

——. Wiener Realism. *In* D'ALMEIDA, Luís Duarte, GARDNER, John e GREEN, Leslie. *Kelsen Revisited: New Essays on the Pure Theory of Law*. Oxford: Hart Publishing, 2013, p. 131-162.

——. The Model of Ordinary Analisys. *In* D'ALMEIDA, Luís Duarte, EDWARDS, James e DOLCETTI, Andrea. *Reading HLA Hart's The Concept of Law*. Oxford: Hart Publishing, 2013, p. 247-268.

DWORKIN, Ronald. *Taking Rights Seriously*. Cambridge, USA: Harvard University Press, 1977.

——. *Law's Empire*. Cambridge, USA: Belknap Harvard Press, 1986.

——. *Justice in Robes*. Cambridge, USA: Belknap Harvard Press, 2006.

——. *Justice for Hedgehogs*. Cambridge, USA: Belknap Harvard Press, 2011.

GLOCK, Hans-Johann. *O que é Filosofia Analítica?* Porto Alegre: Penso, 2011.

GUASTINI, Riccardo. *Interpretare e Argumentare*. Milano, Giuffré Editore, 2014.

GUEST, Stephen. *Ronald Dworkin*. Stanford: Stanford University Press, 1991.

HACKER, P.M.S. *Wittgenstein's place in twentieth-century analytic philosophy*. Oxford: Blackwell, 1996

HART, H.L.A. *O Conceito de Direito*. São Paulo: Martins Fontes, 2012.

——. "American Jurisprudence through English Eyes: The Nightmare and the Noble Dream", *Essays in Jurisprudence and Philosophy*. Oxford: Clarendon Press, 2001.

JUST. Gustavo. *Interpretando as teorias da interpretação*. São Paulo: Saraiva, 2014.

KELSEN, Hans. *Teoria Pura do Direito*. São Paulo: Martins Fontes, 2000.

LACEY, Nicola. *A Life of H.L.A. Hart: The Nightmare and the Noble Dream*. Oxford: OUP, 2004.

LARENZ, Karl. *A Metodologia da Ciência do Direito*. Lisboa: Fundação Calouste Gulbenkian,1989.

MACEDO JUNIOR, Ronaldo Porto. *Do Xadrez à Cortesia*. São Paulo: Saraiva, 2014.

MARMOR, Andrei. *Interpretación y teoria del derecho*. Barcelo: Gedisa Editorial, 2001.

MARINONI, Luiz Guilherme, ARENHART, Sérgio Luiz, e MITIDIERO, Daniel. *Novo Curso de Processo Civil*. Volume 2. São Paulo: RT, 2015.

——. *The Language in Law*. Oxford: Oxford University Press, 2014.

MELLO, Cláudio Ari. Verdade Moral e Método Jurídico na Teoria Constitucional de Ronald Dworkin. In STORCK, Alfredo e LISBOA, Wladimir Barreto. *Normatividade & Argumentação. Ensaio de filosofia política e do direito*. Porto Alegre: Linus Editores, 2013, p. 285-366.

MIOZZO, Pablo Castro. *Interpretação jurídica e criação judicial do direito: de Savigny a Friedrich Müller*. Curitiba: Juruá Editora, 2014.

MORESO, Juan Jose Moreso. *La indeterminación del derecho y a la interpretación de la Constituición*. Madrid: Centro de Estudios Políticos y Constitucionales, 1998.

SILVA, Ovídio A. Baptista da. *Processo e Ideologia*. Rio de Janeiro: Forense, 2004.

TROPER, Michel. *Le droit e la necessité*. Paris: PUF, 2011.

WITTGENSTEIN, Ludwig. *Investigações Filosóficas*. Petrópolis: Vozes, 2014.

— 13 —

Notas sobre a ação de usucupião e a proteção possessória à luz do novo Código de Processo Civil

ARMANDO ANTÔNIO LOTTI[1]

Sempre admirei a simplicidade metodológica de Sócrates. Sou adepto da maiêutica. O conhecimento – ou a *"verdade"* no dizer do *"pai da filosofia ocidental"* – pode aflorar na medida em que se responde uma série de perguntas simples. E foi assim que busquei examinar as disposições do novo Código de Processo Civil em relação ao usucapião e aos litígios coletivos pela posse da terra rural ou urbana, com especial atenção ao papel a ser desempenhado pelo Ministério Público em tais demandas.

A primeira questão que aflora resulta da disciplina em vários artigos dispersos da *"ação de usucapião de terras particulares"*, até então prevista no Capítulo VII, Título I do Livro IV, artigos 940 *usque* 945, regime este que também se fazia sensível do Título XXI do Código de Processo Civil de 1939 (artigos 454 a 456). O novo Código de Processo Civil, embora dispondo no Título III do Livro I, *v.g.*, sobre a *"Regulação da Avaria Grossa"* (artigos 707 a 711), omitiu-se em disciplinar, nos procedimentos especiais, a chamada ação prescricional aquisitiva. Não obstante, além da questão formal, pouco mudou. Observa-se, também, que o rito processual imprimido, ainda que tivesse contornos heterodoxos (que não é o caso), não tem o condão de alterar a natureza do direito material em debate. Com efeito, o usucapião, no plano do direito material, é clássico modo de aquisição da propriedade, que se aperfeiçoa pela satisfação dos seus pressupostos legais, passando ao patrimônio dos adquirentes em toda a sua plenitude, surgindo sem dependência com qualquer relação anterior, não sofrendo as limitações impostas aos antecessores dos prescribentes. Por isso a carga preponderantemente declaratória da sentença de procedência. Na dicção de Pontes de Miranda: *"Adquire-se, porém não se adquire de alguém. O novo Direito já começou a formar-se antes que o velho se extinguisse. Chega o momento em que esse não mais pode subsistir, suplantado por aquele. Dá-se a impossibilidade de coexistência, e não sucessão, não o nascer um do outro. Nenhum ponto entre os dois marca a continuidade. Nenhum relação a 'fortiori', entre o perdente do direito de propriedade e o usucapiente.".* No mesmo sentido, *v.g.*, o escólio de Orlando

---
[1] Procurador de Justiça do Estado do Rio Grande do Sul.

Gomes, que pondera no sentido do usucapião ser modo originário de aquisição da propriedade, pois, *"a despeito de acarretar a extinção do direito de propriedade do antigo titular, não se estabelece qualquer vínculo entre ele e o possuidor que o adquire."* Outro não é o entendimento de Marco Aurélio S. Vianna, que estabelece que a aquisição originária se dá quando a titularidade *"nasce sem vinculação com o passado, inexistindo relação entre o adquirente e o precedente sujeito de direito, não há transmissão de um sujeito para outro."*.

E por esta razão nuclear, o ainda vigente Código de Processo Civil determina a angularização plúrima da relação processual, com citação dos sujeitos passivos específicos e dos chamados sujeitos passivos totais. O efeito mandamental previsto no artigo 945 do Código de Processo Civil exige que todos aqueles que, em tese, possam ser atingidos pelo decreto de procedência da ação prescricional aquisitiva participem do polo passivo desta, na condição de réus necessários, gerando a lei, inclusive, presunção de interesse. O usucapião está inserido na classe dos direitos absolutos, o direito de propriedade do titular dirige-se contra todas pessoas que a rigor teriam o dever de abstenção. São os denominados sujeitos passivos totais. Não existe pessoa determinada, como nas obrigações de crédito; trata-se, em realidade, de questão que envolve postulação de eficácia *erga omnes*.

Já os réus certos, segundo o inciso II do artigo 942 do Código de Processo Civil 1973, são os confinantes e a pessoa em nome de quem está registrado o bem de raiz que se pretende usucapir. Mas, à evidência, o rol dos sujeitos passivos específicos não é *numerus clausus*, impondo-se, como já dito, a citação de todos aqueles que, potencialmente, possam ser atingidos pelo decreto de procedência (*v.g.*: credor hipotecário).

O novo Código de Processo Civil preserva, ainda que de forma dispersa, tal angularização plúrima da relação processual. Com efeito, o § 3° do artigo 246 do novel Código de Processo Civil estabelece que, na *"ação de usucapião de imóvel, os confinantes serão citados pessoalmente, exceto quando tiver por objeto unidade autônoma de prédio em condomínio, caso em que tal citação é dispensada."* Já o inciso I do artigo 259 do mesmo diploma legal é expresso em determinar a publicação de edital na *"ação de usucapião de imóvel"*. Como se vê, os chamados sujeitos passivos totais ainda se fazem sensíveis no polo passivo da ação prescricional aquisitiva. Tal constatação nos remete a outra significativa questão: a intervenção do Ministério Público nas ações de usucapião.

Argumenta-se hodiernamente, a despeito da clareza solar do disposto no atual artigo 944 do Código de Processo Civil, que a intervenção do Ministério Público deve ser expungida dos feitos prescricionais aquisitivos de *"imóvel regularmente registrado"*, uma vez que, em casos tais, não haveria interesse público a justificar tal intervenção, circunstância que implicaria a não recepção do referido dispositivo legal (artigo 944 do Código de Processo Civil) pela Constituição Republicana de 1988, mais especificamente em face do *caput* do artigo 127. *"Venia concessa"*, tal posição ignora o fundamento nuclear da intervenção do Ministério Público nas ações de usucapião: os sujeitos passivos totais. O novo Código de Processo Civil, como já dito, ao expungir a ação de usucapião dos procedimentos especiais, não reproduziu, à evidência, o artigo 944 do Código de Processo Civil (muito embora, para efeitos de usucapião individual urbano e usucapião coletivo urbano, a Lei n° 10.257/01 – Estatuto da Cidade –, determina, de forma expressa a intervenção do Ministério Público). A intervenção, em casos tais, está balizada pelo artigo 178, inciso I, do novo Código de Processo Civil, a saber:

> Art. 178. O Ministério Público será intimado para, no prazo de 30 (trinta) dias, intervir como fiscal da ordem jurídica nas hipóteses previstas em lei ou na Constituição Federal e nos processos que envolvam:
> I – interesse público ou social.

Interesse social é aquele interesse que é de todos. E a ação prescricional aquisitiva atende a tal pressuposto de intervenção.

Primeiro, porque há verdadeiro interesse social em que não haja na aquisição da propriedade, pelo usucapião – modo originário de aquisição da propriedade –, prejuízo para quem quer que seja. Registre-se mais uma vez que a angularização plúrima da relação processual foi preservada no futuro Código de Processo Civil. Sobre o tema, a lição de Benedito Silvério Ribeiro: *"Em suma, não advém essa intervenção obrigatória da qualidade de parte, de interessado provocante ou substituto processual, aduzindo Carvalho Santos ser indispensável precisamente porque há interesse, por parte da sociedade, em que não haja na aquisição da propriedade, pela usucapião, prejuízo para quem quer que seja, máxime havendo a possibilidade de haver a existência de interessados desconhecidos, aos quais não tenha chegado a notícia da propositura da ação. (...) De um modo geral, sendo obrigatória a presença do representante do Ministério Público nos processo de usucapião, ligada a 'ratio essendi' de sua atuação ao chamamento editalício, defesa de ausentes ou qualquer outro fundamento, compete-lhe velar pela exata observância das formas processuais e fiscalizar e zelar pela correta aplicação e execução das leis"*. No mesmo diapasão, a doutrina de José Carlos de Moraes Salles: *"A ação de usucapião consubstancia causa tipicamente de interesse público, evidenciado pela natureza da lide, porque, como tantas vezes afirmamos nesta obra, é ação dirigida, em princípio, contra todos, contra a coletividade. Eis porque o Ministério Público age, na ação de usucapião, como fiscal da lei ('custos legis') e não como parte, nem como substituto processual"*. De igual teor, também, Ovídio Baptista: *"Na verdade, sendo preponderantemente privado o interesse representado pela lide de usucapião, a intervenção do Ministério Público justifica-se por sua natureza de ação dirigida 'erga omnes', com procedimento edital. Esta é a circunstância que publiciza e o interesse e legitima a participação do Ministério Público (...)"*.

Segundo, porque a Emenda Constitucional n° 26, de 14 de fevereiro de 2000, incluiu entre os preceitos da Carta Republicana a moradia como direito social fundamental. No mesmo diapasão, a Lei n° 10.257/01, o Estatuto da Cidade, no seu artigo 2°, inciso I, consagrou como uma das diretrizes básicas da política urbana o direito do cidadão à terra urbana e à moradia, para as presentes e futuras gerações, no intuito de ordenar o pleno desenvolvimento das funções sociais da sociedade e da propriedade urbana. Ora, partindo-se da constatação de que o usucapião, verdadeira expressão da chamada função social da posse, é meio eficaz de regularização fundiária, nada mais natural que o Ministério Público, defensor constitucional de interesses sociais, continue atuando como *custos legis* nas ações prescricionais aquisitivas.

Importa ressaltar, ainda, que uma das características nucleares do novo Código de Processo Civil consiste na adoção da conciliação ou mediação como mecanismo prévio de composição do litígio. É o que dispõe o artigo 334 do novo Código de

Processo Civil. Mas tal instituto não se aplica ao usucapião. Com efeito, dispõe o artigo 334, inciso I, do vindouro Código de Processo Civil que a audiência de conciliação não será realizada quando não se admitir a autocomposição. E, na prescrição aquisitiva, tal forma de solução de litígio não se mostra factível. Com efeito, é consabido que o usucapião é modo originário de aquisição da propriedade, não existindo, assim, a disposição de vontade do proprietário para tal, ou seja, de efetuar qualquer espécie de transação. Deve o prescribente, então, de qualquer forma, provar o direito material alegado, *rectius*, suporte fático necessário – posse mansa, pacífica, ininterrupta, determinado lapso e *cum animus domini* –, não sendo escorreito argumentar, *v.g.*, para fins de julgamento antecipado da lide, que ninguém, dentro da gama enorme de interessados, compareceu para contestar o feito. A falta de contestação não pode predispor qualquer tipo de declaração de vontade pelo silêncio, e sim pela simples perda do momento processual para contraditar. Há somente a ausência do contraditório (contumácia). E, de igual sorte e pelos mesmos fundamentos, não há possibilidade de autocomposição. Aliás, estando o usucapião inserido na classe dos direitos absolutos, o direito de propriedade do titular dirige-se contra todas as pessoas que a rigor teriam o dever de abstenção, não havendo gradação de intensidade entre o domínio e eles. São os denominados, como já dito e repetido, sujeitos passivos totais. Não existe pessoa determinada, como nas obrigações de crédito, criando-se qualquer espécie de vínculo material entre demandante e demandado. Assim, não há que se falar em abstenção de provar em virtude da falta de contestação do demandado ou de aceitação do pedido em razão da autocomposição, pois é questão que envolve postulação de eficácia *erga omnes*.

Conclusões:

a) o rito processual imprimido não tem o condão de alterar a natureza do direito material em debate;

b) no plano do direito material, o usucapião é modo originário de aquisição da propriedade que se aperfeiçoa pela satisfação dos pressupostos previstos no correspondente suporte fático;

c) em razão dessa natureza peculiar, o atual Código de Processo Civil, nos procedimentos especiais, consagra a necessidade de angularização plúrima da relação processual na ação prescricional aquisitiva;

d) o novo Código de Processo Civil, ainda que reserve disciplina para a ação de usucapião em artigos dispersos, preserva a angularização plúrima da relação processual;

e) a intervenção do Ministério Público na ação de usucapião, embora o novo Código de Processo Civil não tenha reproduzido o disposto no artigo 944 do atual Código de Processo Civil, é impositiva, tendo como supedâneo o inciso I do artigo 178 do novel diploma de regência, *"porque há interesse, por parte da sociedade, em que não haja na aquisição da propriedade, pelo usucapião, prejuízo para quem quer que seja, máxime havendo a possibilidade de haver a existência de interessados desconhecidos, aos quais não tenha chegado a notícia da propositura da ação"*, seja porque o usucapião, verdadeira expressão da chamada função social da posse, é meio eficaz de regularização fundiária e mecanismo de satisfação do direito social fundamental de moradia;

f) o usucapião, em relação à satisfação do suporte fático, não comporta conciliação ou mediação.

Outro dispositivo que merece atenção e que trata da intervenção do Ministério Público no processo civil é o inciso III do artigo 178 do Código de Processo Civil, a saber:

> Art. 178. O Ministério Público será intimado para, no prazo de 30 (trinta) dias, intervir como fiscal da ordem jurídica nas hipóteses previstas em lei ou na Constituição Federal e nos processos que envolvam:
> III – litígios coletivos pela posse da terra rural ou urbana.

Começo a presente abordagem pelos litígios coletivos pela posse de área *urbana*. O Brasil, hoje, é um país urbano. Por ocasião do lançamento da cartilha sobre o chamado *"More Legal III"*, o Provimento n° 28/2004 da Corregedoria-Geral de Justiça, valioso instrumento de implementação do mandamento constitucional que buscou garantir o direito de propriedade, com a promoção da imediata regularização dos chamados assentamentos informais urbanos, tive oportunidade, à época (2005), na condição de Coordenador do Centro de Apoio Operacional da Ordem Urbanística e Questões Fundiárias do Ministério Público do Estado do Rio Grande do Sul, de tecer os seguintes comentários sobre o *"thema"*:

> A maior dificuldade que se tem na regularização fundiária é a demonstração de coesão naquilo que nos parece fragmentário.
>
> Uma das múltiplas facetas deste "admirável mundo novo" é a aceleração atual da urbanização e a concentração deste crescimento nas regiões subdesenvolvidas. No caso brasileiro, pode-se constatar tal fenômeno pelos números censitários. Com efeito, em 1960, a população brasileira era de setenta milhões de habitantes e pouco mais de 40% (cerca de vinte e oito milhões) morava em área urbana. Já em 1980, contando com uma população aproximada de cento e vinte quatro milhões de habitantes, cerca de 54% era considerada população urbana. Em 2000, o percentual da população brasileira que tem na cidade o seu "habitat" elevou-se para 82%, cerca de cento e quarenta milhões de habitantes, num universo de cento e setenta milhões. Ocorre que tal surto de urbanização operou-se sem o correspondente crescimento econômico, gerando, com isso, centros urbanos dualistas: de um lado, a cidade formal, expressa nas escrituras públicas e nas matrículas dos registros de imóveis, e de outro, a cidade informal, visível pela dura imagem das palafitas, vilas e favelas. O Brasil, pois, é um país urbano, com grandes problemas urbanos: seu déficit habitacional é de seis milhões de unidades, sem falar da inadequação habitacional por adensamento e da inadequação habitacional por infra-estrutura. Os problemas são agudos e, dentro deste contexto, todos devem buscar soluções possíveis. O chamado "Projeto More Legal III" é uma dessas soluções que se descortinam como factíveis. É verdadeiro instrumento de inclusão social. O presente trabalho, pois, tem como meta levar a efeito enxuto exame dos meandros do mencionado diploma normativo, contribuindo, ainda que modestamente, para a capacitação dos membros do Ministério Público, os quais, com inimaginável freqüência, lidam e solucionam, no âmbito do inquérito civil ou através do manejo de ação civil pública, questões envolvendo os assentamentos informais.

Embora o transcurso de dez anos, o conteúdo do texto permanece atual. A cidade informal continua, infelizmente, a se multiplicar, e as políticas públicas (em especial o *"Minha Casa, Minha Vida"*) destinadas a garantir moradia digna à população de baixa renda são insuficientes para atender a demanda. O trabalho de Sísifo continua.

É dentro deste contexto que o artigo 178, inciso III, do Código de Processo Civil deve ser interpretado. Litígio coletivo pela posse da terra urbana deve ser entendido como todo litígio que tenha a potencialidade de gerar um assentamento informal urbano, que, num segundo momento, em caso de consolidação da posse dos ocupantes, demandará sua inserção na chamada cidade formal. Não se trata de quantificar o número de pessoas que disputam determinada área, e sim de projetar, mesmo que potencialmente, as consequências urbanísticas de eventual consolidação na posse dessa coletividade.

Já os litígios coletivos pela posse de terra rural são consectários, em via de regra, da pressão exercida por movimentos organizados para alcançar a reforma agrária.

Em tais demandas possessórias – onde um dos polos da relação processual, ao menos, é composto por uma coletividade de pessoas –, o novo Código de Processo Civil introduziu algumas inovações procedimentais. *Primus*, dispõe o § 1º do artigo 554 do novo Código de Processo Civil que, no *"caso de ação possessória em que figure no polo passivo grande número de pessoas, serão feitas a citação pessoal dos ocupantes que forem encontrados no local e a citação por edital dos demais, determinando-se, ainda, a intimação do Ministério Público e, se envolver pessoas em situação de hipossuficiência econômica, da Defensoria Pública"*. O Oficial de Justiça, na hipótese, deverá procurar os ocupantes no local, para fins de citação pessoal, em uma oportunidade, procedendo-se a citação por edital daqueles que não foram encontrados (§ 2º do artigo 544 do Código de Processo Civil). O juiz deverá determinar, também, dentro deste contexto, ampla publicidade da existência da ação, podendo, para tanto, valer-se de anúncios em jornais ou rádios locais, publicação de cartazes na região de conflitos, dentre outros meios (§ 3º do artigo 544 do Código de Processo Civil). *Secundus*, no litígio coletivo pela posse de imóvel, tratando-se de posse velha, o juiz, antes de apreciar o pedido de concessão da medida liminar, deverá designar audiência de mediação, com a intimação do Ministério Público para comparecer à solenidade, bem como da Defensoria Pública sempre que houver parte beneficiária da gratuidade da justiça. Há possibilidade, por igual, de o juiz comparecer à área objeto do litígio quando sua presença se fizer necessária à efetivação da tutela jurisdicional, bem como se mostra possível, diria recomendável, a intimação dos órgãos responsáveis pela política agrária e pela política urbana da União, de Estado ou do Distrito Federal e de Município onde se situa a área objeto do litígio, a fim de se manifestarem sobre seu interesse no processo e sobre a possibilidade de solução para o conflito possessório. É o que dispõe o artigo 565, parágrafos, do Código de Processo Civil.

Não obstante tais inovações, o litígio coletivo pela posse de terra, urbana ou rural, não teve sua natureza possessória subtraída e nem se operou mudança nos seus limites de cognição. Com efeito, o artigo 563, incisos, do novo Código de Processo Civil estabelece que, nas ações possessórias, na mesma linha do diploma processual precedente, incumbe ao autor provar a turbação ou esbulho praticado pelo réu. No ponto, já ponderava Caio Mário da Silva Pereira que são requisitos do *"interdito 'recuperandae' a existência da posse e seu titular, e o esbulho cometido pelo réu, privando aquele, arbitrariamente, da coisa ou do direito (violência, clandestinidade ou precariedade)"*. Pelo que se vê, nas ações possessórias, há que se examinar a justiça ou injustiça da posse do réu, vale dizer, se foi adquirida mediante a prática de ato espoliativo ou de acordo com o sistema jurídico vigente. Para tanto, fundamental é o exame dos modos de aquisição das posses das partes, a anterior e a atual. Mas não se pode olvidar que toda posse permite o acesso aos interditos possessórios. Importa destacar, no ponto, a lição de Marcus Vinícius Rios Gonçalves:

> Como a viciosidade é sempre relativa, ao apreciar a ação de reintegração de posse, o Juiz deverá perquirir se o autor demonstrou que foi esbulhado, ou não. Ou seja, deverá perguntar-se se a posse do réu é injusta, em relação à do autor, ou não. A resposta afirmativa a essa indagação implicará na procedência da demanda possessória; e a negativa, na improcedência.

O mesmo artigo 927, I, do Código de Processo Civil exige que o autor demonstre a sua posse. Evidente que, para poder manejar os interditos possessórios, necessário demonstrar que se tem, ou se teve posse.

Toda e qualquer posse enseja a utilização dos interditos possessórios. Portanto, toda e qualquer posse é 'ad interdicta'. Não há posse que não seja protegida.

Mesmo o possuidor injusto, e o de má-fé, podem ajuizar, com sucesso, a demanda possessória. Basta lembrar que a viciosidade e o critério do justo e do injusto, são sempre relativos. Destarte, o esbulhador pode demandar a sua reintegração na posse da coisa, desde que, mais tarde seja ele vítima de esbulho.

É clássico o exemplo do ladrão que, por sua vez, é esbulhado por um segundo ladrão, que toma para si a coisa. O Juiz não há de negar a proteção possessória ao primeiro, alegando que, por haver furtado, ele obteve a coisa de forma injusta.

Como a injustiça é sempre relativa, e como o primeiro ladrão foi esbulhado pelo segundo, a posse deste será injusta em relação àquele. E assim o Juiz haverá de acolher a demanda de um contra outro.

Em suma, o novo Código de Processo Civil preservou como núcleo duro da cognição nas demandas possessórias a *"melhor posse"*.

Bibliografia

PONTES DE MIRANDA, Francisco Cavalcanti. *Comentários ao Código de Processo Civil*, v. 13, Cap. VII, p.349, Rio de Janeiro : Forense.

GOMES, Orlando. *Direitos Reais*, 9ª edição, p. 157, Rio de Janeiro : Forense, 1985.

VIANA, Marco Aurélio S. *Curso de Direito Civil*, v. 03, p. 109, Belo Horizonte : Del Rey, 1993.

RIBEIRO, Benedito Silvério. *Tratado de Usucapião*, 2ª edição, v. 02, ps. 1.216/1.217, São Paulo : Saraiva, 1998.

SALLES, José Carlos de Moraes. *Usucapião de Bens Imóveis e Móveis*, 6ª edição, 2ª tiragem, p. 245, São Paulo : Editora Revista dos Tribunais, 2006.

DA SILVA, Ovídio Baptista. *Comentários ao Código de Processo Civil*: dos procedimentos especiais, v. XIII (Arts. 890 a 981), p. 390, São Paulo : Revista dos Tribunais, 2000.

LOTTI, Armando Antônio (org.). More Legal III – Anotações ao Provimento n° 28/04-CGJ, ps. 03/04, Santa Maria: Gráfica Editora Palotti, 2005.

PEREIRA, Caio Mário da Silva. *Instituições de Direito Civil*, vol. IV, p. 62, 4ª edição, Forense : Rio de Janeiro, 1981.

GONÇALVES, Marcus Vinícius Rios. *Dos Vícios da Posse,* 3ª edição, p.,92, São Paulo : Editora Juarez de Oliveira, 2003.

— 14 —

Considerações acerca das mudanças no novo Código de Processo Civil no Direito Probatório e a atuação do Ministério Público

VANESSA CASARIN SCHÜTZ[1]

Sumário: Introdução; 1. O Ministério Público no NCPC; 2. As provas no NCPC; Conclusão; Bibliografia.

Introdução

À medida que a sociedade vai evoluindo, modifica-se a cultura, o modo de pensar das pessoas, e tal conduta acaba por refletir na forma como se enxerga o processo.

Importantes alterações foram realizadas, demonstrando-se avanço legislativo, tal como com a primeira reforma no Código de Processo Civil, em 1994, com o advento da Lei nº 8.952/94, que trouxe o instituto da tutela antecipada. Na sequência, foram publicadas as Leis nº 10.444/2002 e 11.232/2005, que instituíram, respectivamente, a ação de obrigação de fazer e de não fazer e o cumprimento de sentença, entre outras.

Verifica-se que o Código de Processo Civil de 1973, após sofrer inúmeras alterações, exigiu uma nova redação por completo, a fim de não ficar "retaliado" por modificações posteriores à sua redação original.

Diante da necessidade do atendimento ao efetivo direito da parte; do olhar colaborativo dos participantes para tornar o processo efetivo; da imprescindibilidade de maior diálogo entre as partes e uma menor judicialização das causas, entre outros vetores, tudo à luz da Constituição Federal, criou-se o Novo Código de Processo Civil – NCPC – Lei nº 13.105/2015 – que traz, em seu bojo, princípios e ideias que já vinham sendo almejados e estudados pelos operadores do direito.

Para se descobrir os motivos que realmente embasaram a novel legislação, necessária a leitura da "Exposição de Motivos", de onde se extraem importantes conclusões, bem como o pensamento que conduziu a Comissão de Juristas:

---

[1] Promotora de Justiça do Estado do Rio Grande do Sul. Especialista em Processo Civil pela Academia Brasileira de Direito Processual Civil e Mestre em Processo Civil pela Pontifícia Universidade Católica do Rio Grande do Sul - PUCRS.

> (...) poder-se-ia dizer que os trabalhos da Comissão se orientaram precipuamente por cinco objetivos: 1) estabelecer expressa e implicitamente verdadeira sintonia fina com a Constituição Federal; 2) criar condições para que o juiz possa proferir decisão de forma mais rente à realidade fática subjacente à causa; 3) simplificar, resolvendo problemas e reduzindo a complexidade de subsistemas, como, por exemplo, o recursal; 4) dar todo o rendimento possível a cada processo em si mesmo considerado; e, 5) finalmente, sendo talvez este último objetivo parcialmente alcançado pela realização daqueles mencionados antes, imprimir maior grau de organicidade ao sistema, dando-lhe, assim, mais coesão.

E continua:

> O Novo CPC é fruto de reflexões da Comissão que o elaborou, que culminaram em escolhas racionais de caminhos considerados adequados, à luz dos cinco critérios acima referidos, à obtenção de uma sentença que resolva o conflito, com respeito aos direitos fundamentais e no menor tempo possível, realizando o interesse público da atuação da lei material. (exposição de motivos).

Constata-se que se pretende a busca para a solução do caso concreto, com olhar voltado ao direito material contido na causa, servindo, a ele, o processo. Obviamente, que para se alcançar a pacificação do conflito, a atividade probatória será intensa, uma vez que é a prova que mobiliza os interessados a buscar a tutela do Poder Judiciário. Neste ponto, houve importantes inovações legislativas, não se podendo furtar, igualmente, às críticas.

O NCPC está redigido de forma a manter íntima conexão com a Constituição Federal (CF/88). Nesse sentido, em relação ao direito probatório, pode-se fazer menção aos seguintes dispositivos do artigo 5º:

> XXXV – a lei não excluirá da apreciação do Poder Judiciário lesão ou ameaça a direito;
> LIV – ninguém será privado da liberdade ou de seus bens sem o devido processo legal;
> LV – aos litigantes, em processo judicial ou administrativo, e aos acusados em geral são assegurados o contraditório e a ampla defesa, com os meios e recursos a ela inerentes;
> LIV – são inadmissíveis, no processo, as provas obtidas por meios ilícitos.

Ainda que não haja uma disposição constitucional expressa, relativamente ao direito à prova, extrai-se sua natureza constitucional de maneira indireta, "por via de derivação"[2] do princípio do devido processo legal; do direito de ação, do direito ao contraditório, apenas para citar como exemplos, definindo-o como conteúdo dessas garantias constitucionais.[3]

1. O Ministério Público no NCPC

Relacionando-se o tema com o Ministério Público, importante salientar que o NCPC trata do *Parquet* no Título V (artigos 176 a 181), dentro do Livro III, que dispõe sobre os "Sujeitos do Processo".

Houve a inclusão do artigo 176 do NCPC[4] que, em sua síntese, reproduziu a função institucional e constitucional do Ministério Público.[5]

---

[2] SALLES, Carlos Alberto de. Processos Coletivos e prova: transformações conceituais, direito à prova e ônus da prova. In: MILARÉ, Edis (coord.). A Ação Civil Pública: após 25 anos. São Paulo: Revista dos Tribunais, 2010, páginas 149-159. Na página 152.

[3] Como explica Roberto Rosas: "Na Constituição nascem as regras fundamentais sobre direito processual", lembrando que a Constituição de 1988 é a mais fértil na apresentação dos princípios inerentes ao processo, comparando-a às anteriores. ROSAS. Roberto. *Direito Processual Constitucional: princípios constitucionais do processo civil*. 3. ed. rev.atual. e ampl. São Paulo: Revista dos Tribunais, 1999, p. 13 e 26.

[4] Art. 176. O Ministério Público atuará na defesa da ordem jurídica, do regime democrático e dos interesses e direitos sociais e individuais indisponíveis.

As hipóteses que justificam a intervenção do Ministério Público vêm dispostas no artigo 178 do NCPC,[6] o qual passará a atuar como *"fiscal da ordem jurídica"*, e não mais como "fiscal da lei".[7] Percebe-se, no inciso I, a possibilidade de ampliação de atuação, ao se referir ao "interesse público e social" – o que, certamente, poderá conduzir à necessidade da produção de prova para convencimento do Juízo acerca da essencialidade da intervenção do Ministério Público por "interesse social".

Diga-se isso pela experiência que a prática, no interior do Estado, proporciona ao agente Ministerial. A atuação em Promotorias de Justiça que envolve cidades muito pequenas (com 5, 10, ou 20 mil habitantes), faz perceber que o conceito de "interesse social" eventualmente será relativizado, uma vez que se pode fazer referência a uma pequena localidade ou, até mesmo, a um bairro. E, sendo relativizado, certamente, direciona-se a resolução da questão ao direito probatório.

A produção de provas, quando o Ministério Público atuar como *"fiscal da ordem jurídica"* não recebeu alteração substancial de conteúdo, mas sim de simples redação.[8]

2. As provas no NCPC

O Capítulo XII trata "Das Provas" e trouxe inúmeras modificações e inovações. Registra-se que nem todas serão objeto de análise do presente artigo, uma vez que não se pretende esgotar a matéria, mas apenas trazer à reflexão algumas delas e analisá-las à luz da atividade ministerial.

O processo civil, como área específica do direito, possui princípios[9] que lhe são inerentes, tais como: princípio do livre convencimento motivado do juiz; *princípio da*

---

[5] Art. 127. O Ministério Público é instituição permanente, essencial à função jurisdicional do Estado, incumbindo-lhe a defesa da ordem jurídica, do regime democrático e dos interesses sociais e individuais indisponíveis.

[6] Art. 178. O Ministério Público será intimado para, no prazo de 30 (trinta) dias, intervir como fiscal da ordem jurídica nas hipóteses previstas em lei ou na Constituição Federal e nos processos que envolvam: I – interesse público ou social; II – interesse de incapaz; III – litígios coletivos pela posse de terra rural ou urbana.

[7] Pode-se dizer que o termo "fiscal da lei" não agradava a todos, uma vez que aparentava uma restrição da atuação do agente Ministerial às hipóteses previstas na Lei (para os legalistas), descaracterizando-a nas hipóteses em que poderia atuar como "fiscal dos princípios constitucionais", por exemplo. Assim, pode-se dizer que a mudança do termo agrada e coloca a atuação do Ministério Público mais próxima à Constituição Federal.

[8]

Novo Código de Processo Civil – 2015	Código de Processo Civil – 1973
Art. 179. Nos casos de intervenção como fiscal da ordem jurídica, o Ministério Público: I – terá vista dos autos depois das partes, sendo intimado de todos os atos do processo; II – *poderá produzir provas, requerer as medidas processuais pertinentes e recorrer.*	Art. 83. Intervindo como fiscal da lei, o Ministério Público: I – terá vista dos autos depois das partes, sendo intimado de todos os atos do processo; II – *poderá juntar documentos e certidões, produzir prova em audiência e requerer medidas ou diligências necessárias ao descobrimento da verdade.*

[9] "Os princípios, apesar de fornecerem idéia de início, na verdade, visam a um fim, a um *estado idela de coisas* que se deve procurar *optimizar* (na *maior medida possível*). O caminho escolhido para isso, ou seja, o modo por meio do qual se buscará a sua realização ou preservação, os princípios não elucidam. Por essa razão, diz-se que os princípios, para serem aplicados, necessitam de uma *construção* por parte do aplicador/intérprete, a qual se dá por meio da argumentação jurídica, que terá por função demonstrar a importância e a preponderância do princípio, quando da colisão normativa", nas palavras de SCHÜTZ, Vanessa Casarin. *O princípio da isonomia e o conflito entre as sentenças coletivas e individuais*. Porto Alegre: Livraria do Advogado, 2009, p. 40-41.

comunhão da prova; princípio da oralidade; princípio da imediatidade, entre outros, e que se relacionam diretamente com o direito probatório.[10]

Tais normas estão mantidas. Basta proceder à leitura do artigo 371 do NCPC dispõe que: "O juiz apreciará a prova constante dos autos, *independentemente do sujeito que a tiver promovido*, e indicará na decisão as razões da formação de seu convencimento".[11]

O artigo remete-nos ao princípio do livre convencimento motivado, agregando a ele o princípio da comunhão das provas, ou também chamado de "da aquisição", o qual permite ao juiz a análise do material probatório em seu conjunto, independentemente da vinculação ao sujeito que a produziu,[12] uma vez que passa a prova a pertencer ao processo, não mais à parte.

A positivação do princípio vem ao encontro de outro princípio, o da cooperação, que nas palavras de Fredie Didier Júnior, "orienta o magistrado a tomar uma posição de agente-colaborador do processo, de participante ativo do contraditório e não mais a de um mero fiscal de regras".[13]

Nessa ideia de regramento, a prova emprestada, que já foi objeto de muitas discussões na doutrina e na jurisprudência, inclusive quanto a sua admissibilidade, veio a tornar indiscutível seu uso no processo civil.[14]

A prova emprestada pode ser conceituada como

a prova de um fato, produzida em um processo, seja por documentos, testemunhas, confissão, depoimento pessoal ou exame pericial, que é trasladada para outro processo, por meio de certidão extraída daquele. A prova emprestada ingressa no outro processo sob a forma documental.[15] [16]

---

[10] Segundo leciona a doutrina de Nelson Nery Júnior e Rosa Maria de Andrade Nery, no *princípio do livre convencimento motivado do juiz*, o magistrado aprecia livremente as provas, devendo dar as razões de seu convencimento; *princípio da oralidade:* as provas devem ser, preferencialmente, realizadas em audiência de instrução e julgamento; "mesma ocasião em que se deve proferir a sentença"; *princípio da imediação:* "o juiz é quem colhe, direta e imediatamente, a prova, facultado às partes repergunar aos depoentes e testemunhas (v.todavia, para inquirição de testemunhas, as novas regras do CPC 459)"; *princípio da identidade física do juiz:* "o juiz que inicia a colheita da prova oral deve terminar a instrução, ficando vinculado ao processo, devendo, portanto, proferir a sentença de mérito, preferencialmente, na mesma ocasião da sentença"; *princípio da comunhão da prova:* "a prova é *destinada ao processo* e não ao juiz ou à parte e, uma vez produzida, a prova é *adquirida pelo processo*, não mais podendo dele ser extraída ou desentranhada, sendo irrelevante saber-se quem a produziu". JÚNIOR, Nelson Nery; NERY, Rosa Maria de Andrade. *Comentários ao Código de Processo Civil: Novo CPC – Lei 13.105/2015 [livro eletrônico].* São Paulo: Editora Revista dos Tribunais, 2015.

[11] Antiga redação: Art. 131. O juiz apreciará livremente a prova, atendendo aos fatos e circunstâncias constantes dos autos, ainda que não alegados pelas partes; mas deverá indicar, na sentença, os motivos que lhe formaram o convencimento.

[12] Como bem lembrou: BUENO, Cassio Scarpinella. *Novo Código de Processo Civil anotado.* São Paulo: Saraiva, 2015, p. 272.

[13] E continua: "O magistrado deveria adotar uma postura de diálogo com as partes e com os demais sujeitos do processo: esclarecendo suas dúvidas, pedindo esclarecimentos quando estiver com dúvidas e, ainda, dando as orientações necessárias, quando for o caso. Encara-se o processo como o produto de atividade cooperativa: cada qual com as suas funções, mas todos com o objetivo comum, que é a prolação do ato final (decisão do magistrado sobre o objeto litigioso). JÚNIOR, Fredie Didier. *Curso de Direito Processual Civil.* 11 ed. Salvador: Editora Jus Podium, 2009, p. 50-51. v. 1.

[14] Importante lembrar que a prova emprestada era admitida depreendendo-se tal possibilidade a partir da leitura do artigo 332 do CPC, quando mencionava que "todos os meios legais, ainda que não especificados neste Código" seriam hábeis para provar a verdade dos fatos, conforme referência de AMARAL, Guilherme Rizzo. *Comentários às alterações do Novo CPC* [livro eletrônico]. São Paulo: Revista dos Tribunais, 2015. Portanto, era admitida na categoria como prova atípica, segundo CAMBI, Eduardo. *Curso de Direito Probatório.* Curitiba: Juruá, 2014, p. 69.

[15] JÚNIOR, Fredie Didier; BRAGA, Paula Sarno; OLIVEIRA, Rafael. *Curso de Direito Processual Civil.* vol. 2. 4ª edição. Editora Jus Podium, 2009, p. 50. Em sentido contrário, Eduardo Cambi entende que apenas a prova teste-

Veio redigida com o seguinte texto: artigo 372 do NCPC: "O juiz poderá admitir a utilização de prova produzida em outro processo,[17] atribuindo-lhe o valor que considerar adequado, observado o contraditório".

Pode-se perceber que, segundo o artigo, será admissível a prova emprestada quando for observado o *contraditório*. E como se deve interpretar o contraditório? O próprio NCPC traz a resposta, ou seja, basta a observância dos artigos 9 e 10,[18] os quais vão ao encontro dos preceitos constitucionais.

Mas esse contraditório deve ser observado apenas no processo de destino? Ou no processo de origem? Ou em ambos?

Para se obter essa resposta, a doutrina dispõe sobre os requisitos de admissibilidade da prova emprestada.

Há quem entenda que o contraditório apenas legitima o uso da prova emprestada, sendo necessária a observância de duas situações:

a) aquela em que a prova emprestada será utilizada perante as mesmas pessoas que participaram da sua produção anteriormente; e b) aquela em que a prova emprestada será utilizada perante pessoas parcialmente coincidentes ou totalmente diferentes daquelas que participaram da sua produção originariamente.[19]

De outro lado, há quem entenda que é fundamental que:

A prova tenha sido produzida em processo no qual as mesmas partes do processo *para o qual* se emprestará a prova tenham *participado* na sua produção; ou, no mínimo, que a parte *contra* a qual a prova será utilizada tenha participado de sua produção.[20]

---

munhal, pericial e inspeção judicial podem ser emprestadas, já que os documentos valeriam por si só, não poderiam ser objeto do empréstimo, uma vez bastaria pedir o desentranhamento dos documentos ou providenciar fotocópias. CAMBI, Eduardo. *Curso de Direito Probatório*. Curitiba: Juruá, 2014, p. 71.

[16] Eduardo Talamini muito bem explica a razão do tratamento específico da prova emprestada e a impossibilidade de ser considerada o simples traslado de documentos ao segundo processo, uma vez que "mesmo sendo apresentada no segundo processo pela forma documental, a prova emprestada não valerá como mero documento. Terá a *potencialidade* de assumir exatamente a eficácia probatória que obteria no processo em que foi originariamente produzida". E continua, "O juiz, ao apreciar as provas, poderá conferir à emprestada precisamente o mesmo peso que esta teria se houvesse sido originariamente produzida no segundo processo. Eis o aspecto essencial da prova trasladada: apresentar-se sob a forma documental, mas poder manter seu valor originário.". TALAMINI, Eduardo. *Prova emprestada no processo civil e penal*. Revista de informação legislativa, v. 35, n. 140, p. 145-162, out./dez. 1998. Disponível em: <http://www2.senado.leg.br/bdsf/item/id/426>.

[17] Segundo parte da doutrina, a prova tem que ser produzida em "processo", ou seja, perante órgão jurisdicional, para que então possa ser emprestada, não se admitindo a prova oriunda de procedimento administrativo (Inquérito Civil nem Policial, nem procedimento arbitral). Nesse sentido, TALAMINI, Eduardo. *Prova emprestada no processo civil e penal*. Revista de informação legislativa, v. 35, n. 140, p. 145-162, out./dez. 1998. Disponível em: <http://www2.senado.leg.br/bdsf/item/id/426>. Em sentido contrário, há quem defenda que, "caso tenha sido rigorosamente observado o contraditório no procedimento administrativo entre as mesmas partes, bem como no inquérito civil ou policial, é possível, em princípio, admitir-se como emprestada a prova ali produzida" – JÚNIOR, Nelson Nery; NERY, Rosa Maria de Andrade. *Comentários ao Código de Processo Civil: Novo CPC – Lei 13.105/2015 [livro eletrônico]*. São Paulo: Editora Revista dos Tribunais, 2015.

[18] Art. 9º Não se proferirá decisão contra uma das partes sem que ela seja previamente ouvida. Parágrafo único. O disposto no caput não se aplica: I – à tutela provisória de urgência; II – às hipóteses de tutela da evidência previstas no art. 311, incisos II e III; III – à decisão prevista no art. 701. Art. 10. O juiz não pode decidir, em grau algum de jurisdição, com base em fundamento a respeito do qual não se tenha dado às partes oportunidade de se manifestar, ainda que se trate de matéria sobre a qual deva decidir de ofício.

[19] MARINONI, Luiz Guilherme; ARENHART, Sérgio; MITIDIERO, Daniel. *Novo Código de Processo Civil Comentado* [livro eletrônico]. São Paulo: Editora Revista dos Tribunais, 2015.

[20] AMARAL, Guilherme Rizzo. *Comentários às alterações do Novo CPC* [livro eletrônico]. São Paulo: Revista dos Tribunais, 2015. No mesmo sentido, entendendo que a prova emprestada é *inter alios*, JÚNIOR, Nelson Nery; NERY, Rosa Maria de Andrade. *Comentários ao Código de Processo Civil: Novo CPC – Lei 13.105/2015 [livro eletrônico]*. São Paulo: Editora Revista dos Tribunais, 2015 e TALAMINI, Eduardo. *Prova emprestada no processo*

O ponto divergente entre as teses é a possibilidade do uso da prova emprestada perante pessoas totalmente diferentes daquelas que participaram da produção no processo de origem; todavia, ambas concordam que o contraditório deve existir nos dois processos, ou seja, tanto no de destino, quanto no de origem.

Será que mantido o segundo posicionamento não se estaria restringindo o uso da prova emprestada? Ou mesmo inviabilizando-a?

Percebe-se que a prova emprestada é um meio de prova que se comunica com todas as áreas do direito, tanto que se utiliza da prova produzida no processo penal no cível e vice-versa, por exemplo.

Agora, analisando-se a redação do artigo e as correntes doutrinárias à luz da atuação do Ministério Público denota-se a necessidade de ser defendida a tese ampliativa, aquela que não restringe o âmbito de admissibilidade da prova emprestada. Diga-se isso pela existência dos amplos poderes investigatórios do *Parquet* que permitem que àquela prova produzida num processo seja utilizada para a instrução de outro, visando a atingir seu *mister* constitucional.[21]

A sociedade hoje reclama uma forte atuação Ministerial na tutela de seus interesses. Para tanto, o sistema deve possibilitar e permitir esse tipo de comunicação, de "conversa" entre os processos, justamente, pelo fato que uma mesma conduta pode ensejar tríplice responsabilidade do agente (cível, administrativa e criminal).[22] [23]

---

civil e penal. Revista de informação legislativa, v. 35, n. 140, p. 145-162, out./dez. 1998. Disponível em: <http://www2.senado.leg.br/bdsf/item/id/426>.

[21] O Tribunal de Justiça do RS possui divergência: "AGRAVO DE INSTRUMENTO. PROVA EMPRESTADA. PROCESSO SEM PARTICIPAÇÃO DO RECORRENTE. IMPOSSIBILIDADE. OFENSA AO CONTRADITÓRIO. *Para que seja admitida a prova emprestada, é necessário que, dentre outros fatores, haja identidade de partes entre o processo em que se pretende seja ela utilizada e aquele no qual foi ela produzida, sob pena de ofensa ao princípio do contraditório*. Não aceitando o Estado a utilização do laudo pericial produzido no outro processo, do qual não participa, não é possível sua utilização como prova emprestada. Precedentes desta Corte. AGRAVO DE INSTRUMENTO PARCIALMENTE PROVIDO. (Agravo de Instrumento Nº 70066166612, Vigésima Primeira Câmara Cível, Tribunal de Justiça do RS, Relator: Almir Porto da Rocha Filho, Julgado em 07/10/2015)" (grifo meu). E segue, "AGRAVO DE INSTRUMENTO. AÇÃO DE OBRIGAÇÃO DE FAZER. COBERTURA DE SINAL DE TELEFONIA. PERÍCIA. PROVA EMPRESTADA. Das circunstâncias segundo as quais *inexiste identidade de partes entre a demanda originária e a demanda atual, não se justifica o deferimento de prova pericial emprestada em respeito aos princípios do contraditório, da ampla defesa e do devido processo legal*. (Agravo de Instrumento nº 70065363004, Vigésima Câmara Cível, Tribunal de Justiça do RS, Relator: Carlos Cini Marchionatti, Julgado em 04/08/2015)"(grifo meu). Entendimento contrário: "AGRAVO DE INSTRUMENTO. DIREITO TRIBUTÁRIO. EXECUÇÃO FISCAL. AVALIAÇÃO DE IMÓVEIS. *PROVA EMPRESTADA DE OUTRO PROCESSO COM PARTES DISTINTAS. POSSIBILIDADE, OBSERVADOS O CONTRADITÓRIO E A AMPLA DEFESA. – Admissível a prova emprestada, ainda que oriunda de processo em que não participantes as mesmas partes, desde que a prova seja submetida ao contraditório e a ampla defesa, ou seja, desde que garantido o direito de as partes refutarem a prova transladada. Precedentes.* – Caso em que utilizada prova emprestada para avaliação de imóveis penhorados em execução fiscal, com resistência do exeqüente. Resistência esta que, não fundada em razões suficientes e idôneas, não prospera. NEGADO SEGUIMENTO AO RECURSO. (Agravo de Instrumento Nº 70066773615, Vigésima Segunda Câmara Cível, Tribunal de Justiça do RS, Relator: Marilene Bonzanini, Julgado em 29/09/2015)" (grifo meu). Disponível em: <http:www.tjrs.jus.br>. Acesso em: 10/11/2015.

[22] *STJ, 1ª Turma, AgRg no AREsp 24940, j. 18/02/2014:* Desde que observado o devido processo legal, é possível a utilização de provas colhidas em processo criminal como fundamento para reconhecer, no âmbito de ação de conhecimento no juízo cível, a obrigação de reparação dos danos causados, ainda que a sentença penal condenatória não tenha transitado em julgado. Com efeito, a utilização de provas colhidas no processo criminal como fundamentação para condenação à reparação do dano causado não constitui violação ao art. 935 do CC/2002 (1.525 do CC/16). Ademais, conforme o art. 63 do CPP, o trânsito em julgado da sentença penal condenatória somente é pressuposto para a sua execução no juízo cível, não sendo, portanto, impedimento para que o ofendido proponha ação de conhecimento com o fim de obter a reparação dos danos causados, nos termos do art. 64 do CPP.

[23] CONSTITUCIONAL E ADMINISTRATIVO. RECURSO ORDINÁRIO EM MANDADO DE SEGURANÇA. SERVIDOR PÚBLICO. *PROCESSO ADMINISTRATIVO DISCIPLINAR. INDEPENDÊNCIA ENTRE AS INSTÂN-*

Portanto, indispensável admitir que se faça uso da prova emprestada contra terceiro – sujeito que não participou do contraditório inicial; embora vá participar do segundo, no processo de destino, sem qualquer prejuízo a seus direitos mais comezinhos.

O STJ, partindo dessa mesma compreensão, recomenda que a prova emprestada seja utilizada sempre que possível, atentando-se, todavia, ao contraditório, não devendo se restringir a admissibilidade às partes idênticas, sob pena de reduzir sua aplicação sem justificativa plausível.[24]

Portanto, na verdade, a previsão legislativa da prova emprestada ainda deixa dúvidas quanto aos critérios a serem adotados para sua admissão, permitindo ao juiz a admissão e atribuição de valor; todavia, certamente vem ao encontro das funções ministeriais, colaborando com suas atribuições constitucionais, bastando que seja observado o contraditório, tanto no processo de origem, quanto no de destino.[25] [26]

Importante lembrar que a prova emprestada será apreciada livremente pelo magistrado, considerando o conjunto probatório dos autos, não ficando atrelado à avaliação feita anteriormente pelo outro juízo.[27]

A prova emprestada visa ao atendimento, principalmente, do princípio da razoável duração do processo, da economia processual, tornando o processo mais efetivo.[28]

CIAS PENAL E ADMINISTRATIVA. RECURSO NÃO PROVIDO. 1. Trata-se de recurso ordinário em mandado de segurança interposto contra acórdão proferido pelo Tribunal de Justiça do Estado do Mato Grosso do Sul. 2. O Processo Administrativo Disciplinar a que se submeteu o recorrente visou apurar a ocorrência de ilícito Administrativo no desempenho de suas atividades, de tal modo que independe o resultado da prova colhida no feito criminal e seu resultado, ante a independência de instância e a existência de falta residual. 3. Ainda que se alegue que houve utilização de prova criminal emprestada para embasar a decisão administrativa, posteriormente anulada no âmbito criminal, merece atenção o fato de que a apuração não se resumiu às referidas provas, conforme ficou assentado no acórdão recorrido. 4. É firme a jurisprudência desta Corte quanto à independência e autonomia das instâncias penal, civil e administrativa, razão pela qual o reconhecimento de transgressão disciplinar e a aplicação da punição respectiva não dependem do julgamento no âmbito criminal, nem obriga a Administração a aguardar o desfecho dos demais processos. Somente haverá repercussão, no processo administrativo, quando a instância penal manifestar-se pela inexistência material do fato ou pela negativa de sua autoria, não sendo o caso dos autos. Precedentes. 5. Recurso a que se nega provimento. (RMS 45.182/MS, Rel. Ministro OG FERNANDES, SEGUNDA TURMA, julgado em 22/09/2015, DJe 05/10/2015) (grifo meu). Disponível em:<http:www.stj.jus.br>. Acesso em: 10/11/2015.

[24] STJ. Corte Especial. EREsp 617.428-SP, Rel. Min. Nancy Andrighi, julgado em 4/06/2014 (Info 543). Disponível em:<http:www.stj.jus.br>. Acesso em: 06/10/2015.

[25] Diga-se isso, porque se a prova emprestada estava eivada de nulidade no processo de origem, por exemplo, caso não tenham sido observadas as formalidades legais, tal como uma perícia produzida por quem não é perito, ela não poderá ser considera fonte de prova no processo de destino, segundo compreensão de CAMBI, Eduardo. *Curso de Direito Probatório*. Curitiba: Juruá, 2014, p. 77.

[26] Eduardo Talamini adverte que "é indispensável o transporte de todas as peças atinentes à atividade probatória objeto do empréstimo ou de certidão com esse teor. Apenas assim o juiz do segundo processo poderá verificar a presença dos requisitos de legitimidade da prova emprestada" e, para isso, exemplifica com uma perícia, em que deverá constar a "decisão definidora do objeto da perícia; os quesitos formulados pelas partes e(ou) pelo juiz; o laudo pericial; os possíveis quesitos de esclarecimento do laudo e sua resposta; as manifestações dos assistentes técnicos; o eventual termo de ouvida do perito e dos assistentes em audiência (...)". TALAMINI, Eduardo. *Prova emprestada no processo civil e penal*. Revista de informação legislativa, v. 35, n. 140, p. 145-162, out./dez. 1998. Disponível em: <http://www2.senado.leg.br/bdsf/item/id/426>.

[27] Pode-se referenciar o artigo 371 do NCPC.

[28] Nesse sentido: "A função primeira e imediata do empréstimo da prova é a economia processual. Busca evitar a repetição desnecessária de atos a fim de que, com menor dispêndio de tempo e recursos materiais, o processo seja mais acessível a todos (é a aplicação do célebre 'princípio econômico'), formativo do processo (...)". TALAMINI, Eduardo. *Prova emprestada no processo civil e penal*. Revista de informação legislativa, v. 35, n. 140, p. 145-162, out./dez. 1998. Disponível em: <http://www2.senado.leg.br/bdsf/item/id/426>.

Nessa toada, o princípio processual da identidade física do juiz perde forças, cabendo um alerta: não se pode fazer uso indiscriminado da prova emprestada, justamente, pelo fato de se poder perder o "contato" da prova com o juiz que vai julgar a causa, até porque, é sabido, que muitas "leituras" são extraídas, a partir do atendimento ao referido princípio. E tão importante é a manutenção dele, que o NCPC trouxe mais uma inovação: a possibilidade da realização da oitiva de testemunhas por videoconferência ou recurso tecnológico similar.[29]

Essa inovação, à semelhança do que já ocorre no Código de Processo Penal (artigo 222, § 3º,[30] em relação à oitiva da testemunha que reside fora da Comarca), impõe aos órgãos jurisdicionais a aquisição dos equipamentos necessários para viabilizar a transmissão de dados.[31] Isso se deve, justamente, pela valoração da atividade do Juízo de primeiro grau que tem, efetivamente, o contato com a prova e, por consequência, tem maiores condições de julgar e de atingir a justiça no caso concreto.

Outra inovação foi a possibilidade da modificação do ônus da prova.

O antigo artigo 333 do CPC foi mantido e reproduzido no artigo 373 do NCPC,[32] havendo novidade nos parágrafos do dispositivo.

O § 1º veio assim redigido:

> § 1º Nos casos previstos em lei ou diante de peculiaridades da causa relacionadas à impossibilidade ou à excessiva dificuldade de cumprir o encargo nos termos do caput ou à maior facilidade de obtenção da prova do fato contrário, poderá o juiz atribuir o ônus da prova de modo diverso, desde que o faça por decisão fundamentada, caso em que deverá dar à parte a oportunidade de se desincumbir do ônus que lhe foi atribuído.

O *caput* do artigo 333 traz o que se identifica como "Teoria Estática do Ônus da Prova", uma vez que a lei estabelece a quem compete o ônus probatório. Essa concepção relaciona-se com o princípio do dispositivo, no qual incumbe às partes a iniciativa probatória e, ainda, relaciona-se com a vedação do *non liquet,* que atribui ao juiz o dever de julgar, ainda que o conjunto probatório seja insuficiente[33] e, portanto, será aplicado na sentença – como regra de julgamento –, proferindo o Juízo decisão contrária àquele a quem competia o ônus da prova e dele não se desincumbiu.[34]

---

[29] Artigo 453, § 1º A oitiva de testemunha que residir em comarca, seção ou subseção judiciária diversa daquela onde tramita o processo poderá ser realizada por meio de videoconferência ou outro recurso tecnológico de transmissão e recepção de sons e imagens em tempo real, o que poderá ocorrer, inclusive, durante a audiência de instrução e julgamento.

[30] Artigo 222, § 3º Na hipótese prevista no *caput* deste artigo, a oitiva de testemunha poderá ser realizada por meio de videoconferência ou outro recurso tecnológico de transmissão de sons e imagens em tempo real, permitida a presença do defensor e podendo ser realizada, inclusive, durante a realização da audiência de instrução e julgamento. (Incluído pela Lei nº 11.900, de 2009). Artigo 185, 2º Excepcionalmente, o juiz, por decisão fundamentada, de ofício ou a requerimento das partes, poderá realizar o interrogatório do réu preso por sistema de videoconferência ou outro recurso tecnológico de transmissão de sons e imagens em tempo real, desde que a medida seja necessária para atender a uma das seguintes finalidades: (Redação dada pela Lei nº 11.900, de 2009).

[31] BUENO, Cassio Scarpinella. *Novo Código de Processo Civil anotado*. São Paulo: Saraiva, 2015, p. 306.

[32] Art. 373. O ônus da prova incumbe: I – ao autor, quanto ao fato constitutivo de seu direito; II – ao réu, quanto à existência de fato impeditivo, modificativo ou extintivo do direito do autor.

[33] Como refere SALLES, Carlos Alberto de. Processos Coletivos e prova: transformações conceituais, direito à prova e ônus da prova. In: MILARÉ, Edis (coord.). A Ação Civil Pública: após 25 anos. São Paulo: Revista dos Tribunais, 2010, páginas 149-159.

[34] JÚNIOR, Fredie Didier; BRAGA, Paula Sarno; OLIVEIRA, Rafael. *Curso de Direito Processual Civil*. vol. 2. 4ª edição. Editora Jus Podium, 2009, p. 76. No mesmo sentido, JÚNIOR, Lucas Danilo Vaz Costa. *A teoria da carga*

Quando se altera essa formatação original, então se está diante da "Teoria Dinâmica do ônus da prova" e aqui convém esclarecer a divisão dessa modificação do ônus da prova: há a inversão *ope legis* e a *ope iudicis*. Aquela é prevista pela lei, "*aprioristicamente*, isto é, independentemente do caso concreto e da atuação do juiz",[35] dando-se, como exemplo, o artigo 38 do Código de Defesa do Consumidor.[36] Já na inversão *ope iudicis,* é aberta a possibilidade ao magistrado para que, diante do caso concreto, inverta a regra, como acontece, por exemplo, com o artigo 6º, inciso VIII,[37] do Código de Defesa do Consumidor.[38]

O novo dispositivo traz a inversão *ope iudicis* e deve ser entendido da seguinte forma:

1 – Nos casos previstos em lei: estabelecido na lei ou (conjunção alternativa)
2 – diante de peculiaridades da causa relacionadas à (*inversão ope iudicis*):
a) impossibilidade:
b) excessiva dificuldade de cumprir o encargo nos termos do caput e
c) à maior facilidade de obtenção da prova do fato contrário.

Pela redação do artigo, vê-se que foi aberta a possibilidade para o juiz que, diante das peculiaridades da causa, estabeleça o ônus probatório (item 2) de forma diversa (ao ônus estático) e os requisitos para a dinamicidade são os constantes das letras *a, b e c* acima referidas.

Para tanto, deverá o juiz fundamentar a sua decisão, a fim de proporcionar o controle da atividade jurisdicional e de conceder à parte a possibilidade de se desincumbir do ônus probatório. Para que isso ocorra, a inversão deverá se dar antes da fase instrutória, ou seja, na fase de "saneamento e organização do processo", conforme expresso no artigo 357, inciso III, do NCPC.[39] Disso se infere que agora a inversão do ônus da prova é regra de procedimento,[40] e não de julgamento.

---

dinâmica probatória sob a perspectiva constitucional de processo. De Jure – Revista Jurídica do Ministério Público do Estado de Minas Gerais, Belo Horizonte, n. 12, p. 261-282, jan./jun.2009. SALLES, Carlos Alberto de. Processos Coletivos e prova: transformações conceituais, direito à prova e ônus da prova. In: MILARÉ, Edis (coord.). A Ação Civil Pública: após 25 anos. São Paulo: Revista dos Tribunais, 2010, páginas 149-159.

[35] DIDIER JÚNIOR, Fredie; BRAGA, Paula Sarno; OLIVEIRA, Rafael. *Curso de Direito Processual Civil.* vol. 2. 4ª ed. Jus Podium, 2009, p. 80.

[36] Art. 38. O ônus da prova da veracidade e correção da informação ou comunicação publicitária cabe a quem as patrocina.

[37] Art. 6º São direitos básicos do consumidor: (...) VIII – a facilitação da defesa de seus direitos, inclusive com a inversão do ônus da prova, a seu favor, no processo civil, quando, a critério do juiz, for verossímil a alegação ou quando for ele hipossuficiente, segundo as regras ordinárias de experiências.

[38] Importante referir a distinção que é feita por parte dos autores, relativamente à *distribuição* e à *inversão* do ônus da prova. Resumidamente, a *inversão* dar-se-ia em relação a todos os fatos trazidos na demanda; os requisitos estariam previstos na lei e, uma vez preenchidos, o juízo deve aplicá-los. A inversão é utilizada nas relações de consumo. A *distribuição* do ônus da prova, por sua vez, pode ser aplicada a qualquer relação jurídica; poderia se dar apenas em um dos fatos tratados na demanda, alguns ou todos, bastaria ser analisada a impossibilidade de uma parte na produção da prova e a facilidade da outra. Haveria, aqui, maior discricionariedade e atuação judicial, sempre à luz do caso concreto. Nesse sentido, GOULART, Sara Fernandes. Aplicabilidade da teoria da distribuição dinâmica do Ônus da prova no processo civil brasileiro. Atuação – Revista Jurídica do Ministério Público Catarinense, Florianópolis, v.8, n.19, p. 207-240, jul./dez.2011. Em que pese tal distinção, a maioria dos autores, bem como a jurisprudência não a adota, como se percebe nos julgados trazidos neste artigo.

[39] Art. 357. Não ocorrendo nenhuma das hipóteses deste Capítulo, deverá o juiz, em decisão de saneamento e de organização do processo: (...) III – definir a distribuição do ônus da prova, observado o art. 373.

[40] Ou regra de processo, que autoriza o desvio da rota, como diz DIDIER JÚNIOR, Fredie; BRAGA, Paula Sarno; OLIVEIRA, Rafael. *Curso de Direito Processual Civil.* vol. 2. 4ª ed. Jus Podium, 2009, p. 82.

O § 2º do artigo 373⁴¹ do NCPC dispôs o que já era conhecido como "a prova diabólica", aquela que "é impossível, senão muito difícil, de ser produzida".⁴²

Critica-se a inserção de tal parágrafo, uma vez que completamente desnecessária, diante da própria redação do parágrafo primeiro, que já traz como uma das hipóteses de inversão a impossibilidade da produção da prova.

Os §§ 3º e 4º do artigo 373⁴³ do NCPC tratam da oportunidade para a convenção entre as partes acerca do ônus probatório, bem como do momento para isso. Tem-se inovação para que ocorra a convenção *antes* ou *durante* o processo, dispositivo este que "acabará dialogando intensamente com a possibilidade de as partes realizarem negócios processuais nos moldes do artigo 190 do novo CPC".⁴⁴

Mas e o Ministério Público diante de tais novidades?

Certamente, a alteração do ônus da prova por convenção das partes não alcançará ao agente Ministerial, por, justamente, não poder dispor do direito material posto em causa.

Com relação à distribuição da carga dinâmica da prova, esta mudança vem ao encontro dos interesses e da atuação do Ministério Público, auxiliando-o nas demandas.

Antes do NCPC, a possibilidade da inversão do ônus da prova somente era admitida em causas relativas ao direito do consumidor e ao meio ambiente: aquela por previsão legal expressa e esta a partir de uma compreensão do sistema jurídico e da natureza do bem jurídico tutelado.⁴⁵

---

⁴¹ Artigo 373, § 2º: A decisão prevista no § 1º deste artigo não pode gerar situação em que a desincumbência do encargo pela parte seja impossível ou excessivamente difícil.

⁴² DIDIER JÚNIOR, Fredie; BRAGA, Paula Sarno; OLIVEIRA, Rafael. *Curso de Direito Processual Civil*. vol. 2. 4ª ed. Jus Podium, 2009, p. 89.

⁴³ § 3º A distribuição diversa do ônus da prova também pode ocorrer por convenção das partes, salvo quando: I – recair sobre direito indisponível da parte; II – tornar excessivamente difícil a uma parte o exercício do direito. § 4º A convenção de que trata o § 3º pode ser celebrada antes ou durante o processo.

⁴⁴ BUENO, Cassio Scarpinella. *Novo Código de Processo Civil anotado*. São Paulo: Saraiva, 2015, p. 273.

⁴⁵ O STJ admite a inversão do ônus da prova em matéria ambiental: PROCESSUAL CIVIL E AMBIENTAL. AÇÃO CIVIL PÚBLICA. RESPONSABILIDADE CIVIL AMBIENTAL. CONTAMINAÇÃO COM MERCÚRIO. ART. 333 DO CÓDIGO DE PROCESSO CIVIL. ÔNUS DINÂMICO DA PROVA. CAMPO DE APLICAÇÃO DOS ARTS. 6º, VIII, E 117 DO CÓDIGO DE DEFESA DO CONSUMIDOR. PRINCÍPIO DA PRECAUÇÃO. POSSIBILIDADE DE INVERSÃO DO ONUS PROBANDI NO DIREITO AMBIENTAL. PRINCÍPIO IN DUBIO PRO NATURA. 1. Em Ação Civil Pública proposta com o fito de reparar alegado dano ambiental causado por grave contaminação com mercúrio, o Juízo de 1º grau, em acréscimo à imputação objetiva estatuída no art. 14, § 1º, da Lei 6.938/81, determinou a inversão do ônus da prova quanto a outros elementos da responsabilidade civil, decisão mantida pelo Tribunal a quo. 2. O regime geral, ou comum, de distribuição da carga probatória assenta-se no art. 333, caput, do Código de Processo Civil. Trata-se de modelo abstrato, apriorístico e estático, mas não absoluto, que, por isso mesmo, sofre abrandamento pelo próprio legislador, sob o influxo do ônus dinâmico da prova, com o duplo objetivo de corrigir eventuais iniquidades práticas (a probatio diabólica, p. ex., a inviabilizar legítimas pretensões, mormente dos sujeitos vulneráveis) e instituir um ambiente ético-processual virtuoso, em cumprimento ao espírito e letra da Constituição de 1988 e das máximas do Estado Social de Direito. 3. No processo civil, a técnica do ônus dinâmico da prova concretiza e aglutina os cânones da solidariedade, da facilitação do acesso à Justiça, da efetividade da prestação jurisdicional e do combate às desigualdades, bem como expressa um renovado due process, tudo a exigir uma genuína e sincera cooperação entre os sujeitos na demanda. 4. O legislador, diretamente na lei (= ope legis), ou por meio de poderes que atribui, específica ou genericamente, ao juiz (= ope judicis), modifica a incidência do onus probandi, transferindo-o para a parte em melhores condições de suportá-lo ou cumpri-lo eficaz e eficientemente, tanto mais em relações jurídicas nas quais ora claudiquem direitos indisponíveis ou intergeracionais, ora as vítimas transitem no universo movediço em que convergem incertezas tecnológicas, informações cobertas por sigilo industrial, conhecimento especializado, redes de causalidade complexa, bem como danos futuros, de manifestação diferida, protraída ou prolongada. 5. No Direito Ambiental brasileiro, a inversão do ônus da prova é de

Em qualquer uma das matérias acima referidas (consumidor e ambiental) poderá haver a atuação do Ministério Público, o que não é novidade alguma. E, sendo assim, inquestionável a eventual aplicação da teoria dinâmica do ônus probatório.

A inovação compreende a inserção da teoria nas regras do processo civil, o qual rege as normas para demandas que veiculam direitos individuais e, pressupõe, ao fim e ao cabo, igualdade entre os litigantes.

No processo civil, pode-se dizer que a atuação Ministerial dá-se, principalmente, como *fiscal da ordem jurídica* –, o que não o impede, todavia, da produção da prova, conforme artigo 179, inciso II,[46] do NCPC.

A atuação do Ministério Público, como parte, dá-se, via de regra, no âmbito coletivo, com a propositura de ações que veiculam demandas de natureza transindividual,[47] como por exemplo, nas causas relativas ao direito do consumidor;[48] meio ambiente; improbidade administrativa, etc.[49]

E por já ser utilizada a inversão do ônus da prova em causas relativas ao direito do consumidor e ao meio ambiente, por que não estender sua aplicação às demandas individuais? E às demais causas de natureza coletiva?

Não se ignora hoje a existência de um sistema de processo coletivo, visando a dar tratamento diferenciado na defesa dos direitos e interesses transindividuais – justamente pela especificidade do direito material. Nesse sentido, pode-se perceber que

---

ordem substantiva e ope legis, direta ou indireta (esta última se manifesta, p. ex., na derivação inevitável do princípio da precaução), como também de cunho estritamente processual e ope judicis (assim no caso de hipossuficiência da vítima, verossimilhança da alegação ou outras hipóteses inseridas nos poderes genéricos do juiz, emanação natural do seu ofício de condutor e administrador do processo). 6. Como corolário do princípio in dubio pro natura, "Justifica-se a inversão do ônus da prova, transferindo para o empreendedor da atividade potencialmente perigosa o ônus de demonstrar a segurança do empreendimento, a partir da interpretação do art. 6º, VIII, da Lei 8.078/1990 c/c o art. 21 da Lei 7.347/1985, conjugado ao Princípio Ambiental da Precaução" (REsp 972.902/RS, Rel. Min. Eliana Calmon, Segunda Turma, DJe 14.9.2009), técnica que sujeita aquele que supostamente gerou o dano ambiental a comprovar "que não o causou ou que a substância lançada ao meio ambiente não lhe é potencialmente lesiva" (REsp 1.060.753/SP, Rel. Min. Eliana Calmon, Segunda Turma, DJe 14.12.2009). 7. A inversão do ônus da prova, prevista no art. 6º, VIII, do Código de Defesa do Consumidor, contém comando normativo estritamente processual, o que a põe sob o campo de aplicação do art. 117 do mesmo estatuto, fazendo-a valer, universalmente, em todos os domínios da Ação Civil Pública, e não só nas relações de consumo (REsp 1049822/RS, Rel. Min. Francisco Falcão, Primeira Turma, DJe 18.5.2009). 8. Destinatário da inversão do ônus da prova por hipossuficiência – juízo perfeitamente compatível com a natureza coletiva ou difusa das vítimas – não é apenas a parte em juízo (ou substituto processual), mas, com maior razão, o sujeito-titular do bem jurídico primário a ser protegido. 9. Ademais, e este o ponto mais relevante aqui, importa salientar que, em Recurso Especial, no caso de inversão do ônus da prova, eventual alteração do juízo de valor das instâncias ordinárias esbarra, como regra, na Súmula 7 do STJ. "Aferir a hipossuficiência do recorrente ou a verossimilhança das alegações lastreada no conjunto probatório dos autos ou, mesmo, examinar a necessidade de prova pericial são providências de todo incompatíveis com o recurso especial, que se presta, exclusivamente, para tutelar o direito federal e conferir-lhe uniformidade" (REsp 888.385/RJ, Segunda Turma, Rel. Min. Castro Meira, DJ de 27.11.2006. No mesmo sentido, REsp 927.727/MG, Primeira Turma, Rel. Min. José Delgado, DJe de 4.6.2008). 10. Recurso Especial não provido. (REsp 883.656/RS, Rel. Ministro HERMAN BENJAMIN, SEGUNDA TURMA, julgado em 09/03/2010, DJe 28/02/2012). Disponível em:<http:www.stj.jus.br>. Acesso em:10/11/2015.

[46] Art. 179. Nos casos de intervenção como fiscal da ordem jurídica, o Ministério Público: (...) II – poderá produzir provas, requerer as medidas processuais pertinentes e recorrer.

[47] E aqui se referindo à divisão dos direitos coletivos *lato sensu*, tal como disposto no artigo 81 do CDC: direitos difusos; coletivos *stricto sensu* e individuais homogêneos.

[48] Importante lembrar que o CDC trata da possibilidade de inversão do ônus da prova tanto para as demandas individuais, quanto coletivas, aplicando-se, portanto, o mesmo artigo 6, inciso VIII.

[49] Não se olvide, obviamente, as demandas em que o Ministério Público atua na defesa dos direitos individuais indisponíveis, cuja teoria pode ser igualmente aplicada.

a Lei nº 7.347/85, em seu artigo 19,[50] remete-se ao CPC e, no artigo 21,[51] remete-se ao CDC; da mesma forma, o artigo 90[52] do CDC remete-se ao CPC e à Lei nº 7.347/85.

Esse microssistema coletivo permite o "diálogo" entre as legislações, possibilitando, ao final e subsidiariamente, a aplicação do CPC – dispositivos redigidos para as demandas individuais, e não para as coletivas.

Com o avanço e a necessidade de se tutelar de forma macro problemas de natureza individual e, atento a isso, o NCPC inovou ao dispor acerca do dever do juiz de comunicar os legitimados (inclusive o Ministério Público), sobre a existência de demandas individuais repetidas, objetivando a máxima atividade jurisdicional e evitando decisões conflitantes, conforme artigo 139, inciso X,[53] da novel legislação.

Pecou o legislador ao não atualizar os dispositivos do CDC e da Lei nº 7.347/85 – que tratam do microssistema coletivo e que fazem referência ao CPC-, uma vez que será revogada a Lei nº 5.869/73 –, conforme artigo 1.046 do NCPC.[54] Todavia, entende-se que essa "conversa" entre as legislações será mantida, a partir de uma interpretação sistemática do ordenamento jurídico, que é o que vem ocorrendo nos últimos tempos.

A inversão do ônus da prova atende ao princípio constitucional da isonomia, tratando de forma desigual os desiguais.[55][56] E hoje, processualmente, não se reconhecem desiguais apenas nas demandas do consumidor e do meio ambiente, mas também nas causas cíveis, em geral. Advirta-se que, para aplicação do instituto, deverá o juiz ter atuação mais enfática e próxima à realidade dos autos para perceber qual dos sujeitos têm condições de melhor produzir a prova.

Ademais, visa ao afastamento de injustiças, já que se uma das partes têm maiores condições de provar o fato, incumbirá a ela o encargo, pois se à parte a quem toca o ônus não puder produzi-la, acabará, fatalmente, perdendo a demanda.[57]

---

[50] Art. 19. Aplica-se à ação civil pública, prevista nesta Lei, o Código de Processo Civil, aprovado pela Lei nº 5.869, de 11 de janeiro de 1973, naquilo em que não contrarie suas disposições.

[51] Art. 21. Aplicam-se à defesa dos direitos e interesses difusos, coletivos e individuais, no que for cabível, os dispositivos do Título III da lei que instituiu o Código de Defesa do Consumidor.

[52] Art. 90. Aplicam-se às ações previstas neste título as normas do Código de Processo Civil e da Lei nº 7.347, de 24 de julho de 1985, inclusive no que respeita ao inquérito civil, naquilo que não contrariar suas disposições.

[53] Art. 139. O juiz dirigirá o processo conforme as disposições deste Código, incumbindo-lhe: (...) X – quando se deparar com diversas demandas individuais repetitivas, oficiar o Ministério Público, a Defensoria Pública e, na medida do possível, outros legitimados a que se referem o art. 5º da Lei nº 7.347, de 24 de julho de 1985, e o art. 82 da Lei nº 8.078, de 11 de setembro de 1990, para, se for o caso, promover a propositura da ação coletiva respectiva.

[54] Art. 1.046. Ao entrar em vigor este Código, suas disposições se aplicarão desde logo aos processos pendentes, ficando revogada a Lei nº 5.869, de 11 de janeiro de 1973.

[55] Nesse sentido, DIDIER JÚNIOR, Fredie; BRAGA, Paula Sarno; OLIVEIRA, Rafael. *Curso de Direito Processual Civil*. vol. 2. 4ª ed. Jus Podium, 2009, p. 82. No mesmo sentido, Sérgio Cavalieri Filho, ao comentar a inversão do ônus da prova no CDC: "O Código de Defesa do Consumidor, destarte, rompendo dogmas e estabelecendo novos paradigmas para as relações entre desiguais, fê-lo, também, no que se refere à carga probatória, ora transferindo o ônus da prova ao fornecedor (*inversão ope legis*), do que nos dão exemplos os arts.12, § 3, 14, § 4 e 38, ora admitindo que tal se opere por determinação do julgador (*inversão ope judicis*), conforme art.6º, VIII." FILHO, Sérgio Cavalieri. *Programa de Direito do Consumidor*. São Paulo: Atlas, 2008, p. 95.

[56] Nesse sentido, pode-se questionar: "a) Igualdad entre quiénes? y b) Igualdad em qué?" – BOBBIO, Norberto. *Igualdad y Libertad*. Barcelona: Paidós, 1993, p. 53-54.

[57] Compartilhando desse entendimento: GOULART, Sara Fernandes. *Aplicabilidade da Teoria da Distribuição Dinâmica do ônus da prova no Processo Civil Brasileiro*. Atuação – Revista Jurídica do Ministério Público Catarinense, Florianópolis, v.8, n.19, p. 207-240, jul./dez., 2011.

Nesse sentido, a análise não recairá sob a condição financeira das partes, mas sim sob a real condição dela poder produzir ou não a prova. Tanto é assim que, atualmente, a inversão do ônus da prova vem sendo decretada em favor do próprio Ministério Público. Ou seja, não se analisa *quem são as partes ou qual a sua posição jurídica nos autos* (se autor ou réu), como faz a teoria estática. Veja-se:

> APELAÇÃO CÍVEL. DIREITO PRIVADO NÃO ESPECIFICADO. **CONSUMIDOR. AÇÃO COLETIVA DE CONSUMO. PRÁTICA COMERCIAL ABUSIVA.** REPENTINA E ABUSIVA ELEVAÇÃO DO PREÇO DE VENDA DE COMBUSTÍVEL COMUM E ADITIVADO. 1- Agravo retido: **cabível a inversão do ônus da prova, com fundamento no art. 6o, VIII, do Código de Defesa do Consumidor, em favor do Ministério Público, nas hipóteses em que atuar como substituto processual da coletividade dos consumidores. Jurisprudência consolidada do Superior Tribunal de Justiça. Precedentes deste Tribunal.** Agravo retido conhecido e desprovido. 2- Prática comercial abusiva: não comprovada a efetiva ocorrência de prática comercial abusiva igualmente definida como infração à ordem econômica – consubstanciada na elevação súbita e excessiva do preço de venda de combustível –, a improcedência dos pedidos formulados na inicial é medida impositiva. Agravo retido conhecido e desprovido. Apelo desprovido. (Apelação Cível Nº 70061886081, Décima Segunda Câmara Cível, Tribunal de Justiça do RS, Relator: Umberto Guaspari Sudbrack, Julgado em 10/09/2015) (grifo meu).[58]

Muitos poderão dizer que a inversão do ônus da prova poderá gerar insegurança jurídica; todavia, não se pode olvidar a intenção do legislador de estabelecer fina sintonia com o legislador constituinte, alcançando-se o valor justiça *no caso concreto*.

Conclusão

O NCPC aproximou-se da realidade e, para isso, apresentou um texto mais compatível com os anseios da população.

Obviamente, toda a questão processual envolve o direito material veiculado em Juízo e, fatalmente, desembocará na questão da prova. Como se pode afirmar ter o direito e não ter como prová-lo? Até então, essa seria uma preocupação, se caso esse ponto fosse analisado à luz da Teoria Estática do ônus probatório. Com o advento da novel legislação, deixa de se ter esse temor, uma vez que, diante da peculiaridade da causa, qualquer uma das partes poderá receber o encargo, se tiver melhor condição de produzir a prova.

---

[58] No mesmo sentido: APELAÇÕES CÍVEIS. SEGUROS. PLANO DE SAÚDE. *AÇÃO COLETIVA*. REVISÃO DE CONTRATO. REAJUSTE DA MENSALIDADE. FAIXA ETÁRIA. LIMITAÇÃO DE INTERNAÇÃO E DE SESSÕES DE FISIOTERAPIA. ABUSIVIDADE. *LEGITIMIDADE ATIVA DO MINISTÉRIO PÚBLICO*. DANOS MORAIS CONFIGURADOS. Da legitimidade ativa do Ministério Público 1. *O Ministério Público é parte legítima para ajuizar demanda em defesa dos consumidores que detêm direitos individuais, homogêneos e indivisíveis, violados pela conduta ilícita da operadora demandada, razão pela qual se rejeita a preliminar de carência de ação por ilegitimidade ativa, pois presente o interesse e direito daquele agente público de intentar ação coletiva em defesa destes. Agravo retido – inversão do ônus da prova 2. Tratando-se de ação coletiva de consumo ajuizada pelo Ministério Público, atuando na condição de substituto processual dos consumidores, na forma do artigo 81 do CDC, cabível a inversão do ônus da prova, considerando o caráter público e coletivo do bem jurídico tutelado. Agravo retido – produção de prova 3. A controvérsia dos autos versa sobre matéria preponderantemente de direito, sendo acostado ao feito documentação suficiente para o deslinde do litígio, mostrando-se desnecessária a produção da prova oral pretendida, a qual não se mostra útil a solução do litígio, cabendo ao magistrado que preside a causa definir aferir esta questão. Inteligência do art. 130 do CC. Mérito dos recursos em exame. (...). Afastada a preliminar suscitada, negado provimento aos agravos retidos, negado provimento ao apelo da ré e dado parcial provimento ao recurso da parte autora.* (Apelação Cível Nº 70040347734, Quinta Câmara Cível, Tribunal de Justiça do RS, Relator: Jorge Luiz Lopes do Canto, Julgado em 24/06/2015) (grifo meu).

Agora se responde à pergunta feita linhas atrás: a Teoria Dinâmica do ônus da prova será aplicada às demandas individuais, tal como nas consumeristas[59] e nas ambientais.[60]

Ainda, importante referir que as diversas alterações no direito probatório no processo civil fizeram com que este se aproximasse do processo penal. Há quem diga que se possa falar em "teoria geral do processo jurisdicional", já que ambos instrumentalizariam a mesma função estatal.[61] E é por isso que agora há a prova emprestada; a possibilidade da oitiva de testemunhas por meio da videoconferência, apenas para citar como exemplos.

Na verdade, tudo pode ser analisado sob uma única ótica: a do Direito Processual seja ele coletivo ou individual; de natureza cível ou criminal. Processo é instrumento e nunca deixará de sê-lo.

> Sendo ineficiente o sistema processual, todo o ordenamento jurídico passa a carecer de real efetividade. De fato, as normas de direito material se transformam em pura ilusão, sem a garantia de sua correlata realização, no mundo empírico, por meio do processo.[62]

Na promessa de um processo mais efetivo, próximo à realidade fática e colaborativo, como se percebeu na leitura da exposição de motivos, foi publicado o Novo Código de Processo Civil.

Fica o questionamento: serão alcançados tais objetivos? Só o tempo dirá.

Bibliografia

AMARAL, Guilherme Rizzo. *Comentários às alterações do Novo CPC* [livro eletrônico]. São Paulo: Revista dos Tribunais, 2015.

BUENO, Cassio Scarpinella. *Novo Código de Processo Civil anotado*. São Paulo: Saraiva, 2015.

BOBBIO, Norberto. *Igualdad y Libertad*. Barcelona: Paidós, 1993.

CAMBI, Eduardo. *Curso de Direito Probatório.*Curitiba: Juruá, 2014.

CAVALIERI FILHO, Sérgio. *Programa de Direito do Consumidor*. São Paulo: Atlas, 2008.

COSTA JÚNIOR, Lucas Danilo Vaz. *A teoria da carga dinâmica probatória sob a perspectiva constitucional de processo*. De Jure – Revista Jurídica do Ministério Público do Estado de Minas Gerais, Belo Horizonte, n. 12, p. 261-282, jan./jun.2009.

DIDIER JÚNIOR, Fredie. *Curso de Direito Processual Civil*. 11. ed., v. 1. Salvador: Jus Podium, 2009.

——; BRAGA, Paula Sarno; OLIVEIRA, Rafael. *Curso de Direito Processual Civil*. vol. 2. 4ª edição. Salvador: Jus Podium, 2009.

---

[59] Abordando o tema da inversão do ônus da prova nas demandas coletivas de consumidores: "Facilitação da defesa implica celeridade da prestação jurisdicional. Já não mais faz sentido a máxima 'a Justiça tarda mais não falha.' Se a Justiça tarda numa providência a título coletivo, envolvendo uma relação de consumo, esta já falhou! Não se justifica mais o retardo da prestação jurisdicional ao argumento do cumprimento do rito ordinário para as ações individuais nem a inversão do ônus da prova após o contraditório ou mesmo por ocasião da sentença como sendo regras de juízo ou mesmo de experiência. É necessário reconhecer o direito do consumidor como direito de terceira geração, direito moderno, que acrescentou inúmeras transformações no ordenamento jurídico material e processual.". MARTINS, Plínio Lacerda. *A inversão do ônus da prova na ação civil pública proposta pelo Ministério Público em defesa dos consumidores*. Revista de Informação Legislativa, Brasília, v. 36, n. 143, jul./set.1999.

[60] E nas demais causas coletivas? Deve-se, ainda, aguardar o resultado do projeto de lei brasileira sobre Código de Processo Coletivo, que também se preocupou em tratar da matéria, tamanha a importância do tema.

[61] TALAMINI, Eduardo. *Prova emprestada no processo civil e penal*. Revista de informação legislativa, v. 35, n. 140, p. 145-162, out./dez. 1998. Disponível em: <http://www2.senado.leg.br/bdsf/item/id/426>.

[62] Exposição de Motivos do NCPC.

GOULART, Sara Fernandes. *Aplicabilidade da Teoria da Distribuição Dinâmica do ônus da prova no Processo Civil Brasileiro.* Atuação – Revista Jurídica do Ministério Público Catarinense, Florianópolis, v.8, n.19, p. 207-240, jul./dez., 2011.

MARINONI, Luiz Guilherme; ARENHART, Sérgio; MITIDIERO, Daniel. *Novo Código de Processo Civil Comentado* [livro eletrônico]. São Paulo: Editora Revista dos Tribunais, 2015.

MARTINS, Plínio Lacerda. A inversão do ônus da prova na ação civil pública proposta pelo Ministério Público em defesa dos consumidores. Revista de Informação Legislativa, Brasília, v. 36, n. 143, jul./set.1999.

NERY JÚNIOR, Nelson; NERY, Rosa Maria de Andrade. *Comentários ao Código de Processo Civil: Novo CPC – Lei 13.105/2015 [livro eletrônico].* São Paulo: Editora Revista dos Tribunais, 2015.

ROSAS. Roberto. *Direito Processual Constitucional: princípios constitucionais do processo civil.* 3 ed. rev.atual. e ampl. São Paulo: Revista dos Tribunais, 1999.

SALLES, Carlos Alberto de. Processos Coletivos e prova: transformações conceituais, direito à prova e ônus da prova. In: MILARÉ, Edis (coord.). A Ação Civil Pública: após 25 anos. São Paulo: Revista dos Tribunais, 2010, p. 149-159.

SCHÜTZ, Vanessa Casarin. O princípio da isonomia e o conflito entre as sentenças coletivas e individuais. Porto Alegre: Livraria do Advogado, 2009.

TALAMINI, Eduardo. *Prova emprestada no processo civil e penal.* Revista de informação legislativa, v. 35, n. 140, p. 145-162, out./dez. 1998. Disponível em: <http://www2.senado.leg.br/bdsf/item/id/426>.

WAMBIER, Teresa Arruda Alvim; WAMBIER, Luiz Rodrigues. *Novo Código de Processo Civil Comparado artigo por artigo.* São Paulo: Revista dos Tribunais, 2015.

— 15 —

Meios de execução das Obrigações de Fazer e Não Fazer no novo CPC

ROCHELLE JELINEK[1]

Sumário: 1. Meios coercitivos e sub-rogatórios; 2 Ausência de hierarquia entre coerção e sub--rogação; 3. Sucessão e cumulatividade dos meios coercitivos e sub-rogatórios; 4. Medidas de apoio nominadas e inominadas; 4.1. Medidas típicas ou nominadas; 4.1.1. Multa cominatória; 4.1.2. Busca e apreensão; 4.1.3. Remoção de coisas; 4.1.4. Remoção de pessoas; 4.1.5. Desfazimento de obras; 4.1.6. Impedimento de atividade nociva; 4.1.7. Requisição de força policial; 4.2. Medidas atípicas ou inominadas; 4.2.1. Nomeação de fiscal, gestor ou interventor; 4.2.2. Constrição de bens e valores do devedor; Conclusão; Referências bibliográficas.

A tutela executiva destina-se a proporcionar ao credor de uma obrigação consagrada em título executivo, tal como o compromisso de ajustamento de conduta, um resultado prático idêntico, ou o mais equivalente possível, ao que adviria do cumprimento espontâneo dessa mesma obrigação pelo respectivo devedor. Tendo em vista essa sua finalidade, a tutela executiva é prestada através de um processo dotado de estrutura peculiar, o que leva a denominá-lo, com muita propriedade, de "processo de desfecho único": a satisfação do credor.[2] Característica principal dessa estrutura própria do processo de execução, diretamente determinada pela sua finalidade específica, está em ser ele composto, predominantemente, de operações práticas e jurídicas voltadas à obtenção daquele resultado, não se realizando nele qualquer cognição quanto ao próprio direito a ser satisfeito *in executivis*. Em outras palavras, a tutela executiva destina-se, em última análise, a remover o estado de insatisfação do direito

---

[1] Promotora de Justiça no Rio Grande do Sul. Especialista em Direito Ambiental pela Universidade Federal do Rio Grande do Sul – UFRGS. Mestre e Doutoranda em Direito Processual Civil pela Pontifícia Universidade Católica do Rio Grande do Sul – PUCRS. Leciona a disciplina de Processo Civil Coletivo em cursos de pós-graduação em diversas instituições.

[2] Na lição de Cândido Dinamarco: "Na execução bem-sucedida, o processo tem desfecho único e é sempre favorável ao demandante, não se concebendo que a execução venha a produzir eventual pretensão do executado. Ela poderá chegar ao fim ou não chegar, sendo obstada pela ausência de algum pressuposto; poderá estar destituída de título, ou de alguma outra forma carecer o exeqüente de ação executiva; poderá falecer-lha algum pressuposto processual, ou mesmo dela desistir. Seu resultado institucional, porém, é sempre um e sempre favorável apenas ao demandante. (...) A única alternativa que o sistema executivo oferece é esta: o provimento satisfativo, que todo o processo de execução se destina a preparar, ou será dado ou não será dado, mas uma vez dado será sempre favorável ao exeqüente, satisfazendo o seu alegado direito". DINAMARCO, Cândido Rangel. *Execução Civil*. São Paulo: Malheiros, 2000, p. 148-149. e 360.

substancial consagrado em título executivo, e esse estado origina-se, precisamente, na ausência de uma conduta (comissiva ou omissiva) espontânea do devedor.[3] Nessa perspectiva, no plano funcional, a tutela executiva caracteriza-se por estar orientada a suprir a não realização espontânea de determinada conduta omissiva ou comissiva exigida do devedor, independentemente e mesmo contra sua vontade.[4]

Para a obtenção da satisfação do direito do credor a que está orientada a tutela executiva, o ordenamento jurídico coloca à disposição do órgão jurisdicional o emprego de diferentes meios executivos – também denominados técnicas processuais de tutela –, agrupados em duas classes fundamentais: a *coercitiva*, em que a finalidade do mecanismo reside em pressionar a vontade do executado para induzi-lo ao cumprimento do dever ou obrigação, e a *sub-rogatória*, que prescinde da participação efetiva do devedor para efetivação da pretensão. Feita essa premissa, a execução forçada, segundo o critério do meio executivo empregado, ou é *direta*, quando se vale das medidas sub-rogatórias, ou é *indireta*, quando se vale das medidas coercitivas.[5]

Pela sistemática processual do CPC/1973, a efetivação de títulos executivos judiciais ou extrajudiciais que contêm obrigações ou deveres de fazer ou não fazer se daria de acordo com o art.461 do CPC (que repete o art. 84 do CDC), que prevê como meios executivos a imposição de multa periódica (meio coercitivo de pressão psicológica) e outras "medidas necessárias", que são arroladas exemplificativamente no § 5° (e podem, conforme o caso concreto, revestir-se de caráter coercitivo ou sub-rogatório).

O novel CPC/2015 não altera substancialmente as técnicas de tutela (ou meios executivos) de se buscar a satisfação de obrigações de fazer e não fazer, ao disciplinar a matéria nos arts. 497 e 536:

> Art. 497. Na ação que tenha por objeto prestação de fazer ou de não fazer, o juiz, se procedente o pedido, concederá a tutela específica ou determinará providências que assegurem a obtenção de tutela pelo resultado prático equivalente.
>
> Parágrafo único. Para a concessão da tutela específica destinada a inibir a prática, a reiteração ou a continuação de um ilícito, ou a sua remoção, é irrelevante a demonstração da ocorrência de dano ou da existência de culpa ou dolo.[6]
>
> Art. 536. No cumprimento de sentença que reconheça a exigibilidade de obrigação de fazer ou de não fazer, o juiz poderá, de ofício ou a requerimento, para a efetivação da tutela específica ou a obtenção de tutela pelo resultado prático equivalente, determinar as medidas necessárias à satisfação do exequente.
>
> § 1º Para atender ao disposto no caput, o juiz poderá determinar, entre outras medidas, a imposição de multa, a busca e apreensão, a remoção de pessoas e coisas, o desfazimento de obras e o impedimento de atividade nociva, podendo, caso necessário, requisitar o auxílio de força policial.

---

[3] Essa ideia sobre a função da tutela executiva levou ao entendimento na doutrina de que o inadimplemento é pressuposto para a execução forçada. Sobre o assunto: GUERRA, Marcelo Lima. *Execução forçada: controle de admissibilidade*. São Paulo: RT, 1994, p. 74-86.

[4] Sobre a coatividade da execução forçada: BONSIGNORI, Ângelo. *L'esecuzione forzata*. Torino: Giappichelli, 1991, p.6.

[5] Sobre essa classificação: PISANI, Andréa Proto. *Lezioni di diritto processuale civile*. Napoli: Jovene, 1994, p. 775-776. LUISO, Francesco Paolo. *Appunti di diritto processuale civile: processo di esecuzione*. Pisa: ETS, 1992, p. 9-10. MARINONI, Luiz Guilherme. *Técnica processual e tutela dos direitos*. São Paulo: RT, 2004, p.126-134. GUERRA, Marcelo Lima. *Execução indireta*. São Paulo: RT, 1999, p.17-29. GUERRA, Marcelo Lima. *Inovações na execução direta das obrigações de fazer e não fazer*. Mundo Jurídico, 2005. Disponível em: <http://www.mundojuridico.adv.br/sis_artigos/doutrina_resultado.asp?codigo=7>. Acesso em: 21 out. 2015.

[6] Sobre a nova tutela inibitória e de remoção do ilícito, ver: MARINONI, Luiz Guilherme. *Tutela contra o ilícito*. São Paulo: RT, 2015.

§ 2º O mandado de busca e apreensão de pessoas e coisas será cumprido por 2 (dois) oficiais de justiça, observando-se o disposto no art. 846, § § 1º a 4º, se houver necessidade de arrombamento.

§ 3º O executado incidirá nas penas de litigância de má-fé quando injustificadamente descumprir a ordem judicial, sem prejuízo de sua responsabilização por crime de desobediência.

§ 4º No cumprimento de sentença que reconheça a exigibilidade de obrigação de fazer ou de não fazer, aplica-se o art. 525, no que couber.

§ 5º O disposto neste artigo aplica-se, no que couber, ao cumprimento de sentença que reconheça deveres de fazer e de não fazer de natureza não obrigacional.

O legislador manteve uma normativa "aberta", dando poder geral de cautela ao magistrado na condução do processo de execução, no cumprimento da sentença ou na execução de tutela de urgência ou evidência, podendo determinar, à sua escolha ou a requerimento da parte, as medidas mais adequadas no caso concreto para cumprimento das obrigações ou deveres de fazer ou não fazer, entre as exemplificadas no dispositivo ou outras atípicas.

Interessante notar que poucos dispositivos configuram realmente inovações nessa seara. Os parágrafos incluídos nos dispositivos que tratam da exigibilidade de obrigações ou deveres de fazer ou não fazer se apresentam como complemento ou aprimoramento do processo de execução regido pelo CPC/73, sem romper as linhas mestras que foram estabelecidas pelas últimas reformas processuais (Lei 8.952/1994, Lei 10.444/2002 e Lei 11.232/2005). Cuidaram de suprir lacunas normativas mediante a incorporação, no texto do novel CPC, de teses de origem pretoriana ou de práticas que já vinham sendo adotadas nos processos dessa natureza, como por exemplo, a aplicação dos meios executivos coercitivos e/ou sub-rogatórios para exigibilidade de prestações de fazer ou não fazer de origem não obrigacional.

1. Meios coercitivos e sub-rogatórios

Para a exata compreensão do papel que desempenham as medidas coercitivas e sub-rogatórias na efetivação das obrigações ou deveres de fazer e não fazer, é importante lembrar que, nas hipóteses em que a prestação devida é infungível, ou seja, quando só pode ser realizada pelo próprio devedor, a resistência recalcitrância deste pode representar um obstáculo quase intransponível ao uso das medidas sub-rogatórias, porque não é possível ou é de difícil viabilidade prática a substituição do comportamento do devedor que deva realizar a prestação. Embora a possibilidade jurídica de se utilizar meios sub-rogatórios ou coercitivos tanto na execução de prestações fungíveis como infungíveis, em relação a estas últimas, em muitos casos concretos, em especial quando se tratam de direitos difusos e coletivos (transindividuais) de conteúdo imaterial, a execução indireta revela-se praticamente a única opção disponível.[7] Problema maior surge quando tais obrigações ou deveres de caráter infungível

---

[7] Conforme anota Marcelo Lima Guerra, "a vontade do devedor é fonte de obstáculos a um só tempo naturais e jurídicos à prestação da tutela executiva. [...] a resistência do devedor em cumprir uma prestação que só ele pode cumprir [...] é um limite natural à prestação da tutela executiva [...] Por outro lado, a resistência do devedor impõe ainda limites jurídicos à execução forçada. É que, ao assegurar a dignidade da pessoa humana como valor fundamental, o ordenamento impõe limites à própria realização coativa de suas normas. Isso implica limitar também, como não poderia deixar de ser, a tutela executiva dos direitos reconhecidos pelo próprio ordenamento". GUERRA, Marcelo Lima. *Execução indireta*. São Paulo: RT, 1999, p.28. A questão dos conflitos surgidos entre os direitos fundamentais do devedor e o direito à prestação efetiva de tutela jurisdicional, especificamente no âmbito do processo executivo, é tratada pelo autor na mesma obra, p.179-188.

devem ser cumpridas pelo Poder Público, hipóteses em que nem sempre a execução indireta (através de meios coercitivos) tem efetividade, dada a tendência de agentes políticos procrastinarem ou repassarem a seus sucessores a solução para cumprimento de deveres e obrigações dessa natureza.

2 Ausência de hierarquia entre coerção e sub-rogação

Questiona-se se existe uma ordem de prioridade entre o uso da execução direta e da indireta. Há uma tradição, que tem no Código Napoleônico sua máxima consagração, segundo a qual as medidas sub-rogatórias têm uma precedência sobre as coercitivas, porque estas, por atuarem diretamente sobre a vontade do devedor, seriam mais gravosas que as primeiras.[8] Contudo, especialmente nas prestações fungíveis, não é possível predeterminar se a prestação da respectiva tutela executiva dar-se-á através de medidas coercitivas ou sub-rogatórias. A opção entre uma ou outra das modalidades, ou mesmo a utilização conjunta ou sucessiva de ambas as espécies de meios executivos, depende de um juízo de proporcionalidade que leve em consideração as circunstâncias concretas de cada caso: o meio mais efetivo para a satisfação do dever ou obrigação e o meio menos gravoso para o executado.[9]

Não há ordem prévia e abstrata de preferência entre meios de sub-rogação e de coerção e que a escolha entre a "tutela específica" e o "resultado prático equivalente" deve ser feita conforme os valores envolvidos no caso concreto, à luz das diretrizes da máxima efetividade da tutela jurisdicional e do menor sacrifício ao demandado, sendo incorreta a noção de que, tratando-se de dever fungível, a preferência recairia, só por isso, sobre as providências materiais sub-rogatórias, de modo que a adoção de medidas coercitivas ficaria afastada ou relegada a segundo plano.[10]

Há casos em que é clara e inequívoca a maior aptidão de apenas um dos dois caminhos: diante do dever infungível, cabe apenas a concretização da "tutela específica" (na acepção legal); já nas situações em que, mediante sub-rogação, obtém-se de modo fácil, imediato e direto o resultado específico, deve-se adotar esta via. Na primeira hipótese (prestação infungível), o "resultado prático equivalente" (no sentido que a lei confere à expressão) é materialmente impossível. Na segunda hipótese (prestação fungível), por vezes a prévia imposição de ordem de medidas coercitivas, para que o próprio devedor cumpra a prestação, mostra-se ofensiva aos princípios do menor sacrifício e da máxima utilidade da tutela jurisdicional, caso o "resultado práti-

---

[8] GUERRA, Marcelo Lima. *Inovações na execução...*
[9] A lição de Marinoni esclarece bem o tema: [...] a preferência por certo meio executivo ou modalidade de fazer não constitui mera opção, mas sim o resultado da aplicação das subregras da proporcionalidade, quais sejam: i) adequação, ii) necessidade e iii) proporcionalidade em sentido estrito. *Adequação* é, em termos rápidos, a *legitimidade do meio pensado para atingir a tutela*. A necessidade se desdobra nas ideias de *meio idôneo e da menor restrição possível*. O meio idôneo é pensado em termos de *eficácia*, pois é aquele que tem aptidão para proporcionar *concretamente* a tutela. Todavia, esse meio idôneo deve ser aquele que cause a *menor restrição possível* à esfera jurídica do réu. Nesse caso, ou seja, quando o meio for *idôneo* ao pretendido pelo autor e, ao mesmo tempo, configurar a *menor restrição possível*, constituirá o meio *mais* idôneo, representando a ideia de *meio mais suave*, que é justamente aquele que deve ser usado para dar tutela ao direito do autor. Por fim, a sentença não pode, para dar tutela ao direito, gerar um grave *despropositado* ao demandado. MARINONI, Luiz Guilherme. *Técnica processual...*, p.138.
[10] TALAMINI, Eduardo. *Tutela relativa aos deveres de fazer e de não fazer e sua extensão aos deveres de entregar coisa (CPC, arts. 461 e 461-A, CDC, art. 84).* São Paulo: RT, 2003, p.284.

co correspondente" possa ser idêntico ao que se teria com o cumprimento e realizável de modo rápido e pouco custoso.

A engendração dos instrumentos que substituem a conduta do devedor raramente é despida de dificuldades práticas (a começar, em regra, por seu custeio). Depois, e mesmo quando razoavelmente fácil a consecução do "resultado prático equivalente", ela não é imediata, no mais das vezes envolvendo *iter* preparatório por vezes prolongado. Por isso, na prática, geralmente a primeira via a ser buscada é a coercitiva; somente quando não obtida a colaboração do devedor é que é buscada a satisfação das obrigações através dos meios sub-rogatórios. Mas isso não é uma regra a ser seguida: é apenas uma constatação do que comumente ocorre na prática.

3. Sucessão e cumulatividade dos meios coercitivos e sub-rogatórios

A conjugação de meios executivos, sempre que se mostre viável e necessária para a obtenção do fim pretendido, é uma imposição. E isso inclui a obtenção do numerário que custeará as "medidas necessárias". Nesse caso vai incidir, também nesse aspecto, o § 1º do art. 536 do novo CPC, que – permitindo a adoção de todas as medidas necessárias à produção do resultado específico ou prático equivalente – abrange, necessariamente, o custeio da execução forçada. Dessa forma – e consideradas as circunstâncias concretas –, são eventualmente possíveis providências como o bloqueio de valores depositados em bancos em nome do demandado ou a apreensão de receitas por ele geradas ou lucros por ele obtidos, para custeio da prestação do fato e dos honorários de terceiro que venha a realizar perícia, fiscalização, intervenção ou a própria prestação.[11]

Há que se destacar que não há óbice a que, embora originariamente tenha sido adotada no processo apenas uma espécie de meio executivo (só o coercitivo ou só o sub-rogatório), o outro seja depois empregado, diante da constatação da falta de efetividade ou falha do anterior. Concedida a tutela dos arts. 536, § 1º, do CPC, acompanha-lhe a determinação do emprego de todas as medidas necessárias para obtenção do resultado específico. Desde logo o provimento que concede essa tutela terá eficácias executiva lato sensu e mandamental – ainda que, por vezes, alguma dessas eficácias (i.e., potencialidade de produzir efeitos) não seja concretizada.[12]

O exemplo mais elucidativo da multiplicidade de meios executivos para obtenção do fim pretendido é o que se refere à tutela para observância do dever legal de não poluir (dever jurídico de não fazer). O resultado a ser atingido é único: a não causação de poluição ambiental. A instalação de filtros, a alteração do processo produtivo, a mudança de materiais empregados, o lacre ou a busca e apreensão de determinado equipamento, a nomeação de interventor ou fiscal para a indústria, ou até a interdição das atividades da empresa, são meios para chegar ao mesmo fim colimado. Qualquer que seja a medida adotada, o dever jurídico em relação ao qual se opera a tutela permanece o mesmo: não poluir. Há, dessa forma, uma variabilidade de mecanismos

---
[11] Mais detalhes sobre o tema 'medidas atípicas' no próximo item.
[12] TALAMINI, Eduardo. *Tutela relativa aos deveres de fazer* ..., p.285.

instrumentais (meios executivos) voltados à consecução do dever principal, que diz com a obtenção do resultado final pretendido.[13]

Ressalta-se que nos casos de sucessão de medidas de apoio diversas, não há "sub-rogação de uma *obrigação* em outra"[14] ou "conversão de uma *obrigação* em outra de tipo diferente",[15] ou ainda a imposição de "medidas constitutivas" que criariam "novas obrigações e imposições de condutas diversas daquelas originariamente fixadas".[16] Há, na verdade, uma variabilidade dos *meios executivos*, e não da própria *obrigação* ou do *dever*.

A medida mais utilizada na prática costuma ser a imposição de multa coercitiva. Mas há circunstâncias, entretanto, nas quais esta espécie de medida não se mostra a mais adequada para produzir os resultados desejados. A *astreinte,* como assevera Araken de Assis,[17] possui uma fragilidade notória, comprometendo seu emprego vitorioso em vários casos: a ela só se mostram sensíveis os devedores que apresentam patrimônio penhorável registrado em seu próprio nome. A *astreinte* não atua eficientemente perante os administradores de pessoas jurídicas de direito público, sempre tentados a ignorá-la, repassando o encargo aos seus sucessores, fiados na cômoda fila do precatório. Nessa hipótese de inefetividade da multa, pode-se lançar mão da sucessão de outros meios executivos ou da conjugação da *astreinte* com outros mecanismos previstos no § 1º do art. 536 do CPC, que aportam uma gama alternativa e exemplificativa de medidas de apoio (busca e apreensão, remoção de pessoas e coisas, desfazimento de obras e impedimento de atividade nociva) que visam à obtenção da tutela específica ou do resultado prático equivalente, ou ainda com outras medidas atípicas, não nominadas nos dispositivos já referidos.

4. Medidas de apoio nominadas e inominadas

Os instrumentos que almejam a busca pelo cumprimento de dever ou obrigação ou o resultado prático equivalente ao adimplemento estão previstos exemplificativamente no § 1° do art. 536 do novel CPC, sem embargo de outras medidas que o Juízo – de ofício ou a requerimento da parte interessada – entenda adequadas ao caso concreto. A redação do dispositivo em comento, que dispõe que o juiz pode determinar *"entre outras medidas (...)"*, não deixa dúvidas de que o rol de medidas citadas é meramente exemplificativo.

Por força dos arts. 497 e 536 do CPC, o juiz pode conceder a tutela específica da obrigação ou assegurar o resultado prático equivalente ao adimplemento da forma mais adequada para atingir esses objetivos, ainda que a imposição de fazer ou de

---

[13] Como afirma Talamini, essas constatações permitem verificar a exata dimensão da atenuação que sofre o princípio da congruência entre o pedido e o provimento concessivo de tutela. O pedido do autor é vinculante para o juiz – e, nesse ponto, vigora o princípio da congruência –, no que tange à tutela mediata: a obtenção do resultado específico ou prático equivalente. A flexibilidade instaurada pelo regime *ex* art. 461 concerne aos mecanismos da tutela imediata. TALAMINI, Eduardo. *Tutela relativa aos deveres de fazer ...,* p.286-287.

[14] WATANABE, Kazuo. *Tutela antecipatória e tutela específica das obrigações de fazer e não fazer. Reforma do CPC.* (org. Sálvio de Figueiredo Teixeira). São Paulo: Saraiva, 1996, p.44.

[15] MARINONI, Luiz Guilherme. *Tutela inibitória individual e coletiva.* São Paulo: RT, 2000, p.101, 122-123, 129.

[16] SPADONI, Joaquim Felipe. *Ação inibitória: a ação preventiva prevista no art. 461 do CPC.* São Paulo: RT, 2002, p.204-206.

[17] ASSIS, Araken. *Execução na ação civil pública.* Revista de Processo. São Paulo: RT, abr-jun 1996, n.°82, p. 51.

não fazer imposta pelo Juízo seja diversa das medidas previstas no título executivo[18] e/ou não tenha sido deduzida nesses mesmos termos no requerimento do exequente. E não há que se falar, diante desse poder concedido ao juiz, em ofensa ao princípio da congruência ou correlação entre o pedido e a decisão judicial, uma vez que é o próprio legislador federal, competente para legislar na matéria processual, que está relativizando o princípio.[19] A relativização da regra da limitação do dispositivo ao pedido dá-se tanto em relação à aplicação da multa quanto no que concerne às outras medidas de apoio previstas no § 1º do art. 536 do CPC. Essa concepção deriva da compreensão da busca pela tutela específica ou do resultado prático equivalente. Se o objetivo que preside a tutela específica das prestações de fazer e não fazer é proporcionar o resultado final pretendido, é coerente admitir que o juiz determine as medidas (meios executivos ou técnicas processuais de tutela) que entender necessárias para a tutela específica da obrigação ou dever originário ou um resultado prático equivalente ao do adimplemento.

Como assevera Marinoni,[20] a tomada de consciência de que os procedimentos não podem ficar distantes do direito material, ou de que devem ser construídas tutelas jurisdicionais adequadas às diversas situações do direito substancial, obriga que seja abandonada a ideia de tipicidade das formas executivas. Para que o processo possa tutelar de forma adequada e efetiva as várias situações concretas, tornam-se imprescindíveis não só procedimento, cognição e provimento adequados, mas também um amplo leque de modalidades executivas capaz de permitir ao juiz tornar efetiva a tutela jurisdicional nos vários casos que a ele são apresentados. É possível dizer, assim, que o legislador renunciou à "segurança jurídica" em nome da necessidade de maior plasticidade da tutela jurisdicional e, assim, de maior efetividade da tutela dos direitos.

O juiz tem a possibilidade de impor as "medidas necessárias" para que seja obtida a tutela específica ou o resultado prático equivalente, não somente através dos instrumentos "nominados", mas por meio de outras medidas atípicas, não arroladas no art. 536 do CPC, desde que aptos à entrega da prestação.

Pela mitigação do princípio da demanda e do dispositivo, observando-se a máxima efetividade da tutela e o menor ônus possível para o executado, será sempre viável ao juiz identificar, no caso concreto, as medidas coercitivas ou sub-rogatórias

---

[18] Sobre a possibilidade de o juiz determinar modalidade executiva diversa da prevista no título, Marinoni esclarece que se deve elucidar a diferença entre a alteração da modalidade executiva e a modificação do próprio fazer ou não fazer expresso na sentença: "(...) o juiz pode fugir do pedido não só para alterar a modalidade executiva, como também para modificar o próprio fazer (ou não fazer) solicitado. A pergunta que se faz, agora, é se essas alterações podem também ocorrer na fase executiva. [...] Considerado o fazer ou não-fazer imposto na sentença, o juiz não pode, na fase de execução, considerá-lo: i) não adequado para a tutela do direito, ii) que não representa o meio mais idôneo, ou iii) que constitui algo desproporcional. Tudo isso foi passível de discussão na fase de conhecimento [...] Ao juiz deve ser permitido inovar, na fase executiva, *somente quando o réu não atender à sentença, e assim o fazer não se configurar como meio mais idôneo por sua própria culpa*. Assim, por exemplo, se o réu não instalar o equipamento anti-poluente imposto na sentença, o juiz não é obrigado a determinar que esse equipamento seja instalado por terceiro – alterando apenas o meio executivo –, mas fica com a possibilidade de determinar a interdição da fábrica. [...] o fazer apenas pode ser alterado quando o réu se negar ao resultado da discussão da qual participou". MARINONI, Luiz Guilherme. *Técnica processual...*, p.138-139.

[19] WATANABE, Kazuo. Tutela antecipatória e tutela específica das obrigações de fazer e não-fazer. In: Teixeira, Sálvio de Figueiredo (coord.). *Reforma do Código de Processo Civil*. São Paulo: Saraiva, 1996, p.43. No mesmo sentido: MARINONI, Luiz Guilherme. *Técnica processual...*, p.137-

[20] MARINONI, Luiz Guilherme. *Tutela inibitória individual e coletiva*. 2ª ed., São Paulo: RT, 2000, p.186-187.

mais apropriadas para a efetivação do objeto do processo. A prestação jurisdicional deverá realizar uma atividade de balanceamento, escolhendo os meios executivos adequados à lide, com a adoção de critério de gradualidade, tendo como objetivos a predominância daquele interesse reputado prevalecente pelos mecanismos sociais e a utilização do meio menos gravoso para o devedor. A escolha da medida e o caráter a ela atribuído dependem, sobretudo, da natureza da situação levada a Juízo e da peculiar maneira como atuam, sobre ela, os remédios legais previstos.

Essas "medidas necessárias" – típicas ou atípicas, de caráter coercitivo ou sub-rogatório –, podem ser determinadas em sede de execução definitiva ou de execução provisória, de cumprimento de sentença, e também para efetivação de tutelas e urgência ou de evidência.

4.1. Medidas típicas ou nominadas

O exame das medidas executivas arroladas exemplificativamente no art. 536, § 1°, do CPC, ainda que breve, serve para ressaltar o alcance da tutela dos dispositivos.

4.1.1. Multa cominatória

A multa cominatória tem caráter eminentemente coercitivo, cuja finalidade é pressionar psicologicamente o devedor a cumprir a obrigação principal assumida,[21] e vem disciplinada no art.537 do novo CPC:

> Art. 537. A multa independe de requerimento da parte e poderá ser aplicada na fase de conhecimento, em tutela provisória ou na sentença, ou na fase de execução, desde que seja suficiente e compatível com a obrigação e que se determine prazo razoável para cumprimento do preceito.
> § 1º O juiz poderá, de ofício ou a requerimento, modificar o valor ou a periodicidade da multa vincenda ou excluí-la, caso verifique que:
> I – se tornou insuficiente ou excessiva;
> II – o obrigado demonstrou cumprimento parcial superveniente da obrigação ou justa causa para o descumprimento.
> § 2º O valor da multa será devido ao exequente.
> § 3º A decisão que fixa a multa é passível de cumprimento provisório, devendo ser depositada em juízo, permitido o levantamento do valor após o trânsito em julgado da sentença favorável à parte ou na pendência do agravo fundado nos incisos II ou III do art. 1.042.
> § 4º A multa será devida desde o dia em que se configurar o descumprimento da decisão e incidirá enquanto não for cumprida a decisão que a tiver cominado.
> § 5º O disposto neste artigo aplica-se, no que couber, ao cumprimento de sentença que reconheça deveres de fazer e de não fazer de natureza não obrigacional.

A multa poderá ser imposta de ofício ou a requerimento do autor, a qualquer momento do processo de conhecimento ou do processo de execução, desde que presentes os requisitos para sua utilização (tipo de prestação, possibilidade de cumprimento da mesma, adequação, necessidade, etc.).[22] Ideal é que a multa seja fixada quando do recebimento da inicial ou requerimento da execução, no provimento jurisdicional que determina o fazer, desfazer ou não fazer a ser cumprido pelo devedor. Mas pode ocorrer de o juiz não fixá-la *ab initio*, e então, caso se revele a recalcitrân-

---

[21] Os critérios para sua fixação já foram abordados quando se tratou dos elementos acessórios do compromisso de ajustamento de conduta, no item 1.4.3.1, e se aplicam integralmente à estipulação da multa em sede de execução.
[22] AMARAL, Guilherme Rizzo. *As astreintes...*, p.106.

cia do devedor, e evidenciando-se ainda possível o cumprimento específico da obrigação ou dever, pode e deve o magistrado, por meio de nova decisão interlocutória, impor multa cominatória.

A alteração do valor, periodicidade ou incidência da *astreinte*, de ofício ou a requerimento da parte, pode ocorrer quando se mostrar insuficiente ou excessiva, ou quando o devedor demonstrar o adimplemento parcial superveniente ou justa causa para o descumprimento, conforme expressa disposição do art. 537, § 1°, do CPC. Essa sistemática prevê a possibilidade de equalização da multa, permitindo que o juiz, na execução, fixe multa de ofício ou a requerimento do autor, caso não prevista no título, ou, se prevista, a altere.[23] O dispositivo possibilita uma adequação da multa à realidade, diminuindo ou aumentando o seu valor, tornando-a mais ou menos frequente no que diz respeito ao intervalo de tempo, aos efeitos de se obter a efetividade da tutela específica ou da consecução do resultado prático equivalente.

A novidade introduzida no CPC/2015 é que só poderá ser alterada ou excluída a multa **vincenda**, ou seja, a decisão que a altera ou exclui tem efeitos *ex tunc*, sem eficácia retroativa. Numa interpretação literal do dispositivo em comento, ficam inatacáveis as multas já vencidas.

Porém, o § 1°, inc. II, do art. 537 autoriza que a exclusão da multa seja acolhida pelo juiz quando o devedor demonstrar que houve "justa causa para o descumprimento". Ora, se possível invocar essa causa de eliminação da multa, claro é que a exclusão somente pode se operar em relação a multas já vencidas, porque apenas poderá se referir a prestações descumpridas. Não há como se excluir multa vincenda, pois esta ainda não se operou!

A multa não é imutável, podendo o juiz mantê-la sempre dentro dos parâmetros de compatibilidade, mesmo em sede de execução, pois é meio executivo (técnica de tutela) que não faz parte das "questões já decididas relativas à mesma lide", não integra o mérito de eventual sentença e, portanto, não se recobre do manto da *res judicata*. A imutabilidade da coisa julgada não recai sobre as técnicas de tutela ou meios coercitivos e sub-rogatórios, e por isso não abrange o valor da multa, nem mesmo sua imposição.[24] Marinoni[25] distingue precisamente a função coercitiva da multa, caracterizando-a como técnica de tutela, e não tutela propriamente dita, com o que afirma que o valor da multa não fica petrificado pela coisa julgada.[26]

Em se tratando de aumento do valor originariamente estabelecido, este incidirá somente a partir da intimação do executado ou do termo inicial desse novo valor estipulado pelo juiz (se este for posterior à data da intimação). Afinal, o objetivo da elevação da multa é pressionar psicologicamente o devedor, e por isso não faria sentido sua incidência antes mesmo de estar desempenhando essa função.

---

[23] Arts. 461, 644 e 645 do CPC.

[24] TALAMINI, Eduardo. *Tutela relativa aos deveres de fazer...*, p.245.

[25] MARINONI, Luiz Guilherme. *Tutela específica...*, p.112.

[26] Ada Pellegrini Grinover sustenta que a modificação só será possível diante da mudança das circunstâncias fáticas que demonstrem que o valor se tornou insuficiente ou excessivo, sob pena de ferir a coisa julgada. GRINOVER, Ada Pellegrini. *Tutela jurisdicional nas obrigações de fazer e não-fazer*, p. 75. No mesmo sentido, Marcelo Lima Guerra aduz que a alteração do valor da multa fixado em sentença transitada em julgado violaria a coisa julgada, salvo se decorrente de alterações da situação concreta. GUERRA, Marcelo Lima. *Execução indireta*. São Paulo: RT, 1998, p.195.

O termo inicial da incidência da multa deve ser o dia seguinte ao término do prazo razoável fixado pelo juiz para cumprimento da prestação.[27] Mas e quando a multa estiver pré-fixada em título extrajudicial, como o compromisso de ajustamento de conduta, qual o termo inicial da incidência: desde o descumprimento da obrigação no prazo que consta no título ou depois do término do prazo fixado pelo juiz para cumprimento da prestação no processo de execução? Na vigência do CPC/73, o entendimento prevalecente era de que considerando a função coercitiva da multa, esta incidiria desde a expiração do prazo previsto no título, inclusive possibilitando o ajuizamento somente da execução por quantia certa visando à satisfação do crédito decorrente da incidência da multa cominatória (obrigação acessória), sem necessidade de ajuizamento prévio ou simultâneo da execução da obrigação principal (fazer ou não fazer).[28] Porém, o novo CPC regulou a questão, assim dispondo no art.814 quanto às execuções de títulos extrajudiciais:

> Art. 814. Na execução de obrigação de fazer ou de não fazer fundada em título extrajudicial, ao despachar a inicial, o juiz fixará multa por período de atraso no cumprimento da obrigação e a data a partir da qual será devida.
> Parágrafo único. Se o valor da multa estiver previsto no título e for excessivo, o juiz poderá reduzi-lo.

O termo final da multa também é definido levando em conta a sua função de pressão psicológica sobre o devedor. A multa incidirá até *(a)* o integral cumprimento da prestação pelo executado, *(b)* a produção do resultado equivalente através de meios sub-rogatórios, *(c)* a data em que se tornar impossível a tutela específica ou o resultado prático equivalente, com ou sem culpa do devedor,[29] ou, ainda, *(d)* até a data em que o credor optar por converter a prestação em perdas e danos (que não é admissível quando se tratar de interesse transindividual cujo dano for reversível). De qualquer sorte, o devedor arcará com o pagamento do montante da multa decorrente do período em que ela incidiu, que não será abatido da indenização por perdas e danos nem do montante necessário para o custeio da produção do resultado prático equivalente.

O momento a partir do qual a multa se torna exigível não se confunde com o momento a partir do qual ela é devida. O CPC/73 não ditava regra específica a respeito. Uma corrente doutrinária[30] sustentava que a multa só era exigível do devedor a partir do momento em que não podia mais ser revista, ou seja, a partir de quando se tornavam preclusas as vias recursais contra o provimento jurisdicional (sentença ou decisão interlocutória) que a tenha fixado. Outra parte da doutrina[31] sustentava que

---

[27] ASSIS, Araken de. *Cumprimento da sentença*, p.225. CÂMARA, Alexandre Freitas. *A nova execução...*, p.53. TALAMINI, Eduardo. *Tutela relativa aos deveres de fazer e não fazer...*, p.253.

[28] Talamini aduz que, em se tratando de multa contratual, incide desde o descumprimento da obrigação (ou de outro evento subseqüente fixado pelas partes). TALAMINI, Eduardo. *Tutela relativa aos deveres de fazer e não fazer...*, p. 253.

[29] Como bem esclarece Araken de Assis, "nesta contingência, a multa é inócua, pois o executado não poderá cumprir ainda que queira atender ao comando judiciário, desaparecendo o pressuposto da sua aplicação". ASSIS, Araken. *Cumprimento da sentença*, p. 225.

[30] Assim a posição de Dinamarco: "só podem cobradas a partir da preclusão da sentença ou da decisão interlocutória que as concede: antes é sempre possível a supressão das *astreintes* ou do próprio preceito pelo órgãos superiores." DINAMARCO, Cândido Rangel. *A reforma do Código de Processo Civil*. 2ªed. São Paulo: Malheiros, 1995, p.158. Endossa essa opinião: GRINOVER, Ada Pellegrini. *Tutela jurisdicional nas obrigações de fazer e não-fazer*. Aspectos da reforma do Código de Processo Civil. Revista de Processo. São Paulo: Ed. RT, 1995, v.79, p.71.

[31] Araken aduz que "a qualquer momento, fluindo a pena, ao credor se mostra lícito liquidar o valor da pena e executá-la, nos termos do art. 475-J. A multa é exigível a partir do momento em que ocorrer o descumprimento do

a exigibilidade da multa se daria a partir do momento em que se tornasse eficaz a decisão que a impôs, ou seja, quando não mais sujeita a recurso com efeito suspensivo,[32] independente de ser possível ou não a modificação posterior da decisão judicial que impôs o fazer ou não fazer. Esta última corrente era mais compatível com a sistemática processual e com a própria função coercitiva da multa, pois a mera perspectiva futura e remota da exigência da multa, depois do trânsito em julgado, pouco ou nada impressiona e nenhuma pressão psicológica exerce sobre o devedor. O novo CPC/2015 enfrentou a controvérsia e assentou no § 3° do art.537 que *"a decisão que fixa a multa é passível de cumprimento provisório, devendo ser depositada em juízo, permitido o levantamento do valor após o trânsito em julgado da sentença favorável à parte ou na pendência do agravo"*. Logo, passou a ser possível a execução definitiva ou provisória da multa, cabendo cada uma em momento processual distinto, desde que presente a configuração do inadimplemento do fazer ou não fazer.

Deve surgir controvérsia quando se tratar de ação civil pública versando sobre prestação de fazer ou não fazer, pois o art. 12, § 2°, da Lei da Ação Civil Pública (Lei 7.347/85) dispõe que *"a multa cominada liminarmente só será exigível do réu após o trânsito em julgado da decisão favorável ao autor, mas será devida desde o dia em que se houver configurado o descumprimento"*. Trata-se de lei especial para tutelar situações específicas pertinentes a interesses difusos, coletivos, individuais homogêneos e individuais indisponíveis. A regra especial em tese afasta a regra geral. E, nas disposições finais e transitórias, o novo CPC/2015 aduz no art.1046, § 2°, que *"permanecem em vigor as disposições especiais dos procedimentos regulados em outras leis, aos quais se aplicará supletivamente este Código"*. Mas devemos considerar que a Lei 7.347/85 surgiu para proteger de forma especial os interesses indisponíveis, de modo que não pode prevalecer uma regra que, em tese, é mais prejudicial ao interesse tutelado, o que contraria a própria *mens legis*. Destarte, numa interpretação sistemática de toda a legislação protetiva dos interesses indisponíveis, não há como se negar a aplicação do dispositivo do CPC/2015 que possibilita o ajuizamento de execução provisória da multa.

A subsistência definitiva do crédito decorrente da incidência da multa se subordina à condição de que o exequente logre êxito na ação? Sob a vigência do CPC/73, parte da doutrina[33] sustentava que a *astreinte* tem caráter público, que resguarda a autoridade judicial, e, ainda que verificada posteriormente a falta de razão do exequente, não se apagaria, no passado, o descumprimento pelo devedor da ordem judicial que recebeu. Outro entendimento[34] era no sentido de que se a finalidade da multa é tutelar a parte que (aparentemente) tem razão, e tem ela caráter acessório em relação à obrigação principal, ficará sem efeito o crédito derivado da *astreinte* que incidiu, caso sobrevenha posterior decisão que defina que o exequente não tinha

---

destinatário da ordem e, a partir desse momento, o beneficiário da pena dispõe da pretensão a executá-la, na forma do art. 475-J, *caput*, incluindo-se no pedido mediato as penas vincendas". ASSIS, Araken de. *Cumprimento da sentença*, p.225. Assim também: TALAMINI, Eduardo. *Tutela relativa aos deveres de fazer e não fazer...*, p.257-259.

[32] Fica afastada sua exigibilidade enquanto pender recurso com efeito suspensivo, porque, nesse período, sequer será efetivada a ordem dirigida ao devedor.

[33] SPADONI, Joaquim Felipe. *Ação inibitória*. São Paulo: RT, 2002, p.180-185. GUERRA, Marcelo Lima. *Execução indireta*, p. 205.

[34] MARINONI, Luiz Guilherme. *Tutela inibitória*, p. 181-183. TALAMINI, Eduardo. *Tutela relativa aos deveres de fazer e não fazer...*, p.259. ASSIS, Araken de. *Cumprimento da sentença*, p. 227.

direito à tutela por ele pretendida. O CPC/2015 sepultou a controvérsia, ao estabelecer que o valor da multa será devido ao exequente e que *"a decisão que fixa a multa é passível de cumprimento provisório, devendo ser depositada em juízo, permitido o levantamento do valor após o trânsito em julgado da sentença favorável à parte"*, ou seja, o exequente só terá direito ao crédito da multa se for vencedor na ação. De fato, reconhecida a inexistência do dever ou obrigação de fazer ou não fazer, ou a injustiça da ordem judicial, não há causa para realizar uma atribuição patrimonial a favor de quem não tem razão. O crédito da multa não reverte para o Estado, mas ao credor,[35] que, se não tiver reconhecido o direito que afirmou existir, também não terá direito ao valor da multa, que se mostrará indevida. Destarte, a multa não subsiste ao eventual juízo de inexistência do direito que ela visava a tutelar.

4.1.2. Busca e apreensão

A medida de busca e apreensão se mostra útil quando há necessidade de subtração de determinada coisa da posse do devedor, quer porque tal bem seja instrumento necessário para o desenvolvimento dos meios sub-rogatórios destinados à consecução do fazer (ex.: projetos de engenharia necessários à regularização de uma obra), quer porque seja uma parte do próprio resultado material do cumprimento do dever ou obrigação de fazer (ex.: medicamentos a serem fornecidos pelo Estado, no cumprimento do seu dever de prestar assistência à saúde), sem necessidade do procedimento de execução autônomo para entrega de coisa, bastando seja determinada, no próprio processo em curso, a busca e apreensão mencionada no § 1º do art. 536 do CPC.[36] Há que se atentar, contudo, para os parâmetros já referidos de proporcionalidade, adequação e necessidade do meio, já que a apreensão de um bem alheio àquele que seja diretamente relevante para o resultado específico pode caracterizar ofensa ao princípio do devido processo legal (privação de um bem sem oportunidade de ampla cognição e instrução).[37]

O novo CPC traz um requisito para o cumprimento de mandado de busca e apreensão de pessoas ou coisas no § 2º do art. 536: deverá o mandado ser cumprido por dois oficiais de justiça, podendo solicitar ordem judicial para arrombamento, na forma do art.846 do estatuto processual.

4.1.3. Remoção de coisas

Diferente da busca e apreensão é a medida de remoção de coisas. Aquela se presta à tomada física de um bem corpóreo que é *componente* da produção do resultado específico. Já a medida executiva de remoção de coisas serve à retirada forçada de coisa que é *obstáculo* à produção do resultado pretendido, como por exemplo, uma placa de neon que afeta a fachada de prédio histórico, um equipamento poluente, painéis de propaganda enganosa.[38] A medida de remoção de coisas, além de

---

[35] Tratando-se de execução de multa prevista em compromisso de ajustamento, o credor é a coletividade. O art. 13 da Lei da Ação Civil Pública só refere que o montante resultante de condenação a indenização em dinheiro deve ser destinado a fundo de recuperação de bens lesados. Não há regramento específico quanto à destinação das importâncias decorrentes da incidência de multas cominatórias ou da conversão de obrigação inadimplida em perdas e danos na execução. Devem estes valores, de todo modo, reverter para benefício da sociedade, pelo que devem ser recolhidas para fundos municipais, estaduais ou federais, preferencialmente

[36] TALAMINI, Eduardo. *Tutela relativa aos deveres de fazer e não fazer...*, p. 273.

[37] Nessa linha: TALAMINI, Eduardo. *Tutela relativa aos deveres de fazer e não fazer...*, p. 273.

[38] A diferença é esclarecida em: TALAMINI, Eduardo. *Tutela relativa aos deveres de fazer e não fazer...*, p. 274.

poder revestir-se de caráter sub-rogatório como nos exemplos já mencionados, também pode servir como instrumento coercitivo para que o devedor cumpra a obrigação. Por exemplo, pode ser determinada a remoção de equipamento de som utilizado para produzir ruídos além dos níveis ou dos horários permitidos, até que o devedor cumpra a obrigação de fazer consistente em realizar vedação acústica, visando à satisfação do dever de não causar poluição sonora.[39]

4.1.4. Remoção de pessoas

Semelhante é a função da remoção de pessoas, quando absolutamente necessária para a obtenção do resultado específico. Destina-se esta medida, normalmente, a conseguir o resultado prático equivalente de dever ou obrigação de *não fazer*. Ex.: tutela judicial pleiteada para dissolver manifestação pública que se está realizando ao lado do hospital,[40] ou para remover crianças e adolescentes de local impróprio como casa de prostituição, ou ainda para remover idosos de asilo ou abrigo em situação irregular. Para consecução dessa medida, normalmente faz-se necessária requisição de força policial, também prevista no art. 536 do CPC. Por assemelhar-se ou até mesmo confundir-se com a medida de busca e apreensão de pessoas, deve atender também o requisito do § 2° do art. 536.

4.1.5. Desfazimento de obras

A medida executiva de desfazimento de obras se destina a eliminar os resultados materiais de uma atividade indevida. Não há necessidade, pois, em caso de descumprimento de um dever ou obrigação de não fazer, que seja seguido o rito dos arts. 815 e seguintes e 822/823 do CPC. A tutela *ex* art. 536 do CPC alcança a opção de que a medida de desfazimento de obra seja determinada como meio executivo. Se não atendida pelo devedor a ordem de desfazimento, pode essa medida ser conjugada com outros instrumentos coercitivos ou sucedida por meios sub-rogatórios. E, em não sendo possível obter-se o resultado prático esperado com medidas sub-rogatórias consistentes em atos instantâneos por força do Juízo, sendo necessária a atuação de terceiro(s) para substituir a conduta do obrigado, pode o juiz conjugar a medida de determinação de desfazimento com outra medida atípica, como a nomeação de terceiro para intervir no desfazimento da obra ou fiscalizar a conduta do devedor, fazendo-se necessário, neste caso, conjugar também medida para custeio da prestação de fato e do trabalho desse terceiro, tal como bloqueio de valores, receitas ou lucros.

4.1.6. Impedimento de atividade nociva

A medida de impedimento de atividade nociva pressupõe a força mandamental (carga preponderante de eficácia) do provimento que ela se destina a efetivar, mas também traz uma eficácia executiva (potencialidade de produzir efeitos). É, em

---

[39] Essa ideia é baseada no direito inglês, em que o seqüestro, como sanção civil ao *contempt of court* (afronta à autoridade jurisdicional, desatendimento de uma ordem judicial), tem caráter coercitivo, ou seja, vigora até o cumprimento da decisão que foi desrespeitada, quando então será suspensa a medida. Sobre o tema, ver: OSBORNE, Craig. *Civil Litigation*. 9ª ed. Londres: Blackstone Press, 2001, p.426.

[40] Essa remoção de pessoas, contudo, não se confunde com a prisão *civil*, mas o comportamento infringente da obrigação pode configurar delito de desobediência e ensejar responsabilização criminal, a par da responsabilização civil. Este exemplo é mencionado em: TALAMINI, Eduardo. *Tutela relativa aos deveres de fazer...*, p. 274.

última análise, uma ordem para um *não fazer* pelo devedor, que, se descumprido, ensejará a atuação do Estado-juiz, através de seus auxiliares ou de terceiro(s), para sub-rogar a conduta do devedor na consecução do objetivo específico colimado. Essa medida pode ser efetivada por vários meios, por exemplo, através da interdição de estabelecimento, limitação de funcionamento, fixação de horário para a prática de determinada atividade, suspensão de licença administrativa, proibição de utilização de determinados equipamentos. Pode ser necessária a requisição de força policial para cumprimento dessa medida ou a conjugação de outro instrumento para custeio da prestação de fato e do trabalho de terceiro, tal como bloqueio de valores ou receitas.

4.1.7. Requisição de força policial

A requisição de força policial mencionada no § 1° do art. 536 do CPC não constitui uma "medida de apoio" autônoma, mas uma providência instrumental a outras medidas executivas. A possibilidade de requisitar força policial, para resguardar a observância de provimentos mandamentais ou demover a resistência à atuação executiva sub-rogatória, é inerente à autoridade judicial. Sua inclusão no dispositivo em comento não tem outro fim que não o de enfatizar a força de que se reveste o provimento concessivo da tutela *ex* art. 536.

4.2. Medidas atípicas ou inominadas

No caso concreto, pode o juiz identificar as medidas adequadas necessárias ao atingimento do resultado final pretendido, inclusive atípicas, não mencionadas no § 1° do art. 536 do CPC, como imposição de alteração do processo produtivo, determinação de instalação de determinado equipamento, determinação de implementação de sistema de tratamento de efluentes ou de reciclagem de resíduos, interdição de estabelecimento, limitação de funcionamento, fixação de horário para a prática de determinada atividade, suspensão de licença administrativa, embargo de obra, imposição de restrições ao acesso a certas localidades, proibição de utilização de determinados equipamentos ou do desempenho de alguma atividade,[41] nomeação de terceiro para intervir ou fiscalizar uma prestação devida, afastamento de dirigentes, nomeação de gestores, indisponibilidade de bens ou valores, bloqueio de valores depositados em bancos em nome do demandado, apreensão de receitas geradas em favor do devedor, apreensão de lucro de empresa antes de ser rateado entre os acionistas, divulgação diária em veículos de comunicação de nota emitida pelo órgão jurisdicional, informando ao público que o devedor está descumprindo ordem judicial.[42]

A escolha das medidas atípicas – que podem, no caso concreto, assumir caráter coercitivo ou sub-rogatório –, é tarefa delicada, especialmente quando o que se pre-

---

[41] As medidas acima mencionadas de interdição de estabelecimento, limitação de funcionamento, fixação de horário para a prática de determinada atividade, suspensão de licença administrativa, restrições ao acesso a certas localidades, proibição de utilização de determinados equipamentos ou do desempenho de alguma atividade podem não configurar exatamente uma medida atípica autônoma, mas apenas uma providência instrumental da medida típica de impedimento de atividade nociva arrolada no art. 461, § 5°.

[42] Algumas destas medidas atípicas estão sugeridas em: TALAMINI, Eduardo. *Tutela relativa aos deveres de fazer e não fazer...*, p. 269. A medida de divulgação diária em veículos de comunicação de nota emitida pelo órgão jurisdicional, informando ao público que o devedor está descumprindo ordem judicial, é baseada no que ocorre na Itália, em que é prevista a publicação de sentença como medida destinada à reparação do dano (art. 120 do CPC italiano). Proto Pisani destaca que essa medida tem função coercitiva. PROTO PISANI, Andréa. *I provvedimenti direito fundamental'urgenza ex art.700 c.pc. Appunti sulla giustizia civile*. Bari: Cacucci, 1982, n.14, p.394-395).

tende é o efeito coercitivo de pressionar o devedor ao cumprimento, por ele mesmo, da prestação devida. Isso porque, como bem lembra Eduardo Talamini,[43] é da essência do instrumento coercitivo certa desproporção entre o bem atingido pela medida e o bem tutelado. Para ser eficaz, a medida coercitiva tem de impor ao devedor um sacrifício, sob certo aspecto, maior que o que ele sofreria com o cumprimento do dever ou obrigação que lhe cabe. Daí a extrema dificuldade de estabelecer limites de sua legitimidade (em razão do princípio da utilização do meio menos gravoso), sem destruir-lhe a essência: a medida coercitiva deve configurar efetiva ameaça ao demandado, apta a demovê-lo da intenção de transgredir e, simultaneamente, não afrontar os princípios da proporcionalidade, adequação e necessidade.

Partindo dessas premissas, podem-se colher três diretrizes para o emprego de medidas coercitivas atípicas: *(a)* o meio executivo deve ser idôneo, adequado e necessário para obtenção da tutela específica ou do resultado equivalente; *(b)* o meio executivo não pode inviabilizar o cumprimento, pelo devedor, do dever ou obrigação de fazer, não fazer ou entregar, e *(c)* o meio executivo não pode, injustificadamente, sacrificar bem jurídico substancialmente mais relevante que o bem protegido.

A medida coercitiva não se destina a penalizar o devedor: o sacrifício que se lhe impõe não é castigo nem visa à sua reeducação; está instrumentalmente vinculado à perspectiva de cumprimento. Assim, por exemplo, contra alguém que se obrigou a finalizar uma obra e está inadimplente, não se pode adotar, com amparo no art. 536, § 1º, a suspensão de sua licença para atuar, pois inviabilizaria o cumprimento da prestação.[44] Por outro lado, a suspensão de licença administrativa é viável de ser adotada como medida coercitiva em caso de indústria que está causando poluição ambiental e, esgotadas medidas outras para sanar o processo produtivo poluidor, permanece ela infringindo o dever legal de não poluir. Note-se que uma mesma medida pode ser viável, ou não, dependendo do caso concreto.

A medida coercitiva também não pode sacrificar bem jurídico mais relevante, do ponto de vista axiológico, do que o bem tutelado. Seria, por exemplo, desproporcional e desarrazoado o fechamento de uma empresa (com todas as consequências sociais decorrentes, como demissão de funcionários), caso ela não cumprisse ordem judicial de fazer um serviço contratado em determinado prazo.[45] Seria mais adequado, por exemplo, nomear terceiro fiscal ou interventor para buscar a satisfação da prestação específica. No entanto, a medida de interdição de estabelecimento ou entidade pode ser justificável em se tratando de providência urgente que diga respeito ao meio ambiente ou à saúde pública. Destaca-se que, nesta hipótese, a medida tem caráter dúplice: funciona como meio de coerção para que seja sanada a irregularidade, e também pode funcionar como providência sub-rogatória, para sustar a continuidade do resultado danoso ao meio ambiente ou à saúde pública.

---

[43] O autor lembra, ainda, que o STF, em diversas oportunidades, reputou inconstitucionais medidas coercitivas destinadas a impedir a atividade empresarial ou profissional de contribuinte em débito, enquanto não fosse pago o tributo, porque o cunho patrimonial do direito tutelado não justificaria a restrição. E menciona as súmulas: Súmula 70: "É inadmissível a interdição de estabelecimento como meio coercitivo para cobrança de tributo". Súmula 323: "É inadmissível a apreensão de mercadorias como meio coercitivo para pagamento de tributos". TALAMINI, Eduardo. *Tutela relativa aos deveres de fazer e não fazer...*, p. 269.

[44] Exemplo citado em: TALAMINI, Eduardo. *Tutela relativa aos deveres de fazer e não fazer...*, p. 272.

[45] TALAMINI, Eduardo. *Tutela relativa aos deveres de fazer e não fazer...*, p. 272.

4.2.1. Nomeação de fiscal, gestor ou interventor

Essa talvez seja atualmente a medida que se mostra mais efetiva para viabilizar a consecução de um dever ou obrigação de fazer ou não fazer relativo a interesses transindividuais, pelo que merece especial consideração. Reveste-se de especial importância quando há complexidade no objeto da obrigação ou tratar-se de tarefa imaterial, fruto da crescente complexidade da vida contemporânea e da série de situações não protegidas pelas clássicas estruturas jurídicas, como quando se está a tratar dos novos direitos, em que é evidente a insuficiência e inadequação dos procedimentos executivos em espécie previstos no CPC, em casos como de dever de implantação de políticas públicas, obrigação de recuperação do meio ambiente degradado, obrigação de dar atendimento adequado aos internos em instituições ou entidades para crianças, adolescentes, idosos, portadores de necessidades especiais, ou obrigação de não praticar, no exercício de atividade empresarial, infrações à ordem econômica.[46] Esses exemplos demonstram que a execução dessas obrigações é completamente diversa da que busca, por ex., a construção ou destruição de um muro.

Essa medida de nomeação de terceiro fiscal, gestor ou interventor, não se confunde com a mera contratação de terceiro para fazer ou desfazer obra ou trabalho de simples execução, a que aludem os arts. 815 e seg. do CPC.[47] Primeiramente, porque não configura necessariamente meio executivo substitutivo, podendo prestar-se para a supervisão da conduta do próprio devedor no cumprimento de obrigações infungíveis ou, embora fungíveis, que apresentem excessiva complexidade em seu cumprimento. Além disso, ainda que o terceiro nomeado assuma a função de agir no lugar do devedor, a atividade sub-rogada pode ter caráter fluído ou imaterial, não gerando, necessariamente, uma obra material ou um serviço com contornos definidos.

O terceiro pode ser nomeado para a função de fiscal, gestor ou interventor, na condição de *longa manus* do juiz, para o desempenho de atuação duradoura, contínua, ou não, tendente a: *(a)* substituir total ou parcialmente o devedor, mediante intromissão em sua estrutura interna de atuação, no desenvolvimento da atividade devida; *(b)* fiscalizar e orientar o proceder do próprio devedor; *(c)* impedir materialmente a prática de atos indevidos; *(d)* fornecer informações e orientações ao juiz sobre alterações no panorama fático que possam exigir novas providências judiciais; *(e)* cumprir conjugadamente parte ou totalidade das tarefas. A medida é aplicável especialmente em hipóteses em que o devedor é constituído ou opera por uma estrutura comercial, empresarial ou institucional (pessoas jurídicas, órgãos públicos, socieda-

---

[46] Tais providências não são isentas de controvérsias. Por um lado, discute-se até que ponto pode se dar a intervenção judicial sobre a gestão de empresas, sociedades, associações, ou mesmo sobre as atividades dos órgãos públicos, já que, conforme o caso, pode importar restrição à liberdade de empresa (art. 170 da CF), restrição ao funcionamento de associação (art. 5º, inc. XVIII, da CF) ou violação ao princípio da separação de poderes (art. 2º da CF), havendo uma tensão entre esses princípios constitucionais com o direito à tutela jurisdicional efetiva, plena e adequada (art. 5º, inc. XXXV, da CF), que deve ser resolvida pela pauta de interpretação baseada na proporcionalidade e razoabilidade. À parte essa objeção, há o problema do custo das medidas a serem desenvolvidas através de terceiros, que deverão ser remunerados pelo seu trabalho. Há, ainda, a falta de preparo específico e estrutura de apoio aos operadores do direito para enfrentar questões complexas, muitas vezes políticas ou econômicas, que surgem nesses casos. Contudo, os críticos da medida não mostram outra solução para as execuções que não se desenvolvem porque os procedimentos específicos do CPC são insuficientes e inadequados à efetividade da tutela jurisdicional.

[47] TALAMINI, Eduardo. *Tutela relativa aos deveres de fazer e não fazer...*, p. 275-283. Também em: GUERRA, Marcelo Lima. *Inovações na execução direta...*

des de fato, etc.) e a conduta devida é complexa e não exaurível em uma instantânea ação ou omissão.[48]

O traço mais marcante dessa medida atípica é o caráter interventivo de que se reveste a atuação do terceiro nomeado, pois, além de poder interferir sobre o uso de bens de que é titular o executado, pode intervir na própria administração empresarial ou institucional do executado. Claro que, havendo a colaboração do executado ou de seus administradores para a consecução do resultado específico pretendido, o terceiro designado não precisa mais do que agir como fiscal e consultor – limitando-se, nesse caso, a dar sugestões ou a traçar um plano de ação a ser cumprido. Mas, mesmo nessa hipótese, permanecerá a potencialidade de ele atuar constritivamente – nos limites previamente fixados pelo juiz e sempre sob o controle deste –, assim que o réu desatenda o comando judicial. Outras vezes, porém, a gravidade da situação ou urgência da solução fará com que o juiz, ao nomear terceiro, desde logo afaste administradores de uma parte ou da integralidade de suas funções, para que diretamente as assuma o gestor ou interventor.[49] Em qualquer caso, o juiz deve fixar diretrizes gerais de atuação do terceiro e acompanhar o concreto desempenho das tarefas, se for o caso conferindo novos poderes ou determinado novas ações, já que sabe-se o fim que se deve atingir mas não se pode prever os percalços e óbices que surgirão. Confere-se ao interventor, gestor ou fiscal, o poder de, nos limites da sua investidura, atuar concretamente as medidas sub-rogatórias necessárias à consecução do objetivo traçado, podendo praticar ou ordenar que sejam praticados os atos imprescindíveis à execução.[50]

Para a efetivação dessa medida pode-se utilizar, por analogia, o disposto na Lei n° 8.884/94, que regulamenta a execução específica de decisões que visam a reprimir o abuso do poder econômico, porque muitas das regras ali previstas apenas refletem os próprios atributos essenciais da medida ora estudada.

Em certos casos, essa medida de nomeação de terceiro para intervir na atuação do devedor representará medida sub-rogatória, destinada à obtenção do resultado prá-

---

[48] Guardadas as diferenças entre os sistemas jurídicos, a medida ora tratada apresenta similaridade com mecanismos adotados em outros países. No direito americano, os *administrators* ou *committees, masters, monitors* ou *boards of monitors, ombudsman* e outros agentes, na condição de auxiliares do juiz, dão efetividade a *institutional decrees*, desempenhando funções que, conforme as circunstâncias, vão desde a fiscalização e controle do cumprimento da ordem até a ampla e autônoma adoção de providências para a consecução da finalidade objetivada com a decisão. Há casos, inclusive, em que a Corte ordena a modificação de práticas adotadas no âmbito interno de estruturas institucionais, como por ex., para assegurar adequado tratamento a internos em hospitais psiquiátricos, asilos, presídios, abrigos. HAZARD, Geoffrey C.; TARUFFO, Michele. *American civil procedure: an introduction*. Yale University, 1993, p. 197-198. JAMES JR., Fleming; HAZARD JR., G.C.; LEUBSDORF, John.. *Civil procedure*. Boston: Little, Brown and Company, 1992, p.32-34. Na Itália, existe a nomeação de administrador judicial para sociedade por ações, na hipótese de irregularidades nos deveres dos administradores e síndicos, e intervenção judicial para efetivação de tutela voltada à recondução a postos de trabalho. SILVESTRI, Elisabetta. *Problemi e prospettive di evoluzione nell'ezecuzione degli obblighi di fare e di non fare*. Revista di Diritto Processuale 4, 988, p.43. Na Espanha, a Ley de Enjuiciamiento Civil prevê a intervenção ou a administração judicial como medida cautelar específica. MARTINEZ-PEREDA RODRIGUEZ, José Manuel e outros. *Ley de Enjuiciamento Cicil y leis complementarias: comentarios, jurisprudencia, concordancias, y formularios*. Madrid: Colex, 1997, p.452. Na Argentina, há medida cautelar típica de intervenção judicial, para arrecadação de bens ou para fiscalizaçãao de bens e atividades objeto do processo. JAROWITZKY, Patrícia Alejandra. Medidas cautelares. *El processo civil: Buenos Aires e Nación*. Buenos Aires: Ad-Hoc, 1995, p.179-185.

[49] TALAMINI, Eduardo. *Tutela relativa aos deveres de fazer e não fazer...*, p. 280.

[50] O art. 78 da Lei n.º 8.884/94 prevê que todo aquele que se opuser ou obstacularizar a intervenção ou desobedecer a ordens legais do interventor será, conforme o caso, responsabilizado criminalmente por resistência, desobediência ou coação no curso do processo, na forma dos arts. 329, 330 e 344 do Código Penal.

tico equivalente, por exemplo, quando o gestor ou interventor for incumbido de desenvolver a prestação exigida, no lugar do sujeito passivo do dever ou obrigação. Ex.: regularizar loteamento. Em outros casos, a designação do terceiro poderá limitar-se à fiscalização da atuação do próprio devedor, caso em que a medida funcionará como meio coercitivo, tendente à obtenção da tutela específica, ou seja, ao cumprimento da obrigação ou dever pelo próprio devedor. Ex.: fiscalizar para que determinado estabelecimento não exerça sua atividade após determinado horário fixado pelo Juízo, de modo a evitar poluição sonora. Há situações, ainda, em que a medida terá tanto caráter coercitivo como sub-rogatório, quando o terceiro for nomeado para atuar como gestor e, mediante intromissão na estrutura interna de atuação da empresa, entidade ou órgão público, no desenvolvimento da atividade devida, além de fiscalizar e orientar o proceder do próprio devedor, deverá substituir total ou parcialmente o agir deste. Ex.: administrar "lixão" municipal para que seja transformado em aterro controlado ou aterro sanitário; intervir em determinado departamento de órgão público para implantar política pública de saneamento básico, saúde pública, infância e juventude, etc.;[51] intervir na administração de indústria para que altere seu processo produtivo e deixe de lançar efluentes poluentes.

A escolha, pelo juiz, da pessoa física ou jurídica ou grupo de pessoas – conforme a dificuldade técnica e quantitativa das providências a serem adotadas – que se incumbirá das tarefas fiscalizatórias e interventivas deve levar em conta qualidades específicas e pessoais do terceiro, em especial efetivo domínio teórico e prático das matérias extrajurídicas envolvidas e a confiança nele depositada pelo juiz. Pode ser designada tanto pessoa que já ocupa cargo público (na estrutura administrativa do Judiciário ou não), desde que compatível com a incumbência, quanto uma particular.[52] Não é, porém, ilimitada a liberdade de escolha. Cumpre ao juiz, em decisão motivada, atribuir o encargo a quem seja apto a desenvolver as tarefas exigidas, podendo substituí-lo a qualquer

---

[51] Controvérsia que surge quanto à possibilidade dessa medida de nomeação pelo juiz de fiscal, gestor ou interventor para intervir na estrutura interna de órgão público é relativa ao conflito com o princípio da separação de poderes e com a questão pertinente à sindicabilidade de políticas públicas e a ingerência no mérito administrativo. A determinação da medida é possível, desde que levadas em conta algumas observações. Em primeiro lugar, a medida não pode consistir em restrição ou afastamento do Chefe do Poder Executivo, porque intervenção de tal modo deve seguir os requisitos e modo de processamento previstos nos arts. 34 a 36 da Constituição Federal. Nos casos em que não há essa restrição, a medida pode ser determinada aplicando-se o princípio da proporcionalidade, verificando: (a) qual o valor mais relevante na situação concreta; (b) a intervenção não deverá ser adotada quando existir medida menos drástica apta a atingir os mesmos resultados; (c) a intervenção restringir-se-á ao estritamente necessário para a efetivação da obrigação. O controle judicial através da determinação da medida de intervenção em questão interna de Poder Público se justifica quando há omissão administrativa em relação a deveres jurídicos ou obrigações assumidas de prestações estatais positivas ou implementação de políticas públicas voltadas à efetivação de direitos constitucionais como moradia, saúde, meio ambiente, entre outros. O regime da CF/88 não mais reserva a implementação de políticas públicas ao exclusivo arbítrio do Administrador Público: impõe deveres ao Poder Público e sujeita a eventual inobservância desses deveres à atuação do Judiciário. Se há uma norma no sistema que estabelece para a Administração Pública o dever de agir em determinada situação, o descumprimento do dever é pura e simplesmente violação de lei ou da Constituição, como tal passível de corrigenda pelo Poder Judiciário. O Judiciário não pode criar políticas públicas, mas pode impor a execução daquelas estabelecidas na lei ou na Constituição e que, por vezes, foram detalhadas de forma específica em compromisso de ajustamento. Ademais, há que se considerar que se trata de execução de compromisso de ajustamento, em que o órgão público, por seu representante, livremente aceitou a proposta e firmou o compromisso, inclusive versando sobre mérito administrativo, não cabendo, pois, a posteriori alegação, em juízo, de indevida ingerência do Poder Judiciário em outro Poder de Estado, pois a escolha de como iria ajustar a atividade da Administração Pública, se deu pela livre vontade do administrador público quando da formação do título.

[52] Na hipótese de nomeação de particular, uma vez incumbido do encargo, o nomeado assume a condição de agente público, auxiliar do juízo, submetendo-se ao regime de servidores públicos, no que tange a deveres e responsabilidades.

tempo, também mediante decisão motivada; às partes impugnar o fiscal, gestor ou interventor escolhido, por motivo de inaptidão ou inidoneidade.[53]

À semelhança do que ocorre quando há nomeação de perito, o juiz estipula a remuneração do terceiro nomeado. O custeio do serviço, na medida do possível, deve ser arcado diretamente pelo executado, evitando-se que seja adiantado pelo exequente, que só depois seria reembolsado em execução por quantia certa, sob pena de tornar-se a execução verdadeiro castigo ao credor que insiste em buscar a satisfação do dever ou obrigação e ainda tem que pagar por isso, além de não se poder olvidar que o exequente de compromisso de ajustamento não é o titular da relação jurídica de direito material, pois apenas representa a coletividade, via legitimação extraordinária. Pode o juiz, valendo-se do disposto no art. 536, § 1º, do CPC, que permite adotar todas as "medidas necessárias" para a obtenção da tutela específica ou do resultado equivalente, conjugar medida atípica como bloqueio de valores ou receitas, para custear a prestação devida e também a remuneração do terceiro. No mesmo sentido, também o art. 76 da Lei nº 8.884/94 prevê que as despesas da intervenção correrão por conta daquele contra quem ela tiver sido decretada.

A medida pode durar o tempo que for necessário para a obtenção do resultado específico ou equivalente, observando-se que em casos complexos pode se fazer mais premente a prolongada atuação de fiscais, gestores ou interventores.

4.2.2. Constrição de bens e valores do devedor

Há situações em que, para a consecução das medidas necessárias à obtenção do resultado específico ou prático equivalente, há um custo tanto da própria prestação, quanto eventualmente de terceiro que irá cumpri-la ou fazê-la cumprir. Nesses casos vai incidir o § 1º do art. 536 do CPC, que abrange, necessariamente, a obtenção do numerário para custeio da medida ou da prestação, e o princípio processual da sucumbência por conta do executado, que deve responder por todas as custas e despesas processuais. Dessa forma, são possíveis providências como o bloqueio de valores depositados em bancos em nome do demandado, a apreensão de receitas por ele geradas ou de parcela de faturamento ou de lucro de empresa, ou a constrição de qualquer espécie de bem com valor econômico,[54] que possa ser transformado em valor em moeda corrente, para custeamento das medidas executivas.

Evidentemente, a constrição de bens que ainda dependem de transformação é expediente mais moroso, considerando especialmente a finalidade a que se destina e a circunstância de que, eventualmente, dependerá de processo de execução por quantia certa para que seja expropriado e transformado em valor em moeda corrente, para só depois servir ao custeamento das medidas executivas. Além disso, a ordem do art. 835 do CPC – que se refere à penhora, mas é aplicável também à constrição como medida de apoio – prevê que, em primeiro lugar, a constrição se dê sobre dinheiro.

A medida de bloqueio de valores existente em conta bancária do devedor é medida já largamente utilizada, especialmente na Justiça do Trabalho e, na Justiça Comum, nas causas envolvendo o fornecimento de medicamentos pelo Poder Público

---

[53] TALAMINI, Eduardo. *Tutela relativa aos deveres de fazer e não fazer...*, p. 278.

[54] Observada a relação e a ordem do art. 655 do CPC, bem como as regras pertinentes à impenhorabilidade, perfeitamente aplicáveis à medida de constrição de bens e valores.

e nas ações civis públicas em geral. Nesse espeque, o sistema informatizado do Banco Central para atendimento das ordens judiciais, denominado BACENJUD,[55] cumpre importante papel para a efetividade da medida de bloqueio de valores. Pelo dito sistema, os juízes emitem, via internet, ordens judiciais de bloqueio, desbloqueio e transferência de valores de contas bancárias (conta-corrente, conta-investimento, conta-poupança, aplicações financeiras e outros ativos financeiros disponíveis) de pessoas físicas ou jurídicas para contas de depósitos judiciais, bastando informar o CPF ou CNPJ do devedor. As ordens judiciais são disponibilizadas pelo Banco Central no mesmo dia, simultaneamente, para todas as instituições financeiras, que cumprirão imediatamente a ordem judicial, até o limite da importância especificada na mesma. O bloqueio de valores atingirá o crédito que o devedor possuir no dia útil seguinte. A impressão do arquivo de retorno enviado pelo sistema servirá como termo de bloqueio ou termo de penhora. Com esse sistema, resta desburocratizado o ultrapassado sistema de envio de ofícios para cumprimento da ordem, o que levava aproximadamente mais de um mês até a obtenção da efetivação do bloqueio, e permitia, muitas vezes, que o devedor sacasse os valores existentes em conta antes mesmo do cumprimento da ordem.[56] Assim também opera o sistema RENAJUD,[57] para bloqueio, indisponibilidade ou penhora de veículos.

Apesar de opiniões em contrário, não parece correto afirmar que o expediente viola as garantias constitucionais da intimidade e preservação do sigilo bancário.[58] Mediante decisão motivada, amparada em elementos objetivos (ex: natureza do direito a ser satisfeito, conduta resistente do devedor, urgência na satisfação do direito) e baseada em critérios de proporcionalidade e razoabilidade,[59] e ocorrendo o bloqueio dos ativos financeiros de acordo com o valor perseguido na execução, a medida é perfeitamente cabível, para assegurar a também garantia constitucional de efetividade do processo.

Em verdade, a maior parte dos problemas usualmente atribuídos ao bloqueio *on line* de valores não decorre propriamente da circunstância de se operar a constrição por meio eletrônico ou de o montante se destinar ao custeio de outras medidas executivas. Antes e diversamente, os problemas dizem com a constrição de *dinheiro*. A questão reside na interpretação a ser extraída do CPC e na tensão entre dois valores

---

[55] Mais informações sobre o sistema BACENJUD disponíveis em: <http://www.cnj.jus.br/sistemas/bacenjud >. Acesso em: 30.nov.2015.

[56] Antes da existência do bloqueio *on line* de valores, após deferimento do pedido, era enviado ofício à instituição financeira, para posterior bloqueio do numerário na conta. Recebida a informação bancária, havendo suficiência de saldo, era expedido um mandado dirigido à agência à qual pertencia a conta bancária com saldo. O que ocorria, contudo, era de o dinheiro ser sacado antes da diligência pelo oficial de justiça, o que frustrava a constrição.

[57] Ver: <http://www.cnj.jus.br/sistemas/renajud> Acesso em 30.nov.2015.

[58] Ao contrário, o mecanismo serve de instrumento para efetivar as garantias constitucionais de acesso à justiça e duração razoável do processo, conforme: MACEDO, Elaine Harzeim. *Penhora on line: uma proposta de concretização da jurisdição executiva*. In: Execução civil: estudos em homenagem ao professor Humberto Theodoro Júnior. Coord.: Ernane Fidélis dos Santos... et al. São Paulo: RT, 2007, 465- 475.

[59] Aplicar-se o critério da proporcionalidade e razoabilidade significa verificar a relação custo-benefício da medida, isto é, a ponderação entre os danos causados e os resultados a serem obtidos. Sobre o tema, ver: FREIRE E SILVA, Bruno. *O bloqueio on line e a necessária aplicação dos princípios da proporcionalidade e da razoabilidade*. In: Execução civil e cumprimento da sentença. (coord. BRUSCHI, Gilberto Gomes). São Paulo: Método, 2006, p. 105-114. PESSOA, Valton. *O convênio bacen-Jud e o princípio da razoabilidade*. In: Execução civil: estudos em homenagem ao Professor paulo Furtado. Rio de Janeiro: Lumen Juris, 2006, p. 343-355. ARAÚJO, Francisco Fernandes de. *Princípio da proporcionalidade na execução civil*. In: Execução civil: aspectos polêmicos. Coord. João Batista Lopes; Leonardo José Carneiro da Cunha. São Paulo: Dialética, 2005, p. 191-202.

– maior efetividade do processo para garantir a satisfação do interesse do exequente e menor onerosidade para o devedor, este sempre tentado a postergar a expropriação e, por consequência, a efetivação do direito.[60]

Da mesma forma já explicitada em relação ao bloqueio de valores em conta bancária, é possível a apreensão de parcela do faturamento ou do lucro de pessoa jurídica executada,[61] a fim de viabilizar o custeio das medidas necessárias à obtenção do resultado específico ou prático equivalente, com fundamento no § 1º do art. 536 do CPC.

Essa medida não se confunde com a penhora da própria empresa – prevista no art. 677 do CPC e que exige nomeação de depositário-administrador para gerir toda a atividade da pessoa jurídica –, pois se limita à constrição de parte da renda do estabelecimento.

Embora o faturamento seja expresso por moeda corrente, não se pode entender esse tipo de constrição como se bloqueio de dinheiro fosse. Faturamento é direito, embora se exprima em moeda, tendo abrangência bem mais ampla.[62] O dinheiro pressupõe sua disponibilidade imediata, inclusive para fins de transferência ao patrimônio de outrem, sendo despido de entraves para transformação. A constrição de parte do faturamento da empresa depende da designação de um administrador, que irá exercer diversas funções voltadas para a arrecadação, manipulação, guarda e, se for o caso, transformação dos bens e valores constritos. Cabe ao juiz, assim, a escolha de um auxiliar do Juízo para a tarefa, que tenha qualificação profissional na área da contabilidade ou economia, já que deverá acompanhar toda a movimentação financeira e contábil da empresa e adotar as medidas para constrição e indisponibilidade do que for considerado faturamento.

Essa constrição deve se dar em percentual do faturamento ou em valor determinado, e não incidir sobre o capital de giro, já que o bloqueio não é de *todo* o faturamento, sob pena de inviabilizar a atividade e, por conseguinte, a própria obtenção de parte da receita. Essa estipulação deve levar em consideração o valor necessário para custeio das medidas executivas, o ramo da atividade da empresa, a quantidade de filias e seu potencial econômico como um todo. A decisão judicial, evidentemente, deve ser motivada, aduzindo o que constitui faturamento da empresa para fins de constrição, fixando o percentual ou valor-limite da constrição e nomeando o administrador que irá exercer as funções de arrecadação e indisponibilidade.[63]

---

[60] Embora tratando da penhora *on line* já em sede de expropriação na execução por quantia certa, os argumentos trazidos no artigo indicado se aplicam também ao bloqueio de valores como medida executiva que visa ao custeio de outras medidas coercitivas ou sub-rogatórias, já que se operam da mesma forma: YARSHELL, Flávio; BONÍCIO, Marcelo José Magalhães. *Execução civil: novos perfis*. São Paulo: RCS Editora, 2006, p.106. A chamada "penhora *on line*". In: *Execução civil: novos perfis*. São Paulo: RCS, 2006, p. 115-133.

[61] Essa forma de constrição não estava prevista no CPC anteriormente; foi introduzida na relação do art. 655, no inc. VII, pela Lei nº 11.382/2006.

[62] O termo *faturamento* antes era conceituado pela Lei Complementar 70/91 como "receita bruta das vendas de mercado, de mercadorias e serviços e de serviço de qualquer natureza". A partir da edição da Lei nº 9.718/98 praticamente todos os tipos de receita foram albergados no conceito de faturamento, que passou a ser entendido como "a totalidade das receitas auferidas pela pessoa jurídica, sendo irrelevante o tipo de atividade por ela exercida e a classificação contábil adotada para as receitas". Tem havido um alargamento do conceito, de modo que não só o produto de vendas e prestação de serviços, mas também receitas como aluguéis e rendimentos de aplicações financeiras são consideradas faturamento de empresa.

[63] Sobre o tema, ver: CAVALCANTE, Mantovani Colares. *A penhora de parcela de faturamento de empresa e suas restrições*. In: Execução civil: aspectos polêmicos. Coord. João batista Lopes; Leonardo José Carneiro da Cunha. São Paulo: Dialética, 2005, p.305-318.

Conclusão

A sistemática processual de efetivação de títulos judiciais e extrajudiciais contendo prestações de fazer e não fazer no CPC é voltada à produção de resultados práticos e à satisfação do direito material, prevendo mecanismos coercitivos e sub-rogatórios que podem garantir a efetividade do direito material, de modo a assegurar a obtenção da tutela específica pretendida ou do resultado prático equivalente.

A tutela do art. 536 do CPC, que pode ser concedida em sede de conhecimento, cumprimento de sentença ou execução autônoma, tem ínsitas as eficácias mandamental e executiva, que conferem ao Estado-juiz o poder de, à luz do princípio da proporcionalidade, determinar as medidas coercitivas e sub-rogatórias necessárias à obtenção do resultado final pretendido, isolada, cumulativa ou sucessivamente, conforme a conduta do devedor que se seguir ao provimento jurisdicional concedente da tutela.

Interessante notar, contudo, que poucos dispositivos no CPC/2015 configuram realmente inovações nessa seara. Os parágrafos incluídos nos dispositivos que tratam da exigibilidade de obrigações ou deveres de fazer ou não fazer se apresentam como complemento ou aprimoramento do processo de execução regido pelo CPC/73, sem romper as linhas mestras que foram estabelecidas pelas últimas reformas processuais (Lei 8.952/1994, Lei 10.444/2002 e Lei 11.232/2005). Cuidaram de suprir lacunas normativas mediante a incorporação, no texto do novel CPC, de teses de origem pretoriana ou de práticas que já vinham sendo adotadas nos processos dessa natureza, como por exemplo, a aplicação dos meios executivos coercitivos e/ou sub-rogatórios para exigibilidade de prestações de fazer ou não fazer de origem não obrigacional.

Se o objetivo que preside a tutela jurisdicional executiva das prestações de fazer e não fazer é o resultado final específico pretendido, a sistemática processual do CPC/2015 mantém o caminho certo. Contudo, o alcance prático das disposições do Código de Processo Civil para concretização da efetividade do processo depende dos operadores do direito e é tarefa em construção.

Referências bibliográficas

AMARAL, Guilherme Rizzo. As astreintes e o processo civil brasileiro: *multa do artigo 461 do CPC e outras*. Porto Alegre: Livraria do Advogado, 2004.

ASSIS, Araken de. *Cumprimento da sentença*. Rio de Janeiro: Forense, 2006.

——. *Execução na ação civil pública*. Revista de Processo. São Paulo: RT, abr-jun 1996, n.°82.

CÂMARA, Alexandre Freitas. *A nova execução de sentença*. Rio de Janeiro: Lumen Juris, 2006.

DIAS, Francisco Geraldo Apoliano Dias. *Execução da obrigação de dar, fazer e não-fazer em face da Fazenda Pública: casos concretos na Justiça Federal*. Disponível em: <http://www.cjf.gov.br/revista/seriecadernos/vol23/artigo11.pdf>. Acesso em 19.out.2015.

DIDIER Jr., Fredie; GODINHO, Robson Renault; COSTA, Susana Henriques da (coord.). *Coleção Repercussões do Novo CPC – v.6 – Ministério Público*. JusPodivm, 2015.

——; FREIRE, Alexandre; MACEDO, Lucas Buril de; PEIXOTO, Ravi Medeiros. *Coleção Novo CPC – Doutrina Selecionada – v.5 – Execução*. JusPodivm, 2015.

GUERRA, Marcelo Lima. *Execução indireta*. São Paulo: RT, 1999.

——. *Inovações na execução direta das obrigações de fazer e não fazer*. Mundo Jurídico, 2005. Disponível em: http://www.mundojuridico.adv.br/sis_artigos/artigos.asp?codigo=39>. Acesso em: 20 set. 2015.

MARINONI, Luiz Guilherme. *Técnica processual e tutela dos direitos.* São Paulo: RT, 2004.

──. *Tutela contra o ilícito.* São Paulo, RT, 2015.

──. *Tutela específica:* arts. 461 CPC, e 84 CDC. São Paulo: RT, 2000.

──. *Tutela inibitória individual e coletiva.* 2ª ed., São Paulo: RT, 2003.

MEDINA, José Miguel Garcia. *Novo Código de Processo Civil Comentado.* São Paulo: RT, 2015.

──. Direito Processual Civil Moderno.São Paulo: RT, 2015.

PAVAN, Dorival Renato. Comentários às Leis nºs 11.187 e 11.232, de 2005. O Novo Regime do Agravo. O Cumprimento da Sentença e a Lei Processual Civil no Tempo. São Paulo: Pillares, 2006.

──. *Procedimento e forma para a intimação do devedor para cumprimento voluntário da sentença – artigo 475-J da Lei 11.232/05.* Universo Jurídico, abr. 2006. Disponível em: <http://www.uj.com.br/publicacoes/doutrinas/default.asp?action=doutrina&iddoutrina=2623> Acesso em: 20. Out.2015.

SALLES, Carlos Alberto. *Execução judicial em matéria ambiental.* São Paulo: RT, 1998.

SPADONI, Joaquim Felipe. *A multa na atuação das ordens judiciais.* In: SHIMURA, Sérgio; WAMBIER, Teresa Arruda Alvim (coord.). Processo de execução.São Paulo: RT, 2001.

──. *Ação inibitória.* São Paulo: RT, 2002.

TALAMINI, Eduardo. Tutela relativa aos deveres de fazer e não fazer e sua extensão aos deveres de entregar coisa (Código de Processo Civil, arts. 461 e 461-A, CDC, art. 84). São Paulo: RT, 2003.

WATANABE, Kazuo. *Tutela antecipatória e tutela específica das obrigações de fazer e não-fazer.* In: Teixeira, Sálvio de Figueiredo (coord.). Reforma do Código de Processo Civil. São Paulo: Saraiva, 1996.

— 16 —

Atuação do MP na curatela diante das alterações decorrentes do novo CPC e do Estatuto da Pessoa com Deficiência

JOSÉ FRANCISCO SEABRA MENDES JÚNIOR[1]

Sumário: 1. Introdução; 2. Do regime das incapacidades no Direito Civil e sua repercussão no instituto da curatela; 3. Da atuação do Ministério Público; 4. Da aparente antinomia entre o NCPC e o EPCD; 5. Atuação processual; 6. Conclusão; Bibliografia.

1. Introdução

Toda pessoa é capaz de direitos e deveres na ordem civil, conforme disposto no art. 1º do Código Civil. Porém, há situações nas quais o indivíduo não goza, faticamente, de plena capacidade de cognição e discernimento para praticar pessoalmente determinados atos, necessitando de alguém que o assista ou represente, conforme o caso. Este, o fundamento da curatela, múnus público destinado à preservação dos interesses dos maiores de idade que não dispõem, temporária ou permanentemente, de condição pessoal de expressar sua vontade.

É cediço que a restrição da capacidade civil de uma pessoa é excepcional, e, como tal, exige que lhe sejam asseguradas todas as garantias constitucionais, dentre as quais o devido processo legal e a ampla defesa. Ao final da demanda, mediante sentença, cumpre ao juiz estabelecer os limites da incapacidade e nomear curador ao incapaz.

O Código de Processo Civil de 1973 trata do assunto no capítulo VIII do Título II – Procedimentos Especiais de Jurisdição Voluntária, intitulado "Da curatela dos interditos". Isto porque, como ensina Humberto Theodoro Jr., citando Carnelutti, a curatela dos interditos é procedimento de jurisdição voluntária, visto que "na interdição o juiz não decide frente a duas partes, com interesse em conflito, senão em face a um único interesse, cuja tutela reclama sua intervenção, sendo tal interesse do próprio incapaz".[2]

---

[1] Promotor de Justiça no RS, Coordenador do Centro de Apoio Operacional Cível e de Defesa do Patrimônio Público.

[2] *Curso de Direito Processual Civil*, Ed. Universitária: Humberto Theodoro Júnior – Rio de Janeiro: Forense, 1993, p. 423.

Já o Novo Código de Processo Civil (NCPC), cuja entrada em vigor está prevista para março de 2016, aborda a questão pelo prisma do instituto processual da interdição, entendendo que a curatela nada mais é do que o encargo atribuído, pelo juiz, ao curador, ou seja, consequência da decretação da interdição. Aliás, a ênfase dada pelo legislador fica bem nítida na Seção IX do Capítulo XV do Livro I da Parte Especial do NCPC, intitulada "Da interdição".

Cumpre ressaltar que em meio à *vacatio legis* do NCPC, foi promulgada a Lei nº 13.146, de 6 de julho de 2015, em vigor em janeiro de 2016, também conhecida como Estatuto das Pessoas com Deficiência (EPCD) e/ou Lei Brasileira de Inclusão, que trouxe inovações significativas ao ordenamento jurídico pátrio, inclusive no que atine ao regime civil das incapacidades. Segundo essa lei, que introduz alterações substanciais no Código Civil, a deficiência ou doença mental deixa de ser sinônimo de automática incapacidade, porquanto nos casos em que a cognição e o discernimento não forem afetados, restará incólume a capacidade legal para exercício dos atos da vida civil. Ademais, reza o novel diploma legal que a curatela deve se limitar apenas, e quando for o caso, à nomeação de uma pessoa para representar ou assistir (conforme a situação fática) o incapaz na prática de atos jurídicos que devem ser especificados na sentença. Com isto, a curatela passa a ser medida excepcional, específica para determinados atos, sempre a bem do interesse da pessoa com deficiência, e limitada no tempo.

O presente estudo, pois, pretende abordar as alterações no instituto da curatela, introduzidas tanto pelo NCPC como pelo EPCD, e sua repercussão na atuação do Ministério Público, seja como órgão agente, seja na qualidade de fiscal da ordem jurídica.

2. Do regime das incapacidades no Direito Civil e sua repercussão no instituto da curatela

A pessoa com deficiência ou doença mental,[3] ao longo da história, no ordenamento jurídico pátrio, sempre foi tratada como incapaz, sendo que, em regra, era submetida a interdição, com vistas ao reconhecimento de sua incapacidade absoluta, e para fins de nomeação de curador para representá-la em todos os atos da vida civil. Cabia ao curador não apenas representar o interdito em seus interesses negociais, mas também reger a própria vida pessoal do incapaz, sendo que, não raras vezes, este era submetido a institucionalização, perdendo, assim, a autodeterminação e a própria dignidade.

No comentário de Maria Bernadette de Mores Medeiros,[4] elaborado em plena vigência do CPC/73 e do Código Civil de 2002 (CC-2002), os civilmente interditados constituíam:

---

[3] ASSUNÇÃO, Alexandre Guedes Alcoforado, citado por CARVALHO FILHO, Milton Paulo de (*Código Civil Comentado* – coord. Cezar Peluso. 8ª ed. Barueri-SP: Manole, 2014, p.1949), observa que "a deficiência mental é diferente da enfermidade mental. O deficiente mental tem um déficit de inteligência, de cognição, que pode ser congênito ou adquirido. É um modo de ser. Já a doença mental é um processo patológico da mente. É um quadro de loucura ou psicose. É um modo de estar. São exemplos a esquizofrenia e o transtorno bipolar com sintomas psicóticos. São, também, considerados enfermidade mental os estágios deficitários adquiridos ao longo da vida, por exemplo, as diferentes formas de demência pós-traumáticas".

[4] MEDEIROS, Maria Bernadette de Moraes. *Interdição Civil: Proteção ou Exclusão?* São Paulo: Cortez, 2007, p. 17.

Um grupo de pessoas cuja autonomia é oficialmente tolhida, uma vez que sendo portadores de enfermidade ou deficiência mental, são consideradas incapazes para gerir os atos de sua vida civil (...) Embora, como sujeitos sociais, requeiram a proteção da sociedade – e a ela tenham direito –, lhes é excluída a liberdade e autonomia para administrar, de forma independente, suas vidas. Isto é, mesmo sendo-lhes reconhecida, ontologicamente, a capacidade jurídica ou aptidão para gozar e usufruir os benefícios socialmente conquistados pela coletividade, não dispõem da capacidade para o exercício de seus direitos civis e políticos. Necessitam ser assistidos ou representados. Tornam-se "cidadãos incompletos".

O CC-2002, em seu art. 3º, reputa como absolutamente incapazes de exercer pessoalmente os atos da vida civil: I – os menores de dezesseis anos; II – os que, por enfermidade ou deficiência mental, não tiverem o necessário discernimento para a prática desses atos; e III – os que, mesmo por causa transitória, não puderem exprimir sua vontade. Além disso, o art. 4º do Código Civil dispõe que são incapazes, relativamente a certos atos, ou à maneira de os exercer: I – os maiores de dezesseis e menores de dezoito anos; II – os ébrios habituais, os viciados em tóxicos, e os que, por deficiência mental, tenham o discernimento reduzido; III – os excepcionais, sem desenvolvimento mental completo; IV – os pródigos.

Diante desse regime de incapacidades, em seu art. 1.767, o CC-2002 estabelece que estão sujeitos a curatela: I – aqueles que, por enfermidade ou deficiência mental, não tiverem o necessário discernimento para os atos da vida civil; II – aqueles que, por outra causa duradoura, não tiverem o necessário discernimento para os atos da vida civil; III – os deficientes mentais, os ébrios habituais e os viciados em tóxicos; IV – os excepcionais sem completo desenvolvimento mental; e V – os pródigos.

Baseando-se nesta premissa, o legislador que trouxe a lume o NCPC trabalhou no sentido de ampliar o rol original[5] de legitimados ao ajuizamento da ação de interdição, passando a incluir o companheiro (art. 747, inc. I, NCPC), os parentes[6] (inc.II) e o representante da entidade em que se encontra abrigado o interditando (art. 747, inc. III, NCPC).

Ocorre que, consoante já mencionado, em meio à *vacatio legis* do NCPC[7] foi sancionado o Estatuto da Pessoa com Deficiência – Lei Federal nº 13.146/2015, de 06 de julho de 2015,[8] que modificou drasticamente o regime das incapacidades.

De plano, o art. 114 do EPCD revoga os incisos I, II e III do art. 3º do Código Civil, que passa a contar apenas com o *caput*, com a seguinte redação modificada: *Art. 3º. São absolutamente incapazes de exercer pessoalmente os atos da vida civil os menores de 16 (dezesseis) anos.*

A seguir, quanto ao art. 4º do Código Civil, o EPCD, em seu art. 114, altera a redação dos incisos II e III, a saber:

Art. 4º. São incapazes, relativamente a certos atos ou à maneira de os exercer:
(...)
II – os ébrios habituais e os viciados em tóxicos;
III – aqueles que, por causa transitória ou permanente, não puderem exprimir sua vontade;

---

[5] O art. 1.177 do CPC/73 prevê como legitimados para promover a ação de interdição: I – o pai, a mãe ou o tutor; II – o cônjuge ou algum parente próximo; III – o Ministério Público.

[6] Como visto, o CPC/73 utilizava a expressão imprecisa "parente próximo", e agora, com o novo CPC, fica clara a legitimidade dos parentes que preencham os requisitos estabelecidos nos arts. 1.591 a 1.595 do Código Civil.

[7] A Lei Federal nº 13.105 – NCPC foi sancionada em 16 de março de 2015, e em seu art. 1045, dispõe que entrará em vigor após decorrido 1 (um) ano da data de sua publicação oficial.

[8] O Estatuto da Pessoa com Deficiência, conforme seu art. 127, entra em vigor 180 dias após sua publicação oficial.

Essa alteração, por óbvio, gera consequências também na redação do art. 1.767 do CC, sendo que o art. 114 do EPCD limitou as situações que ensejam a sujeição de uma pessoa à curatela. Assim, o texto final do art. 1.767 do CC passou a ser o seguinte, conforme redação dada pelo EPCD:

Art. 1.767. Estão sujeitos à curatela:

I – aqueles que, por causa transitória ou permanente, não puderem exprimir sua vontade;

II – (revogado);

III – os ébrios habituais e os viciados em tóxico;

IV – (revogado);

V – os pródigos.

Diante disso, com a revogação do dispositivo legal que generalizava a presunção de incapacidade absoluta por enfermidade ou deficiência mental, a partir da entrada em vigor do EPCD, em cada caso deverá ser aferido se a pessoa enferma ou com deficiência tem ou não condição plena de exercer sua capacidade legal em igualdade de condições com as demais pessoas, visto que a regra passa a ser da plena capacidade, com autonomia, igualdade e participação. Nas situações em que se vislumbrar necessidade de proteção, em processo próprio, deverão ser definidos os termos da curatela.

Da mesma forma, quanto às pessoas com discernimento reduzido em função de deficiência mental, e os excepcionais, sem desenvolvimento completo, que até então eram tidos por relativamente incapazes, agora, com o EPCD, somente necessitarão de curador caso não possam exprimir sua vontade, já que a premissa é de que a deficiência não afeta a plena capacidade civil da pessoa, conforme previsto no art. 6º do EPCD.[9]

A fim de que possamos aprofundar o exame das consequências destas modificações em relação ao instituto da interdição e ao papel do Ministério Público nesse cenário, importante seja feita uma breve digressão histórica sobre a luta das pessoas com deficiência para verem em nosso ordenamento jurídico o reconhecimento da plena participação na vida em sociedade, em igualdade de condições com as demais pessoas.

O Código Civil de 1916 considerava absolutamente incapazes os "loucos de todo o gênero" (art. 5º, inc. II) e os surdos-mudos sem condição de exprimir sua vontade (art. 5º, inc. III), e relativamente incapazes os pródigos (art. 6º, inc. III), dando ensejo, assim, à interdição. Conforme o art. 446 do antigo CC, o indivíduo inserido em uma dessas categorias estava sujeito à curatela, sendo que a interdição, a teor do art. 447, tinha como legitimados o pai/mãe ou tutor, o cônjuge ou parente próximo, e a atribuição do Ministério Público como órgão agente ocorria nos casos de "loucura furiosa". A regra, portanto, era que o "louco de todo o gênero", uma vez interditado, seria absolutamente incapaz e não teria condição de reger sua pessoa e seus interesses. Caso fosse apurado ao longo do processo que esse interdito tinha condição

---

[9] Art. 6º. A deficiência não afeta a plena capacidade civil da pessoa, inclusive para: I – casar-se e constituir união estável; II – exercer direitos sexuais e reprodutivos; III – exercer o direito de decidir sobre o número de filhos e de ter acesso a informações adequadas sobre reprodução e planejamento familiar; IV – conservar sua fertilidade, sendo vedada a esterilização compulsória; V – exercer o direito à família e à convivência familiar e comunitária; e VI – exercer o direito à guarda, à tutela, à curatela e à adoção, como adotante ou adotado, em igualdade de oportunidades com as demais pessoas.

pessoal de praticar determinados atos da vida civil, a sentença de interdição deveria expressamente declarar que atos eram esses.

Veja-se que a interdição, até então, tinha em mente a proteção do patrimônio familiar e também a proteção da sociedade, daí justificando a legitimidade ministerial ativa nos casos de "loucura furiosa". Não havia, à época, a ideia de defesa primordial do indivíduo. Aliás, o Decreto-Lei nº 4.657/42, antigamente intitulado Lei de Introdução ao Código Civil, em seu art. 5º, determinava que na aplicação da lei, o juiz deveria atender aos fins sociais e às exigências do bem comum, evidenciando que a finalidade social do direito deveria preponderar sobre a individualidade.

O CPC/39, de sua parte, previa, no art. 606, a possibilidade do pedido de interdição dos absolutamente incapazes, reconhecendo, no parágrafo único, expressamente, a legitimidade do Ministério Público, observando que quando requerida a interdição pelo *Parquet*, o juiz deveria nomear curador à lide. Ainda, no art. 613, contemplava o CPC de 1939 a possibilidade do Ministério Público ajuizar pedido de interdição por perturbações mentais resultantes do abuso de tóxicos.

Com o advento do CPC/73, o Ministério Público passou a ter legitimidade para requerer a interdição de qualquer incapaz por "anomalia psíquica", desde que houvesse inércia dos familiares ou que estes fossem menores ou incapazes (art. 1.178).

A partir de 2002, o Código Civil estabeleceu, como já visto, novas categorias de indivíduos passíveis de curatela, situação que se manteve definida nesses termos, até o surgimento do Estatuto da Pessoa com Deficiência. Cumpre gizar que conforme o CC-2002, a atribuição do Ministério Público para promover a ação de interdição estava expressamente prevista nos casos de "doença mental grave" (art. 1.769, inc. I, CC), locução que foi repetida no NCPC, em seu art. 748:

> Art. 748, NCPC. O Ministério Público só promoverá interdição em caso de doença mental grave:
> I – se as pessoas designadas nos incs. I, II e III do art. 747 não existirem ou não promoverem a interdição;
> II – se existindo, forem incapazes as pessoas mencionadas nos incs. I e II do art. 747.

Ainda nessa perspectiva histórica, é de se ressaltar que com a Constituição Federal de 1988, o Brasil erigiu ao nível de princípio fundamental republicano a dignidade da pessoa humana (art. 1º, inc. III), o que constituiu um marco no fortalecimento da defesa dos direitos individuais no país.

No âmbito internacional, em 30 de março de 2007, o Brasil tornou-se signatário da Convenção sobre os Direitos das Pessoas com Deficiência e seu Protocolo Facultativo, assinados em Nova York, e aprovados posteriormente pelo Congresso Nacional, por meio do Decreto Legislativo nº 186, de 9 de julho de 2008, tendo o Decreto nº 6.949, de 25 de agosto de 2009, promulgado a Convenção e seu Protocolo, sendo integrado ao ordenamento jurídico nacional com força de emenda constitucional, por força do art. 5º, § 3º, da Constituição Federal.

Dentre os direitos reconhecidos pela Convenção, estão o respeito pela dignidade inerente, a autonomia individual, a liberdade de fazer as próprias escolhas, a independência das pessoas, o respeito pela diferença e pela aceitação das pessoas com deficiência como parte da diversidade humana e da humanidade, o direito à vida independente e inclusão na comunidade.

Em seu art. 1º, a Convenção estatui que:

Pessoas com deficiência são aquelas que têm impedimentos de longo prazo de natureza física, mental, intelectual ou sensorial, os quais, em interação com diversas barreiras, podem obstruir sua participação plena e efetiva na sociedade em igualdade de condições com as demais pessoas.

Além disso, no art. 12, item 4, a Convenção reza que:

Os Estados Partes assegurarão que todas as medidas relativas ao exercício da capacidade legal incluam salvaguardas apropriadas e efetivas para prevenir abusos, em conformidade com o direito internacional dos direitos humanos. Essas salvaguardas assegurarão que as medidas relativas ao exercício da capacidade legal respeitem os direitos, a vontade e as preferências da pessoa, sejam isentas de conflito de interesses e de influência indevida, sejam proporcionais e apropriadas às circunstâncias da pessoa, se apliquem pelo período mais curto possível e sejam submetidas à revisão regular por uma autoridade ou órgão judiciário competente, independente e imparcial. As salvaguardas serão proporcionais ao grau em que tais medidas afetarem os direitos e interesses da pessoa.

Assim, o surgimento da Lei nº 13.146/2015, no ordenamento jurídico brasileiro, foi um consectário lógico da adesão do país à Convenção Internacional sobre os Direitos das Pessoas com Deficiência, buscando romper um ciclo histórico de discriminação e exclusão. Não é à toa que em seu art. 1º, parágrafo único, o EPCD dispõe que:

Esta lei tem como base a Convenção sobre os Direitos das Pessoas com Deficiência e seu Protocolo Facultativo, ratificados pelo Congresso Nacional por meio do Decreto Legislativo nº 186, de 9 de julho de 2008, em conformidade com o procedimento previsto no § 3º do art. 5º da Constituição da República Federativa do Brasil, em vigor para o Brasil, no plano jurídico externo, desde 31 de agosto de 2008, e promulgados pelo Decreto nº 6.949, de 25 de agosto de 2009, data de início de sua vigência no plano interno.

Ao afirmar que a pessoa com deficiência tem assegurado o direito ao exercício de sua capacidade legal em igualdade de condições com as demais pessoas, repisando o disposto no art. 12 da Convenção de Nova Iorque, o art. 84, *caput*, do EPCD, demonstra de modo inquestionável que o direito pátrio não pretende mais respaldar qualquer situação de desigualdade entre pessoas com deficiência (física e/ou mental) e as demais pessoas, assegurando às primeiras o direito ao exercício de sua capacidade em pé de igualdade com estas últimas.

Sobre isso, Paulo Lôbo[10] sustenta que desde o início de vigência da Convenção no direito pátrio, em 2009, a pessoa com deficiência não mais se inclui entre os absolutamente incapazes de exercício de direitos. Segundo ele, nessa matéria, a Convenção já havia derrogado o Código Civil, sendo que a Lei nº 13.146/2015 apenas tornou explícita essa derrogação, ao excluir as pessoas com enfermidade ou deficiência mental do rol das absolutamente incapazes.

O certo é que com a entrada em vigor da Lei nº 13.146/2015, em janeiro de 2016, a curatela da pessoa com deficiência terá cabimento, indiscutivelmente, apenas em situações excepcionais, visto que no dizer do art. 84, § 3º, "constitui medida protetiva extraordinária, proporcional às necessidades e às circunstâncias de cada caso, e durará o menor tempo possível".

De fato, com o advento do EPCD, a regra passa a ser a da plena autonomia e igualdade das pessoas com deficiência, em relação aos demais indivíduos. Todavia, a realidade impõe a constatação que em determinadas situações de exceção, a pessoa com deficiência não dispõe de capacidade cognitiva ou de discernimento em sua

---

[10] LÔBO, Paulo. Com avanços legais, pessoas com deficiência mental não são mais incapazes. Artigo publicado na Internet, no sítio Consultor Jurídico, capturado em 07.10.2015 no endereço eletrônico http://www.conjur.com.br/2015-ago-16/processo-familiar-avancos-pessoas-deficiencia-mental-nao-sao-incapazes

plenitude, para a prática autônoma de todos os atos da vida civil. Surge, então, a necessidade da curatela, com vistas à satisfação do interesse da pessoa com deficiência. No entanto, um ponto importante a ser considerado é que, a teor do disposto no art. 85 do EPCD, a curatela afetará tão somente os atos relacionados aos direitos de natureza patrimonial e negocial, não alcançando o direito à regência dos aspectos existenciais do ser humano, tais como o direito ao próprio corpo, à sexualidade, ao matrimônio, à privacidade, à educação, à saúde, ao trabalho e ao voto. Como preleciona Maurício Requião:

> Já era sem tempo a necessidade de reconhecer que eventual necessidade de proteção patrimonial não poderia implicar em desnecessária limitação aos direitos existenciais do sujeito. Reforça-se, com tudo isto, que a curatela é medida que deve ser tomada em benefício do portador de transtorno mental, sem que lhe sejam impostas restrições individuais.[11]

Daí por que, com a edição do EPCD, em que pese o disposto no NCPC, não há mais se falar em interdição, porquanto a curatela, no dizer do legislador, passa a ser uma medida essencialmente protetiva, que não pretende proibir o exercício dos atos da vida civil de forma indiscriminada, mas sim, tão somente preservar os direitos de natureza patrimonial e negocial do incapaz, de modo que ele não tenha prejuízo, por sua deficiência, seja ela temporária ou permanente, ao direito assegurado ao exercício de sua capacidade legal em igualdade de condições com as demais pessoas. Por isso, o art. 84, § 1º, afirma que "quando necessário, a pessoa com deficiência será submetida à curatela, conforme a lei", observando-se, aqui, que o novel diploma legal não mais utiliza a terminologia "ação de interdição", mas sim, "processo que define os termos da curatela".[12]

Conclui-se, a partir da análise destes dispositivos, que a partir da entrada em vigor do Estatuto da Pessoa com Deficiência, em janeiro de 2016, nos casos de deficiência transitória ou permanente, que impeça ou limite as faculdades de querer e de entender do indivíduo, a incapacidade a ser reconhecida judicialmente será, em princípio, restrita a determinados atos negociais e de administração patrimonial. Isto significa que a mesma decisão judicial que, tendo em vista exclusivamente a defesa dos direitos do incapaz, proclama que ele não reúne condições de exercer determinados atos da vida civil, também deverá especificar que atos são esses em relação aos quais ele dependerá da atuação do curador.

Assim, com o surgimento do EPCD, o Brasil definitivamente, no regime das incapacidades civis, assume o compromisso com o princípio constitucional da dignidade humana e rompe com um ciclo histórico de restrição à liberdade e autonomia das pessoas com deficiência/enfermidade mental, já que durante a vigência do instituto da interdição, denominada "exclusão oficializada" por Maria Bernadette de Moraes Medeiros,[13] vigorou no direito pátrio a ideia de impedimento, de privação do exercício de direitos, de proibição. E como a mencionada autora observa,[14] "a palavra curatela traz em seu radical o sentido original do vocábulo, cura, que significa cui-

---

[11] Estatuto da Pessoa com Deficiência altera regime civil das incapacidades. Artigo publicado na Internet, no sítio Consultor Jurídico, capturado no dia 07.10.2015 no endereço eletrônico http://www.conjur.com.br/2015-jul-20/estatuto-pessoa-deficiencia-altera-regime-incapacidades

[12] Conforme redação dada aos arts. 1.768 e 1.769 do Código Civil, pelo art. 114 da Lei nº 13.146/2015.

[13] Ob. cit., p. 79.

[14] Ob. cit., p. 80.

dado, diligência, aplicação, administração, direção, traduzindo o sentido da proteção presente neste instituto".

3. Da atuação do Ministério Público

Historicamente, o Ministério Público, desde o Código Civil de 1916, sempre teve decisiva participação nas ações de interdição, seja promovendo a demanda diante da inércia dos colegitimados, seja atuando como fiscal da lei. Inicialmente, o *Parquet* possuía atribuição para promover a demanda nos casos de "loucura furiosa" (CC/1916), conceito que depois foi alterado para "anomalia psíquica" (CPC/73), e por fim, "doença mental grave" (CC/2002 e NCPC), sendo que a Lei 13.146/2015 introduziu no Código Civil, ao alterar o seu art. 1.769, inc. I, a expressão "deficiência mental ou intelectual".[15]

O art. 748 do NCPC, repetindo dispositivo contido na redação original do art. 1.769 do Código Civil, reza que o Ministério Público só terá legitimidade para o ajuizamento de ação de interdição em caso de "doença mental grave", se as pessoas designadas nos incisos I, II e III do art. 747 não existirem ou não promoverem a interdição, ou, se existindo, forem incapazes os legitimados mencionados nos incisos I e II. Questão de essencial relevância, portanto, é desenvolver o conceito de "doença mental grave".

A respeito, a Psiquiatria ainda não possui um conceito definitivo de "doença mental", sendo que alguns estudiosos, inclusive, questionam a necessidade de se definir cientificamente esse tipo de enfermidade.[16]

Cumpre, no entanto, seja buscado um conceito jurídico para o que vem a ser "doença mental grave". Nesse sentido, a Lei nº 8.112/90, em seu art. 186, ao tratar da aposentadoria do servidor público por invalidez permanente com direito a percepção dos proventos integrais, afirma que isto ocorrerá quando a aposentadoria decorrer de acidente em serviço, moléstia profissional ou *doença grave*, contagiosa ou incurável. Logo a seguir, no § 1º do art. 186,[17] o referido diploma legal prevê que se consideram doenças graves, contagiosas ou incuráveis, dentre outras, a alienação mental.

De acordo com o Manual de Perícia Oficial em Saúde do Servidor Público Federal-SIASS-Ministério do Planejamento e Gestão, Brasília, instituído pela Portaria nº 797/2010 e revisado pela Portaria nº 235/2014, publicada no DOU de 08.12.2014, conceitua-se como alienação mental:

> Todo quadro de transtorno psiquiátrico ou neuropsiquiátrico grave e persistente, no qual, esgotados os meios habituais de tratamento, haja alteração completa ou considerável da sanidade mental, comprometendo gravemente os juízos de valor e de realidade, bem como a capacidade de entendimento e de

---

[15] Art. 114 – EPCD. A Lei nº 10.406, de 10 de janeiro de 2002 (Código Civil), passa a vigorar com as seguintes alterações: (...) "Art. 1.769. O Ministério Público somente promoverá o processo que define os termos da curatela: I – nos casos de deficiência mental ou intelectual; III – se existindo, forem menores ou incapazes as mencionadas no inciso II".

[16] Interessante, sobre o tema, o artigo 'É necessária uma definição precisa de doença mental?', de autoria do professor João Marques-Teixeira, publicado na Revista Saúde Mental, Vol.11, nº 6, pp. 7-10, 2009, encontrado na Internet, no endereço eletrônico http://revista.saude-mental.net/index.php?article=1262&visual=17

[17] "É exemplificativo o rol descrito no art. 186, I, § 1º, da Lei n. 8.112/90, haja vista "a impossibilidade de a norma alcançar todas as doenças consideradas pela medicina como graves" – AgRg no Recurso Especial nº 1.222.604-PR (2010/0215142-4_. Relator Min. Cesar Asfor Rocha, Segunda Turma do STJ, j. em 19/06/2012.

autodeterminação do pragmatismo, tornando o indivíduo inválido total e permanentemente para qualquer trabalho. O indivíduo torna-se incapaz de responder legalmente por seus atos na vida civil, mostrando-se inteiramente dependente de terceiros no que tange às diversas responsabilidades exigidas pelo convívio em sociedade. O diagnóstico de um transtorno mental não é, por si só, indicativo de enquadramento como alienação mental, cabendo ao perito a análise das demais condições clínicas e o grau de incapacidade. O alienado mental pode representar riscos para si e para terceiros, sendo impedido por isso de qualquer atividade funcional. Há indicação legal para que todos os servidores portadores de alienação mental sejam interditados judicialmente.

Nesse diapasão, conclui-se que o conceito legal de alienação mental, considerada doença grave pelo legislador, é mais amplo, porquanto abrange não somente a doença mental *stricto sensu*, mas também os casos de desenvolvimento mental incompleto ou retardado, quando estes comprometerem gravemente os juízos de valor e realidade e incapacitarem o entendimento dos fatos e/ou a autodeterminação. A respeito, o Manual de Perícia Oficial considera passíveis de enquadramento como alienação mental: 1. esquizofrenias nos estados crônicos e residuais; 2. outras psicoses graves nos estados crônicos e residuais; 3.estados demenciais de qualquer etiologia (vascular, Alzheimer, doença de Parkinson, etc.). 4. retardos mentais graves e profundos.

Ainda, o Manual considera excepcionalmente passíveis de serem considerados casos de alienação mental, e via de consequência, doença mental grave: 1. transtornos afetivos ou do humor, quando comprovadamente cronificados e refratários ao tratamento;2. quadros epilépticos com sintomas psicóticos; 3.outros transtornos psicóticos orgânicos decorrentes de lesão e disfunção cerebral; e 4. transtornos mentais decorrentes do uso de substâncias psicoativas (álcool e outras drogas) nas formas graves.

Por fim, o Manual considera como quadros não passíveis de enquadramento como alienação mental: 1. transtornos de personalidade; 2. transtornos mentais decorrentes do uso de substâncias psicoativas nas formas leves e moderadas; 3. retardos mentais leves e moderados; 4. transtornos relacionados ao estresse; 5. estados confusionais reversíveis; e 6. transtornos neuróticos.

Verifica-se, portanto, que em todos os casos de alienação mental, considerada doença grave pela legislação pátria, o Ministério Público tem expressa atribuição para promover a demanda que define os termos da curatela, nas hipóteses em que houver inércia dos colegitimados, forte no art. 748 do NCPC.

Há casos, porém, em que há possibilidade de ser instaurado processo para definição de termos de curatela, mas não está presente a doença mental grave. Isto ocorre, por exemplo, na hipótese da prodigalidade,[18] e também na ebriedade habitual e na toxicomania.[19]

---

[18] Na lição de Pontes de Miranda, "pródigo é a pessoa que faz despesas imoderadas, superiores às suas rendas, e de que resulte a dissipação de seu patrimônio", in MIRANDA, Pontes de. *Tratado de Direito Privado*. Rio de Janeiro: Borsoi, 1955, tomo IX, p.327.

[19] Como visto, o Manual de Perícia Oficial em Saúde do Servidor Público Federal, do Ministério do Planejamento e Gestão, considera que o transtorno mental decorrente do uso de substâncias psicoativas, como o álcool e outras drogas, pode vir a configurar doença mental grave, nos casos em que o alcoolismo e a drogadição atingirem uma gravidade tal, que possa ser considerada alienação mental. Registre-se, no entanto, que nos outros casos de ebriedade habitual e toxicomania, que não assumirem a forma grave, ainda assim é possível que haja a necessidade da curatela, quando essa condição impedir ou dificultar, de algum modo, a plena capacidade para os atos da vida civil.

Cumpre examinar, assim, se à luz do ordenamento jurídico brasileiro, o Ministério Público poderia promover a ação visando à definição dos termos da curatela, mesmo quando não presente o requisito da doença mental grave, diante de inércia dos legitimados, ou então nos casos em que o indivíduo não possua cônjuge/companheiro, parentes ou tutores, ou quando estes são todos incapazes.

Quanto à prodigalidade, embora não esteja abrangida pelo conceito de alienação mental, porquanto, como visto, o Manual de Perícia Oficial em Saúde do Servidor Público Federal considera que os transtornos de personalidade não estão inseridos nesta classificação, não configurando, destarte, doença mental grave, é evidente que o pródigo, que no dizer do CC-2002, em seu art. 4º, inc. IV, pode vir a ser considerado relativamente incapaz, não deve ser deixado ao desabrigo da lei. Da mesma forma, os ébrios habituais e os viciados em tóxico (art. 4º, inc. II, e art. 1.767, inc. III, ambos do CC-2002, com redação dada pelo art. 114 do EPCD) devem ser objeto de preservação de interesses pelo Ministério Público, ainda quando suas enfermidades não atingirem a forma grave que permitiria o enquadramento como alienação mental.

Portanto, sustentamos que o Ministério Público deve, sim, promover o processo visando à nomeação de curador, quando presentes os requisitos dos incisos I e II do art. 748 do NCPC, mesmo nos casos do pródigo, do ébrio habitual e do viciado em tóxico. Com efeito, o art. 752, § 1º, do NCPC, é taxativo ao determinar a intervenção obrigatória do Ministério Público, na condição de fiscal da ordem jurídica, em todos os feitos de interdição em que ele não conste do polo ativo. Isto porque, historicamente, o papel do Ministério Público, nesse tipo de ação, é zelar pelo incapaz, intervindo protetivamente em razão da qualidade da parte, estando "finalisticamente destinado a proteger o interesse personificado que lhe legitima a intervenção", no dizer de Hugo Nigro Mazzilli.[20]

Quanto ao ébrio habitual e ao viciado em tóxico, resta clara a legitimidade ministerial para ajuizar a demanda, já que se está diante de situação onde, mesmo nos casos em que eventualmente ausente a gravidade que permitiria o enquadramento como alienação mental, ainda assim há risco iminente à saúde, à dignidade e à própria sobrevivência do indivíduo, direitos estes indisponíveis, incumbindo ao Ministério Público a devida tutela.

No caso da prodigalidade, não se nega o direito de cada indivíduo de dispor de seus recursos financeiros do modo que melhor lhe aprouver. Entretanto, diante de uma iminente situação de ruína, decorrente da absoluta falta de comedimento nos gastos pessoais, deve o *Parquet* agir, pois há um claro interesse individual indisponível na proteção do pródigo, devendo-se buscar a preservação do incapaz de uma eventual situação futura de miserabilidade, que afrontaria o princípio da dignidade humana insculpido no art. 1º, inc. III, da Constituição Federal. Acrescente-se, outrossim, que há um nítido interesse social na atuação, já que, caso o pródigo não tenha mais condições de prover sua subsistência às próprias expensas, passará a onerar o Estado, porquanto terá que ser, obrigatoriamente, inserido nos programas assistenciais, afetando, assim, toda a coletividade.

Importante destacar, também, que já no CC-2002, a curatela no caso de prodigalidade passou a ter por objetivo essencial a proteção da pessoa do pródigo, e não

---

[20] MAZZILLI, Hugo Nigro. *Manual do Promotor de Justiça*. 2ª ed. São Paulo: Ed. Saraiva, 1991, p. 220.

mais meramente do patrimônio familiar, como ocorria à época do Código Civil anterior.[21] Conforme ensina Caio Mário,[22] durante a vigência do CC-1916, a interdição por prodigalidade visava "defender o patrimônio familiar de dilapidações provocadas pela imoderação dos gastos", sendo que, por isso, o legislador não conferia legitimidade ao *Parquet* para promover esse tipo de demanda. Já agora, sob a égide do novo Código Civil de 2002, a curatela por prodigalidade não mais tem como foco principal a preservação do patrimônio da família, mas sim, a própria subsistência do dissipador. Está-se, pois, inegavelmente, diante de interesse individual indisponível, já que, por mais que possa dispor de seus bens, a pessoa humana não pode renunciar à dignidade e à própria sobrevivência. Daí a importância da atuação ministerial, ao promover a demanda, nos casos em que o pródigo não conta com suporte familiar para tal iniciativa. E, aqui, vamos mais além. Como muito bem destaca José Olympio de Castro Filho,[23] há casos em que o cônjuge/companheiro, ascendente ou descendente não tem interesse em promover a ação, visto que pode até estar se beneficiando da prodigalidade. Nesses casos, ainda que contra a vontade dos legitimados pelo art. 1.177, incisos I e II, do NCPC, preconizamos que o Ministério Público possui atribuição legal e constitucional para ajuizar a ação com vistas à definição dos termos da curatela, uma vez vislumbrando a iminência da ruína do incapaz.

Releva notar, ainda, que a redação do art. 1.178 do CPC/73, que aparentemente restringiria a atuação do Ministério Público como órgão agente, apenas aos casos de anomalia psíquica, e face a inexistência/inércia dos colegitimados, historicamente, nunca impediu que o órgão ministerial ajuizasse ações de interdição em face de pessoas não abrangidas pelo conceito de "anomalia psíquica", incluídos aqui os pródigos.

Lapidar, a respeito, o escólio de Milton Paulo de Carvalho Filho:[24]

> O Ministério Público terá legitimidade também para ingressar com o pedido de interdição no caso de prodigalidade. Embora a lei não o legitime expressamente para promover a interdição do pródigo, o legislador de 2002 encarou a interdição por prodigalidade como forma, também, de proteção do próprio interditando, evitando que, com seu comportamento, fique na miséria, protegendo-se, destarte, a própria dignidade do ser humano. Tendo o Ministério Público por função defender os interesses dos incapazes, da sociedade e do Estado, a lei confere ao representante deste órgão legitimidade para a ação de interdição do pródigo.

No mesmo sentido, entendendo que o Ministério Público possui legitimidade para postular em Juízo a curatela de pródigo, o ensinamento de Carlos Roberto Gonçalves,[25] ao comentar o processo de interdição sob a ótica do Código Civil de 2002:

> A curatela do pródigo (CC, art. 1.767, V) pode ser promovida pelos pais ou tutores, pelo cônjuge ou companheiro (CF, art. 226, § 3º, JTJ, Lex 235/108), por qualquer parente e pelo Ministério Público (CC, arts. 1.768 e 1.769). (...) Malgrado limitado, no sistema do diploma anterior, o elenco das pessoas legitimadas a requerer a interdição do pródigo, a jurisprudência admitia que o Ministério Público pudesse fazê-lo, excep-

---

[21] Veja-se, a respeito, lição de Pereira, Rodrigo da Cunha. *Comentários ao novo Código Civil*, vol. XX: da união estável, da tutela e da curatela. Rio de Janeiro: Forense, 2004, p.465.
[22] PEREIRA, Caio Mário da Silva. *Instituições de direito civil*. Volume V. 8ª Ed. Rio de Janeiro, 1991, p.259.
[23] CASTRO FILHO, José Olympio. *Comentários ao Código de Processo Civil*. Volume X, 4ª ed. Rio de Janeiro: Forense, 1995, p. 183.
[24] *Código Civil Comentado*: doutrina e jurisprudência: Lei nº 10.406, de 10.01.2002: contém o Código Civil de 1916/ coordenador: Cezar Peluso. 8ª ed. rev. e atual. Barueri, SP: Manole, 2014, p. 1955.
[25] GONÇALVES, Carlos Roberto. *Direito civil brasileiro*: volume 1: parte geral – 2ª ed. rev. e atual. São Paulo: Saraiva, 2005, p. 98.

cionalmente, quando o único interessado e legitimado fosse menor de idade. No sistema do novo Código a legitimidade do Ministério Público decorre de sua posição de defensor dos interesses dos incapazes, visto que a interdição do pródigo visa agora protegê-lo, e de defensor dos interesses da sociedade e do Estado.

Fredie Didier Jr.,[26] por sua vez, sustenta que pelo anterior Código Civil de 1916, o fundamento da interdição do pródigo era essencialmente proteger a integralidade do patrimônio da família, daí o disposto no art. 460 do CC-16, de que o pródigo só incorreria em interdição na hipótese de ter herdeiros necessários, tendo o Ministério Público, nesse caso, legitimidade subsidiária apenas face à incapacidade dos herdeiros necessários ou então diante de uma situação em que, aliado à prodigalidade, o incapaz também apresentasse sintomas de anomalia psíquica. Prossegue o mestre baiano afirmando que com a mudança de ótica do CC-2002, onde a curatela do pródigo passou a ser vista como um instrumento de proteção do incapaz, tutelando sua dignidade enquanto ser humano, houve uma significativa alteração no papel do Ministério Público como órgão agente. Daí por que, conclui Didier Jr., "essa mudança de orientação leva-nos a concordar integralmente com a conclusão a que chegou Carlos Roberto Gonçalves, a favor da legitimidade do Ministério Público para a promoção da interdição por prodigalidade".

Aliás, a aparente restrição, pelo legislador ordinário, na atuação do Ministério Público como órgão agente nos processos para definir os termos da curatela, não teria sentido, e estaria em descompasso, inclusive, com o previsto no art. 127 da Constituição Federal, e com o próprio NCPC, que em seu art. 752, § 1º, reza que a intervenção do *Parquet* como fiscal da ordem jurídica é obrigatória em todos os feitos relacionados à curatela, tendo o Ministério Público, também, legitimidade reconhecida pelo NCPC para ingressar com a ação de levantamento de curatela (art. 756, § 1º, NCPC) e para ajuizar o pedido de remoção de curador (art. 761, NCPC).

Da mesma forma, o art. 178, inc. II, do NCPC é taxativo ao rezar que "o Ministério Público será intimado para, no prazo de 30 (trinta) dias, intervir como fiscal da ordem jurídica nas hipóteses previstas em lei ou na Constituição Federal e nos processos que envolvam: (...) II – interesse de incapaz".

Aliás, sobre o tema da intervenção ministerial, como órgão agente ou fiscal da ordem jurídica, nos processos de interdição, recentemente decidiu o STJ, em acórdão da lavra da Min. Isabel Gallotti, da 4ª Turma, que:

> A competência atribuída ao Ministério Público pelo Código de Processo Civil e pelo Código Civil de defender os interesses do interditando não somente é compatível, mas encontra-se textualmente inserida em finalidade institucional, prevista na Constituição, de defesa de interesse individual indisponível.[27]

Não se deve olvidar, sobre isso, que a redação do art. 176 do NCPC, com hialina clareza, prevê que "o Ministério Público atuará na defesa da ordem jurídica, do regime democrático e dos interesses e direitos sociais e individuais indisponíveis".

Vale observar, também, que o art. 177 do NCPC, por seu turno, define que o Ministério Público exercerá o direito de ação em conformidade com suas atribuições constitucionais. A Constituição Federal, aliás, em seu art. 127, é taxativa, ao dispor: "O Ministério Público é instituição permanente, essencial à função jurisdicional do

---

[26] DIDIER JR., Fredie. *Regras Processuais no Novo Código Civil*: aspectos da influência do Código Civil de 2002 na legislação processual. 2ª Ed. rev. São Paulo: Saraiva, 2004, p. 131-34.
[27] STJ. 4ª Turma. REsp 1.099.458-PR, Rel. Min. Maria Isabel Gallotti, julgado em 2/12/2014.

Estado, incumbindo-lhe a defesa da ordem jurídica, do regime democrático e dos interesses sociais e individuais indisponíveis".

Assim, mesmo quando não houver expressa previsão na lei ordinária, o Ministério Público estará autorizado constitucionalmente, e nos termos do NCPC, a atuar como substituto processual para a defesa de direitos individuais indisponíveis. Daí sua legitimidade para buscar em Juízo a curatela em prol do incapaz não só no caso da doença mental grave, mas também nas demais hipóteses legais, quando os colegitimados silenciarem.

Ainda, para reforçar este argumento, insta gizar a alteração trazida no art. 3º da Lei nº 7.853, de 24 de outubro de 1989, que trata do apoio e da integração social das pessoas com deficiência,[28] e que institui a tutela jurisdicional de interesses dessas pessoas, e que passou a contar com a seguinte redação, por força do art. 98 do EPCD:

> Art. 3º. As medidas judiciais destinadas à proteção de interesses coletivos, difusos, individuais homogêneos e individuais indisponíveis da pessoa com deficiência poderão ser propostas pelo Ministério Público, pela Defensoria Pública, pela União, pelos Estados, pelos Municípios, pelo Distrito Federal, por associação constituída há mais de 1 (um) ano, nos termos da lei civil, por autarquia, por empresa pública e por fundação ou sociedade de economia mista que inclua, entre suas finalidades institucionais, a proteção dos interesses e a promoção de direitos da pessoa com deficiência.

Ora, então, se o próprio NCPC entende obrigatória a intervenção do Ministério Público em todas as causas envolvendo interesse de incapazes e lhe atribui, outrossim, expressamente, legitimidade para a ação de remoção de curador, bem como para levantamento da curatela; se a Constituição Federal consagra ao órgão ministerial a defesa da ordem jurídica e dos interesses sociais e individuais indisponíveis; se a lei específica das pessoas com deficiência, no mesmo sentido, incumbe o *Parquet* das medidas judiciais destinadas à proteção de interesses coletivos, difusos, individuais homogêneos e individuais indisponíveis desses sujeitos hipossuficientes, por certo que temos, aqui, bem presente a identificação da vontade do legislador, de que a atuação ministerial como órgão agente, na defesa dos destinatários de um possível pedido de curatela, ocorra da forma mais ampla possível. Logo, não há como obstar a atuação ministerial, como órgão agente, diante de situação em que se revele a necessidade da curatela, mormente ante inexistência ou inércia dos colegitimados.

A respeito, em 25/11/2009, o Superior Tribunal de Justiça, por sua Primeira Seção,[29] decidiu que as pessoas com deficiência física, mental ou sensorial são sujeitos hipervulneráveis e, por isso, dado o inafastável e evidente conteúdo social da tutela dos seus interesses e direitos, o Ministério Público possui legitimidade ativa *ad causam* para defesa dos seus direitos individuais indisponíveis, mesmo quando a ação vise à tutela de uma única pessoa individualmente considerada. Nesse acórdão, o Ministro Herman Benjamin destacou que há maior razão:

> Para garantir a legitimação do Parquet se o que está sob ameaça é a saúde do indivíduo com deficiência, pois aí se interpenetram as ordem de superação da solidão judicial do hipervulnerável com a garantia da ordem pública de bens e valores fundamentais – in casu não só a existência digna, mas a própria vida e a integridade físico-psíquica em si mesmas, como fenômeno natural". E concluiu o eminente magistrado observando que "a possibilidade, retórica ou real, de gestão individualizada desses direitos (até o extremo

---

[28] O art. 2º do EPCD dispõe que "considera-se pessoa com deficiência aquela que tem impedimento de longo prazo de natureza física, mental, intelectual ou sensorial, o qual, em interação com uma ou mais barreiras, pode obstruir sua participação plena e efetiva na sociedade em igualdade de condições com as demais pessoas".

[29] Recurso Especial nº 931.513-RS (2007/0045162-7).

dramático de o sujeito, in concreto, nada reclamar) não os transforma de indisponíveis (porque juridicamente irrenunciáveis in abstracto) em disponíveis e de indivisíveis em divisíveis, com nome e sobrenome. Será um equívoco pretender lê-los a partir da cartilha da autonomia privada ou do ius dispositivum, pois a ninguém é dado abrir mão de sua dignidade como ser humano, o que equivaleria, por presunção absoluta, a maltratar a dignidade de todos, indistintamente.

Ainda sobre a legitimidade ministerial para tutelar interesse individual indisponível em Juízo, vale notar que o STJ, em ação civil pública movida pelo *Parquet* para obrigar plano de saúde a custear tratamento quimioterápico a incapaz, decidiu que:

(...) 3. constitui função institucional e nobre do Ministério Público buscar a entrega da prestação jurisdicional para obrigar o plano de saúde a custear tratamento quimioterápico em qualquer centro urbano, a menor, conveniado do recorrente. Assim, reconhece-se legitimidade ativa do Ministério Público para propor ação civil pública em defesa de direito indisponível, como é o direito à saúde, em benefício do hipossuficiente. 4. A legitimação extraordinária, outorgada pela Constituição Federal (art. 127, caput e art. 129, III e X), pela Lei Orgânica do Ministério Público (art. 25, IV, da Lei 8.625/93) e pelo ECA (arts. 201, V e 208, VII, da Lei 8.069/90), justifica-se pelo relevante interesse social e pela importância do bem jurídico a ser tutelado.[30]

No mesmo diapasão, ainda, o citado Tribunal Superior decidiu que:

É pacífica a jurisprudência desta Corte no sentido de que o Ministério Público possui legitimidade para a defesa dos direitos individuais indisponíveis, como é o caso dos autos, em que se busca o direito ao fornecimento de medicamento a pessoa que não dispõe de recursos financeiros para tratamento da saúde.[31]

Na mesma senda, o STF reiteradamente tem sustentado que "o Ministério Público detém legitimidade para propor ação civil pública na defesa de interesses individuais homogêneos (CF/88, arts. 127, § 1º, e 129, II e III). Precedente do Plenário: RE 163.231/SP, rel. Min. Carlos Velloso, DJ 29.06.2001".[32]

Conclui-se, portanto, nessa linha de raciocínio, em se tratando de tutela do direito à vida e à saúde, que tanto no caso de doença mental grave, como de prodigalidade, e também nas hipóteses de ebriedade habitual ou toxicomania, o Ministério Público deve atuar na defesa dos interesses individuais indisponíveis do incapaz, promovendo, inclusive, a ação, no caso de estarem presentes os requisitos dos incisos I e II do art. 748 do NCPC.

Como visto, a atuação do Ministério Público como órgão agente, se dá supletivamente, quando verificada inércia ou inexistência dos colegitimados descritos nos incisos I, II e III do art. 747 do NCPC. Sobre isso, Fredie Didier Jr.[33] sustenta que por se tratar de legitimidade subsidiária, no caso de existirem outros legitimados capazes, deve o Ministério Público, antes da promoção da ação, expedir recomendação para que promovam a interdição, sendo que somente se não o fizerem, surgirá a legitimidade ministerial. Com a devida vênia, divergimos do respeitável entendimento, visto que sendo o órgão ministerial o guardião constitucional dos interesses individuais indisponíveis, e estando diante de situação de doença mental grave, de toxicomania ou

---

[30] RECURSO ESPECIAL Nº 976.021 – MG (2007/0185192-0), rel. Min. Nancy Andrighi, 3ª. T., DJe 03/02/2011.

[31] RECURSO ESPECIAL nº 1.410.520/MG, Rel. Min. Eliana Calmon, 2ª T., DJe 10/12/2013. Ainda no mesmo sentido: AgRg no REsp 1.297.893/SE, Rel. Ministro CASTRO MEIRA, SEGUNDA TURMA, DJe 5/8/2013; AgRg no REsp 1.356.286/MG, Rel. Ministro HUMBERTO MARTINS, SEGUNDA TURMA, DJe 19/2/2013; RECURSO ESPECIAL Nº 1.365.202-mg, Rel. Min. Og Fernandes, 2ª. T., DJe 25/04/2014.

[32] RECURSO EXTRAORDINÁRIO 514.023-AgR, Rel. Min. Ellen Gracie, 2ª T., DJe 5.2.2010. Na mesma linha: RECURSO EXTRAORDINÁRIO 407.902, Rel. Min. Marco Aurélio, 1ª T., DJe 28/8/2009, e AG. REG. NO RECURSO EXTRAORDINÁRIO nº 648.410, Rel. Min. Cármen Lúcia, 1ª. T., j. 14/02/2012.

[33] *Breves comentários ao Novo Código de Processo Civil*. Teresa Arruda Alvim Wambier... (*et al.*), coordenadores – São Paulo: Revista dos Tribunais, 2015, p. 1735.

ebriedade habitual ou mesmo de prodigalidade extrema, com exposição do incapaz a risco iminente à sua subsistência, à sua saúde e à dignidade, não há necessidade de expedição de recomendação com fixação de prazo para ajuizamento da demanda para os demais legitimados. Com efeito, o interesse que deve preponderar é o do incapaz, que já se encontra em situação de hipervulnerabilidade e não pode ficar submetido à boa vontade dos legitimados ou a eventual dilação de prazo para adoção de medidas urgentes em prol do seu bem-estar. Além disso, a prática demonstra que muitas vezes não há tempo a perder, e que fixar prazo para os legitimados inertes poderá ser prejudicial à efetiva defesa dos interesses indisponíveis do incapaz. A respeito, Wilson Gianulo[34] observa que "o Ministério Público não precisa esperar que outra das pessoas enumeradas no artigo 1.768 do Código Civil promova a interdição, uma vez que se trate de doença mental grave, podendo agir incontinenti".

Quanto à nova redação dada ao art. 1.769, inc. I, do Código Civil, pelo EPCD, legitimando o Ministério Público a promover o processo que define os termos da curatela apenas nos casos de deficiência mental ou intelectual, vale o mesmo raciocínio trazido para o NCPC, ou seja, havendo em jogo interesse individual indisponível de incapaz, por ex., de pródigo, de drogadito, de alcoolista, caracterizando a situação de hipervulnerabilidade, com exposição da vida e da saúde a risco, deve o órgão ministerial agir imediatamente, visto que legitimado pela Constituição de 1988 e pelo próprio contexto da lei processual civil e da lei de inclusão, que entrarão em vigor em 2016.

A respeito da atuação do Ministério Público, na hipótese de incapaz exposto a risco, importante destacar o escólio de Maria Bernadette de Moraes Medeiros,[35] no sentido de que:

> A razão da intervenção ministerial está estreitamente vinculada à causa a ser defendida. Se a parte é o incapaz, a função do Ministério Público, atuando no papel de órgão agente ou interveniente, será a de zelar para que seus interesses indisponíveis não sejam objeto de disposição indevida, concluindo que "onde houver violação de interesses sociais e individuais indisponíveis, requer-se a ação do Ministério Público.

A jurisprudência, aliás, é tranquila, quanto à legitimidade do Ministério Público para figurar no polo ativo da demanda, diante de situação em que o interditando não possui nenhum parente apto a ingressar com a ação. Interessante, nesse sentido, julgado do Tribunal de Justiça do Rio de Janeiro, que ao analisar recurso de sentença que extinguiu o processo sem julgamento de mérito, por ter a ação sido manejada por pessoa que não possuía parentesco com o incapaz, assim se manifestou:

> Apelação Cível. Ação de interdição. Pedido formulado por pessoa que não possui nenhum parentesco com o interditando. Requerimento do MP para figurar no polo ativo da demanda, uma vez que o requerente não possui legitimidade ativa, em face do disposto nos arts. 1.177 e 1.178 do CPC. Sentença que julgou extinto o processo sem julgamento do mérito. Verifica-se que, in casu, não resta mais ninguém a atuar em prol dos interesses do interditando, além do próprio requerente e do MP. Assim, visando protegê-lo, tão somente, o julgador deveria substituir o polo ativo da demanda para que nele figurasse o MP, conforme por este requerido. Sentença que se anula para que passe a figurar no polo ativo da demanda o MP, em consonância com o art. 1.769, II, do CC. Recurso que se dá provimento, na forma do art. 557, § 1º-A, do CPC.[36]

---

[34] GIANULO, Wilson. *Novo Código Civil Explicado e Aplicado ao Processo.* Volume III. 1ª Ed. São Paulo: Ed. Jurídica Brasileira, 2003, p. 2007.

[35] ob. cit., p. 74.

[36] TJRJ, Ap. n. 0005252-47.2008.8.19.0212 (2009.001.11271), 16ª Câmara Cível, rel. Des. Carlos José Martins Gomes, j. 06.07.2009.

4. Da aparente antinomia entre o NCPC e o EPCD

O NCPC foi publicado em 17 de março de 2015, com *vacatio legis* de um ano, e em seu art. 1072, II, expressamente revogou os arts. 1.768 a 1.773 do CC-2002. Já o EPCD, que entrou em vigor em 03 de janeiro de 2016, em seu art. 114, deu nova redação aos arts. 1.768 a 1.772 do Código Civil.

Não bastasse isso, o NCPC trabalhou com os conceitos de incapacidade absoluta e incapacidade relativa então vigentes no CC-2002, ao passo que o EPCD modificou substancialmente o regime de incapacidades civis, partindo do pressuposto que a pessoa com deficiência tem assegurado o direito ao exercício de sua capacidade legal em igualdade de condições com as demais pessoas.

Além disso, o EPCD considera que a curatela será sempre provisória e limitada a atos de natureza negocial e patrimonial, ao passo que o NCPC ainda preserva a ideia de que o incapaz deve se socorrer de seu curador para gerenciar sua vida, e não apenas seus interesses patrimoniais.

Na interdição prevista no NCPC, o incapaz perde, em princípio, o direito de reger sua pessoa e administrar seus bens e rendimentos, devendo o juiz, na sentença, assinalar a causa da interdição, os limites da curatela e, não sendo total a interdição, especificar os atos que o interdito poderá praticar autonomamente, conforme disposto no art. 755, § 3º. O NCPC parte do pressuposto, portanto, que na hipótese de interdição absoluta, não há liberdade de autodeterminação para o interdito, e na eventualidade da interdição relativa, o Juízo ainda assim deverá especificar quais atos o incapaz pode praticar sem assistência.

Já o EPCD inverte essa lógica. Considera que todas as pessoas presumem-se plenamente capazes, e que em determinadas situações excepcionais, em razão de deficiência mental ou intelectual que comprometa sua capacidade cognitiva ou seu discernimento, o Juiz, a pedido da própria pessoa ou de um dos colegitimados, deverá definir os termos da curatela, observando, conforme art. 84, § 3º, que esta é uma medida protetiva extraordinária, proporcional às necessidades e às circunstâncias de cada caso, e deverá durar o menor tempo possível, afetando apenas a capacidade de exercício de atos relacionados aos direitos de natureza patrimonial e negocial (art. 85). A curatela instituída pelo EPCD, destarte, não impõe restrição de capacidade, mas sim, visa tão somente assegurar à pessoa com deficiência/enfermidade o direito ao exercício de sua capacidade legal em igualdade de condições com as demais pessoas, conforme art. 84, § 1º. Ao final do processo, cabe ao Juiz, ao definir os termos da curatela, especificar quais atos o indivíduo não poderá praticar e por qual período, porquanto a regra é que a definição da curatela não atinge o direito ao próprio corpo, à sexualidade, ao matrimônio, à privacidade, à educação, à saúde, ao trabalho e ao voto (art. 85, § 1º, EPCD).

Considerando que o NCPC e o EPCD apresentam graves contradições entre si, que impedem, em alguns pontos, que possam ser aplicados simultaneamente no trato da questão da curatela, insta destacar que há importante dissenso doutrinário acerca de qual das normas deve prevalecer, diante da aparente antinomia.

Moacyr Petrocelli de Ávila Ribeiro,[37] de sua parte, observa que houve um "abalroamento legislativo", porquanto:

> Analisando a vacância de ambas as leis, exsurge situação teratológica. A vacatio legis do Estatuto é de 180 dias, contados a partir da publicação (7 de julho de 2015); e a vacatio do novo CPC é de 1 ano (publicação em 17 de março de 2015). Desse modo, por conclusão, a vida do artigo 1768 do Código Civil, com a redação dada pelo Estatuto será curtíssima: em janeiro de 2016 entra em vigor o novo Estatuto e prevalece a nova redação do art. 1.768, que será revogado em março de 2016, subsistindo, a partir de março, o artigo 747 do novo CPC. Notório, pois, o descuido do legislador neste ponto.

Tentando auxiliar na solução do problema, Fredie Didier Jr.[38] argumenta que "é preciso conciliar as leis no plano intertemporal", observando que a tarefa é espinhosa, e deve partir do pressuposto de que ambos os diplomas legais estão sintonizados em seus propósitos e devem ser interpretados de modo a dar coerência ao sistema. Assim, no caso do art. 1.768 do CC-2002, ao qual foi acrescentado o inciso IV pelo EPCD (que institui a autocuratela), mas que tem sua revogação prevista pelo NCPC, a partir de sua entrada em vigor, em março de 2016, preconiza o professor baiano que como o artigo alterado será revogado a partir de 18 de março de 2016, e partindo do pressuposto que o CPC não poderia revogar o que não estava ainda previsto, seria preciso considerar que há um novo inciso ao rol do art. 747 do NCPC, que permite a promoção do processo para definir a curatela, pelo próprio interessado.

Paulo Lôbo,[39] a respeito, aduz que:

> A desatenção do legislador fez brotar essa aparente repristinação. Assim, os artigos 1.768 a 1.773 do Código Civil, relativos à curatela, terão nova redação dada pelo Estatuto, mas apenas produzirão efeitos durante dois meses e quatorze dias, sendo revogados com a entrada em vigor do novo CPC.

Com a devida vênia aos entendimentos em contrário, entendemos, aqui, que por se tratar de lei específica, o EPCD prevalece sobre a nova lei processual civil em tudo aquilo que por ela for contrariado, até mesmo porque as regras do NCPC deverão ser interpretadas em conformidade com as da Convenção sobre os Direitos da Pessoa com Deficiência, assinada pelo Brasil em 2009, que, por tratar de direitos humanos, é equivalente a emenda constitucional (art. 5º, § 3º, CF), preponderando sobre a legislação ordinária. Veja-se, consoante já salientado, que o art. 1º, § 1º, do EPCD, é taxativo ao rezar que este diploma legal tem como base a Convenção sobre os Direitos das Pessoas com Deficiência e seu Protocolo Facultativo, em conformidade com o procedimento previsto no art. 5º, § 3º, da Constituição Federal. A considerar, aqui, também, a orientação do Supremo Tribunal Federal (RE 349.703, RE 466.343 e HC 87.585), de que Tratados Internacionais de Direitos Humanos subscritos pelo Brasil possuem *status* normativo supralegal, tornando inaplicável a legislação infraconstitucional com eles conflitante, seja ela anterior ou posterior ao ato de adesão. Logo, a Convenção sobre os Direitos da Pessoa com Deficiência, da qual o Brasil é

---

[37] RIBEIRO, Moacyr Petrocelli de Ávila. Estatuto da Pessoa com Deficiência: a revisão da teoria das incapacidades e os reflexos jurídicos na ótica do notário e do registrador. Artigo publicado na Internet no sítio do Colégio Notarial do Brasil, capturado em 07.10.2015 do endereço eletrônico http://www.notariado.org.br/index.php?pG=X19leGliZ V9ub3RpY2lhcw=&in=NjIyMA=

[38] DIDIER JR., Fredie. *Estatuto da Pessoa com deficiência*, Código de Processo Civil de 2015 e Código Civil: uma primeira reflexão. Artigo publicado na Internet, capturado em 07.10.2015 no endereço eletrônico http://www.frediedidier.com.br/editorial/editorial-187.

[39] LÔBO, Paulo. *Com avanços legais, pessoas com deficiência mental não são mais incapazes*. Artigo publicado na Internet, no sítio Consultor Jurídico, capturado em 07.10.2015 no endereço eletrônico http://www.conjur.com.br/2015-ago-16/processo-familiar-avancos-pessoas-deficiencia-mental-nao-sao-incapazes.

signatário, faz com que as normas contidas no Estatuto das Pessoas com Deficiência, que nela se fundamentam, se sobreponham às regras previstas no NCPC, que com ela sejam incongruentes.

Ademais, seria surreal admitir que com a posterior entrada em vigor do NCPC, este diploma legal pudesse revogar artigos de lei do CC-2002, cuja nova redação foi dada pelo EPCD, e que sequer existia, quando instituída a norma do art. 1.072, inc. II, do novel estatuto processual civil. Veja-se que os arts. 1.768, 1.769, 1.771 e 1.772 do CC-2002, com a nova redação dada pelo EPCD, tratam, pela ordem: da legitimidade para ajuizamento do processo que define os termos da curatela (inclusive instituindo no direito brasileiro a possibilidade da autocuratela); da legitimidade ministerial para promover a demanda; da necessidade do juiz do processo ser assistido por equipe multidisciplinar e entrevistar pessoalmente a pessoa a ser curatelada; e da obrigação do juiz determinar, segundo as potencialidades da pessoa, os limites da curatela, bem como de levar em conta, para a escolha do curador, a vontade e as preferências do curatelado, a ausência de conflito e de interesses e de influência indevida, a proporcionalidade e e a adequação às circunstâncias da pessoa. Tratam estes artigos, portanto, de questões essenciais à dignidade do curatelado, e que encontram expressa previsão no art. 12º, item 4, da Convenção sobre os Direitos das Pessoas com Deficiência, que, como visto, tem força de emenda constitucional.

Assim, não há dúvida de que se deve buscar uma conciliação do EPCD com o NCPC e com o CC-2002, no que atine ao regime das incapacidades e ao instituto da curatela, mas em tudo o que for contrariado pelo NCPC e pelo CC-2002, o EPCD deverá prevalecer, na medida em que se trata de lei que tem como base a Convenção sobre os Direitos das Pessoas com Deficiência e seu Protocolo Facultativo, ratificados pelo Congresso Nacional por meio do Decreto Legislativo nº 186, de 9 de julho de 2008, em conformidade com o procedimento previsto no § 3º do art. 5º da Constituição da República Federativa do Brasil, em vigor para o Brasil, no plano jurídico externo, desde 31 de agosto de 2008, e promulgados pelo Decreto nº 9.649, de 25 de agosto de 2009, data de início de sua vigência no plano interno (art. 1º, parágrafo único, EPCD).

Independente da corrente doutrinária a ser adotada, em relação a qual norma deverá ser aplicada, face às questões do plano intertemporal, o certo é que o Ministério Público, por força de sua condição constitucional de guardião dos interesses individuais indisponíveis e interesses sociais, tem legitimidade para ajuizamento da ação para propor os termos da curatela, diante de eventual inércia ou inexistência dos colegitimados, em todas as situações em que houver necessidade de suprir a ausência de plenas condições cognitivas e de discernimento do indivíduo, seja com base no NCPC, seja nas hipóteses do EPCD.

5. Atuação processual

O art. 749 do NCPC prevê que "incumbe ao autor, na petição inicial, especificar os fatos que demonstram a incapacidade do interditando para administrar seus bens e, se for o caso, para praticar atos da vida civil, bem como o momento em que a incapacidade se revelou". Considerando que a regra ditada pelo EPCD é a da plena capacidade legal, cumpre ao Ministério Público, ao ajuizar a ação, evidenciar de plano ao Juízo em que consiste, exatamente, a incapacidade do demandado, bem como para a prática de quais atos deve ele necessitar de representação ou assistência de curador. Forte no disposto no art. 755 do NCPC, o Juiz, ao prolatar sentença final, deve nomear curador e fixar os limites da curatela, segundo o estado e o desenvolvimento mental do interdito (inc. I), considerando, para tanto, as características pessoais do interdito, observando suas potencialidades, habilidades, vontades e preferências (inc. II). Afora a questão da nomenclatura que deve agora ser adaptada para a nova ordem estabelecida pela lei de inclusão, visto que não há mais se falar em interdito, e sim, em curatelado, cabe notar que com o advento do EPCD, que trata a curatela como medida extraordinária (art. 85, § 2º), deve o Juiz fazer constar da sentença as razões e motivações de sua definição, preservados os interesses da pessoa com deficiência. Ao nomear o curador, conforme parágrafo único do art. 1.772 do CC, com redação alterada pelo art. 114 do EPCD, deve o Juiz levar em conta a vontade e as preferências da pessoa com deficiência, a ausência de conflito de interesses e de influência indevida, a proporcionalidade e a adequação às circunstâncias da pessoa, havendo inclusive possibilidade de se estabelecer curatela compartilhada a mais de uma pessoa, bem como estabelecer diversidade de curadores, cada qual com incumbências específicas (art. 1.775-A, CC-2002, com redação dada pelo art. 114 do EPCD).

Importante observar que assim como possui legitimidade para ingressar com o pedido de curatela, na condição de substituto processual, o Ministério Público também é parte legítima para requerer o seu levantamento total, uma vez cessada a causa que a determinou, forte no art. 756, § 1º, do NCPC, ou mesmo parcial, na hipótese do § 4º do art. 756, quando demonstrada a capacidade para a prática de alguns atos da vida civil. Saliente-se que, conforme o art. 84, § 3º, do EPCD, a curatela, por se tratar de medida protetiva extraordinária e proporcional às necessidades e circunstâncias de cada caso, deve durar o menor tempo possível. Assim, importante que o Ministério Público se estruture internamente para acompanhar a administração dos curadores não apenas sob a ótica das contas a serem prestadas periodicamente, mas também para monitorar o desenrolar de cada curatela, a fim de detectar o momento em que ela eventualmente deixe de ser necessária. Com isso, evitar-se-á o prolongamento excessivo da medida, consagrando o espírito do EPCD, que é o de preservação da autonomia do indivíduo.

Da mesma forma, em relação às interdições já existentes antes da entrada em vigor do EPCD, entende-se que poderão ser objeto de reexame judicial, em cada caso, por iniciativa do Ministério Público, do curador ou do próprio curatelado, por simetria ao disposto no art. 756, § 1º, do NCPC, a fim de que se adequem ao novo ordenamento jurídico, conferindo-se, destarte, maior autonomia aos incapazes.

Quanto à prestação judicial de contas estabelecida nos arts. 1.755 a 1.762, combinados com art. 1.774, todos do CC-2002, esta deve ser providenciada anualmente pelo curador, na forma prevista no art. 84, § 4º, do EPCD. Na hipótese de eventual desídia na prestação, cabe ao Ministério Público, a bem do interesse do incapaz, ingressar judicialmente com medida visando a exigir as contas do curador. No texto do CPC/73, no art. 915, estava previsto que "aquele que pretender exigir a prestação de contas requererá a citação do réu para, no prazo de 5 (cinco) dias, as apresentar ou contestar a ação". Agora, com a redação do art. 550 do NCPC, consta que "aquele que afirmar ser titular" do direito de exigir contas requererá a citação do réu para que as preste ou ofereça contestação no prazo de 15 (quinze) dias. Esta nova redação, no entanto, não afasta a legitimidade do Ministério Público, na condição de substituto processual, para ingressar com a ação de exigir contas, já que ao cobrar a devida prestação pelo curador, está o órgão ministerial, aqui, agindo na defesa de interesse individual indisponível do curatelado.

Ainda incumbe ao Ministério Público ou a quem tenha legítimo interesse requerer, nas hipóteses previstas em lei,[40] a remoção do curador, forte no art. 761 do NCPC, sendo que em caso de extrema gravidade, o Juiz pode suspender o curador do exercício de suas funções, nomeando substituto interino (art. 762, NCPC). Assim, nos casos em que o curador é negligente, prevaricador ou incurso em incapacidade (art. 1.766, CC-2002), nas hipóteses em que ele infringir o disposto no art. 1.748 do CC-2002 (obrigações do curador condicionadas a autorização judicial) e também em face de circunstâncias pessoais, morais ou mesmo profissionais que o impeçam de exercer o encargo a contento (art. 1.735, CC-2002), deverá o órgão ministerial ou legítimo interessado postular ao Juízo a remoção do curador, e a consequente substituição, a fim de que não haja prejuízo ao interesse pessoal e patrimonial do curatelado.

Com o acréscimo do inciso IV ao art. 1.768 do CC-2002, pelo art. 114 do EPCD, em boa hora a pessoa com deficiência passou a ter legitimidade para requerer a instauração do processo que define os termos de sua própria curatela, tratando-se de evidente avanço frente ao que estava previsto no art. 747 do NCPC. Com efeito, não há mais legítimo interesse para o pedido do que o da própria pessoa a ser curatelada. Nesse caso, assim como na hipótese de a ação ser ajuizada pelos colegitimados arrolados nos incisos I, II e III do art. 747 do NCPC, imperativa a intervenção do Ministério Público, na condição de fiscal da ordem jurídica (art. 178, inc. II, NCPC), pena de nulidade do feito, conforme disposto no art. 279 do NCPC.

Outra inovação introduzida pelo EPCD, como alternativa à curatela, é a possibilidade da própria pessoa com deficiência requerer a adoção de tomada de decisão apoiada (art. 84, § 2°). Esse procedimento vem regulado no art. 116 da lei de inclusão, que acrescentou ao Código Civil o art. 1783-A, composto de 11 parágrafos. Em suma, a tomada de decisão apoiada consiste no processo pelo qual a pessoa com deficiência (física ou mental) elege ao menos duas pessoas idôneas, com as quais mantenha vínculos e que gozem de sua confiança, para prestar-lhe apoio sobre atos da vida civil, fornecendo-lhe os elementos e informações necessários para que possa exercer sua capacidade. O pedido é encaminhado pelo próprio interessado ao juiz, que antes de se pronunciar, assistido por equipe multidisciplinar e após manifestação do Ministério Público, ouvirá pessoalmente o requerente e as pessoas que lhe prestarão apoio. Prevê o § 6° do art. 1783-A do CC-2002, com redação dada pelo art. 116 do EPCD que em caso de negócio jurídico que possa trazer risco ou prejuízo relevante, havendo divergência de opiniões entre a pessoa apoiada e seus apoiadores, o juiz deverá decidir sobre a questão, após manifestação do Ministério Público. Ainda releva destacar que na hipótese do apoiador agir com negligência, exercer pressão indevida ou não adimplir as obrigações assumidas, a pessoa apoiada ou qualquer outra pessoa pode apresentar denúncia ao Ministério Público ou ao juiz, sendo que no caso de procedência da denúncia, o apoiador será destituído, podendo ser nomeada outra pessoa para prestação de apoio, caso isto seja de interesse da pessoa apoiada.

---

[40] Arts. 1.735, 1.748 e 1.766, conforme art. 1.774, todos do CC-2002.

6. Conclusão

O Estatuto das Pessoas com Deficiência, que entrou em vigor em janeiro/2016, prevê que os indivíduos que, por causa transitória ou permanente, não puderem exprimir sua vontade, poderão ter sua incapacidade decretada judicialmente, relativamente a certos atos ou à maneira de os exercer. A curatela, no entanto, por seu caráter extraordinário, deverá ser proporcional às necessidades e às circunstâncias de cada caso, devendo durar o menor tempo possível, e afetará tão somente os atos relacionados aos direitos de natureza patrimonial e negocial, não restringindo o direito do curatelado à regência de sua vida pessoal.

Assim, a interdição, na forma em que idealizada no CPC/73 e também no NCPC, enquanto instituto processual que restringia a capacidade não somente negocial, mas inclusive de administração da vida pessoal do interdito, desaparece do direito pátrio, com a entrada em vigor do EPCD, surgindo, em seu lugar, o processo para definir os termos da curatela, medida excepcional, específica, protetiva e sem caráter de definitividade.

Cabe ao Ministério Público, diante de eventual inexistência ou inércia dos co-legitimados, atuar como órgão agente, na defesa do interesse individual indisponível, sempre que for necessário acionar o Judiciário para propor os termos da curatela. Isto porque o Ministério Público, a teor do disposto no art. 127 da Constituição Federal, bem como nos arts. 176 e 177 do NCPC, e no art. 3º da Lei 7.853/89 (com redação dada pelo art. 98 do EPCD), está autorizado a atuar como substituto processual para a defesa de direitos individuais indisponíveis.

A jurisprudência, como visto, não tem titubeado em reconhecer a legitimidade do Ministério Público para defender interesses de incapazes, isto porque uma vez que a Constituição concede ao Ministério Público os fins, não há como negar que ela também assegura, evidentemente, os meios para que se atinja essa finalidade.

Destarte, independente do disposto no art. 748 do NCPC e no art. 1.769 do CC-2002 (com redação dada pelo art. 114 do EPCD), assim como não era restrita a atuação do Ministério Público como órgão agente, nas ações de interdição, apenas aos casos de anomalia psíquica (nomenclatura do CPC/73), da mesma forma não há como restringir a legitimidade ativa do *Parquet* apenas aos casos de doença mental grave (nomenclatura do NCPC) ou deficiência mental ou intelectual (terminologia utilizada pelo CC-2002, com nova redação), visto que em todas as hipóteses onde for necessária a definição dos termos da curatela, estando-se frente a caso de interesse individual indisponível, o Ministério Público possuirá indiscutível legitimidade para agir, forte no art. 127 da Constituição Federal.

Bibliografia

CASTRO FILHO, José Olympio. *Comentários ao Código de Processo Civil*. Volume X, 4ª ed. Rio de Janeiro: Forense, 1995.

DIDIER JR., Fredie. *Estatuto da Pessoa com deficiência, Código de Processo Civil de 2015 e Código Civil: uma primeira reflexão*. Artigo publicado na Internet, capturado em 07.10.2015 no endereço eletrônico http://www.frediedidier.com.br/editorial/editorial-187/.

———. Regras Processuais no novo código civil: aspectos da influência do Código Civil de 2002 na legislação processual. 2ª ed. ver. São Paulo: Saraiva, 2004.

_____; PEIXOTO, Ravi (coord.). *Novo Código de Processo Civil – Comparativo com o Código de 1973*. Salvador: JusPodium, 2015.

DURÃES, Hebert Vieira. Estatuto da Pessoa com Deficiência e os seus Reflexos no Código Civil. Artigo publicado na Internet, capturado no dia 07.10.2015, no endereço eletrônico http://www.hebertduraes.com/#!Estatuto-da-Pessoa-com-Defici%C3%AAncia-e-os-seus-Reflexos-no-C%C3%B3digo-Civil/c1e9u/55dccdbf0cf21fd94cc52230.

FREIRE, Alexandre; DANTAS, Bruno; NUNES, Dierle; DIDIER JR., Fredie; MEDINA, José Miguel Garcia; FUX, Luiz; CAMARGO, Luiz Henrique Volpe; e OLIVEIRA, Pedro Miranda de. *Novas Tendências do Processo Civil*. Volume 3, Salvador: JusPodium, 2014.

FUJIKI, Henrique Koga. *Da Antinomia entre o novo CPC e o Estatuto da pessoa com deficiência*. Artigo publicado na Internet, no sítio Jus Navigandi, capturado no dia 07.10.2015, no endereço eletrônico http://jus.com.br/artigos/42921/da-antinomia-entre-o-novo-cpc-e-o-estatuto-da-pessoa-com-deficiencia.

GIANULO, WILSON. *Novo Código Civil Explicado e Aplicado ao Processo*. Volume III. São Paulo: Jurídica Brasileira, 2003.

GONÇALVES, Carlos Roberto. *Direito civil brasileiro*: volume 2: parte geral – 2ª ed. rev. e atual. São Paulo: Saraiva, 2005.

LÔBO, Paulo. *Com avanços legais, pessoas com deficiência mental não são mais incapazes*. Artigo publicado na Internet, no sítio Consultor Jurídico, capturado em 07.10.2015 no endereço eletrônico http://www.conjur.com.br/2015-ago-16/processo-familiar-avancos-pessoas-deficiencia-mental-nao-sao-incapazes.

MACEDO, Elaine Harzheim; MIGLIAVACCA, Carolina Moraes (coord.). *Novo Código de Processo Civil Anotado*. Porto Alegre: OAB/RS, 2015.

MAZZILLI, Hugo Nigro. *Manual do Promotor de Justiça*. 2ª ed. São Paulo: Saraiva, 1991.

MEDEIROS, Maria Bernadette de Moraes. *Interdição Civil: Proteção ou Exclusão?* São Paulo: Cortez, 2007.

MEDINA, José Miguel Garcia. *Novo Código de Processo Civil Comentado*. 3ª ed. São Paulo: RT, 2015.

MINISTÉRIO DO PLANEJAMENTO, ORÇAMENTO E GESTÃO: *Manual de Perícia Oficial em Saúde do Servidor Público Federal*, 2ª ed. Brasília, 2014.

MIRANDA, Pontes de. *Tratado de Direito Privado*. Rio de Janeiro: Borsoi, 1955, t.IX.

PEREIRA, Caio Mário da Silva. *Instituições de direito civil*. Volume V. 8ª ed. Rio de Janeiro, 1991, p.259.

PEREIRA, Rodrigo da Cunha. *Comentários ao novo Código de Processo Civil*, volume XX: da união estável, da tutela e da curatela; colaboradores e equipe de pesquisa, Ana Carolina Brochado Teixeira, Cláudia Maria Silva. Rio de Janeiro: Forense, 2004.

REQUIÃO, Maurício. Considerações sobre a interdição no projeto do novo Código de Processo Civil. Revista de Processo, v.239, p.453, janeiro/2015.

_____. *Estatuto da Pessoa com Deficiência altera regime civil das incapacidades*. Artigo publicado na Internet, no sítio Consultor Jurídico, capturado no dia 07.10.2015 no endereço eletrônico http://www.conjur.com.br/2015-jul-20/estatuto-pessoa-deficiencia-altera-regime-incapacidades.

RIBEIRO, Moacyr Petrocelli de Ávila. *Estatuto da Pessoa com Deficiência:* a revisão da teoria das incapacidades e os reflexos jurídicos na ótica do notário e do registrador. Artigo publicado na Internet no sítio do Colégio Notarial do Brasil, capturado em 07.10.2015 do endereço eletrônico http://www.notariado.org.br/index.php?pG=X19leGliZV9ub3RpY2lhcw=&in=NjIyMA=.

SIMÃO, José Fernando. *Estatuto da Pessoa com Deficiência causa perplexidade* (parte 2). Artigo publicado na Internet, no sítio Consultor Jurídico, capturado no dia 07.10.2015 no endereço eletrônico http://www.conjur.com.br/2015-ago-07/jose-simao-estatuto-pessoa-deficiencia-traz-mudancas.

STOLZE, Pablo. *O Novo CPC e o Direito de Família*: Primeiras Impressões. Revista Nacional de Direito de Família e Sucessões, nº 6, maio-junho/2015.

TARTUCE, Flávio. *Alterações do Código Civil pela lei 13.146/2015 (Estatuto da Pessoa com deficiência)*. Repercussões para o Direito de Família e Confrontações com o Novo CPC. Artigo publicado na Internet, capturado em 07.10.2015 no endereço eletrônico http://www.migalhas.com.br/FamiliaeSucessoes/104,MI225871,51045-Alteracoes+do+Codigo+Civil+pela+lei+131462015+Estatuto+da+Pessoa+com.

――. *Estatuto da Pessoa com Deficiência, Direito de Família e o Novo CPC*. Primeira parte. Artigo publicado na Internet, no sítio GEN Jurídico, capturado no dia 07.10.2015 no endereço eletrônico http://genjuridico.com.br/2015/07/30/estatuto-da-pessoa-com-deficiencia-direito-de-familia-e-o-novo-cpc-primeira-parte/.

THEODORO JÚNIOR, Humberto. *Curso de Direito Processual Civil*, ed. Universitária: Humberto Theodoro Júnior – Rio de Janeiro: Forense, 1993.

VENOSA, Sílvio de Salvo. *Direito civil: direito de família*. 10ª ed. São Paulo: Atlas, 2010.

WAMBIER, Teresa Arruda Alvim; DIDIER JR., Fredie; TALAMINI, Eduardo; e DANTAS, Bruno (coord.). *Breves Comentários ao Novo Código de Processo Civil*. São Paulo: RT, 2015.

――; WAMBIER, Luiz Rodrigues (coord.). *Novo Código de Processo Civil Comparado*. São Paulo: RT, 2015.

— 17 —

Alguns apontamentos práticos acerca das mudanças trazidas pelo novo Código de Processo Civil para a tutela dos interesses supraindividuais

JOSÉ ALEXANDRE ZACHIA ALAN[1]

Sumário: 1. Introdução; 2. Novos rumos do novo Código de Processo Civil e seu alcance aos interesses supraindividuais; 3. Custo do processo. A emblemática questão do pagamento de honorários periciais nas demandas a tutelar interesses supraindividuais; 4. Interesses supraindividuais e formas específicas de tratamento da execução de obrigações de fazer; 4.1. Sobre sub-rogações por providência à obtenção do resultado equivalente ao fazer; 4.2. Medidas coercitivas; 5. Conclusões; Referências.

1. Introdução

No limiar da edição de um novo Código, sempre há de parte dos operadores do direito expectativa significativa a saber o que se modificará na forma como manejam as lides com que trabalham e mesmo as questões diárias que lhes vão colocadas no correr de seus trabalhos.

Em sendo o Código de Processo Civil a legislação a ser modificada, tal expectativa resulta verdadeiramente potencializada. É que se trata de diploma a desenhar todo o ferramental de que se armam todos os que se dirigem à jurisdição para o enfrentamento de uma lide. E ainda mais: cuida-se do ferramental da qual disporá o adversário a ser encontrado nessa mesma lide. Então, não dominar suficientemente os novos instrumentos importa risco sobremaneira significativo de encontrar adversário que, em os dominando, leve vantagem a fazer valer seu interesse no jogo do processo.

No que concerne às expectativas dos que labutam com a tutela dos interesses supraindividuais, há ainda terceiro elemento potencializador a ser considerado. Não é segredo que há muito os operadores dessa área apontam a necessidade de que se faça vigente conjunto específico de normas a tratar das ações relativas a direitos e

---

[1] Promotor de Justiça do Estado do Rio Grande do Sul. Mestrado em Ciências Jurídico-Criminais pela Universidade de Lisboa, Portugal (2009).

interesses coletivos, quaisquer que sejam: ambientais, do consumidor, relacionados à probidade administrativa e assim por diante.

A reclamação se vaza, essencialmente, na perspectiva de que a legislação processual ora vigente se fez desenhada para a solução de controvérsias unicamente individuais e que as demandas coletivas outra sorte de conflitos. Com efeito, a tentativa de solucionarem-se demandas coletivas a partir de regras de processo idealizadas para conflitos individuais não raramente coloca o operador do direito – advogado, juiz ou membro do Ministério Público – em situações na quais as regras vigentes simplesmente não oferecem conduzem a solução adequada para o caso enfrentado.[2]

É por conta de tal verificação, aliás, que há muito se reclama pela necessidade de que venha a vigência legislação processual específica, vocacionada, desde sua gênese, para a solução de processos coletivos. Todavia, por conta das circunstâncias peculiares à produção legislativa brasileira, as iniciativas direcionadas a essa finalidade ainda tramitam e, pelo que parece, se encontram longe de finalmente alcançarem vigência.[3]

De todo e qualquer modo, e mesmo havendo convencimento de parte dos comentadores de que eventualmente se fará vigente código específico para os processos coletivos, não se pode recusar que a proximidade da vigência de um Novo Código de Processo Civil dava conta de que a solução de algumas das questões de sempre pudessem encontrar alguma sorte de solução ou indicativo de resposta.

Entretanto, o exame do novo texto é, para dizer o mínimo, frustrante. Com toda a vênia, não se encontra, salvante uma ou outra disposição específica, preocupação melhor do legislador acerca da solução de demandas coletivas ou evidência a reconhecer o universo dos processos coletivos por instrumento de solução das lides a merecer tratamento distinto do alcançado aos processos individuais.

Os eventuais avanços e retrocessos percebidos são, num primeiro grupo, muito mais resultado de reflexos impensados de decisões tomadas para os processos individuais, mas que alcançarão – às vezes para bem, outras vezes para mal – também o universo das demandas coletivas. De se apontar, também, que os reflexos de modificação realizados em função as demandas coletivas se veem construídos muito mais à solução das questões e perplexidades próprias do funcionamento da máquina do Judiciário e não, propriamente, a viabilizar a solução dessa sorte de lides.

Este escrito, então, é proposta de exame de algumas das tais modificações. É certo, por uma parte, que não se pretende exaurir o tema de modo definitivo, mesmo porque apenas o "colocar a funcionar" do Novo Código de Processo Civil revelará todas as suas potencialidades e defecções no que concerne à tutela dos interesses coletivos. Por outro lado, há de se ter a certeza de que enfrentar o tema das soluções apresentadas pelo Novo Código de Processo Civil para os processos coletivos é, ver-

---

[2] Nesse sentido: "Dessa forma, embora o processo civil pátrio ainda tenha a ação individual como fundamento central de todo o sistema, o processo coletiva encontra-se em franca evolução, assumindo cada vez mais relevância à consecução das finalidades do processo no sistema jurídico". ABREU, Leonardo Santana. *A finalidade do processo coletivo. Processos Coletivos*. Organizado por José Maria Tesheiner. Porto Alegre: HS Editora, 2012, p. 17.

[3] Na verdade, há várias iniciativas direcionadas à mudança da legislação processual civil que podem vir a alcançar o processamento das ações coletivas. De todas, contudo, a mais proeminente é o Projeto de Lei 5.139/2009 que na data da formulação deste escrito encontra-se junto à Mesa Diretora da Câmara dos Deputados, posição que ocupa desde maio de 2010, consulta realizada no *link* <http://www.camara.gov.br/proposicoesWeb/fichadetramitacao?idProposicao=432485>, dia 9 de novembro de 15.

dadeiramente, falar de resultados obtidos quase que por acidente, uma vez que as modificações não se endereçavam a surtir efeito em tal esfera.

2. Novos rumos do novo Código de Processo Civil e seu alcance aos interesses supraindividuais

A evolução do processo civil no correr do mundo – seja a partir dos avanços da legislação, a partir da evolução da jurisprudência ou da própria compreensão de suas finalidades – traça caminho sobremaneira claro. Fala-se da necessidade da construção de novas soluções que sirvam não apenas às lides individuais, mas que sirvam à solução de todo o problema de litigiosidade das sociedades modernas.

Isso não significa, evidentemente, possa a legislação processual civil recusar seu papel de solver os litígios individuais. Cuida-se, a bem de toda a verdade, de mudança da forma como tais lides são encaradas. Com efeito, fala-se de avanço a que cada uma das lides deixe de ser vista unicamente como um conflito que se resume em si mesmo, mas que se insere no contexto moderno de relações sociais intrincadas e interdependentes.[4]

Essa evolução termina por se desdobrar em pelo menos cinco verificações, atendida a lição de ARRUDA ALVIM. Fala-se de pontos nodais em que o processo civil se vê estrangulado, sendo que a liberação de tais válvulas, se mais ou se menos, é o fator preponderante a ver o quanto se avança ou o quanto se está paralisado no curso da evolução do processo. De acordo com o professor paulista, os pontos nodais são: a.) o manejo relacionado aos custos dos processos, chave para o manejo do acesso à justiça; b.) a constituição de cortes menores para a solução da imensa massa de conflitos que aportam ao judiciário diariamente; c.) o tratamento da inabilitação da parte a se defender ou obter tutela para seu direito material; d.) definição de mecanismos relacionados à defesa de interesses difusos e coletivos; e.) o lidar com conflituosidade da sociedade contemporânea.[5]

Examinado o texto do Novo Código de Processo Civil, verifica-se, muito facilmente, quais dos nós acima apontados recebem esforço para o destrave, quais recebem esforço de destrave e que terminam alcançando a tutela dos interesses supraindividuais ainda que por reflexos e quais pontos não receberam qualquer sorte de esforço a que fossem destravados.

Com efeito, não é difícil verificar que a nova legislação processual civil se endereça, num primeiro termo, a consolidar a toada que marcou os últimos anos de

---

[4] Há uma série de referências possíveis no que respeita ao tema das ligações das lides em teias de contato de modo a que se possa reconhecer importância social de relações que, a princípio, se viam enfrentadas individualmente. Nesse contexto, e mesmo por questão de justiça histórica, há de se referenciar a lição de Cláudia Lima Marques que, muito embora estivesse a tratar de contratos de consumo, é aplicável à situação mencionada: *"a nova concepção de contrato é uma concepção social deste instrumento jurídico, para a qual não só o momento da manifestação da vontade (consenso) importa, mas onde também e principalmente os efeitos do contrato na sociedade serão levados em conta e onde a condição social e econômica das pessoas nele envolvidas ganha em importância"*. MARQUES, Cláudia Lima. *Contratos no código de defesa do consumidor*. 3. ed. São Paulo: RT, 1991. p. 101.

[5] ARRUDA ALVIM, José. Anotações sobre as perplexidades e os caminhos do processo civil contemporâneo, p. 73, em *Execução civil e temas afins – do CPC 1973 ao Novo CPC*: estudos em homenagem ao professor Araken de Assis/coordenação Arruda Alvim e outros. São Paulo: Revista dos Tribunais, 2014.

vigência da legislação de 1973. Não há dúvida de que a legislação se endereça a consolidar o acesso à justiça por valor inarredável do sistema.

Tal assertiva se assenta, por primeiro, na compreensão que se tem dado, por exemplo, a institutos como a gratuidade da justiça, convertida, nos últimos anos, em benefício a ser entregue a praticamente todos que simplesmente o requeiram. Ademais, convém recordar as relativamente recentes inovações de criação dos Juizados Especiais Cíveis e, mais proximamente, dos Juizados da Fazenda Pública a permitir que o cidadão, mesmo que desassistido de advogado, possa ingressar em juízo para o conhecimento de praticamente toda a sorte de demandas. Fala-se, por derradeiro, do fortalecimento recente das Defensorias Públicas, instituição permanente, agora alçada à independência, assim como o são o Poder Judiciário e o Ministério Público, tudo a viabilizar, de modo definitivo, o acesso aos hipossuficientes.

Para além de tal evolução – muito positiva, diga-se de passagem – houve a positivação de mecanismos de solução do volume de demandas já adotados por algumas unidades da federação. Fala-se dos centros de conciliação e mediação que, a partir do novo Código de Processo Civil, passarão a ter assento na legislação adjetiva.

Todavia, mesmo que tais escolhas bem representem bons enfrentamentos dos nós "acesso" e "manejo de conflituosidade social" acima destacados, o exame dos demais pontos considerados, quais sejam, "custo dos processos" e "manejo de interesses difusos" deixam pouco para comemorar. É sobre tais pontos que se haverá de versar nos tópicos seguintes.

3. Custo do processo. A emblemática questão do pagamento de honorários periciais nas demandas a tutelar interesses supraindividuais

No que concerne aos custos relacionados aos processos, afora uma série de outros problemas pontuais, a grande questão a solver no concernente às ações civis públicas se vazava no equacionar a forma como custear a produção de provas periciais necessárias à solução dos feitos.

Com efeito, em se tratando de demanda a encerrar o interesse de grupos cujos integrantes são muitas vezes indetermináveis – havendo, inclusive, a possibilidade da tutela dos interesses das gerações futuras – não é difícil antever que as questões de fato a conhecer pelo juízo não raramente guardam significativa complexidade do ponto de vista da compreensão do contexto fático e demandam, também muito frequentemente, se tenha de recorrer a enorme espectro de disciplinas e de conhecimento. Ou seja, fala-se de objetos que, muitas vezes, não podem ser compreendidos por um único *expert* nomeado pelo juízo, fazendo-se necessária a formação de verdadeira equipe disciplinar a responder as indagações formuladas pelas partes e a ofertar conhecimentos suficientes a que proferida a decisão.

Os exemplos de tais situações são de fácil formulação. Fala-se, por exemplo, das ações a tratar dos grandes impactos ambientais, ocasião em que se faz necessária, para além de conhecimento bastante para a aferição do dano e a precisar quais providências de remediação se fazem suficientes, a apresentação de elementos a viabilizar se aquilate qual a importância financeira a ser associada ao impacto ambiental irrecuperável a merecer indenização em espécie. Também é possível se lançar exemplo de ação que questione, por exemplo, a probidade de determinado contrato ou atuação do Estado para a contratação de determinado serviço, demandas que exigem exame multidisciplinar de eventuais aspectos econômicos da contratação, de seu projeto básico, de eventuais planilhas de formação de custos e outras tantas particularidades a reclamar significativa especialização.

Superada a contextualização do problema, há de se destacar que a questão referente ao custeio dos honorários periciais traduz com perfeição a ideia antes levantada da tentativa da aplicação pura e simples da lógica das demandas individuais às coletivas. Veja-se que no caso das demandas individuais, o pagamento dos honorários e demais custas recai por sobre o autor da ação dada a lógica de que o resultado, caso haja procedência, virá a lhe gerar proveito, não raras vezes econômico. Em outras palavras, a que busque obter o resultado a lhe trazer ganho é preciso suportar os custos, tudo funcionando a atender a lógica do investimento e do retorno.

Por outra parte, tal lógica não se aplica às demandas coletivas. É que o sistema da legitimação extraordinária traduz mecanismo diverso, por meio do qual o autor da demanda coletiva nada ganhará com a procedência da demanda, uma vez que os titulares dos direitos ou dos interesses em jogo são os integrantes do grupo substituído. Ou seja, não se verifica a lógica do investimento e do retorno.

Mesmo que tal raciocínio soe bastante óbvio, a verdade é que as normas adjetivas relacionadas ao trâmite das ações civis públicas sempre trataram muitíssimo mal tal questão. Com efeito, a única regra a ofertar alguma sorte de indicativo acerca de como tudo deveria se conduzir é a do artigo 18, Lei 7.347/85, assim redigida:

> Art. 18. Nas ações de que trata esta lei, não haverá adiantamento de custas, emolumentos, honorários periciais e quaisquer outras despesas, nem condenação da associação autora, salvo comprovada má-fé, em honorários de advogado, custas e despesas processuais.

Especificamente acerca dos custos do processo, o dispositivo em questão trazia dois comandos bastante claros. A uma, não haveria condenação em honorários de advogado, custas e despesas processuais, salvante no caso de má-fé e, a duas, não se adiantariam honorários periciais. Daí se conclui que o autor da demanda – o Ministério Público ou outro dos legitimados – teria de suportar o pagamento de honorários periciais, uma vez que excepcionados apenas os honorários advocatícios. Mas, por compensação, o autor os pagaria apenas ao final.

É certo que a pobreza da redação inaugurou espaço para toda a sorte de questionamentos. Num primeiro termo, indagava-se acerca dos custos relacionados aos exames técnicos realizados nos procedimentos preparatórios instaurados pelo Ministério Público para a apuração das eventuais lesões aos interesses individuais. Para tal problema a solução construída foi a constituição de quadros próprios a ofertarem pareceres ou realizarem verificações acerca do objeto investigado.

Num segundo termo, debateu-se por longo tempo a ver qual a solução a se dar para a questão relacionada à origem dos recursos para servirem aos pagamentos dos honorários. É que, bem ou mal, não havia maneira de que os técnicos do Ministério Público atendessem a tal sorte de demanda, porquanto vinculados ao órgão autor. Então, em restando a nomeação de perito por solução, importava saber se faria o pagamento. É que se encontrava alguma dificuldade de convencer os peritos nomeados a realizar os trabalhos periciais às suas expensas para, apenas num segundo momento, poder receber a remuneração pelo que realizaram e isso, registre-se, caso se lograsse construísse algum tipo de solução à obtenção de verba para custear honorários.

Depois de uma gama enorme de decisões lançadas em vários sentidos e a consagrar toda a sorte de entendimentos, houve indicativo de tendência de pacificação da jurisprudência acerca do tema. Fala-se da compreensão vincada na decisão abaixo, representativa da controvérsia, a apontar duas conclusões importantes. De uma parte, não há a possibilidade de adiantamento de honorários periciais em ações civis públicas mesmo que isso custasse não encontrar perito disposto a desempenhar o encargo. De outra, a Fazenda Pública ao qual o ministério público se encontra vinculada haveria de se incumbir de realizar o pagamento dos honorários arbitrados. *Verbis:*

> ADMINISTRATIVO E PROCESSUAL CIVIL. AÇÃO CIVIL PÚBLICA. ADIANTAMENTO DE HONORÁRIOS PERICIAIS. NÃO CABIMENTO. INCIDÊNCIA PLENA DO ART. 18 DA LEI N. 7.347/85. ENCARGO TRANSFERIDO À FAZENDA PÚBLICA. APLICAÇÃO DA SÚMULA 232/STJ, POR ANALOGIA. 1. Trata-se de recurso especial em que se discute a necessidade de adiantamento, pelo Ministério Público, de honorários devidos a perito em Ação Civil Pública. 2. O art. 18 da Lei n. 7.347/85, ao contrário do que afirma o art. 19 do CPC, explica que na ação civil pública não haverá qualquer adiantamento de despesas, tratando como regra geral o que o CPC cuida como exceção. Constitui regramento próprio, que impede que o autor da ação civil pública arque com os ônus periciais e sucumbenciais, ficando afastada, portanto, as regras específicas do Código de Processo Civil. 3. Não é possível se exigir do Ministério Público o adiantamento de honorários periciais em ações civis públicas. Ocorre que a referida isenção conferida ao Ministério Público em relação ao adiantamento dos honorários periciais não pode obrigar que o perito exerça seu ofício gratuitamente, tampouco transferir ao réu o encargo de financiar ações contra ele movidas. Dessa forma, considera-se aplicável, por analogia, a Súmula n. 232 desta Corte Superior ("A Fazenda Pública, quando parte no processo, fica sujeita à exigência do depósito prévio dos honorários do perito"), a determinar que a Fazenda Pública ao qual se acha vinculado o Parquet arque com tais despesas. Precedentes: EREsp 981949/RS, Rel. Ministro HERMAN BENJAMIN, PRIMEIRA SEÇÃO, julgado em 24/02/2010, DJe 15/08/2011; REsp 1188803/RN, Rel. Ministra ELIANA CALMON, SEGUNDA TURMA, julgado em 11/05/2010, DJe 21/05/2010; AgRg no REsp 1083170/MA, Rel. Ministro MAURO CAMPBELL MARQUES, SEGUNDA TURMA, julgado em 13/04/2010, DJe 29/04/2010; REsp 928397/SP, Rel. Ministro CASTRO MEIRA, SEGUNDA TURMA, julgado em 11/09/2007, DJ 25/09/2007 p. 225; REsp 846.529/MS, Rel. Ministro TEORI ALBINO ZAVASCKI, PRIMEIRA TURMA, julgado em 19/04/2007, DJ 07/05/2007, p. 288. 4. Recurso especial parcialmente provido. Acórdão submetido ao regime do art. 543-C do CPC e da Resolução STJ n. 8/08. (REsp 1253844/SC, Rel. Ministro MAURO CAMPBELL MARQUES, PRIMEIRA SEÇÃO, julgado em 13/03/2013, DJe 17/10/2013)

A solução construída pela jurisprudência se, de um lado, não atende integralmente à insurgência dos que resistiam ao não adiantamento dos honorários, ao menos lhes garante a certeza de que os *experts* nomeados terão assegurado o direito de receberem seus honorários, o que se faz ancorar na perenidade do Estado.

O segundo aspecto da decisão, contudo, é o que de fato mais importa. Com efeito, o poder judiciário terminou reconhecer a necessidade de que o suportar os custos das demandas coletivas – especialmente no que se refere aos honorários periciais – não pode se dar unicamente pelo ministério público. A bem de toda a verdade, ao fazer com que as Fazendas Públicas suportassem tais despesas, o entendimento permitia partilhar todo o custo da demanda, ainda que de uma forma um tanto quanto arrevesada, por sobre toda a sociedade, massa de pessoas que, ao menos no caso dos interesses difusos, receberá o proveito de eventual sentença de procedência e que, também, provê o orçamento dos Poderes com o pagamento de tributos.

É certo, por outra parte, que essa decisão está longe de representar solução ideal. A melhor solução para o problema do custeio, ao menos pelo que se compreende, seria fazer com que os Fundos de Reparação de Bens Lesados viessem a custear as perícias.[6] É certo, contudo, que não bastaria mecanismo de simples requisição por parte do ministério público ou do juízo a que esse ou aquele trabalho fosse pago. Com efeito, de modo a que privilegiada a forma de gestão desses dinheiros, seria prudente que se permitisse mecanismo a que o órgão de direção do fundo eventualmente apreciasse a demanda e, ao fim e ao cabo, deliberasse a ver se de seu interesse – ou melhor, se do interesse da proteção do bem coletivo em apreço – o pagamento de tal exame pericial.[7]

Ocorreu, contudo, que a despeito de toda a construção acima discutida acerca da necessidade de se encontrar maneira de pagamentos dos honorários periciais e mesmo após a construção de solução relativamente adequada e acerca da qual há relativa pacificação da jurisprudência, o Novo Código de Processo Civil traz dispositivo a gerar intensa preocupação. Fala-se do artigo 91 e seus parágrafos, assim redigidos:

> Art. 91. As despesas dos atos processuais praticados a requerimento da Fazenda Pública, do Ministério Público ou da Defensoria Pública serão pagas ao final pelo vencido.
>
> § 1º As perícias requeridas pela Fazenda Pública, pelo Ministério Público ou pela Defensoria Pública poderão ser realizadas por entidade pública ou, havendo previsão orçamentária, ter os valores adiantados por aquele que requerer a prova.
>
> § 2º Não havendo previsão orçamentária no exercício financeiro para adiantamento dos honorários periciais, eles serão pagos no exercício seguinte ou ao final, pelo vencido, caso o processo se encerre antes do adiantamento a ser feito pelo ente público.

Cumpre, antes de mais nada, chamar a atenção para a circunstância de que o novo código trouxe uma série de inovações em termos de custeio do processo e fixação de honorários, chegando a assumir posição verdadeiramente arrojada em

---

[6] Não se desconhece que em alguns casos houve decisões jurisprudenciais a reconhecer a possibilidade de custeio de perícias por parte dos fundos de reconstituição de bens lesados. Por todos, a seguinte decisão do Tribunal de Justiça do Estado de São Paulo: "AÇÃO AMBIENTAL. Santo André. Contaminação do solo em atividade industrial. Perícia. Inversão do ônus da prova e custeio da perícia. 1. Perícia. Custeio. A remuneração do perito será paga pelo autor, quando a prova é requerida por ambas as partes ou determinada de ofício pelo juiz. A determinação de que os réus antecipem os honorários do perito, se a prova foi requerida pelo autor, ofende o disposto no art. 19 e 33 do CPC, disposição válida também na ação civil pública: REsp nº 846.529-MS, STJ, 1ª Turma, 19-4-2007, Rel. Teori Albino Zavascki, inclusive quando movida pelo Ministério Público: AgRg no REsp nº 1.091.843-RJ, 2ª Turma, 12-5-2009, Rel. Humberto Martins. 2. Perícia. Custeio. O art. 18 da LF nº 7.347/85 dispensa o autor da antecipação das despesas processuais, mas não as transfere para o réu. Entendimento pacificado no EResp nº 733.456-SP, STJ, 1ª Seção. As partes têm iguais direitos e obrigações. Normas sobre a distribuição dos ônus da prova e distribuição das despesas que não se confundem nem estão em conflito. 6. Honorários periciais. Ministério Público. O autor não pode ser compelido ao depósito nem o perito pode ser obrigado a trabalhar sem o pagamento. Cabe ao autor resolver o impasse, ou substituindo a prova por outros meios admitidos em juízo, ou requisitando o pagamento ao Fundo Especial de Reparação dos Interesses Difusos, ou providenciando o pagamento por meio de verbas próprias. Agravo desprovido. (Relator(a): Torres de Carvalho; Comarca: Santo André; Data do julgamento: 27/09/2012; Data de registro: 28/09/2012)". Há de se ter claro, contudo, que inexistente regra específica a regular esse funcionamento, salvante haja regras locais vigentes por conta das criações dos Fundos Estaduais ou Municipais a realizar essa sorte de permissão.

[7] Essa maneira de custear perícias veio a ser regulada pelo Egrégio Tribunal de Justiça do Estado do Rio Grande do Sul, mais precisamente por sua Corregedoria, nos termos do Provimento 20/2010. A única particularidade a merecer crítica em tal decisão foi a circunstância de que, pelo arranjo levado a efeito, cumpre ao juízo do processo fixar o valor a ser pago por honorários periciais, cumprimento ao Fundo Estadual de Defesa do Consumidor o simples pagamento da importância. Conforme mencionado acima, pensa-se que a gestão do Fundo haveria de tomar papel mais ativo a que pudesse estabelecer o quanto se dispunha a pagar por determinado trabalho pericial. O provimento em questão também se ocupa de prever o pagamento das perícias em ação individual a tratar de direito do consumidor, previsão que parece importar utilização equivocada dos dinheiros do fundo.

determinados aspectos.[8] Todavia, no que concerne às partes públicas autoras de ações civis públicos, o retrocesso se fez tremendo.

Num primeiro giro, a nova legislação abandonou a construção jurisprudencial a responsabilizar as Fazendas Públicas pelos pagamentos dos honorários das ações movidas pelo Ministério Público, raciocínio, que via de consequência, alcançava também as ações movidas pelas defensorias. Conforme se verifica, a nova regra simplesmente ignora a particularidade da legitimação extraordinária e a lógica a relacionar custo e proveito do resultado das demandas. É que impõe aos legitimados extraordinários o ônus de pagar os custos do processo, mesmo que o eventual proveito econômico não lhes seja destinado.

E se não fosse bastante fazer tábula rasa entre ações de legitimação ordinária e as de legitimação extraordinária, a tal nova sistemática, caso seja aplicada sem qualquer cuidado, importará dificuldade prática significativa à gestão das instituições públicas autoras de ações civis públicas. Assim porque vai gerada a necessidade de se aparelharem do ponto de vista orçamentário para suportarem essa sorte de despesa. E como bem se sabe, as instituições em questão têm e tiveram a construção dos seus limites orçamentários vazados na perspectiva de que tais verbas haveriam de suportar unicamente suas despesas de funcionamento.

Não bastasse tal modificação, o Novo Código vai ainda além. Ocupa-se de revogar a regra da proibição do adiantamento, dizendo-o possível nos casos em que houver previsão orçamentária ou, em não havendo, no exercício seguinte, salvo se o processo for encerrado em momento anterior.

Ao que parece, essa disposição legal haverá de ser tida por inócua até que as instituições públicas lancem em seus orçamentos previsões específicas a suportar essas despesas. Ou seja, em não havendo na lei orçamentária – proposta pelas instituições públicas, ministérios públicos e defensorias, mas votadas pelos legislativos – previsão específica de verbas reservadas a essa finalidade, não há modo de se realizar adiantamentos ou, quiçá, pagamentos. É que mesmo tal possibilidade se encontre prevista na lei adjetiva, há de se levar em conta a circunstância de que toda e qualquer despesa pública depende de previsão orçamentária específica.[9]

A solução que desponta para esse vácuo, pois, é que se prossiga a determinar o pagamento das despesas de honorários periciais pelas Fazendas Públicas, dado que, de uma parte, há de prevalecer a compreensão de que as instituições se acham inseridas nas organizações do Estado, motivo pelo qual, ao menos até que haja previsão específica a esse respeito, cumpre-lhe suportar as despesas das demandas aforadas pelas instituições públicas para o cumprimento de suas finalidades constitucionais. Por segundo, há de se reconhecer, também, a impossibilidade de que tais despesas restem sem pagamento, pena de se inviabilizar o desempenho de funções reservadas para tais instituições públicas e, via de consequência, reste gerado colapso do sistema de justiça.

---

[8] Apenas a título de exemplo, convém chamar a atenção para o art. 85, § 19, dispositivo no qual se faz a previsão específica de destinação dos honorários sucumbenciais aos advogados públicos, pleito antiquíssimo dessas carreiras e que sempre foi visto com enorme antipatia por determinados setores das administrações públicas.

[9] Artigos 5º e 6º, Lei 4.320/64, Lei Geral do Orçamento.

4. Interesses supraindividuais e formas específicas de tratamento da execução de obrigações de fazer

4.1. Sobre sub-rogações por providência à obtenção do resultado equivalente ao fazer

Examinado o Novo Código De Processo Civil – e ainda se atentando para as perspectivas de evolução destacadas ao início deste escrito – um dos pontos acerca dos quais muito se aguardava ver modificado era o concernente aos interesses difusos propriamente ditos. Ou seja, aguardava-se houvesse adaptação dos mecanismos de processo à realidade de que não devem servir unicamente aos interesses individuais, mas também aos interesses coletivos e que tais interesses demandam tratamento absolutamente particular.

Em outras palavras, tinha-se a expectativa de que a nova legislação houvesse partido das necessidades verificadas no andamento das ações coletivas de modo a que os mecanismos dos processos fossem readaptados a atender, também, essas particularidades.

Não é o que se percebe, contudo. Veja-se que se de uma parte e em alguns dispositivos há o reconhecimento dos interesses coletivos por integrantes do conjunto de situações a tutelar, parece que se reservou a essa espécie de demanda papel subalterno, destinado apenas a atender outras necessidades do sistema.[10] É que se há papel reservado para os interesses supraindividuais no novo código é de mera ferramenta para o manejo das demandas repetitivas, como se sua função fosse unicamente a de enfeixar interesses individuais de modo a que solvidos mais rapidamente.

De outro lado, faz-se evidente que a nova legislação ignora completamente a perspectiva difusa dos interesses supraindividuais, deixando sem solução enorme gama de questões surgidas a partir da prática, especialmente do ministério público, de judicializar tais questões. Fala-se, evidentemente, das demandas coletivas endereçadas à tutela de interesse que *"...se gera não a partir do simples somatório de interesses individuais, mas da formação de outro interesse próprio do grupo, a distinguir-se completamente. Fala-se da formação de um interesse novo, surgido a partir da amálgama dos interesses individuais, a formar o que se chamou de alma coletiva".*[11]

Em outras palavras, cuida-se de demandas ajuizadas a coibir determinado prejuízo ambiental – grandes poluições do ar, desmatamentos de florestas intocadas etc. –, demandas para a defesa da probidade administrativa – anulação de atos violadores da moralidade administrativa e da legalidade –, ações para a proteção do patrimônio histórico e outras tantas hipóteses. Conforme se vê, são hipóteses de demandas que não se reconduzem imediatamente a ações individuais, não acarretam inchaço da máquina e talvez seja esse o motivo pelo qual, repita-se, foram solenemente ignoradas

---

[10] A exemplificar essa situação, basta se recorra ao disposto no artigo 139, X, NCPC, assim redigido: "Art. 139. O juiz dirigirá o processo conforme as disposições deste Código, incumbindo-lhe (...) X – quando se deparar com diversas demandas individuais repetitivas, oficiar o Ministério Público, a Defensoria Pública e, na medida do possível, outros legitimados a que se referem o art. 5o da Lei no 7.347, de 24 de julho de 1985, e o art. 82 da Lei no 8.078, de 11 de setembro de 1990, para, se for o caso, promover a propositura da ação coletiva respectiva". Quer parecer da leitura de tal dispositivo que a tutela dos interesses coletivos não tem função em si, mas é enfrentada por mera ferramenta de manejo das ações repetitivas.

[11] ZACHIA ALAN, José Alexandre. *A corrupção e a tutela penal dos bens coletivos*. Porto Alegre: Sergio Antonio Fabris Ed., 2015, p. 111.

pela nova legislação adjetiva. São demandas a tratar de interesses verdadeiramente independentes, construídos a partir da noção de direitos ou interesses fundamentais de terceira dimensão e que, portanto, não pertencem a nenhum indivíduo, mas a toda a coletividade.

De tudo o que se poderia apontar acerca da necessidade de se oferecer tratamento particular a esses interesses, talvez o tema a gerar maior dificuldade é o cumprimento forçado das obrigações de fazer. E se a legislação adjetiva de 73 era insuficiente para o oferecimento adequado de tutela, a nova legislação deixou passar a oportunidade de apontar correções.

Com efeito, examinada a legislação adjetiva, verifica-se, historicamente, o apontamento da solução da simples conversão em perdas e danos para o inadimplemento geral das obrigações de fazer por alternativa preferencial. Tal resposta, com se faz evidente, encerra, por primeiro, verdadeira confissão de vertente patrimonialista e destinada à solução individual de lides apresentadas ao Poder Judiciário.

Desnecessário dizer, por segundo, que tal solução se faz de todo insuficiente para as demandas de interesses difusos acima referenciadas. É que não há o mínimo sentido, por exemplo, converter-se em perdas e danos o descumprimento de obrigação de fazer relacionada à tomada de determinada cautela ambiental ou relacionada à preservação de determinada regra ligada ao controle urbanístico, sendo que em tais casos se acha em jogo a tutela de valores verdadeiramente inquantificáveis. A bem de toda a verdade, são interesses difusos vazados em direitos fundamentais de terceira dimensão e permitir a conversão de eventuais lesões em pecúnia importaria verdadeira subversão de suas próprias finalidades.

A codificação processual civil principiou desprendimento de tais compreensões a partir da edição das reformas a gerar a redação dos artigos 461 e 461-A, Código de Processo Civil, a especificar medidas outras que venham a garantir a satisfação de tais créditos. Conforme se verifica, a técnica utilizada para o cumprimento forçado se estabeleceu de modo a que disponibilizados ao credor a possibilidade de requerer o deferimento de meios coercitivos ou sub-rogatórios para a satisfação do crédito não expressamente previstos.

Seguindo-se a lição de PINHEIRO,[12] a coerção pode se dar a partir de restrição de direitos ou patrimonias. A sub-rogação há de se dar por meio do desapossamento, pela transformação ou pela desapropriação de bens.

Dada a particularidade da escolha realizada pela legislação adjetiva, não há limite ou enumeração das medidas destinadas a essa sorte de cumprimento, circunstância que restou batizada pela doutrina por atipicidade dos meios executivos. Isso significa reconhecer que em não havendo enumeração de medidas possíveis a serem adotadas pelo juízo para o cumprimento forçado das obrigações em apreço – sejam de fazer ou de dar – qualquer providência que sirva à satisfação do crédito é válida, desde que atendidas as particularidades proibitivas a serem deduzidas do próprio sistema.

No que concerne especificamente às obrigações de fazer e a utilização de medidas subrogatórias, é certo que tais providências atípicas se assentam essencialmente a

---

[12] PINHEIRO, Paulo Eduardo D'Arce. Poderes executórios atípicos no Projeto de Código de Processo Civil, p. 800, em *Execução civil e temas afins – do CPC 1973 ao Novo CPC*: estudos em homenagem ao professor Araken de Assis/coordenação Arruda Alvim e outros. São Paulo: Revista dos Tribunais, 2014.

garantir transformações da realidade. Todavia, não se pode perder de vista a utilidade dos desapossamentos e das expropriações a serem ocasionalmente invocadas a servir por instrumentos a garantir a transformação necessária à satisfação do crédito, especialmente nos casos das ações civis públicas.

É que a despeito de se reconhecer a regra geral da atipicidade, a legislação adjetiva de 1973 e também o Novo Código de Processo Civil se ocupam de insistir, conforme mencionado acima, no estabelecimento de mecanismo cuja interpretação literal importa verdadeira inviabilidade da utilização dos poderes de transformação garantidos a partir das medidas executórias atípicas. Fala-se da atual redação do artigo 634, Código de Processo Civil,[13] e a redação do artigo 817, Novo Código de Processo Civil,[14] a estabelecer que ao se requerer o cumprimento da obrigação por terceiro, cumprirá ao autor adiantar as quantias previstas em eventual proposta.

Desnecessário dizer que tal mecanismo não é factível caso o credor da obrigação for o ministério público ou a defensoria pública. É que tais instituições, por primeiro e observando a questão do ponto de vista pragmático, não possuem disponibilidade orçamentária para o enfrentamento desse tipo de despesa. A bem da verdade, há de se reconhecer, especialmente no caso do ministério público, instituição para a qual a independência orçamentária é uma realidade há muitos anos, que a eventual exigência de previsão na sua peça orçamentária de montantes para o enfrentamento dessa sorte de despesa simplesmente inviabilizaria o funcionamento da instituição, uma vez que os limites estabelecidos, especialmente pela Lei de Responsabilidade Fiscal, não se fizeram construir contabilizando tais custos.

Num segundo giro, há de se reconhecer que essa sorte de despesa simplesmente ignora a particularidade do funcionamento das ações vazadas na legitimação extraordinária. É que nas ações individuais faz todo o sentido que o autor venha a custear a prestação do fazer devido, uma vez que o adimplemento da obrigação virá em seu proveito, tudo de modo a que a equação econômica se reequilibre. Todavia, como mencionado alhures, a legitimação extraordinária se assenta em outra lógica. É que o proveito direto do cumprimento da obrigação devida não virá em favor do legitimado extraordinário, mas de toda a coletividade. Então, as instituições como o ministério público e a defensoria pública terminarão incumbidos de custear – ou de, pelo menos, adiantar os custos – para a realização de direitos difusos, tais como o ambiente a probidade e assim por diante, tarefa que se faz verdadeiramente estranha aos seus propósitos institucionais.

Levando em conta essas ponderações, há de se levar a leitura de tais dispositivos com cautela, atentando-se, especialmente, à circunstância de que esses mecanismos foram criados a atender demandas individuais. Tal reconhecimento, portanto, contraindica sua aplicação pura e simples às ações civis públicas, entendimento que, se prevalecente, subtrairá das instituições públicas mencionadas a possibilidade de se valerem da medida do cumprimento por terceiro.

---

[13] Art. 634. Se o fato puder ser prestado por terceiro, é lícito ao juiz, a requerimento do exeqüente, decidir que aquele o realize à custa do executado. Parágrafo único. O exeqüente adiantará as quantias previstas na proposta que, ouvidas as partes, o juiz houver aprovado.

[14] Art. 817. Se a obrigação puder ser satisfeita por terceiro, é lícito ao juiz autorizar, a requerimento do exequente, que aquele a satisfaça à custa do executado. Parágrafo único. O exequente adiantará as quantias previstas na proposta que, ouvidas as partes, o juiz houver aprovado.

E diante de tal circunstância é que os poderes atípicos de expropriação e desapossamento tem vez para o cumprimento das obrigações de fazer. Nesse sentido é a lição de RODRIGUES e RIBEIRO ao reconhecerem a possibilidade de que o juiz, a partir da utilização dos poderes atípicos de execução, venha a expropriar bens para que o fazer por terceiro seja custeado não pelo credor, mas pelo patrimônio do devedor. De se notar, ademais, que a situação abaixo retratada não se relaciona diretamente com a tutela coletiva de interesses, mas se faz de todo aplicável. Cuida-se, pois, de reconhecer circunstância em que não é possível ao credor custear as despesas da execução por terceiro – dada sua hipossuficiência econômica ou mesmo a inexistência de recursos dada a realidade orçamentária – o que não pode servir por impedimento a que o crédito seja satisfeito. *Verbis:*

> Essas constatações permitem dizer que dentro do poder geral de efetivação da tutela específica, é permitido ao juiz valer-se de medidas de sub-rogação expropriatórias como apoio à realização de um fazer determinado. Porque impor ao demandado o adiantamento das despesas necessárias a custear a realização do ato por terceiro representa um caminho sinuoso, é dado reconhecer, a partir da cláusula geral do § 5º do art. 461 do CPC, um poder sub-rogatório de expropriação atípico no âmbito das obrigações de fazer (nada impedindo sua extensão aos deveres de não fazer e entrega de coisa).

Uma segunda ocorrência a merecer também comentário é o cumprimento forçado de obrigações de fazer em que não basta a nomeação de um terceiro e a solução das questões relacionadas ao custeio da obrigação. Com efeito, não são raras as ocasiões em que a obrigação, a despeito de não se qualificar por infungível propriamente dita, somente pode ser sub-rogada a partir da inserção do terceiro em determinado espaço funcional ou de gerenciamento de organização reservado ao credor.

Os exemplos de tais circunstâncias são muitos. A destacar apenas duas situações entre muitas, pode-se bem ver o caso das condenações à obrigações de fazer relacionadas à regularização de loteamentos irregulares de titularidade do devedor ou a recuperação de determinada área ambientalmente degradada. É certo que em tais situações não basta haver terceiro interessado a cumprir a obrigação e recursos suficientes a remunerá-lo e a custear o cumprimento. É que tais atividades são específicas e demandam a ocupação de espaços de atuação – seja a requerer ao Ofício de Imóveis ou ao órgão ambiental competente – que se destinam especialmente ao devedor da obrigação. Então, faz-se necessária alguma sorte de provimento jurisdicional a, por exemplo, autorizar o terceiro a realizar os requerimentos de regularização do loteamento em nome do devedor ou mesmo de autorização para a recuperação da área degrada, sendo que neste último caso faz-se necessária, também, alguma sorte de autorização a que se ingresse na área privada para a realização das atividades de recuperação.

A despeito de tais situações serem raras na jurisprudência, a doutrina costuma invocar acórdão editado pelo Supremo Tribunal Federal, a autorizar a nomeação de terceiro a realizar um determinado ato no contexto de uma loja maçônica, consistente na eleição para cargo daquela organização. Fala-se, então, da figura de executor judicial.[15]

Tal possibilidade, ademais, não é estranha à legislação positiva, havendo circunstância em que essa providência é tipificada por providência de execução viável. Fala-se, mais especificamente, do disposto nos artigos 95 e 96, Lei 12.529/2011,

---

[15] PINHEIRO, Paulo Eduardo d'Arce. *Poderes Executórios do Juiz*, São Paulo: Saraiva, 2011, p. 324 e 325.

diploma a regular o funcionamento do CADE – Conselho Administrativa de Defesa Econômica. As disposições em questão, abaixo reproduzidas, tratam da exequibilidade das decisões do CADE, e viabilizam mesmo a intervenção na empresa a que os fazeres decididos sejam cumpridos. *Verbis:*

> Art. 95. Na execução que tenha por objeto, além da cobrança de multa, o cumprimento de obrigação de fazer ou não fazer, o Juiz concederá a tutela específica da obrigação, ou determinará providências que assegurem o resultado prático equivalente ao do adimplemento.
> § 1º A conversão da obrigação de fazer ou não fazer em perdas e danos somente será admissível se impossível a tutela específica ou a obtenção do resultado prático correspondente.
> § 2º A indenização por perdas e danos far-se-á sem prejuízo das multas.
> Art. 96. A execução será feita por todos os meios, inclusive mediante intervenção na empresa, quando necessária.

Então, de se reconhecer que se há previsão específica da intervenção em empresa privada por providência tipificada a compelir o cumprimento de obrigação de fazer em um dos microssistemas processuais, considerando-se que regra geral é de atipicidade, não há como se ver indevida que providência equivalente seja estendida para todas as demais formas de sub-rogação. É que se microssistemas reconhecem a possibilidade de que a medida seja adotada, vai reconhecida também sua não contrariedade ao sistema e, portanto, se faz viável sua adoção por medida atípica.

O raciocínio, com tudo, há de ser examinado com mais vagar no que concerne às demandas movidas em desfavor do poder público. A esse respeito há de se atentar que boa parte das ações apresentadas pelo ministério público no correr dos anos para a defesa dos interesses difusos foram aforadas contra o poder público a que realize determinados fazeres que consistem verdadeiras políticas públicas, tais como realizar concurso público para determinado cargo, modificar a forma como determinado serviço público é prestado e outras tantas hipóteses não raramente tratadas na jurisprudência.

Em sendo tudo dessa maneira, indaga-se se é possível também nomear executor judicial para, no lugar do democraticamente legitimado – o Prefeito Municipal de uma cidade, por exemplo – realizar o fazer fruto da condenação ou do ajuste, a exemplo do que ocorreu com a loja maçônica acima referida.

A esta altura impõe-se reflexão detida. Por primeiro, há de se ponderar que uma das regras a limitar o uso de medidas atípicas para o cumprimento forçado de determinada obrigação é a da preferência pela medida tipificada. Ou seja – e o raciocínio é bastante singelo – se a lei determina uma medida típica para determinado caso de cumprimento forçado, não pode o juiz simplesmente adotar medida atípica em detrimento da prevista no texto sem que haja justificativa bastante para que assim proceda.

No caso específico do descumprimento de obrigações de fazer, há de se atentar que a despeito de não haver medida tipificada no ordenamento processual, há expressa previsão no texto constitucional que bem se ajusta à hipótese discutida. Com efeito, a Constituição trata detidamente nos seus artigos 34, VI,[16] e 35, IV,[17] acerca do instituto da intervenção.

---

[16] Art. 34. A União não intervirá nos Estados nem no Distrito Federal, exceto para(...) VI – prover a execução de lei federal, ordem ou decisão judicial;

[17] Art. 35. O Estado não intervirá em seus Municípios, nem a União nos Municípios localizados em Território Federal, exceto quando: (...)IV – o Tribunal de Justiça der provimento a representação para assegurar a observância de princípios indicados na Constituição Estadual, ou para prover a execução de lei, de ordem ou de decisão judicial.

Examinados os dispositivos, verifica-se que tal providência se faz aplicável nos casos em que houver descumprimento de ordem ou decisão judicial, havendo, para ambos os casos, ritos específicos a serem seguidos. Indaga-se, então, se a simples nomeação de executor judicial pelo juízo cível para a realização de determinado fazer resistido no âmbito das administrações públicas não importa tomada de providência atípica em situação na qual há, mesmo em nível constitucional, providência tipicamente prevista para a situação e, para além disso, procedimento particular aplicável à espécie.

Diante do vazio legislativo acerca de tais questionamentos – e mesmo diante da certeza que se depreende dos textos dos códigos de processo civil vigente e futuro de que as medidas atípicas jamais foram pensadas a dar conta de tais situações – somente resta construir raciocínio que importe viabilizar a tutela dos interesses difusos e garanta a autoridade das decisões judiciais, mas que não acarrete violação, ainda que implícita, dos comandos da Constituição Federal.

Em tudo sendo dessa maneira, há de se concluir que para a nomeação de executor judicial para o cumprimento forçado das obrigações de fazer nesses casos, o juízo há de, pelo mínimo, aguardar o trâmite de eventual representação ou pedido de intervenção para que, apenas depois da recusa ou inércia injustificada dos Poderes a quem compete a intervenção, possa determinar a nomeação da figura do executor judicial.

4.2. Medidas coercitivas

Diante de todo o quadro de incerteza e vazio acerca das medidas sub-rogatórias relacionadas ao cumprimento de obrigações de fazer no contexto das ações civis públicas a tutelar interesses difusos, especialmente nas que figuram por demandados os Poderes Públicos, os autores das demandas tem buscado estabelecer se socorrer das providências coercitivas viabilizadas pela legislação.

Conforme se referiu anteriormente, tais providências alvejam haja constrangimento – seja financeiro ou de restrição de direitos – a que o devedor se veja compelido ao adimplemento da obrigação devida.

Num primeiro termo, no que concerne às demandas movidas em desfavor do Poder Público, há de se considerar que a coerção por restrição de direitos gera uma série de complicações a fazer com que se tenha de refletir com bastante cuidado acerca de sua aplicabilidade. É que restringir direitos de um determinado ente público – seja Poder ou entidade pública outra – importa, verdadeiramente, geração de prejuízo à coletividade. Assim tudo se dá porque a finalidade das pessoas jurídicas de direito público se estabelece a partir da geração de proveito à coletividade.

Restando, portanto, apenas a coerção patrimonial, ou seja, a aplicação de multa, há também uma série de outras dificuldades a enfrentar. Principia-se dizendo acerca da significativa discussão jurisprudencial acerca da possibilidade de aplicação de tais medidas à Fazenda Pública, dada a ausência de poder coercitivo. E mesmo que tenha o Superior Tribunal de Justiça pacificiado o entendimento de modo que parece definitivo[18] no sentido da possibilidade, não há como deixar de reconhecer validade ar-

---

[18] Por todos: "PROCESSUAL CIVIL. ASTREINTES. ART. 461, § 4º, DO CPC. REDIRECIONAMENTO A QUEM NÃO FOI PARTE NO PROCESSO. IMPOSSIBILIDADE. PRECEDENTES. 1. Na origem, foi ajuizada Ação Civil Pública para compelir o Estado de Sergipe ao fornecimento de alimentação a presos provisórios recolhidos em

gumentativa nos que sustentavam entendimento contrário. É que, bem ou mal, se faz verdadeiramente difícil verificar que a aplicação de multa em desfavor da Fazenda Pública possa surtir efeito com relação ao agente público que se faz renitente no que concerne ao cumprimento do fazer objeto da decisão judicial.

De todo modo, e ainda que o Novo Código de Processo Civil não ofereça solução bastante às questões acima vazadas, há pelo menos dois pontos em que, salvo melhor juízo, a legislação avança. É certo que não tanto quanto poderia, mas, reconhecidamente, avança.

O primeiro ponto a considerar é a reforma do dispositivo relacionado à aplicação de multa para os atos atentatórios à dignidade da justiça, previsão que se encontra no artigo 14, e especialmente no inciso V, Código de Processo Civil, para o tema do cumprimento forçado das obrigações de fazer.

Tal dispositivo guardava especial eficácia especialmente para os casos de ações movidas contra o Poder Público, dado que, pelo seu teor, era possível que os mecanismos de coerção transcendessem os sujeitos do processo e alcançassem qualquer pessoa em condições de oferecer resistência ao cumprimento da ordem judicial. Em melhores termos, era possível submeter, por exemplo, o agente público à coerção mesmo que a ação na qual emanada a ordem judicial a cumprir houvesse sido ajuizada apenas em desfavor da pessoa jurídica de direito público.

A redação do dispositivo em questão, entretanto, se contaminava por defeito que diminuía em muito sua aplicabilidade. É que o valor da multa haveria de ser calculado de acordo com o valor da causa, art. 14, § único, na proporção máxima de vinte por cento. Ocorre que nas ações civis públicas a discutir direitos difusos, não raramente se está diante de objeto cujo valor se faz inquantificável, forçando o autor a arbitrar o valor da causa como de alçada. Essa circunstância importava que eventuais fixações do valor da multa não alcançassem importâncias significativas, o que subtraia o seu caráter coercitivo.[19]

O Novo Código de Processo Civil, contudo, redesenha a regra. É que o artigo 77, § 5º, NCPC, certamente atento ao problema acima mencionado, dispôs:

Art. 77. (...)
§ 5º Quando o valor da causa for irrisório ou inestimável, a multa prevista no § 2º poderá ser fixada em até 10 (dez) vezes o valor do salário-mínimo.

Então, e mesmo se possa ainda considerar que o valor máximo arbitrado ainda se apresenta significativamente pequeno se sua aplicação houver de se dar nas

---

Delegacias, tendo sido deferida antecipação de tutela com fixação de multa diária ao Secretário de Estado da Justiça e Cidadania, tutela essa confirmada na sentença e na Apelação Cível, que foi provida apenas para redirecionar as astreintes ao Secretário de Segurança Pública. 2. Na esteira do entendimento pacífico do Superior Tribunal de Justiça, admite-se a aplicação da sanção prevista no art. 461, § 4º do CPC à Fazenda Pública para assegurar o cumprimento da obrigação, não sendo possível, todavia, estendê-la ao agente político que não participara do processo e, portanto, não exercitara seu constitucional direito de ampla defesa. Precedentes. 3. In casu, a Ação Civil Pública fora movida contra o Estado de Sergipe – e não contra o Secretário de Estado –, de modo que, nesse contexto, apenas o ente público demandado está legitimado a responder pela multa cominatória. 4. Recurso Especial provido. (REsp 1315719/SE, Rel. Ministro HERMAN BENJAMIN, SEGUNDA TURMA, julgado em 27/08/2013, DJe 18/09/2013)".

[19] Considerando-se que o valor de alçada para o mês de novembro de 15 importa o montante de R$ 7.837,50 (250 URCs), de se concluir que a multa em questão, caso balizada em seu valor máximo, geraria sanção correspondente a R$ 1.567,50, importância equivalente a uma multa de trânsito.

grandes demandas a tratar de interesses difusos, não há como deixar se reconhecer avanço.

A segunda questão a comentar se estabelece a partir da fixação do artigo 537, § 3º, Novo Código de Processo Civil, dispositivo assim redigido:

> Art. 537. A multa independe de requerimento da parte e poderá ser aplicada na fase de conhecimento, em tutela provisória ou na sentença, ou na fase de execução, desde que seja suficiente e compatível com a obrigação e que se determine prazo razoável para cumprimento do preceito.
> (...)
> § 3º A decisão que fixa a multa é passível de cumprimento provisório, devendo ser depositada em juízo, permitido o levantamento do valor após o trânsito em julgado da sentença favorável à parte ou na pendência do agravo fundado nos incisos II ou III do art. 1.042.

Veja-se, por primeiro, que durante muito tempo se discutiu acerca da possibilidade do ajuizamento de cumprimentos provisórios das multas aplicadas seja em sede de sentença, seja em sede provimento liminar, antecipatório ou cautelar.

Depois de muita tergiversação, a jurisprudência evoluiu para o entendimento de que o cumprimento provisório se fazia possível. Com a devida vênia do entendimento contrário, recusar-se essa possibilidade importava o reconhecimento de fragilidade latente do sistema de coerção. É que a multa pareceria verdadeiramente sem sentido se o demandado pudesse postergar seu cumprimento para momento posterior ao trânsito em julgado. É que se assim fosse, o caráter coercitivo restaria também postergado.

De todo modo, a evolução não se fez integral. É que a corrente jurisprudencial vencedora limitou o cumprimento provisório para momento posterior à sentença e caso não tenha havido a interposição de recurso ao qual se tenha agregado efeito suspensivo.[20] Então, ao menos até que haja sentença – no caso das ações civis públicas, o recurso de apelação tem por regra o efeito meramente devolutivo –, a multa aplicada não passa de mera ameaça de coerção futura, mesmo diante do descumprimento atual do comando judicial.

Ao que parece, a nova redação coloca em xeque mesmo essa interpretação jurisprudencial. É que ao afirmar viável o cumprimento provisório sem o estabelecimento de qualquer baliza formal, há de se reconhecer por indevida a limitação do cumpri-

---

[20] Esse entendimento foi o chancelado pela solução do recurso repetitivo ementado da forma seguinte: "DIREITO PROCESSUAL CIVIL. RECURSO ESPECIAL SOB O RITO DO ART. 543-C DO CPC. EXECUÇÃO PROVISÓRIA DE MULTA COMINATÓRIA FIXADA POR DECISÃO INTERLOCUTÓRIA DE ANTECIPAÇÃO DOS EFEITOS DA TUTELA. NECESSIDADE DE CONFIRMAÇÃO POR SENTENÇA. RECURSO ESPECIAL REPETITIVO. ART. 543-C DO CÓDIGO DE PROCESSO CIVIL. PROVIMENTO PARCIAL DO RECURSO ESPECIAL REPRESENTATIVO DE CONTROVÉRSIA. TESE CONSOLIDADA. 1.- Para os efeitos do art. 543-C do Código de Processo Civil, fixa-se a seguinte tese: 'A multa diária prevista no § 4º do art. 461 do CPC, devida desde o dia em que configurado o descumprimento, quando fixada em antecipação de tutela, somente poderá ser objeto de execução provisória após a sua confirmação pela sentença de mérito e desde que o recurso eventualmente interposto não seja recebido com efeito suspensivo'. 2.- O termo "sentença", assim como utilizado nos arts. 475-N, I, e 475-O do CPC, deve ser interpretado de forma estrita, não ampliativa, razão pela qual é inadmissível a execução provisória de multa fixada por decisão interlocutória em antecipação dos efeitos da tutela, ainda que ocorra a sua confirmação por Acórdão. 3.- Isso porque, na sentença, a ratificação do arbitramento da multa cominatória decorre do próprio reconhecimento da existência do direito material reclamado que lhe dá suporte, então apurado após ampla dilação probatória e exercício do contraditório, ao passo em que a sua confirmação por Tribunal, embora sob a chancela de decisão colegiada, continuará tendo em sua gênese apenas à análise dos requisitos de prova inequívoca e verossimilhança, próprios da cognição sumária, em que foi deferida a antecipação da tutela. 4.- Recurso Especial provido, em parte: a) consolidando-se a tese supra, no regime do art. 543-C do Código de Processo Civil e da Resolução 08/2008 do Superior Tribunal de Justiça; b) no caso concreto, dá-se parcial provimento ao Recurso Especial". (REsp 1200856/RS, Rel. Ministro SIDNEI BENETI, CORTE ESPECIAL, julgado em 01/07/2014, DJe 17/09/2014).

mento aos casos em que já houver sentença. Em outras palavras, de acordo com a redação do Novo Código de Processo Civil, o cumprimento provisório poderá ser desfechado a qualquer tempo, após a fixação da multa mesmo que em sede liminar.

A segunda modificação levada a efeito pelo Novo Código de Processo Civil é ainda mais significativa. Fala-se da redação do § 3º, a dizer da possibilidade de que o valor depositado ou indisponibilizado a título de multa seja levantado mesmo antes do trânsito em julgado, nos casos em que houver pendência do julgamento de agravos ajuizados na pendência de recurso a atacar decisão de inadmissão de recursos especial ou extraordinário, nos termos do artigo 1.042, inciso II e III.[21]

É certo antever que tal disposição gerará discussão a respeito de sua constitucionalidade. Isso porque seu teor permite a geração de efeitos tidos por definitivos mesmo antes do trânsito em julgado, especialmente porque a legislação não determina a devolução do valor da multa caso o agravo pendente reste provido e o resultado final da demanda vá revertido.

Ao que parece – e essa era a sustentação teórica realizada pelos que defendiam, mesmo sob a égide da atual legislação, o caráter definitivo da execução das multas mesmo sem o trânsito – houve o reconhecimento de que as *astreintes* importam sanção processual aplicada pelo juízo a coagir a parte a não praticar ou praticar determinado comportamento, independentemente da circunstância de tal decisão vir a ser confirmada ou reformada oportunamente.

Em outras palavras, em havendo a fixação por parte do juízo de que a multa é devida se tal prestação não for realizada, o desatendimento dessa decisão gera a multa por conta da renitência do devedor em atender a determinação judicial que, mesmo não transitada em julgada, era válida naquele momento determinado.

Tal solução, rogando-se vênia aos que entendem em sentido contrário, privilegia a autoridade do juízo de primeiro grau e se restar acolhida de um modo definitivo pela jurisprudência, importará golpe significativo a desfavorecer a leniência e a ineficácia da solução das controvérsias judiciais.

5. Conclusões

Com este escrito tentou-se abordar alguns pequenos aspectos – talvez os mais salientes – respeitantes às modificações do Novo Código de Processo Civil no que tocam à tutela dos interesses supraindividuais. É certo que tais comentários poderiam se estender ainda para muitos outros temas, sendo que se limitaram aos enfrentados por conta de compreensão de que os escolhidos encerram as situações mais emblemáticas e preocupantes.

Num primeiro termo, debateu-se a questão dos custos de tais litígios, focando-se o enfrentamento à polêmica temática do pagamento de honorários periciais no bojo de ações civis públicas.

---

[21] Art. 1.042. Cabe agravo contra decisão de presidente ou de vice-presidente do tribunal que: (...) II – inadmitir, com base no art. 1.040, inciso I, recurso especial ou extraordinário sob o fundamento de que o acórdão recorrido coincide com a orientação do tribunal superior; III – inadmitir recurso extraordinário, com base no art. 1.035, § 8o, ou no art. 1.039, parágrafo único, sob o fundamento de que o Supremo Tribunal Federal reconheceu a inexistência de repercussão geral da questão constitucional discutida.

Num segundo giro, tratou-se das modificações, ainda que singelas, relacionadas ao tema do cumprimento das obrigações de fazer, notadamente aquelas ligadas às ações movidas tipicamente pelo ministério público e, mais recentemente, pela defensoria pública, chamando-se a atenção para os eventuais e persistentes vazios das legislações, bem assim a anotar as pequenas e pontuais evoluções.

À guisa de conclusão é possível dizer que, mesmo com o Novo Código de Processo Civil, a tutela dos interesses supraindividuais segue a carecer de melhor tratamento por parte da legislação a que a sua potencialidade plena seja preenchida.

REFERÊNCIAS:

ABREU, Leonardo Santana. *A finalidade do processo coletivo. Processos Coletivos*. Organizado por José Maria Tesheiner. Porto Alegre: HS Editora, 2012.

ARRUDA ALVIM, José. Anotações sobre as perplexidades e os caminhos do processo civil contemporâneo, p. 73, em *Execução civil e temas afins – do CPC 1973 ao Novo CPC*: estudos em homenagem ao professor Araken de Assis/coordenação Arruda Alvim e outros. São Paulo: Editora Revista dos Tribunais, 2014.

MARQUES, Cláudia Lima. *Contratos no código de defesa do consumidor*. 3. ed. São Paulo: RT, 1991.

PINHEIRO, Paulo Eduardo D'Arce. Poderes executórios atípicos no Projeto de Código de Processo Civil, p. 800, em *Execução civil e temas afins – do CPC 1973 ao Novo CPC*: estudos em homenagem ao professor Araken de Assis/coordenação Arruda Alvim e outros. São Paulo: Editora Revista dos Tribunais, 2014.

———. *Poderes Executórios do Juiz,* São Paulo: Saraiva, 2011.

ZACHIA ALAN, José Alexandre. *A corrupção e a tutela penal dos bens coletivos*. Porto Alegre: Sergio Antonio Fabris, 2015.

— 18 —

É possível fazer uma releitura do artigo 17, § 1º, da Lei de Improbidade Administrativa a partir do novo Código de Processo Civil?

RODRIGO DA SILVA BRANDALISE[1]

Sumário: 1. Introdução; 2. O que se tutela na Lei de Improbidade Administrativa; 3. O Código de Processo Civil de 2015; 3.1. O processo civil cooperativo; 4. Da possibilidade de acordos dentro da Lei de Improbidade Administrativa; 4.1. Uma definição importante: o que é indisponível quando se fala na aplicação da Lei nº 8.429/92?; 4.2. Os consensos como exercício dos direitos processuais; 4.3. Das possibilidades de controle dos consensos; 5. Conclusão; Referências.

1. Introdução

Em um país acostumado a ouvir notícias sobre atos de corrupção em seu dia a dia, buscou (e ainda busca) o legislador modificar/aperfeiçoar o sistema de persecução e de punição às práticas que lhe dão origem. Assim, especificamente no que nos interessa, foi promulgada a Lei Federal nº 8.429, no ano de 1992, batizada como Lei de Improbidade Administrativa. Versa ela sobre as questões materiais (hipóteses de punição) e processuais (legitimação e processamento das ações civis aplicáveis), dentre outras, com as respectivas sanções a serem definidas ao final, ao que ali está estampado como atentatório à administração pública.

Alvo de críticas e de aplausos posteriores, a doutrina e a jurisprudência nelas interessada, como sói, caminham em prol de seu aperfeiçoamento. Entretanto, um ponto permanece quase intocável, qual seja, o da vedação de realização de acordos, conciliações ou transações nas ações propostas com base na mencionada lei.[2]

Diz-se "quase" porque, de longa data, já se aceita a realização de composição quanto à reparação ao erário prejudicado. Mas seria esta sua única possibilidade, especialmente após o advento do novo Código de Processo Civil, que objetiva

---

[1] Mestre em Ciências Jurídico-Criminais pela Faculdade de Direito da Universidade de Lisboa. Graduado em Ciências Jurídico-Sociais pela PUC/RS. Promotor de Justiça em Pelotas, RS, Brasil. Endereço eletrônico: rsbrandalise@gmail.com.

[2] Nos termos da Lei de Improbidade Administrativa, artigo 17: "a ação principal, que terá o rito ordinário, será proposta pelo Ministério Público ou pela pessoa jurídica interessada, dentro de trinta dias da efetivação da medida cautelar. § 1º É vedada a transação, acordo ou conciliação nas ações de que trata o *caput*".

estimular uma mudança de concepção dentro do processo civil brasileiro? Noutros termos, é possível fazer-se uma releitura do artigo 17, § 1º, da Lei de Improbidade Administrativa a partir deste novo diploma?

Por entender que o novel Código estimula uma discussão específica quanto ao artigo 17, § 1º, da Lei de Improbidade Administrativa é que se apresenta o trabalho em pauta, com o firme propósito de fomentar sua discussão e contribuir para uma nova etapa no tratamento da matéria.[3]

2. O que se tutela na Lei de Improbidade Administrativa

A Lei nº 8.429/92 disciplina as formas de punição, fora do âmbito penal, aos agentes públicos nos casos de enriquecimento ilícito (artigo 9º) no exercício de mandato, cargo, emprego ou função na administração pública direta, indireta ou fundacional dos entes federativos (artigo 1º[4] e seu parágrafo único[5]). Igualmente, traz consigo a punição dos terceiros, inclusive particular, que dele também se beneficiam, mesmo que com o ato não enriqueçam. Pune-se, igualmente, a prática que demanda o prejuízo ao erário (artigo 10º) e a quebra dos princípios da administração pública (artigo 11).

Dá vazão, portanto, ao conteúdo do § 4º do artigo 37 da Constituição Federal.[6]

Tudo isso por uma razão simples: a probidade administrativa constitui verdadeiro interesse público primário, pertencente a toda a coletividade, pelo que se apresenta, também, como interesse difuso[7] (ao ser afetado interesse que atinge a todo o povo, viola-se a boa administração e o correto cumprimento das prestações sociais).[8]

---

[3] De ser observado que há sugestão doutrinária no sentido de nova disciplina legal para fins de regulamentação de acordos com o Ministério Público e com a pessoa jurídica de direito público lesada naquilo que seria definido como "atos de improbidade administrativa de menor potencial ofensivo" (GARCIA; ALVES, 2011: p. 982).

[4] Praticados "por qualquer agente público, servidor ou não, contra a administração direta, indireta ou fundacional de qualquer dos Poderes da União, dos Estados, do Distrito Federal, dos Municípios, de Território, de empresa incorporada ao patrimônio público ou de entidade para cuja criação ou custeio o erário haja concorrido ou concorra com mais de cinqüenta por cento do patrimônio ou da receita anual, serão punidos na forma desta lei".

[5] "Estão também sujeitos às penalidades desta lei os atos de improbidade praticados contra o patrimônio de entidade que receba subvenção, benefício ou incentivo, fiscal ou creditício, de órgão público bem como daquelas para cuja criação ou custeio o erário haja concorrido ou concorra com menos de cinqüenta por cento do patrimônio ou da receita anual, limitando-se, nestes casos, a sanção patrimonial à repercussão do ilícito sobre a contribuição dos cofres públicos".

[6] "Os atos de improbidade administrativa importarão a suspensão dos direitos políticos, a perda da função pública, a indisponibilidade dos bens e o ressarcimento ao erário, na forma e gradação previstas em lei, sem prejuízo da ação penal cabível". Como diz a jurisprudência: "ADMINISTRATIVO. AÇÃO DE IMPROBIDADE. LEI 8.429/92. ELEMENTO SUBJETIVO DA CONDUTA. IMPRESCINDIBILIDADE. 1. A ação de improbidade administrativa, de matriz constitucional (art. 37, § 4º e disciplinada na Lei 8.429/92), tem natureza especialíssima, qualificada pela singularidade do seu objeto, que é o de aplicar penalidades a administradores ímprobos e a outras pessoas – físicas ou jurídicas – que com eles se acumpliciam para atuar contra a Administração ou que se beneficiam com o ato de improbidade. Portanto, se trata de uma ação de caráter repressivo, semelhante à ação penal, diferente das outras ações com matriz constitucional, como a Ação Popular (CF, art. 5º, LXXIII, disciplinada na Lei 4.717/65), cujo objeto típico é de natureza essencialmente desconstitutiva (anulação de atos administrativos ilegítimos) e a Ação Civil Pública para a tutela do patrimônio público (CF, art. 129, III e Lei 7.347/85), cujo objeto típico é de natureza preventiva, desconstitutiva ou reparatória [...]" (BRASIL. Superior Tribunal de Justiça. Primeira Turma. Recurso Especial nº 827445-SP, Relator para o acórdão: Ministro Teori Albino Zavascki, documento não paginado).

[7] Cabe aqui aproveitar a definição que a lei oferece de interesse ou direito difuso, entendido como o transindividual, de natureza indivisível, de que sejam titulares pessoas indeterminadas e ligadas por circunstâncias de fato (Código de Defesa do Consumidor, artigo 81, parágrafo único, inciso I).

[8] MIRANDA, sem data indicada: documento não paginado.

Diferencia-se, portanto, do interesse público *secundário*, visto a partir dos interesses de uma determinada administração, bem como do chamado interesse privado (de cunho particular ou individual).[9]

Ao ratificarem a compreensão de que a defesa do patrimônio público compreende direito difuso, Émerson Garcia e Rogério Pacheco Alves expõem que merece destaque a redação do artigo 37, notadamente em seu *caput*, da Constituição Federal, como base principiológica da administração pública (legalidade, impessoalidade, moralidade, publicidade e eficiência).[10]

E, por ser considerado difuso, metaindividual, não pode ser mensurado ou partilhado de forma individual dentro de uma coletividade, da mesma forma que o direito ao meio ambiente.[11]

Trata-se, portanto, de um *direito absoluto*,[12] na medida em que toda a coletividade tem o dever de respeitá-lo, situação esta que não se aplica apenas ao direito privado, mas também ao direito público. Trata-se de uma consequência da compreensão de justiça social, que se calca no bem comum.[13]

Ou seja, o que a Lei de Improbidade Administrativa quer ver protegido é o real interesse difuso na prestação estatal. Esta atinge noções e funções que não podem ser praticadas pelo particular isoladamente e ao seu alvitre. É pelo exercício da função pública que se quer atingir a estabilização social, desde conceitos básicos como os serviços de água, luz e saneamento, até situações mais intrincadas, como saúde, segurança pública e malha de transportes, por exemplo.[14]

Em suma, se as concepções de governo podem mudar, a lisura no trato da coisa pública deve ser perene.[15]

3. O Código de Processo Civil de 2015

Na linha que perpassa alguns anos (como a que originou o Código Civil de 2002), o legislador pátrio entendeu por adequado trazer à lume um novo Código para regramento processual das causas civis (Lei n° 13.105, de 16 de março de 2015), em substituição ao Código de 1973, que ainda mantinha disposições do de 1939 (artigo 1218).

Não nos cabe qualquer análise quanto à necessidade da mudança em si. Entretanto, ela traz situações que demandam especial apreciação ao presente trabalho, por sua relevância às conclusões a serem expostas ao final.

---

[9] MAZZILLI, 1997: p. 3-4.

[10] GARCIA; ALVES, 2011: p. 646-647. Como explicam os citados autores em outra passagem, os princípios agem como elementos de ordem para garantia dos valores que ali estão protegidos, auxiliam na interpretação e suprem lacunas quando comparadas com a ordem constitucional (p. 54).

[11] MAZZILLI, 1997: p. 4-5.

[12] MONTORO, 2009: p. 536.

[13] MONTORO, 2009: p. 537.

[14] Não em tais termos, mas em linha assemelhada, aponta a doutrina que o interesse, na verdade, é o alcance de finalidades públicas, respeitados os princípios constitucionais que regem a Administração Pública (artigo 37, *caput*, da Constituição Federal) – estes são os parâmetros perseguidos, pelo que a atuação processual do erário estará a isto vinculada (CIANCI; MEGNA; 2015: p. 494).

[15] "[...] Em outras palavras, a boa gestão exige tanto a satisfação do interesse público, como a observância de todo o balizamento regulador da atividade que tende a efetivá-lo [...]" (GARCIA; ALVES, 2011: p. 56-57).

Parte-se da noção exposta já em seu artigo 1º, cuja simbologia não pode ser pouca: o processo civil será ordenado, disciplinado e interpretado conforme os valores e as normas fundamentais estabelecidos na Constituição da República Federativa do Brasil.

Em seu artigo 2º, vem disciplinada a regra da iniciativa da parte para o início do processo, mas com a compreensão de que ele se desenvolve por impulso oficial, de molde a que se perfectibilize o direito das partes na obtenção da solução integral do mérito, incluída a atividade satisfativa em prazo razoável (artigo 4º), sempre pautado no comportamento em boa-fé (artigo 5º).

Dentre outros, cuidará o juiz em atender aos fins sociais e às exigências do bem comum, resguardando e promovendo a dignidade da pessoa humana e observando a proporcionalidade, a razoabilidade, a legalidade, a publicidade e a eficiência (artigo 8º).

Esses são aspectos gerais, mas há um que merece uma apreciação em especial, o que será feito em tópico próprio que segue.

3.1. O processo civil cooperativo

Uma verdadeira inovação dentro do processo civil brasileiro, ao menos de forma como está positivada, é a regra insculpida no artigo 6º[16] do Código de Processo Civil de 2015, e que institui o que é chamado de *processo civil cooperativo*,[17] que se estabelece como norma fundamental, em prol de uma decisão efetiva e justa.[18]

Observe-se que se trata de um fenômeno já ocorrente em outros ordenamentos jurídicos, como o francês.[19] [20]

A compreensão de processo cooperativo funda-se na ideia da dignidade da pessoa humana, pelo que o contraditório passa a se moldar como catalisador do diálogo e

---

[16] "Todos os sujeitos do processo devem cooperar entre si para que se obtenha, em tempo razoável, decisão de mérito justa e efetiva".

[17] O que é um modo cooperativo de atuação processual (DIDIER JR., 2015: p. 22).

[18] Não se quer dizer que inexistia uma possibilidade de cooperação anteriormente. À guisa de exemplo, o artigo 181, *caput*, do Código de Processo Civil de 1973 previa que poderiam as partes, de comum acordo, reduzir ou prorrogar o prazo dilatório; a convenção, porém, só teria eficácia se, requerida antes do vencimento do prazo, se fundar em motivo legítimo. Ainda, o mesmo Código previa, no artigo 158, que os atos das partes, consistentes em declarações unilaterais ou bilaterais de vontade, produziriam imediatamente a constituição, a modificação ou a extinção de direitos processuais, com a ressalva quanto à desistência da ação, que só produziria efeito depois de homologada por sentença (parágrafo único do citado artigo – termos com eco no artigo 200 e parágrafo único do novo diploma processual). Ou, então, conforme o artigo 35 do Código de 1939, pelo qual o juiz poderia abreviar ou prorrogar prazos mediante requerimento de uma das partes e assentimento das demais, sendo que a parte capaz de transigir poderia renunciar, depois de proposta a ação, ao prazo estabelecido exclusivamente em seu favor. De ser observado que Moacyr Amaral Santos (1985: p. 97) já acentuava que a suspensão do processo por convenção das partes caracteriza uma hipótese de negócio processual.

[19] Consoante consta no *Code de Procédure Civile, article 41: Le litige né, les parties peuvent toujours convenir que leur différend sera jugé par une juridiction bien que celle-ci soit incompétente en raison du montant de la demande. Elles peuvent également, sous la même réserve et pour les droits dont elles ont la libre disposition, convenir en vertu d'un accord exprès que leur différend sera jugé sans appel même si le montant de la demande est supérieur au taux du dernier ressort.*

[20] Com apoio em Barbosa Moreira, é possível aferir que existia parcela da doutrina germânica que entendia não ser possível que as partes fossem tolhidas de direitos e faculdades previstas em lei de forma prévia, pois não se mostra possível antever quais as consequências que lhe serão aplicadas no futuro, especialmente no que diz com a renúncia ao recurso, também porque ao Estado compete a aplicação de uma decisão justa e adequada àquele contexto (BARBOSA MOREIRA, 1984: p. 91-92).

condutas para as partes e para o julgador (este último, um igual na condução do feito, mas sem a mesma simetria quando da decisão). Ressalte-se, também, a necessária presença da boa-fé, e a noção de que a verdade passa a ser uma tarefa de todos os envolvidos.[21]

Como referido pela doutrina, a visão do processo com um caráter público fez com que o exame relativo à autonomia da vontade das partes fosse relegado a um plano menor. Entretanto, hodiernamente, a legislação passa a aceitar que as partes tenham influência junto ao processo (atividade-meio) que levará ao exame de seu direito material, com o juiz atuando em um caráter não mais tão relevante assim, de maneira a buscar uma maior paz social e harmonização da ordem pública.[22]

Consoante se infere da Exposição de Motivos: "O novo Código de Processo Civil tem o potencial de gerar um processo mais célere, mais justo, porque mais rente às necessidades sociais e muito menos complexo".[23] Mais adiante: "Levou-se em conta o princípio da razoável duração do processo. Afinal a ausência de celeridade, sob certo ângulo, é ausência de justiça [...].".[24]

Entretanto, no bojo do Código de 2015, não é esse o único artigo que fala na ideia de cooperação dentro do processo. Por exemplo, o § 2º e o § 3º do artigo 3º expõem que devem, inclusive no curso do processo, ser estimuladas as soluções consensuais dos conflitos, seja por arbitragem, mediação, conciliação ou qualquer outro método.[25]

O artigo 190 e seu respectivo parágrafo preveem que, versando o processo sobre direitos que admitam autocomposição, é lícito às partes plenamente capazes estipularem mudanças no procedimento para ajustá-lo às especificidades da causa e convencionar sobre os seus ônus, poderes, faculdades e deveres processuais, antes ou durante o processo. O juiz controlará a validade das convenções previstas neste artigo, recusando-lhes aplicação somente nos casos de nulidade ou de inserção abusiva em contrato de adesão ou em que alguma parte se encontre em manifesta situação de vulnerabilidade.[26] [27]

Já no artigo 191, prevê o novo Código que, de comum acordo, o juiz e as partes podem fixar calendário para a prática dos atos processuais.

---

[21] MITIDIERO, 2007: p. 74-75.
[22] GRECO, 2011: p. 720-721.
[23] Como consta em Nunes; Santos e Silva, 2015: p. 21.
[24] Como consta em Nunes; Santos e Silva, 2015: p. 22
[25] Conforme lição de Alcalá-Zamora y Castillo (2000: p. 75-77), na mediação, o mediador assume a função de propor uma maneira de solução ao litígio apresentado, pelo que cabe aos demais participantes aceitar ou não (caminho propositivo). De outra forma, a conciliação caracteriza-se na condição de que o conciliador encaminhará as conversações de maneira que o titular desista da pretensão, ou que a parte aceite a pretensão ou, até mesmo, um caminho intermediário entre tais extremos (caminho dispositivo). Ao passo que o julgamento se caracteriza pela imposição de uma determinada solução, pela força estatal.
[26] Não podem ser negociadas, dentre outras, a competência absoluta, a intervenção obrigatória do Ministério Público, a criação de um recurso novo, as regras de imparcialidade e de suspeição judicial, o contraditório de uma das partes, dentre outros (YARSHELL, 2015: p. 70). Importante referir conclusão exposta no II Encontro de Jovens Processualistas, organizado pelo Instituto Brasileiro de Direito Processual: "20. (art. 191) Não são admissíveis os seguintes negócios bilaterais, dentre outros: acordo para modificação de competência absoluta, acordo para supressão da 1ª instância" (conforme consta em Duarte, 2014: p. 31).
[27] Conforme II Encontro de Jovens Processualistas: "18. (art. 191) Há indício de vulnerabilidade quando a parte celebra acordo de procedimento sem assistência técnico-jurídica" (conforme consta em Duarte, 2014: p. 31).

O artigo 222, § 1º, do novo Código de Processo Civil prevê a possibilidade de redução dos prazos peremptórios, em ato judicial que conta com a vontade e concordância das partes (será um negócio plurilateral típico), em homenagem ao princípio da duração razoável do processo.[28]

Surge, assim, a necessidade do *respeito ao autorregramento da vontade no processo* (neste caso, de forma mais limitada que no direito material), composto da liberdade de negociação, liberdade de criação, liberdade de estipulação e liberdade de vinculação,[29] tal como o negócio jurídico em geral.

O que o legislador quer fomentar são os negócios jurídicos processuais, cuja compreensão pode ser vista como aquele fato jurídico cuja base de ocorrência estabeleça ao sujeito a capacidade de escolha da categoria jurídica ou de estabelecimento de certas situações jurídicas processuais, conforme os limites fixados pelo próprio ordenamento. Seus efeitos concretos decorrerão do ato em si, na medida em que a legislação estabelece a fixação abstrata deles.[30]

Sinteticamente, as convenções processuais são caracterizadas pelo local onde são feitas (a relação processual em si) e/ou pela finalidade que possui quanto a um processo judicial em si.[31]

A doutrina aponta que as vontades que nela atuam formam uma *entidade nova*, com capacidade para a produção de determinados efeitos, pelo que não pode ela ser vista da mesma forma como a submissão de uma vontade à vontade do outro envolvido (como quando, p. ex., a desistência da ação dependa da aquiescência do demandado, especialmente porque, aqui, a vontade está dirigida a um determinado provimento jurisdicional).[32]

A negociação processual deve seguir forma escrita ou com redução em termo, se formulada de maneira oral em audiência, caso em que a vontade manifestada deverá ser expressa; seu objeto pode incluir, ainda, questões de cunho material.[33] Seu objeto segue a linha mestra de todo o negócio jurídico: lícito, possível e determinado, nos termos do Código Civil, artigo 166, inciso II.[34]

Para a validade dos negócios jurídicos processuais, faz-se necessária a capacidade processual,[35] a voluntariedade (não pode haver qualquer vício que prejudique a vontade exposta) e a informação.[36] Devem respeitar as regras de processo civil,

---

[28] CUNHA, 2015: p. 51.

[29] DIDIER JR., 2015: p. 20.

[30] NOGUEIRA, 2015: p. 84-85. Para a parcela da doutrina que entende inexistir negócio jurídico processual, o fundamento apresentado é o de que, qualquer que seja o negócio entabulado, haveria produção de efeitos nos estritos limites legais, quando não houvesse a necessidade de intermediação judicial. A liberdade negocial fica limitada pela predominância do interesse público, pelo caráter público do processo e pelos poderes de instrução conferidos ao juiz (referência feita por Cunha, 2015: p. 36). Assim, teriam as partes a liberdade única de realizar aquilo que a lei já estabelecesse e, por consequência, a eventual inação já teria uma consequência definida (referência feita por Cunha, 2015: p. 38).

[31] GRECO, 2011: p. 722.

[32] BARBOSA MOREIRA, 1984: p. 89-90.

[33] YARSHELL, 2015: p. 65-66.

[34] YARSHELL, 2015: p. 64.

[35] Que pode não se confundir, propriamente, com a capacidade civil, como ocorre com a massa falida, a herança jacente ou vacante e o espólio (BARBOSA MOREIRA, 1984: p. 94; QUEIROZ, 2014: p. 712).

[36] QUEIROZ, 2014: p. 707.

e, caso tragam consigo direito material, este tópico deve ser regido nos termos das regras materiais (exigência quanto à capacidade civil, quanto à eventual escritura pública, dentre outros), pelo que o mesmo negócio pode ser processualmente válido, mas materialmente nulo, e vice-versa.[37] [38]

Pela cooperação, nos novos termos legais, o juiz passa a ter um caminho que o diferencia da inércia. Será um efetivo responsável pela celeridade processual, em franco respeito ao princípio constitucional da duração razoável do processo.[39]

Obviamente, as indicações ora feitas são exemplificativas e não esgotam as hipóteses previstas. Afinal, é cabível a celebração de convenções mesmo fora das hipóteses elencadas pela lei,[40] que não pode prever todo o arcabouço possível de negociação, desde que sejam elas úteis aos interesses protegidos, bem como não podem afastar direitos e garantias fundamentais, nem qualquer outro objeto ilícito.[41]

Não está mais na jurisdição plena, portanto, a força principal para a solução dos conflitos.[42] O negócio jurídico processual quer solucionar a própria forma optada para solução do conflito material quanto ao exercício de jurisdição, sem afastar a jurisdição propriamente dita.[43] Com o novo regramento, as partes podem estabelecer como será gerido o processo caso haja conflito decorrente do direito material que as uniu.[44] Portanto, o processo molda-se mais para a confluência dos interesses das partes e do interesse público, não mais repousando na visão clássica da lide.[45]

A inserção do cabimento da negociação quanto ao procedimento não resulta na abolição do rito em si, mas em sua democratização, com o firme propósito de que seja a forma adequada aos interesses do direito material e, mais ainda, aos interesses inerentes ao processo civil em si, sempre com o propósito de que as partes estejam mais próximas da aceitação quanto ao resultado, bem como com o afastamento de um formalismo desnecessário.[46]

Apesar disso, não há a disposição de um processo moldado de forma adversarial, pois o poder de autorregramento gravita próximo da concessão de poderes ao

---

[37] QUEIROZ, 2014: p. 713.

[38] Novamente, o II Encontro de Jovens Processualistas, organizado pelo Instituto Brasileiro de Direito Processual: "16. (art. 191) O controle dos requisitos objetivos e subjetivos de validade da convenção de procedimento deve ser conjugado com a regra segundo a qual não há invalidade do ato sem prejuízo" (conforme consta em Duarte, 2014: p. 30).

[39] DUARTE, 2014: p. 37-38. O prazo razoável depende da complexidade da matéria, da atividade processual do interessado, da conduta das autoridades judiciárias e da análise global do procedimento, mas sempre com o cuidado de que a autoridade estatal não dependa, primordialmente, da atuação das partes (HIRALDE VEJA; CAUSSE, 2015: p. 377-378).

[40] São os considerados negócios jurídicos processuais *atípicos*, que seriam aqueles que, apesar de juridicamente viáveis, não teriam regulamentação legal específica (CUNHA, 2015: p. 44-45). Cabe dizer que, na renúncia/desistência, haverá um ato unilateral do titular de seu direito (ALCALÁ-ZAMORA Y CASTILLO, 2000: p. 83); quando houver aceitação, existirá a submissão da parte atacada à pretensão contra ela dirigida, com não exercício do direito de defesa (ALCALÁ-ZAMORA Y CASTILLO, 2000: p. 85, 87), enquanto que, na transação, haverá concessões recíprocas entre o titular da pretensão e a parte adversa (ALCALÁ-ZAMORA Y CASTILLO, 2000: p. 91).

[41] QUEIROZ, 2014: p. 727.

[42] CUNHA, 2015: p. 49-50.

[43] ALMEIDA, 2015: p. 258-259.

[44] QUEIROZ, 2014: p. 694.

[45] QUEIROZ, 2014: p. 699.

[46] DUARTE, 2014: p. 22-23.

órgão jurisdicional, pelo que há essencial necessidade de que os parâmetros sejam definidos pela lei.[47]

Evidentemente, há de ser preservado o contraditório,[48] mas que se dará de maneira mais participativa, mantida pelas garantias processuais em geral, moduladas que estarão pela lealdade e pela cooperação.[49] Tudo isto de maneira que a escolha pelo procedimento se dê não pela habitualidade ou pela opção legal errônea, mas por uma busca compatível e eficiente do processo manejado,[50] notadamente pela adequação às necessidades das vontades que nele atuam.[51]

Ao que fora apresentado, soma-se a necessidade de obtenção de uma decisão de mérito justa e efetiva em prazo razoável (artigo 6º).

Quando se registra a questão da dilação indevida do processo, pode-se fazer um comparativo com as preocupações havidas também em processo penal, pois se deve considerar que ela afeta interesses de expressivo relevo. A ocorrência de julgamentos em lentidão prejudica os interesses do Estado e da sociedade em geral, especialmente pela ausência de proteção dos direitos violados.[52]

Porém, não se pode analisar o andamento processual apenas pelo prisma estatal e coletivo. Há a necessidade de que seja ele visto sob a ótica daquele que enfrenta a demanda, especialmente em casos repressivos como a de improbidade administrativa. Afinal, vive-se o dilema entre a garantia dos direitos humanos e a consequência final que represente algo para à sociedade.[53]

Diz-se isso porque o processo que tarda determina um sofrimento desnecessário a quem a ele responde, pois compromete a vida pessoal e profissional dele, bem como sua liberdade e a própria paz social.[54] Necessariamente, a solução das contendas em tempo útil serve para contemporizar estes dois extremos.[55] Afinal, a ideia de prevenção geral depende, inexoravelmente, do tempo e da probabilidade de sua aplicação – sem se desconsiderar que a própria presunção de inocência (também existente em processos civis sancionatórios como os de improbidade administrativa) resta maculada fortemente com a duração desnecessária dos processos, e ela demora anos para ser restaurada.[56]

O processo que se alonga no tempo traz prejuízos a todos os interessados em seu resultado. Ao demandado, porque a demora do processo afeta seus interesses na decisão que lhe aflige, bem como porque o vincula ao fato sem poder esquecê-lo,

---

[47] DIDIER JR., 2015: p. 22.

[48] Na linha do artigo 7º do Código de Processo Civil de 2015, é assegurada às partes a paridade de tratamento em relação ao exercício de direitos e faculdades processuais, aos meios de defesa, aos ônus, aos deveres e à aplicação de sanções processuais, competindo ao juiz zelar pelo efetivo contraditório.

[49] DUARTE, 2014: p. 24.

[50] DUARTE, 2014: p. 26.

[51] DUARTE, 2014: p. 22.

[52] MADLENER, 2009: p. 645-646.

[53] Ilustrativamente: "Mas a celeridade do processo é necessária, tanto para que se produza a eficiente repressão, pois há que demonstrar ao delinquente e à sociedade que o Estado reage sem demora ao facto delituoso, bem como para salvaguardar os Direitos Humanos, pois tanto o culpado quanto o inocente têm o direito de ser liberados da situação de insegurança processual." (MADLENER, 2009: p. 646).

[54] MIRANDA; MEDEIROS, 2005: p. 357.

[55] VERDELHO, 2006: p. 231.

[56] FIGUEIREDO DIAS, 1983: p. 222.

com incerteza sobre seu futuro e condicionamento de sua liberdade; à sociedade, porque esta clama por uma justiça em adequado prazo, que puna os responsáveis e que seja credível.[57]

Condena-se pela imprensa e pelas medidas cautelares, cujos pressupostos e consequências são diversas do processo de conhecimento (sem este, as cautelares não se sustentam).

Necessário dizer que a celeridade processual apresenta-se em duas formas, quais sejam, na sua horizontalidade (formas de consenso) e na sua verticalidade (com a supressão de fases, a partir dos procedimentos possíveis), até como um imperativo de produção e de eficiência que são inerentes à própria justiça.[58]

E, como visto, o novo Código de Processo Civil fomenta tanto a horizontalidade como a verticalidade, que encontrará nos consensos uma forma concreta de sua efetivação.[59]

4. Da possibilidade de acordos dentro da Lei de Improbidade Administrativa

A conclusão exposta no último parágrafo do tópico anterior força a apreciação que agora surge.[60]

Como já referido, nos termos do artigo 17, § 1º, da Lei de Improbidade Administrativa, inexiste possibilidade de transação, acordo ou conciliação nas ações nela previstas.

Entretanto, sustenta-se que tal restrição pode ser superada, na linha que segue.[61]

4.1. Uma definição importante:
o que é indisponível quando se fala na aplicação da Lei nº 8.429/92?

Ainda que alguns pontos tenham sido ventilados sobre isso em momento anterior do presente trabalho, é relevante fazer-se uma rápida digressão sobre o direito posto nas ações civis de improbidade administrativa.

É certo que a probidade administrativa é um interesse público primário e difuso, reitera-se.

Mas a questão que resta definir é se há um direito disponível ou não. Isso porque os chamados direitos disponíveis são francamente manuseáveis pelo interessado,

---

[57] MARQUES DA SILVA, 2010: p. 95-96. Salienta Galain Palermo (2011: p. 254) que a demora injustificada na resposta estatal também se caracteriza como implemento da impunidade e viola a pretensão de prevenção (*no repeticion*) de condutas.

[58] RODRIGUES, 1998: p. 234.

[59] Como dispõe o artigo 3º, § 3º, do recém aprovado Código de Processo Civil: "A conciliação, a mediação e outros métodos de solução consensual de conflitos deverão ser estimulados por juízes, advogados, defensores públicos e membros do Ministério Público, inclusive no curso do processo judicial".

[60] Importante observar que a doutrina e a jurisprudência devem se encarregar de estabelecer bases importantes para o fenômeno do regramento da vontade na seara processual, na medida em que a legislação não tem o condão de abarcar todas as possibilidades possíveis, mas de estabelecer parâmetros básicos necessários para a sua compreensão (ABREU, 2015: p. 195).

[61] Far-se-á uso de conceitos e análises usadas na justiça negociada penal, seja pela natureza das sanções previstas junto à Lei de Improbidade Administrativa (caráter repressivo, assemelhado ao penal – BRASIL. Superior Tribunal de Justiça. Primeira Turma. Recurso Especial nº 827445-SP, Relator para o acórdão: Ministro Teori Albino Zavascki, documento não paginado), seja por já possuir uma doutrina mais consolidada.

seja no âmbito material, seja no âmbito processual, desde que o faça de maneira livre e consciente.⁶² Para tanto, faz-se necessário um cotejo de textos legais aplicáveis.

A jurisprudência já consolidou que não há a obrigatoriedade de aplicação das sanções previstas do artigo 12 da Lei de Improbidade Administrativa de forma cumulativa, pois deve ser observada a proporcionalidade quanto ao caso concreto.⁶³

Tal entendimento jurisprudencial, em muito, escora-se na nova redação dada ao *caput* do mencionado artigo 12, parte final,⁶⁴ que estabelece as sanções aplicáveis aos atos de improbidade administrativa, com a expressa menção de que elas podem ser definidas de forma isolada ou cumulativa.⁶⁵

Doutra banda, deve ser analisado o chamado "acordo de leniência", previsto na Lei nº 12.846/13, em seu artigo 16 e respectivos parágrafos. Conforme o *caput* do artigo referido, a autoridade máxima de cada órgão ou entidade pública poderá celebrá-lo com as pessoas jurídicas responsáveis pela prática dos atos previstos nela que colaborem efetivamente com as investigações e o processo administrativo, sendo que dessa colaboração resulte a identificação dos demais envolvidos na infração, quando couber; e a obtenção célere de informações e documentos que comprovem o ilícito sob apuração.⁶⁶

Os pontos de relevo, entretanto, estão nos parágrafos. Inicialmente, o § 1º, que afirma que o acordo somente poderá ser celebrado se, dentre outras, a pessoa jurídica for a primeira a se manifestar sobre seu interesse em cooperar para a apuração do ato ilícito, de maneira plena e permanente com as investigações e o processo administrativo, e admitir sua participação no ilícito. Isto ganha reforço com o § 4º, pois o acordo estipulará as condições necessárias para assegurar a efetividade da colaboração e o resultado útil do processo.

A redação do § 3º é extremamente importante para o presente estudo, e serve, igualmente, para fundamentar o pensamento que ora se expõe, ao afirmar que o acordo de leniência não exime a pessoa jurídica da obrigação de reparar integralmente o dano causado.

---

⁶² GRECO, 2011: p. 725.

⁶³ No âmbito do Superior Tribunal de Justiça: "ADMINISTRATIVO E PROCESSUAL CIVIL. VIOLAÇÃO DOS ARTS. 458 E 535 DO CPC. INEXISTÊNCIA. IMPROBIDADE ADMINISTRATIVA. LEI 8.429/92. REVISÃO DA DOSIMETRIA DAS PENAS. IMPOSSIBILIDADE REEXAME DE MATÉRIA FÁTICO-PROBATÓRIA. SÚMULA 7/STJ. CUMULAÇÃO DE PENAS. DISCRICIONARIEDADE DO MAGISTRADO. PRECEDENTES. DIVERGÊNCIA JURISPRUDENCIAL. AUSÊNCIA DE COTEJO ANALÍTICO. [...] 5. A jurisprudência desta Corte é assente no sentido de que a cumulação de penalidades na ação de improbidade administrativa é facultativa, devendo o magistrado levar em conta, os critérios de razoabilidade e proporcionalidade. Precedentes [...]" (BRASIL. Superior Tribunal de Justiça. Segunda Turma. Agravo Regimental no Agravo em Recurso Especial nº 695500-SP. Relator: Ministro Humberto Martins, documento não paginado).

⁶⁴ Nos termos da Lei Federal nº 12.120/09.

⁶⁵ No âmbito do Tribunal de Justiça do Estado do Rio Grande do Sul: "EMBARGOS DECLARATÓRIOS. IMPROBIDADE ADMINISTRATIVA. REDISCUSSÃO DO MÉRITO. INADEQUAÇÃO DA VIA ELEITA. RECURSO DE NATUREZA INTEGRATIVA. 1. A Lei nº 12.120/09, que modificou o art. 12 da Lei nº 8.429/92, não o fez para permitir a cumulação das sanções por ato ímprobo, senão para determinar a necessidade de fundamentação da cumulação segundo o princípio da proporcionalidade. A cumulação em si sempre foi admitida pela jurisprudência, de forma que não há óbice à sua aplicação para fatos anteriores ao advento da Lei nº 12.120/09 [...]. (BRASIL. Tribunal de Justiça do Estado do Rio Grande do Sul. Quarta Câmara Cível. Embargos de Declaração nº 70065718009. Relator: Desembargador Francesco Conti, documento não paginado).

⁶⁶ De ser ressaltado que, no artigo 1º da citada Lei, consta que o objetivo da lei é dispor sobre a responsabilização objetiva administrativa e civil de pessoas jurídicas pela prática de atos contra a administração pública, nacional ou estrangeira.

Ou seja, do cotejo dos dispositivos e do entendimento jurisprudencial acima citados, resta evidente que há três situações indisponíveis: uma, a necessidade de respeito aos princípios da Administração Pública; duas, a punição daqueles que infringem referidos preceitos; e três, a necessidade da reparação integral do dano causado ao erário público, tida como imprescritível, consoante se infere da parte final do artigo 37, § 5º,[67] da nossa Carta Magna. Todas as demais sanções devem ser aplicadas se ajustadas ao caso concreto.

Assim, naquilo que for indisponível, haverá restrição de cunho material, mas poderá existir a disponibilização do rito processual, desde que ela não viole o direito material em si.[68] A matéria processual guarda consideração própria frente ao direito material, pelo que sua eventual indisponibilidade não causa a indisponibilidade de cunho processual, na medida em que a própria convenção processual pode, naquela ocasião, tornar mais protegido o interesse originário da norma material.[69]

A propósito, cabe ser apresentado que o meio ambiente também é caracterizado como direito de caráter indisponível, de cunho fundamental, cuja reparação não pode admitir qualquer exceção.[70] Aliás, outra não é a digressão da Constituição Federal de 1988,[71] ao estabelecer que todos possuem o direito ao meio ambiente ecologicamente equilibrado, de uso comum e essencial à qualidade de vida, que deve ser protegido para as presentes e futuras gerações, prevendo a chamada "tríplice responsabilização". E, ainda assim, admite negociação pré-processual, inclusive.

Em síntese: desde que o acordo não viole o direito material em sua parte indisponível, não se apresenta óbice para as composições processuais em razão da matéria envolvida por sua natureza.

4.2. Os consensos como exercício dos direitos processuais

A propositura da ação judicial, decorrente que é da iniciativa do autor, fixa o objeto litigioso e o destinatário daquela pretensão. O réu define as questões que possam afastar a pretensão daquele que demanda, ressalvadas questões de ordem pública que o juiz possa conhecer de ofício[72] – e as afirmações das partes define, prioritariamente, o conteúdo do ônus da prova.[73]

---

[67] "A lei estabelecerá os prazos de prescrição para ilícitos praticados por qualquer agente, servidor ou não, que causem prejuízos ao erário, ressalvadas as respectivas ações de ressarcimento".

[68] GRECO, 2011: p. 725. Saliente-se que não se mostra incabível a negociação quanto às formas de pagamento relacionadas à reparação integral do dano causado, notadamente quanto ao prazo.

[69] CABRAL, 2015: p. 551. De ser observado que a indisponibilidade do direito material não atrapalha a possibilidade de convenções relacionadas ao processo, salvo se esta afetar o direito material em si. Nestes casos, atuação judicial dá-se para fins de verificação de nulidade ou de desigualdade evidente entre os envolvidos, como se fosse uma vinculação adesiva ou geradora de vulnerabilidades, bem como violação de regras essenciais ao processo (ALMEIDA, 2015: p. 264-265).

[70] MIRRA, 2002: p. 295. Tanto assim é que, na esfera cível, a responsabilidade ambiental é de cunho objetivo, dada a compreensão do risco criado (que decorre da própria atividade e da exposição de terceiros a ela) (MIRRA, 2002: p. 296).

[71] Conforme os termos do artigo 225, *caput*.

[72] Sem esquecer da disposição inserida no Código de Processo Civil de 2015, ao regrar uma situação importante quanto ao contraditório, nos termos do artigo 10: "o juiz não pode decidir, em grau algum de jurisdição, com base em fundamento a respeito do qual não se tenha dado às partes oportunidade de se manifestar, ainda que se trate de matéria sobre a qual deva decidir de ofício".

[73] GRECO, 2011: p. 724.

Consoante já referido, tais condutas processuais devem resguardar a dignidade humana, competindo ao juiz também promovê-la, nos termos do artigo 8º do novel Código. Reforça isto a concepção também descrita no artigo 1º, já que a dignidade humana é um dos fundamentos da República Federativa do Brasil.[74]

Imperioso observar que os princípios processuais possuem uma função de ordenação e organização do próprio conjunto jurídico, da mesma forma como balizam a compreensão e a aproximação deste mesmo conjunto, mormente porque não possuem concretude, o que legitima posicionamentos daqueles que labutam na atuação jurídica.[75]

É o processo um local onde se faz o equilíbrio e a cooperação entre as atividades do Estado e aquela executada pelos demais sujeitos, já que nele se pode buscar a concretude de um direito – pelo que é incorreto privilegiar uma parte somente, sob pena de prejudicar a relação processual em detrimento da parte adversa,[76] salvo se para equilibrar alguma possível desigualdade existente.[77]

O Estado Democrático de Direito força a uma participação maior dos envolvidos naquilo que lhes disser respeito, inclusive no que diz com a eventual adaptação do procedimento conforme as circunstâncias do caso concreto, em ato de comparticipação, com o que o contraditório é visto como uma forma de diálogo processual inclusive entre partes e o juízo, em verdadeira cooperação entre si e recíproca.[78]

De outra banda, não se pode desconsiderar que os que se encontram processados objetivam proteger sua situação da melhor forma que lhes aprouver, e, assim, consideram refutar questões teóricas e principiológicas que podem, apesar de sua relevância intelectual e acadêmica, redundar em prejuízo maior no caso de condenação.[79] Tudo porque o indivíduo é dotado de objetivos de vida e, para tanto, faz deles parte o exercício consciente de autonomia a ele concedida.[80]

A liberdade é um dos mais essenciais direitos fundamentais, conforme o artigo 5º, *caput*,[81] da Constituição Federal de 1988. Dentro de sua compreensão, vem previsto o reconhecimento ao autorregramento, ou seja, a possibilidade de o indivíduo regular seus interesses e pretensões da forma que lhe aprouver, em reconhecimento ao seu direito de melhor regular sua própria vida.[82]

Os direitos fundamentais não possuem caráter absoluto, seja por razões subjetivas, seja por razões objetivas. Subjetivamente, porque não está ao arbítrio do titular fixar qual o alcance e a forma de satisfação de tal interesse, especialmente quando se sabe que há, invariavelmente, colisão dos direitos entre si e com os dos outros. Já no que diz com o âmbito objetivo, porque os direitos estão interligados com valores

---

[74] Nos termos da Constituição Federal de 1988, artigo 1º, inciso III.
[75] VALE, 2009: p. 33.
[76] FERNANDES, 2012: p. 54.
[77] FERNANDES, 2012: p. 56.
[78] CUNHA, 2015: p. 45-46.
[79] Não nesses termos, mas em tal linha, Rapoza (2013: p. 217).
[80] SOUSA MENDES, 2013: p. 82.
[81] "Todos são iguais perante a lei, sem distinção de qualquer natureza, garantindo-se aos brasileiros e aos estrangeiros residentes no País a inviolabilidade do direito à vida, à liberdade (...)".
[82] DIDIER JR., 2015: p. 19-20.

individuais, sociais e comunitários, pelo que necessitam estar concordes com os valores sociais.[83]

A grande questão que há de ser apresentada é a compreensão de que há, sim, direitos daqueles que respondem a processos de cunho repressivo que não podem ser desprezados e, por consequência, devem sempre ser legalmente estabelecidos, independentemente de quanto interfiram na extensão processual (contraditório, ampla defesa, direito de audiência); porém, há etapas e fases processuais que podem ser supridas sem que isto represente qualquer sacrifício dos direitos indispensáveis.[84]

A disposição dos direitos fundamentais protegidos ganha legitimação a partir do respeito à autonomia da vontade do acusado, que busca participar do objetivo ressocializador que a negociação possibilita.[85] Aqui, está-se diante da situação em que o sujeito é titular prévio de uma determinada posição jurídica estabelecida por norma expressada em direito fundamental e, com seu não exercício, confere um fortalecimento do seu opositor naquela relação que surge, já que este terá ampliado seu espectro de atuação com isto.[86]

Daí decorre a compreensão de que a instrução processual não é uma ocorrência natural. Instrução é o aclaramento de um episódio ocorrido no mundo fático. Por tal razão, ela consiste em um direito que deve estar previsto, mas não necessariamente obrigatória, especificamente quando não existir oposição a ser assumida contra aquilo que se apresenta em seu desfavor.[87]

Importante referir, como na linha exposta pela doutrina, que "entre os atos de disposição probatória encontra-se a confissão, que pode ser extrajudicial ou judicial, subdividindo-se esta em espontânea ou provocada [...]".[88]

A confissão consiste na veracidade daquilo que é apresentado, servindo, portanto, como meio de prova destinado a convencer o julgador. Traz consigo a necessidade de reconhecer o fato alegado pela outra parte, a voluntariedade em tal reconhecimento e o prejuízo para quem confessa,[89] favorável à parte adversária.[90]

O fato a ser admitido é o reconhecimento da prática do ato de improbidade administrativa, reconhecimento este que, se havido, reforça o direito material tutelado (mencionado no tópico anterior), pelo que não se vislumbra hipótese de aplicação dos termos do artigo 392, que diz não valer, como confissão, a admissão, em juízo, de fatos relativos a direitos indisponíveis.[91]

---

[83] VIEIRA DE ANDRADE, 2012: p. 263-264.
[84] FIGUEIREDO DIAS, 1983: p. 224.
[85] TORRÃO, 2000: p. 75.
[86] NOVAIS, 2006: p. 215.
[87] Como se lê em Figueiredo Dias (1983: p. 228-229).
[88] GRECO, 2011: p. 742.
[89] THEODORO JÚNIOR, 2014: p. 485.
[90] MARINONI; ARENHARDT, 2008: p. 318. Nos termos do novo Código de Processo Civil (art. 389), haverá confissão, judicial ou extrajudicial, quando a parte admitir a verdade de fato contrária ao seu interesse e favorável ao do adversário. E, mais adiante, dispõe que a confissão judicial fará prova contra o confitente, não prejudicando, todavia, os litisconsortes (art. 391).
[91] Como aponta a doutrina, ainda com base no Código anterior, a admissão de fatos favoráveis em direitos indisponíveis significa apenas dizer que o proponente da demanda cível deverá demonstrar os fatos constitutivos de sua pretensão, mas não há qualquer impeditivo legal para que o juízo tome a própria confissão como fundamento para sua convicção, desde que seja ela válida (GARCIA; ALVES, 2011: p. 877-878).

Como consequência, a confissão dispensa a parte contrária de realizar a prova a seu favor no ponto confessado,[92] bem como traz uma presunção de veracidade *juris tantum* sobre aquilo que a confissão aborda, pois o direito material resta abdicado.[93] E a confissão quanto aos fatos não faz criar a chamada *prova diabólica*, que resultaria na inversão do ônus da prova de molde a facilitar a situação daquele que melhor poderia realizar a prova nos autos.[94] Isto porque, de regra, a prova na ação cível de improbidade, já vem com muita força no momento de sua propositura.

Afinal, o tema de prova passa por aquilo que for controverso, pertinente e relevante naquilo que as partes produzem. E, a partir daí, competirá ao juiz apontar o que deve ser seu objeto.[95] Isto pode, inclusive, levar à modificação do ônus de realizá-la, de maneira a garantir a igualdade processual, embasada que está na noção de cooperação, já que a regra fixa e abstrata quanto ao encargo probatório pode ser insuficiente para o que se busca.[96]

A confissão, da mesma forma, pode trazer consigo uma figura correlata, qual seja, a do reconhecimento do pedido,[97] pois, neste, deixa de resistir à pretensão da parte adversa, acabando, pois, por haver a dispensa da visão judicial acerca daquela pretensão inicialmente disposta – as partes solvem a questão por vontade própria, a buscarem sempre a extinção do feito.[98]

O reconhecimento do pedido surge quando o réu não apresenta resistência àquilo que é postulado pelo autor e independe da existência de concordância quanto aos fatos (como ocorre na confissão).[99] O demandado, no caso, declara admitir o pedido contra si, o que leva à extinção do processo civil (o que também não ocorre com a confissão).[100]

Como visto antes, não se mostra impossível a realização de negócios processuais em direitos indisponíveis,[101] uma vez que a parte prejudicada, p. ex., pode deixar de recorrer da decisão que a prejudica, bem como não pode ser obrigada pelo juízo a

---

[92] O que acaba por assemelhar-se a um negócio jurídico de cunho processual, criando uma situação de verdade para as partes envolvidas (MARINONI; ARENHARDT, 2008: p. 319).

[93] MARINONI; ARENHARDT, 2008: p. 318.

[94] MITIDIERO, 2007: p. 95.

[95] MITIDIERO, 2007: p. 91.

[96] MITIDIERO, 2007: p. 93.

[97] Notadamente quando disser sobre o fato principal exposto em julgamento (MARINONI; ARENHARDT, 2008: p. 323). Comparando com os acordos em processo penal, guarda relação com o *plea of nolo contendere* americano, no qual não há contestação defensiva, mas a falta de contestação criminal não produz efeitos na seara cível, na qual a culpa deverá ser devidamente demonstrada, pois não exige confissão para sua ocorrência, bastando concordar com determinada consequência (CABEZUDO RODRÍGUEZ, 1996, p. 67).

[98] MARINONI; ARENHARDT, 2008: p. 322-323.

[99] Notadamente quando disser sobre o fato principal exposto em julgamento (MARINONI; ARENHARDT, 2008: p. 323). Comparando com os acordos em processo penal, guarda relação com o *plea of nolo contendere* americano, no qual não há contestação defensiva, mas a falta de contestação criminal não produz efeitos na seara cível, na qual a culpa deverá ser devidamente demonstrada, pois não exige confissão para sua ocorrência, bastando concordar com determinada consequência (CABEZUDO RODRÍGUEZ, 1996, p. 67).

[100] SILVA, 1991: p. 272-273. O reconhecimento da procedência do pedido é tido como causa de resolução de mérito quando o juízo realizar sua homologação, nos termos do novo Código de Processo Civil, artigo 487, inciso III, alínea "a".

[101] Na linha do III Encontro do Fórum Permanente de Processualistas Civis: "135. (art. 191, § 4º) A indisponibilidade do direito material não impede, por si só, a celebração de negócio jurídico processual" (conforme consta em Duarte, 2014: p. 33).

produzir provas, pelo que pode deixar de arrolar testemunhas, apresentar documentos, dentre outros.[102]

Ademais, calha ser dito que as partes podem deixar de utilizar um determinado meio de prova, mas não se pode estabelecer que não haverá a defesa técnica ou o contraditório,[103] para a preservação de princípios e garantias fundamentais ao Estado Democrático de Direito.[104]

Relevante mencionar que isso não pode encontrar óbice sob a alegação de que é imprescindível a verificação da verdade.

Diz-se isso por um motivo simples: o processo civil enfrenta a dificuldade que é inerente a todo o sistema processual em si! O que é possível alcançar, em sua seara, é a verdade provável, com forte probabilidade de que aquele fato tenha ocorrido, pois fica limitado aos termos que a legislação possibilita atingir.[105] Em suma, a verdade processual, consequência que é da prova, perfectibiliza-se como a imagem idealizada daquilo que foi apresentado no processo,[106] e seu ápice surge com o fenômeno da coisa julgada, cujo principal objetivo é a proibição de continuidade de discussão acerca dos fatos, com o que soluciona o conflito estabelecido.[107]

Do que se diz que a verdade judiciária compreende uma verdade que não necessariamente é a mais concreta, na medida em que o juízo, além de poder limitar-se às formas mais tradicionais de coleta de prova, está impedido de buscar todo e qualquer material probatório que o poderia levar até aquele estágio da verdade.[108]

Apesar de a finalidade do processo ser a de realizar a justiça, esta realização não representa um fim absoluto, razão pela qual pode ser ela cerceada por diversas razões (que originam as nulidades e as inadmissibilidades de prova, p. ex.), com o que se conclui que ela somente pode ser atingida com uma base processualmente válida, especialmente com respeito aos direitos fundamentais individuais daqueles que estão envolvidos.[109]

Há de ser observado que a liberdade e o seu uso são de conteúdo individual, o que não pode ser regulado, em seu todo, pelo Estado; afinal, a liberdade não existe só se ela for cumprir os fins que sejam de mero interesse estatal.[110] O interesse objetivamente disposto na norma de direito fundamental não pode esquecer o caráter sub-

---

[102] QUEIROZ, 2014: p. 705-706.
[103] QUEIROZ, 2014: p. 710.
[104] Que são representados pela chamada ordem pública processual, de cunho indisponível dentro do processo, como, exemplificadamente: a independência, a imparcialidade e a competência absoluta do juiz; um procedimento previsível, equitativo, contraditório e público; a possibilidade de ampla e oportuna utilização de todos os meios de defesa, inclusive a defesa técnica e a autodefesa; o controle da legalidade e causalidade das decisões judiciais através da fundamentação; a celeridade do processo; e a uma cognição adequada pelo juiz, pois, esse é um dos objetivos essenciais de toda a atividade processual (GRECO, 2011: p. 726).
[105] ZANETI JÚNIOR, 2004: p. 127-128. O que deve estar presente é a compreensão de que não se modula a verdade, já que esta é sempre uma. O que pode ser qualificado são o conhecimento e a confirmação dela, que pode ser relativo ou absoluto, o que dependerá de quão próximo ele chega da verdade que ser quer demonstrar (TARUFFO, 2012: p. 105), apesar de ser certo que o conhecimento da verdade é limitado ao juiz (TARUFFO, 2012: p. 107).
[106] "La prueba tiene que suponer um intento decidido de verificar, de la manera más próxima posible a la verdad, las afirmaciones de hecho que realizan las partes (...)" (MONTERO AROCA, 2014: p. 32).
[107] GALAIN PALERMO, 2011: p. 266.
[108] MESQUITA, 2010: p. 443.
[109] MARQUES DA SILVA, 2010: p. 39-40.
[110] NOVAIS, 2006: p. 242.

jetivo que ela traz consigo também – e é nesta garantia subjetiva que está legitimado o não exercício.[111]

No não exercício, está-se diante de uma situação em que o direito em si é satisfeito pela omissão ou não utilização dele, sem qualquer vinculação com outra parte, conforme sua esfera de liberdade.[112]

E é fácil concluir que confessar e reconhecer a procedência do pedido também integram a noção do contraditório, especialmente quando não houver oposição a ser apresentada – o mesmo pode ser dito, inclusive, no que diz com a revelia.

Compete ser definido que a titularidade de um direito ou das posições que o envolvem confere ao sujeito os poderes de disponibilidade acerca do momento de seu exercício, bem como se, de fato, será exercido, como uma consequência indelével da dignidade da pessoa humana e as agregadas autonomia e autodeterminação do ser humano – e tal inclui a possibilidade de vir a enfraquecer o seu exercício para obtenção de um determinado benefício (para tanto, exige-se que decorra do exercício de seu direito de forma livre e voluntária).[113]

Como já mencionado no tópico anterior, as possibilidades de acordo em matérias que envolvem a improbidade não são estranhas ao sistema, como se vê no chamado "acordo de leniência". Além daquilo que já comentado, a Lei Federal nº 12.846/13, artigo 16, § 2º, disciplina que a celebração do acordo de leniência ou isentará a pessoa jurídica ou reduzirá em até 2/3 (dois terços) o valor da multa aplicável nos termos da legislação indicada – o que reforça o que ora se expressa.

De suma importância, igualmente, mencionar que, por força do artigo 17 da mesma Lei Federal nº 12.846/13, é cabível o acordo de leniência também nos ilícitos previstos na Lei de Licitações, notadamente no que diz com os artigos 86 a 88.

Noutras palavras, não há sentido em autorizar-se a realização de acordos por parte do órgão público, integrante do Poder Executivo, moldados com o firme propósito de proteger a Administração Pública, e impossibilitar que o Poder Judiciário e os legitimados possam proceder da mesma forma no âmbito processual. É um contrassenso impor-se um custo e um ônus sem uma razão evidente para tanto.[114]

Tais acordos podem, sim, incluir as hipóteses relativas às sanções a serem impostas, observados os termos do artigo 12, *caput* e incisos, da Lei de Improbidade Administrativa. Não se pode olvidar da compreensão de que todo o processo compreende um risco, além de ele próprio ser uma punição.[115] A partir de tal compreensão, deve ser respeitada a vontade do demandado em ver-se livre do processo de forma mais ágil. A sua capacidade em tolerar ou aceitar o risco deve ser considerada neste

---

[111] NOVAIS, 2006: p. 244-245.

[112] Como pontua Mendes (2006: p. 125-126), a liberdade não surge para atingimento de fins públicos ou estatais, mas unicamente caracteriza-se como liberdade, sob pena de que a irrenunciabilidade (e pode-se dizer o não exercício) dos direitos fundamentais afetaria qualquer capacidade de determinação do indivíduo e, por conseguinte, consistiria ela em um forte atentado ao conceito de dignidade do ser humano.

[113] NOVAIS, 2006: p. 235.

[114] No ponto, faz-se a referência a ele, pois se está a tratar de acordo em *processo civil*. A situação se agrava quando se observa a existência das chamadas delações premiadas/colaborações processuais, no âmbito processual penal, nas hipóteses em que guardam estreita vinculação com figuras penais que se aproximam da improbidade administrativa, especialmente a hipótese regrada entre os artigos 4º e 7º da Lei Federal nº 12.850/13.

[115] SANDEFUR, 2003: p. 31.

momento, pois ela poderá ser um forte indicativo em favor de uma condenação com maior ou menor grau de severidade.[116]

Mas também são permitidas outras hipóteses de acordo e que digam respeito ao procedimento em si. Por exemplo, o artigo 190 do Código de Processo Civil de 2015 prevê convenções sobre ônus, faculdades e deveres das partes, mas também sobre procedimentos a serem adotados, de maneira a prestigiar o andamento do feito e a solução da controvérsia, com a vinculação judicial aos seus termos.[117] Não se obsta a realização de acordos processuais que venham a proteger e garantir os direitos indisponíveis tutelados, sempre dentro da proporcionalidade exigida para tanto, até mesmo para a realização do chamado calendário processual.

Forçoso considerar que os acordos que aqui são sustentados devem acontecer de forma voluntária[118] e com consciência da disposição de direitos processuais previstos em lei e na Constituição, pelo que não pode ocorrer de forma injusta ou composta por abusos.[119] De igual sorte, deve ser confirmado com a certeza de que o demandado também compreende a punição imposta.[120] Faltantes tais situações, não pode o acordo ser convalidado pelo juízo.[121]

Logo, a participação em consenso, livre de coação, não resulta em renúncia a direitos, mas no próprio exercício deles, com o objetivo de tornar mais facilitado o trâmite do processo. Afinal, a proteção excessiva àquele a quem se imputa a conduta também ameaça a própria existência do Estado Democrático de Direito, pelo que há de se reconhecer a necessidade de composição de tais interesses.[122]

O importante para o negócio jurídico é a vontade atrelada ao somatório decorrente da adoção daquele ato e da consequência por ele determinada.[123] Assim, a divulgação de informações torna devidamente conhecidos e compreendidos os direitos processuais a serem renunciados pelo acusado no momento do acordo, o que traz, como forte consequência, o devido respeito e fortalecimento do sistema de justiça.[124]

O que se quer demonstrar é que a capacidade do demandado em ação de improbidade administrativa em apresentar sua concordância, devidamente acompanhada de uma defesa técnica, não é diferente de sua capacidade de praticar qualquer ato processual.[125] [126]

---

[116] BIBAS, 2004: p. 2507.

[117] NOGUEIRA, 2015: p. 90. Escorado no II Encontro de Jovens Processualistas, organizado pelo Instituto Brasileiro de Direito Processual: "21. (art. 191) São admissíveis os seguintes negócios, dentre outros: acordo para realização de sustentação oral, acordo para ampliação do tempo de sustentação oral, julgamento antecipado da lide convencional, convenção sobre prova, redução de prazos processuais" (Conforme consta em Duarte, 2014: p. 31).

[118] CABEZUDO RODRÍGUEZ, 1996, 141-142.

[119] DOUGLAS, 1988: p. 268-269.

[120] RAPOZA, 2013: p. 216.

[121] RAPOZA, 2013: p. 214.

[122] FIGUEIREDO DIAS, 1983: p. 206.

[123] NOGUEIRA, 2015: p. 86-87.

[124] YAROSHEFSKY, 2008: p. 33.

[125] BUTRÓN BALIÑA, 1998: p. 183.

[126] Aliás, cabe ressaltar que o Tribunal Europeu de Direitos Humanos aceita a hipótese de renúncia (e seu não exercício) sempre que isto comportar em determinada vantagem ou benefício ao seu titular (União Europeia. European Court of Human Rights. Grand Chamber. Case of Scoppola v. Italy (n° 2, application n° 10249/03): p. 34).

Não se olvida, aqui, da necessidade de proteção da dignidade da pessoa humana, princípio motriz dos Estados democráticos. Entretanto, como bem pondera o professor Figueiredo Dias,[127] os direitos e garantias processuais exigem consonância com os interesses que estão relacionados com os interesses coletivos de segurança e de própria concretude da vida comunitária, haja vista a necessidade de proporcionalidade e de ponderação daquilo que está envolvido na discussão.

Mas com a ressalva de que sempre há alternativa aos termos do acordo, qual seja, o julgamento. Ela pode ser exercida sempre que assim se desejar, já que o Poder Judiciário deve estar sempre presente para cumprir com seu dever dentro da estrutura da tripartição dos Poderes.[128]

Portanto, compete ser definido que a titularidade de um direito ou das posições que o envolvem confere ao sujeito os poderes de oportunidade acerca do momento de seu exercício, como uma consequência indelével da dignidade da pessoa humana e as agregadas autonomia e autodeterminação do ser humano, como exercício de seu direito de forma livre e voluntária. O poder de dispor sobre os direitos fundamentais, pois, é inerente ao próprio exercício deles.[129] Afinal, tratam-se de direitos e, como tais, podem não ser utilizados por seu titular, o que ganha legitimação a partir do respeito à sua autonomia da vontade.[130] O sujeito é titular prévio de uma determinada posição jurídica estabelecida por norma expressada em direito fundamental e, com seu não exercício, fortalece o lado oposto daquela relação processual que surge, já que este terá ampliado seu espectro de atuação com isto.[131]

4.3. Das possibilidades de controle dos consensos

Superadas as questões anteriores, é caso de fazer uma última análise, no que diz com o controle dos acordos. E é importante referir que a legislação aqui citada já nos traz um modelo para ele.

O primeiro deles está na regra geral acerca da obrigatoriedade da persecução dos fatos caracterizados como improbidade administrativa. Uma situação está em eventuais acordos quanto ao procedimento ou quanto à sanção a ser imposta. Outra, absolutamente distinta, está na persecução em si. Não se admite acordo de não persecução, salvo se houver legislação específica que assim autorizar, desconhecida até o momento. Em outras palavras: a obrigatoriedade se dá na necessidade de persecução; a forma como ela deve ser realizada surge na linha das compreensões da política processual estabelecida pelo Estado.

---

[127] FIGUEIREDO DIAS, 2011: p. 27.

[128] ZACHARIAS, 1998: p. 1187-1188.

[129] NOVAIS, 2006: p. 235. Na medida em que a dignidade da pessoa humana é reconhecida pelo ordenamento jurídico, o Estado está privado de interferir nos núcleos essenciais da esfera privada individual (WEIGEND; GHANAYIM, 2011: p. 199). Para a jurisprudência constitucional alemã, a dignidade da pessoa humana está em considerar que a pessoa deve ser vista como um sujeito, não um simples objeto do processo. Consiste, portanto, no direito à pessoa de estabelecer sua autodeterminação e de ser visto em igualdade com os demais membros da sociedade (WEIGEND; GHANAYIM, 2011: p. 200-201).

[130] TORRÃO, 2000: p. 75. Pela relevância, em que pese versar sobre os acordos em processo penal, vale dizer que, no âmbito americano, já se decidiu que qualquer acusado pode renunciar direitos fundamentais processuais, desde que o faça de maneira voluntária e com a compreensão de que tal situação está a acontecer (ESTADOS UNIDOS. Court of Appeal for the Third Circuit. United States of America v. Craig A. Grimes, n. 12-4523: p. 1-13)

[131] NOVAIS, 2006: p. 215.

Afinal, ninguém está acima da lei, pelo que, então, todos são iguais perante ela, nos termos do artigo 5º, *caput*, da Lei Maior.

E não poderia ser diferente quanto à obrigatoriedade: ainda que o ressarcimento do prejuízo ao erário possa ser feito de forma voluntária, sem ordem judicial, há outras consequências decorrentes da verificação da improbidade administrativa que precisam de um reconhecimento judicial para a produção de seus efeitos na integralidade, como uma possível inelegibilidade.[132] Para isto, não pode haver acordo em âmbito de inquérito civil sem homologação judicial.

Com o que se entende que o momento adequado para os acordos surge após a propositura da ação civil ordinária, quando estarão delimitados os fatos e o alcance punitivo pretendido.

A outra forma de controle é evidente: as partes envolvidas farão o controle daquilo que for condizente para a proteção integral da Administração Pública, tanto no que diz com a punição em si, como quanto na reparação e demais formas de punição cabíveis ao caso concreto.

O que se exige é que haja boa-fé das partes envolvidas, notadamente o Estado, no cumprimento das condições impostas, em face da segurança jurídica e da confiança na aplicação dos mecanismos jurídicos,[133] o que nada mais é do que uma exigência imposta pelo artigo 5º do Código de Processo Civil de 2015.

Mas quanto às partes envolvidas, há de se prolongar um pouco mais.

O artigo 17, *caput*, da Lei de Improbidade Administrativa é expresso em afirmar que os legitimados para a propositura da ação civil são o Ministério Público e a pessoa jurídica interessada, sendo que o Ministério Público atuará como *custos legis* quando não for o proponente da ação (§ 4º). Assim, se o acordo for celebrado com legitimado diverso do Ministério Público, este poderá não aceitar seus termos por violação do interesse indisponível tutelado, deixar de atuar como fiscal da lei, e assumir a titularidade da ação civil até o seu final.

Como forma de controle, também se pode indicar que, se o acordo for celebrado com o Ministério Público, deve ele ser previamente submetido ao Conselho Superior do Ministério Público, naquilo em que a lei processual não exigir homologação judicial, por analogia aos termos do artigo 9º, § 1º, da Lei Federal nº 7.347/85, para fins de fiscalização da regularidade da atuação do membro do Ministério Público, até mesmo para verificação de eventual omissão que justifique falta grave na sua atuação. Caso o Conselho não concorde, deve indicar outro membro do Ministério Público para o prosseguimento da ação (artigo 9º, § 4º, da Lei Federal nº 7.347/85).

Somente após é que deve chegar-se ao controle do juízo, essencial que é em virtude da regra de que não se excluirá da apreciação jurisdicional ameaça ou lesão a direito.[134]

Nos termos do artigo 8º do novo Código, ao aplicar o ordenamento jurídico, o juiz atenderá aos fins sociais e às exigências do bem comum, resguardando e promo-

---

[132] Como ocorre na hipótese prevista na alínea "l" do inciso I do artigo 1º da Lei Complementar nº 64/90, com redação determinada pela Lei Complementar nº 135/2010.
[133] FRUMER, 2013: p. 42-43.
[134] Código de Processo Civil de 2015, artigo 3º, *caput*, que reverbera o conteúdo do artigo 5º, inciso XXXV, da Constituição Federal.

vendo a dignidade da pessoa humana, e observando a proporcionalidade, a razoabilidade, a legalidade, a publicidade e a eficiência.

Fica claro que a preservação do princípio do direito à jurisdição também serve como fator importante na regularização do sistema de negociação, pois há de ser assegurado o interesse das pessoas em buscar o Poder Judiciário para a solução dos conflitos de qualquer natureza.[135]

O processo deve sempre manter seu critério e ao juiz deve ser aferido um poder de atuação distinto dos demais, de forma a preservar o andamento do processo de eventuais abusos e deslealdades, notadamente para o desiderato de encontrar a verdade e de atuar como julgador correto da demanda proposta, ainda que como uma forma de controle dos demais sujeitos processuais.[136]

Ao juiz compete o ato de julgar. Assim, o Poder Judiciário deve fixar a sanção de maneira mais condizente com a conduta havida, apesar das possibilidades de redução pela colaboração. Deve possibilitar o conhecimento, pela defesa, do conteúdo da prova alcançada até aquele estágio processual e que originará o acordo que substituirá o restante da instrução (assegura-se, assim, uma maior efetividade defensiva). Por tudo isto, deve ser mantida a possibilidade recursal, especialmente pela defesa e, principalmente, a possibilidade de uma realização probatória, dentro do contraditório, conforme os termos do acordo.[137]

Assim, e acompanhando-se o magistério de Figueiredo Dias quanto aos acordos criminais,[138] eventual benefício decorrente da confissão justifica-se pela necessidade de uma sanção reduzida naquele caso concreto (proporcionalidade), pelo que se entende que a proposta final de sanção deve apresentar parâmetros mínimos e máximos, com o juiz sendo o responsável por sua definição ao final. Isto porque a voluntariedade para fins de acordo restará prejudicada quando houver uma grave desproporção entre a pena abstratamente prevista e aquela oferecida quando das negociações,[139] pois a desproporção benéfica é feita, justamente, para que não haja qualquer chance de o acusado optar por defender sua presunção de não culpabilidade.

Importante observar que, para produção de efeitos desde logo, a grande maioria dos negócios jurídicos processuais dentro da ação de improbidade independem da concordância judicial (o que não ocorre nas situações que envolvem o calendário processual e a própria definição das sanções consensuadas, p. ex.). Compete ao juízo, entretanto, controlar a licitude do material produzido, como nos casos de requisitos de existência e de validade dele, com decisão submetida ao duplo grau de jurisdição.[140]

---

[135] FERNANDES, 2001: p. 269.

[136] MESQUITA, 2010: p. 40. Vale o paralelo com a ideia processual penal de acordo, com base na jurisprudência do Tribunal Constitucional alemão, que decidiu que continua prevista a necessidade de que o Judiciário persiga a verdade, ainda que de ofício, se o que fora produzido até então não se mostrar suficiente para confirmar a confissão, como já visto anteriormente (ALEMANHA. BVerfG, 2 BvR 2628/10, 2 BvR 2883/10 und BvR 2155/11, vom 19.3.2013, documento não paginado).

[137] SCHÜNEMANN, 2004: p. 190-192.

[138] FIGUEIREDO DIAS, 2011, p. 59.

[139] UNIÃO EUROPEIA. European Court of Human Rights. Court (Chamber). Case Deweer v. Belgium (application nº 6093/75), p. 22-23.

[140] YARSHELL, 2015: p. 67. Na linha do III Encontro do Fórum Permanente de Processualistas Civis: "133. (art. 191, *caput*; art. 200) Salvo nos casos expressamente previstos em lei, os negócios processuais do *caput* do art. 191 não dependem de homologação judicial" (conforme consta em Duarte, 2014: p. 32).

O negócio jurídico processual não pode servir de maneira a tornar desiguais as pessoas, na medida em que o processo em si visa a buscar uma igualdade entre as partes, com a chamada paridade de armas.[141]

Até porque a homologação causará um resultado saneador às possíveis deficiências que possam ter acontecido em momento anterior ao acordo, já que sua aceitação fulmina as nulidades/irregularidades que poderiam ser deduzidas.[142]

Quando houver confissão e/ou reconhecimento do pedido, se entender estarem todos os interesses devidamente preservados, fará uso do artigo 355 do Código de Processo Civil, que diz que o juiz julgará antecipadamente o pedido, proferindo sentença com resolução de mérito, quando não houver necessidade de produção de outras provas.

Caso entenda pela ausência, e dada a necessidade de cooperação já vista, deve chamar as partes para uma conformação do acordo. Se não a obtiver, não o deve homologar, nem que, para tanto, tenha de encaminhar ao Conselho Superior do Ministério Público (nos termos a pouco expostos) para que seja aferida a conduta do membro ministerial. Ao verificar eventual ilegalidade no acordo, o magistrado tem o dever de comunicá-la às partes para que possa ser sanada, inclusive com a possibilidade de indicar as formas de sua resolução, com exercício de diálogo e de prevenção.[143]

Não esquecendo de que o processo depende da iniciativa da parte para seu início, mas está autorizado seu impulso oficial, focado na solução integral do mérito, inclusive para eventual dilação probatória por iniciativa do juízo, caso paire alguma dúvida que dela necessite.[144]

Sempre se deve ter presente que a atuação da vontade das partes não torna o processo meramente uma atividade privada; deve ser de forma equilibrada, de molde a que não se torne um autoritarismo, nem um ato que se mostre como um indiferente estatal.[145] Vale a compreensão de que o que se pretende é confirmar que a dignidade humana,[146] a responsabilidade e a admissão estão vinculadas à liberdade do homem, voltada para uma decisão embasada na razão, porque ela é voltada para a autodeterminação responsável.[147]

Afinal, o processo necessita estar adaptado à condição dos sujeitos e ao objeto que nele é versado, pelo que a adaptação de seu rito, de maneira teleológica, também deve ocorrer, por isto que confere uma capacidade de adaptação às partes. O papel do

---

[141] YARSHELL, 2015: p. 69-70. Isso nada mais é do que uma consequência natural do disposto no artigo 7º do Código de 2015: "É assegurada às partes paridade de tratamento em relação ao exercício de direitos e faculdades processuais, aos meios de defesa, aos ônus, aos deveres e à aplicação de sanções processuais, competindo ao juiz zelar pelo efetivo contraditório".

[142] Tais como eventuais discussões sobre a licitude na obtenção da prova (CABEZUDO RODRÍGUEZ, 1996: p. 62-64).

[143] QUEIROZ, 2014: p. 704.

[144] Há de ser apontado que o juiz não se envolve no contrato processual porque tem ele poderes de admissão, de produção de provas de ofício, de julgamento e de aplicação coercitiva de suas ordens, pelo que se mantém como um sujeito imparcial do processo, já que atrelado aos termos que a lei lhe impõe (QUEIROZ, 2014: p. 701-702). Assim, impossível que as partes limitem, por convenção, qualquer diminuição dos poderes judiciais (QUEIROZ, 2014: p. 704).

[145] GODINHO, 2015: p. 410.

[146] NOVAIS, 2006: p. 274.

[147] KAUFMANN, 2010: p. 352, 356.

juiz está em levar o processo a uma mais adequada solução das matérias levadas ao Judiciário, com redução de custos e tempo.[148]

5. Conclusão

O trabalho destinava-se a responder a pergunta exposta no seu título. Evidentemente, a intenção desse trabalho está em trazer à discussão um tema de suma importância a partir da nova legislação que se apresenta. Não tem ele a pretensão de esgotar a questão, pois ainda há mais por discutir, pesquisar e comparar sobre ela.

Não obstante, fica evidente que a vedação, originariamente feita no artigo 17, § 1º, da Lei de Improbidade Administrativa não mais se coaduna com as novas intenções voltadas ao processo civil. É um processo que quer perfectibilizar o direito das partes em obterem a solução integral do mérito, em prazo razoável, sempre pautado na boa-fé. Tudo isto a partir de uma compreensão cooperativa entre os sujeitos processuais, de forma a atender aos fins sociais e às exigências do bem comum (é um clamor social um combate mais efetivo da corrupção), resguardando e promovendo a dignidade da pessoa humana, com base na proporcionalidade, na razoabilidade, na legalidade, na publicidade e na eficiência.

Os consensos nada mais são do que a efetivação dos próprios direitos processualmente estabelecidos, que se justificam pela voluntariedade em vê-los efetivados ou, então, em não utilizá-los, sempre com o fito de proteger, no caso, o interesse maior, qual seja, o correto exercício da Administração Pública e, porque não dizer, o correto manejo da coisa pública.

Proibir a realização é violar a autonomia, a vontade e a liberdade dos envolvidos na ação civil. Também é desprezar a capacidade que o juiz possui de, racionalmente, conduzir o processo e, por ele, obter uma resposta que encontre respaldo social e efetividade prática.

Enfim, manter a vedação é privilegiar aqueles que fazem da ilicitude um modo de vida pública.

Referências

ABREU, Rafael Sirangelo. A igualdade e os negócios processuais. In: CABRAL, Antônio do Passo; NOGUEIRA, Pedro Henrique (Coords.). *Negócios Processuais*. Salvador: Jus Podium, 2015, p. 193-214.

ALCALÁ-ZAMORA Y CASTILLO, Niceto. *El allanamiento en el proceso penal*. Buenos Aires: Ediciones Juridicas Europa-America, 1962.

ALEMANHA. BVerfG, 2 BvR 2628/10, 2 BvR 2883/10 und BvR 2155/11, vom 19.3.2013. Berlin: Bundes-Verfassungs-Gericht, 2013a. Disponível em: <http://www.bverfg.de/entscheidungen/rs20130319_2bvr262810.html>. Acesso em: 22 out. 2015.

ALMEIDA, Diogo Assumpção Rezende de Almeida. As convenções processuais na experiência francesa e no novo CPC. In: CABRAL, Antônio do Passo; NOGUEIRA, Pedro Henrique (Coords.). *Negócios Processuais*. Salvador: Jus Podium, 2015, p. 245-268.

BARBOSA MOREIRA, José Carlos. Convenções das partes sobre matéria processual. In: BARBOSA MOREIRA, José Carlos. *Temas de direito processual* (terceira série). São Paulo: Saraiva, 1984, p. 87-98.

---

[148] ABREU, 2015: p. 203-204.

BIBAS, Stephanos. Plea bargaining outside the shadow of trial. *Harvard Law Review,* Cambridge, v. 117, n. 8, p. 2463-2547, 2004.

BRASIL. *Constituição da República Federativa do Brasil de 1988.* Brasília: Governo Federal, 1988. Disponível em: <http://www.planalto.gov.br/ccivil_03/Constituicao/ConstituicaoCompilado.htm>. Acesso em: 05 out. 2015.

——. Decreto-Lei n° 1.608, de 18 de setembro de 1939. Código de Processo Civil. *Colleção das Leis da República dos Estados Unidos do Brasil de 1939*: Rio de Janeiro, v. 7, p. 311-438. Disponível em: <http://www.planalto.gov.br/ccivil_03/decreto-lei/1937-1946/Del1608.htm>. Acesso em: 04 out. 2015.

——. Lei Complementar n° 135, de 4 de junho de 2010. Altera a Lei Complementar n° 64, de 18 de maio de 1990, que estabelece, de acordo com o § 9° do art. 14 da Constituição Federal, casos de inelegibilidade, prazos de cessação e determina outras providências, para incluir hipóteses de inelegibilidade que visam a proteger a probidade administrativa e a moralidade no exercício do mandato. *Diário Oficial da União*, Brasília, DF, 07 jun. 2010, p. 1. Disponível em: <http://www.planalto.gov.br/ccivil_03/leis/LCP/Lcp135.htm#art2>. Acesso em: 23 out. 2015.

——. Lei Complementar n° 64, de 18 de maio de 1990. Estabelece, de acordo com o art. 14, § 9° da Constituição Federal, casos de inelegibilidade, prazos de cessação, e determina outras providências.. *Diário Oficial da União*, Brasília, DF, 21 mai. 1990, p. 9591. Disponível em: <http://www.planalto.gov.br/ccivil_03/leis/LCP/Lcp64.htm>. Acesso em: 23 out. 2015.

——. Lei n° 5.869, de 11 de janeiro de 1973. Institui o Código de Processo Civil. *Diário Oficial da União*: Brasília, 17 jan. 1973, p. 1. Disponível em: <http://www.planalto.gov.br/ccivil_03/leis/L5869.htm>. Acesso em: 04 out. 2015.

——. Lei n° 7.347, de 24 de julho de 1985. Disciplina a ação civil pública de responsabilidade por danos causados ao meio-ambiente, ao consumidor, a bens e direitos de valor artístico, estético, histórico, turísticos e paisagístico (VETADO) e dá outras providências. *Diário Oficial da União*, Brasília, DF, 25 jul. 1985. Disponível em: <http://www.planalto.gov.br/ccivil_03/leis/L7347Compilada.htm>. Acesso em: 23 mar. 2014.

——. Lei n° 8.078, de 11 de setembro de 1990. Dispõe sobre a proteção do consumidor e dá outras providências. *Diário Oficial da União*: Brasília, 12 set. 1990, p. 1 (suplemento). Disponível em: <http://www.planalto.gov.br/ccivil_03/Leis/L8078compilado.htm>. Acesso em: 07 out. 2015.

——. Lei n° 8.429, de 02 de junho de 1992. Dispõe sobre as sanções aplicáveis aos agentes públicos nos casos de enriquecimento ilícito no exercício de mandato, cargo, emprego ou função na administração pública direta, indireta ou fundacional e dá outras providências. *Diário Oficial da União*: Brasília, 03 jun. 1992, p. 6993. Disponível em: <http://www.planalto.gov.br/ccivil_03/leis/L8429.htm>. Acesso em: 07 out. 2015.

——. Lei n° 10.406, de 10 de janeiro de 2002. Institui o Código Civil. *Diário Oficial da União*: Brasília, 11 jan. 2002, p. 1. Disponível em: <http://www.planalto.gov.br/ccivil_03/leis/2002/L10406compilada.htm>. Acesso em: 07 out. 2015.

——. Lei n° 12.120, de 15 de dezembro de 2009. Altera os arts. 12 e 21 da Lei n° 8.429, de 2 de junho de 1992 – Lei de Improbidade Administrativa. *Diário Oficial da União*: Brasília, 16 dez. 2009, p. 1. Disponível em: <http://www.planalto.gov.br/ccivil_03/_Ato2007-2010/2009/Lei/L12120.htm#art1>. Acesso em: 04 out. 2015.

——. Lei n° 12.846, de 1° de agosto de 2013. Dispõe sobre a responsabilização administrativa e civil de pessoas jurídicas pela prática de atos contra a administração pública, nacional ou estrangeira, e dá outras providências. *Diário Oficial da União*: Brasília, 2 ago. 2103, p. 1. Disponível em: <http://www.planalto.gov.br/ccivil_03/_ato2011-2014/2013/lei/l12846.htm>. Acesso em: 07 out. 2015.

——. Lei n° 12.850, de 2 de agosto de 2013. Define organização criminosa e dispõe sobre a investigação criminal, os meios de obtenção de prova, infrações penais correlatas e o procedimento criminal; altera o Decreto-Lei n° 2.848, de 7 de dezembro de 1940 (Código Penal); revoga a Lei n° 9.034, de 3 de maio de 1995; e dá outras providências. *Diário Oficial da União*, Brasília, DF, 5 ago. 2013. Disponível em: <http://www.planalto.gov.br/ccivil_03/_Ato2011-2014/2013/Lei/L12850.htm>. Acesso em: 21 out. 2015.

——. Lei n° 13.105, de 16 de março de 2015. Código de Processo Civil. *Diário Oficial da União*: Brasília, 17 mar. 2015, p. 1. Disponível em: <http://www.planalto.gov.br/ccivil_03/_Ato2015-2018/2015/Lei/L13105.htm>. Acesso em: 04 out. 2015.

———. Superior Tribunal de Justiça. Primeira Turma. Recurso Especial n° 827445-SP. Relator para o acórdão: Ministro Teori Albino Zavascki. Brasília, DF, 02 de fevereiro de 2010. Disponível em: <https://ww2.stj.jus.br/processo/revista/documento/mediado/?componente=ITA&sequencial=838339&num_registro=200600589223&data=20100308&formato=HTML>. Acesso em: 10 out. 2015.

———. Superior Tribunal de Justiça. Segunda Turma. Agravo Regimental no Agravo em Recurso Especial n° 695500-SP. Relator: Ministro Humberto Martins. Brasília, DF, 08 de setembro de 2015. Disponível em: <https://ww2.stj.jus.br/processo/revista/documento/mediado/?componente=ITA&sequencial=1439580&num_registro=201500700514&data=20150916&formato=HTML>. Acesso em: 10 out. 2015.

———. Tribunal de Justiça do Estado do Rio Grande do Sul. Quarta Câmara Cível. Embargos de Declaração n° 70065718009. Relator: Desembargador Francesco Conti. Porto Alegre, RS, 26 de agosto de 2015. Disponível em: <http://www.tjrs.jus.br/busca/search?q=cache:www1.tjrs.jus.br/site_php/consulta/consulta_processo.php%3Fnome_comarca%3DTribunal%2Bde%2BJusti%25E7a%26versao%3D%26versao_fonetica%3D1%26tipo%3D1%26id_comarca%3D700%26num_processo_mask%3D70065718009%26num_processo%3D70065718009%26codEmenta%3D6437676+70065718009++++&proxystylesheet=tjrs_index&client=tjrs_index&ie=UTF-8&lr=lang_pt&site=ementario&access=p&oe=UTF-8&numProcesso=70065718009&comarca=Comarca%20de%20Taquara&dtJulg=26/08/2015&relator=Francesco%20Conti&aba=juris>. Acesso em: 10 out. 2015.

BUTRÓN BALIÑA, Pedro M. *La conformidad del acusado en el proceso penal*. Madrid: McGraw-Hill, 1998.

CABEZUDO RODRÍGUEZ, Nicolás. *El Ministério Público y la justicia negociada en los Estados Unidos de Norteamérica*. Granada: Comares, 1996.

CABRAL, Antônio do Passo. A Resolução n° 118 do Conselho Nacional do Ministério Público e as convenções processuais. In: CABRAL, Antônio do Passo; NOGUEIRA, Pedro Henrique (Coords.). *Negócios Processuais*. Salvador: Jus Podium, 2015, p. 541-557.

CIANCI, Mirna; MEGNA, Bruno Lopes. Fazenda Pública e negócios jurídicos processuais no novo CPC: pontos de partida para o estudo. In: CABRAL, Antônio do Passo; NOGUEIRA, Pedro Henrique (Coords.). *Negócios Processuais*. Salvador: Jus Podium, 2015, p. 481-506.

CUNHA, Leonardo Carneiro da. Negócios jurídicos processuais no Processo Civil Brasileiro. In: CABRAL, Antônio do Passo; NOGUEIRA, Pedro Henrique (Coords.). *Negócios Processuais*. Salvador: Jus Podium, 2015, p. 27-62.

DIDIER JR., Fredie. Princípio do respeito ao autorregramento da vontade no Processo Civil. In: CABRAL, Antônio do Passo; NOGUEIRA, Pedro Henrique (Coords.). *Negócios Processuais*. Salvador: Jus Podium, 2015, p. 19-25.

DOUGLAS, John Jay. *Ethical issues in prosecution*. Houston: National College of District Attorneys, 1988.

DUARTE, Antonio Aurélio Abi Ramia. O Novo Código de Processo Civil, os Negócios Processuais e a Adequação Procedimental. *Revista do GEDICON*. Rio de Janeiro, v. 2, p. 21-42, dez. 2014.

ESTADOS UNIDOS. United States Court of Appeal for the Third Circuit. United States of America v. Craig A. Grimes, n° 12-4523. Washington: United States District Court, 2013. p. 1-13. Disponível em: <http://sites.temple.edu/templelawreviewblog/files/2014/02/US-v.-Grimes.pdf>. Acesso em: 20 out. 2015.

FERNANDES, Antonio Scarance. *Processo penal constitucional*. 7. ed. São Paulo: RT, 2012.

FERNANDES, Fernando. *O processo penal como instrumento de política criminal*. Coimbra: Almedina, 2001.

FIGUEIREDO DIAS, Jorge de. *Acordos sobre a sentença em processo penal*: o "fim" do Estado de direito ou um novo "princípio". Porto: Ordem dos Advogados Portugueses, 2011.

———. Para uma reforma global do processo penal português: da sua necessidade e de algumas orientações fundamentais. In: CORREIA, Eduardo et al. *Para uma nova justiça penal*: ciclo de conferências no Conselho Distrital do Porto da Ordem dos Advogados. Coimbra: Almedina, 1983. p. 189-242.

FRANÇA. *Code de Procédure Civile* (*version consolidée au 1 octobre 2015*). Disponível em: <http://www.legifrance.gouv.fr/affichCode.do;jsessionid=632013439EF66C169ABF2F1DBF9E6191.tpdila13v_2?cidTexte=LEGITEXT000006070716&dateTexte=20151004>. Acesso em: 04 out. 2015.

FRUMER, Philippe. Variaciones sobre el tema de la renuncia a los derechos y libertades fundamentales. In: FRUMER, Philippe e VILLAVERDE MENÉNDEZ, Ignacio. *La renunciabilidad de los derechos fundamentales y las libertades públicas*. Madrid: Fundación Coloquio Jurídico Europeo, 2013. p. 11-87.

GALAIN PALERMO, Pablo. Relaciones entre "el derecho a la verdad" y el proceso penal. Análisis de la jurisprudencia de la corte interamericana de derechos humanos. In: AMBOS, Kai (Org.). *Sistema interamericano de protección de los derechos humanos y derecho penal internacional*. Montevideo: Konrad-Adenauer-Stiftung, 2011. p. 249-282.

GARCIA, Émerson; ALVES, Rogério Pacheco. *Improbidade ADministativa*. 6ª ed., rev. e atual.. Rio de Janeiro: Lumen Juris, 2011.

GODINHO, Robson Renault. A possibilidade de negocios jurídicos processuais atípicos em matéria probatória. In: CABRAL, Antônio do Passo; NOGUEIRA, Pedro Henrique (Coords.). *Negócios Processuais*. Salvador: Jus Podium, 2015, p. 407-416.

GRECO, Leonardo. Os atos de disposição processual – primeiras reflexões. *Revista Quaestio Juris*. Rio de Janeiro, v. 04, n. 01, p. 720-746, 2011.

HIRALDE VEGA, Germán; CAUSSE, Federico. La celeridad procesal a cargo de las partes (invitación del próprio juez de la causa). In: CABRAL, Antônio do Passo; NOGUEIRA, Pedro Henrique (Coords.). *Negócios Processuais*. Salvador: Jus Podium, 2015, p. 371-381.

KAUFMANN, Arthur. *Filosofia do Direito*. 4. ed. Lisboa: Fundação Calouste Gulbenkian, 2010.

MADLENER, Kurt. Meios e métodos para alcançar-se no processo penal as metas de "prazo razoável" e de "celeridade": observações a respeito da justiça alemã. In: MONTE, Mário Ferreira (Org.). *Que futuro para o direito processual penal?*: simpósio em homenagem a Jorge de Figueiredo Dias. Coimbra: Coimbra, 2009. p. 645-670.

MARINONI, Luiz Guilherme; ARENHART, Sérgio Cruz. *Processo de Conhecimento*. Vol. 2. 7ª ed., rev. e atual.. São Paulo: Revista dos Tribunais, 2008.

MARQUES DA SILVA, Germano. *Curso de processo penal I*: noções gerais, elementos do processo penal. Lisboa: Verbo, 2010.

MAZZILLI, Hugo Nigro. *A defesa dos interesses difusos em juízo*. 9ª ed. São Paulo: Saraiva, 1997.

MENDES, Laura Schertel F.. Um debate acerca da renúncia aos direitos fundamentais: para um discurso dos direitos fundamentais como um discurso de liberdade. *Direito Público*, Brasília, v. 1, n. 13, p. 121-133, 2006. Disponível em: <http://www.direitopublico.idp.edu.br/index.php/direitopublico/article/view/418/904>. Acesso em: 20 out. 2015.

MESQUITA, Paulo Dá. *Processo penal, prova e sistema judiciário*. Coimbra: Coimbra, 2010.

MIRANDA, Gustavo Senna. Da Impossibilidade de Considerar os Atos de Improbidade Administrativa como Crimes de Responsabilidade. CONAMP, sem data indicada, documento não paginado. Disponível em <http://www.conamp.org.br/pt/biblioteca/artigos/item/488-da-impossibilidade-de-considerar-os-atos-de-improbidade-administrativa-como-crimes-de-responsabilidade.html>. Acesso em: 12 out. 2015.

MIRANDA, Jorge; MEDEIROS, Rui. *Constituição portuguesa anotada*. Coimbra: Coimbra, 2005. Tomo I.

MIRRA, Álvaro Luiz Valery. *Ação civil pública e a reparação do dano ao meio ambiente*. São Paulo: Juarez de Oliveira, 2002.

MITIDIERO, Daniel Francisco. *Bases para construção de um processo civil cooperativo:* o direito processual civil no marco teórico do formalismo-valorativo. Tese (Doutorado em Direito). Programa de Pós-Graduação em Direito, Universidade Federal do Rio Grande do Sul. Rio Grande do Sul, 2007. Disponível em: <http://www.lume.ufrgs.br/bitstream/handle/10183/13221/000642773.pdf?sequence=1>. Acesso em: 04 out. 2015.

MONTERO AROCA, Juan. *La paradoja procesal del siglo XXI:* los poderes del juez penal (libertad) frente a los poderes del juez civil (dinero). Valencia: Tirant ló Blanch, 2014.

MONTORO, André Franco. *Introdução à Ciência do Direito*. 28ª ed., rev. e atual. São Paulo: Revista dos Tribunais, 2009.

NOGUEIRA, Pedro Henrique Pedrosa. Sobre os acordos de procedimento no Processo Civil Brasileiro. In: CABRAL, Antônio do Passo; NOGUEIRA, Pedro Henrique (Coords.). *Negócios Processuais*. Salvador: Jus Podium, 2015, p. 81-92.

NOVAIS, Jorge Reis. *Direitos fundamentais*: trunfos contra a maioria. Coimbra: Coimbra, 2006.

NUNES, Dierle; SANTOS E SILVA, Natanael Lud. *CPC Referenciado – Lei 13.105/2015*. 1ª edição. Florianópolis: Empório do Direito, 2015.

QUEIROZ, Pedro Gomes de. Convenções Disciplinadoras do Processo Judicial. *Revista Eletrônica de Direito Processual*. Rio de Janeiro, v. XIII, n. 13, p. 693-732, dez. 2014. Disponível em: < http://www.e-publicacoes.uerj.br/index.php/redp/article/view/11931/9343>. Acesso em: 04 out. 2015.

RAPOZA, Phillip. A experiência americana do plea bargaining: a excepção transformada em regra. *Julgar*, Coimbra, v. 19, p. 207-220, 2013.

RODRIGUES, Anabela Miranda. A celeridade no processo penal: uma visão de direito comparado. *Revista Portuguesa de Ciência Criminal*, Coimbra, ano 8, fascículo 2, p. 233-250, 1998.

SANDEFUR, Timothy. In defense of plea bargaining. *Regulation*, p. 28-31, fall 2003. Disponível em: <http://www.cato.org/sites/cato.org/files/serials/files/regulation/2003/7/v26n3-8.pdf>. Acesso em: 21 out. 2015.

SANTOS, Moacyr Amaral. Primeiras Linhas de Direito Processual Civil (adaptadas ao novo Código de Processo Civil). 2º vol. 10. ed., atual. São Paulo: Saraiva, 1985.

SCHÜNEMANN, Bernd. Cuestiones básicas de la estructura y reforma del procedimiento penal bajo una perspectiva global. *Derecho Penal y Criminología*, Bogotá, v. 25, n. 6, p. 175-197, 2004. Disponível em: <http://revistas.uexternado.edu.co/index.php?journal=derpen&page=article&op=view&path[]=1034&path[]=978>. Acesso em: 21 out. 2015.

SILVA, Ovídio A. Baptista da. *Curso de Processo Civil*. Vol I. 2ª ed. Porto Alegre: Sergio Fabris, 1991.

SOUSA MENDES, Paulo de. *Lições de direito processual penal*. Coimbra: Almedina, 2013.

TARUFFO, Michele. *Uma simples verdade:* o juiz e a construção dos fatos. São Paulo: Marcial Pons, 2012.

THEODORO JÚNIOR, Humberto. *Curso de Direito Processual Civil*. Teoria geral do direito processual civil e processo de conhecimento. Vol. I. 55ª ed., rev. e atual.. Rio de Janeiro: Forense, 2014.

TORRÃO, Fernando. A relevância político-criminal da suspensão provisória do processo. Coimbra: Almedina, 2000.

UNIÃO EUROPEIA. European Court of Human Rights. Court (Chamber). Case Deweer v. Belgium (application nº 6093/75). President: Herman Mosler. Strasbourg, 27 february 1980. p. 1-30. Disponível em: <http://hudoc.echr.coe.int/sites/eng/pages/search.aspx?i=001-57469#{%22itemid%22:[%22001-57469%22]}>. Acesso em: 23 out. 2015.

——. European Court of Human Rights. Grand Chamber. Case of Scoppola v. Italy (n° 2, application nº 10249/03). President: Jean-Paul Costa. Strasbourg, 17 september 2009. p. 1-46. Disponível em: < http://hudoc.echr.coe.int/sites/eng/pages/search.aspx?i=001-94135#{%22itemid%22:[%22001-94135%22]}>. Acesso em: 20 out. 2015.

VALE, Ionilton Pereira do. Princípios constitucionais do processo penal na visão do Supremo Tribunal Federal. Rio de Janeiro: Forense, 2009.

VERDELHO, Pedro. *Tempus Fugit*, ou a reforma penal e a celeridade processual. *Revista do CEJ*, Coimbra, n. 5, p. 231-245, 2º sem. 2006.

VIEIRA DE ANDRADE, José Carlos. *Os direitos fundamentais na constituição portuguesa de 1976*. 5. ed. Coimbra: Almedina, 2012.

WEIGEND, Thomas; GHANAYIM, Khalid. Human dignity in criminal procedure: a comparative overview of Israeli and German law. *Israel Law Review*, Jerusalem, v. 44, p. 199-228, 2011.

YAROSHEFSKY, Ellen. Ethics and plea bargaining: what's discovery got to do with it? *Criminal Justice*, Chicago, v. 23, n. 3, p. 28-33, 2008.

YARSHELL, Flávio Luiz. Convenção das partes em matéria processual: rumo a uma nova era? In: CABRAL, Antônio do Passo; NOGUEIRA, Pedro Henrique (Coords.). *Negócios Processuais*. Salvador: Jus Podium, 2015, p. 63-80.

ZACHARIAS, Fred C. Justice in plea bargaining. *William and Mary Law Review*, Williamsburg, v. 39, n. 4, p. 1121-1189, 1998.

ZANETI JÚNIOR, Hermes. O problema da verdade no processo civil: modelos de prova e de procedimento probatório. In: MITIDIERO, Daniel Francisco; ZANETI JÚNIOR, Hermes. *Introdução ao Estudo do Processo Civil*. Primeiras linhas de um paradigma emergente. Porto Alegre: Sergio Antonio Fabris, 2004, p. 115-164.

— 19 —

Breves reflexões sobre a reclamação no novo Código de Processo Civil

VERA SAPKO[1]

Cada ação nossa é resultado de uma escolha e cada escolha merece ser examinada, discutida e revista. Este é o sentido da ética, da liberdade e da vida em sociedade.

Jorge Pontual, referindo lição de Michael Sandel.

1. A reclamação destinada a preservar a competência do Supremo Tribunal Federal ou de garantir a autoridade de suas decisões teve origem pretoriana, tendo sido criada pela jurisprudência da Corte Federal com assento na teoria dos poderes implícitos, levando em linha de conta não haver sentido em conferir ao Supremo Tribunal o poder de reapreciar em sede recursal causas decididas por outros Tribunais se não lhe fosse assegurado instrumento hábil a fazer prevalecer seus próprios pronunciamentos, acaso desatendidos pelas Justiças locais.

Aos poucos, a reclamação foi ganhando espaço, também, no ordenamento jurídico, sendo incorporada ao Regimento Interno do Supremo Tribunal Federal em 02 de outubro de 1957, auferindo respaldo constitucional com a Constituição Federal de 1967, que autorizou a Corte a estabelecer competências para o Plenário além das previstas, expressamente, na Carta e a fixar seu processo e julgamento[2] –, e, por fim, sendo, efetivamente, contemplada na Carta Federal de 1988, que conferiu ao Supremo Tribunal Federal e ao Superior Tribunal de Justiça competência para sua apreciação.

---

[1] Promotora de Justiça do Rio Grande do Sul. Mestrado em Direito pela Universidade do Vale do Rio dos Sinos – UNISINOS (2003).

[2] *Art. 115 – O Supremo Tribunal Federar funcionará em Plenário ou dividido em Turmas. Parágrafo único – O Regimento Interno estabelecerá: a) a competência do plenário além dos casos previstos no art. 114, nº I, letras a, b, e, d, i, j e l, que lhe são privativos; b) a composição e a competência das Turmas; c) o processo e o julgamento dos feitos de sua competência originária ou de recurso; d) a competência de seu Presidente para conceder "exequatur" a cartas rogatórias de Tribunais estrangeiros.*

Nessa linha, os contornos constitucionais da reclamação estão assim delineados,[3] observado, também, o teor da Emenda Constitucional nº 45/2004:

Art. 102. **Compete ao Supremo Tribunal Federal**, precipuamente, a guarda da Constituição, cabendo-lhe:
I – **processar e julgar, originariamente**:
[...].
l) a **reclamação para a preservação de sua competência e garantia da autoridade de suas decisões**;
[...].
Art. 103-A. **O Supremo Tribunal Federal poderá**, de ofício ou por provocação, mediante decisão de dois terços dos seus membros, após reiteradas decisões sobre matéria constitucional, **aprovar súmula que**, a partir de sua publicação na imprensa oficial, **terá efeito vinculante em relação aos demais órgãos do Poder Judiciário e à administração pública direta e indireta**, nas esferas federal, estadual e municipal, bem como proceder à sua revisão ou cancelamento, na forma estabelecida em lei.
[...].
§ 3º **Do ato administrativo ou decisão judicial que contrariar a súmula aplicável ou que indevidamente a aplicar, caberá reclamação ao Supremo Tribunal Federal** que, julgando-a procedente, anulará o ato administrativo ou cassará a decisão judicial reclamada, e determinará que outra seja proferida com ou sem a aplicação da súmula, conforme o caso.
Art. 105. **Compete ao Superior Tribunal de Justiça**:
I – **processar e julgar, originariamente**:
[...].
f) a **reclamação para a preservação de sua competência e garantia da autoridade de suas decisões**;
[...].

Como assentado pelo Ministro Celso de Mello quando do julgamento da Reclamação nº 14.333/DF:[4]

[...].
É que, como se sabe, a reclamação, qualquer que seja a natureza que se lhe atribua – ação (PONTES DE MIRANDA, "Comentários ao Código de Processo Civil", tomo V/384, Forense), **recurso ou sucedâneo recursal** (MOACYR AMARAL SANTOS, RTJ 56/546-548; ALCIDES DE MENDONÇA LIMA, "O Poder Judiciário e a Nova Constituição", p. 80, 1989, Aide), **remédio incomum** (OROSIMBO NONATO, "apud" Cordeiro de Mello, "O Processo no Supremo Tribunal Federal", vol. 1/280), **incidente processual** (MONIZ DE ARAGÃO, "A Correição Parcial", p. 110, 1969), **medida de direito processual constitucional** (JOSÉ FREDERICO MARQUES, "Manual de Direito Processual Civil", vol. 03, 2ª parte, p. 199, item n. 653, 9ª ed., 1987, Saraiva) **ou medida processual de caráter excepcional** (RTJ 112/518-522, Rel. Min. DJACI FALCÃO) –, **configura instrumento de extração constitucional,** não obstante a origem pretoriana de sua criação (RTJ 112/504), **destinado a viabilizar, na concretização de sua dupla função de ordem político-jurídica, a preservação da competência do Supremo Tribunal Federal, de um lado, e a garantia da autoridade de suas decisões, de outro** (CF, art. 102, I, "l"), **consoante tem enfatizado a jurisprudência desta Corte Suprema** (RTJ 134/1033, Rel. Min. CELSO DE MELLO, v.g.).
[...].
Para que se legitime o acesso à via reclamatória, torna-se **necessário que se demonstre, de maneira efetiva, a existência de desrespeito a julgamento proferido por esta Suprema Corte, com efeito vinculante** (ou, então, que se indique decisão emanada do Supremo Tribunal Federal em processo no qual haja intervindo a parte reclamante), **ou, ainda, que se comprove a ocorrência de usurpação da competência deste Tribunal.**
[...].

---

[3] O processo e julgamento da reclamação, por sua vez, encontra disciplina, antes da entrada em vigor do novel Código de Processo Civil, nos Regimentos Internos do Supremo Tribunal Federal (artigos 156 a 162) e do Superior Tribunal de Justiça (artigos 187 a 192), bem como nos artigos 13 a 18 da Lei Federal nº 8.038/1990, estes últimos revogados, expressamente, pelo novo Código.

[4] Rcl 14.333 AgR/DF, STF, Segunda Turma, Rel. Min. Celso de Mello, j. em 10/03/2015.

Nesse contexto normativo constitucional, veio a lume a Lei Federal nº 13.105, de 16 de março de 2015, que instituiu o novo Código de Processo Civil, trazendo em seu bojo normas específicas sobre a reclamação, inseridas em seu Livro III, Título I, que rege a ordem dos processos nos Tribunais e os feitos de competência originária das Cortes, ampliando as hipóteses de cabimento da reclamação e os órgãos judiciários aos quais ela pode ser dirigida, disciplinando seu procedimento e efeitos, o que configura inovação sem precedentes no ordenamento pátrio, trazendo avanços, mas, também, questões novas a serem solvidas pelos doutrinadores e aplicadores do Direito e, até mesmo, pelo legislador.

2. O texto legal em apreço foi vazado nos seguintes termos:

LIVRO III
DOS PROCESSOS NOS TRIBUNAIS E DOS MEIOS DE IMPUGNAÇÃO DAS DECISÕES JUDICIAIS
TÍTULO I
DA ORDEM DOS PROCESSOS E DOS PROCESSOS DE COMPETÊNCIA ORIGINÁRIA DOS TRIBUNAIS
[...].
CAPÍTULO IX
DA RECLAMAÇÃO
Art. 988. **Caberá reclamação da parte interessada ou do Ministério Público para:**
I – preservar a competência do tribunal;
II – garantir a autoridade das decisões do tribunal;
III – garantir a observância de decisão do Supremo Tribunal Federal em controle concentrado de constitucionalidade;
IV – garantir a observância de enunciado de súmula vinculante e de precedente proferido em julgamento de casos repetitivos[5] ou em incidente de assunção de competência.
§ 1º **A reclamação pode ser proposta perante qualquer tribunal, e seu julgamento compete ao órgão jurisdicional cuja competência se busca preservar ou cuja autoridade se pretenda garantir.**
§ 2º A reclamação deverá ser instruída com **prova documental** e dirigida ao presidente do tribunal.
§ 3º Assim que recebida, a reclamação será autuada e **distribuída ao relator do processo principal**, sempre que possível.
§ 4º **As hipóteses dos incisos III e IV compreendem a aplicação indevida da tese jurídica e sua não aplicação aos casos que a ela correspondam.**
§ 5º **É inadmissível a reclamação proposta após o trânsito em julgado da decisão.**
§ 6º **A inadmissibilidade ou o julgamento do recurso interposto** contra a decisão **proferida pelo órgão reclamado não prejudica a reclamação.**
Art. 989. **Ao despachar a reclamação, o relator:**
I – requisitará **informações** da autoridade a quem for imputada a prática do ato impugnado, que as prestará no prazo de 10 (dez) dias;
II – se necessário, ordenará a **suspensão do processo ou do ato impugnado** para evitar dano irreparável;
III – determinará a **citação do beneficiário** da decisão impugnada, que terá prazo de 15 (quinze) dias para apresentar a sua contestação.
Art. 990. **Qualquer interessado poderá impugnar o pedido do reclamante.**

---

[5] Art. 928. Para os fins deste Código, considera-se julgamento de casos repetitivos a decisão proferida em: I – incidente de resolução de demandas repetitivas; II – recursos especial e extraordinário repetitivos. Parágrafo único. O julgamento de casos repetitivos tem por objeto questão de direito material ou processual.

Art. 991. Na reclamação que não houver formulado, **o Ministério Público terá vista do processo** por 5 (cinco) dias, após o decurso do prazo para informações e para o oferecimento da contestação pelo beneficiário do ato impugnado.

Art. 992. **Julgando procedente a reclamação**, o tribunal cassará a decisão exorbitante de seu julgado ou determinará medida adequada à solução da controvérsia.

Art. 993. **O presidente do tribunal determinará o imediato cumprimento da decisão**, lavrando-se o acórdão posteriormente.

De plano, verifica-se que o legislador federal afastou a natureza recursal da reclamação, não a inserindo no Título II do novo Código, que disciplina os recursos, mas, sim, entre as ações de competência originária dos Tribunais, determinando, inclusive, que nela seja citado o beneficiário da decisão impugnada, implantando, assim, o contraditório, o que direciona o olhar dos intérpretes para analisá-la sob esse prisma, a ela aplicando todos os princípios que norteiam as ações judiciais, em especial a necessidade de que sejam atendidas as condições da ação para sua admissão, observadas, apenas, as peculiaridades do rito adotado, que admite, tão somente, a produção de prova documental.

A reclamação contemplada no novo Código de Processo Civil não mais se destina, apenas, a preservar a competência e garantir a autoridade das decisões do Supremo Tribunal Federal e do Superior Tribunal de Justiça ou, ainda, a assegurar a correta aplicação de súmula vinculante da Corte Suprema Federal, tornando-se instrumento hábil a preservar a competência e a garantir a autoridade das decisões de todos os Tribunais do país, garantir a observância das decisões do Supremo Tribunal Federal em sede de controle concentrado de constitucionalidade e de enunciado de súmula vinculante ou de precedente proferido em julgamento de casos repetitivos ou de incidente de assunção de competência, com isso respondendo ao anseio da sociedade por maior segurança jurídica, isonomia na apreciação de casos análogos e celeridade nas decisões.

Essa ampliação do objeto da reclamação, assim, decorre, por um lado, da preocupação do legislador federal em manter a estabilidade, integridade e coerência da jurisprudência, o que se revela, claramente, pelo teor dos artigos 926 e 927 do novel Código de Processo Cível, *in verbis*:

Art. 926. **Os tribunais devem uniformizar sua jurisprudência e mantê-la estável, íntegra e coerente.**

§ 1º Na forma estabelecida e segundo os pressupostos fixados no regimento interno, os tribunais editarão enunciados de súmula correspondentes a sua jurisprudência dominante.

§ 2º Ao editar enunciados de súmula, os tribunais devem ater-se às circunstâncias fáticas dos precedentes que motivaram sua criação.

Art. 927. **Os juízes e os tribunais observarão:**

I – as **decisões do Supremo Tribunal Federal em controle concentrado de constitucionalidade**;

II – os **enunciados de súmula vinculante**;

III – os **acórdãos em incidente de assunção de competência ou de resolução de demandas repetitivas e em julgamento de recursos extraordinário e especial repetitivos**;

IV – os **enunciados das súmulas do Supremo Tribunal Federal em matéria constitucional e do Superior Tribunal de Justiça em matéria infraconstitucional**;

V – a **orientação do plenário ou do órgão especial aos quais estiverem vinculados**.

§ 1º Os juízes e os tribunais observarão o disposto no art. 10 e no art. 489, § 1º, quando decidirem com fundamento neste artigo.

§ 2º **A alteração de tese jurídica adotada** em enunciado de súmula ou em julgamento de casos repetitivos **poderá ser precedida de audiências públicas** e da participação de pessoas, órgãos ou entidades que possam contribuir **para a rediscussão da tese**.

§ 3º Na hipótese de **alteração de jurisprudência dominante** do Supremo Tribunal Federal e dos tribunais superiores ou daquela oriunda de julgamento de casos repetitivos, **pode haver modulação dos efeitos da alteração no interesse social e no da segurança jurídica.**

§ 4º **A modificação** de enunciado de súmula, de jurisprudência pacificada ou de tese adotada em julgamento de casos repetitivos **observará a necessidade de fundamentação adequada e específica, considerando os princípios da segurança jurídica, da proteção da confiança e da isonomia.**

§ 5º **Os tribunais darão publicidade a seus precedentes**, organizando-os por questão jurídica decidida e divulgando-os, preferencialmente, na rede mundial de computadores.

Por outro lado, esse maior fôlego dado à reclamação no novo Código advém, também, da crescente valorização conferida aos enunciados e precedentes judiciais nos últimos anos, atribuindo-lhes cada vez mais capacidade persuasiva no julgamento de processos análogos, como bem explicitado pelo Ministro Teori Zavascki, no julgamento da Reclamação nº 4.335/AC,[6] cujo voto se transcreve, em parte, pela excelência com que abordou o tema:

[...].

4. Não se pode deixar de ter presente, como cenário de fundo indispensável à discussão aqui travada, a evolução do direito brasileiro em direção a um sistema de valorização dos precedentes judiciais emanados dos tribunais superiores, aos quais se atribui, cada vez com mais intensidade, força persuasiva e expansiva em relação aos demais processos análogos. Nesse ponto, o Brasil está acompanhando um movimento semelhante ao que também ocorre em diversos outros países que adotam o sistema da civil law, que vêm se aproximando, paulatinamente, do que se poderia denominar de cultura do *stare decisis*, própria do sistema da *common law*. A doutrina tem registrado esse fenômeno, que ocorre não apenas em relação ao controle de constitucionalidade, mas também nas demais áreas de intervenção dos tribunais superiores, a significar que a aproximação entre os dois grandes sistemas de direito (*civil law* e *common law*) é fenômeno em vias de franca Generalização. [...]. Daí a precisa observação do professor Danilo Knijnik: embora não seja certo "dizer que o juiz brasileiro, p. ex., está jungido ao precedente tanto quanto o estaria um juiz norte-americano ou inglês", também "será falso, mormente na atualidade, dizer que o precedente é uma categoria jurídico-processual estranha ao direito pátrio, ou que tem apenas uma força meramente persuasiva" (Knijnik, Danilo. O recurso especial e a revisão da questão de fato pelo Superior Tribunal de Justiça. Rio de Janeiro: Forense, 2005. p. 59). Esse entendimento guarda fidelidade absoluta com o perfil institucional atribuído ao STF, na seara constitucional, e ao STJ, no domínio do direito federal, que têm entre as suas principais finalidades a de uniformização da jurisprudência, bem como a função, que se poderia denominar nomofilácica – entendida a nomofilaquia no sentido que lhe atribuiu Calamandrei, destinada a aclarar e a integrar o sistema normativo, propiciando-lhe uma aplicação uniforme –, funções essas com finalidades "que se entrelaçam e se iluminam reciprocamente" (Calamandrei, Piero. La casación civil. Trad. Santiago Sentis Melendo. Buenos Aires: Editorial Bibliografica Argentina, 1945. t. II. p. 104) e que têm como pressuposto lógico inafastável a força expansiva ultra partes dos seus precedentes. [...].8. É inegável, por conseguinte, que, atualmente, a força expansiva das decisões do Supremo Tribunal Federal, mesmo quando tomadas em casos concretos, não decorre apenas e tão somente de resolução do Senado, nas hipóteses de que trata o art. 52, X da Constituição. É fenômeno que está se universalizando, por força de todo um conjunto normativo constitucional e infraconstitucional, direcionado a conferir racionalidade e efetividade às decisões dos tribunais superiores e, como não poderia deixar de ser, especialmente os da Corte Suprema. [...].

O Ministro, entretanto, embora reconheça os efeitos benéficos do instituto, adverte, em seu pronunciamento, sobre os riscos de se conferir à reclamação uma abrangência excessiva, sem filtros que possam restringir sua propositura, transformando a Corte Suprema Federal em órgão de controle dos atos executivos, que decorrem não apenas das decisões que toma em sua competência originária, como, também, de todas as demais decisões por ela tomadas quando revestidas, em alguma medida, de eficácia expansiva, o que poderia dificultar, ou até inviabilizar, o desempenho das

---

[6] Rcl 4.335/AC, STF, Tribunal Pleno, Rel. Min. Gilmar Mendes, j. em 20/03/2014.

funções constitucionais do Supremo Tribunal, dado o avassalador número de feitos que ingressariam na Corte:

[...].

10. Considerando, assim, a força expansiva dessas tantas outras decisões do Supremo Tribunal Federal, além daquelas de que trata o art. 52, X da Constituição, resta saber se todas elas, em caso de descumprimento, dão ensejo ao imediato ajuizamento de reclamação perante a Corte Suprema. A resposta afirmativa a essa questão, bem se percebe, transforma o Supremo Tribunal Federal em órgão de controle dos atos executivos que decorrem, não apenas das decisões que toma em sua competência originária – como as ações de controle concentrado de constitucionalidade e as ações de descumprimento de preceito fundamental –, como também de todas as demais decisões por ele tomadas, quando revestidas, em alguma medida, de eficácia expansiva. Não há dúvida de que o descumprimento de qualquer dessas decisões importará, em maior ou menor intensidade, ofensa à autoridade das decisões da Suprema Corte, o que, numa interpretação literal e radical do art. 102, I, l da Constituição, permitiria a qualquer prejudicado, a intentar perante a Corte a ação de reclamação para "garantia da autoridade de suas decisões". Todavia, tudo recomenda que se confira interpretação estrita a essa competência, a exemplo do que já decidiu o Supremo Tribunal Federal em relação àquela prevista na letra f do mesmo dispositivo [...]. Idêntica orientação restritiva foi conferida pelo Tribunal à norma de competência prevista no art. 102, I, r, da Constituição, tendo o Plenário decidido que as "ações" a que se refere o citado dispositivo são apenas as ações constitucionais de mandado de segurança, mandado de injunção, habeas data e habeas corpus (ACO 1706 AgR/DF, Pleno, Min. Celso de Mello, DJE de 18.02.14). O mesmo sentido restritivo há de ser conferido à norma de competência sobre cabimento de reclamação. É que, considerando o vastíssimo elenco de decisões da Corte Suprema com eficácia expansiva, e a tendência de universalização dessa eficácia, a admissão incondicional de reclamação em caso de descumprimento de qualquer delas, transformará o Supremo Tribunal Federal em verdadeira Corte executiva, suprimindo instâncias locais e atraindo competências próprias das instâncias ordinárias. Em outras palavras, não se pode estabelecer sinonímia entre força expansiva e eficácia vinculante *erga omnes* a ponto de criar uma necessária relação de mútua dependência entre decisão com força expansiva e cabimento de reclamação. Por outro lado, conforme ficou decidido na Reclamação (AgR) 16.038 (Min. Celso de Mello, 2ª Turma, j. 22.10.2013, DJE) "o remédio constitucional da reclamação não pode ser utilizado como um (inadmissível) atalho processual destinado a permitir, por razões de caráter meramente pragmático, a submissão imediata do litígio ao exame direto do Supremo Tribunal Federal". Assim, sem negar a força expansiva de uma significativa gama de decisões do Supremo Tribunal Federal, é de ser mantida a sua jurisprudência, segundo a qual, em princípio, a reclamação somente é admitida quando ajuizada por quem tenha sido parte na relação processual em que foi proferida a decisão cuja eficácia se busca preservar. A legitimação ativa mais ampla somente será cabível nas hipóteses expressamente previstas na Constituição ou em lei ou de atribuição de efeitos vinculantes *erga omnes* – notadamente contra atos ofensivos a decisões tomadas em ações de controle concentrado de constitucionalidade e a súmulas vinculantes, em que se admite legitimação ativa mais ampla (CF, art. 102, § 2º, e art. 103-A, *caput* e § 3º; Lei 9.882/99, art. 13, e Lei 11.419/06, art. 7º). Por imposição do sistema e para dar sentido prático ao caráter expansivo das decisões sobre a constitucionalidade das normas tomadas pelo STF no âmbito do controle incidental, há de se considerar também essas decisões suscetíveis de controle por reclamação, quando ajuizada por entidade ou autoridade legitimada para a propositura de ação de controle concentrado (CF, art. 103).

[...].

Essa preocupação apontada pelo Ministro Teori, na verdade, tornou-se palpável com a edição do novo Código de Processo Civil, considerando os moldes em que foi forjado o instituto, que, como se viu, ampliou as hipóteses de cabimento da reclamação, sem, contudo, estabelecer quaisquer restrições ou filtros que pudessem impor limites à sua propositura, no intuito de manter íntegra sua função primordial de preservar a competência e garantir a autoridade das decisões dos Tribunais, a racionalidade e efetividade das decisões, e a estabilidade, integridade e coerência da jurisprudência pátria.

Note-se que pelo texto que entrará em vigor, uma sentença de primeiro grau que, em tese, afronta decisão do Supremo Tribunal Federal, poderá ensejar, desde logo, o ingresso de reclamação junto à mais alta Corte do país, independentemente de o Tribunal local ter o mesmo entendimento da Corte Suprema, por exemplo, criando-se, assim, um atalho processual injustificável e inadmissível, remetendo-se a apreciação do feito, diretamente, ao Supremo Tribunal Federal sem que ele pudesse ser revisto, antes, pelos órgãos judiciários estaduais ou regionais.

A sistemática adotada para o instituto propicia, ainda, que, caso literalmente interpretadas as disposições legais, as reclamações sejam propostas nas hipóteses previstas mesmo quando a tese defendida não apresenta qualquer razoabilidade ou relevância jurídica ou social, o que poderá assolar as Cortes com um número ainda maior de processos, mitigando, justamente, os efeitos benéficos pretendidos com as alterações do instituto.

Essa situação poderia ter sido contornada pelo legislador, mas, não o tendo sido, incumbirá aos Tribunais, que terão um árduo trabalho pela frente, criar, eles mesmos, os filtros não contemplados na legislação de regência, evitando uma vulgarização do instituto da reclamação que em nada contribuiria para a maior eficiência do processo e para a estabilidade, integridade e coerência da jurisprudência.

De fato, essa foi, sem dúvida, a melhor solução, pois as Cortes, dada sua vasta experiência, têm muito melhores condições de eleger filtros que possam, realmente, limitar a propositura desenfreada de reclamações e, ao mesmo tempo, não as afaste do objetivo pelo qual tiveram sua abrangência ampliada.

Nessa mesma toada, terão os Tribunais que enfrentar uma outra questão de complexidade ainda maior, já que não integrada à tradição do nosso Direito, que consiste em estabelecer parâmetros para identificar quando, efetivamente, se está diante de casos análogos, que desafiem a aplicação do precedente ou do enunciado com efeito vinculante.

O grande volume de processos submetidos à apreciação dos Magistrados nos dias de hoje e a exigência de celeridade no andamento dos feitos não são bons indutores de solução nessa questão, que demanda uma reflexão mais aprofundada, não se restringindo a elaboração da decisão, simplesmente, a utilização do enunciado ou *ratio decidendi* de um precedente a um novo caso, impondo, isto sim, que se retorne às circunstâncias do caso concreto que deu origem ao seu surgimento, como forma de apurar se a nova lide é, efetivamente, análoga a do paradigma que se pretende aplicar, pois só assim esse mecanismo estará cumprindo sua finalidade e atendendo as expectativas da sociedade.

Essa questão se torna ainda mais preocupante quando se leva em linha de conta que, infelizmente, tem se tornado cada vez mais comum a utilização pura e simples da ementa de acórdãos para embasar certas teses jurídicas lançadas em outros feitos, sem que se considere o contexto fático e jurídico que envolvia o caso concreto em que ela foi assentada, olvidando-se de que aquele enunciado não é abstrato e autônomo, não podendo ser perfeitamente interpretado e compreendido se apreciado divorciado do contexto em que foi formulado.

E aqui surge outra indagação, que diz com a possibilidade de, por norma infraconstitucional, conferir-se efeito vinculativo ou tornar-se obrigatória a observância (e, aí, a mácula atingiria, também, o artigo 927 do Código de Processo Civil), de precedentes proferidos em julgamento de casos repetitivos (incidente de resolução de demandas repetitivas e recursos especial e extraordinário repetitivos) ou de incidentes de assunção de competência, sendo conhecida de todos a posição de José Carlos Barbosa Moreira[7] de que tal subordinação, exatamente em razão das implicações que tem, só poderia ser criada por norma constitucional.

O desatendimento desses precedentes, até agora, não desafiava o ingresso de reclamação, sendo firme o entendimento do Supremo Tribunal Federal no sentido de que, por não serem detentoras de caráter vinculativo, tais decisões não poderiam suscitar o ingresso de reclamação, como assentado nos arestos recentes que ora se colaciona:

AGRAVO REGIMENTAL EM RECLAMAÇÃO. SUCEDÂNEO RECURSAL. INADMISSIBILIDADE DO PARÂMETRO DE CONTROLE. 1. A reclamação não é sucedâneo recursal. Precedentes. 2. **A jurisprudência do Supremo Tribunal Federal é firme em considerar incabível a reclamação que indique como paradigma recurso extraordinário julgado segundo a sistemática da repercussão geral.** 3. Agravo regimental a que se nega provimento (Rcl 15.378 AgR/SP, STF, Primeira Turma, Rel. Min. Edosn Fachin, j. em 18/08/2015)

RECLAMAÇÃO – ALEGADO DESRESPEITO A DECISÃO PROFERIDA PELO SUPREMO TRIBUNAL FEDERAL EM PROCESSO DE ÍNDOLE SUBJETIVA, QUE VERSOU CASO CONCRETO NO QUAL A PARTE RECLAMANTE NÃO FIGUROU COMO SUJEITO PROCESSUAL – INADMISSIBILIDADE – INADEQUAÇÃO DO EMPREGO DA RECLAMAÇÃO COMO SUCEDÂNEO DE AÇÃO RESCISÓRIA, DE RECURSOS OU DE AÇÕES JUDICIAIS EM GERAL – EXTINÇÃO DO PROCESSO DE RECLAMAÇÃO – PRECEDENTES – INTERPOSIÇÃO DE RECURSO DE AGRAVO – AUSÊNCIA DE IMPUGNAÇÃO DE TODOS OS FUNDAMENTOS EM QUE SE ASSENTOU O ATO DECISÓRIO RECORRIDO – RECURSO DE AGRAVO IMPROVIDO. – Não se revela admissível a reclamação quando invocado, como paradigma, julgamento do Supremo Tribunal Federal proferido em processo de índole subjetiva que versou caso concreto no qual a parte reclamante sequer figurou como sujeito processual. Precedentes. – **Não cabe reclamação quando utilizada com o objetivo de fazer prevalecer a jurisprudência desta Suprema Corte em situações nas quais os julgamentos do Supremo Tribunal Federal não se revistam de eficácia vinculante, exceto se se tratar de decisão que o STF tenha proferido em processo subjetivo no qual haja intervindo, como sujeito processual, a própria parte reclamante.** – O remédio constitucional da reclamação não pode ser utilizado como um (inadmissível) atalho processual destinado a permitir, por razões de caráter meramente pragmático, a submissão imediata do litígio ao exame direto do **Supremo Tribunal Federal**. Precedentes. – A reclamação, constitucionalmente vocacionada a cumprir a dupla função a que alude o art. 102, I, "l", da Carta Política (RTJ 134/1033), não se qualifica como sucedâneo recursal nem configura instrumento viabilizador do reexame do conteúdo do ato reclamado, eis que tais finalidades revelam-se estranhas à destinação constitucional subjacente à instituição dessa medida processual. Precedentes. – O recurso de agravo a que se referem os arts. 545 e 557, § 1º, ambos do CPC, deve infirmar todos os fundamentos em que se assenta a decisão agravada. Não basta, desse modo, ao recorrente impugnar o que considera ser o fundamento principal do ato decisório contra o qual se insurge. O descumprimento dessa obrigação processual, por parte do recorrente, torna inviável o recurso de agravo por ele interposto. Precedentes (Rcl 20.956 AgR/RJ, STF, Segunda Turma, Rel. Min. Celso de Mello, j. em 30/06/2015)

CONSTITUCIONAL E PROCESSUAL CIVIL. RECLAMAÇÃO. ALEGAÇÃO DE DESRESPEITO À AUTORIDADE DE DECISÃO PROFERIDA EM PROCESSO DE ÍNDOLE SUBJETIVA, DESTITUÍDA DE EFICÁCIA VINCULANTE. INADMISSIBILIDADE DA RECLAMAÇÃO. PRECEDENTES. 1. **Não se admite reclamação constitucional fundada em suposto desrespeito a autoridade de decisões proferidas pelo STF em processos de índole subjetiva, sem eficácia vinculante, ressalvada a hipótese de a parte reclamante ter figurado como sujeito processual na causa invocada como paradigma**. 2. Agravo regimental desprovido (Rcl 18.401 AgR/RS, STF, Segunda Turma, Rel. Min. Teori Zavascki, j. em 10/02/2015)

Nesses casos, tratando-se de meras proposições, sem caráter subordinante para os demais Magistrados e Tribunais, embora, potencialmente, pudessem refletir a ju-

---

[7] MOREIRA, José Carlos Barbosa Moreira. *Comentários ao Código de Processo Civil*. 12ed. Rio de Janeiro: Forense, 2005. v. V, p. 38/9.

risprudência predominante e consolidada da Corte, como ocorre no caso das súmulas ordinárias, sua inobservância não justificava a propositura de reclamação, pois não eram identificadas como atos estatais revestidos de densidade normativa aptos a gerar o denominado *binding effect*, típico da doutrina do *stare decisis et non quieta movere* (mantenha-se a decisão e não se moleste o que foi decidido) do *commom law* norte-americano,[8] desempenhando, tão somente, sua função de orientação jurisprudencial, sem caráter impositivo.

Essa, precisamente, a posição defendida pelo Ministro Celso de Mello no julgamento da Reclamação nº 14.333/DF,[9] acolhida, por unanimidade, pelo Colegiado:

> [...].
> Esse entendimento que venho de mencionar nada mais reflete senão a advertência do Supremo Tribunal Federal de que "(...) Súmula é cristalização de jurisprudência", não constituindo, por isso mesmo, ela própria, uma "norma jurídica" (RE 116.116/MG, Rel. Min. MOREIRA ALVES). Nesse contexto, mostra-se necessário acentuar que a Súmula, em seu perfil ordinário, ainda que se possa considerar inexistente qualquer "distinção ontológica" entre ela e aquela de caráter vinculante (LUIZ GUILHERME MARINONI, "Precedentes Obrigatórios", 2010, RT), não realiza as funções específicas da norma. **A formulação sumular, embora refletindo precedente jurisprudencial, não se reveste de caráter impositivo, prescritivo, permissivo, autorizativo ou derrogatório de condutas individuais ou sociais.** A Súmula de jurisprudência, portanto, quando desprovida de eficácia vinculante, encerra mero conteúdo descritivo. Ao ostentar essa condição, torna-se lícito asseverar que lhe falece a nota da multidimensionalidade funcional, que tipifica, sob os atributos da imposição, da permissão, da autorização e da derrogação, as funções específicas da norma jurídica. **Daí a advertência da doutrina, segundo a qual o direito proclamado pelas formulações jurisprudenciais tem valor meramente persuasivo,** "(...) maior ou menor, na medida do prestígio jurídico de que desfrutem os juízes ou Tribunais de onde ele procede" (RUBEM NOGUEIRA, "Desempenho normativo da jurisprudência do STF", "in" RT 448/24). A interpretação jurisprudencial consubstanciada no enunciado sumular, ressalvada a hipótese excepcional a que alude o art. 103-A da Lei Fundamental, constitui, em nosso sistema jurídico – que se ajusta, em sua linhagem histórica, ao sistema de direito estatutário –, precedente de valor meramente relativo, despojado, não obstante a estatalidade de que se reveste, da força vinculante e da autoridade subordinante da lei, tal como acentua o magistério doutrinário (JOSÉ CARLOS BARBOSA MOREIRA, "O Novo Processo Civil Brasileiro", p. 245; VICENTE GRECO FILHO, "Direito Processual Civil Brasileiro", vol. 2/322; HUMBERTO THEODORO JÚNIOR, "Processo de Conhecimento", vol. II/751; ERNANE FIDELIS DOS SANTOS, "Manual de Direito Processual Civil", vol. 2/280; e ROBERTO ROSAS e PAULO CEZAR ARAGÃO, "Comentários ao Código de Processo Civil", vol. V/70, v.g.). Cumpre enfatizar, neste ponto, a autorizada advertência de JOSÉ FREDERICO MARQUES ("Manual de Direito Processo Civil", vol. 3/206) – que recebeu, em seu magistério, a prestigiosa adesão de JOSÉ CARLOS BARBOSA MOREIRA ("Comentários ao Código de Processo Civil", vol. V/38-39) – no sentido de que **os precedentes e as súmulas, porque desprovidos do conteúdo eficacial pertinente ao ato legislativo** (exceção feita à súmula vinculante), "(...) **não passam de indicações úteis para uniformizar-se a jurisprudência, a que, entretanto, juízes e Tribunais não se encontram presos**", eis que – consoante acentua o Mestre paulista **vinculação dessa ordem, só a Constituição poderia criar** – "".
> [...].

Não se olvida que conferir efeito vinculante a determinados enunciados ou precedentes seja medida necessária para assegurar efetividade aos princípios da isonomia e da segurança jurídica, afastando uma multiplicidade de decisões em sentidos diversos sobre a mesma matéria.

Entretanto, o estabelecimento de entendimentos impositivos para os demais Magistrados e Tribunais pode ter, também, um efeito perverso, gerando um engessamento dos pronunciamentos judiciais, desestimulando maiores debates e tornando

---

[8] DIDIER JR., Fredie. *Curso de Direito Processual Civil*. V. II. 6ed. Salvador: JusPodivm, 2011. p. 389. e TUCCI, José Rogério Cruz e. *Precedente Judicial como Fonte do Direito*. São Paulo: RT, 2004, p. 160.

[9] Rcl 14.333 AgR/DF, STF, Segunda Turma, Rel. Min. Celso de Mello, j. em 10/03/2015.

morosa a atualização jurisprudencial, que deveria acompanhar a evolução da sociedade, sempre em mutação.

Esse debate ganha, ainda, mais relevância em um momento que que muito se discute o ativismo judicial, e seus reflexos no Estado Democrático de Direito, e em que o princípio da independência e harmonia entre os Poderes tem sofrido alguns abalos, não se podendo olvidar que as novas vinculações impostas com relação aos precedentes judiciais implicam inequívoco aumento de poder dos Tribunais, conferindo densidade normativa a um número bem maior de decisões, o que compensa, em parte, a eventual demora do Poder Legislativo em adequar à legislação à nova realidade social, mas, de outra parte, impõe ao Judiciário uma atribuição que não lhe é inerente, ou seja, de ditar normas de caráter geral.

O momento, assim, é de trazer novamente à baila esse debate sobre a valorização dos precedentes e sobre a expansividade das decisões das Cortes, buscando um ponto de equilíbrio entre as exigências de celeridade e segurança jurídica e os anseios de justiça que permeiam o ideário social e angustiam a sociedade.

Outra questão que se mostra digna de apreciação é a que diz respeito a ser, ou não, suficiente para conferir competência às Cortes Estaduais para processar e julgar as reclamações a mera previsão na codificação federal de que ela pode ser dirigida a qualquer Tribunal.

O artigo 125, § 1º, da Constituição Federal atribui competência, exclusivamente, às Cartas Estaduais para disporem sobre a competência dos Tribunais locais, *in verbis*:

> Art. 125. Os Estados organizarão sua Justiça, observados os princípios estabelecidos nesta Constituição.
> § 1º A competência dos tribunais será definida na Constituição do Estado, sendo a lei de organização judiciária de iniciativa do Tribunal de Justiça.
> [...].

Assim sendo, tratando-se de competência originária da Corte Estadual, o processo e julgamento das reclamações, a princípio, deveria estar previsto na Constituição de cada Estado-Membro, não podendo ela ser alterada, reduzida ou ampliada por norma infraconstitucional.

Nessa trilha, tem sido o entendimento consagrado pelo Supremo Tribunal Federal quanto à sua própria competência originária, também de matriz constitucional, aplicando-se, pois, por analogia, à competência das Cortes Estaduais:

> AÇÃO POPULAR" – AJUIZAMENTO CONTRA JUÍZES DO TRABALHO – AUSÊNCIA DE COMPETÊNCIA DO SUPREMO TRIBUNAL FEDERAL – AÇÃO POPULAR DE QUE NÃO SE CONHECE – PARECER DA PROCURADORIA-GERAL DA REPÚBLICA PELO NÃO PROVIMENTO DO RECURSO – RECURSO DE AGRAVO IMPROVIDO. O PROCESSO E O JULGAMENTO DE AÇÕES POPULARES CONSTITUCIONAIS (CF, ART. 5º, LXXIII) NÃO SE INCLUEM NA ESFERA DE COMPETÊNCIA ORIGINÁRIA DO SUPREMO TRIBUNAL FEDERAL – O Supremo Tribunal Federal – por ausência de previsão constitucional – não dispõe de competência originária para processar e julgar ação popular promovida contra qualquer outro órgão ou autoridade da República, mesmo que o ato cuja invalidação se pleiteie tenha emanado do Presidente da República, das Mesas da Câmara dos Deputados ou do Senado Federal ou, ainda, de qualquer dos Tribunais Superiores da União. Jurisprudência. Doutrina. A COMPETÊNCIA DO SUPREMO TRIBUNAL FEDERAL, CUJOS FUNDAMENTOS REPOUSAM NA CONSTITUIÇÃO DA REPÚBLICA, SUBMETE-SE A REGIME DE DIREITO ESTRITO – **A competência originária do Supremo Tribunal Federal, por qualificar-se como um complexo de atribuições jurisdicionais de extração essencialmente constitucional – e ante o regime de direito estrito a que se acha submetida –, não comporta a possibilidade de ser estendida a situações que extravasem os limites fixados, em "numerus clau-**

sus", pelo rol exaustivo inscrito no art. 102, I, da Constituição da República. Precedentes (Pet 5.191 AgR/RO, STF, Segunda Turma, Rel. Min. Celso de Mello, j. em 16/12/2014)
Agravo regimental em recurso ordinário em mandado de segurança. Competência originária do Superior Tribunal de Justiça. Artigo 105, I, b, da Constituição Federal. Ato coator praticado pelo Comandante da 5ª Região Militar, e não pelo titular da respectiva arma. Agravo regimental a que se nega provimento. 1. **A competência originária do Superior Tribunal de Justiça para julgar mandado de segurança submete-se a regime de direito estrito, estando fixada, em numerus clausus, no art. 105, inciso I, alínea b, da Constituição Federal**, no qual estão incluídos apenas os comandantes titulares das respectivas armas. 2. Agravo regimental não provido (RMS 31.976 AgR/DF, STF, Primeira Turma, Rel. Min. Dias Toffoli, j. em 22/04/2014)
EMBARGOS DE DECLARAÇÃO RECEBIDOS COMO AGRAVO REGIMENTAL. AÇÃO CAUTELAR PREPARATÓRIA DE AÇÃO ORDINÁRIA. SUSPENSÃO DE ATO DO TCU. INCOMPETÊNCIA DO STF. 1. A jurisprudência deste Tribunal se firmou no sentido de que os embargos de declaração opostos, com caráter infringente, objetivando a reforma da decisão do relator devem ser conhecidos como agravo regimental. 2. O Supremo Tribunal Federal não tem competência para julgar ações ordinárias que impugnem atos do Tribunal de Contas da União. Como o acessório segue o principal, o mesmo se passa com as ações cautelares preparatórias dessas demandas. 3. **A competência originária deste Tribunal é definida pela Constituição em caráter numerus clausus, sendo inviável sua extensão pela legislação ordinária.** Dessa forma, ainda que o art. 1º, § 1º, da Lei nº 8.437/92 admitisse a interpretação defendida pelo embargante, ela haveria de ser afastada por produzir um resultado inconstitucional. 4. Agravo regimental a que se nega provimento (AC 2.404 ED/PR, STF, Primeira Turma, Rel. Min. Roberto Barroso, j. em 25/02/2014)

Nessa senda, importante que se reflita sobre esse tema, pois os legisladores constituintes, a princípio, terão que ser chamados para sanar essa lacuna, não só a nível estadual, mas, também, federal, já que a Carta da República contemplou em seu bojo a competência dos vários Tribunais pátrios, não o fazendo, apenas, quanto às Cortes Estaduais, cuja disciplina relegou às Constituições dos Estados, e aos Tribunais Eleitorais,[10] cujo regramento remeteu à lei complementar, inserindo a atribuição de processar e julgar reclamações, somente, entre as competências originárias do Supremo Tribunal Federal e do Superior Tribunal de Justiça, não dos demais Tribunais, o que poderá criar entraves ao processo e julgamento destes feitos.

3. O novo Código de Processo Civil, assim, trouxe importantes mudanças para o instituto da reclamação, posicionando-se quanto à sua natureza jurídica e ampliando suas hipóteses de cabimento e o número de Tribunais a que pode ser dirigida, dando-lhe uma abrangência nunca antes conferida ao instituto, o que representa um avanço, mas, também, como qualquer inovação, impõe observação, discussão, análise e aperfeiçoamentos para que possa atingir, plenamente, os fins colimados.

As questões apresentadas são de peculiar e elevada importância, pois não dizem respeito, apenas, ao instituto da reclamação ou ao novo Código de Processo Civil, mas guardam íntima relação com o modelo de solução de conflitos que pretendemos ver implantado em nossa sociedade e ao perfil que se quer dar a cada uma das instituições e poderes democráticos que a compõe, o que deve ensejar muita reflexão e debates pelos operadores do Direito na busca de seu aperfeiçoamento, tendo como pano de fundo, sempre, um sistema processual mais célere, mas, também, mais eficiente e justo, que confira maior efetividade aos princípios, direitos e garantias constitucionais e melhor atenda os interesses da sociedade como um todo e, quando possível, de cada um de seus cidadãos.

---

[10] *Art. 121. Lei complementar disporá sobre a organização e competência dos tribunais, dos juízes de direito e das juntas eleitorais.*

Bibliografia

ALEXY, Robert. *Teoria da Argumentação Jurídica*. Trad. Zilda Hutchinson Schikd Silva. 3. ed. Rio de Janeiro: Forense, 2011.

BARROSO, Luís Roberto. *A Americanização do Direito Constitucional e seus Paradoxos: teoria e jurisprudência constitucional no mundo contemporâneo*. Disponível em: http://www.editoraforum.com.br/ef/index.php/noticias/a-americanizacao-do-direito-constitucional-e-seus-paradoxos-teoria-e-jurisprudencia-constitucional-no-mundo-contemporaneo/ acesso em: 01 nov. 2015.

CANOTILHO, José Joaquim Gomes. *Direito Constitucional e Teoria da Constituição*. 7ed. Coimbra: Almedina, 2012.

DANTAS, Marcelo Navarro Ribeiro. *Reclamação Constitucional no Direito Brasileiro*. Porto Alegre: Sergio Antonio Fabris editor, 2000.

DIDIER JR., Fredie. *Curso de Direito Processual Civil*. V. II. 6. ed. Salvador: JusPodivm, 2011.

HABERMAS, Jürgen. *Direito e Democracia*: entre facticidade e validade. 2. ed. Trad. Flávio Beno Siebeneichler. Rio de Janeiro: Tempo Brasileiro, 2003.

HESSE, Konrad. *A força Normativa da Constituição*. Trad. Gilmar Ferreira Mendes. Porto Alegre: Sergio Antonio Fabris, 1991.

LIMA, Tiago Asfor Rocha. *Precedentes Judiciais Civis no Brasil*. São Paulo: Saraiva, 2013.

MADEIRA, Daniela Pereira. *A Força da Jurisprudência*. O novo processo civil brasileiro (direito em expectativa): (reflexões acerca do projeto do novo Código de Processo Civil. Coord.: Luiz Fux. Rio de Janeiro: Forense, 2011.

MEIRELLES, Hely Lopes; WALD, Arnoldo e MENDES, Gilmar Ferreira. *Mandado de Segurança e Ações Constitucionais*. Col. Rodrigo Garcia da Fonseca. 35. ed. São Paulo: Malheiros, 2013.

MENDES, Gilmar Ferreira; COELHO, Inocêncio Mártires; BRANCO, Paulo Gustavo Gonet. *Curso de Direito Constitucional*. 2ed. São Paulo: Saraiva, 2008.

MOREIRA, José Carlos Barbosa. *Comentários ao Código de Processo Civil*. 12. ed. Rio de Janeiro: Forense, 2005. v. V.

PACHECO, José da Silva. *O Mandado de Segurança e Outras Ações Constitucionais Típicas*. São Paulo: Revista dos Tribunais, 2002.

SCHMITT, Carl. *O Guardião da Constituição*. Trad. Geraldo de Carvalho Coord. e sup. Luiz Moreira. Belo Horizonte: Del Rey, 2007.

SILVA, José Afonso da. *Curso de Direito Constitucional Positivo*. 16. ed. rev. e atual. São Paulo: Malheiros, 1999.

STRECK, Lenio. *Jurisdição Constitucional e Hermenêutica*: uma nova Crítica do Direito. Porto Alegre: Livraria do Advogado, 2002.

——. *Verdade e Consenso*, 3. ed. Rio de Janeiro: Lumen Juris, 2009.

TUCCI, José Rogério Cruz e. *Precedente Judicial como Fonte do Direito*. São Paulo: RT, 2004.

WAMBIER, Teresa Arruda Alvim. *Estabilidade e Adaptabilidade como Objetivos do Direito*: civil law e common law. In: *Revista de Processo,* São Paulo: RT, v. 172, ano 34, jun. 2009.

— 20 —

Jurisdição voluntária e intervenção do Ministério Público: uma análise a partir do novo Código de Processo Civil

FELIPE TEIXEIRA NETO[1]

Sumário: Introdução; I. Jurisdição, jurisdição voluntária e interesse público; A) Administração pública de interesses privados e jurisdição voluntária; B) O interesse público na administração judicial de interesses privados; II. Interesse público, interesses social e individual indisponível e intervenção do Ministério Público nos procedimentos de jurisdição voluntária; A) O interesse público e a legitimidade da intervenção do Ministério Público; B) A função de *custos legis* e o alcance da regra do artigo 721 do novo Código de Processo Civil; Conclusão; Referências bibliográficas.

Introdução

A edição de um novo diploma legal, mesmo que não haja um intento de ruptura por parte dos seus elaboradores, sempre traz em si um duplo juízo de valoração que, em sendo complementar e imprescindível à sua operacionalização, precisa ser exercitado com vistas a se atingir a sua pela eficácia.

De um lado, um espírito de atenção às experiências já vividas, aos seus erros e acertos, tudo com o objetivo de dar um conteúdo sólido aos institutos jurídicos envolvidos que, por certo, não se limita à simples literalidade da lei; de outro, um espírito de abertura do interprete, tendente a superar uma natural compulsão pela busca, na nova letra, das velhas concepções, abrindo-se, com isso, a possibilidades diversas que se possam apresentar.

Trata-se, com efeito, de um raciocínio paradoxal, pois envolve conciliar a manutenção de todo um conteúdo dogmático que se consolida na ciência jurídica ao longo dos tempos e não se pode perder a partir de um autoritarismo puro e simples da lei, mas que se deve conciliar com a disposição de criar e inovar, sempre se tendo em conta que, em sendo o Direito uma ciência social aplicada, deve reinventar-se sistematicamente diante de novas demandas.

---
[1] Promotor de Justiça do Ministério Público do Estado do Rio Grande do Sul. Doutorando em Direito Privado Comparado pela *Università degli Studi di Salerno* (Itália). Doutorando e Mestre em Direito Civil pela Universidade de Lisboa (Portugal). Especialista em Direito Ambiental pela Universidade de Passo Fundo – UPF. Bacharel em Direito pela Universidade Federal do Rio Grande do Sul – UFRGS. Professor de Direito Civil na Fundação Escola Superior do Ministério Público do Rio Grande do Sul – FMP.

Estas parecem ser as lentes por meio das quais se deve olhar para o novo Código de Processo Civil cuja vigência se avizinha, especialmente tendo em contra controvérsias antigas que se solvem ao longo da aplicação de um Diploma legal, mas, muitas vezes, reapresentam-se diante de uma revisão legislativa.

Nesta linha é que conciliar o tema da jurisdição voluntária – que muitas vezes pode ser erroneamente visto como obsoleto, diante de hodiernas tendências de desjurisdicionalização das questões relativas à administração pública de interesses privados – com aquele relacionado à atuação do Ministério Público enquanto órgão interveniente no processo civil – ainda tão controverso mesmo decorridos mais de 25 anos da entrada em vigor da Constituição de 1988, que deu feição orgânica renovada à instituição – parece ser uma tarefa instigante à vista de um novo regramento processual.

Imbuído deste mote é que se inicia o presente estudo, com o intento de, ao seu cabo, poder acrescentar algo acerca do que se espera da função de *custos legis* nos procedimentos de jurisdição voluntária.

I. Jurisdição, jurisdição voluntária e interesse público

A temática associada à jurisdição voluntária foi sempre rica em controvérsias no campo da dogmática de teoria geral do processo, justamente em razão das divergências levantadas acerca da sua real natureza jurisdicional. Isso porque a existência do conflito entre sujeitos seria um dos pressupostos elementares à necessidade de intervenção do Estado-juiz com vistas a solucioná-lo, pelo que, nas situações em que este fosse inexistente – não obstante a necessidade da atuação judicial para a realização de certos atos –, seria duvidosa a correção do emprego da designação jurisdição.[2]

Não obstante esta controvérsia, a dicotomia entre jurisdição contenciosa[3] – a designar os casos clássicos de necessidade de solução de conflitos por meio do processo judicial – e jurisdição voluntária – a designar situações em que, não obstante necessária a intervenção judicial para a realização de certos atos, não é possível identificar um conflito propriamente dito – sempre foi uma realidade no direito processual brasileiro, sendo assim tratada em capítulos específicos do Código de Processo Civil e com regramentos próprios.[4]

Assim é que uma reflexão acerca dos contornos conceituais da jurisdição voluntária, bem como da existência ou não, nos procedimentos a ela afetos, de interesses que, pela sua relevância, passam a qualificarem-se como públicos são pressupostos

---

[2] Sobre o tema, especialmente tendo em conta as características que demarcam as peculiaridades da jurisdição enquanto fenômeno de intervenção estatal, o qual, não obstante relevante, não encontraria lugar para ser tratado com profundidade no presente estudo, ver CINTRA, Antonio Carlos de Araújo; GRINOVER, Ada Pellegrini; DINAMARCO, Cândido Rangel. *Teoria Geral do Processo*. 10ed. São Paulo: Malheiros, 1994, pp. 38 e ss. Ainda, MARINONI, Luiz Guilherme. *Teoria Geral do Processo*. 8ed. São Paulo: Revista dos Tribunais, 2014, pp. 90 e ss.

[3] Nesta linha é que a designação jurisdição contenciosa é considerada em si mesmo redundante, pois a existência de conflito (contenda) é pressuposto para que se possa falar na existência de jurisdição, sendo, portanto, toda ela sempre contenciosa. Assim, LIMA, Alcides de Mendonça. *Dicionário do Código de Processo Civil Brasileiro*. 2ed. São Paulo: Revista dos Tribunais, 1994.

[4] Tal é o que se extrai da Exposição de Motivos do Código de Processo Civil de 1973, especialmente quanto trata da contraposição entre os procedimentos especiais de jurisdição contenciosa e aqueles de jurisdição voluntária, questionando, inclusive, sobre a pertinência da inclusão destes no Livro IV. Sobre o tema, BRASIL. *Código de Processo Civil*. Histórico da Lei. Brasília: Senado Federal, 1974, v. I., t. I, p. 17-18.

imprescindíveis para que se compreenda, à luz do regramento introduzido pelo novo Código de Processo Civil, a real legitimidade da intervenção do Ministério Público em tais casos.

A) Administração pública de interesses privados e jurisdição voluntária

Os preceitos gerais de autonomia e liberdade constituem balizas centrais da atuação dos privados, de modo que, a partir disso, têm ampla discricionariedade para agir na administração dos seus interesses. Por vezes, contudo, tendo em vista a relevância de feixes destes interesses, seja porque têm potencialidade para implicar reflexos na esfera de terceiros, seja porque trazem em si alguma parcela de interesse público, o Estado intervém na sua administração, estabelecendo que determinados atos a ela relacionados, a fim de que tenham plena validade, pressuponham alguma forma de intervenção estatal na sua constituição.

Todas estas situações de interferência do Estado na realização de atos particulares de gestão são consideradas formas de administração pública de interesses privados, o que vem justificado no fato de que, como dito, trazerem em si uma importância transcendente que justifica tal intervenção. E ela se pode dar por vários meios e mediante a atuação de diversos órgãos que, de algum modo, desempenham formas de intervenção estatal.

Assim ocorre com a exigência da escritura pública para os contratos envolvendo bens imóveis, com o condicionamento da efetiva transferência da propriedade sobre os referidos bens ao seu registro no álbum imobiliário, com a celebração do casamento perante os juízes de paz (após prévia habilitação junto ao registro civil), com a necessidade de aprovação dos atos das fundações pelo Ministério Público, dentre outras tantas possibilidades, inclusive com o condicionamento da realização de uma série de atos à intervenção judicial, não obstante não seja pressuposto que neles se verifique a efetiva existência do litígio que, por definição, caracteriza a prestação jurisdicional típica.[5]

A esta última modalidade de administração pública de interesses privados, na qual a intervenção estatal realiza-se por meio da atuação judicial, é que classicamente se dá o nome de jurisdição voluntária, podendo ser definida como "a atividade administrativa do Poder Judiciário com o fim de proteger interesses privados pela interferência do juízo para maior segurança da situação jurídica respectiva".[6]

Consoante se infere, além da natureza administrativa que tradicionalmente tem sido apontada como característica da jurisdição voluntária – não apenas no sentido de uma relação de direito administrativo propriamente dita, mas associado à ideia de gestão, de administração de interesses privados –, o caráter preventivo desta atuação é outra de suas marcas relevantes, pois são justamente as peculiaridades da situação concreta que recomendam um ato judicial que lhe atribua segurança jurídica e, com isso, evite litígios.[7]

---

[5] CINTRA, Antonio Carlos de Araújo; GRINOVER, Ada Pellegrini; DINAMARCO, Cândido Rangel. *Teoria Geral do Processo*, cit., p. 150.

[6] LIMA, Alcides de Mendonça. *Dicionário...*, cit., p. 371.

[7] LIMA, Alcides de Mendonça. *Dicionário...*, cit., p. 371.

Por isso que o objetivo principal da jurisdição voluntária pode ser associado à satisfação da necessidade de acentuar ou firmar direitos, afastando dúvidas fáticas ou mesmo jurídicas a respeito da sua titularidade ou do seu exercício, tudo com o intento de reduzir a possibilidade de controvérsias futuras a seu respeito.[8]

Tais peculiaridades fazem com que os procedimentos a ela afetos não contenham prazos peremptórios e, por conseguinte, não contemplem a figura da revelia (ao menos nos seus efeitos materiais), incumbindo ao juiz ampla faculdade instrutória, inclusive contra a vontade dos possíveis interessados (princípio da investigação de ofício).[9]

Exatamente em razão das características referidas (natureza administrativa e caráter preventivo) e tendo em conta os objetivos apontados, restou cunhada a máxima segundo a qual a jurisdição voluntária não seria nem jurisdição, nem voluntária.[10]

Primeiro, como já dito, pela ausência de conflito, marca indelével da autêntica prestação jurisdicional,[11] fazendo com que a simples atuação do juiz no caso não seja hábil o bastante a atribuir esta conotação aos atos de administração de interesses privados praticados pela forma processual.[12] Segundo, porque se o objetivo é a prevenção de litígios, o que se impõe não por uma precaução da parte, mas pelas especiais características da relação jurídica envolvida, não haveria uma própria voluntariedade, pois os atos dela decorrentes teriam natureza obrigatória, já que com finalidade constitutiva,[13]

Em verdade, a síntese apresentada reflete a concepção consagrada por uma das teorias desenvolvidas acerca da jurisdição voluntária, dita administrativista – notoriamente aquela em mais largo espectro aceita[14] e tida como inspiradora do Código

---

[8] SILVA, De Plácido e. *Vocabulário Jurídico*. 3. ed. Rio de Janeiro, Forense, 1991, v. III, p. 31.

[9] NERY JÚNIOR, Nelson. *Intervenção do Ministério Público nos procedimentos especiais de jurisdição voluntária*. *Justitia*, São Paulo, n. 48, jul./set. 1986, p. 48. E arremata o autor, referido que sequer é possível falar em autênticas partes, mas em meros interessados.

[10] LIMA, Alcides de Mendonça. *Dicionário...*, cit., p. 371

[11] Extrai-se expressamente da Exposição de Motivos do Código de Processo Civil de 1973 que "[l]ide é, consoante a lição de CARNELUTTI, o conflito de interesses qualificados pela pretensão de um dos litigantes e pela resistência do outro. O julgamento desse conflito de pretensões, mediante o qual o juiz, acolhendo ou rejeitando o pedido, dá razão a uma das partes e nega-a à outra, constitui uma sentença definitiva de mérito. A lide é, portanto, o objeto principal do processo, nela se exprimindo as aspirações em conflito de ambos os litigantes". Assim, BRASIL. *Código de Processo Civil*, cit., p. 13.

[12] Ainda na linha da diferenciação da jurisdição propriamente dita, acentua-se que, além do litígio, falta à jurisdição voluntária uma autêntica atuação do direito, pois o seu genuíno fim está na constituição de situações jurídicas novas, não se antevendo, ainda, o típico caráter substitutivo, na medida em que juiz interfere na atuação dos interessados sem substituí-los. Assim, a intervenção é necessária para a consecução de objetivos, mas sem que com isso ocorra uma exclusão plena do agir dos envolvidos. Neste sentido, CINTRA, Antonio Carlos de Araújo; GRINOVER, Ada Pellegrini; DINAMARCO, Cândido Rangel. *Teoria Geral do Processo*, cit., p. 151.

[13] Daí que se somente por meio dela os interessados podem obter os resultados de cunho jurídico almejados, não há que se afirmar a real existência do caráter voluntário que lhe dá nome. Neste norte, GAMA, Paulo Calmo Nogueira da. *O Ministério Público e a jurisdição voluntária*. De Jure: Revista Jurídica do Ministério Público do Estado de Minas Gerais, Belo Horizonte, v. 3, n. 3, dez. 2001. Igualmente, consoante observam CINTRA, Antonio Carlos de Araújo; GRINOVER, Ada Pellegrini; DINAMARCO, Cândido Rangel. *Teoria Geral do Processo*, cit., p. 152, a destacada ausência de uma autêntica voluntariedade diz respeito não apenas com a sua imprescindibilidade para a constituição das situações envolvidas, mas também com a inércia a que se submete a prestação, pois não se pode dar por ato de ofício do juízo, pressupondo provocação dos legitimados para tanto pela lei processual.

[14] SILVA, Ovídio A. Baptista da; GOMES, Fábio. *Teoria Geral do Processo*. 3. ed. São Paulo: Revista dos Tribunais, 2002, p. 75.

de Processo Civil de 1973[15] – sem prejuízo da relevância que se trate acerca de outra delas, dita jurisdicionalista.[16] Isso porque se tem assinalado que tal teoria, mesmo não correspondendo à acepção mais amplamente aceita, passa a ganhar cada vez mais espaço,[17] podendo adquirir alguma relevância à vista de um novo diploma processual, diante da possibilidade de que nele tenha produzido influências teóricas.[18]

A partir das ponderações largamente sedimentadas e sem prejuízo de algum dissenso sobre a natureza administrativa exclusiva da jurisdição voluntária, são correntes na doutrina três classificações quanto aos seus atos, que poderiam ser agrupados naqueles de ordem receptícia, nos quais o juiz exerce uma função passiva, a exemplo daquela verificada na publicação de um testamento particular, nos de ordem certificante, como aqueles realizados com a legalização de livros comerciais, e naqueles de natureza mais próxima da jurisdicional, a abranger próprios pronunciamentos judiciais que, em verdade, seriam os genuínos atos de jurisdição voluntária, tanto que regulados pelo Código de Processo Civil enquanto procedimentos especiais.[19]

Partindo das situações antes referidas como exemplificadoras de uma jurisdição voluntária em sentido estrito, é de se observar que a ausência de lide, traço que caracteriza o gênero em análise, não impede que, nomeadamente na espécie que se materializa por meio de pronunciamentos judiciais propriamente ditos, haja algum grau de controvérsia entre os interessados. Tanto que, no clássico exemplo da ação

---

[15] Tal se infere a partir do consignado na já citada Exposição de Motivos do Código de 1973, a qual faz referência expressa ao fato de que aquele diploma partiu da concepção *carneluttiana* de "lide" para qualificar a jurisdição, tendendo a associá-la, na sua essência, à jurisdição dita contenciosa. Sobre o tema, ver BRASIL. *Código de Processo Civil*, cit., p. 13-14.

[16] Na doutrina brasileira, a tese que sustenta a natureza jurisdicional tem sido bastante bem defendida pelo Prof. Ovídio Baptista da Silva, apontando ele, com certo grau de razão, que o melhor critério a diferenciar a jurisdição voluntária da contenciosa reside em reconhecer que naquela – ao contrário desta – não há jurisdição declarativa e, por isso, inexiste coisa julgada, preponderando a relevância da eficácia constitutiva. Isso porque, nas situações submetidas à jurisdição voluntária, não está em debate a declaração da existência de um direito, mas tão somente a sua regulação, o que, todavia, não lhe tiraria o genuíno caráter de jurisdicional. Sobre o tema, ver SILVA, Ovídio A. Baptista da. GOMES, Fábio. *Teoria Geral do Processo*, cit., p. 82.

[17] Nas exatas palavras de GAMA, Paulo Calmo Nogueira da. *O Ministério Público...*, cit., p. 29, "o prestígio da tese administrativista já não é mais o mesmo". Para uma defesa consistente da natureza jurisdicional da jurisdição voluntária, ver PORTO, Sérgio Gilberto. *Jurisdição voluntária*: atividade administrativa ou jurisdicional? Revista do Ministério Público do Rio Grande do Sul, Porto Alegre, n. 28, 1992, pp. 81-86.

[18] Note-se que a Exposição de Motivos elaborada pela Comissão de Juristas responsável pelo anteprojeto que viabilizou a aprovação do novo Código de Processo Civil, disponível no sítio da internet do Senado Federal (<http://legis.senado.leg.br/mateweb/arquivos/mate-pdf/160823.pdf>), ao contrário do que fazia aquela do Código de 1973, não chegou a fazer referência expressa acerca das concepções que pautaram a sua noção de jurisdição (especialmente da antes citada ideia central de *lide* consagrada na doutrina de Carnelutti) e, por conseguinte, das associações feitas a partir da noção de jurisdição voluntária, de modo que eventuais conclusões acerca de uma mudança de orientação a respeito das suas premissas teóricas passam a decorrer muito mais de uma inferência da doutrina do que de uma manifestação sua conclusiva a respeito. Nesta linha, é de se consignar que as primeiras impressões já sinalizam mais no sentido da ocorrência de "alterações pontuais" do que de uma própria mudança de paradigmas teóricos em matéria de jurisdição voluntária, com o que se concorda. Sobre o tema, MARCANTONIO, Roberta. Anotações aos artigos 719 a 725. In: AAVV. *Novo código de processo civil anotado*. Porto Alegre: OABRS, 2015, p. 481.

[19] CINTRA, Antonio Carlos de Araújo; GRINOVER, Ada Pellegrini; DINAMARCO, Cândido Rangel. *Teoria Geral do Processo*, cit., p. 151. Existem outras classificações que, não obstante algum dissenso terminológico, tendem a convergir para a mesma conclusão organizativa. A este respeito, dentre outras tantas, esclarecedora é a sugestão de GRECO, Leonardo. *Jurisdição voluntária moderna*. São Paulo: Dialética, 2003, pp. 27-29. O autor fala em atos receptícios (dentre eles os protestos, as notificações e as interpelações), probatórios (procedimento de justificação), declaratórios (*v.g.*, confirmação de testamento ou posse em nome do nascituro), constitutivos (a exemplo das ações de emancipação, separação e interdição), executórios (como a arrecadação de bens de ausentes) e tutelares (remoção de tutor ou curador, dentre outros).

de interdição, por vezes pode assemelhar-se a uma demanda contenciosa em razão da legitimidade que tem o requerido para opor-se ao pedido.[20]

Diante destas ponderações e levando em conta todo o arcabouço teórico – mesmo que, por vezes, conflitante – estruturado pelas teorias administrativista e jurisdicionalista acerca da efetiva natureza da jurisdição voluntária, parece inquestionável que o seu grande diferencial, o qual servirá de norte para balizar a atuação estatal por meio do processo e, bem assim, a elisão de eventual contenda que extraordinariamente se estabeleça, está na forma como os interesses envolvidos são tratados. Isso porque, nos procedimentos a ela afetos, o que releva é o fato de o juiz agir em prol do titular do interesse em causa, justamente por ser considerado relevante, assumindo uma posição mista de "partícipe integrante do negócio jurídico privado e fiscal da lei".[21]

Daí que compreender no que se constituem os interesses postos em causa na jurisdição voluntária (seja quanto ao conteúdo, seja quanto aos limites), ao ponto de subverter a sistemática natural da atuação livre dos privados e submetê-la a uma necessária intervenção judicial, que se reveste de caráter imprescindível à consecução da sua administração, é missão instransponível ao desenvolvimento do presente estudo e, por isso mesmo, transcende e se coloca em posição de destaque se comparada com o debate acerca da natureza jurisdicional ou administrativa dos procedimentos a ela afetos.

B) O interesse público na administração judicial de interesses privados

Como referido de início, a regra geral para a administração de interesses privados é a da livre atuação dos seus titulares, de modo que a intervenção estatal voltada a este fim, inclusive por meio da jurisdição voluntária, constitui-se em exceção que apenas se justifica à vista de alguma parcela de transcendência de um determinado interesse.[22] Dita relevância, contudo, tem a sua eficácia limitada.

Ou seja, mesmo implicando em situar os interesses em causa em uma zona gris entre o público e o privado,[23] tal não basta a subvertê-los ao ponto de retirá-los da esfera dos seus titulares (privados), mas apenas de, diante de certo grau de importância que trazem ínsitos em si (para além da esfera individual), impor uma necessária intervenção estatal à sua plena realização.

---

[20] Note-se que não obstante na interdição haja a possibilidade de instalação de uma controvérsia próxima ao litígio propriamente dito – a "lide" *carneluttiana* já referida – tal não basta a atribuir-lhe uma natureza contenciosa propriamente dita, diante da forma como é gerido o interesse posto em causa, o que basta a manter a sua natureza voluntária, qual estabelecido pela sua disposição no rol de procedimentos especiais de jurisdição voluntária. Neste sentido, MIZIARA, Daniel Souza Campos. *Interdição judicial da pessoa com deficiência intelectual*. Revista do Advogado, São Paulo, n. 95, dez. 2007, p. 21-33.

[21] NERY JÚNIOR, Nelson. *Intervenção do Ministério Público...*, cit., 47. Com uma posição um tanto diversa a respeito, sustentando que a ação do juiz é constitutiva ("controle administrativo para completar e integra o negócio jurídico privado") e a do Ministério Público fiscalizatória nos procedimentos de jurisdição voluntária, MARQUES, José Frederico. *Ensaio sobre a jurisdição voluntária*. 2. ed. São Paulo: Saraiva, 1959, p. 114-115.

[22] MARQUES, José Frederico. *Ensaio...*, cit., p. 107-108.

[23] Neste ponto, é de vital relevância referir que não obstante os interesses versados nos procedimentos de jurisdição voluntária tenham algum grau de relevância pública, tal não descaracteriza a sua natureza predominantemente privada, sequer sendo apta o bastante a colocarem-nos a meio caminho entre o público e o privado, como ocorre, por exemplo, com os interesses difusos que, este sim, são ditos verdadeiro *tertium genus*. O tema foi mais profundamente desenvolvido em TEIXEIRA NETO, Felipe. *Dano Moral Coletivo*. A configuração e a reparação do dano extrapatrimonial por lesão a interesses difusos. Curitiba: Juruá, 2014, p. 109-110.

Tais ponderações bastam para demonstrar que o fato de um determinado interesse exigir o seu exercício por intermédio da intervenção judicial já revela que, em maior ou menor grau, tem em si alguma parcela de interesse público. E essa peculiaridade é que transmutam a natureza da prestação jurisdicional voluntária, fazendo com que o juiz atue não com o fito de solver litígios, mas de alcançar assistência protetiva ao seu titular, o que se materializa por intermédio dos provimentos de autorização, homologação ou aprovação a eles inerentes.[24]

O que ocorre é que o alcance – mais do que isso, a delimitação – do que se pode considerar por interesse público é fonte de alguma controvérsia e reside na essência do argumento desenvolvido no presente estudo, pois o mesmo conceito jurídico indeterminado foi e é classicamente utilizado para pautar a necessidade de intervenção do Ministério Público no processo civil.

Interesse público, na sua acepção mais genuína, está associado à ideia de interesse geral de uma coletividade que se abstrai dos interesses individuais por eles satisfeitos.[25] Em outras palavras, são os interesses objetivos da comunidade (propriamente no plural, pois, em verdade, são diversos os interesses públicos) cuja salvaguarda é incumbência estatal,[26] não obstante não se confunda com os interesses do Estado enquanto ente público.

O conceito de interesse público[27] – cuja evolução dogmática é bastante peculiar[28] – foi deveras bem desenvolvido pelo direito administrativo, justamente por essa associação entre a sua realização e a atividade administrativa do Estado,[29] o que resta por refletir alguma influência de conteúdo no estudo da jurisdição voluntária, especialmente em se partindo do pressuposto de que as teorias administrativistas sempre tiveram alguma preponderância, afastando-a da atividade genuinamente jurisdicional.

Ocorre que, por vezes e nos mais variados ramos do direito, a designação *interesse público* é empregada com uma polissemia bastante larga e em um sentido até mesmo mais abrangente do que aquele estruturado em um conceito de natureza

---

[24] NERY JÚNIOR, Nelson. *Intervenção do Ministério Público...*, cit., 47.
[25] SOUZA, Miguel Teixeira de. *A tutela jurisdicional dos interesses difusos no direito português*. Estudos de Direito do Consumidor, Coimbra, n. 6, 2004, p. 281.
[26] ASCENSÃO, José de Oliveira. *Direito Civil*. Teoria Geral. Coimbra: Coimbra, 2002, v. III (relações e situações jurídicas), p. 108. O autor observa, nesta linha, que o autêntico e genuíno interesse público deve ser compreendido como autônomo do interesse próprio do Estado. Não obstante lhe caiba a salvaguarda, o interesse público é por vezes independente do interesse do Estado enquanto entidade ou instituição.
[27] A temática é complexa e sequer consensual nos dias atuais, pois a vivência de uma sociedade plural e hipercomplexa como a hodierna não permite falar em interesse público como interesse da maioria. Assim, CRISTÓVAM, José Sérgio da Silva. *O conceito de interesse público no Estado Constitucional de Direito*. Revista da ESMESC – Escola Superior da Magistratura de Santa Catarina, Florianópolis, v. 20, n. 26, p. 223-248, 2013, p. 238.
[28] Sobre o tema, com uma evolução conceitual de interesse público, tema que toca apenas reflexamente ao objeto central do presente estudo, ver SILVA, Guilherme de Abreu e. *A reconfiguração do conceito de interesse público à luz dos direitos fundamentais como alicerce para a consensualidade na administração pública*. Âmbito Jurídico, Rio Grande, v. XV, n. 100, mai. 2012. Ainda, além da doutrina tradicional administrativista, com uma proposta de abordagem interdisciplinar – já que a temática transcende a ciência jurídica, construindo pontos de conexão com a ciência política e a gestão pública –, ver OLIVEIRA, Vânia Aparecida Rezende de; PEREIRA, José Roberto. *Interesse público*: significados e reflexões. Cadernos Gestão Social, Salvador, v. 4, n. 1, p. 13-23, jan./jul. 2013, p. 17 e ss.
[29] O conteúdo do direito administrativo, associado ao conceito de interesse público por ele estruturado, resta por se alterar ao longo dos tempos, umbilicalmente ligado aos diversos tipos de Estado adotados. Sobre o tema, DI PIETRO, Maria Sylvia Zanella. *Direito Administrativo*. 17ed. São Paulo: Atlas, 2004, p. 24-25.

dogmática.[30] E este emprego – não raro até indiscriminado – permite fazer referência não a um interesse de natureza efetivamente coletiva, mas que contenha em si alguma parcela de interesse coletivo, mesmo que tal não baste a dissociá-lo dos interesses individuais a que se relacionam.

Parece, portanto, que a simples existência de algum grau de transcendência – ou, em outras palavras, de algum grau de interferência na esfera coletiva ou mesmo de terceiros estranhos ao interesse privado em si – aliada a uma previsão legal de atuação constitutiva do Estado por meio da prestação jurisdicional já basta a caracterizar o interesse público que legitima prescrição da jurisdição voluntária.

Assim, o que se pretende com as ponderações até aqui apresentadas é dizer que o grau de presença de interesse público verificável nas mais diversas situações submetidas à jurisdição voluntária não é homogêneo, fazendo com que o fato de estar presente em algumas delas de modo muito intenso – como é o caso da interdição, *v.g.* – não a equipare a outras em que se apresenta mais rarefeito.

E é exatamente neste ponto que as digressões de ordem teórica até o momento apresentadas tocam-se e se apresentam imprescindíveis à controvérsia tratada no presente estudo, qual, seja, delimitar a necessidade/oportunidade da intervenção fiscalizatória do Ministério Público nos procedimentos de jurisdição voluntária.

Nestes termos, é possível antever que interesse público que legitima uma intervenção estatal por meio da jurisdição voluntária poderá não ser exatamente o mesmo que pauta a demarcação da atuação do Ministério Público, fazendo com que a identidade de terminologia possa induzir alguma sobreposição de alcances do conceito jurídico indeterminado em causa.

Por isso a necessidade de que se compreendam os seus termos e as nuances que marcam a intervenção do Ministério Público no processo civil e que demandam a intervenção judicial na gestão de especiais interesses privados, identificando os seus pontos de toque.

II. Interesse público, interesses social e individual indisponível e intervenção do Ministério Público nos procedimentos de jurisdição voluntária

A intervenção do Ministério Público no processo civil alterou-se sensivelmente nas últimas décadas, sendo a introdução da regra do artigo 82 do Código de Processo Civil pontuada como o mais importante balizador da sua demarcação, a qual se completou com o regime preconizado pela Constituição da República de 1988. Isso porque o texto constitucional, ao lhe atribuir a defesa da ordem jurídica, do regime democrático e dos interesses sociais e individuais indisponíveis, retirou-lhe em definitivo a tarefa de representação judicial dos interesses do Estado (enquanto ente público) e estabeleceu, dentre as suas funções institucionais, a promoção do inquérito

---

[30] Apenas a título de síntese, cumpre registrar que, de um modo geral, os mais variados conceitos de interesse público tendem a estar assentados nas ideias de coletividade (enquanto transcendência), de indisponibilidade e de pluralidade (a acarretar algum grau de conflituosidade). A este respeito, MELLO, Celso Antônio Bandeira de. *Curso de Direito Administrativo.* 19. ed. São Paulo: Malheiros, 2005, p. 51; JUSTEN FILHO, Marçal. *Curso de Direito Administrativo.* São Paulo: Saraiva, 2005, p. 37-39.

civil e da ação civil pública para a proteção do patrimônio público e social, do meio ambiente e de outros interesses difusos e coletivos (artigo 129, inciso III).[31]

Neste cenário de modulação de atribuições é que cumpre situar o relevo de uma, por assim dizer, reinvenção da atuação institucional do Ministério Público no processo civil, tarefa de há muito iniciada, mas sempre a demandar atualizações, em especial à vista de um novo diploma processual e particularmente no que toca ao objeto de análise proposto, ou seja, do que se espera da intervenção enquanto *custos legis* nos procedimentos especiais de jurisdição voluntária.

A) O interesse público e a legitimidade da intervenção do Ministério Público

A partir dos marcos teóricos precedentemente apresentados no que tange aos interesses versados na jurisdição voluntária e partindo de uma interpretação mais tradicional dos vetores que balizam a intervenção do Ministério Público no processo civil, o interesse público, em tese, verificado em todos os procedimentos desta natureza induziria a necessidade imperiosa da sua função fiscalizatória no processamento destas causas.

Tanto que a regra do artigo 1.105 do Código de Processo Civil de 1973 estabelece textualmente que "[s]erão citados, sob pena de nulidade, todos os interessados, bem como o Ministério Público", a induzir, a partir de uma interpretação literal deste dispositivo, a sua obrigatória intervenção na condição de *custos legis* em todos os atos de jurisdição voluntária,[32] tudo legitimado, como dito, no latente interesse público que legitima a intervenção estatal na gestão dos interesses dos particulares.

O que ocorre é que, paulatinamente, em especial a partir da conjugação dos vetores estabelecidos na Constituição da República para demarcar as funções institucionais do Ministério Público, a recepção do Código de Processo Civil pela nova ordem instituída em 1988 pareceu autorizar a revisão da aludida regra, não apenas a partir da sua interpretação conjunta com aquela de ordem geral prevista no artigo 82 do mesmo Diploma,[33] mas com especial atenção em decorrência desta nova modulação constitucional atribuída à instituição.

A partir disso, abre-se espaço para um movimento de reinterpretação da intervenção como *custos legis* – mesmo que marcado por um processo de idas e vindas

---

[31] Com uma análise percuciente acerca da importância da introdução de dita função institucional do Ministério Público no texto constitucional de 1988, apta, pela sua dimensão, a corporizar uma nova instituição, ver FINGER, Júlio César. O Ministério Público pós-88 e a efetivação do Estado Democrático de Direito: podemos comemorar? In: RIBEIRO, Carlos Vinícius Alves (org.). *Ministério Público*. Reflexões sobre princípios e funções institucionais. São Paulo: Atlas, 2010, p. 88-89.

[32] Neste sentido apontavam as primeiras – e mais tradicionais – impressões acerca do aludido artigo 1.105, a sintetizar posição, inclusive, considerada majoritária, consoante aponta NERY JÚNIOR, Nelson. *Intervenção do Ministério Público*..., cit., p. 39-40. O fundamento para tanto, aliás, estava ainda em Carnelutti, para quem a jurisdição voluntária seria o verdadeiro campo de atuação do Ministério Público, diante da indisponibilidade dos interesses envolvidos, o que restou acolhido pela codificação processual civil de 1973, consoante se infere da síntese contida em LUCENA, João Paulo. Dos procedimentos especiais (arts. 1.103 a 1.210). In: SILVA, Ovídio A. Baptista da (org.). *Comentários ao Código de Processo Civil*. São Paulo: Revista dos Tribunais, 2000, v. 15, p. 68-69.

[33] Interpretação esta tecnicamente viável desde a edição do Código, diante da contemporaneidade das normas, mas talvez não possível *ab initio*, seja em razão do alcance da compreensão do que se entende por interesse público no processo civil, seja porque a regra especial, por expressa, poderia induzir na derrogação da restrição extraível daquela de cunho geral.

entre o tradicionalmente feito e o que seria esperado a partir da nova feição constitucional. Movimento este que, não obstante a sua grande relevância, não pode sequer ser considerado como acabado, o que se deve às dificuldades já pontuadas em se concretizar o alcance do conteúdo do conceito jurídico indeterminado que lhe serve de diretriz.

A proposta parte justamente de uma releitura do conceito material de interesse público que justifica a obrigatória intervenção do Ministério Público enquanto fiscal dos atos jurisdicionais praticados no processo civil,[34] com vistas a compatibilizar dito conceito com as novas necessidades de efetivação do Estado Democrático e com as funções institucionais predispostas nos artigos 127 e 129 da Constituição de 1988. E toda esta controvérsia interpretativa superou o debate institucional (interno) e enfrentou viva discussão na jurisprudência, sendo numeras as questões pontuais que, até restarem uniformizadas, suscitam alguma controvérsia acerca da obrigatoriedade da intervenção do *custos legis*.[35]

E, de regra, o fundamento subjacente a esta discussão reside na clássica dicotomia consagrada na doutrina italiana, com o desdobramento do conceito *lato* de interesse público, que se parte em dois feixes (por vezes complementares) designados interesse público primário e interesse público secundário.

Em apertada síntese, o primeiro seria o verdadeiro interesse público, pois dotado de um viés efetivamente geral e transcendente, o qual vem constituído pelo "complexo de interesses prevalentes em uma determinada organização jurídica da coletividade"; já o segundo viria materializado nos interesses do Estado enquanto organização institucional (enquanto sujeito administrativo) que, não obstante se possa fazer sentir pelo grupo como um todo – trazendo, por isso, algum grau de transcendência – assim o faz de modo reflexo e indireto, de regra associado a questões de natureza patrimonial que, sem prejuízo da indisponibilidade que lhe é ínsita por natureza, gozam de uma margem de relatividade.[36]

---

[34] MARQUES, José Frederico. *Ensaio...*, cit., p. 114.

[35] Talvez uma das mais antigas e inicialmente conflituosas discussões que seguiram nesta linha de revisão foi aquela relacionado à existência ou não de interesse público que exigisse a atividade fiscalizatória da instituição nos executivos fiscais, a qual restou definitivamente solucionada com a edição da súmula n.º 189, do Superior Tribunal de Justiça, nos seguintes termos: "É desnecessária da intervenção do Ministério Público nas execuções fiscais". A súmula foi editada a partir de julgamento realizado pela 1ª Seção da referida Corte, na sessão de 11 jun. 1997, sendo publicada no DJ de 26 jun. 1997, p. 29331. Esta conclusão tende a ser replicada – não obstante ainda não conte com súmula editada – a todas as causas que envolvam interesses de cunho apenas patrimonial da Fazenda Pública, dentre elas as ações de desapropriação indireta ("ação de desapropriação indireta é ação de indenização, de cunho patrimonial, não havendo interesse público que justifique a intervenção do Ministério Público", Recurso Especial n. 827322/PA, 2ª Turma, rel. Min. Eliana Calmon, julgado em 18 dez. 2007, publicado em DJe 28 nov. 2008) ou as meras ações de cobrança ("O simples ajuizamento de ação monitória em face da Fazenda Pública não se caracteriza como interesse público apto a determinar a intervenção obrigatória do Ministério Público", Recurso Especial n. 1196773/PA, 2ª Turma, rel. Min. Mauro Campbell Marques, julgado em 19 set. 2013, publicado em DJe 29 out. 2013).

[36] Sobre o tema, ALESSI, Renato. *Sistema Istituzionale del Diritto Amministrativo Italiano*. Milano: Giufrè, 1953, p. 151-152. Compartilhando do mesmo entendimento, dentre outros, MELLO, Celso Antônio Bandeira de. *Curso...*, cit., p 57. Segundo o autor, "além de subjetivar interesses, o Estado, tal como os demais particulares, é, também ele, uma pessoa jurídica, que, pois, existe e convive no universo jurídico em concorrência com todos os demais sujeitos de direito. Assim, independentemente do fato de ser, por definição, encarregado dos interesses públicos, o Estado pode ter, tanto quanto as demais pessoas, interesses que lhe são particulares individuais, e que, tal como os interesses delas, concebidas em suas meras individualidades, se encarnam no Estado enquanto pessoa. Esses últimos não são interesses públicos, mas interesses individuais do Estado, similares, pois (sob o prisma extrajurídico), aos interesses de qualquer outro sujeito".

A partir destas premissas e considerando que compete ao Ministério Público a defesa da ordem jurídica, do regime democrático e dos interesses sociais e individuais indisponíveis – e não dos interesses das pessoas jurídicas de direito público em si cuja representação judicial e assessoria jurídica incumbem à advocacia pública, nos termos dos artigos 131 e 132 da Constituição da República –, competir-lhe-ia oficiar apenas nas causas em que evidenciada a presença de um autêntico interesse público primário, seja em razão da natureza da causa, seja em decorrência da qualidade da parte, tal qual já estava preconizado no inciso III do artigo 82 do Código de Processo Civil, que apenas passa a ser (re)interpretado em conformidade com a nova ordem constitucional.

E, no cenário jurídico atual,[37] não há dúvidas de que a aferição acerca da presença do interesse público primário é uma prerrogativa que cabe ao próprio Ministério Público, não podendo estar submetida ao crivo final do Poder Judiciário.[38]

Tanto que, com o objetivo de orientar esta atividade e uniformizá-la da maneira mais abrangente possível, o Conselho Nacional do Ministério Público editou a Recomendação nº 16/2010, que trata da atuação da instituição como órgão interveniente no processo civil, elencando uma série de situações em que, respeitada a independência funcional dos seus membros, seria despicienda a função de *custos legis*.[39]

Note-se que o mote invocado para tanto vem ao encontro das ponderações antes apresentadas, tendentes a racionalizar as funções de órgão interveniente, com o intuito de promover maiores utilidade e efetividade desta atuação e de beneficiar aquela relacionada à proteção dos interesses sociais e indisponíveis. Tal movimento estaria legitimado na evolução institucional preconizada pelos já citados artigos 127 e 129 da Constituição da República, tudo com o fito de viabilizar o atendimento da "justa expectativa da sociedade" quanto a uma "eficiente, espontânea e integral defesa dos mesmos interesses".[40]

---

[37] Dita posição nem sempre foi predominante, com vozes de peso a sustentar que competiria ao juiz a aferição do interesse público legitimador da intervenção do Ministério Público como *custos legis*. Sobre o tema, ver a síntese apresentada em GAMA, Paulo Calmon Nogueira da. *O Ministério Público...*, cit., p. 19-22.

[38] Para justificar esta posição, que é majoritária na doutrina, é possível invocar a clareza do Código de Processo Civil italiano, do qual o nosso Diploma pátrio descende, especialmente quando estabelece, no seu artigo 70, regra de invulgar clareza segundo a qual poderá o Ministério Público intervir em qualquer causa em que anteveja um interesse público presente. Sobre o tema, SILVA, Ovídio A. Baptista da; GOMES, Fábio. *Teoria Geral...*, cit., p. 147-148.

[39] O conteúdo da recomendação, como era de se esperar, esta longe de ser consensual, até mesmo pelo fato de que, em especial a partir da edição do Código de Processo Civil de 1973, com a regra do seu artigo 82, construiu-se uma intensa tradição intervencionista que, diante da necessidade hodierna de racionalização de recursos humanos e materiais para fins de viabilizar um ágil e eficiente funcionamento da instituição, passou a contrastar com a necessidade de atendimento das funções de órgão agente então bastante incipientes. Para não desconsiderar a crítica, que certamente contribui de algum modo à efetivação da atuação enquanto órgão interveniente, ver as ponderações de MARTINS JÚNIOR, Wallace Paiva. *O Ministério Público e a intervenção no processo civil*. Revista Jurídica da Escola Superior do Ministério Público de São Paulo, São Paulo, v. 2, 2012, especialmente p. 160 e ss.

[40] Estas, aliás, são as ponderações constantes nos *considerandos* da Recomendação. Sobre o tema, esclarecedor é o conteúdo da decisão proferida pelo Conselho Nacional do Ministério Público no procedimento nº 0.00.000.000935/2007-71, rel. Cons. Cláudio Barros Silva, julgado em 28 abr. 2010, publicado em DJ 10 mai. 2010, p. 02, a qual serviu de base à edição da retrocitada recomendação. Assim está ementado o precedente: "I – Atuação dos membros do Ministério Público como órgão interveniente no processo civil. Priorização da função do Ministério Público como órgão agente, que emerge do novo perfil constitucional. Intervenção dos membros do *Parquet* que se justifica pelo interesse público, interesse social e individual indisponível, e que deve estar orientada pela racionalização das atividades cotidianas, pelo compromisso com os problemas da cidadania e da sociedade. Necessidade de ser feito o cotejo do artigo 82 do Código de Processo Civil, com as funções institucionais previstas nos artigos 127 e 129 da Constituição Federal. Recomendação aos Ministérios Públicos para que, no âmbito de sua autonomia, disciplinem a racionalização

Por evidente que as hipóteses de não intervenção contidas nos incisos do artigo 5º do referido ato normativo, se lidas isoladamente e descontextualizadas do fundamento que justifica a atuação do Ministério Público enquanto órgão interveniente no processo civil, podem conduzir a algumas distorções. Tanto que, atenta a esta possibilidade, a própria Recomendação dispõe, no seu artigo 1º, que competirá ao membro do Ministério Público – e não ao Poder Judiciário, de antemão – à vista de cada situação submetida à sua intervenção, valorar acerca da efetiva ausência do interesse público primário – assim entendido enquanto interesses social ou individual indisponível, nos termos do preconizado pela Constituição da República[41] –, consignado, na sequência e de modo fundamentado, as razões para a sua não atuação como órgão interveniente.[42]

Daí a relevância da observação de que, sem prejuízo da pertinência das situações elencadas *a priori* como, em tese, passíveis de induzirem uma não intervenção, é imprescindível – especialmente diante de eventual determinação abstrata (legal) de atuação em várias destas situações[43] – que se opere uma aferição casuística acerca da efetiva (in)existência de interesse público. Trata-se, nesta linha, de um juízo de valor a ser exercido pelos membros da instituição a partir do exame do caso concreto e não de uma estipulação de hipóteses em abstrato, estanques e acabadas.

Tal raciocínio autoriza a concluir que não é apenas a natureza da causa que legitima a atuação do Ministério Público, mas, somado a isso, o seu objeto, o qual será responsável por dimensionar a atuação da instituição enquanto órgão interveniente, à vista da presença de interesses sociais ou individuais indisponíveis enquanto materializadores do genuíno interesse público primário antes referido.[44]

E esta orientação aparenta ter sido acolhida de algum modo pelo novo Código de Processo Civil quanto trata da atuação do Ministério Público como órgão interve-

---

da intervenção no processo civil, também por recomendação interna, preservada a independência funcional dos membros da Instituição, sem caráter normativo ou vinculativo. (...) III – Recomendação aos Ministérios Públicos para que, no âmbito de sua autonomia, priorizem o planejamento das questões institucionais, destacando as que, realmente, tenham repercussão social, devendo, para alcançar a efetividade de suas ações, redefinir as atribuições através de ato administrativo e, também, repensar as funções exercidas por membros e servidores da Instituição, permitindo, com isto, que estes, eventualmente, deixem de atuar em procedimentos sem relevância social, para, em razão da qualificação que possuem, direcionar, na plenitude, a sua atuação na defesa dos interesses da sociedade".

[41] Esta, ao que parece e mesmo que pela via oposta, foi a baliza de há muito já empregada pelo Supremo Tribunal Federal para a aferição do interesse público que legitima a atuação do Ministério Público (seja como órgão agente, seja como órgão interveniente), associando-o com os conceitos de interesse social e interesse individual indisponível, ambos preconizados no artigo 127 da Constituição da República. Isso é o que se extrai do julgamento do Agravo Regimental no Recurso Extraordinário nº 248191/SP, 2ª Turma, rel. Min. Carlos Velloso, julgado em 01 out. 2002, publicado em DJ 25 out. 2002, p. 64, em ratificação ao que já restara assentado no Recurso Extraordinário nº 195056/PR, Tribunal Pleno, rel. Min. Carlos Velloso, julgado em 09 dez. 1999, publicado em 30 mai. 2003, p. 30, e no Recurso Extraordinário nº 213631/MG, Tribunal Pleno, rel. Min. Ilmar Galvão, julgado em 09 dez. 1999, publicado em 07 abr. 2000, p. 69.

[42] Art. 1º. Em matéria cível, intimado como órgão interveniente, poderá o membro do Ministério Público, ao verificar não se tratar de causa que justifique a intervenção, limitar-se a consignar concisamente a sua conclusão, apresentando, neste caso, os respectivos fundamentos.

[43] Estes seriam típicos casos em que, como observa MARTINS JÚNIOR, Wallace Paiva. *O Ministério Público*..., cit., p. 166, estar-se-ia diante de uma previsão legal da existência de interesse público, previsão esta que, contudo, não é absoluta, podendo ceder à vista de uma aferição concreta no sentido da sua ausência.

[44] MARTINS JÚNIOR, Wallace Paiva. *O Ministério Público*..., cit., p. 165. Como observa o autor, a Constituição traz, no seu artigo 129, inciso IX, uma verdadeira "norma de encerramento", atribuindo ao Ministério Público tudo aquilo que não lhe for incompatível, ou seja, impondo que o raciocínio quanto à sua atuação deve ser inverso, cabendo-lhe tudo que não for incompatível com os seus princípios institucionais e não o contrário.

niente, tal qual regrado no seu artigo 178.[45] Não obstante venha mantida a essência do artigo 82 do Código de 1973, deve-se reconhecer que restaram clareados alguns pontos que suscitavam certa controvérsia, alinhando, em definitivo, a função de *custos legis* com a sua nova feição institucional.

Nesta linha, o novo Diploma processual afirma de modo expresso que o Ministério Público, quando atua como órgão interveniente, faz as vezes de fiscal da legalidade ou, em outras palavras, de fiscal da estrita observância da ordem jurídica quando da realização dos atos processuais, tanto pelas partes quanto pelo Juízo.

Ainda, dos seus incisos parece poder inferir-se uma associação entre o interesse público legitimador da sua intervenção e a presença de interesses sociais ou individuais indisponíveis, sendo estas as duas balizas fundamentais a demarcar a atuação do *custos legis*, tudo, aliás, nos exatos termos do que preconiza o artigo 127 da Constituição da República e a jurisprudência do Supremo Tribunal Federal.[46]

Por fim, dispõe no parágrafo único do referido preceito o que de há muito já restou consolidado pelos Tribunais e está subjacente na Recomendação do Conselho Nacional do Ministério Público sobre o tema, qual seja, que a simples presença da Fazenda Pública em uma determinada causa não autoriza pressupor-se por si a existência de interesse público primário, o que deve ser aferido no caso concreto, tendo em vista o objeto da causa.

Em síntese, é possível antever que o exame da necessidade da atuação do Ministério Público enquanto órgão interveniente deve ser realizado no caso concreto e tendo por diretriz a sua função institucional de defesa dos interesses sociais e individuais indisponíveis que, neste contexto, dão corpo ao conceito jurídico (indeterminado) de interesse público.[47]

Por isso – e especialmente tendo em vista os clareamentos introduzidos na letra do artigo 178 do novo Código de Processo Civil – as possíveis distorções que servem de argumento à crítica arguta dirigida à Recomendação nº 16/2010, do Conselho Nacional do Ministério Público, decorrem não da impropriedade do seu conteúdo, mas de problemas concretos e pontuais ocasionados a partir da sua inadequada aplicação, os quais devem ser superados pelos meios próprios de controle interno da instituição e não a partir da negação da premente necessidade de racionalização da

---

[45] Art. 178. O Ministério Público será intimado para, no prazo de 30 (trinta) dias, intervir como fiscal da ordem jurídica nas hipóteses previstas em lei ou na Constituição Federal e nos processos que envolvam: I – interesse público ou social; II – interesse de incapaz; III – litígios coletivos pela posse de terra rural ou urbana. Parágrafo único. A participação da Fazenda Pública não configura, por si só, hipótese de intervenção do Ministério Público.

[46] É de se assinalar que foram suprimidas referências casuísticas à necessidade de intervenção, nos moldes do que constava no inciso II do artigo 82, que fazia expressa referência, dentre outras, à participação do Ministério Público nas causas concernentes ao estado das pessoas e ao casamento, por exemplo. Disso se conclui que, nestas situações, não havendo interesses de incapaz, a necessidade da intervenção deverá ser aferida no caso concreto e não mais por presunção absoluta da presença de interesse público. Aliás, talvez a intervenção nas hipóteses de dissolução da sociedade conjugal sejam as mais representativas desta revisão da atuação institucional, pois se os cônjuges podem divorciar-se por escritura pública (desde que não haja interesses de incapazes, por evidente), não há razão para que, se o decidirem fazer pela via judicial, tal pressuponha a intervenção do Ministério Público.

[47] Comungando desta ideia e antevendo as dificuldades da concretização deste conceito indeterminado mesmo no caso concreto, parcela da doutrina institucional afirma que, em caso de dúvida sobre a efetiva existência de interesse público primário, deve oficiar na causa o Ministério Público, não apenas para prevenir eventuais nulidades, mas em obediência ao princípio *in dubio pro societatis*. Sobre o tema, MILARÉ, Edis. *O Ministério Público e a jurisdição voluntária*. Justitia, São Paulo, v. 46, n. 124, jan./mar. 1984, p. 143.

intervenção, caminho já sem volta, tudo com vistas a viabilizar o cumprimento de funções constitucionais outras de ímpar relevância.

B) A função de custos legis e o alcance da regra do artigo 721 do novo Código de Processo Civil

Todas as digressões até aqui postas permitem já alguns encaminhamentos acerca do que se pode esperar da intervenção do Ministério Público nos procedimentos de jurisdição voluntária à vista da disciplina contida no novo Código de Processo Civil.

Primeiramente, é de se destacar que a lei corrigiu aquilo que vinha sendo apontado pela jurisprudência[48] como uma impropriedade do artigo 1.105 do Código de 1973 cuja letra induzia, como dito, no sentido de uma intervenção obrigatória em todos os procedimentos de jurisdição voluntária, independentemente do objeto neles versados. Para tanto, estabelece no seu artigo 721 que "[s]erão citados todos os interessados, bem como intimado o Ministério Público, nos casos do art. 178, para que se manifestem, querendo, no prazo de 15 (quinze) dias".

Ou seja, extrai-se da clareza do dispositivo que a intervenção do Ministério Público nos procedimentos de jurisdição voluntária terá lugar apenas nas situações em que a atuação do órgão é, de um modo geral, preconizada como imprescindível no processo civil pelo novo Diploma, isso em decorrência da alusão à regra geral do seu artigo 178.

Resta, portanto, absolutamente superado o caloroso debate travado na doutrina acerca da generalidade ou não da intervenção,[49] sequer havendo espaço a que se pretenda uma participação ampla e irrestrita justificada apenas no fato de que, em tese, o fato de a lei preconizar a intervenção judicial por meio da jurisdição voluntária pressuporia a existência de interesse público primário a exigir a atuação do *custos legis*.

---

[48] A despeito da controvérsia existente na doutrina, o entendimento do Superior Tribunal de Justiça de há muito é escorreito no sentido da necessidade de compatibilização entre as regras dos artigos 1.105 e 82, ambos do Código de Processo Civil. Isso é o que se extrai dos seguintes precedentes: PROCESSO CIVIL. MINISTÉRIO PÚBLICO. JURISDIÇÃO VOLUNTÁRIA. EXEGESE DO ART. 1.105, CPC. Interpretação lógico-sistemática recomenda que se dê ao art. 1.105, CPC, inteligência que o compatibilize com as normas que regem a atuação do Ministério Público, especialmente as contempladas no art. 82 do Diploma Codificado. A presença da instituição nos procedimentos de jurisdição voluntária somente se dá nas hipóteses explicitadas no respectivo título e no mencionado art. 82. (Recurso Especial nº 364/SP, 4ª Turma, rel. Min. Sálvio de Figueiredo Teixeira, julgado em 05 set. 1989, publicado em DJ 18 dez. 1989, p. 18476); PROCEDIMENTO ESPECIAL DE JURISDIÇÃO VOLUNTARIA. ALIENAÇÃO JUDICIAL DE IMÓVEL EM CONDOMÍNIO. INTERVENÇÃO DO MINISTÉRIO PÚBLICO. NÃO É OBRIGATÓRIA. Na jurisdição voluntária, a intervenção torna-se obrigatória nos casos "em que a lei explicitamente a reclama". Precedentes do STJ. Interpretação razoável, pelo menos. (...) 3. Recurso especial sem cabimento. Agravo regimental improvido. (Agravo Regimental no Agravo de Instrumento n.º 41605/SP, 3ª Turma, rel. Min. Nilson Naves, julgado em 08 nov. 1993, publicado em 06 dez. 1993, p. 26665); ALVARÁ. CONTRATO A SER CELEBRADO PELO ESPÓLIO COM A COMPANHIA ENERGÉTICA DO ESTADO DE SÃO PAULO-CESP. MERO INCIDENTE NO INVENTÁRIO. INEXISTÊNCIA DE DIREITO INDISPONÍVEL. DESNECESSIDADE DE INTERVENÇÃO DO MINISTÉRIO PÚBLICO. Tratando-se de mero incidente ocorrido no inventário, envolvendo interesse de particulares, desnecessária a audiência do representante do Ministério Público no feito. Ainda que de procedimento de jurisdição voluntária se tratasse, a intervenção do Ministério Público era prescindível, pois, segundo a jurisprudência do STJ, a sua presença somente seria de rigor nas causas em que a lei explicitamente a reclama. Recurso especial não conhecido. (Recurso Especial nº 21585/PR, 4ª Turma, rel. Min. Barros Monteiro, julgado em 05 nov. 1996, publicado em DJ 10 mar. 1997, p. 5971); dentre outros.

[49] Com um minucioso apanhado a respeito, BEDAQUE, José Roberto dos Santos. *Ministério Público e jurisdição voluntária. Justitia*, São Paulo, v. 51, n. 147, jul./set. 1989, p. 49 e ss. Ainda, MIRALÉ, Edis. *O Ministério Público...*, cit., p. 125; NERY JÚNIOR, Nelson. *Intervenção do Ministério Público...*, cit., p. 40; GAMA, Paulo Calmon Nogueira da. *O Ministério Público...*, cit., p. 02-03; e MAZZILI, Hugo Nigro. *O Ministério Público...*, cit., p. 06; dentre outros.

Isso porque, como visto, a jurisdição voluntária agrupa situações deveras heterogêneas, fazendo com o que a amplitude do conceito de interesse público que a justifica nem sempre coincida com os contornos daquele que pauta a atuação do Ministério Público, associado às ideias de interesse social ou interesse individual indisponível. Para tanto, não é demais lembrar que, em diversas das situações a ela submetidas, a própria atuação do juiz reveste-se de uma natureza fiscalizatória que em muito se assemelha àquela que seria desempenhada pela intervenção ministerial, o que se constituiria em uma "redundante superafetação"[50] a exigência da sua obrigatória atuação sem a efetiva verificação da existência de um interesse público primário em jogo.

E, se não bastasse isso, a introdução de alterações legislativas voltadas à concretização de um fenômeno que se tem nominado "desjuridicização"[51] ou mesmo "desjurisdicionalização"[52] – o qual tem sido bastante associado aos procedimentos de jurisdição voluntária – também impõe o repensamento de uma série de situações em que a intervenção do Ministério Público sempre foi considerada imprescindível.

O exemplo clássico desta realidade está nas ações de divórcio entre pessoas maiores e capazes cujo processamento judicial tornou-se facultativo a partir da edição da Lei nº 11.441/2007, permitindo que se faça por mera escritura pública.

Diz-se que se está a falar da desjurisdicionalização[53] de um clássico caso submetido à jurisdição voluntária, pois se retira do Poder Judiciário a administração dos interesses privados dos cônjuges que pretendem por fim à sociedade conjugal, relegando-a ao tabelião responsável pela realização do ato notarial, isso em razão de se antever um diminuto interesse público envolvido na demanda (ele existe para legitimar a administração pública de interesses privados *lato sensu*, mas não é intenso o suficiente ao pondo de se exigir a intervenção do Estado-juiz).

Antes da possibilidade de realização do divórcio extrajudicial, sempre se entendeu que era obrigatória a audiência do Ministério Público na causa, por força da regra do artigo 82, inciso II, do Código de Processo Civil de 1973, independentemente da existência de interesses de incapaz, pois o pleito posto à apreciação judicial envol-

---

[50] Esta observação consta expressamente no voto proferido pelo Min. Sálvio de Figueiredo Teixeira quando do julgamento, pela 4ª Turma do Superior Tribunal de Justiça, do Recurso Especial n.º 654/SP, publicado no DJ de 18 dez. 1989, o qual assumiu as vezes de *leading case* sobre o tema. Assim extrai-se do corpo da decisão: "Dinamarco, em defesa da tese, aduz que os juízes nos procedimentos de jurisdição voluntária se colocam 'na posição de autênticos fiscais das atividades das partes, exercendo função que, *mutatis mutandis*, bastante os assemelha aos órgãos do Ministério Público', aduzindo que o ofício do Ministério Público, em todos os procedimentos de jurisdição voluntária, indiscriminadamente, seria uma redundante superafetação". Esta posição de fiscal assumida pelos juízes, contudo, não se dá na generalidade dos procedimentos de jurisdição voluntária, mas precipuamente naqueles de naturezas receptícia e certificante, nos termos da classificação anteriormente apresentada. Nesta linha, talvez nestes houvesse uma necessidade menos premente de intervenção do *custos legis*, o que não se replicaria naqueles em que a natureza é mais próxima da jurisdicional, sem prejuízo, como se tem sustentado, de uma análise casuística, tendo em conta o objeto submetido à apreciação judicial em cada demanda.

[51] PINHEIRO, Cláudio de Barros. *A desjuridicização dos procedimentos de jurisdição voluntária civil e penal*. Atividade de mera fiscalização. Atribuição exclusiva do Ministério Público. *De Jure*: Revista Jurídica do Ministério Público do Estado de Minas Gerais, Belo Horizonte, v. 1, n. 1, abr. 1997, disponível em <http://bdjur.stj.jus.br/jspui/handle/2011/58993>, acesso em 10 dez. 2015.

[52] YOSHIKAWA, Eduardo Henrique de Oliveira. *Jurisdição voluntária e desjurisdicionalização*. Considerações a propósito da Lei nº 11.441/07. Revista Dialética de Direito Processual, São Paulo, n. 77, p. 22-34, ago. 2009.

[53] Esta terminologia apresenta-se preferível se comparada com a expressão desjuridicização, pois não se trata de retirar o viés jurídico da questão, mas apenas de deixar de submetê-la à via jurisdicional obrigatória.

via estado das pessoas.⁵⁴ Ocorre que com a desjurisdicionalização da demanda, não há fundamento para que, em optando as partes pela via judicial (que é facultativa), possa-se antever a existência de interesse público a exigir a sua atuação como órgão interveniente de fiscalização.

Ora, se a demanda não carece da intervenção judicial obrigatória, podendo ser resolvida na via cartorária, é evidente que o interesse público é evanescente – como dito, justifica a administração pública de interesses privados, mas não a jurisdição voluntária –, fazendo com que a opção da parte por não se valer da forma simplificada não baste a, por si só, caracterizar a presença de interesse social ou de interesse individual indisponível que imponha a intervenção do Ministério Público.

Tanto que atento a esta nova tendência de redução da intervenção judicial em uma série de procedimentos, o artigo 178 do novo *Codex* deixou de reproduzir a regra do artigo 82, inciso II, do Diploma de 1973, desaparecendo, assim, o fundamento da intervenção obrigatória nesta situação.

Tendo por base esta realidade e considerando que, como visto, não raro o juiz exerce uma atividade de verdadeiro fiscal em alguns dos procedimentos de jurisdição voluntária, há quem sustente que, sendo esta uma atribuição típica do Ministério Público, muitos dos atos que envolvam apenas controle da ação das partes poderiam ser realizados apenas pelos seus membros, sem necessidade de homologação judicial.⁵⁵

Vista com alguma parcimônia esta generalização,⁵⁶ é uma hipótese que, em alguns casos, não se mostra desarrazoada, tal qual ocorreu com a habilitação para o casamento que, contando com a anuência do Promotor de Justiça, efetiva-se exclusivamente no âmbito do Ofício do Registro Civil, sem a necessidade de decisão judicial a respeito.⁵⁷

Diante destas considerações e tendo em conta a já tantas vezes assinalada heterogeneidade das situações submetidas à jurisdição voluntária, a disciplina contida no novo Código de Processo Civil permite concluir que a intervenção do Ministério Público em causas desta natureza estará submetida a uma verificação em concreto da presença de interesse público primário que a justifique, nos termos das balizas

---

⁵⁴ A este respeito, os Tribunais dos Estados tinham jurisprudência uniforme no sentido de que "é obrigatória a intervenção do Ministério público em ação de divórcio" (TJRGS, Apelação Cível nº 596229120, 8ª Câmara Cível, rel. Des. Ivan Leomar Bruxel, julgado em 15 mai. 1997), de modo que "em não sendo intimado (...) dos atos processuais realizados durante a instrução de processo cuja intervenção é obrigatória, como no caso da ação de divórcio (art. 82, II, CPC), de ser anulado o processo a partir do primeiro ato do qual deveria ter sido intimado" (TJRGS, Apelação Cível n.º 70003828886, 2ª Câmara Especial Cível, rel. Des. Jorge Luís Dall'Agnol, julgado em 15 mai. 2002), entendimento este que era compartilhado pelo Superior Tribunal de Justiça (*v.g.*, Recurso Especial nº 7195/RJ, 3ª Turma, rel. Min. Dias Trindade, julgado em 06 jun. 1992, publicado em DJ 29 jun. 1992, p. 10315).

⁵⁵ Esta é a tese defendida por PINHEIRO, Cláudio de Barros. *A desjuridicização...*, cit., p. 02. Já no início do texto, afirma o autor que é seu "objetivo demonstrar que o Ministério Público encontra-se estruturado orgânica e funcionalmente para exercer funções decisórias nos procedimentos voluntários, podendo avocar para si a responsabilidade de administrar interesses privados".

⁵⁶ Não obstante a tese não seja de todo alheia à realidade já existente, parece que a assunção da totalidade dos procedimentos de jurisdição voluntária pela instituição, tendo em vista a já tantas vezes referida evanescência do interesse público primário existente em muitos deles, desvirtuaria a sua real função institucional de defesa da ordem jurídica, do regime democrático e dos interesses sociais e individuais indisponíveis, nos termos do artigo 127 da Constituição de 1988.

⁵⁷ Quando da edição original do artigo 1.526 do Código Civil de 2002 exigia-se a homologação da habilitação para o casamento, o que foi alterado pela Lei nº 12.133/2009, que a dispensou, preconizando apenas a audiência do Ministério Público, com a possibilidade de judicialização do procedimento apenas diante de impugnação do *custos legis*, do oficial do Registro Civil ou de terceiro interessado.

preconizadas pelos artigos 127 da Constituição da República e 178, incisos I e II, daquele Diploma.

Conclusão

Como se antevia já ao início do estudo, efetivamente, ambos os temas que convergem à questão posta são instigantes por si, quanto mais quando associados sob o pretexto de compreender o que se esperar à vista de novo Código de Processo Civil.

E isso não propriamente em razão de uma efetiva mudança estrutural – por vezes até mais fácil de ser percebida e vivenciada –, mas de uma alteração gradual de paradigma que apenas se consolida na nova lei processual e passa a exigir, por isso, uma aplicação mais efetiva.

Compreender o que se espera da atuação do Ministério Público no processo Civil (como agente, mas especialmente como interveniente) tendo em conta uma já madura feição constitucional inovadora em comparação às premissas anteriores, inclusive vigentes quando da edição do Código de 1973, bem como do que se pretende com a intervenção judicial na gestão de interesses privados por meio da jurisdição voluntária, em razão da transcendência da sua relevância à coletividade, são os pilares sobre os quais todas as digressões aqui postas estão assentadas. Bem situá-los a partir de uma base teórica é tarefa crucial a que se possa responder sobre o alcance da regra do artigo 721 do novo Código de Processo Civil.

Nesta linha é que, a título de conclusão, pode-se afirmar que o interesse público que justifica a intervenção na esfera privada por meio da jurisdição voluntária nem sempre coincide com aquele que exige a atuação do Ministério Público como *custos legis*, fazendo com que seja necessário verificar, no caso concreto, diante do objeto versado em cada demanda posta ao crivo do Poder Judiciário, acerca da existência de interesses que se caracterizem como sociais ou individuais indisponíveis para, nestes casos, deliberar-se sobre a necessidade de uma atuação fiscalizatória qualificada como aquela exercida pela instituição.

Apenas desta forma, com o que parece comungar o novo Código de Processo Civil, zela-se de modo efetivo pelo interesse público primário, tudo com respeito à valorosa – e não burocrática ou banalizada – função de defensor da ordem jurídica, do regime democrático e dos interesses social e individual indisponível incumbida pelo texto constitucional ao Ministério Público.

Referências bibliográficas

ALESSI, Renato. *Sistema Istituzionale del Diritto Amministrativo Italiano.* Milano: Giufrè, 1953.

ASCENSÃO, José de Oliveira. *Direito Civil.* Teoria Geral. Coimbra: Coimbra, 2002, v. III.

BEDAQUE, José Roberto dos Santos. Ministério Público e jurisdição voluntária. *Justitia*, São Paulo, v. 51, n. 147, p. 49-59, jul./set. 1989.

BRASIL. *Código de Processo Civil.* Histórico da Lei. Brasília: Senado Federal, 1974, v. I., t. I.

CINTRA, Antonio Carlos de Araújo; GRINOVER, Ada Pellegrini; DINAMARCO, Cândido Rangel. *Teoria Geral do Processo.* 10ed. São Paulo: Malheiros, 1994.

CRISTÓVAM, José Sérgio da Silva. O conceito de interesse público no Estado Constitucional de Direito. *Revista da ESMESC* – Escola Superior da Magistratura de Santa Catarina, Florianópolis, v. 20, n. 26, p. 223-248, 2013.

DI PIETRO, Maria Sylvia Zanella. *Direito Administrativo*. 17. ed. São Paulo: Atlas, 2004.

FINGER, Júlio César. O Ministério Público pós-88 e a efetivação do Estado Democrático de Direito: podemos comemorar? In: RIBEIRO, Carlos Vinícius Alves (org.). *Ministério Público*. Reflexões sobre princípios e funções institucionais. São Paulo: Atlas, 2010.

GAMA, Paulo Calmo Nogueira da. O Ministério Público e a jurisdição voluntária. *De Jure*: *Revista Jurídica do Ministério Público do Estado de Minas Gerais*, Belo Horizonte, v. 3, n. 3, dez. 2001. Disponível em: <http://bdjur.stj.jus.br/dspace/handle/2011/44772>. Acesso em: 14 nov. 2015.

GRECO, Leonardo. *Jurisdição voluntária moderna*. São Paulo: Dialética, 2003.

JUSTEN FILHO, Marçal. *Curso de Direito Administrativo*. São Paulo: Saraiva, 2005.

LIMA, Alcides de Mendonça. *Dicionário do Código de Processo Civil Brasileiro*. 2ed. São Paulo: Revista dos Tribunais, 1994.

LUCENA, João Paulo. Dos procedimentos especiais (arts. 1.103 a 1.210). In: SILVA, Ovídio A. Baptista da (org.). *Comentários ao Código de Processo Civil*. São Paulo: Revista dos Tribunais, 2000, v. 15.

MARCANTONIO, Roberta. Anotações aos artigos 719 a 725. In: AAVV. *Novo Código de Processo Civil Anotado*. Porto Alegre: OABRS, 2015.

MARQUES, José Frederico. *Ensaio sobre a jurisdição voluntária*. 2. ed. São Paulo: Saraiva, 1959.

MARTINS JÚNIOR, Wallace Paiva. O Ministério Público e a intervenção no processo civil. *Revista Jurídica da Escola Superior do Ministério Público de São Paulo*, São Paulo, v. 2, p. 158-176, 2012.

MELLO, Celso Antônio Bandeira de. *Curso de Direito Administrativo*. 19. ed. São Paulo: Malheiros, 2005.

MILARÉ, Edis. O Ministério Público e a jurisdição voluntária. *Justitia*, São Paulo, v. 46, n. 124, p. 125-144, jan./mar. 1984.

MIZIARA, Daniel Souza Campos. Interdição judicial da pessoa com deficiência intelectual. *Revista do Advogado*, São Paulo, n. 95, p. 21-33, dez. 2007.

NERY JÚNIOR, Nelson. Intervenção do Ministério Público nos procedimentos especiais de jurisdição voluntária. Justitia, São Paulo, n. 48, p. 39-68, jul./set. 1986.

OLIVEIRA, Vânia Aparecida Rezende de; PEREIRA, José Roberto. Interesse público: significados e reflexões. *Cadernos Gestão Social*, Salvador, v. 4, n. 1, p. 13-23, jan./jul. 2013.

PINHEIRO, Cláudio de Barros. A desjuridicização dos procedimentos de jurisdição voluntária civil e penal. Atividade de mera fiscalização. Atribuição exclusiva do Ministério Público. *De Jure: Revista Jurídica do Ministério Público do Estado de Minas Gerais*, Belo Horizonte, v. 1, n. 1, abr. 1997. Disponível em <http://bdjur.stj.jus.br/jspui/handle/2011/58993>. Acesso em 10 dez. 2015.

PORTO, Sérgio Gilberto. Jurisdição voluntária: atividade administrativa ou jurisdicional? *Revista do Ministério Público do Rio Grande do Sul*, Porto Alegre, v. 1, n. 28, p. 81-86, 1992.

SILVA, De Plácido e. *Vocabulário Jurídico*. 3. ed. Rio de Janeiro, Forense, 1991, v. III.

SILVA, Guilherme de Abreu e. A reconfiguração do conceito de interesse público à luz dos direitos fundamentais como alicerce para a consensualidade na administração pública. *Âmbito Jurídico*, Rio Grande, v. XV, n. 100, mai. 2012.

SILVA, Ovídio A. Baptista da; GOMES, Fábio. *Teoria Geral do Processo*. 3. ed. São Paulo: Revista dos Tribunais, 2002.

SOUZA, Miguel Teixeira de. A tutela jurisdicional dos interesses difusos no direito português. *Estudos de Direito do Consumidor*, Coimbra, n. 6, 2004.

TEIXEIRA NETO, Felipe. *Dano Moral Coletivo*. A configuração e a reparação do dano extrapatrimonial por lesão a interesses difusos. Curitiba: Juruá, 2014.

YOSHIKAWA, Eduardo Henrique de Oliveira. Jurisdição voluntária e desjurisdicionalização. Considerações a propósito da Lei nº 11.441/07. *Revista Dialética de Direito Processual*, São Paulo, n. 77, p. 22-34, ago. 2009.

— 21 —

Incidente de Resolução de Demandas Repetitivas

ALEXANDRE LIPP JOÃO[1]

Sumário: 1. Introdução; 2. Origens do Incidente; 3. Natureza do Instituto; 4. Instauração e legitimidade; 4.1. Publicidade; 4.2. Democratização da participação processual; 5. Custas processuais; 6. Efeitos da admissibilidade; 6.1. A suspensão das ações individuais; 6.2. Extensão da suspensão para o território nacional; 6.3. Instrução e providências para julgamento; 7. Efeitos do julgamento; 8. Recursos cabíveis; 9. Revisão da tese jurídica; 10. O exame da constitucionalidade do IRDR; 11. O IRDR e as Ações Coletivas; 12. Conclusão.

1. Introdução

Atualmente, formas alternativas de resolução de litígios e redução do número de demandas têm sido apontadas como opções necessárias frente à sobrecarga do Poder Judiciário, de modo a manter hígida a prestação jurisdicional, especialmente diante dos conflitos de massa.

A sobrecarga do Judiciário, nos dias atuais, tem várias causas, podendo ser apontado desde o próprio crescimento da população, a massificação das relações jurídicas, que se pode visualizar com precisão no mercado de consumo pela adoção de práticas e contratos padronizados, o surgimento de novas tecnologias, bem como uma legislação processual anacrônica e a escassez dos recursos materiais e pessoais na prestação jurisdicional. A partir dessa realidade, os esforços são voltados a alcançar um equilíbrio entre a ampliação do acesso à jurisdição e a eficiente solução de conflitos.

Medidas voltadas ao aprimoramento da prestação jurisdicional podem ser identificadas na própria instrumentalização e adoção de normas processuais dispositivas. Acrescente-se a reforma constitucional decorrente da Emenda 45, de 30 de dezembro de 2004,[2] que inovou quanto à garantia da razoável duração do processo.

---

[1] Promotor de Justiça do Estado do Rio Grande do Sul. Especialização em Contratos e Responsabilidade Civil pela Universidade Federal do Rio Grande do Sul – UFRGS (1999)

[2] Art. 5º. Todos são iguais perante a lei, sem distinção de qualquer natureza, garantindo-se aos brasileiros e aos estrangeiros residentes no País a inviolabilidade do direito à vida, à liberdade, à igualdade, à segurança e à propriedade, nos termos seguintes: (...) LXXVIII a todos, no âmbito judicial e administrativo, são assegurados a razoável duração do processo e os meios que garantam a celeridade de sua tramitação.

Humberto Dalla Bernardina de Pinho[3] muito bem discorre sobre o tema:

> O processo é o instrumento pelo qual o Estado confere jurisdição na solução de conflitos e isso deve ocorrer de maneira justa. Dentro desse modelo, surgiu no direito pátrio o chamado "processo justo" que, em linhas gerais, refere-se ao ideal de que o processo seja formado em consonância com os preceitos da dignidade da pessoa humana.
>
> Deve, portanto, respeitar o devido processo legal, nos seus seguimentos de ampla defesa e contraditório, além das demais garantias fundamentais inerentes à pessoa humana, dentre os quais se encontram a igualdade, a publicidade dos atos judiciais e a duração do processo por um período de tempo razoável. Esses elementos devem ser rigorosamente resguardados quando da busca do jurisdicionado pela tutela dos direitos, que deve ser prestada por meio de uma jurisdição adequada.

O atual Código de Processo Civil de 1973, de cunho eminentemente individualista, ao longo desses anos, sofreu algumas reformas com o objetivo de tornar suas normas mais fluídas para alcançar seu primordial objetivo, ou seja, servir o processo de meio para alcançar aos litigantes o provimento buscado.

Essas modificações foram decorrência da crise no Judiciário, caracterizada pela lentidão na prestação jurisdicional. Crise causada, não apenas pela limitação dos recursos pessoais e materiais do Poder Judiciário, pelo surgimento de uma nova realidade social e econômica, própria da sociedade moderna, que gerou os chamados novos direitos.

Sobre as tendências atuais do processo civil, pertinente a lição de Ney Castelo Branco Neto:[4]

> Há tempos o aprimoramento das técnicas processuais com vistas à obtenção de resultados mais efetivos no processo, tendentes a simplificar a atuação do Poder Judiciário e a retirar do processo formalidades desnecessárias e temerosas, é o caminho a ser seguido pela prestação jurisdicional preocupada com marchas rápidas, em que a utilidade da decisão se coadune com o conteúdo jurídico do provimento judicial e as suas consequências no mundo dos fatos.

A título de exemplificação, pode-se citar a modificação, em 2006, do artigo 285-A,[5] prevendo a possibilidade de o Juiz, dispensada a citação do réu, proferir sentença, quando já houver sido prolatada sentença de total improcedência em casos idênticos, bem como o julgamento de recursos repetitivos por amostragem, conforme artigos 543-B e 543-C, todos do Código de 1973, este último acrescentado pela Lei 11.672/2008. Outros instrumentos processuais foram surgindo como forma de atender a chamada **litigiosidade de massa**, como o pedido de uniformização da interpretação de lei federal no âmbito dos Juizados Especiais Cíveis Federais (Lei 10.259/2001), a repercussão geral no recurso extraordinário (Lei 11.418/2006), a suspensão da segurança para evitar violação à ordem, saúde, segurança e economia públicas (Leis 8.437/92 e 12.016/2009) e o pedido de uniformização da interpretação de lei nos Juizados Especiais da Fazenda Pública (Lei 12.1533/2009)

O diploma processual de 1973 passou a conviver com normas previstas em leis especiais. Dentre a legislação especial, cita-se a Lei 9.099/1995, que trata dos juizados especiais cíveis, onde o processo se caracteriza pela informalidade, oralidade, celeridade, economia e instrumentalidade. Também merece destaque a legislação especial voltada à tutela de direitos e interesses transindividuais ou individuais homogêneos.

---

[3] Direito Processual Civil, Volume 1, Teoria Geral do Processo, 4ª ed., São Paulo: Saraiva, 2012, p. 276/277.

[4] RDC nº 93, Jan Fev/2015 – ASSUNTO ESPECIAL – DOUTRINA, p. 30/42

[5] Quando a matéria controvertida for unicamente de direito e no juízo já houver sido proferida sentença de total improcedência em outros casos idênticos, poderá ser dispensada a citação e proferida sentença, reproduzindo-se o teor da anteriormente prolatada. (Incluído pela Lei nº 11.277, de 2006)

O processo civil, desde a edição da Lei nº 7.347/85, a chamada Lei da Ação Civil Pública, também passou a tratar dos direitos difusos e coletivos em sentido estrito. Mais adiante, com a edição do Código de Defesa do Consumidor, foi disciplinada, no Capítulo II do Título III, a ação civil coletiva voltada à proteção dos direitos e interesses individuais homogêneos. Desta forma, dois sistemas processuais passaram a conviver, um voltado à defesa de direitos individuais e outro à defesa de interesses e direitos coletivos, intitulado de Processo Coletivo.

A despeito das inovações introduzidas no Código de Processo Civil de 1973, o resultado ainda mostrou-se distante, motivando, desta forma, a elaboração de uma nova lei processual, que pudesse efetivar o processo justo, tal como definido anteriormente.

Desse modo, o Ato nº 379, de 30 de setembro de 2009, do presidente do Senado Federal, instituiu comissão de Juristas encarregada de elaborar anteprojeto do novo Código de Processo Civil, o qual foi aprovado pela Lei 13.105, de 16 de março de 2015. O **Incidente de Resolução de Demandas Repetitivas – IRDR** foi introduzido com a finalidade de conter a litigiosidade repetida.

Sem precedentes no Código de 1973 ou na legislação especial, o **IRDR**, previsto nos artigos 976 a 987, tem como finalidade buscar solução para os conflitos de massa, mediante definição prévia de uma tese jurídica comum a inúmeras ações repetitivas.

O Ministro Luiz Fux, Presidente da Comissão instituída com a finalidade de elaboração de um novo CPC, em correspondência[6] ao Presidente do Senado Federal, Senador José Sarney, quando apresentou as proposições iniciais voltadas à elaboração do anteprojeto, destacou o surgimento do incidente, com a seguinte ênfase:

> A Comissão, atenta à sólida lição da doutrina de que sempre há bons materiais a serem aproveitados da legislação anterior, bem como firme na crença de que a tarefa não se realiza através do mimetismo que se compraz em apenas repetir erros de outrora, empenhou-se na criação de um novo código erigindo instrumentos capazes de reduzir o número de demandas e recursos que tramitam pelo Poder Judiciário.
>
> Esse desígnio restou perseguido, resultando do mesmo a instituição de um **incidente de coletivização** dos denominados **litígios de massa**, o qual evitará a multiplicação das demandas, na medida em que suscitado o mesmo pelo juiz diante, numa causa representativa de milhares de outras idênticas quanto à pretensão nelas encartada, imporá a suspensão de todas, habilitando o magistrado na ação coletiva, dotada de amplíssima defesa, com todos os recursos previstos nas leis processuais, proferir uma decisão com amplo espectro, definindo o direito controvertido de tantos quantos se encontram na mesma situação jurídica, plasmando uma decisão consagradora do princípio da isonomia constitucional.

No presente trabalho, serão examinadas as origens, natureza, procedimento, além de um exame crítico sobre a constitucionalidade e os reflexos do novo instituto em face do direito de ação e das ações coletivas para tutela dos direitos e interesses individuais homogêneos.

2. Origens do Incidente

O incidente de resolução de demandas repetitivas – IRDR tem cabimento quando houver, simultaneamente, (I) efetiva repetição de processos que contenham

---

[6] Disponível em: <http://www.senado.gov.br/comunica/agencia/docs/novocpc.doc>. Acesso em 02/11/2015.

controvérsia sobre a mesma questão unicamente de direito e (II) risco de ofensa à isonomia e à segurança jurídica (art. 976 do CPC).

O instituto, embora inovador no nosso ordenamento jurídico, tem suas origens no direito estrangeiro.

A Alemanha, desde 1991, incorporou ao Estatuto da Justiça Administrativa o denominado procedimento modelo (*Musterverfahren*) voltado à suspensão de ações homogêneas para julgamento de um só processo tido como piloto. Além desse modelo, adotou-se procedimento (*KapitalanlegerMusterverfahrensgesetz ou KapMug*) similar na legislação voltada ao mercado de capitais, dividido em três fases, mais próximo do instituto adotado pela legislação brasileiro. A primeira fase diz respeito ao requerimento para admissibilidade, a segunda envolve o processamento e julgamento do caso paradigmático ou piloto, enquanto que na terceira são julgados os processos homogêneos a partir do resultado obtido naquele paradigmático.

Além da Alemanha, a Inglaterra também tem previsão, desde 2000, voltada à contenção da litigiosidade repetitiva através da identificação de um processo que apresente o potencial de reproduzir inúmeros outros casos similares, quanto à matéria de fato e de direito, recebendo, então, um tratamento coletivo. Trata-se da chamada *group litigation order (GLO)* – ordem de litígio em grupo.

Esses procedimentos criados na Alemanha e Inglaterra não obstaculizaram o uso das ações coletivas, tampouco das ações individuais.

A Comissão de Juristas[7] formada para elaboração do anteprojeto do Novo CPC reconheceu, expressamente, que o incidente de resolução de demandas repetitivas teve origem no modelo alemão, ou seja, julgada uma causa-piloto, os casos homogêneos são decididos igualmente.

Na exposição de motivos, consignou-se o seguinte:

> Com os mesmos objetivos, criou-se, com inspiração no direito alemão, o já referido incidente de Resolução de Demandas Repetitivas, que consiste na identificação de processos que contenham a mesma questão de direito, que estejam ainda no primeiro grau de jurisdição, para decisão conjunta.

No entanto, como será examinado nesse estudo, o IRDR, no âmbito do Senado e Câmara dos Deputados, recebeu tratamento diferenciado, distanciando-se do modelo alemão.

Nesse cenário, o processo civil brasileiro passa a contar com esse instituto voltado a combater a litigiosidade repetitiva, o que importa avaliação das consequências resultantes, especialmente diante do uso já consagrado e maduro das ações coletivas, o que se fará mais adiante.

3. Natureza do Instituto

O IRDR, embora esteja inserido juntamente com os recursos no Livro III do Novo CPC, não é meio para impugnação de decisões judiciais.

Objetiva o procedimento impedir o surgimento de decisões antagônicas a partir da definição prévia de uma tese jurídica única e comum a diversas ações repetitivas.

---

[7] BRASIL. Congresso Nacional, Senado *Federal, Comissão de juristas responsável pela elaboração de Anteprojeto de Código de Processo Civil*. Brasília: Senado Federal, 2010, p. 21.

O incidente, portanto, não objetiva o julgamento da ação propriamente dita, mas a definição de uma solução jurídica a ser estendida a outras ações idênticas.

Segundo Aluisio Gonçalves de Castro Mendes e Sofia Temer, sua natureza é de **procedimento autônomo**[8] voltado à definição da questão jurídica controvertida.

Em excelente estudo sobre o instituto, os mencionados autores assim abordam o tema:

> Há, portanto, uma cisão cognitiva – ainda que virtual e não física –, firmando-se a tese jurídica no procedimento incidental em que haverá se reproduzido o "modelo" que melhor represente a controvérsia jurídica que se repete em dezenas ou milhares de pretensões. A tese jurídica será aplicada em seguida às demandas repetitivas, por ocasião do julgamento propriamente dito da causa perante o juízo em que tramitar o processo, momento este em que será feita também a análise e julgamento das questões fáticas e das questões jurídicas não comuns pelo juízo competente, esgotando-se a análise da pretensão ou demanda propriamente dita.

Para reforçar essa natureza jurídica, Aluisio Gonçalves de Castro Mendes e Sofia Temer discorrem sobre a nomenclatura, a limitação de definição das questões jurídicas homogêneas controvertidas, a cisão cognitiva, julgamento abstrato e a iniciativa de instauração do incidente por quem não é parte na ação originária, nos seguintes termos:

> Essa natureza do incidente – que por nós é adotada – pode ser extraída a partir de alguns elementos, alguns literais e outros contextuais, que serão adiante pontuados:
>
> a) A própria nomenclatura adotada, "incidente", permite concluir que não se trata de julgamento da demanda (ou pretensão) propriamente dita, porque razão não haveria para a segmentação em um procedimento incidental neste caso. Cria-se, como dito, um espaço coletivo de resolução da questão controvertida, de natureza abstrata ou objetiva, para que haja, em seguida, a aplicação da tese ao julgamento do caso;
>
> b) A possibilidade limitada de definição das questões jurídicas homogêneas controvertidas confirma este caráter, já que a análise dos fatos e das questões jurídicas heterogêneas, e por consequência, da completa pretensão do (s) autor (es) do(s) processo(s) de onde se originar o incidente, não é possível no âmbito do incidente;
>
> c) A cisão cognitiva e o julgamento abstrato evidenciam-se, ademais, pela autonomia do procedimento incidental em caso de desistência ou abandono da causa (art. 976, § 1.º, do CPC/2015), o que, aliás, não é solução nova no ordenamento jurídico nacional. (...) Em suma, a lei diferencia o procedimento principal originário do procedimento incidental, o qual gera um espaço de resolução coletiva da questão, que afetará inúmeros outros casos e que, por isso, não pode ser obstaculizado pela vontade individual do desistente ou de quem deu causa ao abandono. A previsão assemelha-se à vedação de desistência nos processos de controle de constitucionalidade – marcadamente objetivos – a teor do art. 5.º da Lei 9.868/1999. Mais um elemento que aponta para a segmentação do julgamento em subjetivo e objetivo em razão da instauração do incidente;
>
> d) A possibilidade de instauração do incidente por iniciativa do Ministério Público ou da Defensoria Pública (art. 977, III) reforça a tese. Ora, se tais órgãos não formularam pretensão no processo originário (individual ou coletivo) e não são partes do conflito judicializado, não faltariam razões normativas para impedir que assumissem a condução para julgamento da causa e esgotamento da demanda. A legitimação de tais órgãos é para a instauração e condução do incidente, apenas, justamente porque há separação entre o julgamento da tese, em controle abstrato (para a qual são legitimados, em razão do interesse coletivo) e o posterior julgamento da causa (no qual há apenas o interesse subjetivo da parte originária). As partes do incidente podem ser as mesmas do processo originário, ou não.

Oportuno destacar que o incidente não se enquadra na definição de ações coletivas. Nesse sentido o posicionamento de Márcio Flávio Mafra Leal:[9]

---

[8] O INCIDENTE DE RESOLUÇÃO DE DEMANDAS REPETITIVAS DO NOVO CPC, Revista de Processo | vol. 243/2015 | p. 283 – 331 | Mai / 2015.

[9] Ações Coletivas, São Paulo: Revista dos Tribunais, 2014, p. 35.

É intuitivo que não se trata de ação do tipo coletiva, pois o processo-modelo não constitui uma espécie processual autônoma, mas meramente uma técnica de racionalização de questões de direitos comuns.

Marcos de Araújo Cavalcanti,[10] por sua vez, aponta a natureza jurídica de **incidente processual coletivo**, enfatizando que todas as principais características de um incidente processual estão preenchidas.

4. Instauração e legitimidade

O art. 976 do Novo CPC prevê a instauração do IRDR de modo preventivo, tão logo seja identificado o potencial para o surgimento de inúmeras outras ações com risco de decisões conflitantes:

> Art. 976. É cabível a instauração do incidente de resolução de demandas repetitivas quando houver, simultaneamente:
> I – efetiva repetição de processos que contenham controvérsia sobre a mesma questão unicamente de direito;
> II – risco de ofensa à isonomia e à segurança jurídica.

A existência de controvérsia sobre a mesma questão de direito é condição para a instauração do incidente.

Discorrendo sobre os pressupostos para instauração do incidente, Antônio do Passo Cabral[11] enfatiza o seguinte:

> Como é natural a esse tipo de mecanismo de solução de processos repetitivos, a instauração do IRDR justifica-se apenas quando a multiplicidade de litígios sobre questões comuns puder levar a um estado de incerteza jurídica sobre como deva ser a uniforme solução da controvérsia. Lembremos ainda que, se não houver repetição, mas mesmo assim a questão for relevante em apenas um ou poucos processos, é cabível o incidente de assunção de competência. Assim, de um lado, deve haver *efetiva repetição* de causas veiculando a questão comum. Não basta mera alegação, deve ser comprovada a multiplicidade de processos discutindo um mesmo tema.
> Sobre o *quantum* de demandas repetitivas, não há um número mágico ou indicação cartesiana, cabendo à doutrina e à jurisprudência balizar a aplicação do incidente pela construção de parâmetros. Não há necessidade de uma enorme quantidade de causas repetitivas (como expresso no Enunciado 87 do Fórum Permanente de Processualistas Civis), mas deve haver uma quantidade razoável, na casa de dezenas ou centenas, a fim de justificar a adoção dessa técnica. Se estivermos diante de poucos casos, a conexão pela *causa petendi* ou por afinidade de questões, em muitas hipóteses, poderia ser suficiente para evitar decisões conflitantes, com menos esforço, menos gasto de tempo e recursos do Judiciário, e talvez preservando mais os direitos fundamentais dos litigantes em exercer o contraditório e a ampla defesa na sustentação de suas pretensões em juízo.

A opção do legislador foi clara, ou seja, **caso não haja controvérsia**, na hipótese da questão ser decidida de modo idêntico, ainda que haja potencial para a multiplicação de ações, **não será cabível a instauração do incidente**.

Divergindo do caráter preventivo atribuído ao incidente pelo legislador, Marcos de Araújo Cavalcanti[12] assim fundamenta sua crítica:

> Dentre as opções dadas pela doutrina ao legislador revisor, o presente trabalho tende a reconhece que o critério que melhor se encaixa nas finalidades do instituto é o do *caráter repressivo*, isto é, do *efetivo*

---

[10] O Incidente de Resolução de Demandas Repetitivas e Ações Coletivas, Salvador, Ed. JusPodium, 2015.

[11] Comentários ao novo CPC / coordenação Antonio do Passo Cabral, Ronaldo Cramer. Rio de Janeiro: Forense, 2015, p. 1.421/1.422.

[12] Op. cit, p. 421/422.

ajuizamento de ações repetitivas sobre uma mesma questão de direito, não sendo necessária, destarte, a prévia existência de decisões conflitantes sobre o assunto.

No entanto, o IRDR pode ser considerado um procedimento para solução de teses.

O objeto do procedimento, portanto, está restrito às questões de direito,[13] seja de direito material ou direito processual. Nesse aspecto, o modelo brasileiro distanciou-se daquele utilizado na Alemanha, que permite a instauração para decisão sobre questões de fato, não apenas de direito.

Tal limitação, entretanto, encontra forte crítica doutrinária. Antonio do Passo Cabral[14] enfatiza que o legislação foi infeliz ao limitar o incidente para solução de teses, porque é muito tênue, seja na doutrina ou jurisprudência, a repartição entre *quaestiones facti* e *quaestiones iuris*. Acrescenta que o legislador se preocupou mais com a Justiça Federal, onde as questões comuns são, preponderantemente, de direito, quando na Justiça Estadual e Justiça do Trabalho são fáticas.[15]

Conclui Antonio do Passo Cabral[16] pela provável ampliação do objeto do incidente:

> Dentro da lógica do novo CPC, que reforça a força vinculativa dos precedentes e amplia a necessidade de isonomia e coerência sistêmica, e que intenta apresentar aos jurisdicionados mecanismos complementares às ações coletivas, entendemos que o incidente de resolução de demandas repetitivas poderá ter seu objeto ampliado jurisprudencialmente também para as questões de fato comuns. Talvez para isso necessitemos desenvolver uma teorização e técnicas a aplicação do de precedentes em matéria de fato, até porque a *ratio decidendi* orienta-se para a reprodução de entendimento jurídico. E evidentemente, nesse ponto, o incidente de resolução de *demandas* repetitivas afastar-se-á da disciplina dos *recursos* repetitivos. Porque o recurso especial e extraordinário são meios impugnativos em que só se veicula matéria jurídica, em que a cognição é limitada às questões de direito, não será possível a ampliação teleológica, mas existe clara vantagem prática de, ao menos para o IRDR, aplicá-lo também a questões fáticas comuns.

Quanto à legitimidade para instauração do incidente, o novo CPC assim dispõe:

> Art. 977. O pedido de instauração do incidente será dirigido ao presidente de tribunal:
> I – pelo juiz ou relator, por ofício;
> II – pelas partes, por petição;
> III – pelo Ministério Público ou pela Defensoria Pública, por petição.

Como a legitimidade é concorrente, não há óbice à formação do litisconsórcio facultativo entre os legitimados previstos nos incisos II e III do citado artigo.

O requerimento ou ofício deve ser instruído com os documentos necessários para comprovação do atendimento dos requisitos previstos no artigo 976, e será dirigido ao Presidente do Tribunal de Justiça ou Tribunal Regional Federal.

Sobre a competência para receber e julgar o incidente, a legislação infraconstitucional pode indicar o Tribunal competente, observando-se as regras definidas na

---

[13] O substitutivo apresentado na Câmara tinha o objeto ampliado para permitir a discussão de questões de fato, mas acabou não prevalecendo.

[14] Obra citada, p. 1.420.

[15] O autor exemplifica a existência de questões comuns em matéria consumerista, como no caso de um produto ou serviço defeituoso, ou uma construção vendida com vícios estruturais decorrentes de falha no projeto. Cita, outrossim, questões de fato trabalhistas, como a constatação de insalubridade ou riscos decorrentes de condições impostas pelo empregador.

[16] Op. cit. p. 1.421.

Constituição Federal. O órgão julgador será definido pelo regimento interno do mencionado Tribunal, podendo ser uma Câmara Cível, um Grupo de Câmaras, a Corte Especial ou o Plenário.

A legislação processual não previu um prazo determinado para apresentação do requerimento de instauração. Parece razoável concluir que o Juiz, partes, Ministério Público e Defensoria Pública podem requerer a instauração até o início da sessão de julgamento, inclusive em sustentação oral, da causa pendente no Tribunal. Também se reconhece a hipótese de o Relator instaurar de ofício durante a apresentação do seu voto.

O incidente pode ser instaurado *ex officio*, por iniciativa do Juiz ou Relator do processo no Tribunal. Nada impede, entretanto, que o Juiz provoque o Ministério Público ou Defensoria Pública para que deflagre o procedimento.

Caso sejam apresentados vários requerimentos de instauração, parece razoável concluir pelo apensamento para processamento conjunto, salvo se os processos repetitivos estejam localizados em Estados diferentes, o que implicará a possibilidade de instauração de incidentes nos respectivos Tribunais.

No entanto, se um dos Tribunais Superiores já, no âmbito de sua respectiva competência, tiver afetado recurso para definição de tese sobre questão de direito material ou processual repetitiva, não será cabível a instauração do incidente (art. 976, § 4º).

Caso o Ministério Público não seja o autor do pedido, deverá oficiar obrigatoriamente como *custos legis*. Além disso, em caso de desistência ou abandono do procedimento, deverá assumir sua titularidade, conforme previsão do artigo 976, § 2º, do novo CPC.

Interessante destacar que essas mesmas regras já estavam previstas na Lei da Ação Popular (art. 9º), Lei da Ação Civil Pública (art. 5º) e Código de Defesa do Consumidor (art. 92). O Ministério Público estará obrigado a assumir a titularidade em caso desistência **infundada**, não no caso contrário. Caberá, então, ao órgão do Ministério Público definir se a desistência foi ou não infundada, não podendo ser obrigado a assumir a titularidade quando concluir pela primeira hipótese.[17]

Destaca-se, mais uma vez, que a possibilidade do Ministério Público ou Defensoria apresentar o requerimento, ainda que não sejam partes no processo originário, reforça a natureza do incidente como procedimento autônomo. No processo originário haverá o julgamento da causa, enquanto que o julgamento da tese, em abstrato, ocorrerá no procedimento.

Finalmente, nem mesmo a inadmissão do incidente em razão da ausência de algum requisito impede sua apreciação posterior, desde que superado o óbice (art. 976, § 3º).

4.1. Publicidade

Dada a importância do procedimento, notadamente pelo impacto nas ações de massa, a sua instauração e julgamento devem ser amplamente divulgados.

---

[17] A manifestação do Ministério Público deverá ser fundamentada caso entenda não ser caso de assunção.

Para tanto, o Conselho Nacional de Justiça – CNJ manterá cadastro público eletrônico para acesso a informações sobre questões discutidas no IRDR (art. 979).

A ampla divulgação visa permitir conhecimento sobre a suspensão das demandas repetitivas e o acesso de interessados, notadamente do *amicus curiae* no incidente. Além disso, a divulgação da decisão de mérito do IRDR objetiva tornar efetiva sua aplicação nas demandas abrangidas pelo incidente.

Em decorrência da importância da divulgação dessas informações, a criação de cadastro específico no CNJ não impede a divulgação por outros meios, tal como *link* ou *banner* no *site* do próprio Tribunal.

4.2. Democratização da participação processual

Como o IRDR provoca o julgamento abstrato de uma tese jurídica com eficácia vinculante, ou seja, a formação de um precedente sobre questões de direito presentes em todos os demais casos, mostra-se perfeitamente aceitável a participação de pessoas, órgãos ou entidades especializadas, que tenham interesse na controvérsia.

Na qualidade de interessado, é possível ao Relator ouvir partes de processos individuais onde se discuta a aplicação do precedente que se busca obter no IRDR.

Como a matéria submetida ao IRDR possui relevância ou repercussão social, o *amicus curiae* pode contribuir com a decisão a ser proferida pelo Tribunal, conforme art. 138 do novo CPC. O *amicus curiae*, embora não seja titular da relação jurídica posta em juízo, em face do seu conhecimento específico, defende um interesse institucional, buscando influenciar no julgamento do IRDR.

5. Custas processuais

O artigo 976, § 5º, do novo CPC prevê a inexigibilidade de custas processuais no incidente de resolução de demandas repetitivas.

A ausência de custas processuais permite identificar que os interesses envolvidos no procedimento não se limitam aos litigantes.

Ao contrário, o interesse público presente no procedimento segue a mesma tendência adotada nas ações civis públicas (art. 18 da Lei 7.347/85) e ações coletivas (art. 87 do CDC).

Antonio do Passo Cabral sustenta que a conduta violadora da boa-fé processual na instauração do incidente deve ser punida com cobrança de custas e despesas processuais.[18]

6. Efeitos da admissibilidade

6.1. A suspensão das ações individuais

Após o exame da admissibilidade pelo órgão colegiado, o art. 982 do novo CPC prevê a suspensão dos processos pendentes, individuais ou coletivos, que tramitam no Estado ou não região, respectivamente sob a competência do Tribunal de

---

[18] Op. cit. p. 1.424.

Justiça, Tribunal Regional Eleitoral, Tribunal Regional Federal ou Tribunal Regional do Trabalho.

A suspensão independe de decisão própria, pois decorre automaticamente da admissão do incidente, devendo ser comunicada aos órgãos jurisdicionais competentes (art. 982, § 1º).

Aluisio Gonçalves de Castro Mendes e Sofia Temer[19] comentam sobre o momento da suspensão e a possibilidade de interposição de recurso no processo suspenso:

> A norma não esclarece em que momento a suspensão nacional poderá ser solicitada e concedida. Poder-se-ia afirmar que seria cabível apenas após o julgamento do incidente pelo tribunal de segundo grau. Mas, sob o ponto de vista teleológico e em observância ao princípio da economia processual, parece defensável que o pedido de suspensão nacional possa ser formulado logo após a admissibilidade do incidente no âmbito do tribunal de segundo grau. Mas cessará a suspensão se não for interposto, oportunamente, o recurso especial ou extraordinário contra a decisão proferida no incidente (art. 982, § 5.º).
>
> Questão mais relevante acerca da suspensão dos processos repetitivos diz respeito à possibilidade de prosseguimento do feito, pela distinção da questão debatida no caso concreto em relação à matéria em apreciação no procedimento incidental (*distinguishing*) e, por outro lado, do reconhecimento da abrangência da questão analisada no incidente ao caso concreto, incluindo-se o processo individual ou coletivo no rol dos sobrestados.
>
> É que, mesmo diante da ausência de previsão legal expressa (retirada na versão final do CPC), após a decisão de admissibilidade do incidente, o interessado poderá requerer o prosseguimento do seu processo, demonstrando a distinção do seu caso em relação à questão de direito debatida. Por outro lado, também poderá, se for o caso, requerer a suspensão do seu processo, demonstrando que a questão jurídica ali debatida está abrangida pelo incidente a ser julgado. Em ambas as hipóteses, o requerimento deverá ser dirigido ao juízo perante o qual tramita o processo, sendo decidida por decisão interlocutória.
>
> A versão aprovada pela Câmara dos Deputados em 2014 (SCD ao PLS 166/2010) previa o cabimento de agravo de instrumento contra a decisão que indevidamente negasse a suspensão de processo similar ou suspendesse processo que versasse sobre questão distinta da do incidente (art. 990, § 4.º, SCD ao PLS 166/2010). A disposição, contudo, não foi mantida na versão aprovada e promulgada do Código.
>
> **Não obstante a ausência de previsão legal expressa, opinamos pela recorribilidade da decisão nestes casos, haja vista as graves consequências que a incorreta suspensão (ou não) pode acarretar para os processos individuais ou coletivos em trâmite. Embora se reconheça que, ao admitir o cabimento do recurso, os tribunais poderão receber inúmeras pretensões indevidas, intensificando o assoberbamento já existente, vedar a interposição de recurso não nos parece a melhor alternativa.**
>
> Também não nos parece viável admitir ou incentivar o manejo de mandado de segurança em tais casos, como, aliás, constou do relatório apresentado ao Plenário do Senado por ocasião da votação final. (Grifo nosso).

Quanto à comunicação, Antônio do Passo Cabral chama a atenção para inserção desse dispositivo na redação final do texto, ao arrepio da matéria aprovada no processo legislativo. O autor entende inconstitucional a regra, sustentando que a comunicação deva ser feita ao Juiz Diretor do Foro:

> Em nosso sentir, trata-se de dispositivo formalmente inconstitucional. O texto final não corresponde àquele aprovado no Congresso Nacional. Portanto, nossa opinião é de que a comunicação a que se refere o art. 982 deverá sim ser endereçada a órgão judicial de organização administrativa (juiz diretor do foro) e, uma vez recebida do tribunal julgador, será redirecionada a todos os juízes de cada localidade para que, tomando conhecimento da admissão, deem cumprimento à decisão, verifiquem quais os processos em que a questão comum faz parte da cognição, documentem nos autos a notícia da instauração do IRDR a respeito e implementem a suspensão, intimando as partes (art. 1.037, § 8º).

---

[19] Revista de Processo | vol. 243/2015 | p. 283 – 331 | Mai / 2015.

A comunicação da suspensão é fundamental para que as partes possam se insurgir,[20] objetivando demonstrar que a questão comum a ser decidida no IRDR não é a mesma do seu processo individual. A postulação deve ser endereçada ao Juiz ou Relator, conforme o atual estágio de tramitação do processo. E, se o processo é aquele designado para instrução, o pedido será dirigido ao Relator do IRDR. A decisão desafiará agravo de instrumento ou, se o processo estiver no Tribunal, agravo interno (art. 1.037, § 13º, do novo CPC).

Se o processo individual é daqueles que exige a intervenção do Ministério Público como fiscal da ordem jurídica, além da parte, a manifestação de inconformidade quanto à suspensão e os recursos cabíveis poderão, conforme o caso, ser apresentados pelo *parquet* (art. 179, incs. I e II, do novo CPC).

A suspensão do processo poderá ser parcial ou total,[21] pois há casos em que o autor deduziu mais de um pedido, independentes entre si, e apenas algum se mostra compatível com a tese jurídica tratada no IRDR. Assim, a suspensão não seria integral do processo, apenas em face da questão comum.

Embora a suspensão do curso prescricional das ações individuais não tenha sido objeto de expressa previsão, inegável tal reconhecimento, sob pena do IRDR acarretar grave prejuízo aos autores das ações suspensas. A prescrição, contudo, ficará suspensa até o julgamento definitivo do IRDR.

Por outro lado, durante a suspensão, o eventual pedido de tutela de urgência deverá ser apresentado ao juízo onde se encontra tramitando o processo suspenso.

Além da comunicação da suspensão, outros efeitos são decorrentes da admissibilidade do IRDR, como a possibilidade de o Relator requisitar informações a órgãos em cujo juízo tramita processo onde se discute o objeto do incidente, que deverão ser prestadas em 15 dias, bem como intimar o Ministério Público para se manifestar no prazo de 15 dias.

Os processos individuais ou coletivos na origem devem permanecer suspensos pelo prazo limite de um ano (art. 980), salvo se o julgamento do IRDR demorar mais e o Relator do Tribunal proferir decisão justificando a prorrogação (art. 980, parágrafo único). Com o julgamento do IRDR, haverá, naturalmente, o término da suspensão, caso não interposto recurso especial ou extraordinário (art. 982, § 5º).

6.2. Extensão da suspensão para o território nacional

A admissibilidade do incidente, como foi examinado no item anterior, implica suspensão dos processos individuais ou coletivos, cuja matéria de direito se submeterá à tese reconhecida pelo Tribunal. A suspensão observará a competência do respectivo Tribunal (estadual ou regional).

---

[20] Enunciado 348 do Fórum Permanente de Processualistas Civis: (arts. 987, 1.037, II, § § 5º, 6º, 8º e seguintes) Os interessados serão intimados da suspensão de seus processos individuais, podendo requerer o prosseguimento ao juiz ou tribunal onde tramitarem, demonstrando a distinção entre a questão a ser decidida e aquela a ser julgada no incidente de resolução de demandas repetitivas, ou nos recursos repetitivos. (Grupo: Precedentes). *In* <http://portal-processual.com/wp-content/uploads/2015/06/Carta-de-Vit%C3%B3ria.pdf>. Acesso em 02/15/2015.

[21] (art. 982, *caput*, I e § 3º) Havendo cumulação de pedidos simples, a aplicação do art. 982, I e § 3º, poderá provocar apenas a suspensão parcial do processo, não impedindo o prosseguimento em relação ao pedido não abrangido pela tese a ser firmada no incidente de resolução de demandas repetitivas. *In* <http://portalprocessual.com/wp-content/uploads/2015/06/Carta-de-Vit%C3%B3ria.pdf>. Acesso em 10/15/2015.

Para que a suspensão alcance o território nacional, nos casos em que a segurança jurídica exigir, os legitimados previstos nos incisos II e III do art. 977 devem requerer ao Tribunal Superior respectivo, na forma do art. 982, § 3º.

Com o objetivo é evitar o julgamento distinto de questão jurídica idêntica, outra possibilidade de ampliação dos efeitos da admissibilidade do IRDR para todo o território nacional está prevista no § 4º do art. 982, ou seja, a apresentação de requerimento ao Tribunal Superior por alguma parte de um processo, em tramitação perante qualquer juízo, no qual se discuta a mesma questão jurídica contida no incidente.

Nessas duas hipóteses, o Tribunal Superior se limitará a avaliar a extensão da suspensão da decisão do IRDR para todo o território nacional. O exame do mérito será procedido pelo Tribunal regional ou estadual.

6.3. Instrução e providências para julgamento

O Ministério Público, após a admissão do incidente, será intimado para manifestar-se no prazo de 15 dias.

Após, as partes que deram origem à instauração do incidente e os interessados, dentre eles o *amicus curiae*, poderão requerer a juntada de documentos e realização de diligências necessárias para elucidação da questão de direito no prazo de 15 dias.

A seguir, o Ministério Público novamente será intimado para se manifestar no mesmo prazo.

O Relator, então, poderá designar data para realização de audiência pública, onde serão colhidos depoimentos de pessoas com experiência e conhecimento na matéria.

Como o incidente versa exclusivamente sobre questão de direito, não se mostra pertinente a participação de peritos.

Concluídas as diligências, o incidente será pautado para julgamento (art. 983, § 2º, do novo CPC).

O julgamento observará as regras do art. 984 do novo CPC, ou seja, após a exposição do objeto do IRDR pelo Relator, a palavra será dada, sucessivamente, ao autor e réu do processo originário, bem como ao Ministério Público, pelo prazo de 30 minutos, para apresentação de suas razões.

Os demais interessados, inclusive *amicus curiae*, terão o prazo total de 30 minutos para se manifestar, desde que requerida a participação com dois dias de antecedência. O prazo para sustentação poderá ser aumentado pelo Relator em face do número de interessados.

Como o procedimento objetiva alcançar um número significativo de ações com uma questão jurídica comum, é evidente o interesse público, tornando obrigatória ao Ministério Público a apresentação de manifestação.

7. Efeitos do julgamento

O julgamento do mérito do IRDR implica reconhecer que a tese jurídica resultante da questão de direito será, obrigatoriamente, aplicada a todos os processos repetitivos, individuais ou coletivos, que estavam suspensos ou que sejam instaurados após o julgamento de mérito do incidente.

A decisão do IRDR, desta forma, alcançará todos os processos que possuem idêntica questão de direito e que estejam tramitando na área de jurisdição do respectivo Tribunal, salvo se a extensão territorial nacional foi reconhecida pelos Tribunais Superiores (art. 982, § 3º) ou a decisão do incidente foi objeto de recurso especial ou extraordinário (arts. 982, § 5º, e 987).

A decisão terá efeito vinculante, inclusive sobre os processos em andamento nos juizados especiais,[22] conforme art. 985, inc. I, do novo CPC.

Marcos de Araújo Cavalcanti,[23] contudo, afirma ser inconstitucional a parte final do referido inciso:

> O STF já decidiu, diversas vezes, que os juizados especiais não estão sujeitos à jurisdição dos Tribunais de Justiça dos Estados e dos Tribunais Regionais Federais. Ou seja, os juízes que integram os juizados especiais não estão subordinados (para efeitos jurisdicionais) às decisões dos Tribunais de Justiça dos Estados ou dos Tribunais Regionais Federais. Por essa razão, a imposição vinculativa da tese jurídica aos processos repetitivos em tramitação nos juizados especiais viola o texto constitucional.

A controvérsia dependerá de eventual provocação ao STF para aferição da constitucionalidade do dispositivo. Por ora, cabe destacar que a exclusão dos processos nos juizados especiais não se mostra razoável, além de contrapor-se ao propósito maior de coibir a desnecessária tramitação de ações idênticas com possíveis julgamentos distintos.

Com efeito, o IRDR busca a obtenção de uma decisão que possa ser útil em muitos outros processos, mediante incorporação da *ratio decidendi* no processo originário como questão prévia a todas as outras, tal como ocorre no incidente de inconstitucionalidade ou de uniformização da jurisprudência.

Mesmo aos processos que não estejam suspensos, é aplicada a tese obtida no incidente. Na hipótese de o processo ter sido sentenciado e estar aguardando julgamento da apelação, com entendimento contrário àquele oriundo do IRDR, deve-se aplicar o art. 1.040 do novo CPC, negando-se seguimento ao recurso.

Em relação aos processos que venham a ser ajuizados, a eficácia da decisão obtida no IRDR permitirá o julgamento imediato da improcedência do pedido (art. 332, III, do novo CPC).

Para o caso descumprimento da decisão proferida no IRDR, em relação aos processos suspensos ou não, bem como aqueles que venham a ser ajuizados, está prevista a reclamação (arts. 985, § 1º, e 988, IV e § 4º).

Um importante efeito do julgamento do IRDR refere-se à possibilidade de desistência da ação, em primeira instância, antevendo possível insucesso, sem necessidade de anuência do réu (art. 1.040, § 1º e § 3º). Se a desistência ocorrer antes da contestação, o autor não suportará custas e honorários advocatícios (art. 1.040, § 2º).

Além disso, destaca-se o poder do Relator, em qualquer recurso, julgar monocraticamente, aplicando a tese definida no incidente (art. 932, inc. IV, "c"), ou julgar de plano conflito de competência (art. 955, parágrafo único, II).

---

[22] Enunciado 93 do Fórum Permanente de Processualistas Civis: Admitido o incidente de resolução de demandas repetitivas, também devem ficar suspensos os processos que versem sobre a mesma questão objeto do incidente e que tramitem perante os juizados especiais no mesmo estado ou região. In <http://portalprocessual.com/wp-content/uploads/2015/06/Carta-de-Vit%C3%B3ria.pdf>.

[23] Op. cit. p. 460.

A decisão do IRDR também dispensa a remessa necessária, quando a sentença aplicar entendimento firmado no incidente (art. 496, § 4º, inc. III).

E, em relação à interposição do recurso extraordinário, será presumida a repercussão geral para fins de admissibilidade, quando a decisão dos Tribunais tenha contrariado a decisão obtida no IRDR (art. 1.035, § 3º, inc. II).

Outro efeito refere-se à presunção de omissão da decisão que deixar de considerar o julgamento do IRDR, permitindo, como consequência, o cabimento de embargos de declaração (art. 1.022, parágrafo único, inc. I). O juiz, portanto, deverá obrigatoriamente se manifestar sobre o julgamento realizado no âmbito do incidente.

Efeito do julgamento do IRDR, outrossim, refere-se à questão de direito envolvendo serviço concedido, permitido ou autorizado. O resultado do julgamento deverá ser comunicado ao órgão, ente ou à agência reguladora encarregada para fiscalização sobre a aplicação da tese (art. 985, § 2º).

8. Recursos cabíveis

A decisão que enfrenta o mérito do IRDR desafia recurso especial ou recurso extraordinário, conforme prevê o art. 987 do novo CPC.

O recurso especial ou extraordinário poderá ser interposto pelas partes do processo onde o incidente se originou, pelas partes do incidente, pelo Ministério Público se atuou exclusivamente como fiscal da lei, as partes que tiveram seus processos suspensos e o *amicus curiae*.

O recurso terá efeito suspensivo. A tese jurídica fixada no julgamento do IRDR pelo Tribunal somente pode ser aplicada aos processos suspensos e outros que venham a ser ajuizados, quando não houver interposição de recurso para os tribunais superiores.

Sobre a possibilidade de interposição de um número elevado de recursos contra a decisão que julgar o incidente, Aluisio Gonçalves de Castro Mendes e Sofia Temer comentam o seguinte:

> Nada impede, contudo, que, havendo inúmeros recursos de interessados contra a decisão que julgar o incidente, que seja feito novo procedimento de escolha do(s) recurso(s) que melhor representar(em) a controvérsia jurídica. Podem ser mantidas as partes do procedimento incidental como os principais recorrentes ou podem ser selecionados outros recursos que contenham maior diversidade de fundamentos, formando o melhor procedimento recursal, à semelhança do que foi defendido no item 4.2.2 deste trabalho e nos termos previstos nos arts. 1.036 e ss. do novo Código, que tratam do procedimento de seleção e julgamento dos recursos especial e extraordinário repetitivos.

Há, por outro lado, uma presunção de repercussão geral da questão controvertida em qualquer recurso extraordinário interposto contra decisão terminativa do IRDR (parágrafo único do art. 987).

Sobre o cabimento dos recursos no IRDR, Antonio do Passo Cabral[24] assim leciona:

> Se, por exemplo, ao apreciar a questão comum objeto do incidente, o tribunal contrariar a Constituição ou lei federal, atraindo qualquer das hipóteses de cabimento dos arts. 102, II, e 105, II, da Constituição da República, os sujeitos do incidente poderão interpor recurso extraordinário ou especial. Nesses casos, ao

---

[24] Op. cit., p. 1.452.

contrário da regra geral (art. 1.029, § 5º), os recursos excepcionais terão efeito suspensivo automático em decorrência da interposição, desnecessária decisão do relator a respeito.

Quanto aos efeitos do julgamento pelo STF ou STJ, prossegue o mesmo autor:[25]

> Se, no julgamento desses recursos, o STF ou STJ ultrapassar o juízo de admissibilidade e entrar no mérito, o § 2º do art. 987 dispõe que a *ratio decidendi* fixada pelos tribunais superiores será aplicada a todos os processos individuais ou coletivos em que se discuta idêntica questão. O dispositivo há de ser compreendido à luz da teoria geral dos recursos. A melhor interpretação do dispositivo ora em comento é de que a resolução da questão comum será aplicada a todos os processos em que o tema seja discutido em todo o território nacional, independentemente do âmbito territorial do tribunal de origem (um Estado ou região), quando, apreciando o mérito do recurso especial ou extraordinário (isto é, vencido o juízo de admissibilidade), o STJ e STF *conheçam do mérito do incidente*.

Cássio Scarpinela Bueno[26] entende que a extensão dos efeitos da decisão dos Tribunais Superiores depende da edição de súmula vinculante, a saber:

> Questão interessante sobre o § 2º do art. 987 e que evidenciei em diversas oportunidades é a seguinte: pode a lei querer impor efeitos vinculantes às decisões do STF e do STJ, ainda que não o diga expressamente, preferindo, como também o faz o § 2º do art. 987, o redacional imperativo "*será* aplicada"? A resposta que me parece ser a mais correta, o prezado leitor já a sabe, é negativa, à exceção dos casos em que a própria CF os prevê e, dentre os quais, não está o incidente de resolução de demandas repetitivas. Para tanto, e tendo presente o recurso extraordinário, caberia ao STF, se quiser implementar aqueles efeitos, editar súmula vinculante a partir do recurso julgado. **Nessa hipótese, a súmula, não o recurso extraordinário que apreciou o incidente, é que ostentará o efeito vinculante.**" (Grifo nosso).

Perfeitamente cabível a apresentação de embargos de declaração se o julgamento do IRDR contiver obscuridade, erro material, contradição ou omissão.

9. Revisão da tese jurídica

O art. 986 do novo CPC prevê que o Tribunal prolator da decisão, de ofício, o Ministério Público e a Defensoria Pública, por petição, poderão pleitear a revisão do entendimento firmado no IRDR.[27]

O pedido deve ser instruído com argumentos fáticos e jurídicos que permitam justificar a revisão, como a revogação ou modificação do texto normativo que deu embasamento à decisão no IRDR, ou a alteração econômica, política, cultural ou social referente à matéria decidida.[28]

Para tanto, podem ser realizadas audiências públicas, além da participação do *amicus curiae* e pessoas, órgãos ou entidades interessadas na rediscussão da tese.

10. O exame da constitucionalidade do IRDR

Segundo Nelson Nery Júnior e Rosa Maria de Andrade Nery,[29] a doutrina aponta quatro principais inconstitucionalidades de que padece o instituto do IRDR.

---

[25] Op. cit., p. 1.452.
[26] Manual de Direito Processual Civil: inteiramente estruturado à luz do novo CPC – Lei nº 13.105, de 16-3-2015, São Paulo : Saraiva, 2015, p. 595.
[27] Na redação final do Código, alteraram-se as disposições aprovadas, que incluíam as partes como legitimadas ao pedido de revisão.
[28] Enunciado nº 322 do Fórum Permanente de Processualistas Civis.
[29] Comentários ao Código de Processo Civil, Editora RT, p. 1.966.

A primeira diz respeito à ofensa à independência funcional dos juízes e separação funcional dos Poderes. A vinculação da tese jurídica aos juízes de hierarquia inferior ao órgão prolator da decisão não tem previsão na Constituição Federal.

A segunda refere-se à violação do devido processo legal e contraditório, pois a decisão favorável e, especialmente, a desfavorável alcançará com força vinculante todos os processos repetitivos. Essa determinação do NCPC viola flagrantemente o devido processo legal e o princípio do contraditório. Além disso, é ausente o controle da representatividade como condição para que decisão de mérito desfavorável a vincule aos processos dos litigantes ausentes do incidente processual coletivo.

Georges Abboud e Marcos de Araújo Cavalcanti,[30] enfrentando o tema, assim concluem:

> Para que a decisão de mérito desfavorável proveniente do IRDR seja aplicada vinculativamente aos processos repetitivos, é preciso que o sistema processual brasileiro assegure o devido processo legal e, por consequência, o princípio do contraditório aos litigantes abrangidos pelo incidente processual coletivo. E a única forma de garantir a observância desses princípios constitucionais é permitir o controle judicial da adequação da representatividade dos interesses do grupo. A adoção dessa técnica processual nada mais é do que um método de adaptação do princípio constitucional do contraditório ao devido processo legal social ou coletivo.
> O NCPC, ao admitir que uma decisão desfavorável tenha eficácia vinculante sobre todos os processos repetitivos, sem qualquer controle acerca da adequação da representatividade, viola o direito ao contraditório de todos os litigantes abrangidos pelo IRDR.

A terceira inconstitucionalidade abrange a violação à garantia do direito de ação ausência de previsão do direito de o litigante requerer sua autoexclusão do julgamento coletivo.

O autor do processo suspenso não tem opção de requerer o prosseguimento de sua ação. No modelo alemão, o autor tem a opção de requerer sua exclusão do procedimento, através de uma forma de *opt-out*. O IRDR não permite, pois a vinculação é absoluta, independentemente de requerimento, além de não haver opção de exclusão.

Registra-se, mais uma vez, a crítica bem lançada de Georges Abboud e Marcos de Araújo Cavalcanti:[31]

> Essa forma de vinculação absoluta fere o direito fundamental de ação (art. 5º, XXXV, da CF/1988). Não há como o NCPC impedir o direito de a parte prosseguir com sua demanda isoladamente, ou seja, fora do regime jurídico do IRDR.19 O sistema processual deve sempre assegurar ao litigante o direito de opção. Essa possibilidade de escolha decorre do direito fundamental de ação, de sorte que o legislador não pode criar uma forma de vinculação absoluta *pro et contra* sem estabelecer mecanismos processuais que assegurem seu pleno exercício. Importante registrar que não ignoramos a sobrecarga vivenciada pelo Judiciário e o grande número de ações ajuizadas no Brasil. Todavia, esse problema estrutural que acompanha desde sempre o Judiciário brasileiro não pode ser solucionado às custas do texto constitucional, mais precisamente sobre o direito de ação do cidadão. Em uma democracia, a Constituição obrigatoriamente deve valer, ou seja, ter força normativa. Essa normatividade não pode ser afastada por razões pragmáticas por mais graves que elas sejam.

A última inconstitucionalidade é decorrência da submissão dos Juizados Especiais às decisões prolatadas no IRDR, pois não há vínculo de subordinação entre o juizado especial e o TRF ou o Tribunal de Justiça.

---

[30] Revista de Processo, vol. 240/2015, p. 221 – 242, Fev / 2015.
[31] Abboud, Georges; Cavalcanti, Marcos de Araújo. Op. cit.

A tese jurídica fixada no IRDR pelo TJ ou TRF será aplicada aos processos que tramitem nos juizados especiais do respectivo Estado ou região, conforme art. 982, I, do novo CPC. Ora, enquanto o Juiz de Direito é vinculado ao Tribunal de Justiça, o Juiz do Juizado Especial, à Turma Recursal.

Frente às inconstitucionalidades apontadas e as críticas sobre a própria finalidade do IRDR, mostra-se pertinente, nessa pesquisa, resgatar a importância histórica e maturidade das ações coletivas para a proteção de direitos e interesses coletivos, que também se mostram imprescindíveis à contenção da litigiosidade repetitiva.

11. O IRDR e as Ações Coletivas

A admissibilidade do IRDR, dentre outros efeitos, implica suspensão dos processos individuais ou coletivos no âmbito da jurisdição do Tribunal de Justiça ou Tribunal Regional Federal, bem como Juizados Especiais. A suspensão de todos os processos individuais ou coletivos em curso no território nacional dependerá da interposição de pedido ao STF ou STJ pelas partes, Ministério Público ou Defensoria Pública.

Resta, então, indagar se o IRDR poderia determinar a suspensão de uma ação coletiva.

Antes de enfrentarmos a pergunta, convém destacar que a ação coletiva[32] é um instrumento processual já consagrado, fruto da harmonização das normas previstas na Lei 7.347/85 (Lei da Ação Civil Pública) e do Título III do Código de Defesa do Consumidor.

As ações coletivas permitem, através da ampla dilação probatória, a obtenção de provimentos judiciais voltados à defesa dos direitos e interesses difusos, coletivos em sentido estrito e individuais homogêneos. As duas primeiras categorias, no dizer de José Carlos Barbosa Moreira,[33] identificam **litígios essencialmente coletivos**, enquanto que a terceira, **litígios acidentalmente coletivos.**

A Lei da Ação Civil Pública, que completou 30 anos de vigência, visa à proteção do meio ambiente, consumidor, patrimônio cultural, ordem econômica, ordem urbanística, patrimônio público e social, a honra e à dignidade de grupos raciais, étnicos ou religiosos, dentre outros direitos e interesses difusos e coletivos. O Capítulo II do Título III do CDC, por sua vez, instituiu a chamada ação civil coletiva para reparação das pessoas lesadas (individuais homogêneos).

Nessas ações coletivas, são admitidos todos os pedidos necessários à efetiva prevenção ou reparação (art. 83 do CDC).

Além disso, as ações coletivas versam sobre questões de fato e de direito. A tal respeito, pode-se citar a quantidade de temas oriundos do direito do consumidor que podem ser objeto de ações coletivas, como as práticas comerciais abusivas, dentre elas a publicidade, oferta e cobranças, colocação no mercado de consumo de produtos impróprios ou defeituosos e os consequentes prejuízos e danos decorrentes.

---

[32] Utilizamos a expressão ação coletiva com o mesmo significado de ação civil pública, embora tenham origem distinta no nosso ordenamento jurídico. Ambas se completam em face do microssistema resultante da complementação da Lei 7.347/85 pelo Título III do CDC.

[33] Ações Coletivas na Constituição Federal de 1988. *Revista de Processo*, vol. 61, p. 187, Jan/1991

Enfim, as ações coletivas de consumo, na grande maioria das vezes, versam sobre questões de fato, não apenas questões de direito.

Assim também ocorre em relação a ações civis públicas ambientais, urbanísticas, da criança e adolescente, do idoso, da ordem econômica, onde são enfrentadas questões de fato, além de questões de direito.

Essa singela constatação já permite demonstrar que o IRDR não tem a mesma amplitude e dimensão das ações coletivas, posto que restrito a questões de direito.

Quanto aos efeitos da decisão prolatada no IRDR e nas ações coletivas, novamente podemos verificar que as sentenças prolatadas nas ações coletivas têm muito maior eficácia, pois estarão atreladas à natureza dos direitos e interesses tutelados e à dimensão do dano (local, regional ou nacional).

O IRDR tem seus efeitos limitados à jurisdição do Tribunal de Justiça ou Tribunal Regional Federal respectivo e só terá eficácia nacional se houver interposição de recurso especial ou extraordinário.

Nas ações coletivas, como se disse, a eficácia da sentença será *erga omnes* ou *ultra partes* (art. 103 do CDC). A limitação territorial imposta ao art. 16 da Lei da Ação Civil Pública pela Lei 9.494/97 vem sendo afastada pelo Superior Tribunal de Justiça.

Desta forma, se um produto foi considerado defeituoso, reconhecendo-se o dever do fornecedor (réu) indenizar todos os lesados (sentença condenatória genérica – art. 95 do CDC), e a decisão transitar em julgado após exame do recurso ao Tribunal de Justiça, a eficácia será irrestrita, ou seja, o reconhecimento do defeito não poderá ser contestado em qualquer outra ação, assim como o dever de indenizar os lesados, porquanto cobertos pela autoridade da coisa julgada. Além disso, os consumidores localizados em qualquer comarca no Brasil podem, com base na cópia ou certidão da sentença, aproveitar para liquidar e executar.

Não há o risco de existirem ações coletivas idênticas, pois a propositura da demanda, conforme art. 2ª, parágrafo único, da Lei da Ação Civil Pública, prevenirá a jurisdição para outras idênticas.

Desta forma, é necessário definir o juízo competente a partir das regras previstas no art. 2º, *caput*, combinado com o art. 93, I e II, do CDC. Se o dano é regional ou nacional, a competência será concorrente entre o juízo da Capital do Estado ou do Distrito Federal, observando-se a prevenção. Uma vez definido o único juízo competente, a eficácia da sentença, após o esgotamento dos recursos cabíveis, observará o art. 103 do CDC, acima mencionado.

Em relação às ações individuais que possam discutir a mesma matéria de fato e de direito veiculada em uma ação coletiva, a solução, atualmente, é a suspensão de ofício, evitando a desnecessária sobrecarga do judiciário. Uma vez procedente a ação coletiva, haverá o transporte dessa procedência para as ações que estavam suspensas, partindo para a fase de cumprimento de sentença.

Observadas corretamente essas regras, vimos que não é possível a repetição de ações coletivas, o que afasta a instauração do IRDR em relação à ação coletiva.

Poder-se-ia admitir o IRDR em relação à matéria de direito, que possa ser comum entre ações coletivas e ações individuais. Mas, se essas ações individuais foram suspensas de ofício pelo juízo, após tomar conhecimento da propositura de ação coletiva, parece que o requisito previsto no art. 976, inc. II, estaria ausente.

Não se pode perder de vista, que a ação civil coletiva,[34] tem por objetivo ampliar o acesso à justiça, a otimização, economia e rapidez da prestação jurisdição, pois uma única ação coletiva pode evitar a propositura ou suspender o andamento de centenas ou milhares de ações individuais. E, se a ação civil coletiva é julgada improcedente, diferentemente do IRDR, não prejudica o direito de ação de cada cidadão.

Por outro lado, poderia ser instaurado o IRDR em uma ação coletiva? Não há, em tese, óbice, basta que a ação coletiva tenha o potencial de ser o processo-modelo. E, tratando-se de ação civil coletiva para reparação dos lesados, essa perspectiva é bem maior. Aqui, será necessário avaliar se eventuais ações individuais já foram ajuizadas e estão suspensas, o que esvaziaria o requisito previsto no inc. II do art. 976 do novo CPC.

A par dessas considerações sobre a prevalência ou descabimento do IRDR em face da ação coletiva, deve ser levado em consideração, ainda, as apontadas inconstitucionalidades.

Afora isso, Georges Abboud Marcos e Araújo Cavalcanti,[35] tecem importantes considerações e críticas sobre o IRDR:

> Além de todas as inconstitucionalidades acima apontadas, importante também fazermos o seguinte alerta: a sistemática prevista no NCPC para o IRDR não pode ser confundida com o sistema do stare decisis do common law. De forma simplificada podemos destacar que o stare decisis aposta no caso concreto e na qualidade, o NCPC com o IRDR no julgamento em teses abstratas e na quantidade. O primeiro é fruto do desenvolvimento histórico de um sistema jurídico, o outro uma criação do nosso Legislativo. O stare decisis é um aperfeiçoamento histórico, o IRDR, infelizmente, é uma originalidade inconstitucional.
>
> Na realidade, a sistemática introduzida pelo IRDR caracteriza uma forma particular de nosso ordenamento em forçar a uniformização da jurisprudência, ignorando a conflituosidade que é ínsita à atividade jurisprudencial, característica de todo atividade que contenha um devir histórico. Trata-se de uma aposta que crê na possibilidade de instituir um sistema (stare decisis) que é antiuniversalista, própria da historicidade dos países que o possuem. A nossa qualidade decisional não é um problema somente porque os precedentes não são respeitados, nosso sistema também tem diversos problemas porque a própria lei e principalmente a Constituição não são respeitados, merecendo destaque o inc. XXXV do art. 5º e o IX do art. 93. Na realidade, as decisões vinculantes almejam constituir-se como a regras decisórias dos casos concretos, ou seja, como se contivessem a norma pronta e acabada, que pudesse substituir a toda especificidade fático-jurídica dos casos concretos.
>
> Outrossim, é totalmente cega para a dimensão qualitativa qualquer proposta de criação de instrumentos vinculatórios para as decisões se não houver como pano de fundo teórico uma séria discussão acerca de resposta correta (constitucionalmente adequada) e teoria da decisão judicial.
>
> Enquanto não houver uma discussão séria e uma crítica contundente à discricionariedade judicial a partir de uma efetiva teoria da decisão judicial, a chamada jurisprudência lotérica persistirá. Ocorrerá tão somente uma escolha aleatória para a decisão que será vinculante. Vale dizer, dar-se-á efeito vinculante para o julgado do TJ e do TRF, ainda que ele seja discricionário, e possivelmente, possa vir a ser modificado na próxima sessão de julgamento. Novamente, sob pena de sermos repetitivos, pouco ou quase nada se ganha em termos de democracia, se uniformizarmos decisões a partir de julgados discricionários, tão somente porque proveniente de nossos Tribunais.
>
> Desse modo, a jurisprudência vinculante estabelecida no NCPC não pode ser confundida com o sistema do stare decisis do *common law*. Em verdade, ela caracteriza uma forma particular de nosso ordenamento em forçar a uniformização da jurisprudência, ignorando a conflituosidade que é ínsita à atividade jurisprudencial, característica de toda atividade que contenha um devir histórico que é, aliás, elemento essencial

---

[34] Utilizamos a terminologia expressa do art. 91 do CDC.
[35] Abboud, Georges; Cavalcanti, Marcos de Araújo. Op. cit.

da cultura humana, o que nos faz crer que o pretendido sistema de vinculação jurisprudencial não foi inspirado no common law, mas em tipos organizacionais de trabalho contínuo e estagnado, e.g., sociedade de formigas, abelhas etc., supondo que a perfeição de seu funcionamento se deve à tal imutabilidade, como se a facticidade estagnada dessas sociedades pudesse ser equiparada à de nossa sociedade cada vez mais complexa e dinâmica.

12. Conclusão

Como vimos anteriormente, o IRDR é, inegavelmente, uma das mais significativas alterações introduzidas no novo CPC, cuja finalidade é dar solução à litigiosidade de massa, mediante a obtenção de uma tese jurídica idêntica em um chamado processo-modelo ou causa-piloto, a ser aplicada a todos os processos, atuais ou futuros, que se ocupem dessa mesma tese.

O IRDR, portanto, pressupõe a efetiva repetição de processos, a identidade da questão de direito que se repete e o risco de ofensa à isonomia e à segurança jurídica (art. 976, I e II, do novo CPC), pressupondo ampla publicidade para alcançar a maior efetividade possível.

É reconhecido papel relevante ao Ministério Público, que detém legitimidade concorrente para a instauração do procedimento ou, não sendo o autor, oficiará como fiscal da ordem jurídica. Caso o autor do incidente desista ou abandone, o Ministério Público poderá assumir a titularidade. Além disso, em qualquer das formas de atuação, poderá requerer a realização de diligências com o objetivo de elucidar a questão de direito e interpor embargos de declaração, recurso especial ou recurso extraordinário.

Por outro lado, o IRDR suscita controvérsia sobre algumas inconstitucionalidades, que certamente serão ser objeto de exame pelo Judiciário tão logo o IRDR passe a ser utilizado.

Merecerá, igualmente, manifestação do Judiciário as interações e reflexos do IRDR em face da consagrada ação coletiva. Como vimos anteriormente, há uma utilidade bem maior no uso da ação coletiva frente ao IRDR, que se limita a questões de direito, enquanto que aquela também permite veicular questões de fato, cuja eficácia da sentença é *erga omnes* ou *ultra partes*, de acordo com a dimensão local, regional ou nacional do dano, e que também prevê a suspensão das ações individuais como forma de preservar a função jurisdicional do Estado frente às ações repetitivas.

Dificilmente o IRDR alcançará o objetivo de evitar a litigiosidade de massa, pois foi limitado ao exame de questões de direito. Considerando-se apenas os conflitos consumeristas, como se disse, que têm o potencial de gerar milhares de ações repetitivas, e também envolvem questões de fato, o IRDR simplesmente não terá aplicação ou sua aplicação será limitada.

— 22 —

O Agravo no NCPC-2015

ANTONIO CEZAR LIMA DA FONSECA[1]

Sumário: Introdução; 1. As decisões agraváveis; 2. A taxatividade do Agravo; 3. Preclusão de interlocutórias; 4. Casuística; 5. Requisitos formais; Conclusão; Referências.

Introdução

A busca do aprimoramento desse recurso luso-brasileiro – Agravo de Instrumento –, a partir do Código de Processo Civil de 1973 (CPC-73) tem sido incansável: primeiro, tramitando perante o magistrado; nos últimos tempos, interposto diretamente no Tribunal ou ficando retido nos autos, sempre visando a maior celeridade e eficiência. No tribunal, interposto apenas diante de algumas decisões, dependendo de lesão grave e difícil reparação.

O novo Código de Processo Civil (Lei nº 13.105/2015 – NCPC-2015), novamente, traz inovações a esse recurso, incorporando princípios constitucionais, rumos expressados na doutrina e aproveitando soluções jurisprudenciais.

O Agravo de Instrumento continua presente num Capítulo III, ao lado da Apelação (Capítulo II), ambos no Título "Dos Recursos", tal como estava no CPC-73, mas no NCPC-2015 foi levado para outro livro, inserido na Parte Especial do Código, no Livro III – Da Ordem dos Processos nos Tribunais e Dos Meios de Impugnação das Decisões Judiciais.

Nossa intenção é apontar novidades, semelhanças e diferenças do agravo de 2015 com o agravo de 1973, bem como trazer questões polêmicas nesse "novo sistema de agravo", apenas à guisa de discussão e à luz do que já foi doutrinado até o momento.

1. As decisões agraváveis

Se houvesse um sistema processual fundado unicamente no princípio da oralidade absoluta e radical, dizia o saudoso Prof. Ovídio Araújo Baptista da Silva, *as*

---

[1] Procurador de Justiça no Estado do Rio Grande do Sul. Contato: acfonseca@via-rs.net

decisões interlocutórias desapareceriam.[2] Ocorre que, no curso da tramitação do processo, que sabidamente não é de oralidade total, o juiz vai emitindo atos que podem ser sentenças, decisões interlocutórias e despachos.[3] São os chamados "pronunciamentos do juiz",[4] espécies do gênero "decisões judiciais", os quais podem causar prejuízo irreparável às partes e ensejar sua inconformidade por meio de recursos. Ditas decisões podem ser impugnadas no todo ou em parte,[5] sendo que a inatividade do juiz não enseja qualquer recurso, embora possa ser discutida por outras vias.

O Agravo de Instrumento, sendo um recurso *genérico e residual de maior incidência no sistema brasileiro*,[6] é aquele que se presta ao ataque às decisões interlocutórias, às decisões agraváveis, àqueles pronunciamentos judiciais que surgem no tramitar do processo.

Na legislação processual civil brasileira o agravo de instrumento surgiu em 1939.[7] Embora tenha sido utilizado desde a legislação portuguesa, sendo "o recurso mais próximo da realidade do processo",[8] é o recurso indicado contra aqueles atos do juiz que têm natureza decisória e que podem causar prejuízo às partes, mas que não se enquadram no conceito de sentença ou despacho, que são as chamadas decisões interlocutórias.[9] Isso porque a sentença é o "pronunciamento por meio do qual o juiz, com fundamento nos arts. 485 e 487, NCPC-2015, *põe fim* à fase cognitiva do procedimento comum, bem como extingue a execução",[10] e *despacho* é todo pronunciamento do juiz praticado de ofício ou a requerimento da parte.[11] Evidente, pode haver "despacho" causador de prejuízo e ensejar algum recurso, mas, em princípio, ele é irrecorrível.[12]

Sobre a decisão interlocutória, NELSON NERY JR. e ROSA MARIA ANDRADE NERY[13] sustentam que se a decisão "contém matéria do CPC 485 ou 487, mas não extingue o processo de execução e nem a fase cognitiva do procedimento comum (especial e de jurisdição voluntária), é decisão interlocutória".

Na verdade, um "freio" às decisões interlocutórias já era preconizada há algum tempo.[14] GIUSEPPE CHIOVENDA sustentava o princípio da unicidade da sentença – princípio *della unità e unicittà della decisione* –, pelo qual deveria haver um único recurso na demanda, a fim de que se garantisse a continuidade do processo. A unici-

---

[2] *In: Da sentença liminar à nulidade da sentença*. Rio de Janeiro: Forense, 2002, p. 3.

[3] Art. 203, NCPC. Os pronunciamentos do juiz consistirão em sentenças, decisões interlocutórias e despachos.

[4] Antes chamados 'atos do juiz', no art. 162, *caput*, CPC-73.

[5] Art. 1002, NCPC. A decisão pode ser impugnada no todo ou em parte.

[6] NORONHA, Carlos Silveira. Agravo de Instrumento. *Verbete no Digesto de Processo*. Vol. 1. Rio de Janeiro: Forense, 1980, p. 382 e 384.

[7] Art. 841, CPC-39: Os agravos serão de instrumento, de petição, ou no auto do processo, podendo ser interpostos no prazo de cinco (05) dias (art. 28).

[8] SÁ, Renato Montans de. *Manual de Direito Processual Civil*. São Paulo: Saraiva, 2015, p. 994.

[9] Art. 203, § 2°, NCPC. Decisão interlocutória é todo pronunciamento judicial de natureza decisória que não se enquadre no § 1°.

[10] Art. 203, § 1°, NCPC.

[11] Art. 203, § 3°, NCPC.

[12] Art. 1.001, NCPC. Dos despachos não cabe recurso.

[13] *In: Comentários ao Código de Processo Civil. Novo CPC – LEI 13.105/2015*. São Paulo: Thomson Reuters-RT, 2015, p.2.078.

[14] WAMBIER, Teresa Arruda Alvim. *Os agravos no CPC Brasileiro*. 4ª ed. RT, 2006, p. 102.

dade da sentença, no entanto, não dizia respeito ao julgamento da demanda, ou à impossibilidade de sua cisão, mas sim à irrecorribilidade das decisões interlocutórias.[15]

O legislador do NCPC-2015 trouxe esse "freio" às decisões interlocutórias, não restringindo totalmente o ataque a tais decisões, mas o sistema do agravo de instrumento é algo diferente do anterior, não se podendo negar que é restritivo ou "seletivo" na comparação com o CPC/73, o que pode ensejar algum desgaste ao tempo do processo e às partes.

Dentre as novidades, o prazo para a interposição do agravo de instrumento foi aumentado: passa de (10) dez dias corridos para 15 (quinze) dias úteis, para interpor e para responder.[16] Prazo que é contado apenas em dias úteis, por força do art. 219, NCPC, sabido que no processo eletrônico o prazo vai a *qualquer horário até as 24 (vinte e quatro) horas do último dia do prazo* (art. 213, NCPC). Sábados, domingos e feriados municipais, estaduais e federais não contam, competindo ao agravante demonstrá-los.

O prazo para o Ministério Público interpor o agravo de instrumento, quando for parte, também foi aumentado, pois era de 20 (vinte) dias corridos – 10 (dez) dias corridos, em dobro[17] – e agora é de 30 (trinta) dias úteis – 15 (quinze) dias úteis, em dobro,[18] com uma observação: deve o órgão manifestar-se em 15 (quinze) dias úteis quando atuar como fiscal da ordem jurídica.[19] O mesmo prazo dobrado serve-lhe para contrarrazões quando atuar como parte, por força do art. 180, NCPC.

Quando a decisão for proferida monocraticamente pelo relator, seja em agravo de instrumento ou apelação, caberá *agravo interno*, o qual necessariamente deverá ser levado ao colegiado.[20]

Outra discussão diz respeito ao efeito em que é recebido o agravo de instrumento, o qual deve ser postulado pelo agravante junto ao relator do recurso, seja por petição autônoma, seja na peça recursal. Isso porque há regra geral do efeito devolutivo no agravo, com a observação de que o relator pode atribuir efeito suspensivo ou deferir, em antecipação de tutela, total ou parcialmente, a pretensão recursal, comunicando ao juiz a sua decisão.[21] Os recursos, em princípio, não impedem a eficácia da decisão.[22]

2. A taxatividade do Agravo

As hipóteses do agravo de instrumento no NCPC-2015 são taxativas. Diferenças? Ao tempo do CPC-1973 elas estão amplas, pois permitem o ataque a todas as decisões – pela via do agravo retido – e àquelas suscetíveis de causar à parte lesão grave

---

[15] SANT'ANNA, Paulo Afonso de Souza. Sentença Parcial. In: *Os poderes do Juiz e o controle das decisões judiciais*. Estudos em homenagem à Professora Teresa Arruda Alvim Wambier. Coord. José Miguel Medina e outros. São Paulo: RT, 2008, p. 454.

[16] Art. 1.003, § 5º, NCPC.

[17] Art. 188, CPC-73.

[18] Art. 180, *caput*, NCPC.

[19] Art. 1.019, inc. III, NCPC.

[20] Art. 1.021, NCPC.

[21] Art. 1.019, inc. I, NCPC.

[22] Art. 995, NCPC.

e de difícil reparação, bem como nos casos de inadmissão da apelação e nos relativos aos efeitos em que a apelação é recebida – pela via do agravo de instrumento. O art. 1.015, NCPC-2015, arrola as hipóteses, sendo claro e tarifado, fechado, estanque, em *numerus clausus*, ou seja, fora daquele rol descaberá agravo de instrumento. Ali estamos diante do "*princípio da recorribilidade temperada das interlocutórias*, no sentido de que a recorribilidade imediata depende de prévia previsão legislativa e a concessão de efeito suspensivo depende da avaliação concreta do magistrado", como diz CÁSSIO SCARPINELLA BUENO.[23]

São hipóteses taxativas, com a extensão constante do parágrafo único (art. 1.015, NCPC), relativamente àquelas decisões interlocutórias proferidas em sede de liquidação de sentença e cumprimento de sentença, no processo de execução e no processo de inventário, contra as quais sempre caberá agravo de instrumento. Há *numerus clausus*, portanto,[24] sendo essa *a primeira e maior das novidades*.[25] E que já vem sofrendo críticas da doutrina.[26]

Ademais, cabe agravo de instrumento, também, naquelas situações expressamente arroladas em leis extravagantes (inc. XIII), como ocorre, v.g., no art. 101, acerca da gratuidade de justiça; no cumprimento de sentença e na liquidação de sentença, no inventário e no processo de execução (art. 1.015, parágrafo único), contra a decisão que extingue parcialmente o processo (art. 354, parágrafo único) ou contra a decisão que julga antecipadamente parcela do mérito (art. 356, § 5º), dentre outras previstas em lei especial, como é o caso do mandado de segurança (arts. 10, § 1º, e 15 da Lei nº 12.016/2009).

Esse sistema de ataque é bastante discutível, uma vez que a questão incidental que não pode ser atacada de imediato leva ao risco de levar ao futuro do processo uma nulidade, a qual tende a contaminar muitos atos praticados em seguida.[27]

E qual seria a motivação pela qual o legislador decidiu arrolar taxativamente as decisões passíveis de serem atacadas por agravo de instrumento? Várias. Parece-nos que não foi apenas para a celeridade do processo, limitando ao máximo a utilização do agravo de instrumento, ou reservando-o apenas para situações de extrema urgência e que possam atingir o direito da parte ou o devido processo, mas, sobretudo, para prestigiar o decisório da origem e tornar útil a marcha do processo considerando sua razoável duração, eliminando-se a possibilidade de interposição de recursos *in itinere*, *viabilizando uma resposta final pronta e célere*[28] e reforçando o princípio da irrecorribilidade em separado das decisões interlocutórias.[29]

---

[23] *In: Manual de Direito Processual Civil*. Vol. Único. São Paulo: Saraiva, 2015, p. 604 e 624.

[24] A lista de decisões agraváveis é 'exemplificativa', segundo ELPÍDIO DONIZETTI, *In: Novo Código de Processo Civil Comentado*. São Paulo: Atlas, 2015, p. 774.

[25] CÂMARA, Alexandre Freitas. Do Agravo de Instrumento no Novo Código de Processo Civil. *In: Desvendando o Novo CPC*. Orgs. Ribeiro e Jobim. Porto Alegre: Livraria do Advogado, 2015.

[26] Segundo Celso Anicet Lisboa, o legislador cataloga as decisões do juiz como se fossem espirros, em duas espécies: os inofensivos e os malignos. *Os primeiros não causam e os segundos causam prejuízos às partes. Assim, devem elas, em relação a estes, procurar de imediato um remédio, pois se assim não fizerem o quadro se consolidará em definitivo* (Artigo: Algumas novidades do sistema Recursal no Novo CPC. *In: O novo Código de Processo Civil*. Coord. Marcia Cristina X. de Souza e Walter dos Santos Rodrigues. Rio de Janeiro: Elsevier, 2013, p. 288).

[27] SICA, Heitor Vitor Mendonça. Artigo: *Recorribilidade das Interlocutórias e Sistema de Preclusões no Novo CPC*. *In: O Novo Código de Processo Civil*. Questões Controvertidas. São Paulo: Atlas, 2015, p. 197.

[28] FUX, Luiz. Artigo: O Novo Processo Civil. *In: O Novo Processo Civil Brasileiro*. Direito em Expectativa. Coord. Luiz Fux. Rio de Janeiro: Gen-Forense, 2010, p. 16.

Talvez, porque o recurso do Agravo de Instrumento, ultimamente, vinha "entravando" o ofício dos Tribunais pelo seu significativo aumento.[30] Na prática, tem-se a impressão de que as partes pretendem discutir a causa de imediato e diretamente no Tribunal, mediante recursos de agravos, alguns quase vazios de argumentos, assim, suprimindo a devida instrução do processo, quiçá, com a pretensão de "captar" algum "norte", algum "sinal" ou "indicação prévia" e meritória oriunda do acórdão ou da *opinio* do *custos legis*, para "sensibilizar" e/ou condicionar o julgador na origem. Por outro lado, não se pode ignorar a *crescente litigiosidade e cultura demandista existente no Brasil, quase paralisando a atividade jurisdicional dos tribunais*, como a razão pela qual o legislador adotou hipóteses *exaustivamente numeradas*.[31]

Segundo MARINONI, ARENHART e MITIDIERO,[32] o legislador procurou a um só tempo prestigiar a estruturação do procedimento comum a partir da oralidade – que exige, na maior medida do possível, irrecorribilidade em separado das decisões interlocutórias – preservar os poderes do juiz e simplificar o desenvolvimento do procedimento comum.

A rigor, com o encerramento das hipóteses de cabimento do agravo, a comissão de juristas que criou o novo código pretendeu reduzir o número de recursos, um dos *três fatores* identificado como uma das *causas mais significativas da longa duração dos processos*.[33]

Evidente, poderá surgir decisão particularizada e danosa e que exija solução imediata não estar prevista na Lei processual civil, o que deverá exigir do tribunal uma interpretação hermenêutica. Nesse caso, poderá haver *interpretação analógica*, porque, como dizem MARINONI, ARENHART E MITIDIERO,[34] *o raciocínio analógico perpassa a interpretação de todo o sistema jurídico, constituindo ao fim e ao cabo um elemento de determinação do direito*. DIDIER JR. e CARNEIRO DA CUNHA[35] sustentam que sa taxatividade do agravo admite *interpretação extensiva*, como é o caso da incompetência relativa, que não está arrolada como decisão agravável, mas certamente será recorrível por agravo.

3. Preclusão de interlocutórias

Não é acertado dizer-se que, à luz do novo sistema do agravo, as interlocutórias não agraváveis ou não agravadas não precluem. Elas precluem, mas é necessário alguma distinção: as decisões agraváveis precluem, ou seja, aquelas decisões que estão arroladas no NCPC como sujeitas ao agravo precluem se não forem impugnadas no

---

[29] AMARAL, Guilherme Rizzo. *Comentários às Alterações do Novo CPC*. São Paulo: Thomson Reuters-RT, 2015, p. 1.028.

[30] Em junho de 2015, apenas na 8ª Câmara Cível do TJRS, tivemos mais de 480 agravos de instrumento, com mais de 120 recursos para cada um dos quatro desembargadores.

[31] Nery Jr. e Andrade Nery. Nélson e Rosa Maria. *In*: *Comentários ao Novo* CPC. Thomson Reuters-RT, 2015, p. 2.078.

[32] *In: Novo CPC Comentado*. São Paulo: Thomson Reuters-RT, 2015, p. 946.

[33] FUX, Luiz. O Novo Processo Civil. *In: O Novo Processo Civil Brasileiro. Direito em Expectativa*. Coord. Luiz Fux. Rio de Janeiro: Gen-Forensse, 2011, p. 4.

[34] Nesse sentido: Marinoni, Arenhart e Mitidiero, *op. cit.* p. 946.

[35] *Repro*-242/279.

prazo legal (quinze dias úteis). As decisões que não estão arroladas na Lei não precluem, desde que não forem atacadas no momento adequado.

Em outras palavras: a decisão que não estiver expressamente arrolada no NCPC como agravável "poderá" – não havendo obrigatoriedade ou exigência quanto a isso – receber "impugnação" da parte inconformada ou prejudicada, como se fosse um pedido de reconsideração. O litigante pode também apenas silenciar, pois não haverá preclusão, no caso. Isso à analogia do que foi possibilitado à impugnação à concessão de gratuidade (art. 100, NCPC). Há quem exija *prévia apresentação de protesto específico, sob pena de preclusão*,[36] mas esse protesto, s.m.j., não é condição exigida em lei e com ele chegaríamos ao mesmo agravo retido que foi abolido pelo NCPC-2015.

No mesmo sentido a lição de DIDIER JR.[37] Na fase de conhecimento, as decisões agraváveis são sujeitas à preclusão, caso não se interponha recurso. Aquelas não agraváveis, por sua vez, não se sujeitam à imediata preclusão. Não é, todavia, correto dizer que elas não precluem. Elas são impugnadas na apelação, sob pena de preclusão. Em outras palavras: não suscitadas ou não atacadas as decisões agraváveis no momento oportuno – apelação e contrarrazões de apelação – elas precluem e não podem ser validamente invocadas ou discutidas sequer em sede de embargos de declaração ou de recurso especial.[38]

Mas esse sistema de preclusão deve ser bem compreendido, porque existem matérias de ordem pública – legitimidade de partes, interesse de agir, p. ex. – que podem e devem ser conhecidas de ofício "em qualquer tempo e grau de jurisdição, enquanto não ocorrer o trânsito em julgado" (art. 485, § 3º, NCPC) e que não estão sujeitas à preclusão.[39] São questões que podem ser suscitadas de ofício ou mesmo oralmente pelo advogado ou pelo membro do Ministério Público na sessão de julgamento.

Se a decisão não agravável estiver contida num capítulo da sentença, com maior razão não haverá preclusão, pois a decisão poderá ser atacada em sede de apelação ou de contrarrazões, na forma do art. 1.009, § 3º, NCPC. Enfim, as decisões não agraváveis, ou seja, aquelas que não estão no rol do NCPC precluem, numa espécie ou *regime de preclusão diferida*,[40] se não forem suscitadas em sede de apelação ou de contrarrazões ou não forem questões de ordem pública, nos termos do art. 1.009, § 1º, NCPC.

Quando não couber agravo de instrumento e a decisão der causa a imediato gravame, futuro prejuízo ou mesmo dano irreparável é possível discutir-se a impe-

---

[36] GARCIA, Gustavo Filipe Barbosa. *Novo Código de Processo Civil. Principais Modificações*. Rio de Janeiro: Gen-Forense, 2015, p, 269.

[37] *In*: Agravo de instrumento contra decisão que versa sobre competência e a decisão que nega eficácia a negócio jurídico processual na fase de conhecimento. *RePro*-242, p.274.

[38] BARIONI, Rodrigo. Preclusão diferida, o fim do agravo retido e a ampliação do objeto da apelação no NCPC. *RePro*-243, p. 277.

[39] No mesmo sentido: Alexandre Freitas Câmara. *Op. cit.* p. 10.

[40] BARIONI, Rodrigo. *Op. loc. cit.* p. 269.

tração do *mandado de segurança*[41] ou mesmo *correição parcial*.[42] Porém, para não generalizar ou banalizar a utilização da ação mandamental como sucedâneo recursal caberá adotar-se uma *interpretação ampliativa das hipóteses do ar. 1.015, sempre conservando, contudo, a razão de ser de cada uma de suas hipóteses para não generalizá-las indevidamente*, como sugere CASSIO SCARPINELLLA BUENO.[43]

Em contrapartida, se a decisão estiver contida no rol do art. 1.015, NCPC, e não for impugnada por agravo de instrumento, no prazo legal, aí sim, haverá preclusão, ou seja, aquela decisão não poderá ser questionada em sede de apelação ou mesmo em contrarrazões de apelação.

A preclusão das decisões agraváveis dirige-se ao juiz, ou seja, o juiz não pode rever de ofício as decisões interlocutórias agraváveis que proferiu no curso do procedimento, exceto se a parte interpor o recurso de agravo. Mesmo naquelas decisões das quais não cabe o agravo, o juiz não está livre para se retratar quando bem entender, uma vez que *o sistema continua a privilegiar a ideia de que a retratação é excepcional, reservada para situações excepcionais e taxativamente previstos.*[44]

4. Casuística

Como mencionamos anteriormente, no NCPC-2015, ao contrário do sistema do CPC/73, as decisões que deverão ser discutidas de imediato por agravo de instrumento foram expressamente arroladas nos incisos *I a XI*, do art. 1.015, em face da *tarifação dos casos em que é cabível o recurso (...).*[45]

O NCPC-2015 adota sistema dúplice necessário no ataque às interlocutórias: 1º) quanto ao regime do recurso cabível e 2º) quanto à matéria decidida. No tocante ao regime do recurso cabível todas as decisões interlocutórias estão sujeitas à impugnação, mas nem todas estarão submetidas ao agravo de instrumento;[46] quanto à matéria decidida ou à apreciada pela decisão, aquelas arroladas nas hipóteses legais devem ser impugnadas desde logo e outras não. Em outras palavras: algumas decisões interlocutórias só poderão ser apreciadas e decididas em sede de apelação ou de contrarrazões, havendo *postergação da impugnação das questões decididas no curso do processo*.[47] No entanto, quando o agravo estiver expressamente previsto em Lei ordinária ou extraordinária, como o recurso destinado a atacar a decisão, ele deverá ser interposto imediatamente.

---

[41] Gilberto Gomes Bruschi, *Breves Comentários*, RT, p. 2251. No mesmo sentido: Teresa Wambier, Maria Lúcia Conceição, Leonardo Ribeiro e Rogério Mello, *Primeiros comentários*, p. 1.453; José Miguel Garcia Medina, *Novo Código de Processo Civil Comentado*, p. 1.399; Elpídio Donizetti, *Novo CPC Comentado*. Atlas, p. 775. Rodrigo Barioni refere-se à decisão sobre suspensão do processo como passível de ser atacada por mandado de segurança (REpro-243/273).

[42] Nery Jr e Nery, Nelson e Rosa Maria de Andrade. *Comentários ao Código de Processo Civil. Novo CPC – Lei 13.105/2015*, São Paulo: Thomson Reuters-Revista dos Tribunais, 2015, p. 2.078.

[43] *In: Novo Código de Processo Civil Anotado*. São Paulo: Saraiva, 2015, p. 653.

[44] SICA, Heitor Vitor Mendonça. *Op. cit.* p.215.

[45] BUENO, Cassio Scarpinella. *In: Manual de Direito Processual Civil*. Vol. Único. São Paulo: Saraiva, 2015, p. 622.

[46] MEDINA, José Miguel Garcia. *In; Novo Código de Processo Civil Comentado*. São Paulo: Thomson Reuters – RT, 2015, p. 1.398.

[47] Marinoni, Arenhart e Mitidiero. *O Novo Processo Civil*. São Paulo: Thomson Reuters-RT, 2015, p. 525.

Não podendo ser interposto o agravo de instrumento, porque não prevista em lei a hipótese do caso concreto, a solução é verificar se há possibilidade de, numa interpretação hermenêutica, por analogia ou interpretação extensiva, enquadrar a decisão num daqueles incisos, sob pena de consolidar-se prejuízo que só poderá ser desfeito após o longo tramitar do processo. Caso contrário, a parte poderá só trazer a decisão não prevista na lei para ser discutida em sede de apelação ou de contrarrazões, sendo que, não o fazendo nas razões recursais, excetuadas as matérias de ordem pública, não poderá trazer a questão sequer em eventual sustentação oral no plenário.[48] Como se disse anteriormente, o mandado de segurança e a correição parcial não podem ser descartados como tentativa de acerto da decisão.

Enfim, estamos no plano do cabimento, no qual avalia-se a aptidão do ato para sofrer impugnação e o recurso adequado, onde seu exame se realizará através de dois ângulos distintos, mas complementares: a recorribilidade do ato e a propriedade do recurso eventualmente interposto, como ensina ARAKEN DE ASSIS.[49] Cabimento esse que se torna "limitado" pela previsão expressa do NCPC. Dessa forma, se a decisão atacada não estiver prevista em algum dos incisos do art. 1.015, NCPC, o recurso de agravo não será conhecido pelo tribunal por falta de atendimento a requisito de admissibilidade recursal.

Passamos a analisar as hipóteses legais do agravo de instrumento.

a) TUTELAS PROVISÓRIAS (INC. I)[50]

A tutela provisória (de urgência ou de evidência) pode ser requerida ao juiz da causa, ao juiz competente para conhecer o pedido principal e ao relator, nos recursos e nas ações de competência originária de tribunal (art. 299 e parágrafo único, NCPC). Cabe recurso tanto para o deferimento quanto na concessão, revogação ou modificação da tutela sumária ou ao indeferimento.[51] Cabe também em face daquelas que dizem respeito à sua *efetivação*, como a que exige caução indevida ou "determina meios de apoio à execução específica", segundo doutrina HEITOR VITOR MENDONÇA SICA.[52]

O que é tutela provisória? No NCPC-2015 não mais existe "ação cautelar", "processo cautelar" ou "procedimento cautelar", mas a distinção elaborada pela doutrina entre satisfatividade e cautelaridade continua sendo integralmente aplicável ao direito vigente.[53] Agora tratamos de tutelas de urgência e da evidência. A tutela provisória é uma técnica antecipatória, que pode viabilizar uma decisão provisória capaz de satisfazer ou acautelar o direito.[54]

As decisões sobre tutelas provisórias dizem respeito àquelas proferidas com base em cognição incompleta, cognição sumária, quando nelas se afere o *periculum*

---

[48] No sentido: Rodrigo Baroni, *In: op. cit.* RePro-243, p. 274.

[49] *In: Manual dos Recursos.* 3ª ed. São Paulo: Revista dos Tribunais, 2011, p. 140.

[50] Ver obra de Jaqueline Mielke da Silva, *A Tutela Provisória no Novo Código de Processo Civil.* Porto Alegre: Verbo Jurídico, 2015.

[51] Marinoni, Arenhart e Mitidiero. *O Novo Processo Civil. Op. cit.* p. 526 e Heitor Vitor Mendonça Sica, *op. cit.* p. 198.

[52] *Op. cit.* p. 198.

[53] Marinoni, Arenhart e Mitidiero, *op. cit.* p. 306.

[54] Idem.

in mora e o *fumus boni iuris*. Em outras palavras: a técnica de antecipação dá lugar a um provimento provisório que é a tutela provisória, e que pode, desde logo, viabilizar a realização e a fruição do direito pela parte (tutela satisfativa) ou pode apenas assegurar que essa fruição tenha condições de eventual e futuramente ocorrer (tutela cautelar).[55] A tutela provisória de que tratamos se basta com a mera cognição sumária,[56] não sendo apta a resolver definitivamente sobre o interesse sobre o qual incide,[57] uma vez que a qualquer momento poderá ser modificada ou vir a ser objeto de um provimento definitivo em um procedimento de cognição exaustiva.

Contudo, observe-se que, como consta da Exposição de Motivos do NCPC: *não tendo havido resistência à liminar concedida, o juiz, depois da efetivação da medida, extinguirá o processo, conservando-se a eficácia da medida concedida, sem que a situação fique protegida pela coisa julgada* (Comissão de Juristas).

No plano da tutela provisória há outra novidade: no agravo de instrumento que versa sobre tutela provisória de urgência ou de evidência é possível sustentação oral, por 15 minutos (art. 937, inc. VIII, do NCPC), o que anteriormente inexistia em sede de agravo. Igualmente, é cabível a sustentação oral em sede de agravo interno nos processos de competência originária, nas ações rescisórias, no mandado de segurança e na reclamação diante da decisão do relator que as extinga (arts. 937, § 3º, NCPC). O regimento interno do tribunal poderá prever outra possibilidade, previsão de discutível constitucionalidade.

Se a decisão posterga a análise do pedido de tutela para depois da contestação, também desafia o agravo de instrumento,[58] *porque aí há no mínimo um juízo negativo a respeito da urgência na obtenção do provimento.*[59]

A tutela de evidência será concedida independentemente da demonstração de perigo de dano ou de risco ao resultado útil do processo, quando ficar caracterizado o abuso do direito de defesa ou o manifesto propósito protelatório da parte; quando as alegações de fato puderem ser comprovadas apenas documentalmente e houver tese firmada em julgamento de casos repetitivos ou em súmula vinculante. Ou seja, nas hipóteses do art. 311, NCPC.

Quando a discussão sobre tutela ocorrer em capítulo da sentença descabe o agravo: apenas na apelação se poderá discuti-la, na forma do art. art. 1.013, § 5º, NCPC.

Em outras palavras: *a tutela de urgência* assegura o resultado útil do processo, exigindo prova da probabilidade do direito e o perigo de dano ou o risco ao resultado útil do processo; *a tutela de evidência* pune a parte, quando abusa do direito de defesa independentemente da demonstração de perigo de dano ou de risco ao resultado útil do processo, quando ficar caracterizado o abuso do direito de defesa ou o manifesto propósito protelatório da parte e quando as alegações de fato puderem ser compro-

---

[55] Marinoni, Arenhart e Mitidiero, *op. cit.* p. 306.
[56] DIDIER JR., Fredie. *Curso de Direito Processual Civil.* v. 2. 10ª ed. Salvador: Podivm, 2015, p. 561.
[57] GRECO, Leonardo. A Tutela da Urgência e a Tutela da Evidência no Código de Processo Civil de 2015. *In: Desvendando o novo CPC*. Orgs. Darci Ribeiro e Marco Jobim. Porto Alegre: Livraria do Advogado, 2015, p. 113.
[58] Do Agravo de Instrumento no Novo CPC. *In: Desvendando o Novo CPC*. Darci G. Ribeiro e Marco Félix Jobim. Orgs. Porto Alegre: Livraria do Advogado, 2015, p. 10.
[59] Marinoni, Arenhart e Mitidiero, *op. cit.* p. 946.

vadas apenas documentalmente. Ainda, subsiste uma tutela de urgência de natureza cautelar, que *pode ser efetivada mediante arresto, sequestro, arrolamento de bens, registro de protesto contra alienação de bens e qualquer outra medida idônea para asseguração do direito* (art. 301, NCPC).

E qual a duração da tutela provisória? É o art. 296, NCPC a responder: a tutela provisória conserva sua eficácia na pendência do processo, mas pode, a qualquer tempo, ser revogada ou modificada. Salvo decisão judicial em contrário, a tutela provisória conservará a eficácia durante o período de suspensão do processo (par. único).

Pode ocorrer caso de uma decisão ser enquadrada em mais de uma hipótese de recorribilidade. Veja-se que, a decisão que antecipa os efeitos da tutela pode realizar o direito afirmado pelo autor e aí sendo decisão de mérito desafiará agravo de instrumento pelos incisos I e II.

b) MÉRITO DO PROCESSO (INC. II).

Quando nos referimos ao *mérito* do processo ou *mérito* da causa, considerado *tema dos mais árduos dentro da ciência processual*,[60] no mais das vezes, relacionamos o vocábulo à sentença ou a algum ato de acertamento entre as partes ou encerramento do processo e não à decisão interlocutória. Isso não apenas porque assim o diziam os praxistas portugueses, mas porque, quanto à sentença como ato do juiz, disse CÂNDIDO RANGEL DINAMARCO,[61] *julgar o mérito é decidir a pretensão trazida pelo autor em busca de tutela jurisdicional – pela procedência ou improcedência*.

Todavia, é preciso observar-se que nem toda sentença de mérito põe fim ao processo.[62] Daí o legislador ter previsto o agravo de instrumento para discutir algumas sentenças como se fossem decisões interlocutórias ou decisões interlocutórias quando versarem sobre o mérito do processo.

Veja-se que, o próprio NCPC prevê que a sentença que diga respeito a apenas parcela do mérito do processo deva ser impugnada por agravo de instrumento (art. 354, par. único, NCPC), sendo que o art. 356 e incs. possibilita decisão parcial de mérito e o art. 503, NCPC, prevê decisão que julga total ou parcialmente o mérito. É para essas decisões que se destina o agravo de instrumento fundado no inc. II do art. 1.015.

No inc. II, art. 1.015, NCPC, parece-nos que o legislador pretendeu encerrar a antiga discussão existente em saber qual o recurso cabível em face de decisão que abrange o mérito e que é proferida no curso do processo, mas que não extingue a fase de conhecimento.

Observe-se que o NCPC trouxe duas hipóteses ou critérios para identificarmos as sentenças: 1) o seu conteúdo (art. 490) e 2) a função de por fim à fase de cognição do procedimento comum e a execução (art. 203, § 1º). Quanto ao conteúdo: *O juiz resolverá o mérito acolhendo ou rejeitando, no todo ou em parte, os pedidos formu-*

---

[60] RIBEIRO, Darci Guimarães. Objeto do Processo e Objeto do Debate: dicotomia essencial para uma adequada compreensão do novo CPC. *In: Desvendando o Novo CPC*. Porto Alegre: Livraria do Advogado, 2015, p. 17.
[61] *In: Instituições de Direito Processual Civil*. 6ª ed. Vol. 1, São Paulo: Malheiros, 2009, p. 306.
[62] THEODORO JR., Humberto. *In: Curso de Direito Processual Civil*. Vol. 1. 56ª ed. Rio de Janeiro: Gen-Forense, 2015, p. 1.027.

lados pelas partes (art. 490, NCPC); quanto ao fim da fase de cognição: *Ressalvadas as disposições expressas dos procedimentos especiais, sentença é o pronunciamento por meio do qual o juiz, com fundamento nos arts. 485 e 487, põe fim à fase cognitiva do procedimento comum, bem como extingue a execução* (art. 203, § 1º, NCPC).

A sentença total ou sentença final deve ser identificada por *critério misto*, ou seja, *o ato judicial somente será sentença se contiver uma das matérias do CPC 485 ou 487 e também destinar-se a extinguir o processo, ou uma de suas fases.*[63] Nos decisórios onde estiver presente esse critério "misto" haverá sentença final de mérito no processo e descaberá o agravo de instrumento pelo inciso II do art. 1.015, NCPC.

O art. 356 trata da decisão parcial de mérito e o art. 356, § 5º, do NCPC, é expresso a respeito: *O juiz decidirá parcialmente o mérito quando um ou mais dos pedidos formulados ou parcela deles: I – mostrar-se incontroverso; II – estiver em condições de imediato julgamento, nos termos do art. 355. § 1º A decisão que julgar parcialmente o mérito poderá reconhecer a existência de obrigação líquida ou ilíquida. § 2º A parte poderá liquidar ou executar, desde logo, a obrigação reconhecida na decisão que julgar parcialmente o mérito, independentemente de caução, ainda que haja recurso contra essa interposto. § 3º Na hipótese do § 2º, se houver trânsito em julgado da decisão, a execução será definitiva. § 4º A liquidação e o cumprimento da decisão que julgar parcialmente o mérito poderão ser processados em autos suplementares, a requerimento da parte ou a critério do juiz. § 5º A decisão proferida com base neste artigo é impugnável por agravo de instrumento.*

As hipóteses do art. 485, NCPC, por sua vez, são de sentenças definitivas que não resolvem o mérito da causa, passíveis de apelação e não de agravo de instrumento. Veja-se que o próprio NCPC prevê a apelação como recurso cabível nesses casos (arts. 485, § 7º, c/c 1.009).

Todavia, cabe a advertência: *caso o juiz pronuncie alguma das matérias constantes do rol do CPC 485 sem encerrar a fase cognitiva do procedimento comum ou o processo de execução, o ato não será sentença, mas decisão interlocutória, da qual pode caber, conforme o caso, o recurso de agravo ou alegação em preliminar do recurso de apelação ou das contrarrazões.*[64]

Segundo o art. 487, NCPC: *Haverá resolução de mérito quando o juiz: I – acolher ou rejeitar o pedido formulado na ação ou na reconvenção; II – decidir, de ofício ou a requerimento, sobre a ocorrência de decadência ou prescrição; III – homologar: a) o reconhecimento da procedência do pedido formulado na ação ou na reconvenção; b) a transação; c) a renúncia à pretensão formulada na ação ou na reconvenção. Parágrafo único. Ressalvada a hipótese do § 1º do art. 332, a prescrição e a decadência não serão reconhecidas sem que antes seja dada às partes oportunidade de manifestar-se.*

A decisão fundada no art. 487 do NCPC poderá ser atacada na via do agravo de instrumento, sempre dependendo de extinguir ou não o processo. Se o juiz pronuncia a *decadência* quanto a um dos pedidos (art. 487, II), p. ex., mas determina o prosseguimento do feito, para a parte ou para litisconsorte, estamos diante de uma decisão que diz respeito ao mérito do processo, mas que poderá ser atacada na via do agravo

---
[63] Nery Jr. e Andrade Nery. *Op. cit.* p. 1.142.
[64] Idem, p. 1.110.

de instrumento, forte no inciso II do art. 1.015; se o juiz indefere a reconvenção há sentença de mérito (art. 487, I), mas como o processo prosseguirá é cabível o agravo de instrumento; se o juiz homologa a transação (art. 487, III, *b*) quanto a um dos litisconsortes há resolução de mérito, mas cabível o agravo de instrumento.

E quais são as decisões que dizem parcial respeito ao mérito do processo e que devem ser atacadas por agravo de instrumento? São exemplos: a) Se o juiz se nega a homologar um pedido de desistência da ação é cabível agravo de instrumento, porque a homologação da desistência possibilitará a extinção do processo sem resolução do mérito. Como essa decisão diz respeito ao mérito é cabível o agravo de instrumento;[65] b) o juiz pronuncia a prescrição relativamente a um dos litisconsortes passivos, prosseguindo o processo contra os demais; c) uma decisão que antecipa os efeitos da tutela pode realizar o direito afirmado pelo autor, sendo decisão interlocutória de mérito desafia agravo de instrumento; d) decisão proferida na primeira fase da ação de exigir contas (art. 550, § 5º, NCPC), dentre outras.

Enfim, o agravo de instrumento presta-se ao ataque das decisões interlocutórias de mérito, que são aquelas decisões proferidas no curso do processo e que decidem em caráter definitivo parte do mérito.

Há quem sustente que essa modalidade de agravo seja destinada às sentenças parciais de mérito, ou seja, àqueles pronunciamentos que *não decidem todas as demandas presentes no processo, não havendo o encerramento da fase cognitiva exigindo outra sentença que ainda deverá existir*.[66] Há corrente contrária, sob a alegação da falta de precisão das decisões interlocutórias no CPC e pela possibilidade de *quebra do ordenamento ao permitir "sentenças agraváveis" ou a utilização "de lege ferenda" da apelação por instrumento*.[67]

Pode surgir discussão acerca da decisão que rejeita impugnação ao valor dado à causa, que não está arrolada como passível de agravo. Dita decisão não diz respeito ao mérito e deverá ser trazida em sede de apelação ou contrarrazões, pois pode haver interesse recursal até do advogado que teve seus honorários fixados com base naquele valor impugnado e rejeitado.[68]

Em regra, o agravo da decisão parcial de mérito deve ser recebido sem efeito suspensivo (arts. 995 e 1.019, I, NCPC), ou seja, admite-se a execução imediata da decisão recorrida. Ocorre que o recurso de apelação em face da decisão de mérito deve ser recebido com efeito suspensivo (art. 1.012, *caput*, NCPC). Dessa forma, como se permite a execução da decisão de mérito num caso e no outro não? Daí por que JOSÉ MIGUEL GARCIA MEDINA[69] sustenta que a apelação não deve ser recebida no efeito suspensivo, contrariando o art. 1.012, *caput*, NCPC, mas adotando-se a regra geral do art. 995, *caput*, NCPC.

---

[65] Cunha e Didier Jr. *Repro-242/281*.
[66] SOUZA JR., Sidney Pereira de. *Sentenças Parciais no Processo Civil*. Consequências no âmbito recursal. Rio de Janeiro: Gen-Método, 2010, p. 55.
[67] SÁ, Renato Montans de. *Manual de Direito Processual Civil*. São Paulo: Saraiva, 2015, p. 995.
[68] O exemplo é de Rodrigo Barioni, *In: RePro-243*, p. 276.
[69] *Op. cit.* p. 1.350.

c) REJEIÇÃO DA ALEGAÇÃO DE CONVENÇÃO DE ARBITRAGEM (INC. III)

A arbitragem influenciou o novo CPC com a valorização da autonomia da vontade das partes. Trata-se de uma *técnica*, uma heterocomposição ou meio de resolução de conflitos, cuja existência impede o exame da matéria de mérito pelo Judiciário. No Brasil a arbitragem é regulada pela Lei nº 9.307/1996, com as modificações da Lei nº 13.129, de 26-5-2015, ocorrendo quando as partes escolhem um terceiro – árbitro – responsável por indicar a solução do litígio, desde que patrimonial e disponível. Nesse caso, as partes podem ter acertado um foro de eleição – por cláusula compromissória ou compromisso arbitral – a fim de submeterem eventual discussão ou a solução dos seus litígios, ou seja, submissão da questão a um *árbitro*, o qual deverá examinar a disputa e apresentar a solução da controvérsia. O árbitro decidirá.

A convenção de arbitragem não pode ser conhecida de ofício (art. 337, § 5º, NCPC) devendo ser alegada pelo réu em preliminar de contestação (art. 337, inc. X, NCPC), sob pena de não poder mais ser discutida. Preclusão, portanto. Se for alegada pelo réu e o juiz a afastar isso oportuniza o agravo de instrumento.

Quando o juiz acolhe dita alegação deverá extinguir o processo sem resolver o mérito (art. 485, VII, NCPC) e aí cabe apelação e não agravo de instrumento.

Se o réu silenciar a respeito da existência de cláusula ou convenção de arbitragem seu silêncio será considerado como uma aceitação do juízo, uma renúncia ao juízo arbitral (art. 337, § 6º, NCPC), uma espécie de *prorrogatio fori*. Estamos diante de um *negócio processual*, logo, a decisão que rejeita a arbitragem está negando eficácia a um negócio jurídico processual. Ao contrário senso, a decisão que a acolhe estará decidindo o mérito do negócio jurídico e aí caberá apelação. Aliás, essa hipótese de agravo sendo vista como se fosse um negócio processual fará com que outras questões, por analogia[70] ou interpretação extensiva, sejam abarcadas e decididas por meio do agravo de instrumento.

Veja-se, por exemplo, que da discussão sobre arbitragem surge decisão que, a rigor, versa sobre a competência do juízo – comum e arbitral –, uma vez que ao afastar a alegação da prévia existência da convenção de arbitragem estará o juiz decidindo que é o competente para julgar aquela causa. Há quem sustente que essa hipótese ampara a possibilidade de interpor agravo de instrumento contra decisões que dizem respeito à competência relativa ou absoluta, por interpretação extensiva, uma vez que *"a arbitragem é uma discussão acerca de competência"*.[71]

d) INCIDENTE DE DESCONSIDERAÇÃO DA PERSONALIDADE JURÍDICA (INC. IV)

O incidente de desconsideração é nova modalidade de intervenção de terceiros. No Capítulo IV do Título III, relativo à intervenção de terceiros, foi criado o Capítulo IV, "Do incidente de desconsideração da personalidade jurídica", o qual atende manifestações doutrinárias e jurisprudenciais. Sua origem é do direito anglo-saxão, precedentes da Inglaterra e dos Estados Unidos.

---

[70] Marinoni, Arenhart e Mitidiero. *op. cit.*, p. 525.
[71] Cunha e Didier JR. *In: Repro-* 242, p. 280.

Os arts. 133 a 137 do NCPC regulamentam o disposto no art. 50 do CC,[72] que acolheu expressamente a possibilidade de desconsideração da personalidade jurídica, tal como previa o art. 28, *caput*, da Lei nº 8.078/90 (Código de Defesa do Consumidor), o art. 4º da Lei nº 9.605/98 (Crimes ambientais), o art. 135 do Código Tributário Nacional e o art.18 da Lei Antitruste (Lei nº 8.884/94).

Não se a confunda com a *despersonalização* da pessoa jurídica, que é a extinção pura e simples da pessoa jurídica. Naquela, a pessoa jurídica subsiste; na despersonalização, não.

A previsão expressa da possibilidade de interposição de agravo de instrumento no incidente de desconsideração, a rigor, é desnecessária, uma vez que o art. 136 do NCPC dispõe que *o incidente de desconsideração da personalidade jurídica será resolvido por decisão interlocutória,* ou seja, cabe agravo de instrumento da decisão que põe fim ao incidente, após a devida instrução, assim como cabe agravo da decisão que indefere o pedido de sua instauração.

Por outro lado, o inciso IX, do art. 1.015, NCPC, mesma forma, possibilita o agravo de instrumento da decisão que admite ou inadmite a intervenção de terceiros, no que a lei processual civil arrola a desconsideração da personalidade jurídica. À luz da norma legal, dois conceitos ressaltam da matéria: desconsideração da personalidade jurídica e desconsideração inversa da personalidade jurídica (§ 2º, art. 133, NCPC). Pelo primeiro se possibilita alcançar o patrimônio do sócio pelas dívidas da sociedade; pelo segundo, alcança-se os bens da sociedade pela dívida do sócio.

A conhecida e antiga teoria da desconsideração da personalidade jurídica ou *teoria da penetração* (*disregard of the legal entity* ou *disregard doctrine*) tem origem na jurisprudência e visa coibir abusos da pessoa jurídica, alcançando pessoas e bens que se escondem na pessoa jurídica atuando com fins ilícitos ou abusivos, para além dos limites do capital social.

Como diz GILBERTO GOMES BRUSCHI:[73] é o instrumento hábil que possibilita ao credor o direito de livrar-se da fraude e do abuso praticado por aquele que gere a pessoa jurídica, mantendo-a, entretanto, íntegra, o que também ocorre com sua autonomia patrimonial. A personalidade jurídica, apesar de desconsiderada, permanecerá intacta, pois será esquecida apenas no caso em que utilizar a teoria.[74] O "objetivo maior" do instituto é "responsabilizar o sócio por dívida formalmente imputada à sociedade",[75] prestando-se "como forma de levantar o véu da pessoa jurídica (*lifting*

---

[72] Art. 50, CC. Em caso de abuso da personalidade jurídica, caracterizado pelo desvio de finalidade, ou pela confusão patrimonial, pode o juiz decidir, a requerimento da parte ou do Ministério Público quando lhe couber intervir no processo, que os efeitos de certas e determinadas relações de obrigações sejam estendidos aos bens particulares dos administradores ou sócios da pessoa jurídica.

[73] *In: Aspectos Processuais da Desconsideração da Personalidade Jurídica.* São Paulo: Juarez de Oliveira, 2004, pp. 29/30.

[74] Segundo Flávio Tartuce, não mais se recomenda utilizar a expressão 'teoria', uma vez que a desconsideração da personalidade jurídica agora foi adotada pelo legislador (*In: O Novo CPC e o Direito Civil.* Rio de Janeiro: Gen - Método, 2015, p. 67.

[75] DIREITO, Carlos Alberto Menezes. A desconsideração da personalidade jurídica. *In: Aspectos Controvertidos do Novo Código Civil.* RT, 2003, p. 89,

the corporate veil) para atingir o patrimônio de seus sócios nas hipóteses de confusão patrimonial, abuso da pessoa jurídica ou fraude".[76]

A ***desconsideração inversa*** ou ***desconsideração invertida*** da pessoa jurídica, por sua vez, exsurge no caso de confusão patrimonial, quando se responsabiliza a empresa por dívidas dos sócios; é *técnica de suspensão episódica da eficácia do ato constitutivo da pessoa jurídica, de modo a buscar bens no patrimônio da pessoa jurídica, por dívidas contraídas pelo sócio.*[77] Nela ocorre raciocínio contrário à desconsideração "direta", pois se responsabiliza o sócio por dívida da sociedade, sendo que na desconsideração inversa responsabiliza-se a sociedade por dívida do sócio, desde que caracterizada a manifestação fraudulenta.

Em princípio, o julgador não pode deferir de ofício medida de desconsideração da personalidade jurídica, pois a lei outorga a possibilidade do pedido apenas à parte e ao Ministério Público. Neste caso, também é possível a interposição de agravo de instrumento.

Em se tratando de matéria de ordem pública, como no Direito do Consumidor ou Direito Ambiental faz-se possível a arguição de ofício.[78] No polo passivo, tratados como partes e não como terceiros podem estar não apenas os sócios, mas também os administradores. O sócio pode defender-se não apenas pelo agravo de instrumento, mas mediante embargos de terceiro (art. 674, § 2°, inc. III, NCPC), desde que não tenha sido chamado na via do referido incidente. Anote-se que se a desconsideração for pedida na inicial e o juiz a deferir descabe o recurso de agravo, pois a lei pressupõe claramente o pronunciamento judicial em incidente já instaurado.

e) REJEIÇÃO DO PEDIDO DE GRATUIDADE DA JUSTIÇA OU ACOLHIMENTO DO PEDIDO DE SUA REVOGAÇÃO (INC. V)

O NCPC finda a polêmica acerca do recurso cabível por ocasião da gratuidade de justiça. Foi expressamente revogado o art. 17 da Lei n° 1.060/50,[79] o qual dispunha caber "apelação" em casos de gratuidade, o que gerava perplexidade e discussão em muitos casos.

Além disso, a Lei trouxe importantes inovações, como a possibilidade de a parte requerente, nos casos de indeferimento da gratuidade, por ocasião do recurso, ser intimada por ordem do Relator ou pelo órgão colegiado para realizar o recolhimento do preparo em cinco dias (arts. 99, § 7°, c/c 101, § 2°, NCPC).

Agora, cabe agravo de instrumento em face da *rejeição do pedido de gratuidade da justiça ou acolhimento do pedido de sua revogação* (art. 1.015, inc. V, NCPC). A rigor, essa previsão no Título dos Recursos (Parte Especial do NCPC) era desnecessária, uma vez que o art. 101, *caput*, NCPC, na Seção relativa à Gratuidade da Justiça (Parte Geral do NCPC) prevê expressamente que: *Contra a decisão que indeferir a gratuidade ou a que acolher o pedido de sua revogação caberá agravo*

---

[76] TEPEDINO, Gustavo. Notas Sobre a Desconsideração da personalidade jurídica. In: *Diálogos sobre Direito Civil*, vol. II, Rio de Janeiro: Renovar, 2008, p. 7.
[77] DIDIER JR. Fredie. *Curso de Direito Processual Civil*. Vol. 1., 17ª ed., Salvador: Juspodivm, 2015, p. 518.
[78] TARTUCE, Flávio. *Op cit.* p. 77.
[79] Art. 1.072, inc. III, NCPC.

de instrumento, exceto quando a questão for resolvida na sentença, contra a qual caberá apelação.

Entretanto, a apelação não foi abolida para casos de gratuidade, pois ficou reservada para duas oportunidades: 1) quando a sentença final dispuser sobre a gratuidade em capítulo da sentença (art. 101, parte final, NCPC) e/ou 2) quando o juiz não acolher o pedido de revogação da gratuidade no curso do processo, ocasião em que, não cabendo o agravo de instrumento, a questão poderá ser trazida em sede de apelação ou de contrarrazões de apelação (art. 1.009, § 1º, NCPC).

Dessa forma, caso tenha sido deferida a gratuidade e uma das partes tenha dela se utilizado no curso do processo, por ocasião da apelação e até em sede de contrarrazões de apelação, a matéria poderá ser ventilada pelo interessado e até modificada pela Corte sem que haja qualquer preclusão.

É preciso observar-se que, deferido o benefício da gratuidade no curso do processo, a Lei concede à parte o prazo de 15 (quinze) dias úteis para impugnar a concessão, como consta no art. 100, do NCPC. A impugnação presta-se não apenas para tentar reverter o decidido, mas para dar a conhecer ao juiz as razões que eventualmente serão levadas ao Tribunal, se assim entender. Evidente, isso não significa que haja preclusão a respeito do tema, pois mesmo sem essa impugnação a matéria poderá ser ventilada em sede recursal como vimos.

O agravo de instrumento não tem efeito suspensivo, de regra, mas quando diz respeito ao indeferimento da gratuidade ou quando a revoga possui um efeito suspensivo automático, imediato, um efeito suspensivo *sui generis*, como dizem MARINONI, ARENHART e MITIDIERO,[80] um *efeito suspensivo provisório*, como diz RAFAEL ALEXANDRIA DE OLIVEIRA.[81] A parte não recolherá custas enquanto isso não for decidido em definitivo pela Corte. É assim que orienta o art. 101, § 1º, do NCPC. Esse dispositivo (art. 101, § 1º, NCPC) parece levar ao entendimento de que o relator, e apenas ele, decidirá sobre a questão da gratuidade antes ou preliminarmente ao julgamento do recurso. Não é assim. O § 2º do art. 101, NCPC, prevê a possibilidade de "o colegiado" confirmar a denegação ou a revogação da gratuidade, quando, aí sim, será determinado ao recorrente o recolhimento das custas processuais no prazo de 5 (cinco) dias, sob pena de não ser conhecido o recurso. Ademais, o art. 1.021, NCPC, por sua vez, viabiliza a possibilidade de agravo interno a respeito do que foi decidido monocraticamente acerca da gratuidade pelo relator.

O inc. V do art. 1.015, do NCPC, que possibilita o agravo de instrumento contra as decisões relativas à gratuidade prevê duas hipóteses de cabimento. Cabe agravo de instrumento da decisão que: 1) rejeita o pedido de gratuidade da justiça e 2) acolhe o pedido de sua revogação.

Como as hipóteses de agravo estão em *numerus clausus*, não cabe agravo de instrumento em face da decisão que mantém o benefício impugnado,[82] ou diante da

---

[80] *In: Novo Código de Processo Civil Comentado*. São Paulo: Thomson Reuters – RT, 2015, p. 185.

[81] *In:* Wambier, Didier Jr., Talamini e Dantas. Coords. *In: Breves Comentários ao Novo CPC*. São Paulo: Thomson Reuters-RT, 2015, p. 378.

[82] OLIVEIRA, Rafael Alexandria de. *In: Breves Comentários ao Novo CPC*. Wambier, Didier Jr., Talamini e Dantas. Coords. São Paulo: Thomson Reuters – RT, 2015, p. 379.

decisão que defere (acolhe) o pedido de gratuidade.[83] Dessa forma, só cabe agravo de instrumento da decisão que indefere ou que rejeita o pedido de gratuidade da justiça ou daquela decisão que afasta a gratuidade de justiça acolhendo o pedido de sua revogação.

A indevida concessão da gratuidade pode ser trazida pelo réu na contestação (art. 337, XIII, NCPC) ou a qualquer momento, por qualquer dos interessados, quando deferida a gratuidade no curso do processo, em até 15 (quinze) dias úteis pela via da impugnação, sem que haja suspensão do seu curso (art. 100, *caput*, NCPC). Se o pedido de revogação de gratuidade feito pelo réu ou qualquer interessado não for acolhido pelo juiz não caberá recurso, mas esse "pedido" ficará juntado aos autos com a contestação ou em peça avulsa, como se fosse uma "impugnação" à gratuidade: uma saudosa subespécie do extinto agravo retido.

A literalidade da previsão do agravo de instrumento no inc. V, art. 1.015, NCPC, dá a entender que haja um pedido (requerimento) de gratuidade "rejeitado" e um pedido (requerimento) de revogação "acolhido" pelo juiz. E isso é confirmado pelo art. 1.017, inc. I, NCPC, que prevê como documento obrigatório do agravo de instrumento, a juntada da "petição que ensejou a decisão agravada".

Na primeira hipótese, pressupõe-se que a parte tenha pedido expressamente ao juiz a gratuidade e que tenha havido "rejeição" desse pedido, ou seja, que haja indeferimento da gratuidade. Na segunda hipótese, pressupõe-se que a parte tenha pedido "revogação" da gratuidade e que esse pedido tenha sido acolhido pelo juiz. No primeiro caso, a gratuidade foi indeferida; no segundo, a gratuidade havia sido deferida, mas está sendo cassada pela decisão agravável. Em ambos os casos a gratuidade foi negada ao postulante.

Qual seria o motivo de o legislador utilizar-se das expressões "rejeição" e "revogação"? Não parece ter sido graciosamente. Rejeitar é *não aceitar é não admitir, é recusar*. Revogar é *fazer ficar sem efeito, deixar de vigorar, anular.* (Houaiss). Diante disso, a "revogação" pressupõe uma gratuidade já deferida pelo juiz; a "rejeição" pressupõe pedido de gratuidade que foi recusado pelo juiz. Hipóteses diversas, portanto.

O "pedido" de revogação, acolhido pelo juiz, ou a rejeição do "pedido" de gratuidade, como documentos obrigatórios, tornam esses "pedidos" pressupostos da interposição de agravo de instrumento, isto é, uma condição de admissibilidade do recurso.

Se a decisão do juiz "acolher" o pedido de revogação estará anulando a concessão de gratuidade; se a decisão "rejeitar" o pedido estará indeferindo a gratuidade. Resumindo: apenas o prejudicado no acesso ao Poder Judiciário terá legitimidade a esse recurso de agravo de instrumento.

A questão da gratuidade concedida e não revertida deverá ser suscitada em preliminar de apelação, na forma do art. 1.009, § 1º, NCPC: *As questões resolvidas na fase de conhecimento, se a decisão a seu respeito não comportar agravo de instrumento, não são cobertas pela preclusão e devem ser suscitadas em preliminar de apelação, eventualmente interposta contra decisão final, ou nas contrarrazões.*

---

[83] AMARAL, Guilherme Rizzo. *In: Comentários às Alterações do Novo CPC.* São Paulo: Thomson Reuters – RT, 2015, p. 1.028;

Se o relator ou a Câmara mantiver a rejeição do pedido de gratuidade ou mantiver o acolhimento do pedido de sua revogação (art. 101, § 2º, NCPC), em se tratando de agravo de instrumento interposto pelo autor, o relator ou o colegiado determinará ao recorrente o recolhimento das custas processuais pendentes, no prazo de 05 (cinco) dias, sob pena de extinção do processo.

Em se tratando de recurso em agravo ou apelação, aquele que discute a gratuidade não recolherá custas até o momento em que o relator – ou o colegiado – apreciar seu requerimento (art. 99, § 7º, NCPC). Havendo ordem de recolhimento das custas, porque cassada a gratuidade, a apelação ficará sobrestada de apreciação pelo seu mérito até a quitação das custas no prazo legal (cinco dias). Impagas pelo autor, sobrevindo trânsito em julgado da decisão, o processo será extinto sem resolução do mérito; impagas pelo réu ou por qualquer interessado *não poderá ser deferida a realização de nenhum ato ou diligência requerida pela parte enquanto não efetuado o depósito* (art. 102, parágrafo único, NCPC).

f) EXIBIÇÃO OU POSSE DE DOCUMENTO OU COISA (INC. VI)

A exibição de documento ou coisa é tema que se encontra junto ao capítulo Das Provas,[84] mas a exibição não é prova, mas mero mecanismo de obtenção de elementos de prova, uma forma de produção da prova documental.[85] A redação do inciso VI, do art. 1.015, NCPC, pode causar espécie, pois o conceito de documento, num sentido amplo, é de *coisa*, documento é coisa, *coisa representativa de um fato.*[86]

O pedido de exibição de documento ou coisa pela parte, que enseja a decisão interlocutória, pode surgir na petição inicial, pelo autor; na contestação, pelo réu ou na petição do terceiro que ingressa no processo, pode surgir na fase probatória do processo ou mesmo em tutela provisória. No pedido de exibição segue-se o rito dos arts. 397 e ss. do NCPC. Surge um "incidente" que é instruído sem que seja suspenso o curso do processo, quando juiz decidirá apenas o incidente de exibição, mas nada impedindo que o juiz suspenda o processo. A decisão que daí advier enseja o agravo de instrumento. Na requisição (art. 438, NCPC) judicial de documentos, de ofício, cabe o agravo de instrumento, pois decisão interlocutória que se enquadra no dispositivo legal.

São considerados documentos, segundo FREDIE DIDIER Jr.:[87] a) o instrumento escrito em que alguém manifesta a sua vontade ou declara ter conhecimento de algo; b) o DVD ou *Blue-Ray Disc* que contém uma gravação audiovisual, c) o CD, o disco de vinil ou a fita-cassete que contém uma gravação sonora ou fonográfica, d) o CD-Rom, o *pen-drive* ou HD-externo em que são compilados arquivos eletrônicos de computador, e) a fotografia impressa, revelada ou gravada num meio eletrônico, f) o correio eletrônico (*e-mail*), g) as mensagens trocadas em redes sociais e em aplicativos de *smartfones* etc.

Pode interpor agravo de instrumento com base nesse inciso não apenas as partes do processo, o Ministério Público, como parte ou como fiscal da ordem jurídica, e o

---

[84] Arts. 396 a 404, NCPC.
[85] Marinoni, Arenhart e Mitidiero. *op. cit.*, p. 346.
[86] Didier Jr. *In: Curso De Direito Processual Civil*. Vol. 2. 10ª ed. Salvador: Podivm, 2015, p. 179.
[87] Idem, p. 180.

terceiro interessado, como ocorre quando o julgador determina que o terceiro apresente dito documento ensejando um incidente do processo. As decisões liminares fundadas nas hipóteses do art. 420 do NCPC (exibição de livros e documentos) são exemplos clássicos que oportunizam esse agravo de instrumento.

Pode ocorrer, todavia, que esse pedido de exibição de documento seja formulado diretamente em face de terceiro, dando ensejo a um processo à parte, e não a um incidente do processo, surgindo uma *nova relação jurídica processual, que passa a vincular o requerente e o terceiro-requerido*.[88] Essa hipótese é diversa daquela em que o juiz determina de ofício a exibição, ao terceiro, pois lá não surgirá um processo incidente, mas apenas um incidente do processo. Quando houver esse pedido de exibição em face de terceiro, dando causa a processo incidente, não cabe agravo, mas apelação.[89]

No tocante ao agravo de instrumento dizendo respeito à posse de documento ou coisa, está-se referindo a decisões que mandam uma parte entregar documento ou coisa por força de direito material, hipótese que pode ser também atacada pelo inc. I, do art. 1.015, NCPC.[90]

Enfim, quando a decisão surgir no mesmo processo e girar ao redor desses documentos ou coisas, determinando-lhes a exibição, a decisão é interlocutória e aí é cabível o agravo de instrumento.

g) EXCLUSÃO DE LITISCONSORTE (INC. VII)

O legislador oportunizou a discussão acerca do litisconsórcio em dois incisos do art. 1.015 (VII e VIII). Quando a relação de direito material abrange mais de uma pessoa pode surgir litisconsórcio, cujos integrantes são chamados de litisconsortes. Como diz CÂNDIDO RANGEL DINAMARCO:[91] *os sujeitos que se agrupam em um dos polos da relação processual são, entre si, litisconsortes*. Aqui tratamos de matéria de legitimidade *ad causam*, que tanto pode surgir de discussão trazida pelo interessado quanto conhecida de ofício pelo julgador. Ao lado do autor (litisconsórcio ativo) ou ao lado do réu (litisconsórcio passivo), o litisconsorte participa da causa. Há *pluralidade de sujeitos*, na forma do art. 113, NCPC. Porém, é preciso distinguir, pois não é sempre que ocorre uma pluralidade de sujeitos dá-se um litisconsórcio. Para ocorrer litisconsórcio *é preciso que semelhante multiplicidade de sujeitos encontre-se vinculada por certo grau de afinidade de interesses*.[92]

A decisão que exclui o litisconsorte é interlocutória, na forma do art. 485, inc. VI, NCPC, porque diz respeito à legitimidade da parte e ao interesse processual. Essa decisão não resolve o mérito da causa, não põe fim ao procedimento; mas surge no curso do processo e *põe fim à relação processual que existe entre o litisconsorte excluído e o resto dos sujeitos do processo*.[93]

---

[88] Didier Jr. Fredie. *Curso de Direito Processual Civil. Op. cit.* p. 233.

[89] No sentido: Idem, p. 235.

[90] No sentido: Heitor Vitor Mendonça Sica. *Op. loc. cit.* p. 201.

[91] In: *Instituições de Direito Processual Civil*. 6ª ed. São Paulo: Malheiros, 2009, p. 339.

[92] Marinoni, Arenhart e Mitidiero. *op. cit.*, p. 84.

[93] Wambier e outros. In: *Primeiros Comentários ao Novo CPC*. Artigo por artigo. São Paulo: Thomson Reuters –RT, 2015, p. 1.455.

A exclusão de litisconsorte pode ocorrer em qualquer tipo de ação, na liquidação de sentença, no cumprimento de sentença ou na execução, quando poderá ser interposto agravo de instrumento. O art. 113, § 1º, NCPC, permite que o juiz limite o litisconsórcio facultativo quanto ao número de litigantes na fase de conhecimento, na liquidação de sentença ou na execução, quando este comprometer a rápida solução do litígio ou dificultar a defesa ou o cumprimento de sentença.

O litisconsórcio pode surgir também em incidente processual ou mesmo em algum recurso. Neste caso, a decisão do relator que exclui o litisconsorte ensejará o agravo interno (art. 1.021, NCPC).

É preciso notar, porém, que a decisão que defere a *inclusão de litisconsorte*, porque de *conteúdo inverso*, é irrecorrível;[94] a decisão que rejeita a alegação de ilegitimidade e mantém o litisconsorte também é irrecorrível.[95]

Caso interessante pode surgir quando o juiz determina a inclusão de litisconsorte necessário (art. 115, parágrafo único, NCPC), ou quando autoriza a inserção de terceiros no polo ativo ou passivo da reconvenção (art. 343, §§ 3º e 4º, NCPC), cujas decisões podem ser discutidas à luz da hipótese da intervenção de terceiros (inc. IX).

h) REJEIÇÃO DO PEDIDO DE LIMITAÇÃO DO LITISCONSÓRCIO (INC. VIII)

O pedido ou apontamento de formação de litisconsórcio pode ser deferido ou indeferido pelo juiz, pois ele pode limitar o litisconsórcio facultativo quanto ao número de litigantes na fase de conhecimento, na liquidação de sentença ou na execução, quando este comprometer a rápida solução do litígio ou dificultar a defesa ou o cumprimento da sentença (art. 113, § 1º, NCPC). Quando deferido o pedido de litisconsórcio, a parte contrariada pode postular (pedir) a limitação do litisconsórcio, ou seja, que aquele litisconsórcio seja restrito, limitado ou restringido a alguns réus (passivo).

A decisão deve limitar o número de litisconsortes ou mesmo seus limites de forma fundamentada, cabendo embargos de declaração diante de sua omissão a respeito. É da rejeição do pedido de limitação ou ao ataque a essa decisão que trata a hipótese recursal. Como se disse, dito pedido deve ser expresso, mas nada impede a manifestação *ex officio* do julgador, quando invoca a dificuldade instrutória, decisão que também poderá ser atacada na via do agravo de instrumento, como veremos.

Num litisconsórcio *ulterior* – aquele que surge no curso do processo ou após o procedimento ter-se formado – pode haver algum tumulto processual, considerando intimações e/ou até novas citações a serem procedidas. Ao indeferir o pedido de formação de litisconsórcio, o juiz pode entender o litisconsórcio como inadmissível ou mesmo incabível, i.é, o juiz não vê presente hipótese de litisconsórcio, à luz dos arts. 113 a 118 do NCPC. Essa decisão equivale à rejeição do pedido de limitação e dela cabe agravo de instrumento.

---

[94] AMARAL, Guilherme Rizzo. *Comentários às Alterações do Novo CPC*. São Paulo: Thomson Reuters – RT, 2015, p. 1.028.

[95] SICA, Heitor Vitor Mendonça. *Op. loc. cit.* p. 201.

A rigor, dependendo do caso, a decisão de indeferimento ou mesmo de deferimento da formação de litisconsórcio pode ser atacada na via do agravo de instrumento. Veja-se que, em determinadas hipóteses, ao deferir ou indeferir a formação de um litisconsórcio, o juiz pode estar admitindo ou não admitindo a intervenção de um terceiro no processo, com isso tornando possível o agravo de instrumento pelo inciso IX, art. 1.015, NCPC, que trata da admissão ou inadmissão da intervenção de intervenção de terceiros.

O legislador parece que pretendeu separar o litisconsórcio da intervenção de terceiros, pelos incisos VII e VIII do art. 1.015, NCPC, confirmando uma situação confusa, a qual não poderá obstar a interposição do agravo e a discussão da matéria, sob pena de negativa de jurisdição. Afinal, como advertiu CÂNDIDO RANGEL DINAMARCO,[96] entre as duas categorias fundamentais do fenômeno da pluralidade de partes (litisconsórcio e intervenção de terceiros) *inexiste traço divisório intransponível que as distinga inexoravelmente*, afastando coincidências ou superposições e evitando toda possível confusão.

Na assistência litisconsorcial, v.g., ocorre uma espécie de intervenção ulterior, ou seja, discute-se a intervenção de um terceiro no processo como assistente. No caso de admissão ou inadmissão dessa espécie de intervenção de terceiros (assistência) o recurso de agravo é cabível pelo inciso IX, do art. 1.015, NCPC.

O Tribunal analisará, nesses casos, se está (estão) presente (s) hipótese legal que justifique o chamamento ou a indicação limitada ou ilimitada de litisconsortes. Dessa forma, se a decisão acolhe o pedido de limitação do litisconsórcio, tal pronunciamento poderá ou não ser irrecorrível por agravo, dependendo da situação fática exposta. Segundo parte da doutrina, a decisão que <u>acolhe</u> o pedido de limitação de litisconsorte não é recorrível por agravo, mas pode ser trazido na apelação ou em sede de contrarrazões,[97] o que já afirmamos depender do caso em concreto.

E quando é que a decisão *rejeita o pedido de limitação de litisconsórcio?* Quando a decisão acolhe *in totum* o pedido de litisconsórcio formulado ou quando a decisão não acolhe o pedido para que esse litisconsórcio seja ou esteja limitado.

Enfim, com esse recurso proporciona-se ao Tribunal a possibilidade de checar se o juiz levou em conta parâmetros adequados para limitar o número de autores e/ou de réus.[98]

i) ADMISSÃO OU INADMISSÃO DE INTERVENÇÃO DE TERCEIROS (INC. IX)

O processo, no mais das vezes, promove discussão entre duas partes, autor e réu, que são as partes principais. Quando um terceiro ingressa na discussão dá-se a denominada *intervenção de terceiros*, ampliando-se "subjetivamente a relação jurí-

---

[96] *In: Litisconsórcio*. 3ª ed., São Paulo: Malheiros, 1994, p. 31.
[97] Nery Jr. e Andrade Nery. *In: Comentários ao CPC – Novo CPC*. São Paulo: Thomson Reuters-RT, 2015, p. 2.084.
[98] Wambier, Conceição, Ribeiro e Mello. *In: Primeiros Comentários ao Novo Código de Processo Civil*. Artigo por artigo. São Paulo: Thomson Reuters-RT, 2015, p. 1.455.

dica processual",⁹⁹ pois adquirem a qualidade de partes. Assim, ocorre a intervenção de terceiro quando este ingressa em processo já pendente a fim de participar na qualidade de parte ou de assistente da parte.¹⁰⁰

O Novo Código de Processo Civil reserva o Título III do Livro III, Parte Geral, para a intervenção de terceiros em cinco modalidades: *assistência – simples e litisconsorcial, denunciação da lide, chamamento ao processo, incidente de desconsideração da personalidade jurídica e Amicus Curiae*, nos arts. 119 a 138.

A intervenção de um terceiro em processo alheio, dizia GALENO LACERDA,¹⁰¹ pode ser classificada em duas categorias: 1) *espontânea*, quando o terceiro comparece voluntariamente e pede ao juiz que o admita no processo, como ocorre nos casos de assistência, oposição, recurso de terceiro prejudicado, embargo de terceiro e concurso de credores ou 2) *provocada*, quando uma das partes, ou mesmo ambas, requerem a presença de terceiro no processo, como nos casos de chamamento à autoria, nomeação à autoria e notificação de litígio. A oposição não é mais forma de intervenção de terceiro, pois é tratada em procedimento especial (arts. 682-686, NCPC).

Pode ocorrer pedido de intervenção como *amicus curiae*, sendo a irrecorrível a decisão que o acolhe (art. 138, NCPC), mas a decisão que o afasta ou que rejeita a pretensão enseja agravo de instrumento. Diríamos, então, que no caso do *amicus curiae* está-se diante de uma *exceção* ao cabimento total do agravo de instrumento nos casos de intervenção de terceiros. O Ministério Público está legitimado a recorrer da decisão que que indefere a intervenção do *amicus curiae*.

Note-se que outras eventuais "intervenções" de terceiros no processo, como os parentes na ação de alimentos, p. ex., não se enquadram na espécie agravável que é expressa a tanto.

Nesses casos, seja na intervenção espontânea, seja na provocada, o juiz pode deferir (admitir) ou indeferir (inadmitir) o pedido da parte, legitimando a parte à interposição do agravo de instrumento fundado nesse inciso IX do art. 1.015, NCPC. Justifica-se o recurso de agravo de instrumento, porque pode ampliar-se os limites subjetivos da coisa julgada impedindo que essa matéria seja deixada para discussão em sede de apelação.¹⁰²

j) CONCESSÃO, MODIFICAÇÃO OU REVOGAÇÃO DO EFEITO SUSPENSIVO AOS EMBARGOS À EXECUÇÃO (INC. X)

Os embargos à execução, embargos do executado ou embargos do devedor (art. 914, NCPC) são a forma pela qual se defende quem está sendo objeto de uma execução civil por título extrajudicial ou de quem sofre seus efeitos. Pode ser de um ou restrito a algum executado e não há necessidade de asseguramento do juízo por penhora, depósito ou caução. É uma ação de conhecimento (natureza jurídica) que incide num

---

⁹⁹ DINAMARCO, Cândido Rangel. *Instituições ee Direito Processual Civil*. Vol. II. 6ª ed. São Paulo: Malheiros, 2009, p. 376.

¹⁰⁰ Oliveira e Mitidiero, Carlos Alberto Alvaro e Daniel. *Curso de Processo Civil*. v. 1. São Paulo: Atlas, 2010, p. 196.

¹⁰¹ *In: Teoria Geral do Processo*. Rio de Janeiro: Forense, 2006, p. 128.

¹⁰² Nery Junior e Andrade Nery, Nelson e Rosa Maria de. *Comentários ao Novo CPC*. Thomson Reuters – RT, 2015, p. 2.084.

processo de execução por título extrajudicial. Tem o objetivo de *oportunizar ao executado a defesa dos seus interesses*,[103] devendo ser visto e tratado como uma ação de conhecimento, autônoma, que visa desconstituir o título executivo extrajudicial, e não como impugnação ou mera contestação daquele que sofre a execução ou daquele que sofre algum ato da execução (que pode não ser propriamente o executado). Eles são opostos no prazo de 15 dias, e o embargado tem o prazo de 15 dias para responder, após seu recebimento pelo juiz (art. 920, I, NCPC), podendo dizer respeito a toda a execução ou a apenas parte dela.

Os embargos à execução, via de regra, não têm efeito suspensivo direto e automático (art. 919, *caput*, NCPC), ou seja, não têm o condão de suspender o curso da execução, pois pode acarretar um prejuízo efetivo e altamente provável às partes envolvidas.[104] E isso ocorre, pois, quando recebidos com efeito suspensivo, os embargos suspendem a execução no todo ou em parte (art. 921, inc. II, NCPC). Embora isso, o juiz pode conceder efeito suspensivo, de forma excepcional, quando a requerimento do embargante verificar presentes os requisitos para a concessão da tutela provisória e desde que a execução já esteja garantida por penhora, depósito ou caução suficientes (art. 919, § 1º, NCPC). Nesse caso dá-se uma hipótese justificadora do agravo de instrumento interposto pelo exequente ou interessado, ou seja, quando há *concessão* de efeito suspensivo aos embargos.

O julgador, porém, sempre a requerimento da parte e desde que cessando as circunstâncias que motivaram a decisão suspensiva, poderá *modificar* ou *revogar* o efeito suspensivo dos embargos, a qualquer tempo, em decisão fundamentada (art. 919, § 2º, NCPC). Tanto no primeiro quanto no segundo caso o juiz já havia concedido o efeito suspensivo, mas por meio de uma nova decisão modifica ou anula seu entendimento anterior. Nesse caso ocorre segunda (modificação dos efeitos) e terceira hipóteses (revogação dos efeitos) justificadora do agravo de instrumento interposto pelo exequente ou interessado (concessão de efeito suspensivo aos embargos).

A rigor, a previsão recursal também é desnecessária,[105] porquanto a concessão de efeito suspensivo aos embargos pode-se fundamentar na urgência ou evidência e aí vale como concessão de tutela provisória estando "embutida" na previsão do inciso I do art. 1.015, NCPC, sendo cabível o agravo de instrumento. Em outras palavras: se o executado não conseguir efeito suspensivo aos seus embargos poderá agravar com base no inciso I do art. 1.015, pois a suspensão da execução configura tutela provisória em favor do executado, como diz HEITOR VITOR MENDONÇA SICA.[106]

k) REDISTRIBUIÇÃO DO ÔNUS DA PROVA NOS TERMOS DO ART. 373, § 1º (INC. XI).

Embora o art. 373 e incs. I e II, do NCPC, sejam claros ao dispor sobre o ônus da prova, que é *um dos temas mais elegantes, delicados e importantes da disciplina da*

---

[103] Marinoni, Arenhart e Mitidiero. *op. cit.*, p. 109.
[104] Nery Jr. e Andrade Nery. *In: Comentários ao Código de Processo Civil. Novo CPC*. São Paulo: Thomson Reuters-RT, 2015, p. 2.085.
[105] No mesmo sentido: Wambier, Conceição, Ribeiro E Mello. *In: Primeiros Comentários ao Novo CPC*. Artigo por artigo. São Paulo: Thomson Reuters – RT, 2015, p. 1.455.
[106] *Op. loc. cit.* p. 203.

prova em processo civil,[107] a prova pode ser objeto de negócio jurídico processual,[108] inserindo-se no que a doutrina vem chamando de *contratualismo processual*,[109] permitido e incentivado pelo novo CPC. O art. 373, incisos e parágrafos, do NCPC, é que define a distribuição normal do ônus da prova.

Contudo, o juiz pode de ofício ou a requerimento das partes, distribuir de forma diversa o ônus da prova ou indeferir a produção de prova testemunhal,[110] enfim, "redistribuir" o ônus de provar, o que fará por "decisão fundamentada", nos termos do § 1º, do art. 373, NCPC, que é inovação no ordenamento. E é dessa "redistribuição" da prova feita pelo julgador, que pode ser eventualmente equivocada, que trata a possibilidade de levar a matéria da prova ao conhecimento do Tribunal por meio do agravo de instrumento. Note-se que a redistribuição ou a inversão deve ocorrer antes do início da instrução *de molde a influir na conduta das partes* e *não se trata de avaliar retroativamente o que poderia ter sido feito*.[111]

Cabe o agravo de instrumento tanto da decisão que defere o pedido de redistribuição do ônus da prova quanto da decisão que nega a redistribuição do ônus da prova, que indefere a aplicação do art. 373, § 1º, NCPC, pois *em ambos os casos há atribuição de vantagem a um dos litigantes no que tange à regulação do ônus da prova*, como ensinam MARINONI, ARENHART e MITIDIERO.[112]

l) OUTROS CASOS EXPRESSAMENTE REFERIDOS EM LEI E CONTRA DECISÕES INTERLOCUTÓRIAS PROFERIDAS NA FASE DE LIQUIDAÇÃO DE SENTENÇA OU DE CUMPRIMENTO DE SENTENÇA, NO PROCESSO DE EXECUÇÃO E NO PROCESSO DE INVENTÁRIO (INC. XI E PARÁGRAFO ÚNICO DO ART. 1.015, NCPC).

Como a nova Lei foi exaustiva nas hipóteses de cabimento do agravo de instrumento, o legislador deixou margem a que em *outros casos*, desde que expressamente referidos em lei federal, ordinária ou especial, também ensejassem o cabimento do agravo de instrumento.

O NCPC foi expresso ao possibilitar o cabimento do *agravo de instrumento contra decisões interlocutórias na fase de liquidação de sentença ou de cumprimento de sentença, no processo de execução e no processo de inventário* (parágrafo único do art. 1.015, NCPC). Isso porque se firmou o entendimento de que na fase de liquidação de sentença só cabe agravo de instrumento e não apelação e, nos demais casos, a espera de eventual apelação (execução e/ou inventário) poderia ocasionar prejuízo

---

[107] DINAMARCO, Cândido Rangel. *Instituições de Direito Processual Civil*. Vol. II. 6ª ed. São Paulo: Malheiros, 2009, p. 264.

[108] Ver estudos: Macêdo e Peixoto, Lucas Buril e Ravi de Medeiros. Negócio Processual Acerca Da Distribuição Do Ônus Da Prova. *In: RePro*, n. 241, março/2015, p. 463 e ss.; GODINHO, Robson Renault. A possibilidade de negócios jurídicos processuais atípicos em matéria probatória. *In: Negócios Processuais*. Salvador: JusPODIVM, 2015, p. 407/416.

[109] V. Arenhart e Osna, Sérgio Cruz e Gustavo. Os 'acordos processuais' no Projeto de CPC – Aproximações preliminares. *In: Desvendando o novo CPC*. Orgs. Darci Guimarães Ribeiro e Marco Féliz Jobim. Porto Alegre: Livraria do Advogado, 2015, p. 139/155.

[110] Possível o agravo, segundo Alexandre Freitas Câmara. *Op. cit.* p. 9.

[111] Wambier, Conceição, Ribeiro e Mello. *In: Primeiros comentários ao novo CPC*. Thomson Reuters-RT, 2015, p. 1.455/6.

[112] *In: O Novo Processo Civil. Op. cit.* p. 526.

irreparável ao interessado obstando seu acesso aos bens sob execução ou inventariados.

E quais são os "outros casos" expressamente referidos em lei? São aqueles previstos no próprio CPC ou na lei extravagante, onde também aparecem hipóteses que seriam até desnecessárias diante da nova lei processual.

No mandado de segurança, v.g., há previsão do cabimento de agravo de instrumento em face da decisão que concede ou denega liminar (art. 7º, § 1º, Lei nº 12.016/2009). Ocorre que essa decisão poderia enquadrar-se no inc. I, do art. 1.015, NCPC, pois estamos diante de uma tutela provisória.

Da decisão que extingue parcialmente o processo (art. 354, parágrafo único, NCPC) ou a que julga antecipadamente parcela do mérito (art. 356, § 5º, NCPC) cabe agravo de instrumento, mas, mesma forma, são decisões que dizem respeito ao *mérito do processo* podendo estar enquadradas no inc. II do art. 1.015, NCPC.

As hipóteses do art. 1.015, NCPC, devem ser observadas nas decisões interlocutórias de Recurso Ordinário, quando julgado pelo Superior Tribunal de Justiça, nos processos em que forem partes, de um lado, Estado estrangeiro ou organismo internacional e, de outro, Município ou pessoa residente ou domiciliada no país, quando serão atacadas por agravo de instrumento dirigido ao próprio Superior Tribunal de Justiça (art. 1.027, § 1º, NCPC).

Nos recursos repetitivos, extraordinário e especial, quando houver distinção entre a questão a ser decidida no processo e aquela a ser julgada, da decisão interlocutória que decide o requerimento da parte de prosseguimento do seu processo, caberá o agravo de instrumento, se o processo estiver em primeiro grau, na forma do art. 1.037, § 13, inc. I, NCPC. É outra hipótese expressa de cabimento desse recurso.

5. Requisitos formais

Os requisitos formais do agravo de instrumento dizem respeito não apenas aos documentos exigíveis, mas às formalidades necessárias que devem ser atendidas para a interposição, as quais, ausentes, podem determinar o não conhecimento do recurso. Elas estão arroladas nos arts. 1.016 e 1.017, incisos, da nova Lei. Aqui tratamos da regularidade do agravo, que é um dos pressupostos extrínsecos de admissibilidade recursal. O não atendimento à regularidade formal, após o devido saneamento pode implicar o não conhecimento do agravo, ou seja, o tribunal não examina o recurso pelo mérito.

O art. 1.016, NCPC, diz respeito à *forma* de interposição do agravo de instrumento, tendo havido ligeiro acréscimo na comparação com o art. 524 do CPC-73. Aumentou-se um inciso na comparação com o texto anterior – relativamente à exigência do nome das partes, inc. I –, bem como corrigiu-se o vernáculo (a expressão *por meio de* é mais adequada do que *através de*).

Houve aprimoramento da técnica processual e ampliação de documentos indispensáveis ao agravo, e uma ordem para que na petição do recurso constem as *razões* do pedido de *invalidação da decisão* e o próprio pedido, isto é, "as razões do inconformismo e o pedido de nova decisão".[113] Aqui, parece ter havido séria modificação, uma vez que a lei de 1973 exigia apenas *as razões do pedido de reforma da decisão* (art. 524, inc. II, CPC-73) e a Lei de 2015 exige que venham *as razões do pedido de reforma ou de invalidação da decisão e o próprio pedido* (art. 1.016, III, NCPC), ou seja, o agravante deve pedir expressamente o que pretende do tribunal, pois há exigência do *pedido de nova decisão*, o qual pode ser de reforma ou decretação de nulidade da decisão interlocutória. No primeiro caso, o próprio tribunal emite nova decisão; no segundo, o tribunal reenvia a decisão para o juiz *a quo* modificá-la ou explicitá-la. No mesmo sentido é a lição de ALEXANDRE FREITAS CÂMARA: *incumbe ao agravante declarar, expressamente, que decisão pretende ver proferida pelo tribunal ad quem, cabendo-lhe indicar, com precisão, se pretende a reforma ou a decretação de nulidade da decisão interlocutória.*[114]

O agravo deve ser dirigido por petição ao Presidente do Tribunal (juízo *ad quem*) competente para julgá-lo (art. 1.017, § 2º, I, NCPC), sendo entregue diretamente no Protocolo do tribunal ou no protocolo da Comarca, seção ou subseção judiciárias (art. 1.017, § 2º, II, NCPC), todos em obediência ao horário de expediente. Pode ser enviado ao Tribunal via postagem, por *fac-símile* ou mesmo eletronicamente (art. 1.017, § 2º, III e IV, NCPC). No caso de autos eletrônicos deve o agravo pode ser interposto até a meia-noite (23h59min59seg) do *dies ad quem*.

Como novidade, o legislador criou nova possibilidade de interposição do agravo de instrumento ao prever sua interposição no cartório da própria comarca onde tramita o processo. Isso, à evidência, *facilita o acesso aos tribunais em localidades distantes de suas sedes, contribuindo para a promoção de um acesso à justiça mais efetivo.*[115] Nesse caso, as providências formais do recurso são de responsabilidade do recorrente, mas deve juntar, de imediato, cópia da petição do agravo no processo de autos físicos, a fim de cumprir a exigência legal de juntada e para que possa haver eventual reconsideração ou revisão pelo prolator da decisão agravada. Incumbe à serventia judicial da comarca apenas a tarefa de remeter o agravo ao tribunal competente,[116] tendo o tribunal o encargo de providenciar as intimações devidas e seu eventual saneamento de responsabilidade do relator.

Quando enviado pelos Correios, o que pode ocorrer até na cidade-sede do tribunal, a parte deverá provar a data de sua remessa com aviso de recebimento (art. 1.017, § 2º, III, NCPC), a fim de aferir-se a tempestividade do recurso, em obediência à Lei nº 9.800/99 (arts. 1º e 2º). A tempestividade do recurso afere-se pela data de sua postagem até o último dia do prazo de interposição, pela data aposta no recibo dos correios.[117] No caso do envio por *fac-símile*, os documentos originais devem ser imediatamente enviados ao tribunal junto com a peça original do recurso (art. 1.017, § 4º, NCPC).

---

[113] Nery Jr. e Andrade Nery. Nélson e Rosa Maria. *Op. cit.* p. 2.093.

[114] *In: Comentários ao Novo Código de Processo Civil.* Coord. Antonio do Passo Cabral e Ronaldo Cramer. Rio de Janeiro: Gen-Forense, 2015, p. 1.499.

[115] Carneiro e Pinho, Paulo Cezar Pinheiro e Humberto Dalla Bernardina de. *Novo Código de Processo Civil Anotado e Comparado.* Rio de Janeiro: Gen-Forense, 2015, p. 589.

[116] AMARAL, Guilherme Rizzo. *Op. cit.* p. 1.031.

[117] No sentido: Nery Jr. e Andrade Nery. *Op. cit.* p. 2.095.

Amplia-se o horário de interposição do agravo, quando se tratar de autos eletrônicos, até às 24h do último dia do prazo, como ensinam NERY JR. e ANDRADE NERY.[118]

O agravo de instrumento pode atacar decisões surgidas de duas fontes: de autos físicos e dos autos eletrônicos. Em se tratando de processo de autos físicos, o próprio agravante deve providenciar cópia de todos os documentos ditos obrigatórios. É ônus que recai sobre o agravante.

Quando tratar-se de processo eletrônico *dispensam-se as peças referidas* nos incisos I e II do *caput* do art. 1.017, NCPC, isto é, dispensa-se a formação do instrumento,[119] facultando-se ao agravante trazer outros documentos que entender úteis para a compreensão da controvérsia (art. 1.017, § 5º, NCPC). Dispensa-se farta documentação no agravo eletrônico, porque o tribunal, o juiz e a parte adversa terão imediato acesso aos autos e aos documentos nos quais surgiu a decisão agravada.

E a ausência (?), nos autos físicos, de uma das peças obrigatórias determina o afastamento do agravo de instrumento por deficiência de formação? Evidente que não, pois o advogado poderá declarar ao tribunal a inexistência do aludido documento, sendo que a regra é a do saneamento pleno do agravo pelo relator, a fim de que o tribunal possa conhecê-lo e julgá-lo. Assim, evita-se o formalismo excessivo e dá-se a integral e devida prestação jurisdicional. Isso integra o dever de prevenção, inerente à colaboração judicial.[120]

Quanto ao preparo, sua prova deve acompanhar a petição de interposição de autos físicos, mas é dispensado o preparo nos autos eletrônicos (art. 1.007, § 3º, NCPC). No caso de não ter sido preparado em autos físicos, o Relator determinará ao advogado que pague as despesas de preparo, em dobro, no prazo de cinco dias úteis, sob pena de o recurso não ser conhecido por ser julgado deserto.

Se o agravo não atender aos requisitos do art. 1.016, NCPC, poderá não ser conhecido por irregularidade ou defeito formal, mas apenas depois das providências sanatórias que necessariamente devem ser determinadas pelo relator, ou seja, desde que o relator tenha apontado eventuais defeitos e oportunizado ao agravante o prazo de 5 (cinco) dias para a sanação do vício (arts. 932, par. único, e 1.017, § 3º, NCPC). Agora, dificilmente, o agravo de instrumento será liminarmente afastado pelo relator, como ocorria à luz do CPC-73, o que aumentará o volume de serviço nos tribunais. Como disse GUILHERME RIZZO AMARAL: *amplia-se o rol de peças obrigatórias e relaxa-se a sanção para o desatendimento da juntada.*[121]

Na petição de agravo o agravante deve postular eventual efeito suspensivo ou mesmo efeito ativo ao recurso, sob pena de consolidar-se no juízo de origem a decisão atacada, a qual poderá até precluir como veremos no item próprio.

Quanto à exigência de nomes das partes (inc. I) não há novidade, embora a nova referência legal. Basta o nome das partes. O Ministério Público está plenamente legitimado ao recurso, seja como parte, ou como fiscal da ordem jurídica. A qualificação completa das partes só será exigida quando se tratar de terceiro recorrente e/ou

---

[118] *Op. cit.* p. 2.096.
[119] BUENO, Cassio Scarpinella. *In: Manual, op. loc. cit.* p. 625.
[120] Marinoni, Arenhart e Mitidiero. *op. cit.*, p. 526.
[121] *In: Comentários às Alterações do Novo CPC. Op. cit.* p. 1.030.

quando não estiver já contida em algum documento nos autos. Isso porque o nome das partes e sua qualificação completa sempre vêm na petição inicial e esta deve necessariamente compor por cópia o agravo.

O Promotor de Justiça pode interpor agravo de instrumento diretamente no tribunal, mas o recurso de agravo (interno) nos tribunais é da alçada do Procurador de Justiça, que é quem atua no tribunal em nome do Ministério Público.

Como o agravo se presta para corrigir *errores* (*in iudicando* ou *in procedendo*) da decisão interlocutória agravada, deve o agravante expor na petição adequadamente as razões do fato e do direito pelas quais não se conforma com a decisão atacada, sob pena de ser determinada a emenda da peça inicial (art. 932, parágrafo único, NCPC) e o agravo não ser conhecido por defeito formal. Em outras palavras: deve o agravo – é ônus do agravante – aludir expressa e concretamente à decisão que pretende a reforma, trazendo argumentos fáticos e jurídicos que demonstrem onde reside o equívoco judicial e por que a decisão deve ser modificada pelo tribunal. Na descoberta de *errores* ou equívoco na interlocutória reside a finalidade do agravo, que é anular ou reformar a decisão agravada. Agravo de difícil entendimento, que não esclarece ao que veio ou com pedido deficiente ou incompleto não significa ausência de regularidade formal,[122] porque deve ser ordenado pelo relator sua sanação e esclarecimento.

A Lei faz referência *ao próprio pedido*, o que nos leva a entender que, em omissão ou fragilidade do pedido, o relator deve determinar que a parte diga o que pretende modificar na decisão. Deve indicar com precisão se pretende a reforma ou a decretação da nulidade da decisão interlocutória.[123]

Evidentemente, das razões expostas na inicial pode naturalmente decorrer o pedido, mesmo que não tenha sido expressado, o que deve ser considerado pelo Relator para dar efetividade e celeridade ao processo e porque *iura novit curia*, ou seja, o juiz sabe o direito e a adequada solução para a justiça do caso concreto. Assim na lição de Guilherme Rizzo Amaral:[124] *No que toca à simples ausência de pedido para reforma da decisão, estando presentes todas as razões para a reforma ou invalidação da decisão agravada, nem sequer se fará necessária a complementação da petição, dado que tal irregularidade em nada impede o conhecimento do recurso.*

A exigência do *nome e o endereço completo dos advogados constantes do processo* justifica-se no processo de autos físicos, mas pode ser dispensada nos autos eletrônicos, servindo para as devidas intimações dos advogados atuantes na causa e para o exercício do contraditório recursal. Quando a parte agravada não está representada no processo, porque não citada ou intimada, p. ex., evidentemente, não se pode exigir o nome dos advogados, como quer o inc. IV, mas é necessária alguma atenção ou diligência à origem, porque pode ter havido audiência de conciliação e a parte (já) ter comparecido com seu advogado, o qual deve ser intimado às contrarrazões. Não há necessidade que se aponha o nome e o endereço de todos os advogados que algum dia atuaram no processo, sob pena de excesso de formalismo e custo desnecessário, mas apenas daquele (s) que está (ao) atuando efetivamente na causa. Igualmente, não se

---

[122] No mesmo sentido: BRUSCHI, Gilberto Gomes. *In: Breves comentários ao novo CPC*. Coord. Wambier e Outros. Thomson Reuters-RT, 2015, p. 2252.

[123] Cabral e Cramer. Antonio do Passo e Ronaldo. *In: Comentários ao Novo Código de Processo Civil*. Rio de Janeiro: Gen-Forense, 2015, p. 1.499.

[124] *In: Comentários às Alterações do Novo CPC*. Thomson Reuters-RT, 2015, p. 1.019.

faz necessário exigir o nome e o endereço completo dos advogados quando é possível apontá-los ou recolhê-los em folhas de papel personalizadas utilizadas pelos mesmos ou nas procurações juntadas ao instrumento de agravo.[125]

O Novo Código de Processo, na comparação com o art. 525 do CPC-73, foi bem exaustivo no tocante às peças que devem acompanhar a petição do agravo. E isso desimporta se o agravo de instrumento vem por meio físico ou eletrônico, pois a exigência é igual para todos.

A rigor, o art. 1.017, NCPC, complementa o art. 1.016, NCPC. Foi didático o legislador, pois inúmeros agravos de instrumento não traziam cópias de peças indispensáveis ao entendimento recursal e isso dificultava sobremodo a compreensão e a solução da controvérsia, o que ensejava o não conhecimento ou mesmo o improvimento do recurso.

Temos peças obrigatórias e outras peças facultativas, assim como tem-se peças que são facultativas apenas sob a ótica do agravante, mas que podem tornar-se obrigatórios para o correto entendimento do relator. E isso deve ser analisado caso a caso, porque algumas peças tornam-se obrigatórias dependendo da fase do processo: é possível que o réu ainda não tenha sido citado e, portanto, não haverá obrigatoriedade de cópia da contestação nem da procuração do agravado.[126]

> Art. 1.017. A petição de agravo de instrumento será instruída: I – obrigatoriamente, com cópias da petição inicial, da contestação, da petição que ensejou a decisão agravada, da própria decisão agravada, da certidão da respectiva intimação ou outro documento oficial que comprove a tempestividade e das procurações outorgadas aos advogados do agravante e do agravado;

Ampliado o rol de peças que havia no art. 525, CPC-73. Na falta de peça obrigatória o recurso não é conhecido; na falta de peça necessária, mas facultativa, o recurso padece de vício que o atinge pelo mérito, quando lhe será negado provimento. Peça necessária é aquela primordial ao entendimento da controvérsia pelo tribunal.

Os documentos arrolados no inc. I do art. 1.017, NCPC, são obrigatórios e indispensáveis para processos físicos, ou seja, a sua não juntada ao lado das razões do agravo "pode" determinar o não conhecimento do recurso pelo tribunal, sempre lembrando que, na falta de algum desses documentos ou na existência de outra irregularidade que comprometa a admissibilidade do recurso, impôs-se ao Relator conceder o prazo de 05 (cinco) dias (úteis) ao recorrente para que seja sanado o vício ou complementada a documentação. É a sanação obrigatória que se impõe ao relator do agravo (arts. 1.017, § 3º, 1.019, *caput*, c/c 932, par. único, NCPC). Apenas depois dessa diligência é que o recurso poderá não ser conhecido, o que pode ocorrer por decisão monocrática do relator.

Além daqueles documentos que já eram obrigatórios no sistema de 1973 (cópia da decisão agravada, procurações, certidão de intimação da decisão agravada), vieram algumas novidades: deve ser juntada a cópia da petição inicial, cópia da contestação e cópia da petição que provocou a decisão agravada (art. 1.017, I, NCPC). Isso não apenas a fim de melhor proporcionar o conhecimento da causa na qual foi prolatada a decisão recorrida, mas para aparelhar o próprio recurso.

---

[125] Marinoni, Arenhart e Mitidiero. *op. cit.*, p. 947.
[126] No sentido: SÁ, Renato Montans de. *Manual de Direito Processual Civil*. São Paulo: Saraiva, 2015, p. 998.

Veja-se, por exemplo, que o inc. III do art. 1.015, NCPC, exige que haja rejeição da "alegação de convenção de arbitragem". Evidente, deve ser provada a "alegação", que se encontra na petição que ensejou a decisão agravada; no inc. V do art. 1.015, NCPC, para cabimento do agravo exige-se rejeição de um "pedido" de gratuidade ou acolhimento de um "pedido" de sua revogação. A prova do "pedido" faz-se por meio da juntada da competente petição rejeitada ou acolhida pelo juiz que prolatou a decisão atacada. E assim por diante: sempre que a Lei fizer referência ao "pedido" deve haver a juntada da respectiva "petição" que motiva a decisão agravada, sob pena de não conhecimento do agravo.

Faz-se necessária a juntada de cópia da decisão agravada ou de alguma certidão onde conste a decisão agravada em sua integralidade, para que o tribunal conheça os limites da impugnação do agravante e possa apontar ou constatar eventuais erros de procedimento ou de mérito na decisão.

Deve vir cópia da certidão da respectiva intimação ou outro documento oficial que comprove a tempestividade do agravo. A certidão de intimação da decisão agravada pode ser substituída por *outro documento oficial que comprove a tempestividade* do agravo, o que confirma o entendimento doutrinário – depois seguido pela jurisprudência – no sentido de que a certidão de intimação da decisão agravada servia mesmo apenas para comprovar a tempestividade do recurso e poderia ser suprida por outro meio. Evidente, sem a prova de tempestividade o agravo também não será conhecido. Dita certidão, no entanto, pode ser suprida ou substituída por outro documento ou mesmo pela desnecessidade: uma decisão proferida em audiência, p. ex., a cópia do termo de audiência a substitui; no caso de a parte ter sido intimada pessoalmente nos autos, com a nota de "ciente", da mesma forma, desnecessária uma certidão formal, bastando cópia do carimbo de intimação.

Em se tratando de documento oficial descabe declaração do advogado nesse sentido, porque tratamos de prazos preclusivos, os quais, mal administrados podem causar prejuízo à parte adversa.

Exige-se cópia das procurações outorgadas aos advogados do agravante e do agravado, exceto quando o advogado do agravante declarar sob as penas da Lei que dito documentos não conste ou não exista no processo de origem, na forma do inciso II do art. 1.017, NCPC. Da mesma forma, inserem-se na desnecessidade de procuração quando a parte se apresenta com advogado público, defensor público, advogado das Fazendas Públicas ou membro do Ministério Público. Mesmo que não venha cópia da procuração ou de algum outro documento obrigatório, o relator deve determinar a intimação da parte para supri-lo, pois se trata de mero requisito formal que não deve prejudicar o mérito da discussão.

Nos autos de processo eletrônico, como se disse, esses documentos não são necessários ou obrigatórios em sede de agravo de instrumento.

II – com declaração de inexistência de qualquer dos documentos referidos no inciso I, feita pelo advogado do agravante, sob pena de sua responsabilidade pessoal;

É novidade: na inexistência de um daqueles documentos referidos no inc. I, art. 1.017, NCPC, embora possa ser juntada posteriormente, não se exigirá certidão cartorária, pois o próprio advogado poderá declarar a inexistência desse (s) documento (s) nos autos, cuja declaração o responsabiliza pessoalmente (art. 1.017, II, NCPC). Ao mesmo tempo em que há prestígio ao advogado, aumenta-lhe a responsabilidade. E essa responsabilidade será civil, criminal e administrativa, ou seja, poderá dar causa a indenização por eventual dano às partes, assim como poderá ser vista como falsidade ideológica, que é crime de ação penal pública indisponível pelo Ministério Público, levando-o à OAB, para os fins disciplinares.

III – facultativamente, com outras peças que o agravante reputar úteis.

Trocou-se apenas o "entender úteis" do art. 525, II, CPC-73 pelo "reputar úteis". Embora a lei se refira a essa facultatividade existem documentos imprescindíveis à correta compreensão da controvérsia. Veja-se, por exemplo, quando o juiz em sua decisão faz referência ou ampara-se em outras folhas do processo, aludindo ao número das folhas ou mesmo referindo-se à promoção ou parecer do Ministério Público, adotando-o ou não como razões de decidir, ditos documentos tornam-se obrigatórios e verdadeiramente integram a decisão recorrida, ou seja, eles devem necessariamente vir por cópia com a decisão agravada, para atender ao disposto no inc. I do art. 1.017, NCPC, quando determina seja trazida a cópia da decisão agravada. Em outras palavras: o agravante sujeita-se à eventual exigência do relator para a juntada de outras peças processuais que, em tese, seriam meramente facultativas.

§ 1º Acompanhará a petição o comprovante do pagamento das respectivas custas e do porte de retorno, quando devidos, conforme tabela publicada pelos tribunais.

Ficou quase igual ao § 1º do art. 525, CPC-73, com o acréscimo de algumas peculiaridades. O parágrafo 1º diz respeito ao preparo do recurso, que é um dos requisitos extrínsecos de admissibilidade recursal ou condição de admissibilidade, cuja ausência determina o não conhecimento do agravo de instrumento, mas desde que cumpridas exigências legais.

No ato de interposição do recurso em autos físicos é que se exige o preparo, inclusive, com as taxas de porte de remessa e de retorno, quando for o caso, sob pena de deserção. Se houver insuficiência no valor do preparo, mesma forma, o advogado será intimado para suprir no prazo de cinco dias (art. 1.007, §§ 1º e 2º, NCPC). Se o recorrente não comprovar o recolhimento do preparo, no ato de interposição, o advogado será intimado para realizar o recolhimento do preparo em dobro, sob pena de deserção (art. 1.007, § 4º). Ao agravo nos autos eletrônicos é dispensado o recolhimento do porte de remessa e retorno (art. 1.007, § 3º, NCPC).

Art. 1.018. O agravante poderá requerer a juntada, aos autos do processo, de cópia da petição do agravo de instrumento, do comprovante de sua interposição e da relação dos documentos que instruíram o recurso.
§ 1º Se o juiz comunicar que reformou inteiramente a decisão, o relator considerará prejudicado o agravo de instrumento.
§ 2º Não sendo eletrônicos os autos, o agravante tomará a providência prevista no caput, no prazo de 3 (três) dias a contar da interposição do agravo de instrumento.
§ 3º O descumprimento da exigência de que trata o § 2º, desde que arguido e provado pelo agravado, importa inadmissibilidade do agravo de instrumento.

Devemos entender a regra sob as óticas do processo físico e do processo eletrônico. A ordem que havia no art. 526, CPC/73, acerca da juntada de cópia da petição do agravo aos autos do processo continua, mas foi minimizada pelo NCPC para o processo eletrônico, ou seja, é mera faculdade para a parte *requerer* (poderá requerer) *a juntada de cópia da petição do agravo de instrumento, do comprovante de sua interposição e da relação dos documentos que instruíram o recurso*. Isso porque no processo eletrônico, o agravado terá conhecimento imediato dos documentos juntados ou indicados pelo agravante e dos argumentos de ataque à decisão recorrida.

Para o processo físico a ordem de juntada continua e pode ensejar o não conhecimento do recurso – é ônus do agravante –, pois continua a ameaça de o agravo não ser conhecido ou ser inadmissível (art. 1.017, § 3º, NCPC) quando o agravante não fizer a juntada e isso for alegado e provado pelo agravado. A juntada desses documentos, como diz GUILHERME RIZZO AMARAL,[127] gera *facultatividade quando os autos forem eletrônicos e obrigatoriedade quando os autos forem físicos*. A matéria *não é aferível ex officio*,[128] nem pode ser alegada pelo Ministério Público, uma vez que depende não apenas da alegação do recorrido, mas de prova de que não houve a juntada de documentos, o que se fará por certidão cartorária.

Duas finalidades nessa juntada: 1) o juiz pode voltar atrás em sua decisão, ou seja, reconsiderar ou retratar-se da decisão à vista dos argumentos trazidos pela parte agravante e 2) o advogado da parte adversa fica ciente do que está sendo discutido e pode ofertar escorreitas contrarrazões recursais.

A retratação ou reconsideração pelo juiz, desde que provocada pela parte interessada, pode ser parcial ou total, ou seja, o julgador pode reformar integralmente a decisão atacada ou reformá-la parcialmente, mas sempre deverá comunicar ao tribunal sua decisão, sob pena de verdadeiro desentendimento na Corte e de sobrevirem decisões judiciais sobrepostas ou contraditórias. Caso a retratação seja parcial, o agravo deve ser conhecido e julgado *na parte em que a decisão agravada foi mantida*.[129]

O **parágrafo primeiro do art. 1.018**, NCPC, parece levar ao entendimento de que apenas na hipótese da retratação integral da decisão – reformou integralmente a decisão – é que o juiz deverá comunicar ao relator, ou mesmo entender-se que se trata de mera faculdade do juiz essa comunicação ao relator – se o juiz comunicar –, o que não pode ser assim entendido. Isso porque se trata de matéria de admissibilidade recursal, ou seja, de conhecimento total ou parcial da decisão no tribunal, matéria preliminar e justificadora de eventual modificação na decisão agravada.

Por outro lado, se houver retratação no juízo *a quo* estaremos diante de nova decisão, a qual indica interposição de outro agravo de instrumento, se for o caso, com outras razões, face nova decisão que determina a prejudicialidade daquele agravo que está em julgamento no tribunal.

O **parágrafo segundo** é que esclarece a ordem de juntada da petição do agravo nos processos físicos, incumbência – ônus – do agravante. A juntada desses documentos do agravo no processo original se justifica a favor do agravante, porquanto o julgador tem a oportunidade de retratar-se, ou seja, modificar a decisão agravada, o que pode prejudicar total ou parcialmente o julgamento do recurso pelo tribunal. Neste caso, em autos físicos, havendo retratação total ou parcial, o juiz deve comunicar imediatamente sua decisão ao órgão *ad quem* para as providências de julgamento pelo tribunal.

O prazo de juntada desses documentos continua sendo de três dias, prazo preclusivo[130] e contados do protocolo do recurso no tribunal. O descumprimento desse

---

[127] *In: Comentários às Alterações do Novo CPC. Op. cit.*, p. 1.032.
[128] No sentido: Nélson Nery Jr. e Rosa Maria Andrade Nery, *op. cit.* p. 2.099.
[129] Idem, p. 2.100.
[130] No sentido: Gilberto Gomes Bruschi. *In: Breves Comentários ao Novo Código de Processo Civil.* Coord. Teresa A. A. Wambier e Outros. *Op. cit.* p. 2.255.

prazo pode determinar o não conhecimento do recurso, mas desde que o agravado leve ao tribunal sua arguição e prova a respeito, na forma do determinado no **parágrafo terceiro** do art. 1.018, NCPC.

Essa arguição não poderá ser suprida por declaração do próprio advogado, como se facultou no art. 1.017, inc. II, NCPC, uma vez que se trata de documento que comprova o descumprimento de providência ligada ao direito de ampla defesa e que pode extinguir o direito da parte com o não conhecimento de seu recurso, ou seja, providência que pode ensejar prejuízo irreparável ao agravante. O advogado poderá declarar à Corte que o agravante não cumpriu a providência indicada, quando o relator deverá oportunizar-lhe a juntada de certidão cartorária em cinco dias, na forma do § 3º do art. 1.017, NCPC.

> Art. 1.019. Recebido o agravo de instrumento no tribunal e distribuído imediatamente, se não for o caso de aplicação do art. 932, incisos III e IV, o relator, no prazo de 5 (cinco) dias:

Ao receber o agravo no tribunal, o relator sorteado fará o juízo de admissibilidade, ou seja, examina se o recurso atende às formalidades dos arts. 1.016 e 1.017, NCPC, analisando se o recurso de agravo está "enquadrado" em algum dos incisos do art. 1.015 do NCPC ou pode comportar decisão de improvimento liminar (art. 932, IV). Se o recurso não se tipifica em hipótese do art. 1.015, NCPC, ele não é conhecido e é julgado inadmissível.

O relator pode decidir o agravo monocraticamente, desde que tenha oportunizado a sanação de eventual vício, se for o caso (art. 932, par.único, NCPC) ou sendo hipótese do art. 932, incs. III a V, NCPC.[131] É a função saneadora que deve ser exercida pelo relator.[132]

Verificado que o recurso é o cabível para a decisão impugnada, é tempestivo, está preparado, houve a devida fundamentação ou impugnação especificada à decisão atacada, não contraria entendimento jurisprudencial consolidado (em súmulas ou acórdãos ou recursos repetidos), enfim, se o agravo supera essas exigências (arts. 932, incs. III e IV, NCPC), o relator determina o processamento, com intimações do advogado para contrarrazões, a fim de que seja levado a julgamento. No caso de a parte agravada não ter advogado constituído, o agravado deve ser pessoalmente intimado, por carta com aviso de recebimento, o que evita as decisões-surpresa, que é uma das finalidades do novo sistema processual.

O Ministério Público será intimado pessoalmente, sendo que a intimação por meio eletrônico terá esse valor quando o agente estiver devidamente cadastrado no sistema informatizado do tribunal. A manifestação do Ministério Público como fiscal da ordem jurídica deve ocorrer no prazo de 15 dias úteis, sem nenhuma prorrogação e sem nenhum prazo em dobro, porque se trata de prazo próprio.

No mesmo momento em que o relator recebe o recurso e analisa suas formalidades, deve observar se foi requerido efeito suspensivo à decisão atacada ou mesmo se é caso de efeito ativo ao recurso, uma vez que o agravo é recebido apenas com efeito devolutivo (art. 995, NCPC). Não há atuação de ofício nesse caso, porque à parte é que se incumbe o devido pedido. Todavia, nada impede que nas providências de saneamento, verificando o relator que pode haver prejuízo irreparável ao agravante que

---

[131] Marinoni, Arenhart e Mitidiero. *op. cit.*, p. 949.
[132] Wambier, Conceição, Ribeiro e Mello. *In: Primeiros Comentários ao Novo CPC. Op. cit.* p. 1.021.

não fez pedido expresso determine sua intimação para manifestar-se a respeito. Esse é outro aspecto do processo justo e que impede o prejuízo da parte.

Com eventual deferimento do efeito suspensivo pelo relator a decisão agravada não é executada ou não é cumprida na origem, ou seja, impede-se sua eficácia. De regra, como se disse, o agravo não tem efeito suspensivo e nem suspende o curso do processo.

O julgamento monocrático do agravo só é permitido após a apresentação de contrarrazões do agravado (art. 932, inc. V, NCC), exceto quando a parte não tiver advogado constituído nos autos.

Há quem sustente que o *quorum do julgamento monocrático é de três Desembargadores*,[133] com base no art. 941, § 2°, NCPC. Todavia, s.m.j., o dispositivo refere-se ao *julgamento colegiado* e não ao julgamento monocrático, o qual diz respeito ao relator, apenas.

O relator apenas afastará o agravo liminarmente se for inadmissível, pois se houver possibilidade de "salvá-lo" ou de saná-lo deverá providenciar no chamamento do advogado para as providências do parágrafo único do art. 932, NCPC: *antes de considerar inadmissível o recurso, o relator concederá o prazo de 5 (cinco) dias ao recorrente para que seja sanado vício ou complementada a documentação exigível.*

As providências relativas ao prazo do art. 1.019, NCPC, destinam-se ao relator, ou seja, o relator é quem tem o prazo de cinco dias para deliberar no agravo de instrumento.

Isso, enfim, resume as providências ao cargo do relator, sendo a "decisão preparadora do agravo".[134] Qualquer que seja a decisão do relator, dela caberá agravo interno, na forma do art. 1.021, *caput*, NCPC.

I – poderá atribuir efeito suspensivo ao recurso ou deferir, em antecipação de tutela, total ou parcialmente, a pretensão recursal, comunicando ao juiz sua decisão;

O agravo de instrumento só possui efeito devolutivo. Proferida a decisão interlocutória ela produz os efeitos que determina ou que lhe são próprios. Mesmo que haja interposição de agravo de instrumento não se suspende a decisão interlocutória recorrida. É a regra do art. 995, NCPC. De forma excepcional, quando houver pedido da parte poderá ser concedido efeito suspensivo na antecipação de tutela ou na forma do art. 995, parágrafo único, NCPC: suspende-se a eficácia da decisão recorrida por decisão do relator se da imediata produção de seus efeitos houver risco de dano grave, de difícil ou impossível reparação, e ficar demonstrada a probabilidade de provimento do recurso.

As providências do inc. I, do art. 1.019, NCPC, são similares às do CPC-73, no art. 527, III. Aqui, nota-se claramente a possibilidade da concessão de efeito ativo ao recurso de agravo, pois o relator pode deferir, em antecipação de tutela, total ou parcialmente, a pretensão do recorrente comunicando ao juiz sua decisão. Mas apenas se houver pedido da parte. O efeito ativo no agravo ocorre *quando a decisão agravada tiver conteúdo negativo, como, por exemplo, no caso de o juiz de primeiro grau indeferir pedido de tutela provisória, pode o relator conceder a medida pleiteada*

---

[133] BUENO, Cassio Scarpinella. *Manual, op. cit.* p. 627.
[134] Nery Jr. e Andrade Nery. *Op. cit.* p. 2.103.

no primeiro grau.[135] No efeito ativo, o relator "faz as vezes" do julgador prolator da decisão atacada, ou seja, a parte pede de imediato a concessão da medida negada na primeira instância e que gerou o agravo.[136] Da decisão do relator, qualquer que seja, cabe agravo interno na forma do art. 1.021, *caput*, NCPC.

Em conclusão, o efeito suspensivo decorre da probabilidade de provimento do agravo e quando o relator verificar que a decisão recorrida ocasiona risco de dano grave, de difícil ou impossível reparação (art. 995, parágrafo único, c/c 1.012, § 4º, NCPC). Mas o relator não poderá *de ofício* agregar efeito suspensivo ao agravo.[137]

O relator *ordenará a intimação do agravado pessoalmente, por carta com aviso de recebimento, quando não tiver procurador constituído, ou pelo Diário da Justiça ou por carta com aviso de recebimento dirigida ao seu advogado, para que responda no prazo de 15 (quinze) dias, facultando-lhe juntar a documentação que entender necessária ao julgamento do recurso* (inc. II).

Deu-se sensível modificação na comparação com o inc. V, do art. 526, CPC/73, pois a intimação acerca do agravo, quando não houver procurador constituído e apontado na inicial do recurso, faz-se na pessoa do agravado, ou seja, deve haver intimação pessoalizada, buscando-se a identificação pessoal da própria parte. Ficou expressa a possibilidade de a intimação ocorrer por diário oficial quando se tratar de processo eletrônico, sendo que, em autos físicos, continuará a intimação por carta com aviso de recebimento dirigida ao advogado.

O prazo para resposta do agravado também foi aumentado, de dez dias corridos para quinze dias úteis,[138] tal como ocorre para a interposição. Deve-se observar que o Ministério Público, a Advocacia Pública e a Defensoria Pública terão prazo em dobro para interpor o agravo (arts. 180, 183 e 186, NCPC), mas não para contrarrazões, como tem decidido a jurisprudência.

Manteve-se a possibilidade da juntada de peças em contrarrazões, sendo que dessa juntada deve ser intimada a parte agravante para que se manifeste, sob pena de violação ao contraditório e surgimento de "decisões-surpresa" amparada em documento que não foi levado à ciência da parte.

Embora o novo sistema não tenha previsto a possibilidade de o relator requisitar informações ao juiz da causa, como havia no art. 527, inc. IV, CPC-73, nada impede que o faça. É até recomendável, pois viria melhor esclarecer a situação discutida, uma vez que o "pedido de informações se insere de maneira geral no capítulo referente à cooperação jurisdicional" (art. 69, III, NCPC).[139]

III – determinará a intimação do Ministério Público, preferencialmente por meio eletrônico, quando for o caso de sua intervenção, para que se manifeste no prazo de 15 (quinze) dias.

O dispositivo autoriza a intimação do Ministério Público *fiscal da ordem jurídica* por meio eletrônico, sendo que o órgão só deverá intervir nas hipóteses previstas

---

[135] Nery Jr. e Andrade Nery. *Op. cit.* p. 2.107.
[136] BUENO, Cassio Scarpinella. *Op. cit.* p. 624.
[137] Marinoni, Arenhart e Mitidiero. *Op. cit.* p. 950.
[138] BRUSCHI, Gilberto Gomes. *Op. cit.* p. 2.258. No mesmo sentido: Guilherme Rizzo Amaral, *op. cit.* p. 1.034.
[139] DONIZETTI, Elpídio. *Novo Código de Processo Civil Comentado*. São Paulo: Atlas, 2015, p. 780. No mesmo sentido: BUENO, Cassio Scarpinella. *Manual, op. cit.* p. 627.

em Lei (art. 178, NCPC) e terá o prazo de 15 (quinze) dias úteis para manifestar-se, uma vez que o NCPC é expresso a respeito do prazo (art. 1.019, III, NCPC).

Não há nenhum prazo especial para o Ministério Público atuar como "fiscal da ordem jurídica" nos autos do agravo, como havia anteriormente, porque se trata de *prazo próprio*. Isso porque o julgador poderá até requisitar os autos do Ministério Público na hipótese de ser ultrapassado dito prazo.

No entanto, quando for parte, o prazo para interposição ao agravo conta-se em dobro ao Ministério Público (30 dias), tal como determina o art. 180, *caput*, do CPC. Para contrarrazões o prazo é simples de quinze dias. O membro do Ministério Público deverá devolver os autos do recurso nesse prazo de 15 dias úteis (art. 234, NCPC), sob pena de, não o fazendo, serem requisitados imediatamente pelo Desembargador (art. 180, § 1º, NCPC), ou de imposição de multa ao membro responsável pelo atraso (art. 234, § 4º, NCPC), incluindo eventual procedimento disciplinar (art. 234, § 5º, NCPC).

Todavia, a ausência de intimação é *vício de forma* que pode dar causa à nulidade do julgamento, *acaso da sua não intervenção se verifique prejuízo para os fins de justiça do processo*.[140]

> Art. 1.020. O relator solicitará dia para julgamento em prazo não superior a 1 (um) mês da intimação do agravado.

Modificou-se o prazo da lei de 1973, que era de 30 (trinta) dias (art. 528, CPC-73). Agora, o relator tem "um mês" para incluir o agravo em pauta para julgamento, a contar da intimação do agravado, desimportando tenha este apresentado contrarrazões. No entanto, se houver a intervenção do Ministério Público este terá 15 (quinze) dias úteis para emitir parecer, o prazo de um mês pode estar comprometido.

Pode surgir alguma dúvida acerca da natureza do prazo previsto: a rigor, é um prazo processual, porque estabelecido na lei de processo, mas 01 (um) "mês", conferido ao relator será computado em 30 (trinta) dias contínuos? 30 (trinta) dias úteis? Ou será o dia correspondente ao mesmo dia do mês seguinte?

No caso, o prazo é *impróprio*,[141] ou seja, *infenso à preclusão*,[142] destinado ao juiz, e não às partes.

Nos prazos impróprios o descumprimento não gera consequências ao julgador, exceto no âmbito disciplinar o que dificilmente ocorrerá em face do sempre justificado excessivo volume de trabalho nos tribunais.

Há quem sustente que estamos diante de *prazo processual*.[143] O art. 219 e parágrafo único, NCPC, dispôs que: *Na contagem do prazo em **dias**, estabelecido por lei ou pelo juiz, computar-se-ão somente os dias úteis*. Parágrafo Único. *O disposto neste artigo aplica-se somente aos prazos processuais*. Dessa forma, à luz do art. 219, parágrafo único, NCPC, esse prazo seria computado em 30 (trinta) dias úteis.

---

[140] Marinoni, Arenhart e Mitidiero. *Op. cit.* p. 950.
[141] Wambier, Conceição, Ribeiro e Mello. *Primeiros comentários ao novo CPC. Op. cit.* p. 1.463. No mesmo sentido: Guilherme Rizzo Amaral. *Comentários às alterações do novo CPC. Op. cit.* p. 1.034. Marinoni, Arenhart e Mitidiero. *Op. cit.* p. 950.
[142] Marinoni, Arenhart e Mitidiero. *Op. cit.* p. 950.
[143] BUENO, Cassio Scarpinella. *Novo Código de Processo Civil Anotado*. São Paulo: Saraiva, 2015, p. 657.

Contudo, não é assim, porque o prazo do art. 1.020, NCPC, não está estabelecendo 30 dias, mas um mês.

Parece-nos que, se o legislador quisesse estabelecer o prazo em 30 dias teria procedido expressamente, como o fez no art. 226, inc. III, NCPC, ao fixar o prazo de 30 (trinta) dias para prolação de sentença.

Ensina HUMBERTO THEODORO JÚNIOR[144] que nos *prazos que se contam por **meses** ou anos, o respectivo curso se fará de acordo com regras próprias estatuídas pelo Código Civil e que se aplicam ao processo por falta de disposição diversa no CPC. Ou seja, "os prazos de meses e anos expiram no dia de igual número do de início, ou no imediato, se faltar exata correspondência"* (CC, art. 132, § 3º).

Dessa forma, o prazo de 01 (um) mês previsto no art. 1.020, NCPC corresponderá ao mesmo dia do mês seguinte àquele em que os autos estiverem à disposição do relator para julgamento, ou seja, não serão contados apenas os dias úteis como os prazos fixados em dias. Como bem diz GUILHERME RIZZO AMARAL,[145] não há como *se contar uma semana ou um mês apenas em dias úteis (diferente se o prazo fosse de sete ou de trinta dias)*. No mesmo sentido é a posição de CASSIO SCARPINELLA BUENO.[146]

Por fim, não se olvide que o agravo enseja a fixação obrigatória de verba honorária recursal pelo tribunal, tal como dispõe o art. 85, §§ 1º e 11, NCPC, medida a desencorajar recursos sem fundamentos ou desamparados de argumentos.

Conclusão

O sistema do agravo de instrumento do NCPC é diverso do previsto no CPC-1973. Ele dificulta o julgamento liminar monocrático do mero afastamento do agravo, o que pode aumentar o número de recursos a serem apreciados em plenário e a responsabilidade pessoal e profissional dos operadores do sistema. Oportuniza maiores discussões constitucionais, com o possível aumento de questões a serem levadas ao Supremo Tribunal Federal.

Concomitantemente, o novo agravo trará novas polêmicas sobre seu cabimento, sobre os casos nos quais há ou não há possibilidade ou viabilidade de sua interposição e conhecimento.

Todos saúdam o Novo Código de Processo Civil como decorrente de amplo debate da comunidade jurídica e surgido em pleno regime democrático. Embora isso, o sistema do agravo de instrumento, na prática, pode ser um tiro no pé, pois é restritivo. Com o objetivo de reduzir os casos em que o agravo pode ser interposto, gerará maior exigência dos tribunais na discussão sobre casos eventualmente não arrolados na previsão legal.

Agora, tem-se a impressão de dois regramentos preclusivos para as decisões interlocutórias, pois algumas decisões são passíveis de ataque imediato, uma vez que previstas em Lei, e outras só podem ser discutidas após a sentença, em apelação

---

[144] In: *Curso de Direito Processual Civil*. Vol. I. 56ª ed. Rio de Janeiro: Gen-Forense, 2015, p. 511.
[145] In: *Comentários às alterações do novo CPC*. São Paulo: Thomson Reuters-RT, 2015, p. 312.
[146] In: *Manual De Direito Processual Civil. Op. cit.* p. 627.

e contrarrazões, não submetidas à preclusão. O sistema de preclusão das decisões interlocutórias, a rigor, é híbrido, diríamos, pois algumas decisões interlocutórias (agraváveis) correm o risco de precluir caso não forem atacadas no prazo previsto pela via recursal. Certas matérias, especialmente de ordem pública, não precluem e podem ser suscitadas de ofício, pelas partes ou pelo Ministério Público e em qualquer grau de jurisdição.

Dentre novidades, desapareceu o agravo retido e o agravo oral em audiência (arts. 522 e 523, § 3º, CPC-73), bem como o agravo das decisões que diziam respeito aos efeitos do recebimento da apelação e das decisões que causavam à parte lesão grave e de difícil reparação (art. 522, *caput*, CPC-73).

O agravo interno contra decisão do relator e o agravo em recurso especial ou extraordinário, que eram formas de interposição do agravo surgem como espécies recursais diversas.[147]

O novo sistema não obriga e nem prevê, mas não inviabiliza, que a parte inconformada com a decisão interlocutória, cuja matéria não esteja arrolada nos casos legais, apresente "impugnação", desde logo, proporcionando ao julgador aferir a extensão de sua decisão e eventualmente modificá-la.

O rol das decisões agraváveis é exaustivo, é taxativo, o que fatalmente poderá ensejar o retorno do *mandado de segurança contra ato judicial* ou da *correição parcial* de alguns ordenamentos para combater decisões não previstas na lei processual. Pela mesma razão de as decisões estarem exaustivamente previstas em Lei, e não sendo adotado um sistema expresso de preclusões pode ocorrer aumento da morosidade do processo, com sua invalidação em virtude do acolhimento de alegação de nulidade de decisão interlocutória – em sede de apelação e contrarrazões – que não puderam sofrer recurso pelo regime do agravo.

As decisões que não estão no rol das agraváveis no NCPC devem ser suscitadas e combatidas expressamente em sede de apelação e de contrarrazões, não podendo ser suscitadas em sustentação oral, ressalvadas as questões de ordem pública.

A propósito da sustentação oral, cabíveis em algumas hipóteses do agravo, parece-nos também possível em sede de embargos de declaração em questões de mérito e de tutela provisória de urgência ou da evidência.

Aumenta-se o prazo para a interposição do agravo de instrumento, que passa de 10 (dez) dias corridos para 15 (quinze) dias, na contramão da celeridade que se exige do processo, uma vez que ditos prazos correm apenas nos dias úteis.

O Ministério Público, amplamente legitimado ao agravo, no Tribunal, quando atuar como "fiscal da ordem jurídica", deve ser intimado do agravo de instrumento, preferencialmente pela via eletrônica, para manifestar-se em 15 (trinta) dias úteis,. O membro do Ministério Público que atuar no recurso e não cumprir os prazos pode ser multado e contra ele serem adotadas providências disciplinares. Quando atuar como parte, o Ministério Público terá 30 (trinta) dias para interpor o agravo de instrumento.

Suscitada a questão interlocutória em sede de contrarrazões de apelação, o julgador deverá abrir vista ao apelante para manifestar-se. Se o processo estiver no tribunal sem que a parte tenha se manifestado sobre a interlocutória arguida em con-

---

[147] JORGE, Flávio Cheim. *Breves Comentários ao Novo Código de Processo Civil. Op. cit.* p. 2.218.

trarrazões de apelação, ou não tenha sido intimada a respeito, o feito deverá retornar à origem para intimação do apelante, pois lá se inicia o procedimento recursal do apelo, sob pena de o advogado ser surpreendido no tribunal por ocasião do julgamento.

O tribunal deverá manifestar-se acerca da verba honorária recursal, a teor do art. 85, *caput* e §§ 11, 12 e 14, NCPC.

Referências

AMARAL, Guilherme Rizzo. *Comentários às alterações do novo CPC*. São Paulo: Thomson Reuters - RT, 2015.

BUENO, Cássio Scarpinella. *Novo Código de Processo Civil Anotado*. São Paulo: Saraiva, 2015.

——. *Manual de Direito Processual Civil*. Vol. Único. São Paulo: Saraiva, 2015.

CABRAL e CRAMER. Antonio do Passo e Ronaldo. Coords. *Comentários ao Novo Código de Processo Civil*. Rio de Janeiro: Gen-Forense, 2015.

CÂMARA, Alexandre Freitas. Artigo: Do Agravo de Instrumento no Novo Código de Processo Civil. *In: Desvendando o Novo CPC*. Orgs. Ribeiro e Jobim. Porto Alegre: Livraria do Advogado, 2015.

CARNEIRO e PINHO. Paulo Cezar Pinheiro e Humberto Dalla Bernardina de. Coords. *Novo Código de Processo Civil. Anotado e Comparado*. Rio de Janeiro: GEN-Forense, 2015.

DIDIER JR. Fredie. *Curso de Direito Processual Civil*. Vol. 1, 17ª ed. Salvador: JusPodivm, 2015.

——; CUNHA. Fredie e Leonardo Carneiro da. Artigo: Agravo de Instrumento contra decisão que versa sobre competência e a decisão que nega eficácia a negócio jurídico processual na fase de conhecimento: uma interpretação sobre o agravo de instrumento previsto no CPC/2015. In: *Revista de Processo* nº 242/273, abril/2015, São Paulo: Thomson Reuters-RT, 2015.

DINAMARCO. Cândido Rangel. *Instituições de Direito Processual Civil*. Vol. I. 6ª ed. São Paulo: Malheiros, 2009.

DONIZETTI, Elpídio. *Novo Código de Processo Civil Comentado*. São Paulo: Atlas, 2015.

FUX, Luiz. Coord. *O Novo Processo Civil Brasileiro*. Direito em Expectativa. Rio de Janeiro: Gen-Forense, 2011.

GARCIA, Gustavo Filipe Barbosa. *Novo Código de Processo Civil*. Principais Modificações. Rio de Janeiro: Gen-Forense, 2015.

GRECO, Leonardo. Artigo: A Tutela de Urgência e a Tutela de Evidência no Código de Processo Civil de 2015. *In: Desvendando o Novo CPC*. Ribeiro e Jobim. Orgs. Porto Alegre: Livraria do Advogado, 2015.

MARINONI, ARENHART e MITIDIERO, Luiz Guilherme, Sérgio Cruz e Daniel. *Novo Código de Processo Civil Comentado*. São Paulo: Thomson Reuters-RT, 2015.

——. *O Novo Processo Civil*. São Paulo: Thomson Reuters-RT, 2015.

MEDINA, José Miguel Garcia. *Novo Código de Processo Civil Comentado*. São Paulo: Thomson Reuters-RT, 2015.

MONTENEGRO FILHO, Misael. *Novo Código de Processo Civil*. Modificações substanciais. São Paulo: Atlas, 2015.

NERY JR. e ANDRADE NERY, Nelson e Rosa Maria de. *Comentários ao Código de Processo Civil. Novo CPC-Lei 13.105/2015*. São Paulo: Thomson Reuters-RT, 2015.

RIBEIRO e JOBIM. Darci Guimarães e Marco Félix. Orgs. *In: Desvendando o novo CPC*. Porto Alegre: Livraria do Advogado, 2015.

SÁ, Renato Montans de. *Manual de Direito Processual Civil*. São Paulo: Saraiva, 2015.

SICA, Heitor Vitor Mendonça. Artigo: A Recorribilidade das Interlocutórias e Sistema de Preclusões no Novo CPC. Primeiras Impressões. In: *O Novo Código de Processo Civil*. Questões Controvertidas. São Paulo: Atlas, 2015.

THEODORO JR., Humberto. *Curso de Direito Processual Civil*. Vol. 1. 56ª ed. Rio de Janeiro: GEN-Forense, 2015.

WAMBIER. Teresa Arruda Alvim. *Os Agravos no CPC brasileiro*. 4ª ed. São Paulo: Revista dos Tribunais, 2006.

WAMBIER, CONCEIÇÃO, RIBEIRO e MELLO. Teresa Arruda Alvim; Maria Lúcia Lins; Leonardo Ferres da Silva e Rogerio Licastro Torres de. Coords. *Primeiros Comentários ao Novo Código de Processo Civil*. Artigo Por Artigo. São Paulo: Thomson Reuters-RT, 2015.

WAMBIER, DIDIER JR., TALAMINI e DANTAS. Teresa Arruda Alvim, Fredie, Eduardo e Bruno. Coords. *Breves Comentários ao Novo Código de Processo Civil*. São Paulo: Thomson Reuters-RT, 2015.

— 23 —

O Novo CPC, intervenção do Ministério Público e o Mandado de Segurança

ARI COSTA[1]

As alterações em vias de implementação, em março de 2016, dizem respeito principalmente aos casos de presença do **fiscal da ordem jurídica**, figurando o Ministério Público na condição de interveniente, uma vez que, na função de órgão agente, o Novo CPC estabelece que o direito de ação será exercido em conformidade com as atribuições constitucionais, portanto, as já disciplinadas pelo artigo 129, incisos I a X, da Constituição Federal.

Em relação às funções de órgão interveniente, consigne-se com o merecido destaque, que apenas o Ministério Público desempenha essa relevante tarefa, precisando aprendê-la sozinho, com elaboração de regras internas da instituição, para angariar importância/confiança no exercício de tal mister. Mas a quem cabe dizer se o Ministério Público atuará ou não em determinado processo cível? Sem dúvida, ao próprio Ministério Público. Guardadas as proporções, será um ato de império, tendo em vista o fato de que o Ministério Público também decide, em última instância, sobre a atuação no âmbito do direito penal, sendo palavra prevalente em caso de discussão a respeito. Terá de ser também, do mesmo jeito e com a mesma força, na área voltada para o direito processual civil. Estará em cheque, por vezes, a discricionariedade do Ministério Público, tal como ocorre, atualmente com maior ênfase, em relação ao exercício do poder discricionário pela Administração Pública.

A propósito, verifica-se que poucos operadores do Direito têm a efetiva preocupação em definir os limites do exercício dessa liberdade pelos administradores da coisa pública. Nota-se, pelo contrário, um alargamento cada vez mais crescente do conceito de discricionariedade, que, por afastar o controle pelo Poder Judiciário dos atos realizados sob a sua égide, pode torná-la um poder arbitrário.

Doutrinariamente, define-se a discricionariedade como o "poder de escolha que, dentro dos limites legalmente estabelecidos, tem o agente do Estado entre duas ou mais alternativas, na realização da ação estatal" (**Almiro do Couto e Silva**, "Poder Discricionário no Direito Administrativo Brasileiro"). E, conforme leciona **Celso Antônio Bandeira de Mello** (Curso de Direito Administrativo), essa liberdade de

---

[1] Promotor de Justiça no Estado do Rio Grande do Sul.

escolha é maior nos atos políticos do que nos administrativos, já que, enquanto estes são infralegais, aqueles são expedidos em nível imediatamente infraconstitucional, o que não significa, porém, que a discrição seja absoluta.

Como se extrai da doutrina apontada, é a lei ou a Constituição que confere liberdade ao agente do poder para apreciar subjetivamente determinadas situações, de modo que não há como existir poder discricionário fora dos limites legal ou constitucionalmente estabelecidos. Aliás, o deferimento de liberdade de apreciação à autoridade sobre a qual não existisse possibilidade de controle constituiria ofensa frontal ao Estado de Direito, que tem como pilar de sustentação o princípio da legalidade, que, numa leitura atual, apresenta como significado a submissão do Estado ao Direito (e não só à lei em sentido estrito).

Diante disso, a atribuição de competência discricionária ao agente público, quer para a prática de atos administrativos, quer para a prática de atos políticos, não implica sejam esses atos insuscetíveis de controle pelo Poder Judiciário, notadamente porque a Constituição Brasileira estabelece em seu art. 5º, XXXV, que nenhuma lesão ou ameaça a direito será excluída de sua apreciação.

É bem verdade que a Constituição também prevê a separação entre os poderes (art. 2º), adotando a célebre tripartição de Montesquieu. Todavia, essa divisão de funções não pode ser encarada de modo absoluto, mesmo porque, como bem se aprendeu, o objetivo do pensador ao formular a teoria da divisão do Poder Estatal em diferentes esferas era justamente limitá-lo. Embora na doutrina administrativista brasileira os contornos do poder discricionário estejam bem definidos, pode-se dizer que, de um modo geral, o Poder Judiciário age com cautela na análise de casos em que se discutem os chamados "atos discricionários", buscando, em regra, preservar a separação entre os poderes e, consequentemente, a autonomia efetiva no exercício da discricionariedade.

Nesse contexto, também ao Ministério Público cabe trabalhar com uma certa margem de autonomia na prática de atos de organização/execução, no exercício de parcela do poder discricionário, guardadas as cautelas pertinentes, pois só assim estará cumprindo a missão de defesa do interesse público e social e individuais indisponíveis que lhe foi conferida pela Constituição da República.

Ao Ministério Público, nessa linha de pensamento, incumbe a "defesa da ordem jurídica, do regime democrático e dos interesses e direitos sociais e individuais indisponíveis", nos exatos termos do novo regramento processual.

Questões que podem ser abordadas, em primeira argumentação, diante da iminente vigência do novo CPC:

> **Art. 176.** O Ministério Público atuará na defesa da ordem jurídica, do regime democrático e dos interesses e direitos **sociais** e individuais indisponíveis.
>
> **Art. 178.** O Ministério Público será intimado **para**, no prazo de trinta (30) dias, **intervir** como fiscal da ordem jurídica nas hipóteses previstas em **lei** ou na **Constituição Federal** e nos processos que envolvam:
>
> I – interesse **público** ou **social**;
>
> II – interesse de incapaz;
>
> III – litígios coletivos pela posse de terra rural ou urbana.

Ultimamente, talvez em razão de pressões da sociedade, são constantes as alterações legislativas sem o conveniente acompanhamento das instituições interessadas, o que também se aplica ao Ministério Público.

Nesse sentido, não faz muito tempo, aconteceu com a mudança no artigo 212 do CPP, alterando substancialmente a produção da prova no processo penal. Isso só acabou enfrentado no momento em que alguns Magistrados mais resolutos deixaram de formular perguntas às testemunhas, passando toda a inquirição na conta da parte interessada, no caso do Ministério Público, a prova acusatória.

Agora foi editado o **novo CPC** propondo várias alterações. Houve diferente disciplina no capítulo do Ministério Público. Não se tem definido, até o momento, o norte das alterações, mas transparece da vontade do legislador que não teria sido para minimizar a intervenção do Ministério Público, ao contrário, pode ser o momento propício de restabelecer/encaixar uma maior efetividade do MP no processo civil.

As previsões do artigo 82 do Código/73, agora com disciplina a partir do artigo **176** do NCPC, incorporaram, além do interesse público (então definido como decorrente da qualidade da parte ou da natureza da lide), com redação aberta, a cláusula do **interesse social**, como já havia sido prevista pelo artigo **127** da Constituição Federal.

E as causas concernentes ao **estado da pessoa** teriam sido esquecidas? Já não se enquadram nas revestidas de interesse social, com certeza, em razão de o próprio NCPC fazer distinções conceituais, nos termos previstos pelo artigo 189, incisos I e II. Afinal, como se sabe, o legislador não põe termos desnecessários em sua criação. Restaria, então, enquadrar tais matérias na genérica previsão do **interesse público**.

Em relação ao **interesse público**, por outro lado, poderia ele estar presente em demandas individuais, sendo o direito pretensamente disponível, ou interesse marcadamente patrimonial? Veja-se, por exemplo, uma ação em que alguém reclama da classificação num concurso público, em cujo certame ocorreu a prática de atos de improbidade administrativa, por conchavo entre administrador e empresa terceirizada, alterando totalmente o desempenho individual dos candidatos. A matéria básica, em verdade, seria rotulada de direito individual disponível. No entanto, no bojo da discussão, por certo, estaria indicada a atuação firme e eficaz do MP *custos legis*, agora fiscal de ordem jurídica, no sentido de buscar embasamento para posterior atuação na área especializada.

Na tramitação do processo, de sua vez, o Ministério Público será intimado para, em **30** dias, **intervir** como fiscal da ordem jurídica nas hipóteses colacionadas (artigo 178 do NCPC). O Judiciário intima. Mas o MP pode entender que não é caso de intervenção. Devolverá o processo sem manifestação. Não terá, nesse caso, 30 dias para **não** intervir. O prazo deverá ser o das manifestações comuns, nos termos do artigo 218, § 3º, ou seja, cinco (05) dias, ampliado para dez (10) pela contagem em dobro prevista no artigo 180 do mesmo Código.

E quem fala em nome do Ministério Público? Só pode ser o Promotor de Justiça com atuação no processo. Ele faz e assina, assumindo todas as consequências do seu ato, inclusive na esfera administrativa funcional. Nesse aspecto lhe socorrem o entendimento pessoal, a qualidade da fundamentação, bem como a salvaguarda do princípio da independência funcional. Com efeito, se, no caso de alegação de nulidade do processo, em qualquer fase, o próprio Promotor de Justiça pode afirmar a ocorrência de prejuízo – não há recurso para as instâncias internas do Ministério Público – autorizando o Magistrado a acolher eventual arguição nesse sentido, parece inafastável, portanto, que o Promotor de Justiça também vai balizar a questão da intervenção ou não no processo do qual recebeu vista.

Ouvimos do Doutor **Cristiano Chaves de Farias**, Promotor de Justiça da Bahia, em palestra proferida na reunião (98°) do Conselho Nacional dos Corregedores-Gerais do Brasil, na Bahia, que se o juiz discordasse do Promotor de Justiça poderia, em analogia com o previsto no artigo 28 do CPP, encaminhar o processo ao Procurador-Geral de Justiça para decidir a respeito. Todavia, se não há brecha alguma para encaminhar o processo ao Chefe do Ministério Público para dizer sobre a existência de prejuízo, como causa determinante de nulidade por não intervenção inicial do Ministério Público, ou em qualquer outra fase, devendo o Promotor de Justiça da causa dizer sobre o prejuízo ou não para o processo/parte, não há por que chamar o Procurador-Geral de Justiça para decidir sobre ser ou não caso de intervenção. Nem o Juiz, contrariando entendimento do Promotor de Justiça, pode declarar a nulidade do feito, embora o Tribunal de Justiça possa fazê-lo, corrigindo a posição do Magistrado.

A propósito, no caso de intervenção obrigatória, o Ministério Público pode postular vista dos autos em juízo, se indeferida, alegar nulidade em primeiro grau, persistir em segundo grau, interpor recurso especial por violação de lei federal, e recurso extraordinário, por violação de comando constitucional, consistente na atribuição de defender a ordem jurídica.

Ademais, diante da imposição legal, como ponto básico, o Ministério Público não pode deixar de intervir com base no tipo de demanda, ou seja, olhando uma ação de cobrança contra o município simplesmente considerar interesse meramente patrimonial. Mais adequado será ver sempre a causa de pedir da demanda, podendo ser "pescada" uma improbidade administrativa. Há também hipóteses de ações individuais revestidas pelo interesse social, como uma demanda de benefício previdenciário por acidente do trabalho. Quem vai sustentar o operário inválido para o trabalho? A própria sociedade, inevitavelmente!

Relativamente ao **Mandado de Segurança**, está previsto no art. 5°, inciso LXIX, da Constituição Federal, como proteção de direito líquido e certo, alvo de ilegalidade ou abuso de poder em ato de autoridade publica. Ação erigida à garantia constitucional, parece bastante razoável afirmar a presença de interesse público na solução da demanda, seja em razão da expressividade do direito violado para o impetrante, seja pelo interesse de a administração esclarecer eventual abuso de autoridade praticado por seu servidor. Cabe pensar, nessa abordagem, sobre o desenvolvimento de objeto qualificado, matéria constitucional, ou então que de mandado de segurança não se trata, classificando-se o caso como uma simples demanda de direito civil.

Mas o tema não é novidade. Nem o NCPC apresenta mudança significativa de entendimento. De qualquer sorte, a expectativa de alteração permite refletir a respeito, mesmo que seja por dever de ofício, dada a condição de integrar a "comissão" criada no âmbito do Ministério Público para discutir as novas formas de atuação do Ministério Público no processo civil.

Já em 1988 a CF definiu o MP como instituição permanente, **essencial** à função jurisdicional do Estado. Não é dispensável, portanto. Em se tratando de prestar jurisdição, por conseguinte, a regra é que esteja presente o MP. Só excepcionalmente estará afastado, seja na esfera criminal, onde atua em todas as causas, seja na esfera cível, em que também deve atuar, em casos previstos pelo legislador, amparado em regulação constitucional. E o local de atuação, ninguém ignora, será ordinariamente o processo, no fórum, onde o Estado/Juiz proclama a jurisdição em relação a todos os conflitos da sociedade. O judiciário não escolhe o tipo de demanda para julgar, prestando, enfim e permanentemente, a jurisdição. Nem o MP, ao seu arbítrio e talante, pode simplesmente deixar de estar presente e influir para a adequada prestação jurisdicional.

A Constituição de 88, da mesma forma, ainda o mesmo artigo (**127**, *caput*), estabeleceu a atuação do MP na **defesa da ordem jurídica**, do regime democrático e dos direitos sociais e individuais indisponíveis.

Havia de ser obedecida a ordem constitucional. Assim está. O NCPC **replicou as determinantes** de atuação do Ministério Público (artigo **176**), na específica função de interveniente, pontificando no artigo **178** que o Ministério Público **será** intimado para **intervir** em variadas hipóteses, entre elas, como fiscal da ordem jurídica nas **hipóteses previstas em lei.**

Em relação ao Mandado de Segurança, como ação constitucional, regrada em legislação especial (Lei nº 12.016/2009), fora expressamente prevista a intervenção do Ministério Público, destinando-lhe o legislador múltiplas tarefas, a partir da mais relevante, refira-se, a de opinar sobre o **mérito do direito invocado** (artigo **12**). A regra tem caráter cogente.

Não se desconhece, de outro lado, as propostas/investidas de dispensar o Ministério Público de atuar em certas demandas cíveis. A ideia da racionalização de atuar como órgão interveniente, que teve seu nascedouro no Estado de Pernambuco, na célebre Carta de Ipojuca, ganhou corpo no CNMP, segundo definiu o texto da Recomendação nº 16/2010, que assegurou intervenção facultativa do Ministério Público em Mandado de Segurança. Mas no mesmo ato normativo, em sábia deliberação, o Conselho Nacional dispôs sobre a legitimidade de o Ministério Público de cada Estado regularem a matéria de acordo com as conveniências e peculiaridades locais (artigo **6º**). No Rio Grande do Sul, registre-se, ao ser materializado seu posicionamento, quando expedida a Recomendação nº 01/2010-PJG, o MP não incluiu o MS entre as causas de não intervenção, facultando a atuação noutras hipóteses.

Calha então ilustrar, para reflexão sobre o tema, artigo publicado na revista da ESMP de São Paulo, pelo Promotor de Justiça de São Paulo, Wallace Paiva Martins Junior, *in verbis*: (www.esmp.sp.gov.br/revista_esmp/index.php/RJESMPSP/article/.../28)

> Não se ousa afirmar neste juízo crítico que todas as medidas de readequação da atuação lato sensu do Ministério Público no processo civil estejam erradas. Porém, o alcance de algumas delas destoa das diretrizes que devem presidir a atividade normativa e interpretativa subalterna correlata e consequente. Portanto, de per si, não e possível glosar à míngua de maior profundidade teórica e estratégica o remodelamento da intervenção do Ministério Público no processo civil de jurisdição voluntária. Mas, em algumas outras situações, a crítica tem integral procedência, na medida em que o redimensionamento da atuação interventiva do Ministério Público não pode ter como baldrame a renúncia de atribuições normativamente explicitadas e justificadas pela presença de um interesse público previamente identificado pelo legislador,

senão deve orientar-se pela técnica de racionalização e pelo critério de uma participação processual proativa do Ministério Público como custos legis– que, afinal, tem raiz na sua função de defensor da ordem jurídica constante do art. 127 da Constituição. E, no mínimo, controversa a abstenção, a dispensa (ou facultatividade) ou a renúncia de manifestação do Ministério Público no processo civil quando atua como órgão interveniente em face de expressas previsões legais; e indevido partir de um pressuposto que seja essencialmente uma consequência. Não é dado a ato normativo subalterno ou recomendação contrariar lei que determina intervenção obrigatória do Parquet.

Trilhando o mesmo caminho, sempre sinalizado pela disposição constitucional de intervir nas **hipóteses previstas em lei**, cumpre referir a necessidade de o Ministério Público ser ouvido (intimado para **intervir**), tanto quanto no Mandado de Segurança, no procedimento de *habeas data,* nos termos do artigo **12** da Lei 9.507/97, bem como nas hipóteses de demandas que passam a ser previstas pelo **NCPC**, exemplificativamente: alteração do regime de bens do casamento (artigo **734**); quando o curador representar a herança em juízo, com intervenção do MP (artigo **739, 1º, inciso I**); na ação do ausente para pedir a devolução dos bens, com citação do MP (artigo **745, § 4º**).

Por fim, em reprisando o que se consignou no início, o NCPC definiu a atuação do Ministério Público, entre outros, justamente em casos previstos em Lei, nos termos do artigo **178, caput**, o que deve ser invariavelmente cumprido pela expressa disposição na Lei do Mandado de Segurança.

Impressão:
Evangraf
Rua Waldomiro Schapke, 77 - POA/RS
Fone: (51) 3336.2466 - (51) 3336.0422
E-mail: evangraf.adm@terra.com.br